Federico Tibone

Progettare e programmare

L'informatica e il computer
Lavorare con le applicazioni
Iniziare a programmare

PER IL COMPUTER E PER IL TABLET

L'eBook multimediale

1 REGÌSTRATI A MYZANICHELLI

Vai su **my.zanichelli.it** e regìstrati come studente

2 SCARICA BOOKTAB

- Scarica **Booktab** e installalo
- Lancia l'applicazione e fai login

3 ATTIVA IL TUO LIBRO

- Clicca su **Attiva il tuo libro**
- Inserisci il **codice di attivazione** che trovi sul **bollino argentato adesivo** in questa pagina

4 CLICCA SULLA COPERTINA

Scarica il tuo libro per usarlo offline

PER LO SMARTPHONE

LOSAI?

Ripassa con lo smartphone prima della verifica

1 SCARICA LA APP DA:

Scarica su App Store | DISPONIBILE SU Google Play

2 AGGIUNGI IL LIBRO

con le tue credenziali **myZanichelli** e con la **chiave di attivazione**

3 CLICCA SUL CAPITOLO

che vuoi ripassare

4 SCEGLI LA TEORIA O IL TEST

Trovi:
- **sintesi di capitolo** per rivedere la teoria
- **test** per metterti alla prova

TECNOLOGIA ZANICHELLI

Realizzazione editoriale:
- Coordinamento redazionale: Matteo Fornesi
- Redazione: Anna Violato
- Progetto grafico: Studio 8vo, Bologna
- Composizione e impaginazione: Pierangelo Bassignana
- Rilettura dei testi e indice analitico: il Nove, Bologna
- Disegni: Roberto Trinchieri

Adelchi De Luca ha dato un prezioso contributo alla stesura della sezione sul linguaggio C e degli esercizi.
L'autore ringrazia inoltre Özalp Babaoğlu, Vincenzo Calì e Maurizio Forni per l'amichevole rilettura critica di parti del corso e per gli utili suggerimenti.

Contributi redazionali:
- Rilettura critica e correzione degli esercizi: Stefania Borghi, Paola Zamagna
- Rilettura dei testi in inglese: Roger Loughney

Le fonti delle illustrazioni si trovano sul sito online.scuola.zanichelli.it/tibone-progettare

Copertina:
- Progetto grafico: Miguel Sal & C., Bologna
- Ideazione: Studio 8vo, Bologna
- Realizzazione: Roberto Marchetti e Francesca Ponti
- Immagine di copertina: kirill_makarov/Shutterstock. flydragon/Shutterstock. Artwork Studio 8vo, Bologna

Prima edizione: febbraio 2018

Ristampa:
8 7 6 5 2021 2022 2023 2024

Zanichelli garantisce che le risorse digitali di questo volume sotto il suo controllo saranno accessibili, a partire dall'acquisto dell'esemplare nuovo, per tutta la durata della normale utilizzazione didattica dell'opera. Passato questo periodo, alcune o tutte le risorse potrebbero non essere più accessibili o disponibili: per maggiori informazioni, leggi my.zanichelli.it/fuoricatalogo

File per sintesi vocale
L'editore mette a disposizione degli studenti non vedenti, ipovedenti, disabili motori o con disturbi specifici di apprendimento i file pdf in cui sono memorizzate le pagine di questo libro.
Il formato del file permette l'ingrandimento dei caratteri del testo e la lettura mediante software screen reader. Le informazioni su come ottenere i file sono sul sito http://www.zanichelli.it/scuola/bisogni-educativi-speciali

Grazie a chi ci segnala gli errori
Segnalate gli errori e le proposte di correzione su **www.zanichelli.it/correzioni**.
Controlleremo e inseriremo le eventuali correzioni nelle ristampe del libro.
Nello stesso sito troverete anche l'errata corrige, con l'elenco degli errori e delle correzioni.

Zanichelli editore S.p.A. opera con sistema qualità certificato CertiCarGraf n. 477 secondo la norma UNI EN ISO 9001:2015

Questo libro è stampato su carta che rispetta le foreste.
www.zanichelli.it/chi-siamo/sostenibilita

Stampa: Grafica Zanini
Via Emilia 41, 40011 Anzola dell'Emilia (Bologna)
per conto di Zanichelli editore S.p.A.
Via Irnerio 34, 40126 Bologna

Indice

L'informatica e il computer

1 L'informatica e il pensiero algoritmico

2 La codifica digitale dei dati

3 L'architettura del computer

4 Sistemi operativi e applicazioni

Iniziare a programmare

if(ch1=='b')
{
x=x+1;
cout<<"\n\n Correct
}
else
cout<<"\n\n Sorry Wro
getch();
cout<<"\n\n\n";
function updateAllImages() {
var i = 1;
while (i < 10) {
var elementId = 'foto' + i;
var elementIdBig = 'bigImage'
} else {

L'informatica e il computer

1 L'informatica e il pensiero algoritmico
2 La codifica digitale dei dati
3 L'architettura del computer
4 Sistemi operativi e applicazioni
5 I computer in rete e Internet
6 Lo smartphone, un computer mobile
7 La sicurezza informatica

Capitolo 1

L'informatica e il pensiero algoritmico

1.1 Che cos'è l'informatica

Le applicazioni per computer che fanno funzionare ogni aspetto della nostra vita quotidiana – dal telefonino al registro scolastico, dai viaggi alla medicina – sono la prima cosa a cui pensiamo quando si parla di *informatica* (**figura 1.1**).

Figura 1.1 Dietro le *app* che usiamo ogni giorno c'è il lavoro dei programmatori, che implementano le idee dei progettisti informatici.

Tutti sappiamo che oggi l'informatica è ovunque, ma pochi saprebbero spiegare in che cosa consista esattamente.

Talvolta si sente dire che «l'informatica è saper usare il computer». Questa definizione è sbagliata: come vedremo, l'informatica è molto di più. Ma soprattutto la definizione è pericolosamente riduttiva: infatti nella società di oggi i cittadini non dovrebbero rimanere soltanto *utenti*, cioè consumatori passivi, dei servizi informatici.

Specialmente per i giovani è importante invece essere consapevoli di ciò che sta alla base delle nuove tecnologie, che hanno un impatto così forte sulla vita sociale, e acquisire la capacità di partecipare attivamente al loro sviluppo.

Una definizione più corretta è quella di chi sostiene che «l'informatica è saper programmare il computer»; ma anche questa è una verità soltanto parziale.

! Studiare l'informatica permette di diventare protagonisti attivi dello **sviluppo tecnologico**.

La programmazione del computer infatti è soltanto l'ultimo passo di un lungo processo, che inizia con l'identificazione di un problema da risolvere e continua con lo studio delle possibili strategie informatiche per arrivare alla soluzione.

Queste fasi di analisi sono almeno altrettanto importanti della realizzazione finale di un programma da far eseguire a un computer.

Prima di programmare, in altre parole, bisogna imparare a *ragionare* in modo opportuno sui problemi.

Non è dunque facile dare una definizione convincente di che cosa sia l'informatica. Per tenere conto delle sue molte sfaccettature, diremo che **l'informatica** è al contempo:

- **una scienza** con una solida base teorica e profondi legami con varie branche della matematica;
- **un insieme di tecnologie** derivate da quella scienza (per esempio i microprocessori, i sistemi operativi, i protocolli per la trasmissione dei dati);
- **un insieme di applicazioni** che sfruttano queste tecnologie (per esempio la posta elettronica, le reti sociali, i negozi online, i robot).

In questo corso esploreremo l'informatica come *scienza* e vedremo come funzionano le principali tecnologie digitali che permettono di realizzare vari tipi di applicazioni.

! L'**informatica** è una **scienza**, con le **tecnologie** che ne derivano e le conseguenti **applicazioni**.

Dai dati alle informazioni

Il termine **informatica** è stato coniato nel 1962 dal francese Philippe Dreyfus fondendo le due parole «informazione automatica», per indicare **l'elaborazione automatica di dati e informazioni**.

I **dati** sono numeri o sequenze di caratteri, mentre le **informazioni** sono relazioni tra i dati. Per esempio, se scriviamo «2004» e «Paola» abbiamo soltanto due dati; ma se sappiamo che 2004 è l'anno di nascita di Paola, allora abbiamo un'informazione che può esserci utile: conosciamo l'età di Paola.

Le informazioni hanno dunque un importante valore aggiunto rispetto ai dati su cui si basano: sono qualcosa che fa aumentare le nostre conoscenze e può aiutarci a prendere decisioni.

Elaborare dati e informazioni significa compiere operazioni su di essi per archiviarli, organizzarli o trasformarli in altri dati o informazioni.

Il computer: calcolatore ed elaboratore

Abbiamo sottolineato il fatto che informatica *non è* sinonimo di computer. Certamente, però, il computer è un elemento molto importante dell'informatica.

La parola inglese **computer** significa **calcolatore**, ma in italiano si usa anche il termine **elaboratore**, proprio perché questa macchina non esegue soltanto calcoli aritmetici, ma può anche svolgere elaborazioni, manipolando simboli che rappresentano informazioni.

Un tempo la parola *computer* indicava *persone* che erano pagate per fare, con grande pazienza, calcoli lunghi e noiosi (**figura 1.2**).

Per effettuare elaborazioni complesse, le si suddivideva in tanti calcoli semplici che erano poi affidati ai singoli calcolatori umani (che molto spesso erano donne, più accurate dei maschi e meno costose come forza-lavoro).

Ancora oggi, in linea di principio, tutto ciò che fa un computer potrebbe farlo anche un essere umano.

Figura 1.2 Prima dello sviluppo della tecnologia elettronica, i «computer» erano gruppi di persone, molto spesso donne.

Il grande vantaggio del calcolatore elettronico è la sua capacità di effettuare elaborazioni lunghe e ripetitive molto rapidamente, senza distrarsi e senza commettere errori (sempre che sia stato programmato correttamente).

Il computer è uno strumento molto potente e le sue applicazioni hanno un grande impatto sulla nostra vita. Ma bisogna ricordare che si tratta pur sempre di una macchina che sa eseguire soltanto istruzioni elementari molto semplici. Sta alla nostra intelligenza progettare in modo efficace le sequenze di istruzioni che diamo al computer, se vogliamo che esso produca risultati utili.

Come recita un celebre aforisma di Umberto Eco (**figura 1.3**):

> *Il computer non è una macchina intelligente che aiuta le persone stupide, anzi è una macchina stupida che funziona soltanto nelle mani delle persone intelligenti.*

Figura 1.3 Umberto Eco (1932-2016) è stato uno studioso e scrittore di fama mondiale.

Il pensiero computazionale e il *coding*

L'abilità caratteristica degli informatici è quella di ragionare sui problemi complessi per scomporli in problemi più semplici, che si possano risolvere in modo automatico.

Il processo mentale usato per ottenere questo risultato è detto **pensiero computazionale**. Lo si può schematizzare con una sequenza di quattro fasi (**figura 1.4**):

1. l'**analisi del problema** per riconoscere le regolarità (in inglese *pattern*) che lo caratterizzano, così da poterne dare una descrizione formale;
2. l'**astrazione**, che consiste nell'isolare gli aspetti importanti del problema, trascurandone le parti non essenziali;
3. la **scomposizione del problema** in sottoproblemi più piccoli e più semplici da affrontare;
4. la **formulazione di algoritmi** che costituiscano procedure di soluzione eseguibili da un elaboratore.

Il pensiero computazionale è detto anche *pensiero algoritmico*, perché la soluzione a ogni problema è espressa come **algoritmo**, cioè come procedura formata da una sequenza di passi, o *step*, formulati in modo chiaro e semplice, così che li possa eseguire un elaboratore di informazioni (che può essere una persona o una macchina).

Questo metodo di ragionamento e di analisi dei problemi porta in modo naturale al *coding*, cioè alla creazione di programmi per computer che permettano di eseguire la soluzione fornita dagli algoritmi e di verificare la qualità e generalità del risultato ottenuto.

Pensare in modo computazionale è comunque una strategia utile per risolvere problemi di ogni genere, non soltanto tecnici. È il metodo che ha permesso di realizzare, per esempio, il pilota automatico degli aerei; ma lo si può applicare anche per decidere come prepararsi per una verifica di matematica a scuola.

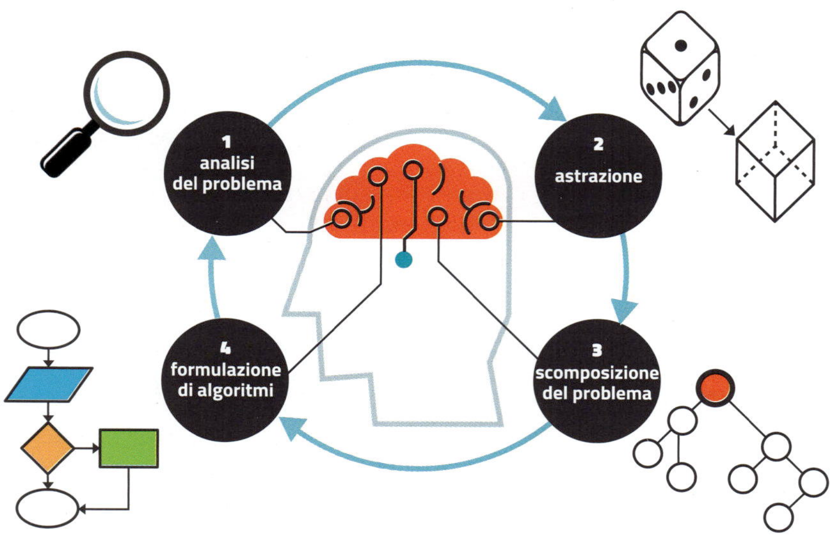

Figura 1.4 Uno schema del modo in cui si affrontano problemi complessi usando il pensiero computazionale.

Abbiamo detto che la formalizzazione dei problemi richiede un processo di *astrazione*: in particolare, questo significa identificare in un problema le variabili importanti e rappresentarle come dati su cui agire.

Se si formalizza bene un problema, un vantaggio che ne consegue è la *generalità* della soluzione, che si potrà applicare a molte variazioni del problema di partenza.

Così, per esempio, lo stesso algoritmo del pilota automatico degli aerei si può applicare, con opportuni adattamenti, anche alle navi o alle auto. In modo simile, una buona strategia per preparare le verifiche di matematica si può applicare, con le modifiche del caso, anche alle altre materie.

Nei prossimi paragrafi vedremo più concretamente come si procede per arrivare alla formulazione di algoritmi efficaci.

IN SINTESI

- La parola **informatica** indica diverse cose: una disciplina scientifica, le tecnologie che ne derivano e le applicazioni basate su quelle tecnologie.
- Il **pensiero computazionale** è un modo di ragionare che consente di riformulare problemi complessi in una forma che si sa risolvere, tramite **algoritmi** che possono essere eseguiti in modo automatico.
- Il **computer** – calcolatore ed elaboratore di informazioni – è importante per l'informatica come strumento per eseguire gli algoritmi.

PAROLE > *Computer science*

L'informatica è una disciplina nata nei Paesi anglosassoni, perciò è bene conoscere la terminologia inglese, che è usata in tutto il mondo.

La parola *informatics* esiste, ma è poco usata; in inglese l'informatica si chiama di solito *computer science* (anche se, come abbiamo visto, il suo campo d'azione va al di là della macchina chiamata computer).

La sigla *IT* significa *Information Technology* e indica comunemente i sistemi informatici usati dalle aziende o dalle istituzioni.

Si usa molto anche la sigla estesa *ICT*, *Information and Communication Technology*, che sottolinea gli aspetti legati alle telecomunicazioni, in particolare l'integrazione tra le reti telefoniche e quelle di computer.

ESERCIZI

1 Supponi che le due foto mostrino giovani informatici impegnati in due diverse fasi della creazione di una nuova applicazione software.
Sai dire che cosa stanno facendo nelle due situazioni?

A ....
....

B ....
....

2 Prova a classificare questi nomi distinguendo le tecnologie dalle applicazioni informatiche.
Android ▪ Excel ▪ Facebook ▪ Gmail ▪ HTML ▪ iTunes ▪ Java ▪ mp3 ▪ Skype ▪ TCP/IP ▪ WhatsApp ▪ Wi-Fi ▪ Windows ▪ YouTube

TECNOLOGIE	APPLICAZIONI

1.2 Ragionare per algoritmi

Un **algoritmo** è un procedimento che risolve un problema attraverso una serie di passi elementari. La parte più importante e creativa dell'informatica è proprio l'ideazione degli algoritmi, cioè la progettazione di procedure efficaci per risolvere i problemi.

Alla base di ogni algoritmo c'è un **modello**, cioè una rappresentazione astratta, semplificata, del problema reale che si vuole affrontare.

In generale, dunque, per un dato problema non esiste un unico algoritmo risolutivo: se ne possono formulare diversi, basati su modelli differenti.

Un buon modello deve essere fedele, ossia catturare gli elementi fondamentali del problema, ma anche semplice, perciò può trascurare i dettagli non essenziali.

La *programmazione al computer* non è altro che la scrittura degli algoritmi in un linguaggio che il computer è in grado di interpretare ed eseguire.

Ma si può ragionare per algoritmi anche quando si affrontano situazioni della vita quotidiana, come ora vedremo esaminando qualche semplice esempio.

Per formulare algoritmi non è necessario conoscere i linguaggi di programmazione al computer. Nelle prossime pagine useremo lo stesso linguaggio naturale che adoperiamo ogni giorno, ma facendo attenzione a essere rigorosi e precisi; così potremo esprimere in modo chiaro, senza ambiguità, i passi che costituiscono gli algoritmi.

! Un **algoritmo** è una procedura per risolvere un problema con una sequenza di passi elementari.

Aspettare al semaforo

Immaginiamo di voler insegnare a un bambino come si attraversa la strada rispettando un semaforo per pedoni (**figura 1.5**). Questo è un problema soltanto apparentemente semplice; lo si capisce quando si prova a risolverlo formulando un algoritmo.

Potremmo dire semplicemente al bambino: «Ricordati che non si attraversa mai con il rosso!», ma non sarebbe un'istruzione sufficientemente chiara. Dopo tutto è un bambino, non ha esperienza; che cosa deve fare *esattamente* quando arriva davanti al semaforo?

Una spiegazione più completa può essere formulata così:

1. Osserva il semaforo.
2. Se è accesa la luce rossa, non muoverti e ricomincia dal punto **1**.
3. Altrimenti (cioè se è accesa la luce verde) attraversa la strada.

Questo è un *algoritmo per l'attraversamento pedonale*, nel senso che è una sequenza di indicazioni semplici e precise: se il bambino seguirà scrupolosamente le istruzioni dell'algoritmo, non attraverserà mai la strada con il semaforo rosso.

Forse però ci vuole ancora più cautela: esiste infatti il rischio che un veicolo passi con il rosso mentre il bambino sta attraversando con il verde.

Per maggior sicurezza, possiamo allora migliorare l'algoritmo modificandolo così:

1. Osserva il semaforo.
2. Se il semaforo è rosso, non muoverti e ricomincia da **1**.
3. Altrimenti (cioè se il semaforo è verde) non muoverti e osserva i veicoli.
4. Se qualche veicolo si sta muovendo, non muoverti e ricomincia da **1**.
5. Altrimenti (cioè se tutti i veicoli sono fermi) attraversa.

Questo affinamento delle istruzioni è importante, perché un algoritmo deve sempre tener conto di tutte le eventualità che possono presentarsi mentre si risolve il problema.

Il semplice esempio dell'attraversamento pedonale ci dice qualcosa di interessante anche riguardo ai programmi per computer, perché ci sono alcune importanti analogie tra il comportamento di un bambino diligente e quello di un elaboratore elettronico:

- come un bambino, il computer sa eseguire soltanto istruzioni elementari molto semplici, che vanno specificate una per una e in modo privo di ambiguità;
- come un bambino, il computer ha un'ottima memoria: una volta registrate le istruzioni dell'algoritmo, non le dimenticherà più;
- come un bambino coscienzioso, il computer eseguirà con cura le istruzioni che gli sono state date, comportandosi allo stesso modo ogni volta che applica l'algoritmo.

Figura 1.5 Quale algoritmo può insegnare a rispettare il semaforo in sicurezza?

Uscire da un labirinto

Passiamo ora a un esempio decisamente meno banale.

Immagina di essere all'interno di un labirinto (**figura 1.6**). Vedi soltanto la porzione del labirinto più vicina a te e non hai altre informazioni.

Che cosa ti conviene fare per trovare l'uscita?

La reazione più istintiva forse è procedere per prove e tentativi, cioè spostarsi nel labirinto affidandosi all'intuito e alla fortuna.

Ma se il labirinto è ben congegnato è probabile che in questo modo, anziché trovare l'uscita, ci si perda sempre più.

Il problema sembra difficile, ma in realtà c'è un modo semplicissimo per risolverlo: basta girare sempre a destra e, se ci si trova davanti a un muro, voltarsi e continuare come prima. Seguendo questa semplice regola, si finirà sicuramente per uscire dal labirinto (la regola funziona anche se si gira sempre a sinistra, anziché a destra).

Figura 1.6 Come conviene comportarsi per uscire da un labirinto?

Ecco una possibile formulazione della regola sotto forma di algoritmo:

1. Avanza lungo il corridoio in cui ti trovi.
2. Se il corridoio è un vicolo cieco senza uscite a destra, girati di 180° e ricomincia da **1**.
3. Svolta a destra alla prima uscita a destra.
4. Se sei ancora nel labirinto, ricomincia da **1**.
5. Altrimenti (cioè se sei fuori dal labirinto) il problema è risolto.

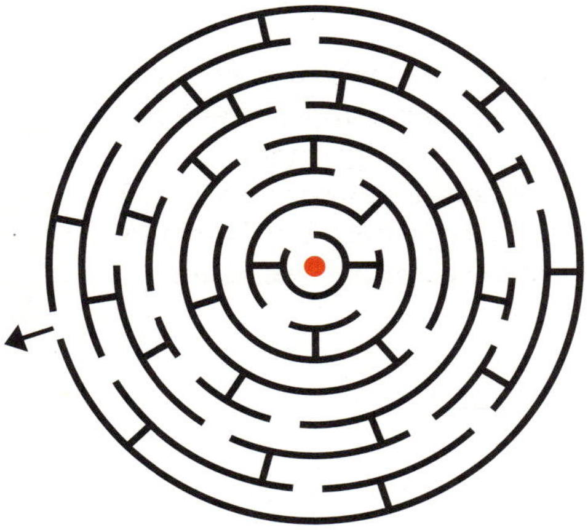

Figura 1.7 Immagina di essere il pallino rosso al centro di questo labirinto; traccia sul disegno il cammino che seguirai se applichi l'algoritmo.

Per verificare la bontà dell'algoritmo, prova ad applicarlo al caso del labirinto disegnato nella **figura 1.7**.

Traccia il percorso che seguiresti se la tua posizione iniziale fosse quella del pallino rosso: se applichi correttamente le istruzioni, finirai per uscire dal labirinto.

È importante però notare che la soluzione offerta dall'algoritmo per l'uscita dal labirinto *non è ottimale*. In particolare, se si dispone della mappa del labirinto, studiandola attentamente a tavolino si può trovare una soluzione migliore di quella fornita dall'algoritmo.

Nella **figura 1.8**, per esempio, la linea continua rappresenta una via d'uscita più rapida rispetto alla linea tratteggiata, che si ottiene applicando l'algoritmo.

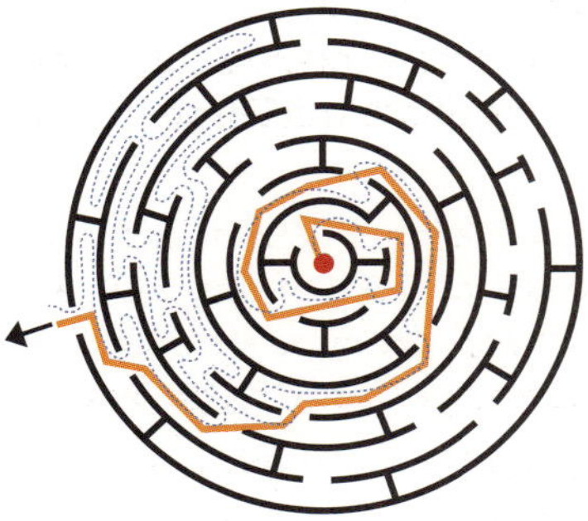

Figura 1.8 Se si conosce la mappa del labirinto, si può trovare una soluzione migliore (linea continua) rispetto a quella basata sull'algoritmo (tratteggio).

L'utilità dell'algoritmo per l'uscita dal labirinto sta però nella sua **generalità**: esso permette infatti di uscire da *qualsiasi* labirinto, comunque sia fatto, anche senza conoscerne la mappa.

Inoltre per labirinti molto complicati, come quello della **figura 1.9**, l'algoritmo può rivelarsi perfino più efficiente rispetto alla ricerca di una soluzione a tavolino sulla mappa.

Figura 1.9 Quando un labirinto è molto complicato, seguire l'algoritmo – che funziona sempre – può essere il modo più rapido per trovare l'uscita.

Misurare con la squadra l'area di un triangolo

Gli esempi che abbiamo visto fanno capire che il «pensiero algoritmico» si può applicare a qualsiasi problema della vita quotidiana.

Il campo più naturale di applicazione degli algoritmi è però quello scientifico: in particolare, qualsiasi legge matematica si può esprimere in forma di algoritmo.

Supponiamo per esempio di avere una squadra a L e di voler misurare l'area di un triangolo qualsiasi, per esempio uno di quelli della **figura 1.10**. Quale algoritmo risolve questo problema?

Dalla geometria sappiamo che la formula per l'area è «base per altezza diviso 2». Ma noi non stiamo cercando un algoritmo che si limiti a fare questo semplice calcolo.

Prima di poter applicare la formula, dobbiamo specificare una procedura che indichi come misurare con la squadra i valori numerici di «base» e «altezza».

Supponiamo che Andrea abbia scritto l'algoritmo in questa forma:

1. Scegli uno dei tre lati del triangolo e chiamalo «base».
2. Misura la lunghezza della base.
3. Traccia un segmento che collega alla base il vertice opposto.
4. Misura la lunghezza del segmento.
5. Moltiplica la lunghezza della base per quella del segmento, poi dividi per 2: il risultato è l'area del triangolo.

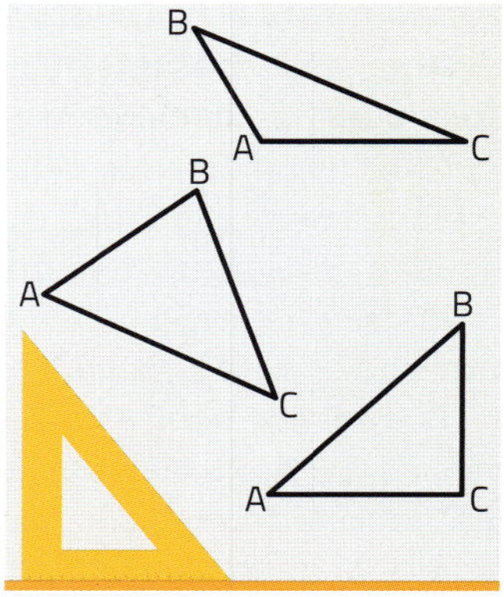

Figura 1.10 Come si deve procedere per misurare con la squadra l'area di un triangolo?

Quello scritto da Andrea però non è un buon algoritmo. Riesci a vedere perché?

Il difetto è che l'istruzione **3** è imprecisa: infatti ci sono *infiniti modi diversi* per collegare il vertice opposto con il lato scelto come base (è il caso, per esempio, di tutti i segmenti grigi della **figura 1.11**).

Perciò il «segmento» citato nell'istruzione **3** non è definito in modo univoco e l'algoritmo non potrà dare un unico risultato, come invece vogliamo.

Possiamo rimediare riscrivendo quell'istruzione in modo più preciso, come segue:

3. **Traccia il segmento che parte dal vertice opposto e arriva perpendicolare alla base.**

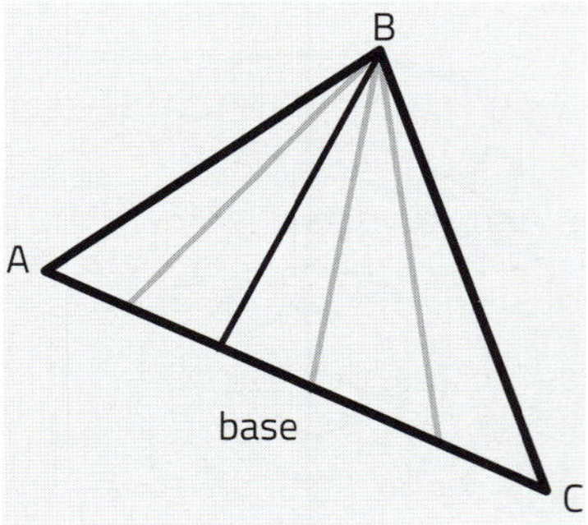

Figura 1.11 Per poter misurare l'area, scelto un lato come base, bisogna tracciare la relativa altezza.

Se vogliamo essere davvero puntigliosi, però, l'algoritmo ha ancora un difetto. Noi desideriamo che funzioni per *qualsiasi* triangolo, ma che cosa succede nel caso della **figura 1.12**?

Qui, se si sceglie come base il lato AC, non è possibile eseguire l'istruzione **3**: come si fa a tracciare un segmento dal vertice B che sia perpendicolare alla base?

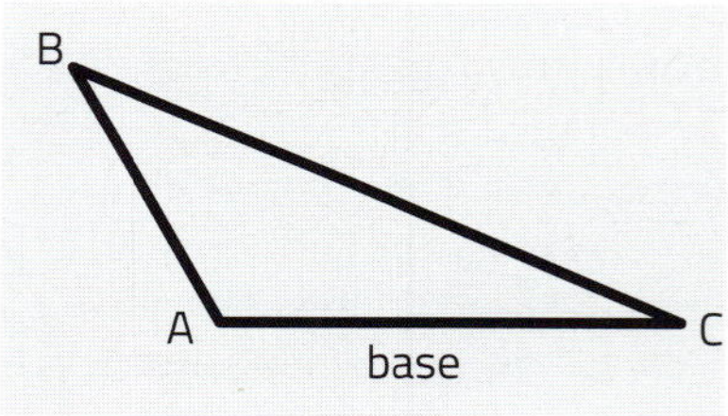

Figura 1.12 L'algoritmo, per essere davvero generale, deve funzionare anche per questo triangolo, anche quando si sceglie AC come base.

Per rendere più generale l'algoritmo, bisogna allora modificarlo riscrivendo l'istruzione **3** nella forma seguente:

1. Scegli uno dei tre lati del triangolo e chiamalo «base».
2. Misura con il righello la lunghezza della base.
3. **Traccia il segmento che parte dal vertice opposto e arriva perpendicolare alla retta su cui giace la base.**
4. Misura la lunghezza del segmento.
5. Moltiplica la lunghezza della base per quella del segmento, poi dividi per 2: il risultato è l'area del triangolo.

Adesso l'algoritmo specifica come tracciare l'altezza anche per i triangoli con un angolo ottuso (**figura 1.13**) e funzionerà anche in quel caso.

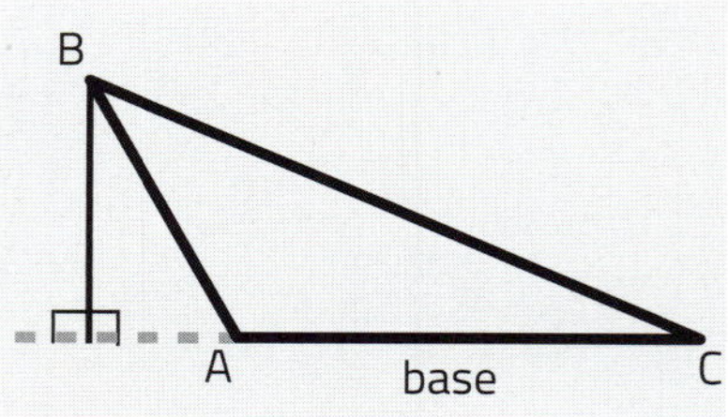

Figura 1.13 Il metodo per tracciare l'altezza relativa alla base AC.

IN SINTESI

- Un **algoritmo** è un procedimento per passi che definisce la risoluzione di un problema.
- Gli algoritmi possono essere eseguiti, almeno in linea di principio, da un essere umano o da una macchina calcolatrice.
- Un buon algoritmo deve dare istruzioni semplici e precise, deve tenere conto di tutte le eventualità che possono verificarsi e dev'essere applicabile a un'intera classe di problemi.
- Ogni algoritmo si basa su un particolare **modello** della realtà; un dato problema quindi può essere risolto da algoritmi diversi, a seconda del modello che si decide di adottare.

PAROLE > L'origine araba dell'algoritmo

Molte nostre parole che iniziano con «al» (come *alcol*, *algebra* e perfino *albicocca*) derivano dall'arabo, dove «al» è l'articolo determinativo.

La parola *algoritmo* è nata come latinizzazione del nome di Muhammad ibn Musa al-Khwarizmi, matematico e astronomo persiano vissuto 12 secoli fa, intorno all'anno 800.

Al-Khwarizmi introdusse l'uso dei numeri indo-arabi, in seguito adottati anche in Occidente, e inventò molte tecniche di calcolo aritmetico che sono proprio i più antichi esempi conosciuti di algoritmi.

ESERCIZI

1 Riesamina l'algoritmo per l'attraversamento pedonale. Con quali modifiche lo si potrebbe adattare al caso di un semaforo a tre luci, cioè verde/giallo/rosso?

....

....

....

....

....

....

....

2 Per il triangolo della **figura 1.12**, l'algoritmo *senza l'ultima modifica* funzionerebbe se si scegliesse come base uno degli altri due lati? Motiva la tua risposta.

....

....

....

....

....

3 Misura tre volte l'area del triangolo della figura 1.13, scegliendo ogni volta come base un lato diverso. Verifica che, entro gli inevitabili errori di misura, il risultato dell'algoritmo non cambia nei tre casi.

base = AB area misurata = ...

base = AC area misurata = ...

base = BC area misurata = ...

4 L'algoritmo per l'uscita dal labirinto funziona anche se nelle istruzioni si sostituisce ovunque «destra» con «sinistra». Verificalo tracciando il percorso che seguiresti, a partire dal centro, girando sempre verso sinistra.

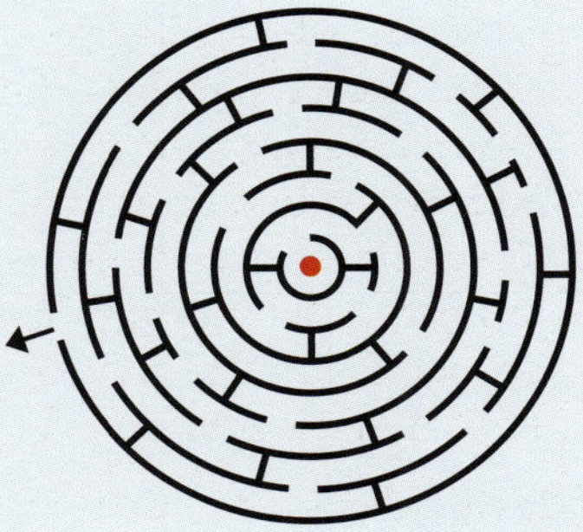

1.3 Le proprietà dei buoni algoritmi

Gli esempi che abbiamo visto hanno già fatto emergere alcune caratteristiche che sono desiderabili negli algoritmi.

Più in generale, una sequenza di istruzioni per essere un **buon algoritmo** deve soddisfare i seguenti requisiti:

- **finitezza**: le istruzioni si devono poter eseguire in un tempo finito, cioè non infinitamente lungo;
- **non ambiguità**: le istruzioni devono essere espresse in modo preciso, non ambiguo, così che tutti le interpretino allo stesso modo e possano eseguirle in modo univoco;
- **correttezza**: il risultato che si ottiene applicando l'algoritmo deve effettivamente fornire una soluzione adeguata per il problema che si vuole risolvere;
- **completezza**: le istruzioni devono contemplare tutti i casi che si possono verificare durante l'esecuzione dell'algoritmo;
- **generalità**: l'algoritmo deve portare alla soluzione non di un singolo particolare problema, ma di una *classe di problemi* simili tra loro;
- **efficienza**: l'algoritmo deve portare al risultato nel tempo più breve possibile e richiedere la memorizzazione di pochi dati; se si esegue l'algoritmo al computer, ciò farà risparmiare tempo di calcolo e spazio di memoria.

! Un **buon algoritmo** deve essere finito, non ambiguo, corretto, completo, generale ed efficiente.

Nel caso dell'algoritmo che abbiamo scritto per misurare con la squadra l'area del triangolo, per esempio, la *generalità* richiede che l'algoritmo si possa applicare a qualsiasi triangolo. E come abbiamo visto, per *completezza* le istruzioni devono tener conto anche del caso in cui i triangoli hanno un angolo ottuso.

Quanto alla *non ambiguità*, è istruttivo pensare al caso delle ricette di cucina: sono simili ad algoritmi, ma per essere veri algoritmi devono essere espresse in modo estremamente preciso, senza lasciar adito a dubbi o a iniziative personali dello chef.

Per esempio, ecco una **ricetta per cuocere la pasta** (figura 1.14) che in questa forma certamente *non è* un buon algoritmo:

1. Riscalda dell'acqua sul fuoco.
2. Aggiungi un po' di sale.
3. Dopo un po' aggiungi la pasta.
4. Dopo qualche minuto scola la pasta.

Perché la ricetta diventi un vero algoritmo, bisogna eliminare tutte le ambiguità dalle istruzioni, per esempio così:

1. Riscalda **3 litri d'acqua** sul fuoco.
2. Aggiungi **20 grammi di sale grosso**.
3. **Quando l'acqua inizia a bollire**, aggiungi la pasta.
4. Lascia bollire **per il tempo indicato sulla confezione** della pasta.
5. Scola la pasta.

Figura 1.14 Applicando un buon algoritmo, la pasta non sarà mai né troppo al dente né scotta.

Il requisito della finitezza

La *finitezza* a prima vista potrebbe sembrare un requisito ovvio per gli algoritmi, ma non è così: ci sono sottigliezze di cui è importante essere ben consapevoli.

Immagina per esempio di dover **cercare un libro**, diciamo l'*Eneide* di Virgilio, in una biblioteca formata da una stanza con tutte le pareti ricoperte di scaffali (**figura 1.15**).

Figura 1.15 Qual è un buon algoritmo per cercare l'*Eneide* in una stanza tappezzata di scaffali pieni di libri?

Un algoritmo per questa ricerca potrebbe essere il seguente:

1. Inizia da una parete qualsiasi.
2. Comincia a cercare dallo scaffale più alto e scendi verso il basso.
3. Se non trovi il libro, passa alla parete alla tua destra e ricomincia da **2**.
4. Altrimenti, cioè se hai trovato il libro, termina la ricerca.

Questo algoritmo è basato su un'**iterazione**, cioè sull'esecuzione ripetuta di un gruppo di istruzioni, una caratteristica molto comune nei programmi per il computer.

L'algoritmo però non va bene, non garantisce la finitezza. Riesci a vedere perché?

Il problema è che, se il libro cercato *non è presente* nella biblioteca, seguendo alla lettera l'algoritmo finirai per girare in tondo nella stanza all'infinito.

Questo è un esempio di ciò che gli informatici chiamano **loop infinito**, un circolo vizioso da cui non si può uscire, con la conseguenza che l'algoritmo non ha mai termine.

Per rendere sicuramente *finito* l'algoritmo, bisogna aggiungere alla fine un'istruzione come questa:

5. Se dopo la quarta parete non hai trovato il libro, termina la ricerca.

L'esempio della biblioteca illustra una regola importante per qualsiasi ricerca informatica in un archivio di dati: quando si scrive l'algoritmo di ricerca, bisogna sempre tener conto anche dell'eventualità di *non* trovare i dati cercati.

È importante inoltre ricordare che il requisito di finitezza si applica anche ai **dati in ingresso** dell'algoritmo (*input* o *stato iniziale*) e ai risultati, cioè ai **dati in uscita**, che esso produce (*output* o *stato finale*).

Non è possibile, per esempio, scrivere un algoritmo che per tutti i numeri interi dica se sono pari oppure dispari; infatti i dati in ingresso, cioè i numeri interi, sarebbero infiniti, perciò l'esecuzione dell'algoritmo non terminerebbe mai.

E se si scrive un algoritmo per calcolare il rapporto tra due numeri m e n dati in ingresso, cioè m/n, bisogna aver cura di escludere esplicitamente l'eventualità che il dato di input sia $n = 0$: in quel caso, infatti, il risultato avrebbe un valore infinitamente grande. L'esclusione dell'input $n = 0$ consente anche di evitare il caso $m = n = 0$, che porterebbe a un risultato indeterminato.

Il requisito dell'efficienza

Per ogni dato problema, in generale, non esiste un unico *algoritmo ideale*: si possono invece progettare diversi algoritmi, ciascuno con i propri pregi e difetti.

A volte però è possibile identificare l'algoritmo migliore, perché più efficiente: è quello che porta al risultato nel modo più rapido e richiede di registrare il minor numero di dati durante l'esecuzione. Nelle applicazioni informatiche questo significa risparmiare risorse come il tempo di elaborazione e la quantità di memoria usata.

Per esempio, supponiamo che un'amica ci dica: «Sono nata a maggio, ma in che giorno? Indovina, e se sbagli ti dirò se il mio compleanno è prima o dopo la data che hai detto. Puoi fare tutti i tentativi che vuoi!».

Come conviene procedere per scoprire la data del compleanno (**figura 1.16**)?

Una possibile strategia è iniziare dicendo «il 1° maggio»; poi, se è sbagliato, «il 2 maggio»; poi, se è sbagliato, «il 3», e così via.

Se siamo fortunati e l'amica è nata il 3 maggio, ce la caveremo in tre tentativi. Ma se per sventura è nata l'ultimo giorno del mese, di tentativi ne occorreranno 31.

Statisticamente, con questo algoritmo di **ricerca lineare** in media ci vorranno 15 tentativi per arrivare alla risposta giusta.

Esiste però un algoritmo molto migliore, che inizia dicendo come primo tentativo: «il 16».

Dalla risposta dell'amica (se non è nata il 16) sapremo allora che la data giusta è compresa tra il 1° e il 15, oppure tra il 17 e il 31.

Abbiamo così dimezzato il numero delle date possibili.

Supponiamo che la data cercata risulti compresa tra il 1° e il 15. Allora come passo successivo diremo: «l'8».

In questo modo dimezzeremo di nuovo il numero delle date possibili: la risposta dell'amica ci dirà che il compleanno è compreso tra il 1° e il 7, oppure tra il 9 e il 15.

Continuando a procedere con questo algoritmo, chiamato **ricerca binaria**, arriveremo sicuramente a identificare la data giusta con un massimo di 5 tentativi.

Infatti 31, il numero dei giorni di maggio, è quasi uguale a $32 = 2^5$. L'esponente del 2 ci dice che, dopo 4 tentativi che riducono ogni volta della metà in numero delle date possibili, arriveremo a una situazione in cui le possibilità sono soltanto 2. Perciò è certo che, se non l'abbiamo indovinata prima, al quinto tentativo scopriremo la data giusta.

Questo esempio fa capire che, con un po' di astuzia e un uso oculato della matematica, spesso è possibile *ottimizzare* gli algoritmi.

Figura 1.16 Come è meglio procedere per indovinare il giorno di un compleanno?

IN SINTESI

- Un buon **algoritmo** deve soddisfare requisiti di finitezza, non ambiguità, correttezza, completezza, generalità ed efficienza.
- La **finitezza** degli algoritmi va garantita per assicurare che l'elaborazione dei dati abbia un termine e si evitino situazioni come i loop infiniti.
- Se un problema si può risolvere con algoritmi diversi, va privilegiato l'algoritmo più **efficiente**, che consente di risparmiare risorse come il tempo di elaborazione e la memoria occupata.

ESERCIZI

1 Se si scrive un algoritmo per il calcolo della radice quadrata, quali numeri andranno esclusi dai possibili dati di input?

....

2 Se si usa la ricerca binaria, quanti tentativi occorreranno al massimo per indovinare la data di un compleanno di cui non si conosce neppure il mese?

....

1.4 L'informatica e le altre scienze

La matematica è una scienza autonoma, con un proprio campo di indagine, ma da sempre è anche «al servizio» delle altre scienze: in tutte le discipline, infatti, la ricerca scientifica si basa sull'uso di numeri e formule matematiche.

Negli ultimi decenni qualcosa di simile è avvenuto per l'informatica: è una scienza con una propria identità, ma – insieme alla matematica – è diventata anche uno strumento indispensabile di lavoro e progresso per tutte le altre scienze.

Alle due colonne portanti tradizionali della scienza, i **modelli teorici** e la **sperimentazione**, si è affiancata come terza colonna la **computazione** (**figura 1.17**), cioè il calcolo automatico applicato ai dati scientifici.

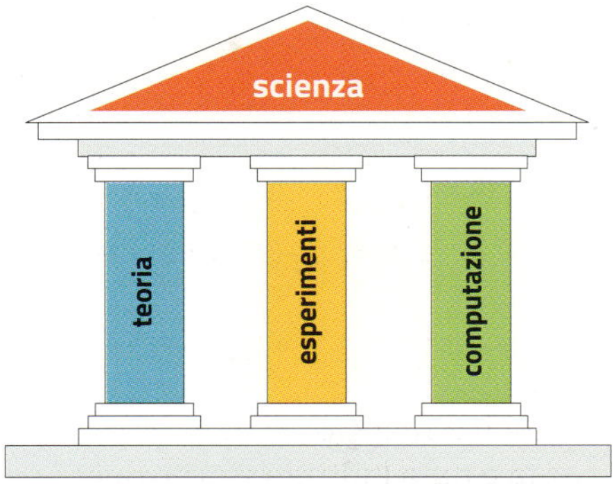

Figura 1.17 La computazione è oggi la terza colonna portante delle scienze.

Oggi nella ricerca scientifica (e nelle applicazioni tecnologiche che ne derivano) gli strumenti informatici sono un supporto irrinunciabile, sia per acquisire i dati sperimentali, sia per analizzarli e confrontarli con le previsioni, così da poter testare la bontà delle teorie.

Per esempio negli acceleratori di particelle, come il celebre LHC (*Large Hadron Collider*) del CERN di Ginevra, si producono ogni giorno miliardi di eventi potenzialmente interessanti (**figura 1.18**).

Sarebbe del tutto impossibile per gli esseri umani analizzarli uno a uno, perciò sono stati creati algoritmi che permettono ai computer di farlo, selezionando in modo automatico quegli eventi che meritano uno studio dettagliato da parte degli scienziati.

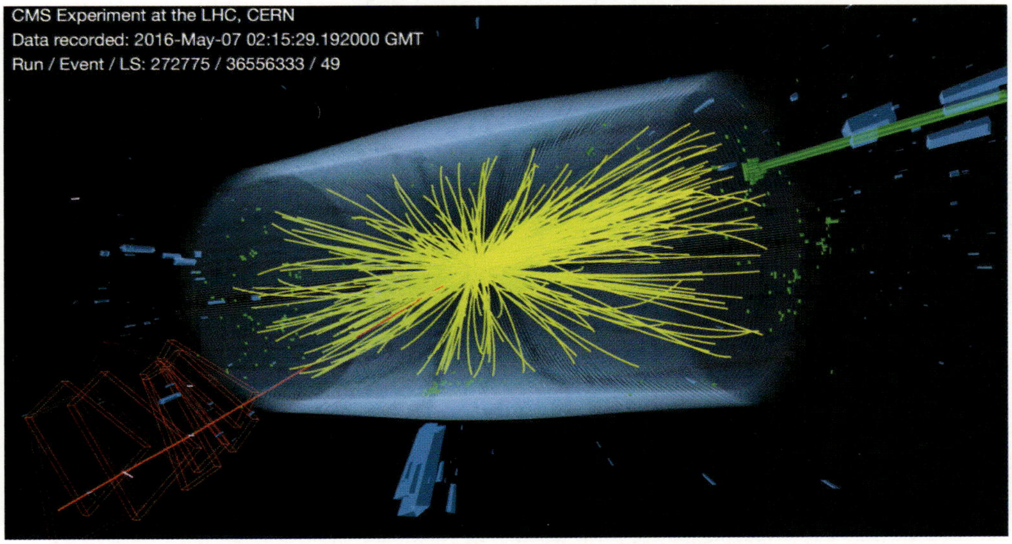

Figura 1.18 Una collisione nell'acceleratore LHC ricostruita al computer.

Tutte le applicazioni della tecnologia avanzata – dalla produzione industriale al lavoro d'ufficio, dai trasporti alle telecomunicazioni – sono rese possibili dai progressi dell'informatica.

In modo particolare, le tecniche diagnostiche della medicina moderna, come la **TAC**, la **risonanza magnetica** o la **PET**, funzionano grazie a computer che, in pochi secondi, sanno tradurre milioni di misure ottenute con speciali strumenti in immagini tridimensionali dell'interno del nostro corpo.

Anche il movimento delle masse d'aria nell'atmosfera è governato da equazioni così complesse che l'unico modo per risolverle è darle in pasto ai più potenti computer, tramite opportuni algoritmi. Così le **previsioni del tempo** sono un prodotto dell'informatica applicata alla meteorologia.

Perfino le **scienze della vita** oggi devono il loro progresso alla **bioinformatica**. Il sequenziamento del genoma umano è stato possibile grazie all'invenzione di algoritmi molto efficaci per l'analisi computerizzata del DNA. E queste stesse tecniche sono oggi alla base degli **esami genetici** (**figura 1.19**).

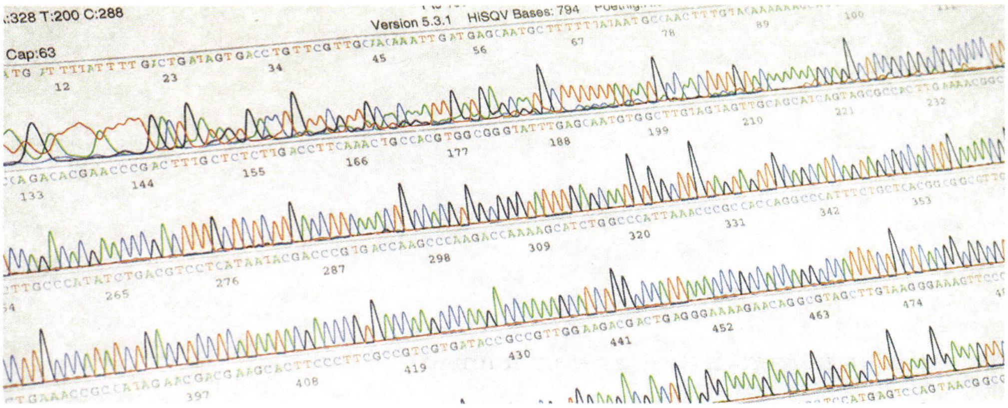

Figura 1.19 Le analisi di routine del nostro DNA sono diventate possibili grazie allo sviluppo della bioinformatica.

Gli esempi potrebbero continuare a lungo. Anche la matematica per esempio non può più fare a meno degli strumenti informatici: spesso le **dimostrazioni dei nuovi teoremi** sono così complesse che per verificarne la validità bisogna ricorrere al computer.

E la geometria dei **frattali**, una delle scoperte matematiche più spettacolari del Novecento, è stata compresa appieno soltanto quando è diventato possibile visualizzare queste strutture grazie all'elaborazione grafica fatta al computer (**figura 1.20**).

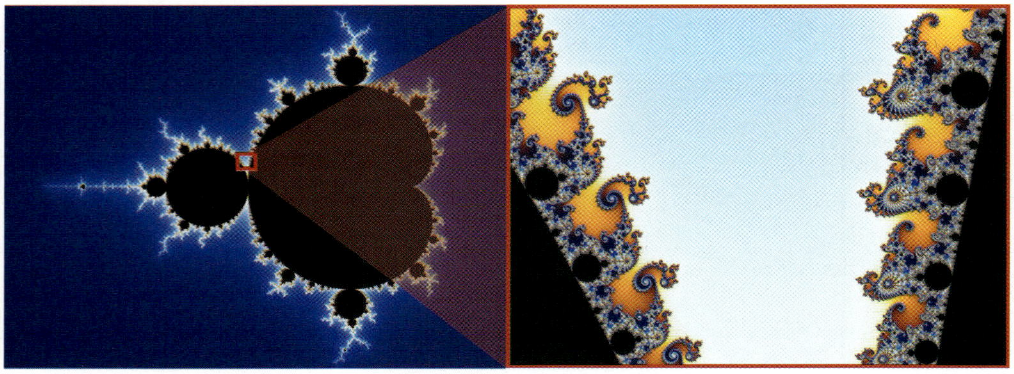

Figura 1.20 Le meravigliose proprietà dei frattali si possono visualizzare grazie alla grafica computerizzata.

IN SINTESI

- L'**informatica** oggi è una colonna portante delle scienze e delle tecnologie che ne derivano.
- La **computazione**, cioè il calcolo automatico applicato ai dati scientifici, è diventato un ingrediente irrinunciabile per la ricerca in tutti i rami della scienza.

ESERCIZI

1 Scrivi un esempio di attività commerciale che non esisteva, e non poteva esistere, prima della diffusione dei computer.

....

2 Sai dire una ragione per cui il supporto dell'informatica è indispensabile per poter realizzare le missioni spaziali?

....

ATTIVITÀ GUIDATA Un algoritmo per trovare il prodotto di due numeri

Completa il testo

Se devi calcolare con carta e penna il prodotto dei numeri 346 e 72, lo scriverai come qui a fianco.

Il procedimento è un esempio di algoritmo per la moltiplicazione di due numeri (qui applicato al caso particolare dei numeri 346 e 72).

Vediamo ora come si può trovare in generale il prodotto tra un numero di 2 cifre e un numero di *n* cifre, dove *n* può avere un valore qualsiasi (nel caso qui a fianco si ha *n* = 3, poiché 346 ha tre cifre).

346 ×	
72	
00692	primo prodotto parziale
2422	secondo prodotto parziale
24912	risultato

Algoritmo per la moltiplicazione di un numero di n cifre per un numero di 2 cifre.

1 Scrivi il numero di *n* cifre.

2 Passa alla riga successiva e scrivi il numero di 2 cifre, allineandolo a .... con il precedente.

3 Passa alla riga successiva e traccia una linea orizzontale sotto i due numeri.

4 Passa alla riga successiva, moltiplica la .... cifra del numero di 2 cifre per il numero di *n* cifre e scrivi il risultato (*primo prodotto parziale*) allineandolo a destra con i numeri precedenti.

5 Passa alla riga successiva, moltiplica la .... cifra del numero di 2 cifre per il numero di *n* cifre e scrivi il risultato (*secondo prodotto parziale*) allineandolo a destra con la .... cifra del numero precedente.

6 Passa alla riga successiva e traccia una nuova ....

7 Passa alla riga successiva e procedi ora per colonne: nella colonna più a destra riporta l'ultima cifra del primo prodotto parziale; questa sarà l'ultima cifra del risultato della moltiplicazione.

8 Spostati nella colonna immediatamente più a ....

9 Somma le cifre dei prodotti parziali che si trovano in questa colonna; se la somma è minore di 10, scrivila; se la somma è maggiore o uguale a .... , scrivi la sua cifra delle unità e memorizza la cifra 1.

10 Spostati di una colonna a sinistra, poi somma le cifre dei prodotti parziali che si trovano in questa .... , aggiungendo 1 alla somma se in precedenza avevi .... la cifra 1. Se la somma che trovi come risultato è maggiore o .... a **10**, scrivi la sua cifra delle unità e memorizza la cifra 1.

11 Ripeti il punto **10** fino ad arrivare alla prima cifra del .... prodotto parziale; se nel primo prodotto parziale non ci sono cifre, comportati come se ci fosse la cifra ....

12 Quando hai completato le iterazioni del punto **11**, il numero ottenuto nell'ultima riga in basso è il risultato della moltiplicazione dei due numeri di partenza.

Ora prova tu

Con poche modifiche si può generalizzare l'algoritmo precedente trasformandolo in un algoritmo per la moltiplicazione di un numero di *n* cifre per un numero di 3 *cifre*, anziché 2.

Elenca qui a fianco le modifiche che apporteresti all'algoritmo per generalizzarlo.

....
....
....
....
....
....
....
....

ESERCIZI DI RIEPILOGO

ZTE ONLINE

LOSAI? RIPASSA CON LO SMARTPHONE

1 Completa la mappa con le parole:

algoritmi ▪ ambiguità ▪ finito ▪ generale ▪ modello ▪ persone ▪ problema ▪ programma ▪ veloce

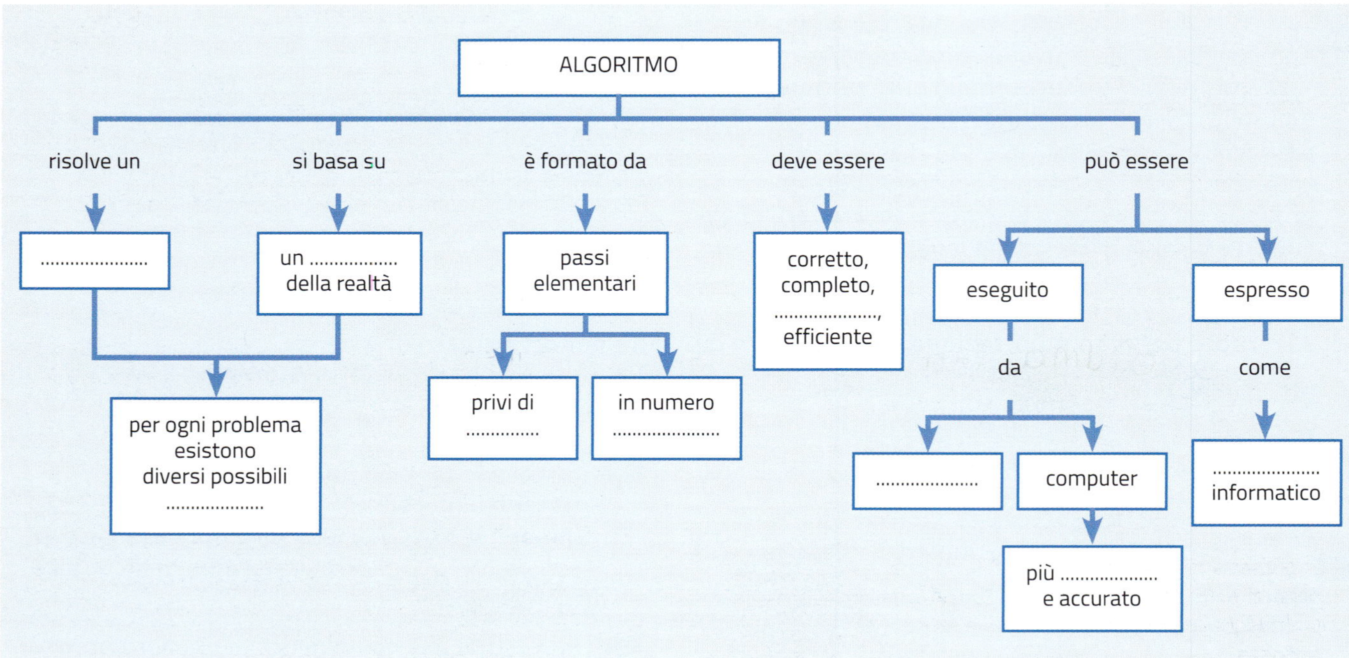

2 Scegli le fasi che caratterizzano il processo del pensiero computazionale e mettile nel giusto ordine.

analisi ▪ astrazione ▪ calcolo automatico ▪ formulazione di algoritmi ▪ scomposizione ▪ sintesi

1. ....
2. ....
3. ....
4. ....

3 Se si esegue un algoritmo con il computer, che cosa si potrà risparmiare se l'algoritmo è più efficiente?

....

....

4 Scrivi un esempio di tecnologia informatica e un esempio di applicazione informatica che usi tutti i giorni, o quasi.

tecnologia: ....

applicazione: ....

5 Come si chiama la parte della ricerca scientifica che permette di fare un'analisi quantitativa automatizzata dei dati sperimentali?

....

6 Quando si acquista un mobile da montare, ci si porta a casa anche un algoritmo. Sai dire quale?

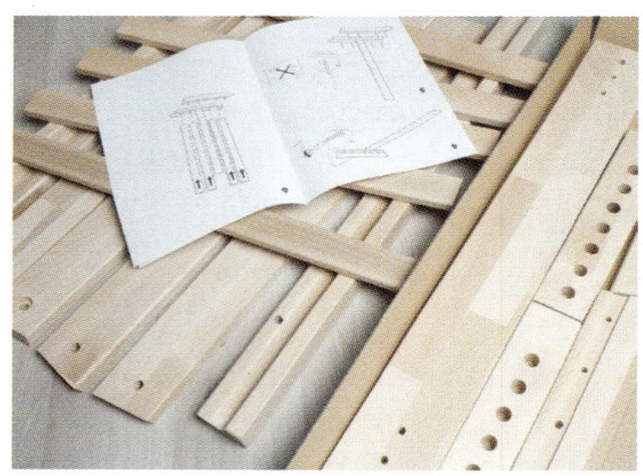

....

....

....

7 Scrivi un algoritmo che al mattino nel mese di dicembre permetta di stabilire, usando un calendario, se stare a casa oppure andare a scuola.

....

....

....

....

....

....

8 Sai spiegare per quale ragione in generale esiste più di un algoritmo per risolvere un dato problema?

....

....

9 Il tuo medico di famiglia usa anche applicazioni informatiche per proteggere la tua salute. Sai fare un esempio di queste applicazioni?

....

....

10 Si può scrivere un buon algoritmo che porti a ottenere il valore 3 lanciando un dado non truccato? Motiva la tua risposta.

....

....

....

11 Per definire gli esseri umani distinguendoli dagli altri animali, si potrebbe dire: «Gli esseri umani sono bipedi, cioè camminano su due zampe». Questa astrazione però non funziona: anche i polli infatti sono bipedi, ma non per questo sono esseri umani. Sai modificare l'astrazione proposta in modo tale che invece funzioni?

....

....

12 Un amico ha pensato una parola segreta, formata da 6 lettere.

a. Quanti tentativi ti serviranno al massimo per individuare la lettera iniziale della parola, usando il metodo della ricerca binaria?

....

b. Quanti tentativi ti serviranno al massimo per individuare la lettera finale?

....

c. Le risposte cambierebbero se la parola fosse inglese anziché italiana, e perché?

....

....

13 Considera questa ricetta per preparare una tazza di tè.

1. Riscalda l'acqua.
2. Apri la bustina e mettila nella tazza.
3. Versa l'acqua bollente nella tazza.
4. Togli la bustina.
5. Aggiungi zucchero a piacere e mescola.

Questa ricetta non è un buon algoritmo. Perché lo diventi, bisogna modificare due tra le istruzioni.
Scrivi qui sotto le due istruzioni opportunamente modificate.

....

....

14 Considera questa versione dell'algoritmo per l'attraversamento a un semaforo pedonale:

1. Osserva il semaforo.
2. Se il semaforo è rosso, non muoverti e ricomincia da **1**.
3. Non muoverti e osserva i veicoli che arrivano da sinistra.
4. Se qualche veicolo si sta muovendo, non muoverti e ricomincia da **1**.
5. Attraversa fino a metà strada.
6. Osserva i veicoli che arrivano da destra.
7. Se qualche veicolo si sta muovendo, non muoverti e ricomincia da **6**.
8. Finisci di attraversare la strada.

Sai dire perché questo algoritmo in realtà è *meno generale* di quello formulato nel testo del capitolo? Pensa alle convenzioni usate nel mondo per il traffico dei veicoli.

....

....

15 Immagina di avere un mazzo di carte con le carte in ordine casuale. Vuoi ordinarle per ogni seme dall'asso al re e avere prima tutti i cuori, poi quadri, fiori e picche.

Il seguente algoritmo sicuramente funzionerebbe:

1. Sfoglia le carte una a una finché trovi l'asso di cuori. Quando lo trovi, giralo e mettilo da parte.
2. Sfoglia una a una le carte rimanenti finché trovi il 2 di cuori. Quando lo trovi, giralo e mettilo da parte sopra la carta precedente. Poi ripeti la procedura per il 3 di cuori...
3. ...e così via, ripetendo fino ad arrivare al re di picche.

Sai proporre un algoritmo di ordinamento più efficiente di quello appena descritto?

....

....

VERIFICA DELLE COMPETENZE

1 LAVORA CON I DATI

La colonna di sinistra della tabella riporta il numero massimo dei tentativi necessari per individuare, usando l'algoritmo della ricerca binaria, un elemento scelto a caso in un insieme.
Completa la colonna di destra scrivendo, per ciascun numero di tentativi dato, il numero massimo degli elementi che costituiscono l'insieme.

numero massimo di tentativi per individuare un elemento scelto a caso	numero massimo degli elementi tra cui si fa la ricerca binaria
1	2
2	4
3	....
4	....
5	....
6	....
7	....
8	....

2 INFORMATICA E AMBIENTE

In vari punti delle nostre città ci sono centraline con strumenti che misurano l'inquinamento dell'aria e trasmettono i dati alle Agenzie locali per l'ambiente.

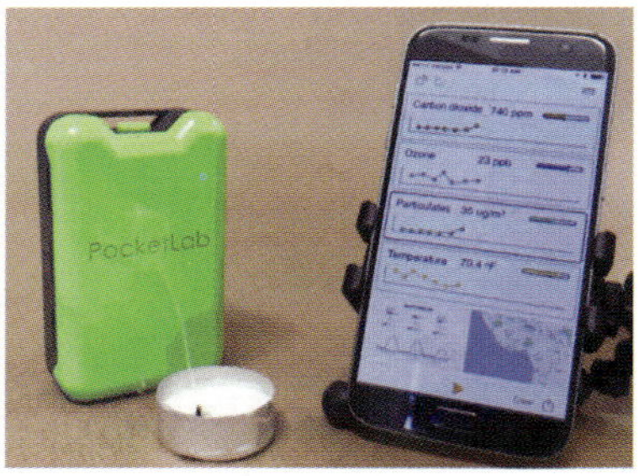

Oggi i ricercatori stanno sviluppando «laboratori tascabili» con sensori capaci di misurare alcuni parametri importanti dell'aria – la concentrazione di anidride carbonica, di ozono e di particolato atmosferico – e di trasmettere via Bluetooth i dati, che si possono consultare tramite una app sul telefonino.
Sai scrivere due possibili vantaggi offerti da questi nuovi dispositivi?

1. ....
....
....

2. ....
....
....

3 SCOPRILO SU INTERNET

Che cos'hanno in comune Barack Obama, la cantante Shakira, il campione di basket Chris Bosh e l'attore Ashton Kutcher? Scoprilo facendo una ricerca in Rete, poi rispondi alle domande.

a. Come si chiama l'iniziativa che questi personaggi celebri hanno sostenuto insieme?
....

b. Qual è l'obiettivo dell'iniziativa?
....
....

c. In che data per la prima volta un Presidente degli Stati Uniti ha scritto un programma per computer?
....

4 L'ESPERTO SEI TU!

Un amico ti dice: «Lanciando due dadi a sei facce, si possono ottenere 6 valori pari (2, 4, 6, 8, 10, 12) ma soltanto 5 valori dispari (3, 5, 7, 9, 11). Quindi, se scommetto che la somma dei dadi sia pari, ho più probabilità di vincere, giusto?».
Nota che quando si lanciano due dadi ci sono 36 diversi esiti possibili, perché a ognuno dei 6 valori del primo dado possono corrispondere 6 valori del secondo dado. Per poter valutare bene la situazione, devi applicare un algoritmo: completa la tabella con le diverse possibili combinazioni dei dadi, calcola la probabilità di ciascun valore per la somma dei dadi e alla fine somma le probabilità.

valore ottenuto come somma dei dadi	combinazioni dei due dadi che producono il valore	probabilità = esiti con il valore /esiti possibili
2	1+1	1/36
4	1+3, 2+2, 3+1	3/36
6	....	....
8	....	....
10	....	....
12	....	....
	probabilità totale:	....

Che cosa risponderesti all'amico, e perché?
....
....
....

CLIL

Learn from the originals | Read it as they wrote it

Computational thinking

from *Communications Of The ACM*, Vol. 49, March 2006

Computational methods and models give us the courage to solve problems and design systems that no one of us would be capable of tackling alone.

Computational thinking confronts the riddle of machine intelligence: what can humans do better than computers? And what can computers do better than humans?

Computational thinking is a fundamental skill for everyone, not just for computer scientists. To reading, writing, and arithmetic, we should add computational thinking to every child's analytical ability.

Ubiquitous computing is to today as computational thinking is to tomorrow. Ubiquitous computing was yesterday's dream that became today's reality; computational thinking is tomorrow's reality.

One can major in computer science and go on to a career in medicine, law, business, politics, any type of science or engineering, and even the arts.

Computer science is not computer programming. Thinking like a computer scientist means more than being able to program a computer. It requires thinking at multiple levels of abstraction.

Computational thinking is a way humans solve problems; it is not trying to get humans to think like computers. Computers are dull and boring; humans are clever and imaginative. We humans make computers exciting. Equipped with computing devices, we use our cleverness to tackle problems we would not dare take on before the age of computing and build systems with functionality limited only by our imaginations.

Jeannette M. Wing in 2006 was professor of computer science at Carnegie Mellon University in Pittsburgh, Pennsylvania.

Glossary

to tackle = to try to deal with, to confront
riddle = a problem that is difficult to solve
skill = ability
ubiquitous = occurring everywhere
to major = to obtain a university degree
dull = not interesting, not exciting

QUESTIONS

1 Thanks to computational thinking, one can:

A learn to calculate as fast as a computer.
B solve problems without using a computer.
C do clever things with the help of a computer.
D solve human problems with a computer.

2 Studying computer science means:

A being then able to work in any field.
B learning how to build computers.
C learning how to program computers.
D being equipped with computing devices.

3 Are these statements true (T) or false (F)?

Computational thinking describes the way computers think. T F
People are more creative than computers. T F
Computational thinking is already ubiquitous today. T F

Capitolo 2

La codifica digitale dei dati

2.1 Il sistema binario, bit e byte

Quando si misura una grandezza – per esempio, quanto pesa un oggetto o quanto tempo dura un evento – si ottengono dati quantitativi che si possono rappresentare in forma *analogica* oppure in forma *digitale* (**figura 2.1**).

- nei **dispositivi analogici** i dati variano in modo *continuo*, in analogia con le grandezze a cui si riferiscono; in una bilancia analogica, per esempio, la scala graduata del peso scorre in modo graduale, senza soluzione di continuità, e la lancetta può indicare qualsiasi valore;
- i **dispositivi digitali** invece presentano i dati usando valori numerici, che sono per loro natura *discreti*, cioè discontinui; una bilancia digitale, per esempio, può mostrare il valore 62,5 kg oppure il valore 62,6 kg, ma non i valori intermedi.

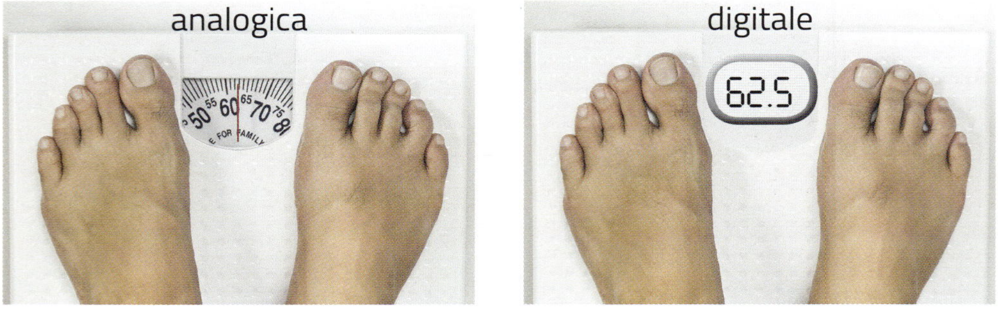

Figura 2.1 Una bilancia può indicare il peso in modo analogico o in modo digitale.

Il computer è il dispositivo *digitale* per eccellenza, giacché al suo interno tutte le informazioni sono rappresentate in forma numerica.

Per questa ragione è facile far comunicare con un computer gli strumenti di tipo digitale; per fare lo stesso con i dispositivi analogici, invece, si devono usare opportuni **algoritmi per digitalizzare i dati**.

Il sistema decimale e il sistema binario

Il sistema di numerazione a cui siamo abituati fin da piccoli è il **sistema decimale** (o **in base 10**), basato sulle dieci cifre che vanno da 0 a 9.

Il sistema decimale è un sistema *posizionale*, in cui cioè le cifre assumono un valore diverso a seconda della posizione in cui si trovano all'interno di un numero: 427 e 247 per esempio rappresentano due numeri diversi, sebbene le cifre siano le stesse.

La posizione delle cifre nei numeri decimali è associata, da destra verso sinistra, alle potenze crescenti di 10: all'estrema destra c'è la cifra delle unità (10^0), poi la cifra delle decine (10^1), poi la cifra delle centinaia (10^2), e così via. Per esempio:

$$427 = (4 \times 10^2) + (2 \times 10^1) + (7 \times 10^0) = 400 + 20 + 7$$

La ragione per cui usiamo il sistema decimale è che nelle mani abbiamo dieci dita: molto semplicemente, l'adozione di una numerazione in base 10 ha reso più semplice contare con le dita.

Il computer invece «ha soltanto due dita», nel senso che ogni suo componente interno può assumere soltanto due stati diversi: o è attraversato da corrente elettrica (1) oppure non lo è (0).

Ecco perché i dati nel computer sono codificati mediante il **sistema di numerazione binario** (o **in base 2**), che utilizza soltanto le due **cifre binarie, o bit**: **0** e **1**.

! Dentro i computer tutti i **dati** sono rappresentati mediante **bit**, cioè cifre binarie 0 e 1.

Convertire i numeri da un sistema all'altro

Come il sistema decimale, anche il sistema binario è posizionale; le cifre binarie però sono associate, da destra verso sinistra, alle potenze crescenti di 2, anziché di 10.

Così nei numeri binari la cifra più a destra va moltiplicata per il fattore 2^0 (= 1), poi si prosegue verso sinistra con il fattore 2^1 (= 2), poi con il fattore 2^2 (= 4), poi con 2^3 (= 8), e così via.

Per esempio, il numero binario 10110 (che si legge «uno zero uno uno zero») corrisponde al numero decimale 22. Infatti:

$$\begin{aligned} 10110 &= (1 \times 2^4) + (0 \times 2^3) + (1 \times 2^2) + (1 \times 2^1) + (0 \times 2^0) \\ &= 16 + 0 + 4 + 2 + 0 = 22. \end{aligned}$$

Se si vuole invece convertire un numero dal sistema decimale a quello binario, l'algoritmo più semplice è questo: si divide il numero decimale per 2 e si registra il valore del resto (che varrà **0** oppure **1**); poi si applica la stessa procedura al quoziente della divisione; e così via, fino a quando si arriva a zero, trovando come resto **1**.

Il numero binario cercato è allora dato dall'elenco dei resti ottenuti, ma *in ordine inverso* rispetto a quello in cui li si è trovati.

Se per esempio si parte dal decimale 22, la procedura è la seguente:

22 : 2 = 11 con resto **0** ↑
11 : 2 = 5 con resto **1**
5 : 2 = 2 con resto **1**
2 : 2 = 1 con resto **0**
1 : 2 = 0 con resto **1**

Il risultato dell'ultima divisione, seguito dai resti *ordinati dal basso verso l'alto*, dà l'equivalente binario del numero decimale 22: è il numero binario **10110**.

Bit, byte e capacità di memoria

Abbiamo visto che nel computer i numeri sono rappresentati mediante i **bit 0 e 1**, equivalenti ai due stati dell'interruttore di una lampadina: spento vale 0, acceso 1.

Grazie all'uso del sistema binario, una serie di impulsi elettrici può spostare dati da un componente del computer all'altro, per esempio dal microprocessore alla memoria. Dunque **il bit è la più piccola unità di misura dell'informazione**.

Un'altra importante unità di misura è il **byte**, definito come **un gruppo di 8 bit**. Sono esempi di byte, quindi, 10010100 e 00110111.

Siccome ogni bit può assumere due valori diversi, con un byte si possono rappresentare $2^8 = 256$ valori diversi, per esempio i numeri interi in base 10 che vanno da 0 a 255.

Come vedremo tra poco, anche per rappresentare dati non numerici, come le lettere dell'alfabeto e altri simboli, è comodo usare gruppi di 8 bit. Il byte perciò è diventato il riferimento per misurare la **capacità di memoria** dei dispositivi elettronici.

! Il **byte** è una sequenza di 8 bit, per esempio 10001010.

Come mostra la **tabella 2.1**, le dimensioni dei documenti (o file) e la capacità dei supporti di memorizzazione in cui li conserviamo (come gli hard disk o le chiavette USB) si misurano in **kilobyte** (**kB**, pari a circa 1000 byte), **megabyte** (**MB**, pari a circa 1000 kB), **gigabyte** (**GB**, pari a circa 1000 MB) o **terabyte** (**TB**, pari a circa 1000 GB).

Tabella 2.1 Le unità con cui si misura la capacità di memoria dei supporti di memorizzazione.

unità di misura	simbolo	equivale a	pari a circa	può codificare
byte	B	8 bit		un carattere alfanumerico
kilobyte	kB	1024 byte = 2^{10} byte	10^3 byte	un terzo di una pagina di testo
megabyte	MB	1024 kilobyte = 1 048 576 byte = 2^{20} byte	10^6 byte	circa 300 pagine di testo
gigabyte	GB	1024 megabyte = 1 048 576 kilobyte = 2^{30} byte	10^9 byte	circa 300mila pagine di testo
terabyte	TB	1024 gigabyte = 1 048 576 megabyte = 2^{30} byte	10^{12} byte	circa 300 milioni di pagine di testo
petabyte	PB	1024 terabyte = 1 048 576 gigabyte = 2^{40} byte	10^{15} byte	circa 300 miliardi di pagine di testo

IN SINTESI

- Nei **dispositivi digitali** come i **computer** i dati sono rappresentati in forma numerica come sequenze di **bit 0 e 1**, le cifre del **sistema di numerazione binario**.
- Il **byte** è un insieme di 8 bit; con i suoi multipli kB, MB, GB, TB, PB è l'unità di misura della **capacità di memoria** dei dispositivi elettronici.

PAROLE > Dirlo in inglese

La parola «bit» è nata come contrazione di *binary digit*, cifra binaria. Ma in inglese *bit* è anche il passato del verbo *to bite* («mordere»); in senso figurato *bit* significa «piccola quantità», mentre *bite* è «un po' di cibo». Per dare un nome all'insieme di 8 bit si è scelta la parola *bite* ma, per evitare confusioni ortografiche con il *bit*, la *i* è stata cambiata in y: perciò oggi scriviamo *byte* (che si pronuncia bàit, proprio come *bite*).
Nello stesso spirito, un gruppo di 4 bit è chiamato *nibble* («morsettino»).

ESERCIZI

1 Osserva questo cruscotto di automobile. Indica nella tabella con **A** i dati che sono rappresentati in forma analogica e con **D** quelli in forma digitale.

velocità	
distanza percorsa	
livello della benzina	
giri del motore	
temperatura del motore	

2 Quale numero in base 10 equivale al binario 10001101?

....

3 Quale numero in base 2 equivale al decimale 155?

....

4 Quanti bit sono necessari per rappresentare nel sistema binario il numero 1000 del sistema decimale?

....

2.2 La rappresentazione dei numeri

Una **rappresentazione** è l'associazione tra un aspetto della realtà e una sequenza di simboli presi da un particolare alfabeto.

La parola «uovo», per esempio, è la rappresentazione di un particolare tipo di oggetto mediante le lettere dell'alfabeto italiano.

La parola «quattro» rappresenta, sempre con i simboli dell'alfabeto italiano, il concetto astratto di un numero.

Lo stesso concetto si rappresenta invece con il simbolo 4 quando si usa l'alfabeto del sistema decimale, i cui simboli sono le dieci cifre 0, 1, 2, 3, 4, 5, 6, 7, 8, 9.

L'alfabeto del computer consiste nelle sole due cifre 0 e 1, i possibili valori di un bit. Con questo alfabeto il concetto di «quattro» si rappresenta scrivendo 100.

In tutti i casi la rappresentazione usa un **codice** formato da un **alfabeto**, che fornisce i simboli con cui rappresentare il dato, e da una **semantica**, che dice come interpretare quei simboli.

Per i numeri in base 10 la semantica è data dalle potenze di 10 associate alla posizione di ciascuna cifra; per esempio, per il numero 4703 la corrispondenza è:

10^3	10^2	10^1	10^0
4	7	0	3

e significa che $4703 = 4\times10^3 + 7\times10^2 + 0\times10^1 + 3\times10^0 = 4000 + 700 + 0 + 3$.

In modo analogo, per i numeri binari la semantica è data dalle potenze di 2 associate alla posizione di ciascuna cifra. Per esempio, per il byte 10001101 la corrispondenza è:

2^7	2^6	2^5	2^4	2^3	2^2	2^1	2^0
1	0	0	0	1	1	0	1

e significa che $10001101 = 1\times2^7 + 0\times2^6 + 0\times2^5 + 0\times2^4 + 1\times2^3 + 1\times2^2 + 0\times2^1 + 1\times2^0$.

Per evitare ambiguità, quando si parla di numeri nelle diverse basi, specificheremo a volte la base che è stata usata aggiungendo un pedice alla fine del numero, cioè scrivendo per esempio 4703_{10} e 10001101_2.

> **!** **Codificare** un dato significa rappresentarlo con i simboli di un **alfabeto** interpretati in base a una **semantica**.

Le quattro operazioni con i numeri binari

I numeri rappresentati in forma binaria sono numeri a tutti gli effetti, su cui si può operare con procedimenti del tutto analoghi a quelli che siamo abituati ad applicare nel sistema decimale.

Per **sommare** due numeri binari, basta metterli in colonna e applicare le regole di base elencate qui a fianco.

Vediamo per esempio come si sommano in colonna i due numeri 11101 e 1101:

- **A.** si inizia dalla colonna delle unità (cioè dei 2^0): 1+1 in binario vale 10, perciò scriviamo 0 nella colonna delle unità e riportiamo l'1 nella colonna delle «decine»;
- **B.** nelle «decine», cioè nei 2^1, si ha quindi 1+(0+0), che vale 1 e non produce riporti;
- **C.** nelle «centinaia», cioè nei 2^2, si ha 1+1 e quindi 0 con riporto di 1;
- **D.** nelle «migliaia», cioè nei 2^3, si ha 1+1+1, cioè 11, e quindi 1 con riporto di 1;
- **E.** infine l'ultimo riporto di 1 si somma all'1 iniziale del primo addendo, perciò scriviamo 10 all'inizio del risultato.

> **!** Le **regole di somma tra numeri binari**:
> 0 + 0 = 0
> 0 + 1 = 1
> 1 + 0 = 1
> 1 + 1 = 10

A.
```
   1
 11101 +
  1101
 ------
     0
```

B.
```
 11101 +
  1101
 ------
    10
```

C.
```
   1
 11101 +
  1101
 ------
   010
```

D.
```
  1
 11101 +
  1101
 ------
  1010
```

E.
```
 11101 +
  1101
 ------
101010
```

Dunque l'operazione dà il risultato $11101_2 + 1101_2 = 101010_2$, che nella numerazione decimale equivale alla somma $29_{10} + 13_{10} = 42_{10}$.

Per fare le **sottrazioni** tra numeri binari basta tenere presente che 10 – 1 = 1; questo serve quando si deve prendere a prestito dalla colonna vicina.

Per esempio, per sottrarre 10101 da 111011 incolonniamo i due numeri e poi:

A. nella colonna delle unità si ha 1 – 1, perciò il risultato è 0;
B. nella colonna delle «decine» si ha 1 – 0, perciò il risultato è 1;
C. nella colonna delle «centinaia» si ha 0 – 1, perciò si deve prendere a prestito l'1 dalla colonna delle «migliaia» del minuendo e si ha 10 – 1, con risultato 1;
D. ora nelle «migliaia» del minuendo è rimasto 0, perciò si ha 0 – 0 e il risultato è 0;
E. infine nelle prime due colonne rimane 11 – 1, che dà come risultato 10.

```
A.            B.            C.            D.    0       E.
 111011 –      111011 –      111011 –      111011 –      111011 –
  10101         10101         10101         10101         10101
 ------        ------        ------        ------        ------
      0            10           110          0110        100110
```

Abbiamo così trovato che $111011_2 - 10101_2 = 100110_2$, vale a dire $51_{10} - 21_{10} = 30_{10}$.

La **moltiplicazione** dei numeri binari è più semplice di quella dei numeri decimali, perché le «tabelline» da ricordare si riducono a quelle elencate qui a fianco.

Vediamo per esempio come si ottiene il prodotto di 101 per 11:

```
 101 ×          101 ×          101 ×
  11             11             11
 ----           ----           ----
 101            101            101 +
               101            1010
                              ----
                              1111
```

A. moltiplico per 101 la seconda cifra di 11 e scrivo il risultato

B. moltiplico la prima cifra di 11 e scrivo il risultato spostato di una colonna

C. infine sommo colonna per colonna i due risultati parziali

! Le «tabelline» per la **moltiplicazione tra numeri binari**:
0 × 0 = 0
0 × 1 = 0
1 × 0 = 0
1 × 1 = 1

Abbiamo così trovato che $101_2 \times 11_2 = 1111_2$, il che in base 10 equivale a $5_{10} \times 3_{10} = 15_{10}$.

Infine, per fare **divisioni** tra numeri binari si usa il procedimento abituale, applicando le regole della moltiplicazione e quelle della sottrazione appena viste.

Ecco per esempio i passaggi da seguire se si vuole dividere 110010 per 10:

A. il quoziente inizia con 1 e si sottrae il divisore 10 dalle prime due cifre del dividendo, trovando come resto 1;
B. si «abbassa» la terza cifra del dividendo e si sottrae il divisore, con resto 0;
C. come terza cifra del quoziente si ha perciò 0, e di nuovo si ottiene resto 0;
D. un altro 0 nel quoziente, ma il resto ora è 1 (la cifra abbassata del dividendo);
E. l'ultima cifra abbassata dà proprio il divisore 10, perciò il quoziente termina con 1.

```
A.               B.               C.               D.               E.
110010 | 10      110010 | 10      110010 | 10      110010 | 10      110010 | 10
-10    | 1       -10    | 11      -10    | 110     -10    | 1100    -10    | 11001
 1                 10               10               10               10
                  -10              -10              -10              -10
                    0                00               00               00
                                    -00              -00              -00
                                      0                01               01
                                                      -00              -00
                                                        1                10
                                                                        -10
                                                                          0
```

Qui la divisione non produce resto e si ha $110010_2 : 10_2 = 11001_2$, vale a dire $26_{10} : 2_{10} = 13_{10}$.

I numeri con segno e il complemento a due

Finora abbiamo considerato soltanto numeri naturali, dando per scontato il loro segno positivo. Nel computer, però, vogliamo poter rappresentare tutti gli interi, quindi anche i numeri negativi.

Bisogna allora estendere il codice usato finora. Lo si può fare notando che i segni possibili – «più» e «meno» – sono due, proprio come i valori di un bit.

La scelta più naturale, dunque, è dedicare al segno il primo bit usato per rappresentare i numeri: diremo che nel primo bit il valore 0 rappresenta il segno +, mentre il valore 1 rappresenta il segno –.

Questa convenzione sul segno, però, non è di per sé sufficiente per portare a una buona rappresentazione dei numeri relativi. Vediamo perché.

Se per esempio abbiamo a disposizione in tutto 3 bit, avremmo infatti la seguente rappresentazione dei numeri di 2 bit con segno:

numeri positivi	+3	011	
	+2	010	
	+1	001	
	+0	000	non funziona!
numeri negativi	-0	100	
	-1	101	
	-2	110	
	-3	111	

Questa rappresentazione presenta un serio problema: lo zero è associato a due diversi numeri binari, 000 (lo «zero positivo») e 100 (lo «zero negativo»). In realtà, però, di zero ne esiste uno solo, e vogliamo poterlo rappresentare in modo univoco.

Per questa ragione per i numeri con segno negativo si usa una rappresentazione diversa, basata sull'operazione detta di **complementazione a due**.

Dato un numero binario di segno positivo, il corrispondente numero negativo si definisce in base al seguente algoritmo:

1. si cambiano tutti gli 0 in 1, e viceversa (complementazione a uno);
2. poi si aggiunge 1 al risultato (complementazione a due).

Così, per esempio, per passare dal numero +3 al numero –3 la procedura è:

011	numero positivo +3
100	complemento a 1
1	si aggiunge 1
101	numero negativo –3 in complemento a 2

Nel caso di 3 bit, allora, i numeri con segno sono rappresentati così:

numeri positivi	+3	011
	+2	010
	+1	001
	+0	000
numeri negativi in complemento a 2	-1	111
	-2	110
	-3	101
	-4	100

Con questa rappresentazione non c'è più ambiguità riguardo allo zero, che è sempre e soltanto associato a una sequenza di zeri; inoltre con 3 bit si possono rappresentare i numeri che vanno da –4 a +3, cioè in totale $2^3 = 8$ numeri diversi.

Più in generale, se si usano n bit (di cui il primo rappresenta il segno) si possono rappresentare i numeri con segno che vanno da -2^{n-1} a $(+2^{n-1}-1)$.

Così per esempio un byte, cioè un numero binario di 8 cifre, può rappresentare i numeri compresi tra –128 e +127.

I numeri binari con la virgola

Finora abbiamo parlato soltanto di interi, ma nel computer vogliamo poter rappresentare anche i **numeri con la virgola**, formati da una **parte intera** e da una **mantissa** o *parte frazionaria*. Nel numero 30,245, per esempio, 30 è la parte intera e 0,245 è la mantissa.

Nel sistema di numerazione binario, le cifre dopo la virgola vanno intese come moltiplicate per le potenze *negative* di 2. Così, per esempio, per il numero $110{,}101_2$ la semantica della rappresentazione è la seguente:

2^2	2^1	2^0		2^{-1}	2^{-2}	2^{-3}
1	1	0	,	1	0	1

Il numero in base 10 equivalente a questo numero binario si trova dunque sommando tutti i prodotti tra i bit e la corrispondente potenza di 2, così:

$$\begin{aligned}\mathbf{110{,}101_2} &= (1 \times 2^2) + (1 \times 2^1) + (0 \times 2^0) + (1 \times 2^{-1}) + (0 \times 2^{-2}) + (1 \times 2^{-3}) \\ &= 4 + 2 + 0 + 0{,}5 + 0 + 0{,}125 = \mathbf{6{,}625_{10}}\end{aligned}$$

Vediamo ora invece come si trova la rappresentazione binaria di un numero in base 10 con la virgola. Useremo come esempio il numero $\mathbf{23{,}8125_{10}}$.

Per la parte intera conosciamo già l'algoritmo da usare; si divide ripetutamente per 2, poi si prendono i resti in ordine inverso:

23 : 2 = 11 con resto 1
11 : 2 = 5 con resto 1
5 : 2 = 2 con resto 1
2 : 2 = 1 con resto 0
1 : 2 = 0 con resto 1 ↑

Dunque la parte intera del numero binario con la virgola sarà $10111_2 = 23_{10}$.

Per trovare le cifre binarie dopo la virgola, l'algoritmo è il seguente:

1. si prende la mantissa del numero in base 10 e la si moltiplica per 2: la parte intera del risultato sarà la prima cifra binaria dopo la virgola;
2. si ripete il punto **1**, però partendo dalla mantissa del risultato precedente: la parte intera di quella mantissa per 2 sarà la seconda cifra binaria dopo la virgola;
3. e così via, fino a quando dopo la virgola si trova zero: allora la procedura termina.

Nel caso del numero 23,8125 si parte dunque dalla mantissa 0,8125 e si procede così:

0,8125 × 2 = 1,625 : la prima cifra è 1
0,625 × 2 = **1**,25 : la seconda cifra è **1**
0,25 × 2 = **0**,5 : la terza cifra è **0**
0,5 × 2 = **1**,0 : la quarta cifra è **1** ↓
dopo la virgola ora c'è 0, perciò abbiamo terminato

Le cifre binarie dopo la virgola che cercavamo sono dunque le seguenti: **1101**.

In conclusione, mettendo insieme i due risultati ottenuti, abbiamo che:

$$\mathbf{23{,}8125_{10} = 10111{,}1101_2}$$

PAROLE > Virgola o punto?

Noi usiamo la virgola, ma è bene tenere presente che nei Paesi anglosassoni – dove ha avuto origine l'informatica – si usa invece il punto, *point* (mentre la virgola, *comma*, è usata per separare le migliaia, i milioni e così via, dove noi usiamo il punto).
In molte applicazioni informatiche, e in particolare quando si usano i linguaggi di programmazione, i numeri frazionari vanno perciò scritti con il punto al posto della virgola.

La rappresentazione a virgola mobile

Supponiamo di avere a disposizione per ogni numero binario uno spazio di memoria di 32 bit; questo è stato a lungo lo standard per le elaborazioni fatte sui personal computer.

Potremmo allora rappresentare i numeri binari nella loro forma più generale – cioè con segno e con cifre dopo la virgola – in questo modo:

1 bit segno	15 bit parte intera	16 bit mantissa
1	0 1 1 0 1 1 0 1 0 1 1 0 1 1 0	1 0 1 1 0 1 1 0 1 0 1 1 0 1 1 0

↑
virgola

Una rappresentazione come questa è detta **a virgola fissa** (*fixed point* in inglese): il primo bit è riservato per il segno, poi 15 bit sono riservati per la parte intera e 16 bit sono riservati per la mantissa.

Questo tipo di formato però è poco conveniente, in particolare perché non consente di rappresentare numeri molto grandi in valore assoluto: la parte intera, infatti, può valere al massimo $2^{15} = 32\,768$.

Se si volessero rappresentare numeri più grandi, bisognerebbe spostare verso destra la virgola; ma in questo modo si sacrificherebbe la precisione con cui sono rappresentati i numeri: la precisione infatti è data dal numero di cifre disponibili nella mantissa.

Una rappresentazione molto più efficace è quella a *virgola mobile* (*floating point*), che si basa sullo stesso principio della *notazione scientifica* in base 10.

Nella **notazione scientifica** qualsiasi numero è espresso spostando la virgola, così che nella parte intera vi sia una sola cifra (diversa da zero), e poi moltiplicando per un'opportuna potenza di 10 (dove l'esponente è il numero di posizioni di cui si è spostata la virgola, con segno negativo se lo spostamento è avvenuto verso sinistra).

Questo metodo consente di esprimere i dati numerici molto grandi o molto piccoli in forma compatta, senza perdere in precisione.

Così, per esempio, la massa della Terra in notazione scientifica $5{,}972 \times 10^{24}$ kg è molto più facile da gestire che non nella forma 5 972 000 000 000 000 000 000 000 kg.

In modo simile, la carica dell'elettrone in notazione scientifica $-1{,}602 \times 10^{-19}$ C è molto più maneggevole di quanto sarebbe nella forma –0,000 000 000 000 000 000 1602 C.

Nel caso dei numeri binari a 32 bit, un vantaggio analogo si può ottenere usando la **rappresentazione a virgola mobile** basata su segno, mantissa ed esponente:

1 bit segno	8 bit esponente	23 bit mantissa
1	0 1 1 0 1 1 0 1	1 0 1 1 0 0 1 0 1 1 0 1 1 0 1 1 0 1 1 0 1 1 1

! La codifica **floating point a 32 bit** riserva 1 bit per il segno, 8 bit per l'esponente e 23 bit per la mantissa.

Il numero binario rappresentato qui sopra è $-1{,}1011001011011010110111 \times 2^{1101101}$.

Nota che, mentre nella notazione scientifica in base 10 la parte intera può essere qualsiasi cifra da 1 a 9, nell'analogo binario la parte intera – visto che dev'essere diversa da zero – può valere soltanto 1.

Nella rappresentazione a virgola mobile, perciò, la parte intera del numero vale sempre 1, è data per implicita e non occorre riservarle un bit per memorizzarla.

Con il formato a virgola mobile a 32 bit si possono rappresentare numeri con esponente che va da –128 a +127. Infatti per memorizzare il segno dell'esponente serve uno dei suoi 8 bit; restano quindi 7 bit per il valore assoluto dell'esponente, che così può valere al massimo $2^7 = 128$.

Questo comunque significa che la virgola mobile permette di rappresentare un'ampia gamma di numeri positivi e negativi, con valori assoluti molto grandi e molto piccoli: infatti 2^{127} equivale all'incirca a 10^{38}, mentre 2^{-128} è all'incirca 10^{-39}.

Allo stesso tempo, anche la precisione migliora rispetto al formato a virgola fissa: siccome l'esponente richiede soltanto 8 bit, infatti, si possono memorizzare più cifre binarie della mantissa (23 bit invece di 16).

L'importanza della precisione

La rappresentazione dei numeri all'interno del computer avviene sempre con un numero finito, cioè limitato, di bit.

Questo significa che, diversamente che nella matematica, **nella computazione i numeri reali non esistono**. Il computer, anzi, può trattare in modo esatto soltanto un *sottoinsieme dei numeri razionali*; vediamo perché.

Certamente non è possibile rappresentare esattamente nel computer i numeri irrazionali come la radice quadrata di 2, $\sqrt{2} = 1{,}41421356237...$, che ha un numero di cifre decimali infinito e privo di periodicità.

Ma anche una semplice frazione come $1/3 = 0{,}3333333333... = 0{,}\overline{3}$ ha infinite cifre decimali, perciò nei calcoli digitali deve essere necessariamente approssimata.

Non è tutto: anche alcuni numeri a prima vista «insospettabili» creano problemi al momento di rappresentarli in forma binaria.

Se provi per esempio a convertire in binario il decimale 0,1 con l'algoritmo che hai imparato, scoprirai che il resto non è mai zero. Il calcolo non arriva mai a una fine e dà come risultato il numero binario 0,0**0011**0011**0011**0011**0011**..., dove il grassetto evidenzia il fatto che le cifre 0011 si ripetono periodicamente all'infinito.

In altre parole, dunque, $0{,}1_{10} = 0{,}0\overline{0011}_2$: perfino un semplice decimale come 0,1 non si può rappresentare come binario a virgola mobile, se non in modo approssimato.

Queste considerazioni fanno capire quanto sia importante nel calcolo computerizzato la *precisione*, cioè il numero di bit che si possono riservare per la mantissa.

Il formato a virgola mobile a 32 bit che abbiamo descritto – che riserva 1 bit di memoria per il segno, 8 bit per l'esponente e 23 bit per la mantissa – è chiamato **singola precisione** (*single precision*).

Grazie al progresso tecnologico, che ha fatto aumentare la potenza di calcolo e la memoria disponibile nei computer, oggi i personal computer – e anche i tablet e gli smartphone – lavorano spesso a 64 bit, cioè in **doppia precisione** (*double precision*).

In questo formato a virgola mobile ogni numero binario è rappresentato con 1 bit per il segno, 11 bit per l'esponente e 52 bit per la mantissa.

Quindi in doppia precisione il massimo valore assoluto dell'esponente che si può rappresentare è 8 volte più grande che in singola precisione; avere a disposizione 11 bit invece di 8, infatti, significa guadagnare un fattore $2^{(11-8)} = 2^3$.

La doppia precisione dunque permette di coprire una gamma maggiore di numeri sia grandi (esponente positivo) sia piccoli (esponente negativo).

Ma soprattutto, grazie a una mantissa con 29 bit in più (da 23 a 52), la doppia precisione è molto più affidabile quando si devono approssimare i numeri che è impossibile rappresentare in modo esatto.

! La **precisione** dei calcoli fatti al computer dipende dal numero dei bit riservati per la **mantissa**.

La numerazione esadecimale

I sistemi di numerazione in base 10 e in base 2, che abbiamo esplorato finora, non sono gli unici possibili.

Si può definire una numerazione usando qualsiasi numero naturale come base: per esempio, usiamo la base 12 o 24 per misurare le ore del giorno, e la base 60 per misurare i minuti e i secondi.

Nell'informatica è spesso comodo usare il **sistema esadecimale**, cioè la numerazione in base 16.

Questa rappresentazione dei numeri richiede un alfabeto di 16 simboli diversi; si usano allora le dieci cifre da 0 a 9 e le prime sei lettere maiuscole, da A a F, che rappresentano i numeri da 10 a 15 del sistema decimale:

le «cifre» del sistema esadecimale: 0 1 2 3 4 5 6 7 8 9 A B C D E F

Dopo la lettera F si passa a numeri di due cifre: l'esadecimale 10 è il numero decimale 16, l'esadecimale 11 è il numero decimale 17, e così via.

Nei numeri esadecimali con tre cifre, la cifra delle «centinaia» è il coefficiente di $16^2 = 256$; così, per esempio, $100_{16} = 256_{10}$.

! Nella numerazione **esadecimale** le cifre sono **0123456789ABCDEF**.

Che cosa rappresenta per esempio il numero esadecimale **A7B5**?
La semantica a cui fare riferimento è la seguente:

16^3	16^2	16^1	16^0
A	7	B	5

Dunque il numero decimale equivalente è dato da:

$$10\times16^3 + 7\times16^2 + 11\times16^1 + 5\times16^0 = 10\times4096 + 7\times256 + 11\times16 + 5 = 42\,933.$$

Così, con l'aiuto della calcolatrice, si trova che $\mathbf{A7B5_{16} = 42\,933_{10}}$.

Se invece si vuole convertire un numero decimale nel corrispondente esadecimale, bisogna usare il metodo delle divisioni successive, dividendo ogni volta per 16.

Per esempio, quale numero esadecimale equivale al decimale **35 982**?

Facendo le divisioni, si ottengono questi risultati:

$$\begin{aligned} \mathbf{35\,982} : 16 &= 2248 \text{ con resto } \mathbf{14} \\ 2248 : 16 &= 140 \text{ con resto } \mathbf{8} \\ 140 : 16 &= 8 \text{ con resto } \mathbf{12} \\ 8 : 16 &= 0 \text{ con resto } \mathbf{8} \end{aligned} \quad \uparrow$$

Prendendo i resti delle divisioni in ordine inverso, e ricordando che 12 = C e 14 = E, si trova il numero esadecimale 8C8E. Il risultato dunque è che $\mathbf{35\,982_{10} = 8C8E_{16}}$.

Molto più semplice è convertire i numeri dal sistema esadecimale a quello binario, e viceversa.

Infatti, siccome $16 = 2^4$, ogni cifra esadecimale si può esprimere nel sistema binario con 4 bit. La corrispondenza è riassunta nella **tabella 2.2**.

Di conseguenza, si ha che:

- per **convertire un numero esadecimale in binario**, basta sostituire a ogni cifra il corrispondente gruppo di 4 bit;
- per **convertire un numero binario in esadecimale**, si raggruppano a 4 a 4 i bit del numero, partendo da destra, poi si sostituisce a ogni gruppo la corrispondente cifra esadecimale.

Così, per esempio, si trova che $\mathbf{CA05_{16} = 1100101000000101_2}$. Infatti dalla **tabella 2.2**:

C	A	0	5
↓	↓	↓	↓
1100	1010	0000	0101

Tabella 2.2 I primi 16 numeri naturali nei tre sistemi decimale, binario ed esadecimale.

decimale (base 10)	binario (base 2)	esadecimale (base 16)
0	0000	0
1	0001	1
2	0010	2
3	0011	3
4	0100	4
5	0101	5
6	0110	6
7	0111	7
8	1000	8
9	1001	9
10	1010	A
11	1011	B
12	1100	C
13	1101	D
14	1110	E
15	1111	F

Vediamo ora invece come si trova il numero esadecimale equivalente al numero binario 100100100110110110.

Per prima cosa raggruppiamo i bit a 4 a 4, partendo da destra:

10 0100 1001 1011 0110

Poi aggiungiamo all'inizio gli zeri che servono per completare il primo gruppo, e infine usiamo le corrispondenze della **tabella 2.2**:

0010	0100	1001	1011	0110
↓	↓	↓	↓	↓
2	4	9	B	6

Abbiamo così trovato che $\mathbf{100100100110110110_2 = 249B6_{16}}$.

Come dimostrano questi esempi, il sistema esadecimale è comodo perché consente di rappresentare in modo compatto lunghe sequenze di bit, con regole semplici per la codifica e la decodifica dei dati al passaggio da un sistema all'altro.

IN SINTESI

- **Rappresentare** qualcosa significa codificarlo tramite i simboli di un **alfabeto**, che si possono interpretare in base a una **semantica**.
- I **numeri** sono rappresentati nel computer mediante i simboli **0 e 1** dell'alfabeto binario, la cui semantica è basata sulle potenze di 2.
- I **numeri con segno** si rappresentano usando un bit per il segno e la **complementazione a due** per passare da un numero positivo al corrispondente negativo.
- I **numeri con la virgola** si codificano con la **rappresentazione a virgola mobile**, analoga alla notazione scientifica per i numeri decimali, memorizzando separatamente il **segno**, l'**esponente** e la **mantissa**.
- I **numeri reali** si possono rappresentare nel computer soltanto in modo **approssimato**. Perciò quando si devono fare calcoli accurati è importante usare la **doppia precisione**, che riserva più bit per la mantissa rispetto alla singola precisione.
- Nel **sistema esadecimale**, o **in base 16**, i numeri si esprimono usando le cifre da 0 a 9 e le lettere da A a F. Ognuno di questi simboli equivale a 4 bit, perciò il codice esadecimale permette di rappresentare in modo compatto lunghe sequenze di bit.

ESERCIZI

1 Esegui queste operazioni tra numeri binari e scrivi il risultato.

10100 + 10111 = ...

11101 – 1111 = ...

1011 × 11 = ...

11110 : 11 = ...

2 Quali numeri interi con segno si possono rappresentare usando 16 bit?

....

3 Come si rappresenta in binario il numero -8_{10}?

....

4 Qual è in base 10 il numero con segno che equivale a 10000_2?

....

5 Quale numero in base 10 equivale a $100,001_2$?

....

6 Quale numero decimale equivale all'esadecimale 20A?

....

7 Come si esprime nel sistema esadecimale la sequenza di bit 1111111011011110?

....

2.3 I caratteri ASCII e Unicode

La tastiera ci permette di inserire nei computer **caratteri alfanumerici** che comprendono lettere dell'alfabeto, segni di punteggiatura e vari altri simboli.

Perché il computer possa riconoscere questi dati, però, bisogna che siano in forma di numeri binari; occorre perciò codificare i caratteri come sequenze di bit.

Per capire come ciò avvenga, ricordiamo che ciascun bit può assumere due valori, 0 oppure 1. Un gruppo di 2 bit perciò può assumere 2 × 2 = 4 valori diversi, un gruppo di 3 bit può assumere 2 × 2 × 2 = 8 valori diversi, e così via.

Un byte, formato da 8 bit, può dunque assumere $2^8 = 256$ valori diversi. I caratteri alfanumerici sono meno di 256, perciò li si può codificare associando a ciascuno un particolare valore di un byte: è ciò che fa il **codice ASCII** della **tabella 2.3**.

Come mostra la tabella, per esempio, nel codice ASCII la lettera **a** minuscola è il carattere associato al numero 97: quando digitiamo «a», perciò, il computer usa in realtà il numero binario 01100001 (97 in binario). Invece la a minuscola accentata, **à**, è il carattere con il codice 133; perciò nei computer è rappresentata dal byte 10000101.

ASCII (che si pronuncia *àski*) è l'acronimo di *American Standard Code for Information Interchange*, «codice standard americano per lo scambio di informazioni». Fu creato negli Stati Uniti nel 1963, come evoluzione del codice Morse usato fin dall'Ottocento per il telegrafo. Inizialmente era destinato alle macchine telescriventi, poi nel 1967 venne pubblicato uno standard a 7 bit, con tutti i simboli necessari per scrivere in inglese.

Nel 1981 l'IBM introdusse il byte di 8 bit, estendendo il codice con l'aggiunta di altri 128 caratteri, che permettono per esempio di scrivere anche le vocali accentate italiane.

Questo «ASCII esteso» fu adottato nel modello IBM 5150, il primo personal computer con sistema operativo MS-DOS, e divenne poi uno standard internazionale, riconosciuto da tutti i computer.

! Il **codice ASCII** rappresenta ciascun carattere alfanumerico con un byte.

Tabella 2.3 Il codice ASCII.

byte	cod.	carattere	byte	cod.	car.	byte	cod.	car.	byte	cod.	car.	byte	cod.	car.	byte	cod.	car.	byte	cod.	car.	byte	cod.	car.
00000000	0	Null character	00100000	32	space	01000000	64	@	01100000	96	`	10000000	128	Ç	10100000	160	á	11000000	192	└	11100000	224	Ó
00000001	1	Start of header	00100001	33	!	01000001	65	A	01100001	97	a	10000001	129	ü	10100001	161	í	11000001	193	┴	11100001	225	ß
00000010	2	Start of text	00100010	34	"	01000010	66	B	01100010	98	b	10000010	130	é	10100010	162	ó	11000010	194	┬	11100010	226	Ô
00000011	3	End of text	00100011	35	#	01000011	67	C	01100011	99	c	10000011	131	â	10100011	163	ú	11000011	195	├	11100011	227	Ò
00000100	4	End of transmission	00100100	36	$	01000100	68	D	01100100	100	d	10000100	132	ä	10100100	164	ñ	11000100	196	─	11100100	228	õ
00000101	5	Enquiry	00100101	37	%	01000101	69	E	01100101	101	e	10000101	133	à	10100101	165	Ñ	11000101	197	┼	11100101	229	Õ
00000110	6	Acknowledgement	00100110	38	&	01000110	70	F	01100110	102	f	10000110	134	å	10100110	166	ª	11000110	198	ã	11100110	230	µ
00000111	7	Audible bell	00100111	39	'	01000111	71	G	01100111	103	g	10000111	135	ç	10100111	167	º	11000111	199	Ã	11100111	231	þ
00001000	8	Backspace	00101000	40	(	01001000	72	H	01101000	104	h	10001000	136	ê	10101000	168	¿	11001000	200	╚	11101000	232	Þ
00001001	9	Horizontal tab	00101001	41	)	01001001	73	I	01101001	105	i	10001001	137	ë	10101001	169	®	11001001	201	╔	11101001	233	Ú
00001010	10	Line feed	00101010	42	*	01001010	74	J	01101010	106	j	10001010	138	è	10101010	170	¬	11001010	202	╩	11101010	234	Û
00001011	11	Vertical tab	00101011	43	+	01001011	75	K	01101011	107	k	10001011	139	ï	10101011	171	½	11001011	203	╦	11101011	235	Ù
00001100	12	Form feed	00101100	44	,	01001100	76	L	01101100	108	l	10001100	140	î	10101100	172	¼	11001100	204	╠	11101100	236	ý
00001101	13	Carriage return	00101101	45	-	01001101	77	M	01101101	109	m	10001101	141	ì	10101101	173	¡	11001101	205	═	11101101	237	Ý
00001110	14	Shift out	00101110	46	.	01001110	78	N	01101110	110	n	10001110	142	Ä	10101110	174	«	11001110	206	╬	11101110	238	¯
00001111	15	Shift in	00101111	47	/	01001111	79	O	01101111	111	o	10001111	143	Å	10101111	175	»	11001111	207	¤	11101111	239	´
00010000	16	Data link escape	00110000	48	0	01010000	80	P	01110000	112	p	10010000	144	É	10110000	176	░	11010000	208	ð	11110000	240	≡
00010001	17	Device control 1	00110001	49	1	01010001	81	Q	01110001	113	q	10010001	145	æ	10110001	177	▒	11010001	209	Ð	11110001	241	±
00010010	18	Device control 2	00110010	50	2	01010010	82	R	01110010	114	r	10010010	146	Æ	10110010	178	▓	11010010	210	Ê	11110010	242	‗
00010011	19	Device control 3	00110011	51	3	01010011	83	S	01110011	115	s	10010011	147	ô	10110011	179	│	11010011	211	Ë	11110011	243	¾
00010100	20	Device control 4	00110100	52	4	01010100	84	T	01110100	116	t	10010100	148	ö	10110100	180	┤	11010100	212	È	11110100	244	¶
00010101	21	Negative acknowl.	00110101	53	5	01010101	85	U	01110101	117	u	10010101	149	ò	10110101	181	Á	11010101	213	ı	11110101	245	§
00010110	22	Synchronous idle	00110110	54	6	01010110	86	V	01110110	118	v	10010110	150	û	10110110	182	Â	11010110	214	Í	11110110	246	÷
00010111	23	End of trans. block	00110111	55	7	01010111	87	W	01110111	119	w	10010111	151	ù	10110111	183	À	11010111	215	Î	11110111	247	¸
00011000	24	Cancel	00111000	56	8	01011000	88	X	01111000	120	x	10011000	152	ÿ	10111000	184	©	11011000	216	Ï	11111000	248	°
00011001	25	End of medium	00111001	57	9	01011001	89	Y	01111001	121	y	10011001	153	Ö	10111001	185	╣	11011001	217	┘	11111001	249	¨
00011010	26	Substitute	00111010	58	:	01011010	90	Z	01111010	122	z	10011010	154	Ü	10111010	186	║	11011010	218	┌	11111010	250	·
00011011	27	Escape	00111011	59	;	01011011	91	[	01111011	123	{	10011011	155	ø	10111011	187	╗	11011011	219	█	11111011	251	¹
00011100	28	File separator	00111100	60	<	01011100	92	\	01111100	124	|	10011100	156	£	10111100	188	╝	11011100	220	▄	11111100	252	³
00011101	29	Group separator	00111101	61	=	01011101	93	]	01111101	125	}	10011101	157	Ø	10111101	189	¢	11011101	221	¦	11111101	253	²
00011110	30	Record separator	00111110	62	>	01011110	94	^	01111110	126	~	10011110	158	×	10111110	190	¥	11011110	222	Ì	11111110	254	■
00011111	31	Unit separator	00111111	63	?	01011111	95	_	01111111	127	Delete	10011111	159	ƒ	10111111	191	┐	11011111	223	▀	11111111	255	nbsp

Unicode, il codice universale

Il codice ASCII è nato negli Stati Uniti per codificare caratteri basati sull'alfabeto latino.

Ma se si vogliono rappresentare anche i caratteri greci, cirillici, arabi, cinesi, giapponesi e così via, non bastano 8 bit: quei simboli sono molto più numerosi dei 256 codici diversi resi disponibili da un byte.

Con la globalizzazione dell'informatica si è reso necessario un codice più generale: quello più usato oggi è l'**Unicode**, un codice **a 16 bit** introdotto nel 1991.

In Unicode ogni carattere alfanumerico è codificato cioè da 2 byte, il che significa che si possono rappresentare 2^{16} = 65 536 simboli diversi. Ciò permette di rappresentare più di 130 lingue diverse, che complessivamente usano un numero di simboli molto minore di 2^{16}; perciò l'Unicode è un buon codice *universale* per la comunicazione umana tramite i computer.

! In **Unicode** ogni carattere alfanumerico è rappresentato da due byte.

Non possiamo riprodurre qui l'intero codice Unicode: occuperebbe molte decine di pagine del libro!

A titolo di esempio, la lettera **a** minuscola è codificata in Unicode come 00000000 01100001, mentre la accentata **à** diventa 00000000 11110000.

Quando si usa un elaboratore di testi, oltre ai simboli presenti sulla tastiera si possono inserire nei documenti migliaia di caratteri Unicode, come nell'esempio della **figura 2.2**.

Unicode, implementazione ufficiale dello standard internazionale ISO/IEC 10646, è oggi supportato da tutti i principali sistemi operativi e browser web.

Ciò significa che un'applicazione software o un sito Internet basati su Unicode saranno fruibili da computer di tutto il mondo, in lingue diverse, senza che si debbano riscrivere i programmi per ogni singolo Paese.

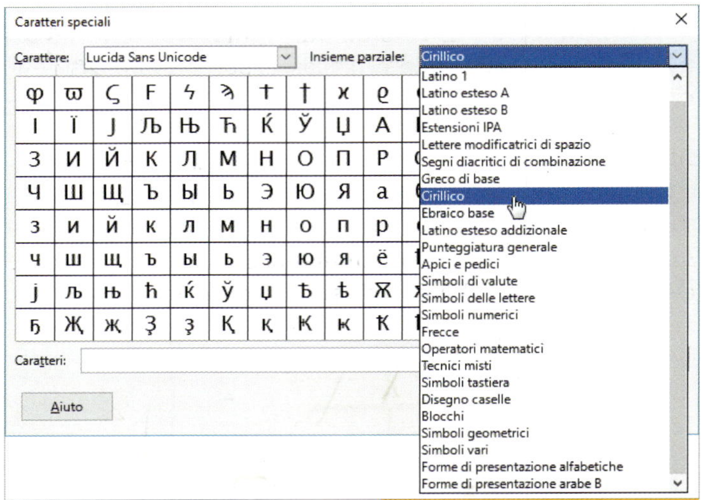

Figura 2.2 Esempi di caratteri Unicode disponibili in un elaboratore di testi.

IN SINTESI

- I computer, oltre a eseguire calcoli, possono elaborare dati non numerici grazie alla codifica dei caratteri alfanumerici in formato binario.
- Il primo sistema per codificare i caratteri è stato il **codice ASCII** a 8 bit. Il più recente **Unicode** è un codice a 16 bit che permette di codificare i simboli di tutti i linguaggi del mondo.

ESERCIZI

1 Qual è il numero massimo di simboli diversi che si può codificare usando 5 bit?

....

2 Il nostro alfabeto è formato da 5 vocali e 16 consonanti. Qual è il numero minimo di bit con cui si potrebbero codificare i caratteri dell'alfabeto minuscolo e maiuscolo, incluse le vocali accentate?

....

3 Scrivi la sequenza di bit che rappresenta il testo «Ciao!» nel codice ASCII.

....

4 Quanti bit sono necessari per rappresentare la frase «Come stai?» in Unicode? Tieni presente che anche lo spazio tra le parole è un particolare carattere alfanumerico.

....

2.4 Le immagini in formato digitale

Come i testi, anche le **immagini** si possono digitalizzare, tanto che oggi quasi tutte le macchine fotografiche e le videocamere sono dispositivi digitali.

Anche le immagini, per essere gestite dal computer, devono essere rappresentate come sequenze di 0 e 1.

Il primo passo è suddividere l'immagine in una griglia di quadratini, chiamati **punti** o **pixel** (da *picture element*, «elemento di immagine»). Se i pixel sono sufficientemente piccoli, il nostro occhio non li distingue e vede un'immagine priva di discontinuità.

Se l'immagine ha soltanto i due colori **bianco e nero**, la si può codificare assegnando il bit 1 a ogni punto bianco e il bit 0 a ogni punto nero.

Un computer, per esempio, può memorizzare l'immagine della figura 2.3 a 1 bit per pixel con questa sequenza di cifre binarie (iniziando in alto a sinistra e leggendo per righe): 1011 0001 1011 1001.

Per mostrare a schermo un'immagine come questa, la scheda video del computer legge i bit e accende (valore 1) o lascia spenti (valore 0) i quadratini della griglia di pixel che forma il monitor.

Di solito, in realtà, le immagini che chiamiamo «in bianco e nero» non hanno soltanto quei due colori ma sono **in scala di grigio**: i loro pixel possono cioè assumere anche 254 diverse sfumature di grigio, per un totale di 256 = 2^8 colori diversi.

Rispetto alle immagini in bianco e nero, quelle in scala di grigio contengono più informazione, perciò in un computer occupano più spazio di memoria: richiedono 1 byte, cioè 8 bit, per la codifica di ciascun pixel, come mostra l'esempio della figura 2.4.

Figura 2.3 Un'immagine in bianco e nero digitalizzata in una griglia di 4 x 4 pixel.

157	153	174	158	150	152	129	151	172	151	155	156
155	182	153	74	76	62	83	17	110	210	180	154
180	180	50	14	34	6	10	83	48	106	159	181
206	109	5	124	131	111	120	204	166	15	56	180
134	68	137	251	237	239	239	228	227	87	71	201
172	105	207	233	233	214	220	239	228	98	74	206
188	88	179	209	185	215	211	158	139	75	20	169
189	97	165	84	10	168	134	11	31	62	22	148
169	168	191	193	158	227	178	143	182	106	36	190
205	174	155	252	236	231	149	178	228	43	95	234
190	216	116	149	236	187	86	150	79	38	218	241
190	224	147	108	227	210	127	102	36	101	255	224
190	214	173	66	103	143	96	50	2	109	249	215
187	196	236	75	1	85	47	0	6	217	256	211
183	202	237	145	0	0	12	108	200	138	243	236
196	206	123	207	177	121	123	200	175	13	96	218

Figura 2.4 Un'immagine in scala di grigio; a destra si può vedere il valore decimale del byte usato per codificare ciascun pixel.

Le immagini a colori

Per codificare in formato digitale le **immagini a colori** si usa il metodo **RGB** (*red, green and blue*).

La tecnica si basa sul fatto che **rosso**, **verde** e **blu** sono i tre **colori primari** per la cosiddetta *sintesi additiva* dei colori.

Qualsiasi colore infatti si può riprodurre sovrapponendo tre fasci di luce di colore rosso, verde e blu, dando opportune intensità a ciascuno dei tre colori primari. In particolare, se il nostro occhio è colpito simultaneamente da luci rossa, verde e blu ugualmente intense, allora vediamo il colore bianco.

Sugli schermi dei dispositivi elettronici, così, ogni pixel ha tre minuscole sorgenti di luce dei colori primari (figura 2.5).

Il computer controlla il colore di ogni pixel facendo variare l'intensità di ciascuna delle tre luci corrispondenti.

I singoli pixel non sono distinguibili a occhio nudo, ma li si può riconoscere usando una buona lente d'ingrandimento.

Figura 2.5 Ingrandimento dei pixel di uno schermo a LED.

Per ciascuno dei tre colori primari si usano 128 gradazioni di intensità, come nel caso della scala di grigio. A ciascun pixel perciò sono associati 3 byte (uno per R, uno per G e uno per B), quindi un totale di 24 bit per pixel.

Il colore rosso puro per esempio si ottiene con la luce rossa accesa alla massima intensità e le luci verde e blu spente: il codice binario del rosso perciò è 11111111 00000000 00000000 (**figura 2.6**).

Con tutte le luci accese alla massima intensità si ottiene il bianco, mentre con tutte le luci spente si ha il nero.

! Le immagini sugli schermi dei computer sono basate sulla **sintesi additiva** dei colori primari **RGB**.

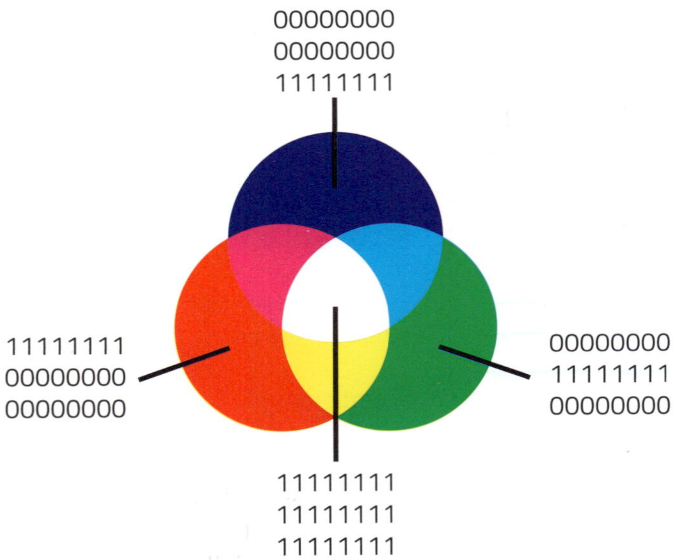

Figura 2.6 La sintesi additiva dei tre colori primari RGB codificata a 24 bit.

Il metodo RGB appena descritto è più che adeguato per riprodurre sullo schermo di un computer qualsiasi immagine a colori. Con 24 bit infatti si possono generare 2^{24} diversi colori, cioè *oltre 16 milioni* di sfumature diverse, un numero maggiore di quello che l'occhio umano è in grado di distinguere.

Per stampare sulla carta si deve usare invece la *sintesi sottrattiva*, basata su inchiostri dei colori primari ciano, magenta e giallo, complementari ai colori RGB, che sovrapposti danno il nero. Le stampanti hanno anche una quarta cartuccia di colore nero, perché sarebbe costoso ottenerlo sovrapponendo gli altri tre inchiostri.

La risoluzione delle immagini

La **risoluzione** di un'immagine misura la sua qualità visiva, intesa come la quantità di dettagli che essa contiene.

L'elemento principale che determina la risoluzione è il **numero dei pixel** che compongono l'immagine. La **figura 2.7** esemplifica l'aumento di ricchezza di dettagli di un'immagine al crescere del numero dei pixel usati per rappresentarla.

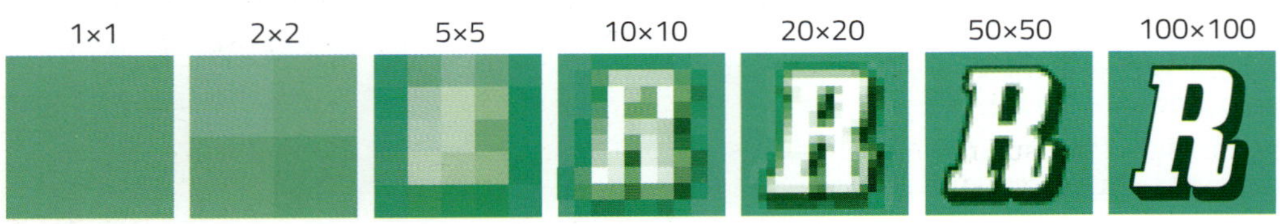

Figura 2.7 La stessa immagine a diverse risoluzioni (in pixel orizzontali x pixel verticali).

Lo **spazio di memoria** occupato nei computer dalle immagini digitali è proporzionale alla loro risoluzione in pixel.

Per esempio, una foto a colori larga 1600 pixel e alta 900 pixel ha un «peso» informatico pari a:

$$1600 \times 900 \times 24 \text{ bit} = 34\,560\,000 \text{ bit} = 4\,320\,000 \text{ byte} = 4{,}12 \text{ MB}$$

(l'ultima uguaglianza tiene conto del fatto che 1 MB = 1024 kB e 1 kB = 1024 B).

Ma se la foto è grande il doppio, ossia è larga 3200 pixel e alta 1800 pixel, allora il numero totale dei pixel *quadruplica* e l'immagine occuperà uno spazio di memoria quattro volte più grande, cioè 16,48 MB.

I display dei telefonini possono mostrare immagini con una risoluzione massima pari al numero dei pixel che formano lo schermo. Come mostra la **figura 2.8**, si può andare da 240 × 320 pixel fino a 1440 × 2560 pixel; quest'ultima è una risoluzione simile a quella del monitor dei personal computer portatili.

Figura 2.8 Le risoluzioni del display di due telefoni cellulari.

I grafici misurano la risoluzione delle immagini digitali in **dpi** o **ppi**, dall'inglese *dots per inch* (punti per pollice) o *pixels per inch* (pixel per pollice), dove 1 pollice = 2,54 cm. L'unità dpi è usata comunemente per misurare la risoluzione degli scanner e delle stampanti.

Le immagini stampate in questo libro, per esempio, hanno una risoluzione tipica di 300 dpi; ci sono cioè 300 punti colorati ogni 2,54 cm. Dunque i punti distano tra loro meno di un decimo di millimetro, che è la distanza minima che l'occhio umano può distinguere; ecco perché le immagini appaiono continue e non «puntinate».

Sensori e megapixel

Il termine pixel indica un'unità elementare di immagine non soltanto nella riproduzione a schermo, ma anche nella «cattura» delle immagini con le **fotocamere digitali**.

La loro risoluzione è indicata spesso in **megapixel**, cioè milioni di pixel. In questo caso si fa riferimento al numero totale dei pixel presenti sul sensore rettangolare della fotocamera (**figura 2.9**).

Se per esempio il sensore ospita 4000 pixel in larghezza e 3000 pixel in altezza, in totale ha 4000 × 3000 = 12 000 000 pixel = 12 megapixel.

Ciascun pixel del sensore è un minuscolo dispositivo elettronico che riconosce (e memorizza sul computer della fotocamera) il colore della luce che lo colpisce.

Una fotografia digitale è l'insieme dei dati che i pixel del sensore registrano in formato RGB a 24 bit.

Quando scattiamo una fotografia digitale, la sua risoluzione massima è determinata dalla risoluzione (cioè dalle dimensioni in pixel) del sensore della fotocamera.

Così, per esempio, una fotocamera con un sensore di risoluzione pari a 3 megapixel può catturare al massimo, nel formato 4:3, immagini formate da 2000 × 1500 pixel.

Il passaggio dall'unità di misura megapixel ai dpi non è banale e richiede attenzione. Se per esempio una foto ha dimensioni 20 × 15 centimetri a 300 dpi, a quanti megapixel corrisponde?

1 pollice = 2,54 cm, perciò 20 × 15 centimetri equivalgono a circa 8 × 6 pollici. Dunque a 300 dpi la foto è formata da circa (300 × 8) × (300 × 6) pixel = 2400 × 1800 pixel, pari a 4,32 megapixel.

Figura 2.9 Il sensore di una fotocamera digitale.

Immagini e algoritmi

La **figura 2.10** aiuta a capire che cosa accade quando **si ingrandisce un'immagine** al computer o sullo schermo di un telefonino.

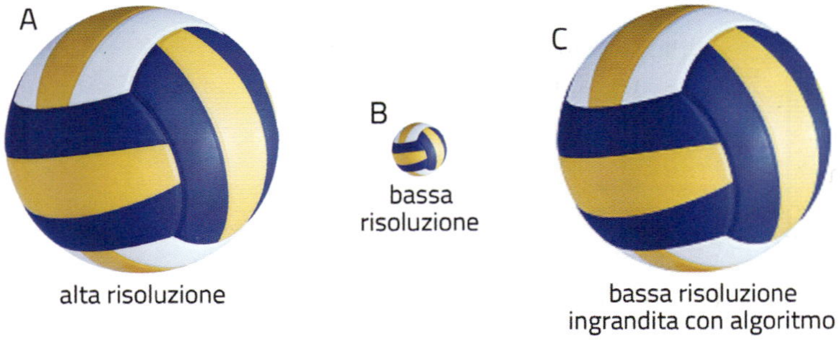

Figura 2.10 Se si ingrandisce al computer un'immagine a bassa risoluzione (B), un algoritmo di interpolazione produce nuovi pixel (C).

La foto A, ad alta risoluzione, è il termine di paragone; la foto B è la stessa immagine a bassa risoluzione, cioè formata da un numero molto minore di pixel.

Volendo ingrandire l'immagine B alle dimensioni della A, si potrebbe far semplicemente diventare più grande ciascuno dei pixel: i pixel diventerebbero quadratini visibili a occhio nudo e formerebbero margini seghettati al confine tra i diversi colori.

Se invece si ingrandisce la stessa B con lo *zoom* di un telefonino o usando un programma di editing grafico su un pc, si vedrà qualcosa di simile all'immagine C: il computer ha applicato un algoritmo di *interpolazione*, cioè ha aggiunto tra i pixel dell'originale molti altri pixel con sfumature di colore intermedie.

Come risultato dell'algoritmo, il numero finale dei pixel ora è uguale a quello della foto A ad alta risoluzione. La qualità della C però è inferiore (perché la B di partenza era povera di dettagli) e i margini tra i colori sono visibilmente meno netti.

La **figura 2.11** invece mostra un esempio di **applicazione di un filtro**: l'immagine originale (a sinistra) è stata trasformata nel suo *negativo* (a destra).

Per ottenere questo risultato basta trasformare tutti i colori nei colori *complementari*, e l'algoritmo da applicare è semplicissimo: nel codice binario per il colore di ciascun pixel si sostituisce ogni 0 con 1 e ogni 1 con 0.

Un terzo esempio di elaborazione di un'immagine mediante un algoritmo è illustrato dalla **figura 2.12**.

Il **formato GIF** (*Graphics Interchange Format*) è un metodo per la codifica a 8 bit delle immagini a colori.

Se si apre con un'applicazione grafica l'immagine a 24 bit mostrata a sinistra, e poi la si salva in formato GIF, si ottiene il risultato visibile a destra.

L'algoritmo applicato dall'applicazione in questo caso consiste nell'analizzare il contenuto dell'immagine originale e nel selezionare, dalla tavolozza di milioni di colori a 24 bit, i 256 colori più adatti per rappresentare a 8 bit quella particolare immagine.

Il vantaggio è che l'immagine in formato GIF è più «leggera»: occupa un terzo dello spazio di memoria, giacché per ogni pixel si memorizza 1 byte invece di 3.

Lo svantaggio, visibile se si esamina attentamente l'immagine a destra nella **figura 2.12**, è che con una tavolozza di soli 256 colori non si possono riprodurre fedelmente le sfumature di colore.

Figura 2.11 L'applicazione di un filtro che trasforma i colori nei loro complementari.

Figura 2.12 Una foto a 24 bit e la sua versione GIF a 8 bit. In questa immagine la perdita di qualità si nota soprattutto nelle sfumature di giallo.

IN SINTESI

- Le **immagini digitali** sono formate da moltissimi piccoli **pixel**, a ciascuno dei quali è associato un colore.
- Le immagini in **scala di grigio** sono codificate con **8 bit** per pixel, quelle **a colori** con **24 bit** per pixel, in base allo schema di **sintesi additiva RGB** che usa i tre **colori primari** rosso, verde e blu.
- Il numero dei pixel determina la **risoluzione** e quindi la qualità di un'immagine. Lo **spazio di memoria** occupato da un'immagine RGB è pari alla sua risoluzione in pixel moltiplicata per 24 bit.
- Esistono moltissimi **algoritmi per l'elaborazione delle immagini**, che consentono per esempio di salvare un'immagine in formati diversi o di effettuare operazioni di fotoritocco.

ESERCIZI

1 Quanto spazio di memoria occupa, in kilobyte, un'immagine RGB a 24 bit larga 720 pixel e alta 576 pixel? Ricorda che 1 kB = 1024 byte.

....

2 Osserva queste due immagini digitali allontanando il libro dagli occhi: vedrai la lettera di sinistra «seghettata», mentre quella a destra apparirà più gradevolmente smussata.

a. Quale tra le due immagini ha la risoluzione migliore, e perché?

....

b. Quale tra le due immagini occuperà più spazio nella memoria di un computer, e perché?

....

3 Qual è il codice binario del colore *nero* nel sistema RGB a 24 bit?

....

4 Qual è il codice binario RGB del colore complementare del verde?

....

5 Questa piccola foto del presidente Usa Abraham Lincoln  è esattamente la stessa immagine della **figura 2.4**, qui stampata a 100 dpi. Qual è la sua risoluzione in pixel?

....

6 Lo schermo di uno smartphone consuma più energia elettrica quando è tutto bianco oppure quando mostra una scacchiera bianca e nera, e perché?

....

....

7 Nella sintesi additiva RGB, la somma di blu e rosso produce il colore magenta, la somma di blu e verde produce il colore ciano e la somma di verde e rosso produce il colore giallo. Completa la figura scrivendo i due codici binari che identificano il ciano e il giallo.

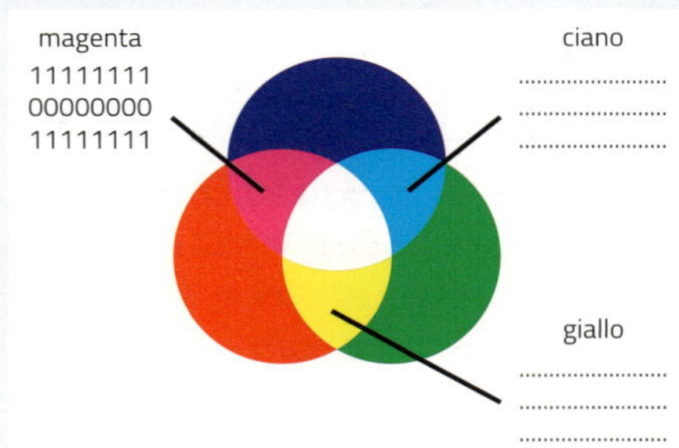

8 Sai dire in che modo l'immagine a destra qui sotto è stata prodotta a partire dalla foto a sinistra?

....

....

....

2.5 I suoni in formato digitale

I suoni sono un esempio di segnale *analogico*: le onde sonore infatti sono variazioni continue di pressione che si propagano nell'aria.

Per poter memorizzare, elaborare o trasmettere suoni mediante un computer, perciò, bisogna per prima cosa *digitalizzare* le onde sonore, trasformandole in sequenze di cifre binarie.

Per convertire un suono da analogico a numerico se ne fa un **campionamento**, cioè si misura a intervalli di tempo regolari l'ampiezza dell'onda sonora.

La sequenza dei numeri così ottenuti costituisce il segnale digitale che, al momento della riproduzione e dell'ascolto, sarà usato per ricostruire un'onda sonora simile all'originale.

Il numero di misurazioni al secondo è detto **frequenza di campionamento** e si misura in hertz (Hz), di solito attraverso il multiplo **kilohertz** (1 kHz = 1000 campioni al secondo).

Nella **figura 2.13** la curva blu rappresenta la variazione dell'ampiezza di un'onda sonora al passare del tempo, rappresentato lungo l'asse delle ascisse.

A sinistra, nell'intervallo di tempo considerato, il suono è campionato 8 volte; l'onda sonora digitalizzata consiste perciò in una sequenza di 8 numeri, il che equivale ad approssimare la curva blu con la linea spezzata rossa.

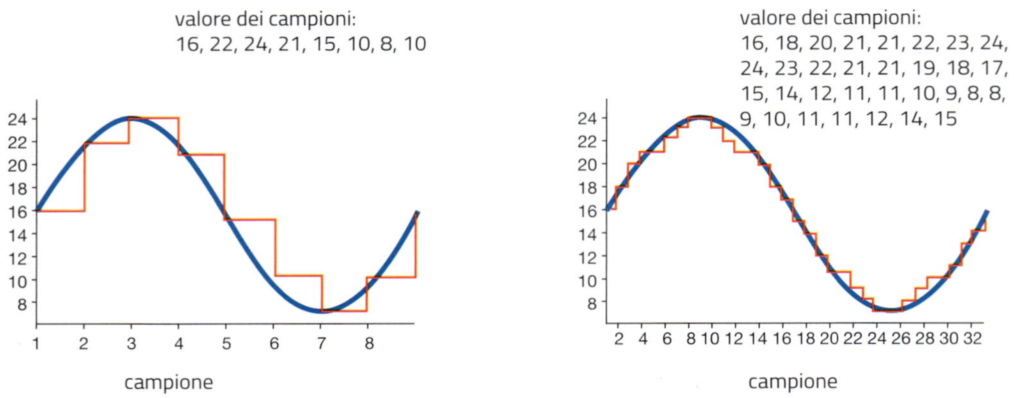

Figura 2.13 La qualità della digitalizzazione di un segnale analogico migliora al crescere della frequenza di campionamento.

A destra lo stesso intervallo di tempo è campionato 32 volte; ora la linea spezzata rossa è diventata molto più simile alla curva blu. La qualità del suono digitalizzato dunque migliora al crescere della frequenza di campionamento, il che richiede però più spazio di memoria: ora bisogna registrare 32 numeri anziché 8.

Per una data frequenza di campionamento, la qualità del suono digitalizzato cresce con il numero di bit riservati per ciascun campione, la cosiddetta **risoluzione** o **profondità di bit**.

Puoi vederlo nella **figura 2.14**, dove l'istogramma rosso rappresenta l'ampiezza dell'onda sonora – cioè il volume del suono – nel segnale digitalizzato.

Se si usano 2 bit (come a sinistra), ogni campione ha un valore scelto tra 4 possibili valori e l'istogramma fornisce un'approssimazione assai grezza.

Se però si raddoppia il numero di bit (a destra), i valori possibili dell'ampiezza diventano 16 e l'istogramma approssima molto meglio la forma dell'onda.

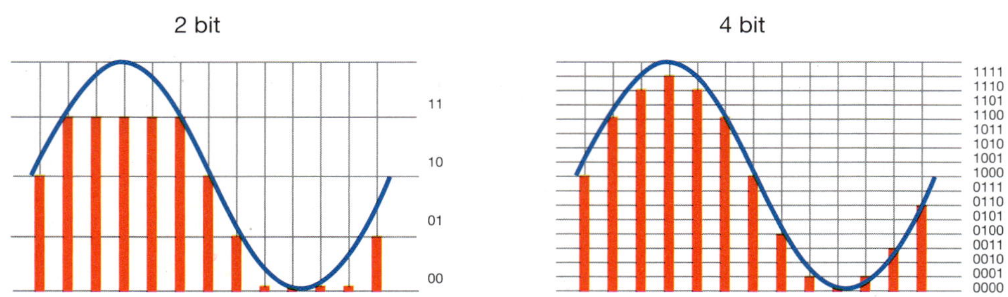

Figura 2.14 Per una data frequenza di campionamento, la qualità della digitalizzazione migliora con il numero di bit utilizzati.

Dunque la qualità del suono digitalizzato migliora sia al crescere della frequenza di campionamento, sia al crescere della profondità di bit.

La musica memorizzata nei *compact disc* audio è campionata a 44,1 kHz e 16 bit. Ciò significa che un minuto di musica stereofonica (cioè con due canali audio) richiede uno spazio di memoria pari a:

$$2 \times (44\,100 \text{ Hz}) \times (16 \text{ bit}) \times (60 \text{ s}) = 84\,672\,000 \text{ bit} = 10\,584\,000 \text{ byte} \cong 10 \text{ MB}.$$

Ecco perché i CD audio, che hanno una capacità di memoria di circa 700 MB, possono contenere poco più di un'ora di musica.

IN SINTESI

- I **suoni digitali** si ottengono attraverso il **campionamento** dei segnali audio analogici.
- La **qualità dell'audio digitale** aumenta al crescere della **frequenza di campionamento** e della **risoluzione**, ossia del numero di bit memorizzati per ciascun campione.

Fare editing audio

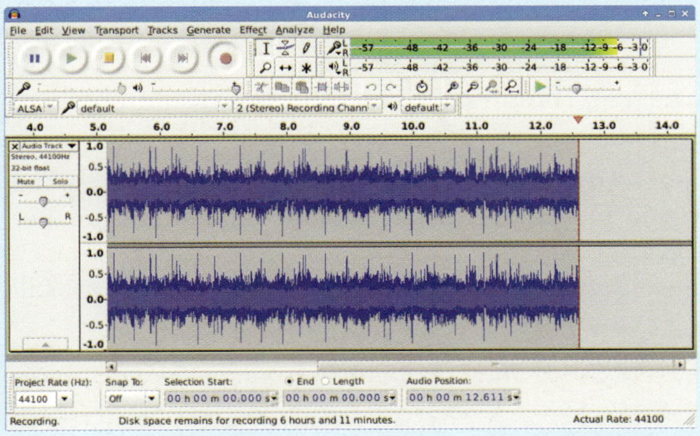

Un'ottima applicazione open source gratuita per l'editing multitraccia di file audio con il personal computer è Audacity, che si può scaricare dal sito www.audacityteam.org. Audacity consente di registrare suoni da microfono, da mixer o anche da sorgenti in streaming. Bastano poi pochi minuti per imparare a usare le funzioni di base per l'editing dei file, come il ritaglio di un frammento sonoro, l'aggiunta di effetti di dissolvenza o il montaggio di più suoni.

ESERCIZI

1 Quanti diversi valori può assumere l'ampiezza dell'onda sonora memorizzata in un CD audio a 16 bit?

....

2 Quanti campioni sonori ci sono per ogni secondo di audio nella traccia memorizzata in un CD a 44,1 kHz?

....

3 Quanto spazio di memoria serve per memorizzare su un computer una traccia di un CD audio che dura 3 minuti?

....

4 La traccia blu e la traccia gialla della figura qui sotto sono il risultato di due diverse digitalizzazioni di uno stesso brano musicale. Quale traccia corrisponde a una frequenza di campionamento maggiore, e da che cosa lo si capisce?

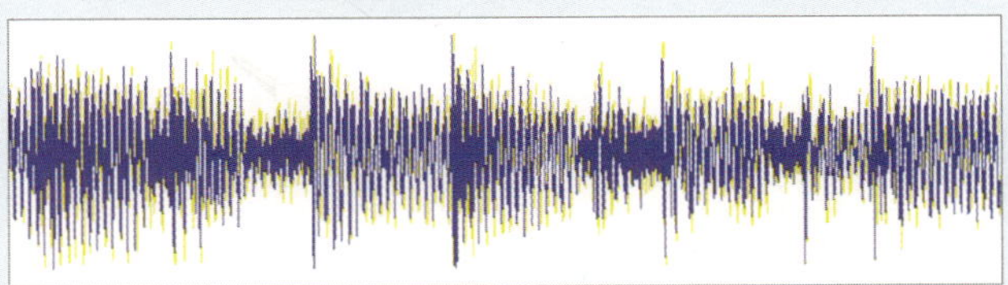

....

....

....

2.6 La compressione dei dati

Un filmato, per apparire fluido, deve avere almeno 24 fotogrammi al secondo. Ogni fotogramma è un'immagine a colori con una risoluzione, diciamo, di 640 × 480 pixel; occupa perciò uno spazio di memoria pari a 640 × 480 × 24 bit = 900 kilobyte.

Dunque – arrotondando a 1 megabyte per fotogramma – ogni secondo di video richiederebbe 24 MB, il che significa che un minuto di video occuperebbe uno spazio di memoria di (24 MB) × 60 = 1,4 GB.

Un disco DVD a doppio strato ha una capacità inferiore a 10 gigabyte, perciò – in base alle stime appena fatte – potrebbe ospitare poco più di 6 minuti di video (senza contare l'audio). In realtà, invece, un DVD può contenere un film 20 volte più lungo, che supera i 120 minuti: com'è possibile?

La risposta sta nella **compressione dei dati**: il numero dei bit immagazzinati nel DVD si riduce drasticamente usando speciali **algoritmi** che consentono di comprimere le immagini e i suoni, così che occupino uno spazio di memoria minore (figura 2.15).

Il rapporto tra la dimensione originaria dei dati, misurata in byte, e quella dei dati compressi si chiama **fattore di compressione**.

Figura 2.15 I DVD contengono video digitali compressi.

Compressioni *lossy* e *lossless*

Esistono due tipi diversi di algoritmi per comprimere i dati:

- la **compressione lossy** (cioè «con perdita di informazioni») riduce i dati originari eliminando alcune informazioni, che vanno perdute e non sarà più possibile recuperare;
- la **compressione lossless** (cioè «senza perdita di informazioni») invece riduce i dati senza eliminare informazioni: dai dati compressi si potranno cioè ricostruire i dati originari nella loro interezza.

Ogni algoritmo di compressione è accompagnato da un *algoritmo di decompressione*, che consente di ripristinare i dati originari nel momento in cui li si vuole utilizzare, per esempio per proiettare un film registrato su DVD.

Per capire la differenza tra il caso *lossy* e il caso *lossless*, esaminiamo due possibili modi per comprimere i testi scritti in italiano.

Un algoritmo di compressione potrebbe consistere nell'eliminazione di tutte le vocali, come in questo esempio:

n qst frs sn stt tlt ttt l vcl (30 caratteri)

Con un po' di sforzo si capisce che il testo originario era: «in questa frase sono state tolte tutte le vocali» (48 caratteri). La riduzione ha fatto risparmiare un bel po' di caratteri, ma la compressione è *lossy*: eliminando le vocali, infatti, si perdono informazioni importanti. Per esempio, la frase «**dmm n cs**» potrebbe significare «dimmi una cosa» oppure «dammi una casa»: dalla versione compressa non si può risalire con certezza al testo originario.

Si ha invece una compressione *lossless* se si sostituisce ovunque **ch** con **k** e **qu** con **q**, come in questa frase:

Ke cosa cerki qi qest'oggi?

Il fattore di compressione, cioè il guadagno in termini di caratteri risparmiati, è modesto; ma se si comprime con questo algoritmo qualsiasi frase italiana, sarà poi possibile ricostruire senza ambiguità la frase originaria.

Comprimere immagini e suoni

Nel caso delle **immagini** gli algoritmi di compressione sono basati su un'analisi del contenuto di colore dei pixel, che possono essere esaminati individualmente oppure trattati con metodi statistici.

Se per esempio in un'immagine parecchi pixel adiacenti hanno lo stesso colore (il che succede spesso), invece di memorizzare il codice a 24 bit ripetuto tante volte, converrà memorizzare soltanto il codice del colore e i numeri dei pixel iniziale e finale.

Su una compressione *lossless* di questo tipo si basa il formato **PNG** (*Portable Network Graphics*). Quando un'applicazione grafica apre un'immagine compressa PNG, l'algoritmo di decompressione ripristina in modo esatto tutti i pixel dell'immagine originaria.

Invece il formato **JPEG**, che produce immagini molto più «leggere», è basato su una compressione *lossy* e di conseguenza fa perdere informazioni su certi dettagli, come mostra il confronto della **figura 2.16**.

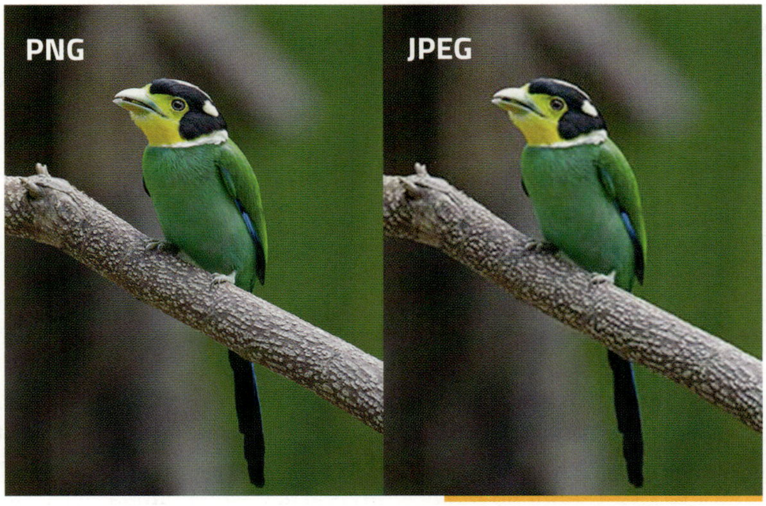

Figura 2.16 Un esempio di perdita di qualità di un'immagine passando alla compressione JPEG.

Un altro esempio di compressione *lossy* è quello del formato **GIF** discusso nel paragrafo 2.4. In questo caso l'algoritmo di compressione si basa sulla riduzione della tavolozza dei colori da 24 a 8 bit.

Per i **suoni** digitali gli algoritmi di compressione si basano sulla riduzione della frequenza di campionamento, come nella **figura 2.17**, o del *bit rate*, cioè del numero di bit memorizzati per ogni secondo di audio.

Il formato compresso più diffuso è l'**mp3**, che usa un algoritmo *lossy* derivato da studi di *psicoacustica*: vengono eliminati quei suoni che l'orecchio umano non può percepire o percepisce a fatica, perché troppo acuti o molto deboli e «mascherati» da suoni intensi che li precedono.

In questo modo si può ridurre la mole dei dati anche di un fattore 10, senza danneggiare troppo la qualità dell'ascolto.

Quando si vuole ottimizzare la compressione preservando la fedeltà al suono originale, si usa un *bit rate* variabile (VBR) calcolato istante per istante: per riprodurre un silenzio bastano infatti pochi bit, mentre per un suono complesso ne occorrono moltissimi.

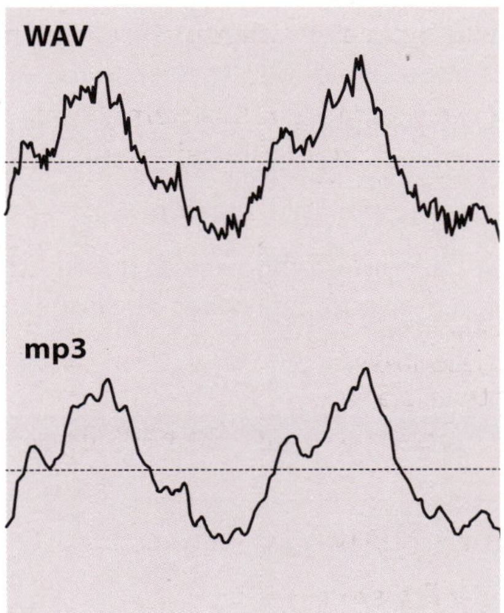

Figura 2.17 Un suono non compresso (formato WAV) e lo stesso suono con frequenza di campionamento ridotta (mp3).

La compressione dei dati e la banda per lo *streaming*

Fino a qualche anno fa, per ascoltare un brano musicale o guardare un film tramite un computer, bisognava memorizzare sul computer tutti i dati prima di poter lanciare l'applicazione multimediale. Si era così costretti a lunghe attese mentre si «scaricavano» le decine o centinaia di megabyte necessarie.

Oggi invece siamo abituati allo ***streaming***: i dati arrivano «in diretta», mentre ascoltiamo la musica o guardiamo il film (**figura 2.18**). La memoria del nostro dispositivo elettronico immagazzina soltanto, in modo temporaneo, quei dati che serviranno per i prossimi pochi secondi di ascolto o di visione.

Il requisito fondamentale per poter ricevere dati in streaming è la disponibilità di **banda**, cioè il numero di bit che possiamo ricevere ogni secondo attraverso la connessione alla rete. La banda si misura in **bit al secondo** (**bps**) e nei multipli di questa unità, come kbps e Mbps.

Un collegamento a 10 megabit al secondo, che si può avere per esempio con un servizio ADSL, consente di ricevere comodamente la musica: per una qualità sonora

Figura 2.18 Possiamo ricevere musica e video in streaming grazie a sofisticati algoritmi per la compressione dei dati.

paragonabile alla radio FM, infatti, è sufficiente audio mp3 a 128 kbps (con dati compressi di 12 volte rispetto ai CD audio).

A maggior ragione, una banda di 10 Mbps consente senza problemi la comunicazione telefonica via Internet con il sistema **VoIP** (*Voice over Internet Protocol*), che è una forma di streaming. Per il parlato a qualità telefonica bastano infatti 16 kbps, con un fattore di compressione *lossy* vicino a 50.

Per i **video** digitali si usano speciali algoritmi di compressione chiamati *codec* (da *codifica* e *decodifica*), che hanno grande valore commerciale e sono un settore di ricerca molto attivo. Per le aziende che forniscono servizi in streaming, infatti, il costo della banda è una voce di bilancio molto importante. Perciò sono pronte a investire nello sviluppo di nuovi codec che consentano di trasmettere film di alta qualità video spostando una quantità minore di bit.

Oggi i video trasmessi in streaming dai servizi web come YouTube sono compressi in modo tale da richiedere circa 1 Mbps di banda.

Invece per una qualità video paragonabile al DVD, come per lo standard HD 1080p, sono necessari almeno 6 Mbps; in questo caso la banda dell'ADSL spesso non è sufficiente e ci vuole una connessione «a banda larga» come quella in fibra ottica, che può garantire anche 100 Mbps.

IN SINTESI

- La **compressione** dei dati digitali è importante per **risparmiare spazio di memoria** nei dispositivi elettronici, e soprattutto per **ridurre la banda necessaria** per trasmettere i dati attraverso le reti di comunicazione.
- Per ridurre le dimensioni dei dati si usano **algoritmi di compressione** che possono essere **lossless**, cioè preservare tutte le informazioni, oppure **lossy**, nel qual caso alcune informazioni vanno perdute.
- Esempi di algoritmi di compressione sono il formato **JPEG** per le immagini, il formato **mp3** per i suoni e i **codec** disponibili per i video.

ESERCIZI

1 Qual è l'algoritmo di decompressione per la compressione *lossless* dei testi [ch→k, qu→q] descritta nel paragrafo?

....

Sai immaginare casi in cui l'algoritmo potrebbe funzionare male? Rispondi facendo un esempio.

....

....

2 Le due immagini qui sotto sono in formato PNG e hanno lo stesso numero di pixel. Quale delle due occuperà meno spazio di memoria in un computer, e perché?

....

....

3 Quale spazio di memoria (in kB) serve per registrare 1 minuto di telefonata via computer, se la banda di trasmissione utilizzata è pari a 16 kbps?
Ricorda che 1 byte equivale a 8 bit.

....

4 Nel formato non compresso Microsoft AVI un minuto di video occupa 1,6 GB.
Di quante volte andrà compresso un film AVI che dura 100 minuti, se lo si vuole memorizzare su un DVD a singolo strato da 4,7 GB?

....

5 Il codec DivX5 consente di trasmettere video a milioni di colori in formato 640 x 480 a 24 fotogrammi al secondo usando una banda di 1,3 Mbps.
Qual è il fattore di compressione dei fotogrammi, se si trascura la parte audio del segnale?

....

ATTIVITÀ GUIDATA Una foto da ritoccare

Completa il testo

› Con un programma per il fotoritocco abbiamo aperto l'immagine qui a fianco, che era memorizzata nel computer a milioni di colori (cioè a .... bit per pixel) in un formato non compresso.

› La foto ha dimensioni 1024 × 768 pixel, perciò occupa uno spazio di .... pari a 2,25 .... (invece il ritaglio 569 × 521 evidenziato nella figura, se salvato da solo, occuperebbe soltanto 870 ....).

› Se ingrandiamo molte volte un dettaglio dell'immagine, come il naso del cane nell'esempio qui a fianco, lo vedremo formato da tanti quadratini, ognuno caratterizzato da un solo .... uniforme: ciascun quadratino è un .... dell'immagine e corrisponde a una minuscola area del .... della fotocamera digitale che originariamente ha catturato l'immagine.

› Vogliamo «alleggerire» l'immagine prima di mandarla agli amici, così da non costringerli a scaricare troppi .... Se non vogliamo che l'immagine perda qualità, possiamo salvarla nel formato PNG che usa un algoritmo di compressione di tipo .... Se invece preferiamo ridurre il più possibile il peso in byte dell'immagine, la salveremo nel formato JPEG, che ha un .... di compressione molto maggiore perché si basa su un algoritmo di tipo ....

› Abbiamo poi ritagliato il dettaglio centrale della foto e l'abbiamo salvato anche in formato GIF, con il risultato visibile qui a fianco nell'immagine più a destra. La qualità dell'immagine è peggiorata visibilmente, perché in questo formato a .... bit sono disponibili soltanto .... colori con cui rappresentare tutte le sfumature.

Ora prova tu

1. Apri il file di una tua foto digitale o di un'immagine che hai scaricato da Internet (usa per esempio il programma di fotoritocco GIMP, open source e gratuito).
2. Scopri da quanti pixel è formata l'immagine e verifica se lo spazio che occupa in memoria equivale o meno al numero dei pixel moltiplicato per 24 bit. Che cosa puoi concluderne riguardo al formato dell'immagine?
3. Poi prova a salvare l'immagine in diversi formati e verifica come cambia il suo «peso» informatico.
4. Completa la tabella che riassume come cambia, per i diversi formati, il fattore di compressione dell'immagine.

formato	dimensioni in kB	fattore di compressione
BMP	....	....
TIF	....	....
PNG	....	....
JPG	....	....
GIF	....	....

ESERCIZI DI RIEPILOGO

ZTE ONLINE

LOSAI? RIPASSA CON LO SMARTPHONE

1 Completa la mappa della codifica digitale dei dati con le parole:
8 ▪ bit ▪ byte ▪ campionamento ▪ complementazione ▪ compressione ▪ mantissa ▪ mp3 ▪ pixel ▪ Unicode ▪ virgola

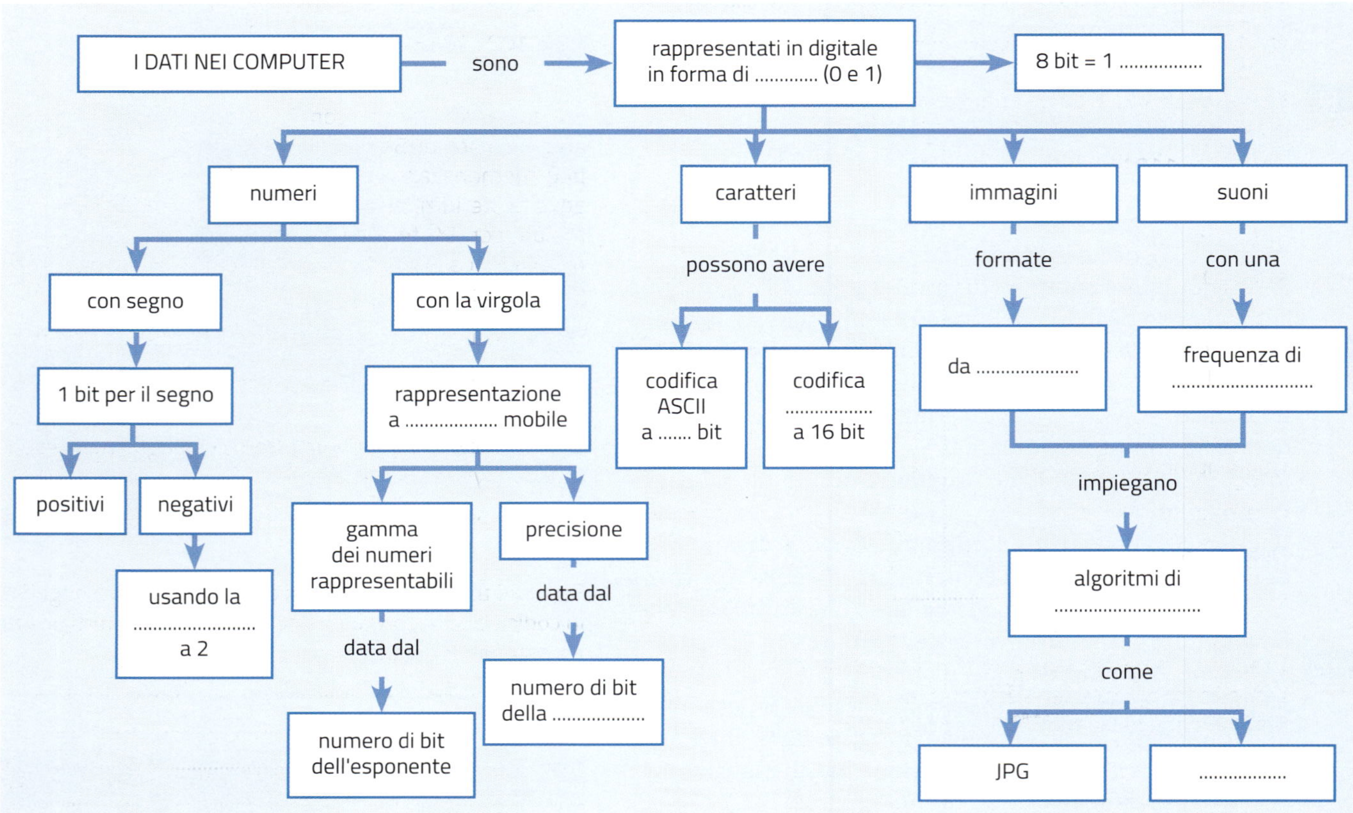

2 Scrivi i nomi di tre dati che in questo cruscotto sono rappresentati in forma analogica e di tre dati che sono rappresentati in forma digitale.

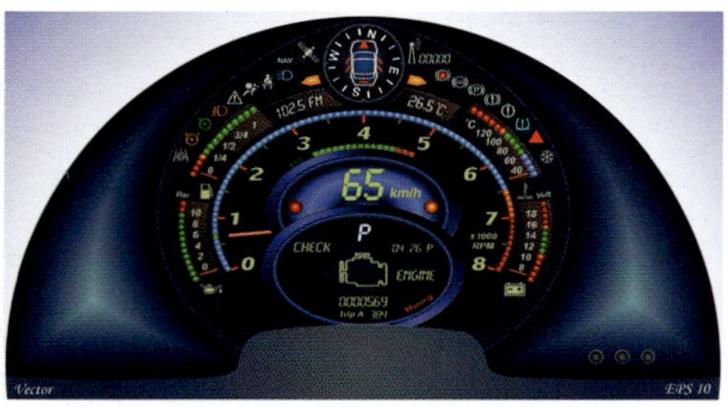

analogici	digitali
1.	1. ....
2.	2. ....
3.	3. ....

3 Quale numero in base 10 equivale al binario 10100101?

....

Quale numero in base 2 equivale al decimale 77?

....

4 Quanti bit sono necessari per rappresentare in binario il numero 1 000 000 del sistema decimale?

....

5 Se in una chat scrivi «ciao mamma!», quanti byte vengono trasferiti via Internet quando invii il messaggio?

....

6 Il file in formato .wav (non compresso) di un effetto sonoro occupa 1,31 MB. Quanto «pesa» la versione .mp3 dello stesso suono con un fattore di compressione pari a 8?

....

7 Il sistema di numerazione romano era posizionale? Giustifica la tua risposta con un esempio.

....

....

....

8 Scrivi il tuo nome in codice ASCII e poi in esadecimale.

....

....

....

9 Il sistema decimale e quello binario non sono gli unici usati storicamente dall'umanità.
Fai due esempi di grandezze che misuriamo usando il sistema sessagesimale, cioè in base 60.

1. ....

2. ....

10 Esegui su un foglio queste operazioni tra numeri binari e scrivi qui il risultato.

110100 + 110111 = ...

110101 - 11011 = ...

1001 × 11 = ...

100100 : 10 = ...

11 Qual è in base 10 il numero intero con segno rappresentato dal byte 01001101?

....

Quale numero in base 10 equivale a $11{,}111_2$?

....

Quale numero in base 2 equivale a $12{,}375_{10}$?

....

12 I cani non riconoscono la voce del padrone, quando la sentono trasmessa per telefono o via VoIP.
Sai immaginare la ragione di questo fatto?

....

....

....

....

....

13 Scrivi un algoritmo per calcolare il valore decimale di un qualsiasi byte dato come input.

....

....

....

....

....

....

....

14 Scrivi un algoritmo per convertire un qualsiasi numero in base 10 nel corrispondente numero binario.

....

....

....

....

....

....

....

15 Esegui su un foglio queste operazioni tra numeri binari e scrivi qui il risultato.

10010101 + 110111 = ...

10010101 - 110111 = ...

101 × 11101 = ...

1111100 : 101 = ...

16 Su un disco Blu-ray con una capacità di 50 GB si può memorizzare un film ad alta definizione di 90 minuti, con 50 fotogrammi a colori da 3840 x 2160 pixel al secondo.

Qual è in questo caso il fattore di compressione dei dati?

....

17 Qual è in base 10 il numero intero con segno rappresentato dal byte 11001101?

....

18 Scrivi un algoritmo che, dato un numero intero negativo in codice binario, produca il corrispondente intero positivo, sempre in binario.

....

....

....

....

....

....

19 Scrivi un algoritmo che consenta di comprimere un'immagine come questa, formata esclusivamente da pixel bianchi e da pixel neri.

....

....

....

....

....

VERIFICA DELLE COMPETENZE

1 **LAVORA SULL'IMMAGINE**

In che modo le lancette e il display di questo orologio rappresentano la misura del tempo?

Completa la figura scrivendo le due risposte.

2 **SCOPRILO SU INTERNET**

Fai una ricerca per trovare le risposte alle domande che seguono.

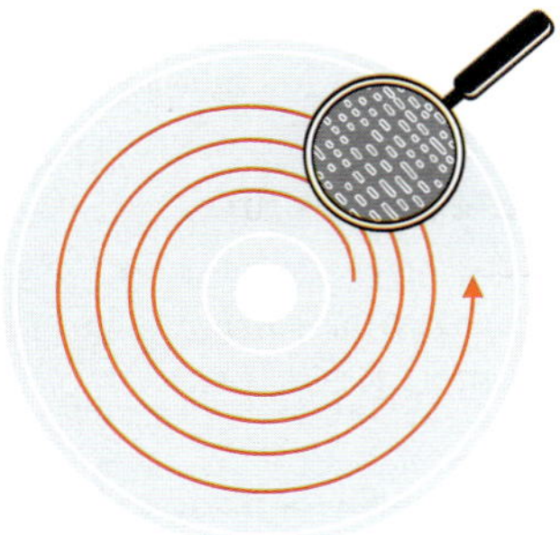

a. In che modo sono memorizzati i dati nei dischi ottici come i CD-audio e i DVD?

....

....

....

....

b. Quale fenomeno fisico rende possibile la lettura dei dati memorizzati nei dischi ottici?

....

....

c. Per quale caratteristica della «traccia» un disco ottico è simile a un vecchio disco di vinile?

....

....

3 **L'INFORMATICA E IL CITTADINO**

Sai dire in che modo le tecniche di compressione video hanno contribuito a cambiare il concetto di *sicurezza* nella nostra società?

....

....

....

....

4 **LAVORA CON I DATI**

Quanti bit sarebbero sufficienti per «etichettare» in modo univoco ciascun cittadino italiano?

....

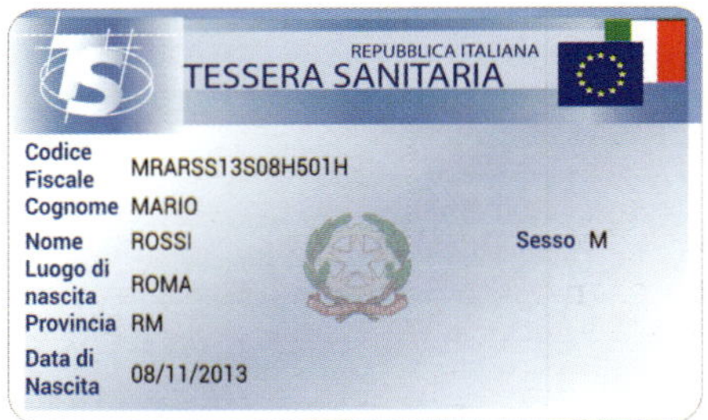

Quanti bit sono necessari invece per memorizzare il codice fiscale di una persona?

....

Prova a interpretare la differenza tra i due valori che hai trovato nelle precedenti risposte. Sapresti dire in che modo è legata alla differenza che esiste tra dato e informazione?

....

....

....

....

5 **INFORMATICA E AMBIENTE**

Grazie alle moderne tecnologie computerizzate è possibile codificare in formato digitale informazioni di ogni tipo, mantenerle memorizzate a lungo in modo sicuro e trasferirle quasi istantaneamente in ogni parte del mondo.

Sai fare due esempi di benefici che questo fatto può portare all'ambiente naturale in cui viviamo?

1. ....

....

....

2. ....

....

....

CLIL Learn from the originals | Read it as they wrote it

Using hexadecimal

from the web site www.bbc.co.uk/education

Hexadecimal (or **hex**) is a base 16 system used to simplify how binary is represented. A **hex digit** can be any of the following 16 digits:

0 1 2 3 4 5 6 7 8 9 A B C D E F.

Each hex digit reflects a 4-bit binary sequence:

binary	**hex**	binary	**hex**	binary	**hex**	binary	**hex**
0000	0	0100	4	1000	8	1100	C
0001	1	0101	5	1001	9	1101	D
0010	2	0110	6	1010	A	1110	E
0011	3	0111	7	1011	B	1111	F

Hexadecimal (**Hex**) is a shortcut for representing binary. Hex codes are used in many areas of computing to simplify binary codes.

It is important to note that computers do not use hexadecimal – it is used by humans to shorten binary to a more easily understandable form. Hexadecimal is translated into binary for computer use.

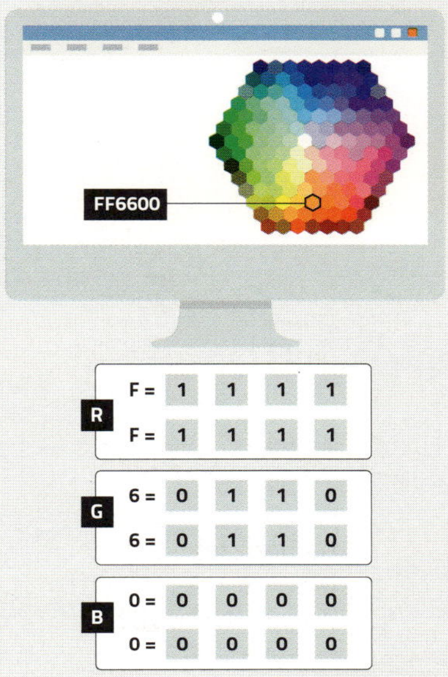

Hex can be used to represent colours

If you are making a web page with HTML or CSS, you can choose the colours using the format #RRGGBB (RR = reds, GG = greens, BB = blues). The # symbol indicates that the number has been written in hex format.

This system uses two hex digits for each colour; as one hex digit represents 4 bits, two hex digits together make 8 bits (1 byte).

The possible values for each colour run between 00 and FF. In binary, 00 is 0000 0000 and FF is 1111 1111. That provides 256 possible values for each of the three colours.

That gives a total spectrum of 256 reds × 256 greens × 256 blues – which is over 16 million colours in total.

Glossary

to simplify = to make something easier to do or understand

shortcut = a quicker way of doing something

spectrum = a range of colours

QUESTIONS

1 What is the correspondence between hex and decimal digits?

- [A] All hex digits are the same as the corresponding decimal digits.
- [B] The first 10 hex digits are the same as the first 10 decimal digits.
- [C] The last 6 hex digits are the same as the last 6 decimal digits.
- [D] There is no correspondence.

2 How would you represent pure green in hexadecimal?

....

3 And how would you represent pure blue in hex code?

....

4 If the binary code for a colour is 11101110 00000000 01110111, what is the equivalent hex code?

....

Capitolo 3

L'architettura del computer

3.1 Il modello di von Neumann

Un **computer**, o **calcolatore elettronico**, o **elaboratore elettronico**, si può definire come un dispositivo automatico che:

- riceve dati dall'esterno (*input*);
- li memorizza e li elabora;
- comunica i risultati dell'elaborazione (*output*).

I calcolatori elettronici, agendo su dati espressi come sequenze di bit, eseguono le istruzioni di **programmi** che codificano **algoritmi** come sequenze di 0 e 1, cioè li esprimono in un linguaggio comprensibile alla macchina.

Grazie a questi algoritmi il computer può effettuare elaborazioni molto complesse tramite sequenze di operazioni semplici (come somme, differenze o confronti logici tra numeri).

Nel linguaggio informatico si definisce **architettura** l'organizzazione dei componenti che permettono al computer di svolgere le sue funzioni.

La figura 3.1 mostra uno schema dell'**architettura di von Neumann**, che è alla base di tutti i computer odierni. Il modello prende il nome da John von Neumann, il geniale matematico che per primo lo concepì nel 1945.

Il funzionamento del computer si può riassumere così:

1. dati e comandi sono forniti al computer attraverso i **dispositivi di input**;
2. i dati di input sono registrati temporaneamente nella **memoria centrale** (RAM);
3. il **microprocessore** o **CPU** (*central processing unit*, unità centrale di elaborazione), preleva i dati dalla RAM e li elabora mediante l'**unità aritmetico-logica ALU**, attraverso processi gestiti dall'**unità di controllo CU**;
4. la CPU poi trasferisce i **risultati** dell'elaborazione nuovamente alla RAM;
5. da qui i dati in uscita possono essere comunicati all'esterno attraverso un **dispositivo di output**, oppure vengono memorizzati in modo permanente nella **memoria di massa**.

Tutte queste azioni sono coordinate dal software del **sistema operativo** del computer.

! I componenti dei **computer** odierni sono organizzati con l'**architettura di von Neumann**.

Figura 3.1 Uno schema dell'architettura di von Neumann.

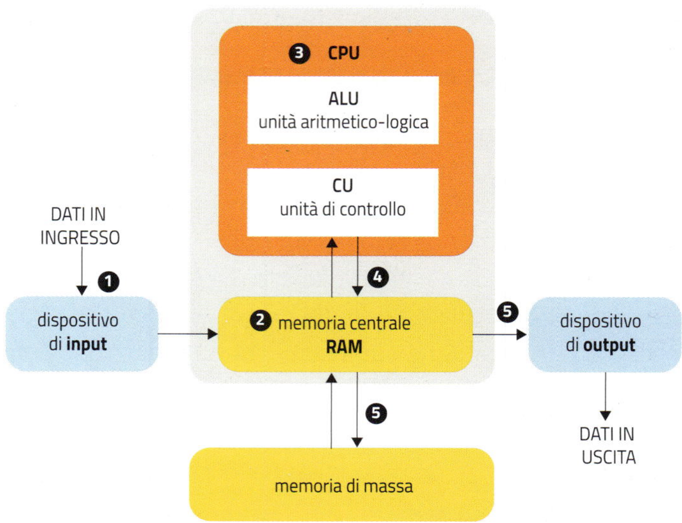

Hardware e software

Il computer è formato da dispositivi fisici, che costituiscono l'*hardware*; il loro funzionamento è controllato da programmi, che costituiscono il *software*.

Dell'**hardware** fanno parte gli apparecchi elettrici, elettronici e meccanici necessari per l'input/output e per l'elaborazione dei dati (figura 3.2).

Sono componenti hardware, per esempio, sia il microprocessore che esegue calcoli, sia la ventola che ne evita il surriscaldamento.

I **circuiti integrati** che costituiscono la parte elettronica dell'hardware (come la CPU e la memoria RAM) si trovano sulla **scheda madre** o **scheda principale** (*motherboard* o *main board* in inglese) all'interno del contenitore di plastica o di metallo del computer (*case* in inglese).

La scheda madre comunica con tutte le **periferiche** del computer (come tastiera, schermo e stampante) da cui può ricevere dati di input o a cui può inviare dati elaborati come output.

L'hardware del computer non può funzionare senza il **software**: deve infatti ricevere istruzioni precise su come interagire con il mondo esterno e su come elaborare i dati.

Il software che fornisce queste istruzioni è il **sistema operativo** del computer; sono esempi di sistemi operativi Android, Linux, Microsoft Windows e MacOS.

Figura 3.2 Il monitor, la tastiera, il mouse e anche la «scatola» sono parte dell'hardware di un computer.

Esistono poi innumerevoli altri programmi, detti **software applicativi** o semplicemente **applicazioni**, che consentono di usare il computer per attività specifiche come scrivere documenti, preparare presentazioni, disegnare o ritoccare fotografie, comporre brani musicali e così via.

I computer sono dappertutto

Quando parliamo di computer, di solito ci riferiamo al **personal computer** o **pc**, in cui inseriamo dati e comandi e che possiamo anche programmare di persona. Si tratta di computer *general purpose* («a scopo generale»), cioè utilizzabili per le funzioni più varie.

Le due versioni più diffuse del personal computer sono quella da tavolo (il **desktop**) e quella portatile (detta **laptop** o **notebook**), ma sono *general purpose* anche i dispositivi mobili come **tablet** e **smartphone**. I primi telefonini cellulari consentivano soltanto di fare chiamate o scrivere SMS, ma oggi uno smartphone (il «telefono intelligente») può svolgere tutte le funzioni tipiche dei tradizionali personal computer (come scrittura di testi, fotoritocco, videogiochi, comunicazione in rete).

Moltissimi oggetti che usiamo nella vita quotidiana – come la lavatrice o il forno a microonde – contengono poi computer *special purpose*, cioè progettati per compiti molto specializzati, che funzionano in modo quasi o del tutto automatico. Questi computer sono anche detti *embedded*, cioè «inseriti negli oggetti».

Tabella 3.1 Una classificazione dei computer *general purpose* presenti oggi sul mercato.

TIPO DI COMPUTER	PRINCIPALI CARATTERISTICHE
supercomputer	sistemi con enorme potenza di calcolo, usati da istituzioni o grandi aziende per applicazioni speciali come le previsioni meteorologiche o la ricerca sull'intelligenza artificiale
mainframe	computer centrali di enti o aziende collegati a *terminali*, cioè postazioni con poca o nessuna capacità di elaborazione autonoma
personal computer	comprendono i *desktop* da tavolo, i *laptop* o *notebook* portatili e anche i *server* che smistano le comunicazioni tra computer collegati in rete
mobili	comprendono i *tablet* e gli *smartphone*, portatili con hardware molto compatto che usano un collegamento in rete senza fili

IN SINTESI

- Il **computer** è un sistema digitale per l'elaborazione dei dati organizzato secondo l'**architettura di von Neumann**.
- Il cuore del computer è il **microprocessore** o **CPU**, formato da **ALU** e **CU**, che elabora dati e istruzioni conservati nella **memoria centrale RAM**.
- Il computer comunica con l'esterno attraverso i **dispositivi di input e output** e registra i dati in modo permanente nella **memoria di massa**.
- Il computer è fatto di componenti **hardware** il cui funzionamento è coordinato dal **software** del **sistema operativo** e che possono eseguire **applicazioni software** di ogni tipo.
- **I calcolatori elettronici sono dappertutto**: quasi tutti gli apparecchi di uso quotidiano funzionano grazie a computer *embedded*.

PAROLE > Il suffisso *-ware*

I primi calcolatori elettronici (come l'ENIAC della foto, che risale al 1946) erano contenuti in grandi armadi metallici che occupavano intere stanze.

I diversi componenti erano collegati da cavi elettrici; per cambiare il programma in esecuzione bisognava spostare fisicamente i cavi per modificare i collegamenti.

In quell'epoca si adottò il termine *hardware*, che significa «ferramenta» o letteralmente «attrezzatura rigida», in contrapposizione a *software*, «attrezzatura morbida», che indicava i cavi elettrici flessibili.

In seguito i cavi furono sostituiti da collegamenti immateriali, cioè da istruzioni in linguaggio macchina che fanno funzionare il computer senza bisogno di cambiarne la configurazione fisica, ma il termine *software* rimase in uso e oggi indica tutti i programmi informatici.

Poi il suffisso *-ware* è diventato la base per molti neologismi informatici come *shareware* (i programmi di cui è lecito fare copie, da *share* che significa «condividere»), *freeware* (i programmi *free*, cioè gratuiti), *adware* (i programmi che propinano pubblicità, da *advertisement*, «annuncio pubblicitario») o *malware* (software malvagio, come nei virus informatici).

ESERCIZI

1 Accendiamo uno smartphone e digitiamo il codice per sbloccarlo. Mentre il computer controlla se la password è corretta, dov'è memorizzato il codice che abbiamo digitato?

....

2 Sottolinea, tra gli apparecchi dell'elenco, quelli che secondo te hanno all'interno uno o più computer.

ferro da stiro a vapore
forno elettrico
lavastoviglie
motocicletta
radiosveglia
robot aspirapolvere
telefono cordless
televisore

3 Segna con una crocetta nella tabella i dispositivi che fanno parte dell'hardware di un personal computer.

browser	
cavo USB	
elaboratore di testi	
mouse	
schermo	
sistema operativo	
webcam	

3.2 Il microprocessore o CPU

La **CPU** (*central processing unit*), detta anche **microprocessore** o **chip**, è il «cervello» del computer (**figura 3.3**).

Nel circuito integrato della CPU ci sono moltissimi **transistor**, microscopici «interruttori» che hanno due possibili stati: **aperto** (cioè senza corrente) o **chiuso** (con passaggio di corrente). Questi due stati permettono di rappresentare le cifre binarie **0** e **1**.

La CPU esegue **istruzioni** elaborando **dati**. Le istruzioni e i dati sono codificati come sequenze di bit 0 e 1 e sono comunicati al microprocessore dalla memoria RAM.

Come mostra la **figura 3.4**, la CPU contiene due componenti principali: **l'unità logico-aritmetica ALU** (*arithmetic logic unit*) e **l'unità di controllo CU** (*control unit*), che hanno ruoli complementari tra loro e insieme rendono possibile l'elaborazione dei dati.

La **ALU** può svolgere operazioni aritmetiche, come la somma di due numeri, oppure logiche, come il confronto tra i valori di due dati.

L'unità di controllo **CU** dirige l'intero processo di elaborazione dei dati, coordinando tutte le attività di input-output:

- trasferisce le istruzioni dalla memoria RAM nel *registro delle istruzioni*;
- interpreta le istruzioni e organizza il caricamento dei dati nell'ALU;
- indica all'ALU quale operazione eseguire in ogni momento;
- trasferisce alla memoria RAM i dati elaborati dall'ALU.

Figura 3.3 La CPU nella scheda madre di un laptop.

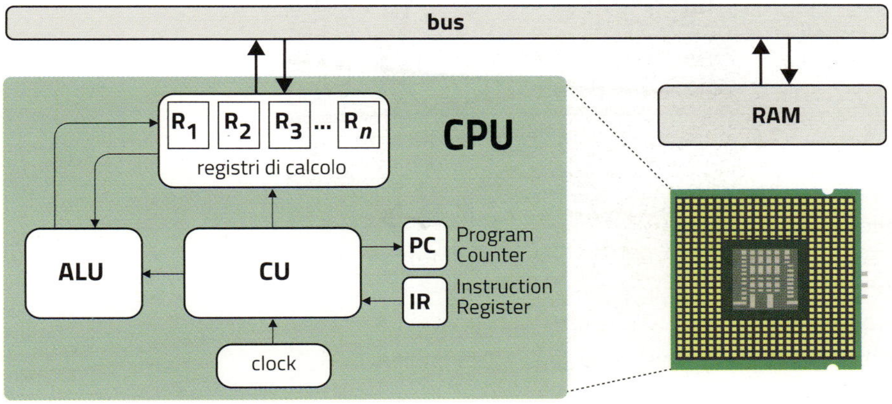

Figura 3.4 Uno schema funzionale della CPU di un computer.

La **CPU** contiene le unità ALU e CU e il clock di sistema; comunica con la RAM attraverso il bus.

Il microprocessore conserva i dati che sta elaborando in particolari spazi di memoria detti **registri**. La capacità dei registri determina la **lunghezza della parola**, cioè il numero di bit che il processore può trattare simultaneamente. I computer odierni più veloci usano CPU con lunghezza della parola pari a 64 bit.

La CPU ha anche una speciale memoria superveloce chiamata **cache**, dove conserva i dati usati più di recente, per velocizzare l'elaborazione: quando la CPU richiede di nuovo un dato recente, lo trova subito nella cache senza dover attendere il trasferimento dalla memoria RAM.

Il ciclo di istruzione

Nel computer ogni elaborazione complessa, come la composizione di un documento di testo o la cattura di un'immagine con la fotocamera, è suddivisa in passaggi elementari detti **cicli di istruzione**, che sono poi eseguiti dal microprocessore.

In ciascun ciclo la CPU esegue una sola «microistruzione», attraverso le fasi riassunte dalla **figura 3.5**:

- l'unità di controllo CU preleva i dati dalla memoria RAM;
- poi la CU interpreta l'istruzione e dice all'ALU quale operazione svolgere;
- l'ALU esegue l'operazione logica o aritmetica richiesta;
- quindi si passa alla microistruzione successiva.

Figura 3.5 Uno schema del ciclo di una microistruzione.

L'unità di controllo CU è in grado di interpretare le istruzioni grazie al fatto che queste sono espresse nel **linguaggio macchina** basato sul codice binario, cioè come sequenze di bit.

Ciascun tipo di microprocessore è predisposto per trattare un particolare **insieme di istruzioni** (*instruction set*); questo insieme determina dunque il tipo di software che il chip è capace di eseguire.

L'insieme di istruzioni è definito dai programmatori della ditta produttrice del chip; a seconda della sua complessità, può richiedere un numero maggiore o minore di cicli (tipicamente da 1 a 10) per l'esecuzione di ogni istruzione.

Ogni CPU inoltre è dotata di un **orologio di sistema** (*system clock*), che ha un ruolo fondamentale: i suoi segnali elettrici «danno il via» a ogni singola azione che avviene nel microprocessore, così da garantire la sincronizzazione tra tutti i dispositivi.

La **frequenza di clock** dice a quale velocità il computer esegue le operazioni. Se una CPU «funziona a 2 GHz», significa che la frequenza dei segnali dell'orologio di sistema è di 2 GHz: il chip è quindi in grado di eseguire 2 miliardi di cicli d'istruzione al secondo.

Il system clock non va confuso con l'orologio visibile sul desktop, che serve soltanto per associare l'ora e la data a operazioni come la modifica o il salvataggio dei file.

Le schede video del computer hanno un proprio microprocessore, la **GPU** (*graphics processing unit*). La GPU è importante per esempio nelle *console* per videogiochi, perché esegue tutte le elaborazioni necessarie per la grafica tridimensionale.

! Ogni **CPU** ha un particolare **insieme di istruzioni** che esegue al ritmo dato dalla frequenza del **clock di sistema**.

Tabella 3.2 I fattori che determinano le prestazioni di una CPU.

lunghezza della parola (*word size*)	è il numero di bit che la CPU può tenere nei suoi registri ed elaborare simultaneamente
orologio di sistema (*system clock rate*)	la sua frequenza, misurata in MHz o GHz, determina la velocità con cui la CPU può passare da un ciclo d'istruzione al successivo
insieme di istruzioni (*instruction set*)	quanto più limitato è l'insieme di istruzioni, tanto più rapida sarà la loro esecuzione da parte della CPU
istruzioni completate al secondo (IPS, *instructions per second*)	il numero di istruzioni che la CPU completa in un secondo si misura normalmente in MIPS (milioni di istruzioni al secondo)

I microprocessori *multi-core*

Negli ultimi cinquant'anni il progresso della microelettronica ha seguito la cosiddetta «legge di Moore»: grazie alle tecniche di miniaturizzazione, si è riusciti a stipare in un chip un numero di transistor sempre crescente, che è raddoppiato ogni due anni.

Ciò ha significato che ogni anno si potevano acquistare computer con prestazioni grosso modo doppie rispetto a quelle dei computer che avevano lo stesso prezzo due anni prima.

Oggi però questa «età dell'oro» sta terminando: infatti la miniaturizzazione dei componenti elettronici ha raggiunto un limite fisico, perché la scala dei componenti si è ridotta fino a diventare paragonabile alle dimensioni degli atomi.

I componenti non possono essere miniaturizzati oltre un certo limite: infatti, più un transistor diventa piccolo, più aumentano le sue perdite di corrente, ossia i flussi indesiderati di elettroni, che introducono errori nella codifica dei bit.

Inoltre, quando la densità dei transistor aumenta, cresce anche il calore dissipato per effetto Joule, che può far fondere il chip stesso. Il rumore prodotto da un personal computer è dovuto proprio alla ventola meccanica che raffredda la CPU, per evitare che fonda.

Per aumentare la potenza di calcolo, dopo il 2005 si è diffuso perciò l'uso di microprocessori **multi-core**, cioè costruiti riunendo in una CPU più unità di calcolo o *core*.

I chip dotati di due unità di calcolo sono detti *dual-core*, quelli con tre unità di calcolo *triple-core*, e così via.

I chip multi-core possono eseguire simultaneamente più istruzioni e rendono così possibile il *calcolo in parallelo*, che rende più veloce l'elaborazione dei dati.

Tutti i sistemi operativi più recenti sono programmi scritti in forma tale da essere compatibili con il calcolo in parallelo.

IN SINTESI

- Il **microprocessore** o **CPU** o **chip** esegue istruzioni elaborando dati grazie all'unità logico-aritmetica ALU e all'unità di controllo CU.
- L'**unità logico-aritmetica ALU** esegue operazioni aritmetiche (come la somma di due numeri) o logiche (come il confronto tra due valori).
- L'**unità di controllo CU** dirige l'intero processo di elaborazione dei dati e coordina le attività di input-output.
- Ogni elaborazione complessa è suddivisa in passaggi elementari detti **cicli di istruzione**, che sono eseguiti dalla CPU.
- Ogni CPU è caratterizzata da un **insieme di istruzioni** che è in grado di eseguire al ritmo dato dall'**orologio di sistema**.
- Le **CPU multi-core** velocizzano l'elaborazione dei dati eseguendo più istruzioni in parallelo.

PAROLE > Il *chip* e la *Silicon valley*

I componenti elettronici del computer sono *circuiti integrati*, cioè elementi di circuiti elettrici (conduttori, resistenze, condensatori e transistor) disposti o incisi su una piastrina di materiale semiconduttore come il silicio. Il circuito integrato è inserito in un contenitore di plastica o di ceramica ed è collegato agli altri circuiti del computer tramite una serie di piedini o *pin*.

In inglese i circuiti integrati si chiamano *chip*, parola che significa «scheggia, frammento». Anche le patatine fritte sono dette *chips*, cioè frammenti di patate. Nel caso dell'elettronica, il termine *chip* fa riferimento alla sottile piastrina che ospita i circuiti (detta anche *wafer*, proprio come le sottili cialde di biscotto).

L'importanza dei semiconduttori nel mondo dei computer è anche all'origine del nome della *Silicon Valley*: in questa «Valle del silicio» nel nord della California si concentrano infatti moltissime aziende del settore informatico.

ESERCIZI

1 Se una CPU può elaborare simultaneamente dati corrispondenti a 4 byte, qual è la sua lunghezza della parola?

....

2 Se una CPU ha una frequenza di clock pari a 3,5 GHz, quanti cicli d'istruzione può eseguire in 1 minuto?

....

....

3 Quale parte della CPU esegue le operazioni sui dati?

....

4 Sui computer con CPU multi-core avrebbe poco senso installare applicazioni create vent'anni fa. Per quale ragione?

....

....

....

3.3 La memoria RAM

Nel computer il termine **memoria** indica l'insieme dei dispositivi che conservano i dati e le istruzioni:

- la **memoria centrale** o RAM (**figura 3.6**), di cui parleremo ora, è usata mentre il computer elabora i dati;
- la **memoria di massa**, che esamineremo più avanti, serve invece per immagazzinare grandi quantità di dati in modo permanente.

Nella memoria RAM il computer conserva, durante il processo di elaborazione, tutte le istruzioni del sistema operativo e delle applicazioni, nonché i dati stessi.

La RAM è una **memoria volatile**, cioè temporanea, simile a una lavagna: vi si scrivono dati che servono durante una determinata elaborazione, ma quando questa è conclusa, la RAM viene cancellata e immediatamente riutilizzata per memorizzare i nuovi dati necessari per l'elaborazione successiva.

La RAM è una **memoria veloce**, nel senso che la CPU può accedere ai suoi dati in modo molto rapido, così da non rallentare l'elaborazione. Per la memoria di massa invece ci si accontenta di un accesso ai dati più lento, giacché questo non ha un impatto diretto sulla velocità dell'elaborazione.

! La **RAM**, memoria centrale del computer, è veloce, ad accesso casuale e volatile.

Figura 3.6 Un modulo di RAM con quattro «banchi» di memoria volatile.

L'accesso casuale ai dati

RAM è l'acronimo di *random access memory*, cioè «memoria ad accesso casuale». L'aggettivo «casuale» non significa che i dati sono individuati a caso, bensì in modo *non sequenziale*: ogni dato ha nella memoria uno specifico indirizzo, che il computer usa per raggiungerlo direttamente.

Un tempo invece, quando si memorizzavano dati su un nastro magnetico, per raggiungere un certo dato era necessario far scorrere sequenzialmente il nastro fino alla posizione di quel dato.

L'accesso ai dati è casuale anche nei dispositivi moderni della memoria di massa, cioè nei dischi magnetici come l'hard disk o nei dischi ottici come i DVD.

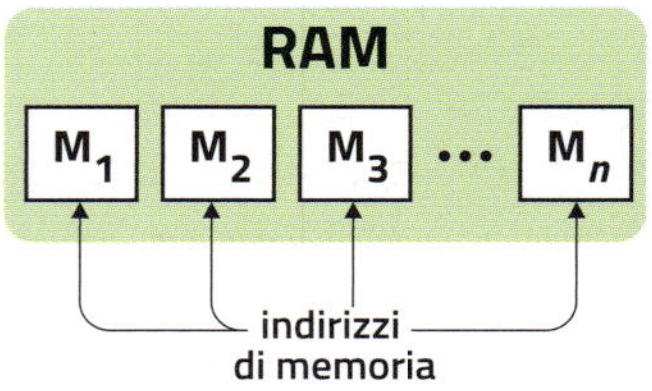

Come funziona la RAM

La RAM consiste in un gran numero di microscopici **condensatori**, che sono componenti dei circuiti capaci di accumulare carica elettrica. Ogni condensatore memorizza un bit: se è carico il bit vale 1, altrimenti vale 0.

All'interno della RAM ogni gruppo di otto condensatori contiene otto bit, cioè un byte, ed è caratterizzato da un indirizzo ben definito. Attraverso questo indirizzo il computer può localizzare direttamente ciascun byte di dati, con l'*accesso casuale* di cui abbiamo detto.

Lo stato dei condensatori, oltre che letto, può essere modificato con l'invio di segnali elettrici (attraverso l'insieme di circuiti elettronici chiamato **bus**, come vedremo nel prossimo paragrafo): quindi la RAM è una memoria **sia di lettura sia di scrittura**.

La RAM però è una memoria *volatile*, nel senso che conserva i dati in modo temporaneo, soltanto quando il computer è acceso. Quando si spegne il computer, il contenuto della RAM viene cancellato.

Per memorizzare in modo permanente i risultati di un'elaborazione è dunque indispensabile salvarli sui supporti non volatili della memoria di massa, come il disco rigido, prima di spegnere il computer. Questa è anche la ragione per cui è bene salvare spesso i dati su disco mentre si lavora con le applicazioni.

Diversamente dalle CPU, i circuiti integrati della memoria non consumano potenza elettrica di continuo, ma soltanto durante l'accesso ai dati. In condizioni normali, perciò, la RAM non crea problemi legati alla dissipazione di calore.

La capacità della RAM

Si chiama **capacità** di una memoria il numero massimo di byte che essa può contenere.

Di solito la memoria RAM di un personal computer è costituita da un certo numero di **moduli** o **banchi DIMM** (*double in-line memory module*, cioè «modulo doppio di memoria in linea», come quelli della **figura 3.7**) inseriti sulla scheda madre, ciascuno dei quali ha una determinata capacità di memoria.

La quantità di memoria RAM disponibile è un fattore importante nel determinare le prestazioni di un computer, perché nei computer moderni serve RAM sia per il funzionamento del sistema operativo (che spesso occupa molto spazio di memoria), sia per il *multitasking*, cioè l'esecuzione di più applicazioni simultaneamente.

Figura 3.7 Moduli di memoria RAM nella scheda madre di un personal computer.

In particolare, la gestione di immagini, suoni e filmati richiede sempre grandi quantità di RAM. La capacità della RAM di uno smartphone, per esempio, deve essere di parecchi gigabyte per assicurare un funzionamento ottimale.

Oggi la RAM è quasi sempre DRAM, dove la D sta per «dinamica»: i condensatori gradualmente perdono la carica elettrica e il loro contenuto va rinnovato di frequente.

La SRAM, usata a volte nella cache delle CPU, è invece un tipo di memoria statico: non necessita di refresh, ma è meno veloce da aggiornare.

La memoria veloce ROM e il BIOS/UEFI

Nel computer esiste anche una parte di memoria veloce che è di tipo **ROM**, *read-only memory*, cioè memoria di sola lettura: è una memoria permanente che risiede sulla scheda madre e contiene *firmware* (da *firm*, azienda), ossia software predisposto dal produttore del computer, in particolare il programma di avviamento (in inglese *bootstrap* o *boot*) che viene eseguito quando accendiamo il computer.

Questo software in passato si chiamava **BIOS** (*Basic Input-Output System*) mentre oggi si chiama **UEFI** (*Unified Extensible Firmware Interface*). Attraverso questa interfaccia si può per esempio avviare il computer usando un sistema operativo memorizzato su chiavetta USB, invece del sistema operativo presente sul disco rigido.

IN SINTESI

- La **memoria centrale** o **RAM** è una memoria veloce formata da microscopici condensatori, che consente l'accesso casuale ai dati.
- La RAM **memorizza tutti i dati e le istruzioni durante l'elaborazione** da parte della CPU.
- La RAM è una **memoria volatile**: quando si spegne il computer, il suo contenuto va perduto.
- La **capacità** della RAM è un fattore molto importante nel determinare le prestazioni di un computer.

ESERCIZI

1 Mentre stai scrivendo un messaggio sul telefonino, la batteria va sotto il minimo di carica e lo smartphone si spegne. Quando lo fai ripartire dopo averlo ricaricato, troverai il messaggio come l'avevi lasciato, e perché?

....

....

2 Tra i requisiti per installare un nuovo sistema operativo c'è sempre la capacità della RAM (per esempio «richiede almeno 2 GB di RAM»). Per quale ragione?

....

....

....

3.4 Il bus e il trasferimento dei dati

I dati e le istruzioni, codificati come sequenze di cifre binarie 0 e 1, vengono trasferiti da un dispositivo all'altro del computer sotto forma di impulsi elettrici.

Il **bus** è l'insieme dei circuiti su cui viaggiano questi impulsi, ed è quindi la componente dell'hardware che rende possibile la comunicazione tra le diverse parti del computer (la CPU, la memoria RAM e i dispositivi di input/output).

In città l'autobus raccoglie passeggeri in diversi quartieri e li trasporta in centro; qui ognuno fa le proprie commissioni, poi risale a bordo per ritornare a casa. In modo simile il bus del computer raccoglie un carico di bit da un dispositivo di memorizzazione e li trasferisce alla CPU; poi da qui preleva i bit dei dati elaborati e li riconsegna a destinazione.

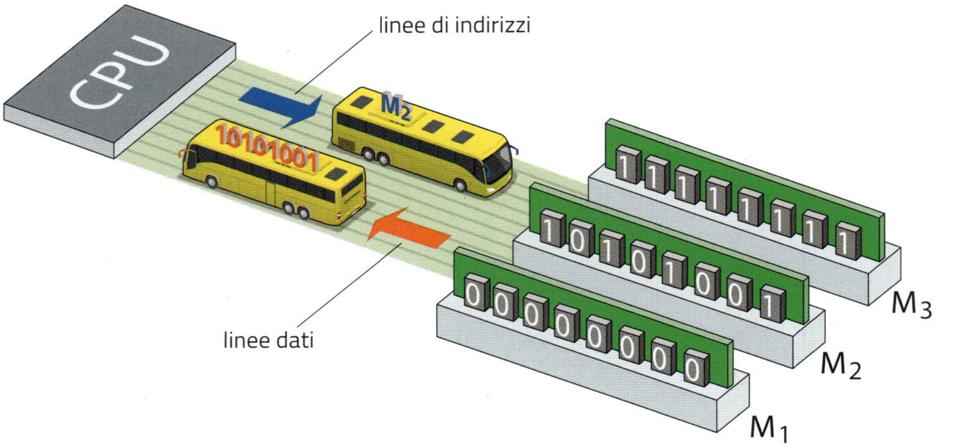

Figura 3.8 Il funzionamento del bus che trasferisce dati e indirizzi tra la CPU e la RAM.

! Il **bus di sistema** collega la CPU alla RAM, mentre il **bus di espansione** collega alle periferiche.

Come mostra la **figura 3.8**, il **bus di sistema** che collega la CPU alla RAM è suddiviso in due tipi di linee: le **linee di dati** trasportano gli impulsi elettrici che rappresentano dati, mentre le **linee di indirizzi** trasmettono informazioni sulla posizione dei dati nella RAM, così la CPU può rintracciarli con accesso casuale quando li deve elaborare.

Ai fini dell'elaborazione dei dati, il ruolo più importante del bus è quello di trasferire i dati dalla memoria RAM alla CPU e viceversa. Tuttavia il bus collega tra loro anche gli altri dispositivi del computer. In particolare, si chiama **bus di espansione** la parte del bus che permette alla RAM di scambiare dati con le periferiche (per esempio, trasferisce alla stampante i dati quando si stampa un documento aperto con un elaboratore di testi).

Le prestazioni del bus

L'efficacia e la rapidità del funzionamento di un bus sono determinate da due fattori:

- il numero di bit che il bus può trasportare in ogni trasferimento;
- il numero di trasferimenti che il bus può completare in un secondo.

Un bus da 16 bit a 33 MHz, per esempio, riesce a trasferire in ogni secondo 33 milioni di «pacchetti» di dati, ciascuno contenente 16 bit (per un totale di 528 Megabit/s).

Il **bus locale** (in inglese *local bus*) è un bus ad alta velocità che rende possibile una comunicazione diretta tra la RAM e i dispositivi che richiedono una particolare rapidità nel trasferimento dei dati, come il monitor o il disco fisso.

Per esempio, il bus di espansione PCI della Intel (**figura 3.9**) può trasmettere 64 bit per volta con frequenza fino a 66 MHz.

Figura 3.9 Connettori per il bus locale PCI sulla scheda madre di un computer.

Il bus di espansione USB

A metà degli anni Novanta la Apple Computer e la Texas Instruments hanno sviluppato il bus di espansione chiamato **FireWire**, che unisce un'elevata larghezza di banda a una grande versatilità: può trasportare centinaia di megabit ogni secondo e permette di collegare decine di dispositivi periferici diversi. Questo tipo di bus oggi ha applicazione per lo più in settori specializzati come l'audio-video.

Nel frattempo infatti la Intel e la Microsoft hanno sviluppano l'**USB** (*universal serial bus*), che si è affermato come lo standard più diffuso nei prodotti elettronici di largo consumo.

L'USB nella versione 2.0 ha larghezza di banda fino a 480 megabit al secondo, sufficiente anche per le trasmissioni video, e usa un semplice connettore universale che ha facilitato enormemente il collegamento dei dispositivi periferici alla scheda madre (**figura 3.10**).

Figura 3.10 Un hard disk esterno collegato a un notebook con un cavo USB.

I bus FireWire e USB possono trasportare, oltre ai dati, anche la corrente elettrica; così permettono di collegare al computer anche periferiche prive di alimentazione autonoma, come il mouse o le chiavette USB, e sono anche diventati il sistema più diffuso per ricaricare le batterie dei telefonini.

I fattori che determinano le prestazioni di un computer

- La **velocità dell'elaborazione** dei dati dipende dalle caratteristiche del **microprocessore**, in particolare dalla sua frequenza di clock.
- La **velocità dei processi di input-output** dipende dalle caratteristiche del **bus di espansione**.
- La **quantità di dati** che il computer può elaborare (e la velocità con cui si può passare da un'applicazione a un'altra, o aprire file di grandi dimensioni) dipende dalla **capacità della memoria RAM**.

IN SINTESI

› Il **bus** è l'insieme dei circuiti elettronici che collegano fra loro i diversi dispositivi di un computer.

› Il **bus di sistema** che collega la CPU alla RAM è suddiviso in **linee di dati** e **linee di indirizzi**; queste ultime trasferiscono informazioni sulla posizione dei dati nella RAM.

› I **bus di espansione**, come l'**USB**, permettono al computer di scambiare dati con i dispositivi periferici.

ESERCIZI

1 Perché le *linee di indirizzi* del bus che collega la CPU alla RAM sono importanti e velocizzano l'elaborazione dei dati da parte del computer?

....

....

....

....

2 Quanto tempo impiega un bus da 32 bit a 33 MHz per trasferire 1 GB di dati?

Circa .... secondi

3 Di quante volte è più veloce un bus da 64 bit a 66 MHz rispetto al bus dell'esercizio precedente?

È .... volte più veloce

3.5 La memoria di massa

Abbiamo visto che, quando si spegne un computer, i dati presenti nella RAM vanno perduti. Per conservarli in modo permanente bisogna *salvarli* (in inglese *save* o *write*) scrivendoli mediante *dispositivi di memorizzazione* sui supporti della **memoria di massa**.

In generale i dispositivi di memorizzazione consentono sia la scrittura sia la lettura dei dati; il recupero di dati memorizzati è chiamato anche *caricamento* o *apertura* (in inglese *open* o *retrieve*).

I supporti di memorizzazione hanno due caratteristiche principali:

- la **capacità** di un supporto è la massima quantità di dati che può contenere, misurata in byte, di solito tramite i multipli gigabyte (GB) o terabyte (TB);
- il **tempo d'accesso** (*access time*) è il tempo che il computer impiega per accedere alla lettura dei dati; tipicamente è dell'ordine dei millesimi di secondo (millisecondi, ms).

! Nel computer i dati sono conservati in modo permanente nei dispositivi della **memoria di massa**.

Il disco rigido magnetico o *hard disk*

Il **disco rigido** o **disco fisso** (in inglese *hard disk*, **figura 3.11**) è il supporto di memorizzazione magnetico più usato nei personal computer, con una capacità tipicamente dell'ordine di centinaia di GB.

Figura 3.11 I componenti del disco rigido di un computer.

Su questo tipo di supporto i bit sono registrati magnetizzando (1) o smagnetizzando (0) piccole aree dello strato superficiale del disco. In questo modo i dati si conservano anche in assenza di alimentazione elettrica.

Come mostra lo schema della **figura 3.12**, l'hard disk è costituito da una serie di **piatti** fatti di alluminio, ceramica o vetro (materiali rigidi, da qui il nome dato al dispositivo) con un diametro compreso di solito tra i 6 e gli 8 centimetri.

I piatti sono ricoperti di ossido di ferro, che è una sostanza ferromagnetica. Sulle due facce di ciascun piatto c'è una serie di **tracce** concentriche. Ogni traccia è suddivisa in segmenti più piccoli chiamati **settori**, ciascuno dei quali contiene uno spazio di memoria pari a 4 kilobyte.

La più piccola unità logica di spazio sul disco rigido che il computer usa per memorizzare i dati è il **cluster** o **unità di allocazione**, cioè un gruppo di settori (da 1 fino a 32, a seconda del tipo di computer); ogni cluster è etichettato da un indirizzo numerico che lo identifica in modo univoco.

Quando salviamo un nuovo file, il sistema operativo del computer lo memorizza in un cluster libero da altri dati. Se il file occupa più di un cluster, il sistema operativo cerca di inserire la parte eccedente sul cluster successivo; se quest'ultimo è già occupato, saranno utilizzati cluster non adiacenti al primo.

Nel disco rigido i dati sono registrati e letti dalle **testine**; ce n'è una per ogni faccia di ciascun disco. Ogni testina è un piccolo elettromagnete posto a distanza microscopica dalla superficie del disco, su cui si può spostare grazie al movimento di un braccio meccanico che la sostiene.

Quando il computer è acceso i dischi sono costantemente in rotazione, così da avere un tempo di accesso ai dati molto rapido. L'accesso ai dati è *casuale*, perché la testina si muove radialmente sulla superficie del disco che ruota: così in ogni momento può posizionarsi esattamente sul settore che contiene i dati richiesti in quell'istante.

Per leggere i dati, la testina rileva lo stato magnetico dello strato superficiale del piatto; per scrivere i dati, invece, usa impulsi elettrici per modificare la magnetizzazione degli ossidi di ferro.

Se una testina incontra un granello di polvere sul disco rigido può verificarsi la *caduta della testina*, che causa una perdita di dati. Per ridurre il rischio che ciò accada, l'hard disk è posto all'interno di un contenitore sigillato.

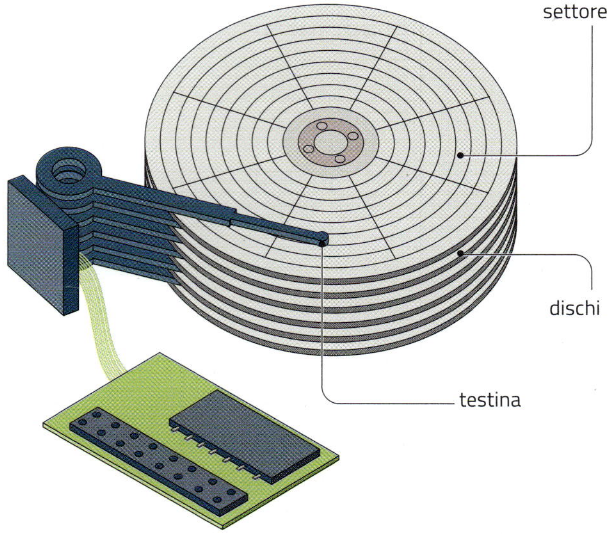

Figura 3.12 Gli elementi strutturali di un hard disk.

Le unità a stato solido o SSD

Gli hard disk magnetici sono sempre più spesso sostituiti da **unità SSD**, dall'inglese *solid-state drive*.

Questi dispositivi «a stato solido» registrano i dati con una **memoria flash** di tipo elettrico anziché magnetico, basata su moduli fatti di speciali transistor.

Rispetto ai dischi rigidi, le unità SSD hanno il vantaggio della maggior compattezza e dell'assenza di parti mobili.

La *cache* del disco rigido e la memoria virtuale

Per aumentare la velocità di accesso ai dati, il computer sfrutta la speciale area di memoria chiamata ***cache*** (o ***buffer***) dell'hard disk, posta sul circuito integrato che controlla il disco.

Questa tecnica si usa perché, quando il computer legge i dati di un certo settore del disco rigido, è probabile che di lì a poco tempo saranno richiesti i dati dei settori adiacenti.

Il computer perciò è programmato per leggere sistematicamente anche i dati dei settori vicini, memorizzandoli nella cache.

La cache è un dispositivo elettronico, più veloce della testina elettro-meccanica dell'hard disk. L'uso della cache dunque fa risparmiare tempo di accesso ai dati, in quanto evita di dover riattivare ogni volta il disco rigido per recuperarli.

Il computer inoltre può usare una parte del disco rigido come **memoria virtuale** per simulare la RAM.

Se per esempio stiamo usando un elaboratore di testi, esso occuperà parte della memoria RAM insieme al sistema operativo (a sinistra nella **figura 3.13**).

Se decidiamo di guardare anche un filmato, la memoria RAM residua potrebbe non essere sufficiente. Allora il sistema operativo sposterà le parti meno usate del word processor nella memoria virtuale (a destra nella figura).

L'accesso ai dati sul disco però è più lento rispetto a quello nella RAM, perciò un computer che usa la memoria virtuale ha prestazioni limitate.

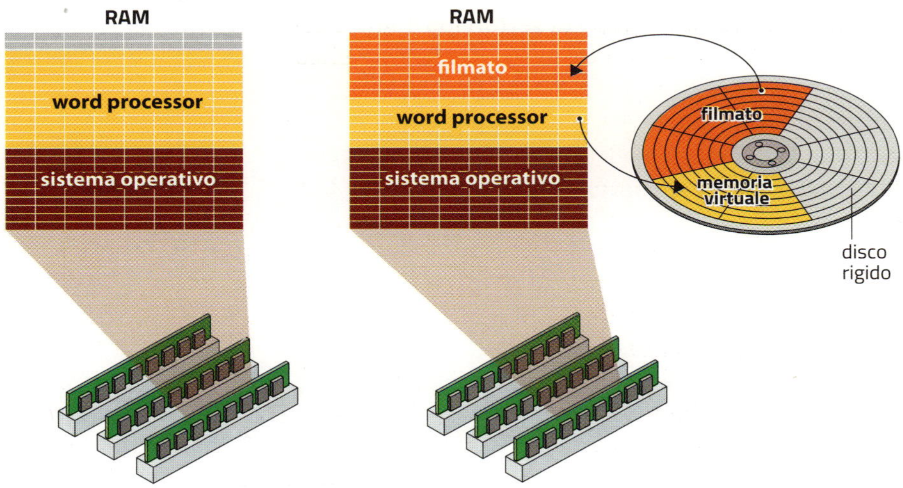

Figura 3.13 Uno schema del funzionamento della memoria virtuale.

Le unità di memoria rimovibili e remote

Il disco rigido è un componente hardware fissato all'interno del personal computer. Esistono però anche vari tipi di supporti di memoria *rimovibili*, che consentono di **trasferire i dati** da un dispositivo elettronico a un altro e in particolare di **fare copie di sicurezza** (***backup***) dei dati.

Le copie di backup sono molto importanti, perché in caso di smarrimento, furto o danneggiamento di un computer tutti i dati memorizzati sull'hard disk possono andare irrimediabilmente perduti.

Tra i **supporti rimovibili** ci sono:

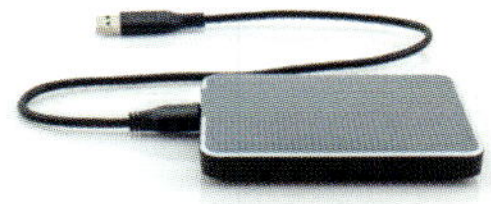

- gli **hard disk esterni**, supporti magnetici oppure di tipo SSD, con capacità ancora maggiore rispetto alle unità interne (di solito tra i 500 GB e i 5 TB);

- le **chiavette USB** (*pendrive*), di dimensioni molto ridotte, dotate di una memoria flash con una capacità che può raggiungere le decine di GB;

- le **schede di memoria** (*memory card*), anch'esse con memoria flash, usate specialmente negli smartphone e nelle macchine fotografiche digitali; nella versione microSD sono più piccole e più sottili di un'unghia;

- i **dischi ottici**, CD e DVD, che si incidono e si leggono mediante il laser di un apposito dispositivo masterizzatore/lettore; normalmente sono supporti ROM (*read-only memory*), cioè memorie di sola lettura, perché dopo l'incisione i dati registrati si possono soltanto leggere, non sovrascrivere.

Un diverso tipo di memoria di massa è costituito dalle **unità di rete**, che permettono il salvataggio di dati sui dischi rigidi di altri computer collegati in rete localmente, oppure su *server* accessibili via Internet.

Quest'ultimo caso è diventato molto comune con l'avvento del cloud computing: i dati vengono affidati a un fornitore di servizi informatici che li memorizza da qualche parte «sulla nuvola», cioè nei computer di un *data center* posto magari in un altro continente.

Il vantaggio è che non dobbiamo più preoccuparci di fare copie dei dati: sono disponibili in qualsiasi momento e vi possiamo accedere «in remoto» da qualsiasi dispositivo, ovunque ci troviamo, a patto di collegarci alla rete con le giuste credenziali.

Questo sistema è particolarmente utile quando si vuole operare sui dati collaborando con altre persone geograficamente lontane.

Lo svantaggio è che i dati sono accessibili soltanto quando si è collegati a Internet; inoltre chi conserva i dati per noi potrebbe, in linea di principio, usarli anche senza la nostra autorizzazione.

IN SINTESI

- La **memoria di massa** è formata dai dispositivi che consentono di registrare in modo permanente i dati elaborati dai computer.
- I supporti di memorizzazione sono caratterizzati dalla loro **capacità** e dal **tempo d'accesso** ai dati.
- Nei personal computer il principale dispositivo della memoria di massa è il **disco rigido** o **hard disk**, che usa un supporto di tipo magnetico.
- L'hard disk è formato da una serie di **piatti**, ciascuno con **tracce** suddivise in **settori**. Ogni piatto ha una **testina** elettromeccanica che può leggere e scrivere i dati con accesso casuale.
- Per trasferire dati tra computer diversi, o fare il backup dei dati, si usano **supporti di memoria rimovibili** (magnetici, elettrici, ottici) oppure **unità di rete**, come i server remoti a cui si accede via Internet.

ESERCIZI

1 Quali sono le due caratteristiche, una logica e una meccanica, che rendono possibile l'accesso casuale ai dati negli hard disk magnetici?

....

....

....

2 Per terminare un progetto, Silvia lavora sugli stessi dati ogni mattina con un computer dell'aula informatica a scuola, e ogni sera con il computer di casa. Le serve perciò avere i dati sempre aggiornati su entrambi i computer. Scrivi due diversi possibili modi in cui potrebbe ottenere quel risultato.

1. ....

2. ....

3.6 Le periferiche di input e output

Il termine «periferica» indica ogni dispositivo che non fa parte del nucleo centrale del computer, costituito da CPU e memoria RAM. Sono periferiche, dunque, non soltanto dispositivi esterni e fisicamente separati come un mouse o una stampante, ma anche elementi che fanno parte integrante del computer, come il disco rigido o lo schermo.

Un **dispositivo di input** è una periferica che organizza i dati provenienti dall'esterno e li converte in un formato che il computer è in grado di elaborare.

Un **dispositivo di output** invece rende disponibile al mondo esterno il risultato dell'elaborazione effettuata dal computer.

L'hard disk e i dispositivi di memorizzazione rimovibili, di cui abbiamo parlato nel paragrafo precedente, sono simultaneamente periferiche di input e di output: infatti possono sia fornire dati al microprocessore, sia ricevere e registrare i risultati dell'elaborazione.

ESEMPI DI PERIFERICHE DI INPUT	ESEMPI DI PERIFERICHE DI OUTPUT
 **tastiera, mouse e *touchpad*** permettono di inserire testi, selezionare oggetti sullo schermo e inviare comandi premendo tasti-funzione o pulsanti grafici	 **monitor del personal computer** mostra a schermo l'interfaccia con il sistema operativo e le applicazioni, nonché i risultati delle elaborazioni effettuate
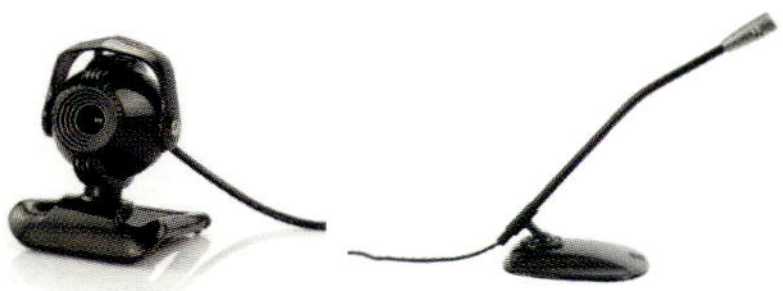 **fotocamera e microfono** consentono di registrare immagini e suoni, nonché di impartire comandi vocali agli «assistenti digitali»	 **altoparlanti e cuffie** trasmettono all'esterno i suoni elaborati dal computer, per esempio musica o segnali di avvertimento o allarme
 **scanner** permette di digitalizzare testi e immagini partendo da originali cartacei	 **stampante** permette di produrre una versione cartacea dei risultati delle elaborazioni

Un'importante periferica che un tempo era soltanto di output oggi è anche di input: è lo **schermo *touchscreen***, cioè sensibile al tatto, tipico degli smartphone e dei tablet ma diffuso anche in molti terminali pubblici, come i bancomat e le biglietterie automatiche nelle stazioni ferroviarie.

La tecnologia touchscreen permette di fare a meno della tastiera e del mouse (**figura 3.14**), sostituendo questi dispositivi hardware con applicazioni software: ogni volta che occorre digitare un testo, per esempio, il sistema operativo fa comparire sullo schermo una tastiera virtuale.

Figura 3.14 Lo schermo degli smartphone e dei tablet è touchscreen.

Le porte di input/output

Spesso oggi le periferiche comunicano con i computer in modo *wireless*, cioè senza fili, attraverso onde radio. Tradizionalmente però il collegamento avviene via cavo, perciò la scheda madre dei personal computer di solito ha numerose **porte**, ossia prese in cui si possono inserire i connettori dei cavi delle periferiche.

Ecco un elenco delle principali porte di input/output:

- le **porte USB** sono attualmente le più diffuse; hanno una buona velocità di trasferimento dei dati e consentono di collegare in modo semplice e rapido i dispositivi più svariati;

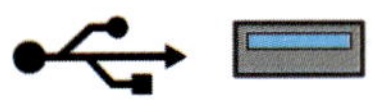

- le **porte FireWire**, meno comuni e più costose, si usano in particolare nei dispositivi di acquisizione audio e video, con il vantaggio di poter collegare direttamente tra loro le periferiche senza passare per il computer;

- le **porte video** possono essere di tipo **VGA** per i segnali analogici, oppure **HDMI** per l'audio-video digitale;

- le **porte audio** hanno tre prese colorate per connettori mini-jack: celeste per i segnali in ingresso, verde per i segnali in uscita e fucsia per il microfono;

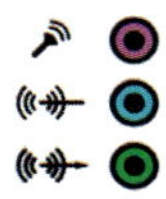

- le **porte di rete** o **LAN Ethernet** servono per collegare il computer alla rete locale o a un router;

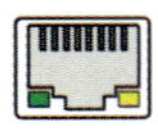

- le **porte seriali** sono sempre meno diffuse perché la comunicazione seriale, cioè l'invio dei bit uno alla volta lungo il cavo, è piuttosto lenta;

- le **porte parallele**, più veloci di quelle seriali, consentono di inviare 8 bit alla volta; si usavano soprattutto per collegare al computer le stampanti, ma oggi sono spesso sostituite da porte USB.

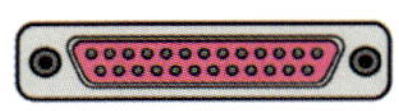

! Il computer può comunicare con le **periferiche** tramite porte e connettori, o in modo wireless.

IN SINTESI

- Le **periferiche di input** (come tastiera, mouse o microfono) sono dispositivi che convertono i dati provenienti dall'esterno in un formato che il computer è in grado di elaborare.
- Le **periferiche di output** (come monitor, stampanti o altoparlanti) sono invece dispositivi che rendono disponibile al mondo esterno il risultato dell'elaborazione effettuata dal computer.
- Le periferiche di input/output si collegano al computer inserendo connettori nelle **porte** della scheda madre, oppure in modo **wireless** attraverso onde radio.

ESERCIZI

1 Quale caratteristica hanno in comune il joystick di una console per videogiochi e una «penna ottica» usata per leggere i codici a barre sulle confezioni dei prodotti in un negozio?

....

....

2 Una lavagna elettronica LIM è un dispositivo di output ma anche di input. Spiega perché.

....

....

....

ATTIVITÀ GUIDATA L'uso simultaneo di molte applicazioni

Completa il testo

- Quando si usa un personal .... , ogni programma in esecuzione appare in una diversa finestra.
- Se lo schermo è ricoperto di .... , come nell'esempio della figura, significa perciò che il microprocessore del computer sta .... molti programmi allo stesso tempo (in aggiunta al .... operativo, che è sempre in esecuzione durante il funzionamento del pc).
- Ciascun programma, per poter essere eseguito dalla .... , deve per prima cosa essere caricato nella memoria RAM, da dove poi il .... trasferisce i dati quando richiesto dall'unità di ....CU del chip.
- Se i programmi utilizzati occupano molta .... , però, lo spazio disponibile nella RAM può non essere sufficiente a contenerli tutti. Il computer in tal caso userà una parte dell'hard disk come memoria .... che simula la RAM.
- L'accesso ai dati sul disco però è più .... rispetto a quello nella RAM, perciò il funzionamento del computer inizierà a mostrare segni di rallentamento.
- Quando questo accade, l'unico rimedio efficace è chiudere qualche .... , così che cessi l'esecuzione del programma corrispondente. Così si libererà spazio nella .... e il computer potrà tornare ad avere prestazioni normali.

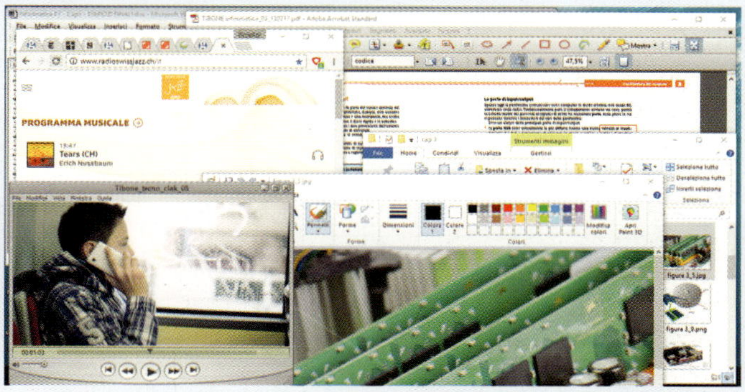

Ora prova tu

1. Procurati un personal computer il cui hard disk contenga numerosi video.
2. Riavvia il computer, così da assicurarti che la RAM venga svuotata (al riavvio conterrà soltanto una parte del sistema operativo del computer).
3. Apri un video e guardalo per qualche secondo.
4. Apri un secondo video in una nuova finestra e guardalo per qualche secondo. Passa da una finestra all'altra e verifica che ciascun video proceda in modo fluido.
5. Ripeti queste stesse prove aggiungendo via via nuovi video in nuove finestre.
6. Smetti di aggiungere video quando ti accorgi che iniziano ad avanzare «a scatti».
7. Verifica che, chiudendo una o più finestre tra quelle aperte, i video rimanenti ricominciano ad avanzare in modo fluido.

a. Quale caratteristica del computer determina il numero massimo di video che puoi guardare simultaneamente?

....

....

b. Quale caratteristica dei video ha una forte influenza su quel numero massimo?

....

....

ESERCIZI DI RIEPILOGO

ZTE ONLINE

LOSAI? RIPASSA CON LO SMARTPHONE

1 Completa la mappa con le parole:
calcoli ▪ CPU ▪ CU ▪ magnetico ▪ massa ▪ memoria ▪ periferiche ▪ porte ▪ RAM

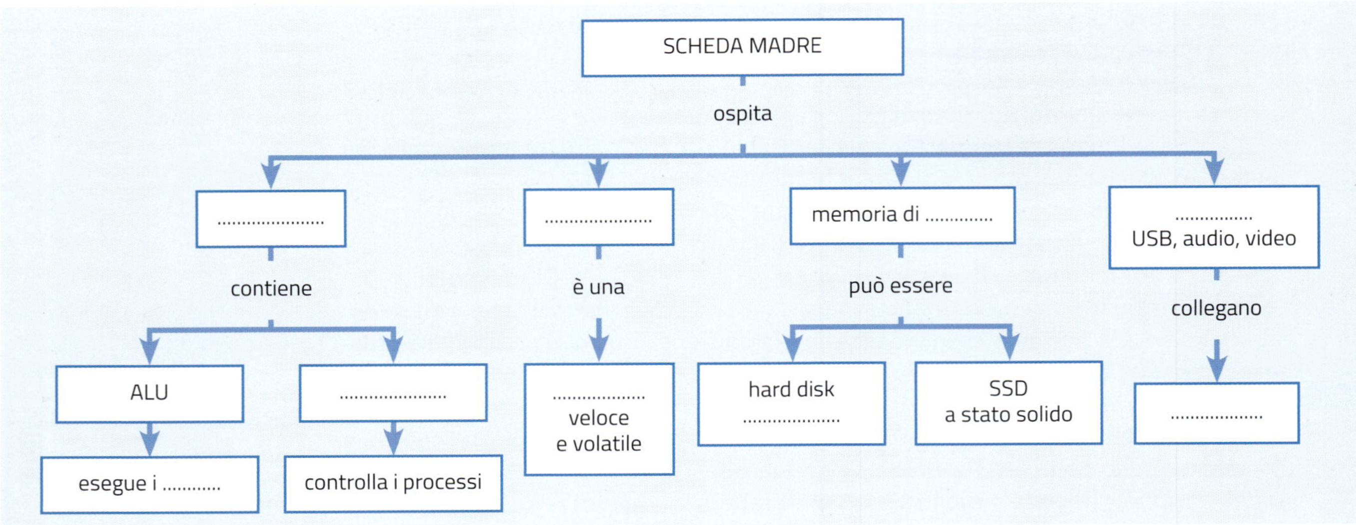

2 Nel disco rigido di un computer, dove è memorizzato ciascun file?

A In un settore.
B In una testina.
C In una o più tracce.
D In uno o più cluster.
E In uno o più ossidi di ferro.

3 Scrivi i nomi dei quattro tipi di porte indicati nella figura.

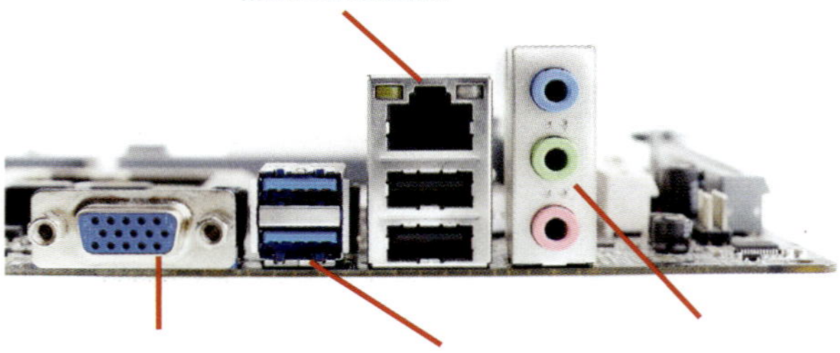

▸ Su quale componente hardware del computer sono montate queste porte?
....

4 Completa il testo.

È possibile usare come memoria di massa, invece del disco rigido del proprio computer, quello di un server remoto, cioè lontano, a cui ci si collega tramite .... ; questa è la norma quando si usa il servizio chiamato .... computing; in tal caso il server si trova da qualche parte nel mondo, in un .... center gestito da un fornitore di servizi informatici.

5 Vero o falso?

La RAM è una memoria volatile.	V F
La RAM è una memoria veloce.	V F
La RAM è una memoria di massa.	V F
La RAM è una memoria di tipo ottico.	V F
La RAM è una memoria ad accesso casuale.	V F
La RAM conserva i dati anche quando il computer è spento.	V F

6 Indica se le periferiche elencate qui sotto sono di input (**I**) o di output (**O**) oppure se possono essere di entrambi i tipi (**I/O**).

altoparlante ....
chiave USB ....
hard disk ....
microfono ....
monitor ....
mouse ....
scanner ....
stampante ....

7 Che cosa significa dire che un computer ha una «CPU a 1,6 GHz»?
....
....
....

8 Quanto tempo occorre per trasferire 10 GB di dati con un bus da 64 bit a 66 MHz?
....

9 Sai dire che cos'è e a che cosa serve l'elica blu visibile in questa foto?

....
....
....

10 Completa la fotografia della scheda madre di un computer aggiungendo le parole mancanti nelle didascalie.

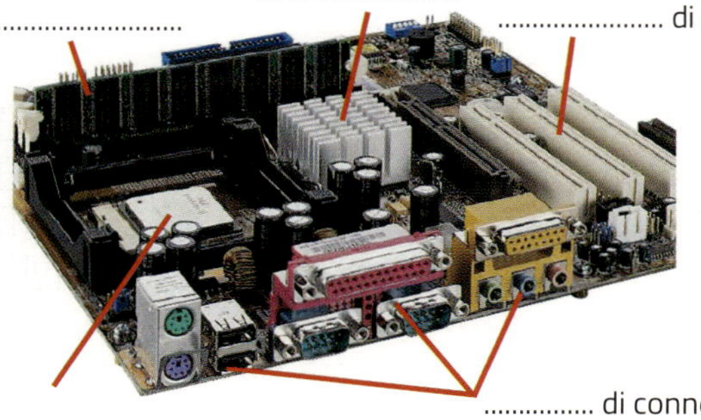

11 Scrivi i nomi di tre periferiche che si potrebbero collegare a un personal computer con il cavo mostrato nella foto.

1. ....
2. ....
3. ....

12 Il gergo informatico usa molti acronimi basati sulla lingua inglese. Scrivi a che cosa corrispondono questi tre esempi e qual è il loro significato in italiano.

RAM in English: ....
in italiano: ....

CPU in English: ....
in italiano: ....

ALU in English: ....
in italiano: ....

13 Quali tra questi componenti sono indispensabili per il funzionamento di un computer? Indicali con una crocetta.

☐ memoria RAM ☐ microprocessore ☐ mouse
☐ scheda madre ☐ stampante ☐ tastiera

14 Nei libri le informazioni sono organizzate in modo sequenziale. Che cosa in un libro rende possibile l'accesso *casuale* alle informazioni?

....

15 Sai spiegare per quale ragione la RAM ha bisogno di alimentazione elettrica?

....
....
....

16 Quali tipi di programmi sfruttano appieno le potenzialità di una CPU multi-core?

....

17 In un negozio trovi, allo stesso prezzo, un personal computer con CPU a 4 GHz e 1 GB di RAM e un altro con CPU a 1 GHz e 4 GB di RAM. Le schede video sono uguali.Quale dei due computer compreresti, e perché, se **a.** intendi usare contemporaneamente numerose applicazioni standard, oppure **b.** intendi usare il pc per fare montaggio di video con un software specializzato?

a. ....
....
....

b. ....
....
....

18 La scheda madre non è l'unico componente hardware dei computer dotato di moduli di memoria RAM. Ne hanno anche, per esempio, le schede video, le schede audio, i modem e le stampanti. Sai spiegare perché?

....
....
....

19 Quale periferica di un computer sta usando la ragazza della foto, e come classificheresti questa periferica?

....
....
....
....
....

VERIFICA DELLE COMPETENZE

1 LAVORA CON I DATI

a. Una videocamera professionale registra video digitale nel formato 1080i con un bitrate di 24 megabit al secondo (Mbps). Quante ore di video si possono memorizzare su un hard disk da 1 TB?
Circa .... ore di video

b. Quante foto da 3000x2000 pixel a 24 bit si possono memorizzare su una chiavetta USB da 4 GB?
Circa .... foto

c. Quante ore di musica stereo a 16 bit e 44,1 kHz si potrebbero invece memorizzare sulla stessa chiavetta?
Circa .... ore di musica

2 INFORMATICA E AMBIENTE

I *data center* («centri dati») o *server farm* («fattorie di server») sono grandi edifici industriali che ospitano migliaia di computer. Qui conservano i loro dati, per esempio, le aziende che gestiscono i *social network* e i servizi di *cloud computing*.
Nel 2014 i data center degli Stati Uniti hanno usato complessivamente 70 miliardi di kWh, pari al 2% circa del consumo nazionale di energia elettrica.
Il kilowattora (kWh) è l'energia consumata in un'ora da un apparecchio che assorbe una potenza di 1 kW.

a. La famiglia media statunitense usa ogni anno 11,5 MWh di elettricità. Il consumo dei data center nel 2014 è stato equivalente al consumo di quante famiglie?
.... famiglie

b. Circa metà dell'energia elettrica usata da un data center non serve a far funzionare i server, bensì gli impianti di condizionamento dell'aria. Per quale ragione questi sono necessari?
....
....
....

c. Se un server in media assorbe una potenza pari a 250 W, tenendo conto dei dati precedenti, quanti server erano presenti nel 2014 nei data center statunitensi?
.... server

3 SCOPRILO SU INTERNET

Il termine *memristor* (da *memory resistor*) indica un particolare tipo di componente elettronico.
La foto, ripresa con un microscopio a forza atomica, ne mostra un prototipo fatto di nanofili di ossido di titanio.

a. Quale proprietà del memristor cambia a seconda della corrente elettrica che lo attraversa?
....

b. Per quale ragione il memristor potrebbe fornire un'alternativa rivoluzionaria alla memoria RAM tradizionale?
....
....

c. Quale vantaggio importante offrirebbe il memristor rispetto ai transistor?
....
....

d. Quanto tempo richiederebbe l'accensione di un computer basato su memristor?
....

4 L'INFORMATICA E IL CITTADINO

Riguardo all'uso della «nuvola» per la memorizzazione dei dati, il Garante della Privacy nel 2012 ha affermato che: «Affidando dati personali a sistemi gestiti da un fornitore di servizi cloud, i clienti rischiano di perdere il controllo esclusivo dei dati e di non poter prendere le misure tecniche e organizzative necessarie per garantire la disponibilità, l'integrità, la riservatezza, la trasparenza, l'isolamento, la portabilità dei dati e la possibilità di intervento sugli stessi».
Nel 2014 l'ente di certificazione ISO (*International Organization for Standardization*) ha pubblicato uno standard specificamente elaborato per i fornitori di servizi di cloud computing, l'ISO 27018, che mira a garantire il rispetto dei principi e delle norme sulle privacy dettate dalla Direttiva europea 95/46/CE.

a. Quale rischio potenziale esiste quando si affidano i propri dati a un servizio di cloud computing?
....
....

b. Quale requisito è bene abbiano i provider di servizi cloud a cui affidiamo i nostri dati?
....
....
....

CLIL

Learn from the originals | Read it as they wrote it

Moore's Law Is Dead. Now What?

by Tom Simonite, *MIT Technology Review*, May 13, 2016

Moore's Law is named after Intel cofounder Gordon Moore. He observed in 1965 that transistors were shrinking so fast that every year twice as many could fit onto a chip, and in 1975 adjusted the pace to a doubling every two years.

Mobile apps, video games, spreadsheets, and accurate weather forecasts: that's just a sampling of the life-changing things made possible by the reliable, exponential growth in the power of computer chips over the past five decades.

The chip industry has kept Moore's prediction alive. But now the continual cramming of more silicon transistors onto chips looks to be slowing to a halt. Intel has suggested silicon transistors can only keep shrinking for another five years.

Many useful things that mobile devices can do rest on the power of billion-dollar data centers, where the end of Moore's Law would be an immediate headache. Companies such as Google and Microsoft eagerly gobble up every new generation of the most advanced chips, packed more densely with transistors.

The world's top supercomputers aren't getting better at the rate they used to. That's bad news for research programs reliant on supercomputers, such as efforts to understand climate change, develop new materials for batteries and superconductors, and improve drug design.

Companies such as Intel, which dominates the server chip market, and their largest customers will have to get creative. Alternative ways to get more computing power include working harder to improve the design of chips and making chips specialized to accelerate particular crucial algorithms.

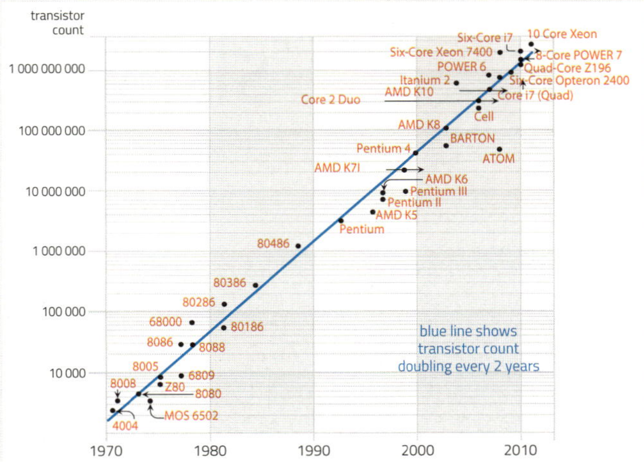

Glossary

to shrink = to become smaller
pace = the speed at which something happens
sampling = a small amount
to cram = to force many things into a small space
to improve = to make something better
to gobble up = to eat very fast, to consume rapidly

QUESTIONS

1 How many times has the number of transistors on a chip increased between 1990 and 2010?

....

2 Scientists need ever improving supercomputers in order to:

A become creative.
B play video games.
C design new types of chips.
D do better climate modelling.

3 If Moore's Law is no longer valid, what can chip makers do to provide more computing power?

A Change the way chips are designed.
B Reduce the size of transistors.
C Fit more transistors onto a chip.
D Build bigger data centers.

Capitolo 4

Sistemi operativi e applicazioni

4.1 Che cosa fa il sistema operativo

L'hardware di un'automobile (cioè l'insieme che comprende motore, ruote, volante, pedali e così via) è utile soltanto se qualcuno lo mette in moto e sa poi coordinare il funzionamento delle varie parti.

In modo analogo, l'hardware di un computer dev'essere guidato e coordinato dalle istruzioni di un software: questo è il **sistema operativo**, la parte principale del **software di sistema**, che fa funzionare correttamente il computer e gli permette di comunicare con noi che lo usiamo.

Poi ci sono le **applicazioni**, dette anche **software applicativo**, che permettono all'utente di usare il computer per attività specifiche come scrivere, fare calcoli o comunicare in rete. Grazie alle applicazioni il computer diventa utile per lo studio, il lavoro e la vita di tutti i giorni.

In generale, come mostra lo schema della figura 4.1, il sistema operativo gestisce sia le **comunicazioni** tra l'hardware del computer e le applicazioni, sia l'**interfaccia grafica** che permette all'utente di attivare le applicazioni e di vedere i risultati delle elaborazioni.

! Il **sistema operativo** è il software che fa funzionare il computer: gestisce le risorse hardware e coordina il funzionamento delle applicazioni.

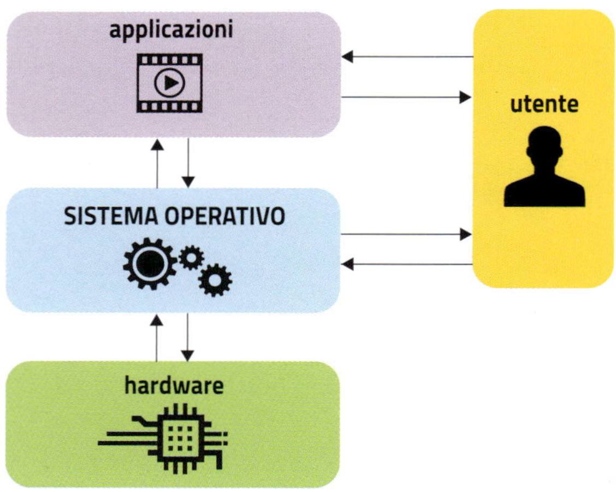

Figura 4.1 La relazione tra hardware, sistema operativo, applicazioni e utente del computer.

I principali sistemi operativi per personal computer sono **Windows**, sistema proprietario della Microsoft Corporation, **Ubuntu**, sistema operativo open source derivato da Linux, e **macOS**, sistema proprietario installato dalla Apple Inc. sui suoi pc Macintosh. Linux e macOS derivano a loro volta dal sistema operativo Unix.

Per i computer mobili i sistemi operativi più diffusi sono l'open source **Android** e **iOS** per i dispositivi della Apple.

Linux | Windows | Android | macOS, iOS

Durante ogni elaborazione il sistema operativo svolge molti compiti (**figura 4.2**):

- controlla il flusso dei dati in entrata e in uscita dal computer, inviando l'input alla CPU e inoltrando l'output al monitor e alle altre periferiche;
- garantisce che ogni programma abbia a disposizione le risorse hardware necessarie (microprocessore, memoria RAM, unità periferiche);
- trova dati e programmi memorizzati sul disco rigido o sulle altre unità di memoria;
- difende la sicurezza dei dati, per esempio proteggendo l'accesso al sistema con una parola d'ordine (*password*) e filtrando i dati scambiati in rete (*firewall*);
- controlla lo stato dei vari dispositivi del computer e ne segnala i malfunzionamenti.

Tra i compiti più importanti del sistema operativo c'è la gestione del **file system** con cui il computer memorizza i file e li organizza in modo gerarchico.

Infine il sistema operativo gestisce la **comunicazione in rete**, così che il computer possa condividere dati e risorse con altri dispositivi locali o collegarsi a Internet.

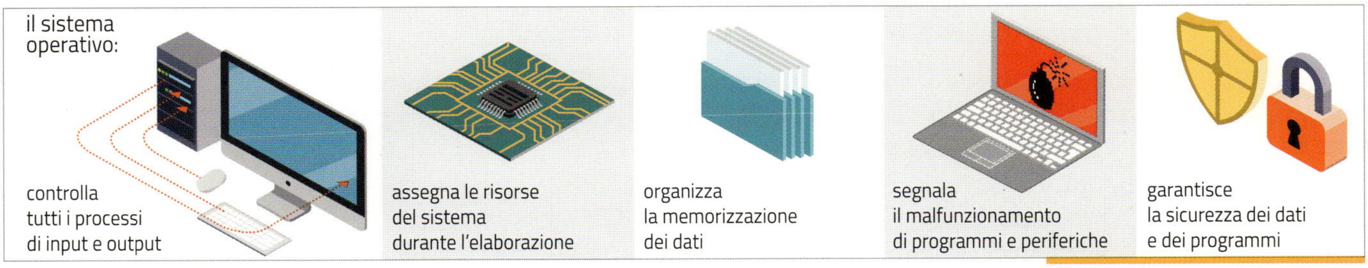

Figura 4.2 Le principali funzioni del sistema operativo.

Utility e driver

Oltre al sistema operativo, il software di sistema comprende altri programmi – *utility* e *driver* – che contribuiscono ad assicurare il buon funzionamento del computer:

- le **utility** sono software con funzioni di controllo in più rispetto a quelle già comprese nel sistema operativo, e consentono all'utente di gestire e configurare al meglio le risorse hardware; per esempio, alcune utility aiutano a fare il backup dei dati, copiandoli da un disco a un altro, o a recuperare dati da dischi danneggiati;
- i **driver** sono programmi «intermediari» che gestiscono le comunicazioni tra l'unità centrale del computer e i dispositivi periferici.

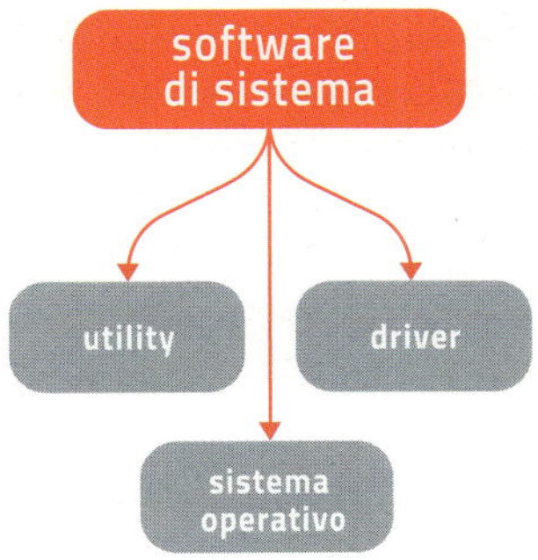

In genere oggi i sistemi operativi contengono già i driver per tutti i principali dispositivi presenti sul mercato; il driver allora entra in funzione automaticamente, in pochi secondi, quando si collega per la prima volta al computer una nuova periferica, come una stampante o una chiavetta USB.

In alcuni casi può essere necessario cercare su Internet un driver e *installarlo*, cioè scaricarlo, memorizzarlo sul computer ed eseguirne la configurazione.

L'avvio del computer

Quando accendiamo un computer, ha inizio il **processo di avviamento** (*boot process*).

All'accensione, il sistema recupera per prima cosa informazioni riguardo alle proprie componenti hardware, per verificare che le periferiche funzionino correttamente.

Queste informazioni sono gestite dal software un tempo chiamato **BIOS** e oggi **UEFI**, acronimo di *unified extensible firmware interface*, «interfaccia unificata estensibile del firmware», che è predisposto dal produttore del computer e risiede in un circuito integrato sulla scheda madre.

Le istruzioni della UEFI dicono al sistema, in particolare, dove è memorizzato il sistema operativo. Così il processo di avviamento può copiare dal disco fisso alla memoria RAM una parte del sistema operativo e dare inizio alla sua esecuzione.

Terminate queste operazioni, sullo schermo appare il **desktop**, o **scrivania**, e l'utente può iniziare a usare il computer attraverso l'interfaccia grafica.

IN SINTESI

- Il **sistema operativo** è il software che fa funzionare l'hardware del computer: gestisce le comunicazioni tra i dispositivi, l'interfaccia con l'utente e l'allocazione delle risorse per l'elaborazione dei dati. Il **software di sistema** comprende, oltre al sistema operativo, anche **utility** e **driver**.
- Le **applicazioni** invece sono i programmi che permettono di usare il computer per attività specifiche.
- Il **processo di avviamento** del computer inizia con l'esecuzione di parte del sistema operativo (usando le istruzioni del firmware **UEFI**) e termina con la comparsa del **desktop** sullo schermo.

Una *macchina virtuale*: installare Ubuntu su un pc con Windows

Su un pc con Windows è possibile provare Ubuntu senza sostituire il sistema operativo, cioè lavorando sempre in Windows: basta creare una «macchina virtuale» su cui eseguire Ubuntu. Ecco come procedere:

1. dal sito **www.ubuntu-it.org** scarica con il pulsante **Avvia il download** il file-immagine (che ha estensione **.iso**) della versione più recente di Ubuntu;
2. nel sito **www.virtualbox.org** fai clic su **Downloads** e quindi su **Windows hosts**: in questo modo scaricherai un file eseguibile (con estensione **.exe**);
3. fai doppio clic sul file **.exe**: apparirà una finestra con la procedura di installazione, al termine della quale potrai avviare l'applicazione VirtualBox;
4. nella finestra principale di VirtualBox fai clic su **Nuova** per creare una macchina virtuale; dopo un clic su **Avanti**, assegna un nome (per esempio «prova di Ubuntu») alla macchina virtuale e seleziona la voce **Linux** dal menu **Sistema operativo** e **Ubuntu** dal menu **Versione**; poi vai più volte **Avanti** e alla fine fai clic su **Crea**;
5. dalla finestra principale di VirtualBox scegli la macchina **prova di Ubuntu** appena creata e fai clic a sinistra su **Archiviazione**, poi sull'icona del disco **Vuoto**, poi sul pulsante-disco all'estrema destra; nel menu che appare seleziona la voce **Scegli un file di disco CD/DVD virtuale**, quindi vai a selezionare il file-immagine **.iso** di Ubuntu; infine fai clic su **OK**;
6. ora fai doppio clic sulla macchina **prova di Ubuntu**; quando viene caricata la schermata iniziale, scegli a sinistra la lingua e fai clic su **Installa Ubuntu** (non temere, in realtà lo stai installando soltanto sulla macchina virtuale); metti la spunta alle due opzioni che appaiono, poi procedi impostando il fuso orario, la lingua della tastiera, il nome utente e la password;
7. al termine dell'installazione, fai clic su **Riavvia ora**; la macchina virtuale di VirtualBox che hai creato si riavvierà e potrai iniziare a usare Ubuntu.

Anche se la macchina virtuale avrà prestazioni inferiori rispetto a un computer reale, è comunque un buon modo per scoprire come funziona Ubuntu e familiarizzare con questo sistema operativo open source.

ESERCIZI

1 Quando si collega a un pc per la prima volta uno smartphone, come fa il computer a «riconoscere» il nuovo dispositivo?

....

....

....

2 Quando un'applicazione ha un malfunzionamento, può essere necessario un *reboot* del computer. Che cosa significa?

....

....

....

4.2 Programmi e processi

Quando «lanciamo» un'applicazione, il sistema operativo del computer dà inizio a un **processo** (in inglese *task*), l'entità che costituisce l'esecuzione del programma.

Il processo è un po' come la sequenza di azioni eseguite in cucina per preparare un piatto, sulla base delle istruzioni di una ricetta, che in questa analogia è il programma.

Il programma, cioè l'elenco delle istruzioni, resta immutato durante l'esecuzione. Il processo invece è un'entità dinamica: dipende dai dati che il computer elabora, dalle operazioni che esegue su quei dati e dalle risorse del sistema che impegna per farlo.

Un processo è dunque l'insieme formato dal codice eseguibile e da tutte le informazioni che definiscono lo stato dell'esecuzione, come la memoria RAM occupata, le periferiche usate e i descrittori (forniti dal file system) dei file che si stanno utilizzando.

I computer in genere operano in *multitasking*, cioè eseguono simultaneamente più applicazioni. Per gestire i processi multipli il sistema operativo usa lo *scheduler* («pianificatore»), un programma che tramite speciali algoritmi determina la sequenza in cui eseguire le diverse richieste, così da ottimizzare l'utilizzo delle risorse del sistema.

Di solito i processi in corso sono visibili all'utente in finestre sovrapposte al desktop; si dice che appaiono *in foreground*, cioè «in primo piano». Se per esempio si è lanciato un browser per navigare in Internet, l'esecuzione dell'applicazione è resa evidente dal fatto che sullo schermo appare l'interfaccia grafica del browser.

Un processo però può anche essere eseguito *in background*, cioè «dietro le quinte», senza che l'utente se ne accorga; ciò avviene spesso per esempio con i programmi antivirus, che periodicamente si avviano in modo automatico per fare controlli di sicurezza sui file, mentre noi stiamo usando altre applicazioni.

I sistemi operativi in genere mettono a disposizione dell'utente un **task manager**, programma che consente di visualizzare l'elenco dei processi in corso e delle risorse che usano.

! Durante l'esecuzione di un programma, il **processo** è l'insieme delle azioni del sistema operativo, dei dati che vengono elaborati e delle risorse del computer usate.

I thread

Ogni processo è suddiviso in tanti sottoprocessi chiamati **thread**, ai quali assegna le risorse della CPU. Ogni sottoprocesso è un'entità autonoma, nel senso che il microprocessore esegue ciascun thread in modo indipendente dagli altri.

In inglese *thread* significa «filo»: infatti un processo è formato da thread proprio come una fune è formata da tanti fili attorcigliati insieme (**figura 4.3**).

Quando si consulta una pagina web che contiene più immagini, per esempio, l'applicazione browser usa un diverso thread per scaricare ciascuna immagine.

In modo analogo, il server di una rete di computer usa thread diversi per rispondere contemporaneamente alle richieste che provengono dai diversi utenti.

L'indipendenza dei singoli thread è importante perché rende possibile il **calcolo parallelo**. Come abbiamo visto nel capitolo precedente, i computer *multi-core* dispongono di più CPU e possono eseguire più istruzioni simultaneamente, in parallelo.

Se un'applicazione è progettata in modo tale da suddividere l'elaborazione tra diversi thread, perciò, sarà eseguita più velocemente da un sistema multi-core.

Figura 4.3 Così come una fune è composta da fili, un processo è composto da thread.

IN SINTESI

- Per eseguire un programma il sistema operativo genera un **processo**, che è l'insieme del codice eseguibile, dei dati e delle risorse utilizzate.
- I processi possono avvenire *in foreground* oppure *in background*. Il **task manager** consente di visualizzare l'elenco dei processi in corso.
- Ogni processo è suddiviso in **thread**, sottoprocessi indipendenti tra loro, che consentono di velocizzare le elaborazioni grazie al **calcolo parallelo**.

ESERCIZIO

1 Un *processo* è:

A un programma per il computer.
B l'esecuzione di un programma.
C l'insieme dei dati e delle risorse del computer.
D un programma che non cambia durante l'esecuzione.

4.3 Il file system

Nel computer tutti i dati sono codificati come sequenze di bit, cioè cifre binarie 0 e 1. Quando usiamo un personal computer, però, troviamo le informazioni organizzate in forma di documenti chiamati *file*.

Un **file** è un contenitore di dati – sequenze di 0 e 1 organizzate in byte – che si può memorizzare in un computer.

Esistono file di tipo diverso, a seconda di come i dati sono codificati al loro interno. Un file di testo non formattato, per esempio, contiene soltanto una sequenza di caratteri ASCII o Unicode. Un file-immagine non compresso, invece, contiene la codificazione di una griglia di pixel e, per ciascun pixel, il codice che ne specifica il colore.

Non soltanto i dati, ma anche i *programmi* (sia del sistema operativo, sia del software applicativo) sono memorizzati nel computer all'interno di file.

Mediante le applicazioni i file possono essere aperti, letti, modificati e richiusi quante volte si vuole.

! Nella memoria di massa del computer dati e programmi sono organizzati in forma di «documenti elettronici» chiamati **file** e gestiti dal sistema operativo tramite il **file system**.

I file, le cartelle e la struttura ad albero

Un computer può contenere centinaia di migliaia di file; della loro organizzazione e gestione si occupa il **file system**, un software che fa parte del sistema operativo.

Nel capitolo precedente abbiamo visto che nel disco rigido i dati sono memorizzati in gruppi di settori chiamati *cluster*.

Il file system tiene traccia di quali cluster sono occupati da file e di quali cluster invece non sono utilizzati; una *tabella di allocazione dei file* gli permette di collegare il nome di ciascun file alla posizione in cui è memorizzato.

Il file system si aggiorna, dunque, ogni volta che creiamo un nuovo file (occupando così cluster prima inutilizzati), oppure modifichiamo un file già esistente (cambiando così il numero di cluster occupati), o cancelliamo un file (rendendo così disponibili per altri usi i cluster che quel file occupava).

Nel computer i file sono organizzati in modo gerarchico: il file system costruisce una mappa dei contenuti del computer riunendo i file «imparentati» tra loro in entità chiamate **directory**; ciascuna directory può contenerne altre, in tal caso dette **subdirectory**.

Sullo schermo dei computer i file ci appaiono contenuti in **cartelle** (in inglese *folder*) e **sottocartelle** (*subfolder*), rappresentate dall'icona di un dossier porta-documenti: si tratta di una metafora grafica delle directory e subdirectory del file system.

Le cartelle sono organizzate in una **struttura ad albero**; l'utilità di questo sistema di classificazione è illustrata dall'esempio della **figura 4.4**.

Vogliamo conservare in un computer le foto fatte d'estate al mare e in montagna. Ci conviene allora creare una cartella **fotografie** con all'interno due sottocartelle **mare** e **montagna**; ciascuna sottocartella poi conterrà altre sottocartelle per i diversi anni.

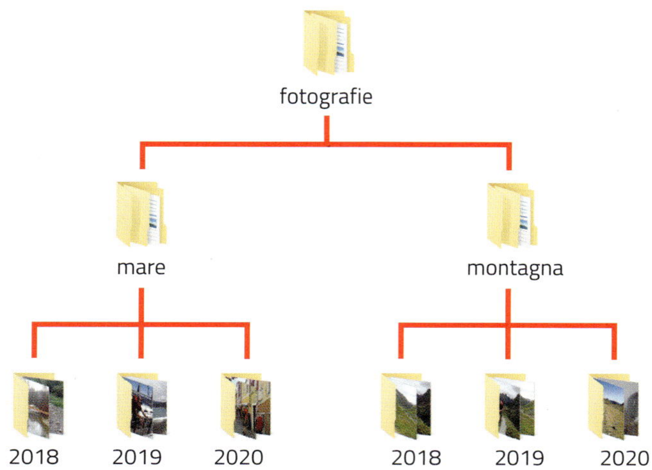

Figura 4.4 Una struttura ad albero di cartelle e sottocartelle.

L'organizzazione delle cartelle è di tipo gerarchico: le sottocartelle dedicate a un argomento specifico sono all'interno di cartelle dedicate a un argomento più generale.

I file delle singole fotografie saranno conservati all'interno delle cartelle dell'ultimo livello della classificazione. In questo modo sarà semplice rintracciare una particolare immagine, per esempio una foto scattata al mare nel 2018: basterà aprire la cartella **mare** e poi, al suo interno, la cartella **2018**.

La struttura è detta «ad albero» perché ciascun livello è come un tronco che si dirama.

! Nella **struttura ad albero** per convenzione si raffigura la cartella-radice in alto, con le cartelle-rami in basso.

Il percorso dei file

Ogni file memorizzato nel computer si può identificare con il **percorso** (*path* in inglese) che porta al file partendo dalla **cartella-radice** (*root*) della struttura ad albero.

Nel file system di Unix, il sistema operativo da cui derivano Linux e macOS, la directory *root* è unica e tutti i supporti di memoria (dischi fissi e dispositivi rimovibili) sono considerati alla stregua di file. Nel percorso dei file i diversi livelli della struttura ad albero sono rappresentati dalla barra / (*slash*). Così, per esempio, in Ubuntu:

/desktop/documenti/ubu.odt

è il percorso del file di testo **ubu.odt** che si trova nella sottocartella **documenti**, che a sua volta è nella sottocartella **desktop** della cartella-radice, rappresentata dalla prima /.

In Windows invece ogni unità di memoria ha una propria cartella-radice, è rappresentata da una lettera maiuscola seguita da due punti, e i livelli della struttura sono indicati dalla barra capovolta \ (*backslash*). Così, per esempio:

C:\desktop\documenti\win.txt

è il percorso del file di testo **win.txt** che si trova nella sottocartella **documenti** della sottocartella **desktop** del disco rigido, rappresentato da **C:**. Se il file fosse invece in una chiavetta USB, il percorso inizierebbe per esempio con **E:**.

Il percorso espresso come nella **figura 4.5** è chiamato «briciole di pane», come nella fiaba di Pollicino. Nell'interfaccia di **Esplora file** in Windows ciascuna freccetta è attiva: al clic un menu mostra tutte le cartelle che si trovano a quel livello della struttura.

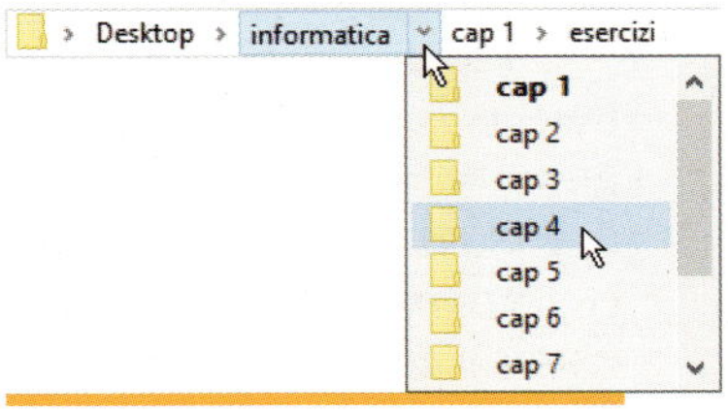

Figura 4.5 Le «briciole di pane» interattive di Windows.

IN SINTESI

- I **dati** memorizzati dal computer in forma di **bit** sono strutturati all'interno di documenti elettronici chiamati **file**.
- Il **file system** del sistema operativo è il programma che tiene traccia dell'allocazione dei file sui supporti di memoria come l'hard disk.
- Nel computer i file sono conservati all'interno di **cartelle** e **sottocartelle** organizzate in una **struttura ad albero**.

ESERCIZI

1 Quanto spazio di memoria occupa un file di testo non formattato che contiene la frase «Viva l'informatica!»?

....

2 Quando in un computer crei un nuovo file, che cosa fa il sistema operativo nel momento in cui salvi il file?

....

3 Che dati contiene secondo te un file audio non compresso?

....

4 A quale livello della **figura 4.4** inseriresti questi oggetti?

a. il file di una foto fatta al mare nel 2018:

....

b. una cartella **campagna**:

....

c. una cartella **video**:

....

d. il file di una foto fatta in montagna nel 2015:

....

4.4 L'interfaccia grafica

L'**interfaccia-utente** è l'insieme dei messaggi – visivi, sonori e tattili – che costituiscono il punto di incontro tra gli esseri umani e il computer; la sua parte principale sta nelle informazioni visuali che compaiono sullo schermo.

Nei primi computer l'unica interfaccia disponibile era quella «**a riga di comando**». Sul monitor, che aveva lo sfondo nero, apparivano soltanto testi, in colore bianco o verde. L'interazione con la macchina avveniva tramite la tastiera, su cui l'utente digitava comandi basati su una sintassi specifica del sistema operativo usato.

Nei **personal computer** (o **pc**) odierni l'interfaccia a riga di comando è ancora presente in applicazioni come il *Prompt dei comandi* di Windows della **figura 4.6**. Questo tipo di programma, che permette di dialogare direttamente con il sistema operativo, è usato per lo più dai programmatori professionisti.

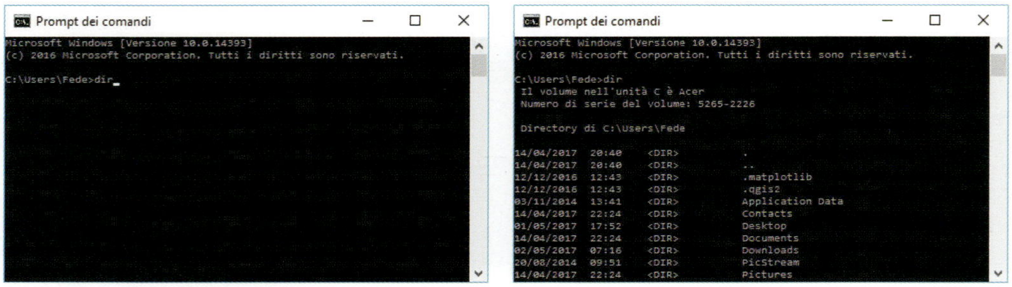

Figura 4.6 Un esempio di uso dell'interfaccia a riga di comando. Se si digita il comando «dir» (a sinistra) e si preme il tasto *Invio* della tastiera, compare (a destra) l'elenco delle directory presenti nel computer.

Per facilitare l'uso del pc da parte del grande pubblico dei non specialisti, invece, negli anni Ottanta si è diffusa l'**interfaccia grafica** o **GUI** (*graphical user interface*), basata sull'interazione con immagini che appaiono sullo schermo.

L'interfaccia grafica consente di comunicare i comandi alla macchina «cliccando», cioè usando come dispositivi di input il *mouse* o, per i computer portatili, il *touchpad* (**figura 4.7**).

Sullo schermo è sempre visibile un **puntatore**, a forma di freccetta  o di piccola mano , che è una metafora della mano dell'utente.

Per poter agire su un oggetto grafico bisogna per prima cosa portare il puntatore sopra di esso, muovendo il mouse o facendo scorrere un dito sul touchpad.

Il **mouse** di solito ha due **tasti**, sinistro e destro; si può «fare clic» premendo il tasto di sinistra o quello di destra, oppure «fare doppio clic» premendo il tasto sinistro due volte in rapida successione. Il mouse inoltre ha una **rotella** che si può far girare nei due sensi.

Il **touchpad** ha anch'esso due tasti, oppure consente di premere l'intera area (sulla sinistra o sulla destra) per ottenere l'effetto del clic.

Le diverse azioni che si possono effettuare con il mouse sono riassunte nella **tabella 4.1**.

Figura 4.7 Il touchpad di un computer portatile e un mouse.

Tabella 4.1 L'interazione con l'interfaccia grafica di un computer mediante il mouse.

azione		effetto
clic con il **tasto sinistro** del mouse		**seleziona un oggetto** (per poter poi agire su di esso in vari modi) o rende attiva una finestra
clic con il **tasto destro** del mouse	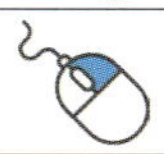	**visualizza il menu di scelta rapida** con l'elenco delle operazioni possibili sull'oggetto cliccato
doppio clic con il tasto sinistro	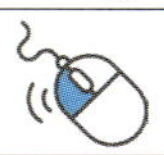	**apre un file** oppure **lancia un programma**
clic e trascinamento con il mouse		**sposta** un oggetto oppure **seleziona** un gruppo di oggetti oppure **seleziona** un brano di testo
movimento della **rotella** del mouse		fa **scorrere** verso l'alto o verso il basso il contenuto di un documento o un elenco di file e cartelle

Nel caso dei display *touchscreen*, come quelli dei dispositivi mobili, non si usano mouse o touchpad ma si interagisce con la macchina attraverso il contatto diretto tra le dita e lo schermo. In tal caso le azioni possibili sono riassunte dalla **tabella 4.2**.

Tabella 4.2 I diversi modi per interagire con uno schermo touchscreen mediante le dita.

movimento	operazione	risultato
	toccare una volta un elemento (*tap*)	consente di aprire l'elemento toccato, eseguire un'applicazione, attivare un collegamento
	tenere il dito premuto su un elemento e rilasciare quando appare un riquadro	consente di visualizzare le opzioni correlate al'operazione in corso (come avviene quando si fa clic con il pulsante destro di un mouse)
	trascinare il dito sullo schermo (*swipe*)	consente di scorrere gli elementi sullo schermo o di passare da una schermata a un'altra
	avvicinare o allontanare tra loro il pollice e l'indice (zoom)	consente di ingrandire o ridurre una schermata, un sito Web, una mappa o un'immagine
	posizionare due o più dita su un elemento e quindi ruotare la mano	consente di ruotare gli elementi che si prestano alla rotazione
	toccare e trascinare un elemento in un'altra posizione, quindi rilasciare	consente di spostare un elemento, come se venisse trascinato con il mouse

Il desktop e le finestre

L'aspetto del desktop può cambiare in base al sistema operativo installato. Nelle prossime pagine ne vedremo esempi per i tre principali sistemi operativi odierni per personal computer: **Ubuntu**, sistema operativo open source derivato da Linux, **Windows**, sistema proprietario della Microsoft Corporation, e **macOS**, sistema proprietario installato dalla Apple Inc. sui suoi pc Macintosh.

Nei tre casi l'interfaccia grafica ha molte somiglianze (**figura 4.8**), perché si basa sulle stesse *metafore comunicative*: la metafora della *scrivania*, su cui sono appoggiati gli «oggetti» (file e programmi) presenti nel computer, e quella delle *finestre*, che si aprono quando si esplora il contenuto dei singoli oggetti.

- La schermata-base è il **desktop**, cioè il **piano della scrivania**: appare quando si accende il computer e occupa l'intero schermo;
- sul piano della scrivania sono «posate» le **icone**, cioè piccole immagini che rappresentano cartelle o file, accompagnate dal rispettivo nome; i file possono essere documenti, cioè file di dati, oppure applicazioni, cioè file di programma;
- tutte le **cartelle** hanno icone a forma di cartellina porta-documenti; ciascun tipo di **file** invece è rappresentato da un'icona differente, riconoscibile a colpo d'occhio;
- quando si apre una cartella o si lancia un'applicazione, sopra la scrivania appare in primo piano una **finestra**, cioè un'area rettangolare delimitata da un contorno, al cui interno appaiono i contenuti della cartella o l'interfaccia dell'applicazione lanciata.

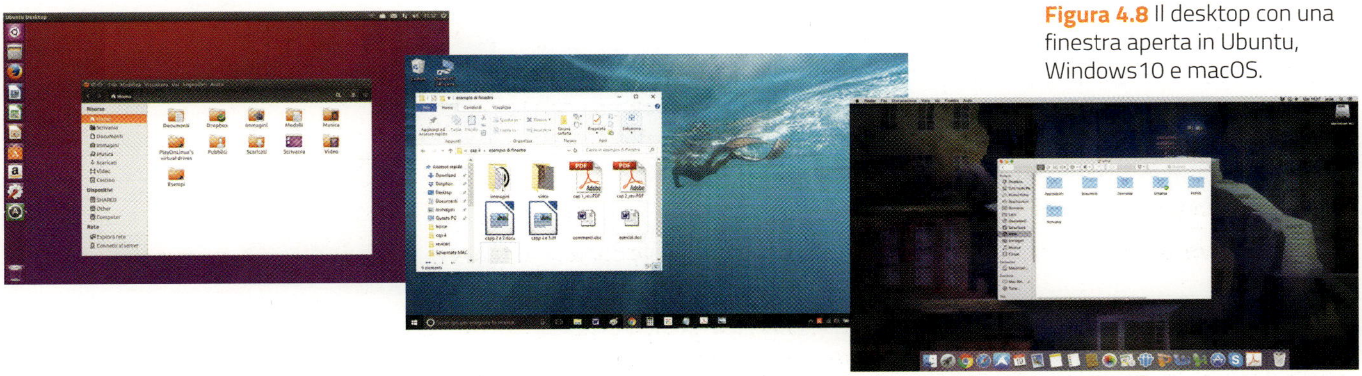

Figura 4.8 Il desktop con una finestra aperta in Ubuntu, Windows10 e macOS.

Per **aprire una cartella** o **lanciare un programma**, si porta il puntatore sulla sua icona e poi si fa *doppio clic* (il «clic», se non diversamente specificato, è sempre con il tasto *sinistro* del mouse).

Se si fa doppio clic sull'icona di un file di dati, appare una nuova finestra che ne mostra il contenuto: infatti il sistema operativo lancia automaticamente un programma in grado di decodificare il file (se per esempio il file è un documento di testo, viene lanciato un *word processor*).

Ogni finestra ha tre **pulsanti di controllo** (figura 4.9), che se cliccati permettono di:

- × **chiudere la finestra**;
- – **ridurre la finestra a icona**, cioè farla scomparire senza però chiuderla;
- □ **ingrandire la finestra** a schermo intero; in tal caso il pulsante assume l'aspetto e a un nuovo clic fa tornare la finestra alle dimensioni originarie.

Figura 4.9 I pulsanti di controllo delle finestre in Ubuntu, Windows10 e macOS.

Ogni finestra, quando non è a schermo intero, si può spostare sullo schermo facendo clic sulla sua parte superiore (a lato dei pulsanti di controllo) e poi trascinando il mouse tenendolo cliccato.

Le finestre si possono anche ingrandire o rimpicciolire posizionandosi su un loro bordo: quando il puntatore assume l'aspetto di doppia freccia ⤢ ⇕ ⇔ ⤡, si fa clic e si trascina fino a ottenere le dimensioni desiderate.

Quando si riduce a icona una finestra, essa rimane disponibile nella **barra delle applicazioni** (di default sulla sinistra del desktop in Ubuntu, dove è detta *launcher*, in basso invece in Windows e anche in macOS, dove è detta *dock*). Da questa barra le finestre si possono far riapparire sullo schermo facendo un singolo clic sulla loro icona.

I menu

Un altro elemento-chiave importante dell'interfaccia grafica è costituito dai **menu** (figura 4.10), elenchi di comandi disposti verticalmente uno sopra l'altro.

«Scegliere un'opzione di un menu» significa eseguire quel comando facendo clic sulla corrispondente voce del menu.

Talvolta al clic si apre un **sottomenu** con ulteriori opzioni tra cui scegliere.

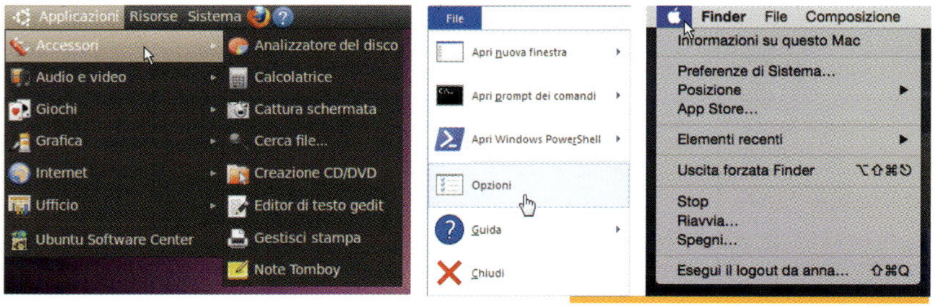

Figura 4.10 Esempi di menu in Ubuntu, Windows10 e macOS.

Molte applicazioni hanno nella propria interfaccia, di solito in alto, una **barra dei menu** con affiancati i nomi di numerosi menu; al clic su un nome appare il relativo menu, detto «**a tendina**» perché scende dall'alto, con i vari comandi che si possono attivare.

Le barre dei menu possono anche essere grafiche anziché testuali. Nel desktop per esempio (in basso a destra in Windows, in alto a destra in Ubuntu e in macOS) c'è una barra che contiene l'icona di un altoparlante. Al clic del mouse sull'icona, si apre un riquadro che consente di spegnere/riaccendere l'audio e di regolare il volume dei suoni.

L'interfaccia di Windows usa anche le cosiddette **barre multifunzione**: la barra dei menu è formata da linguette e al clic su ogni linguetta si aprono una o più schede grafiche con le icone e i nomi dei comandi che è possibile attivare.

Un tipo particolare di menu compare in Ubuntu e in Windows quando si fa clic su un oggetto con il tasto *destro* del mouse; in tal caso si parla di **menu di scelta rapida** o **contestuale**, in quanto contiene opzioni relative allo specifico oggetto selezionato.

Se per esempio si vuole **creare una nuova cartella sul desktop**, si può fare clic con il tasto destro in un punto libero della scrivania; se nel menu contestuale si sceglie **Nuovo**, apparirà un sottomenu in cui si sceglie **Cartella** (figura 4.11). A quel punto sul desktop appare la nuova cartella, a cui si può dare un nome digitandolo sulla tastiera.

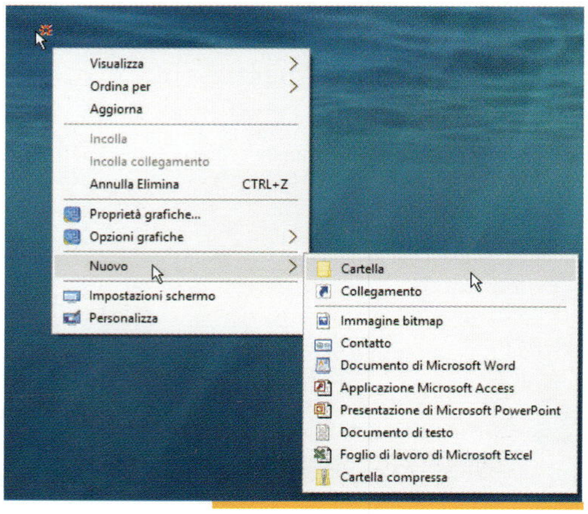

Figura 4.11 Creare una nuova cartella sul desktop di Windows.

Accedere alle impostazioni del sistema

Ciascun sistema operativo ha nella propria interfaccia grafica un pulsante speciale, posto in posizione preminente: in Ubuntu è il **pulsante *dash*** o **menu di sistema** in alto a sinistra, in Windows è il **pulsante Start** in basso a sinistra, in macOS è il **pulsante mela** in alto a sinistra.

Questo pulsante in particolare consente di **terminare la sessione**, spegnendo il computer o sospendendo il lavoro per riprenderlo in seguito. Inoltre dà accesso ad altre funzioni importanti, tra cui le **Impostazioni** del sistema.

Attraverso le **Impostazioni** (**figura 4.12**) si può agire su tutti gli elementi-chiave del computer: per esempio modificare l'aspetto grafico dell'interfaccia, verificare il funzionamento dei dispositivi hardware, controllare le connessioni di rete e gestire gli account dei diversi utenti del sistema.

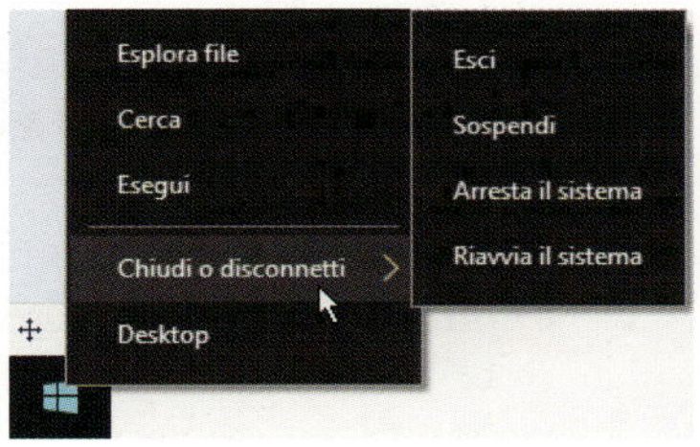

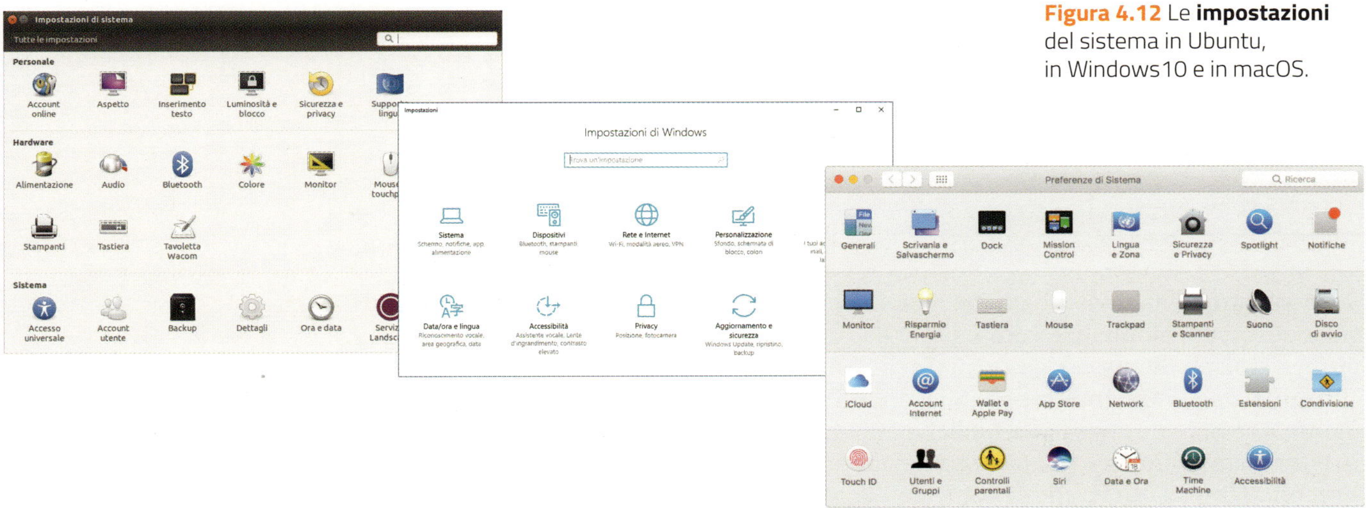

Figura 4.12 Le **impostazioni** del sistema in Ubuntu, in Windows 10 e in macOS.

IN SINTESI

- Nei personal computer odierni l'**interazione tra utente e macchina** avviene principalmente tramite l'uso del **mouse** o del **touchpad**.
- L'**interfaccia grafica** o **GUI** è basata sulla metafora della **scrivania** o **desktop** su cui sono posati file e cartelle e da cui si aprono **finestre**.
- I comandi sono riuniti in barre di **menu** e **sottomenu** testuali oppure grafici (come nelle **barre multifunzione** di Windows); con il tasto destro del mouse si possono far comparire **menu contestuali**.
- L'interfaccia comprende un'area di **Impostazioni** da cui è possibile regolare i principali elementi dell'hardware e dell'interfaccia stessa.

ESERCIZI

1 Su un pc, mentre usi un'applicazione, vuoi visualizzare il desktop senza chiudere l'applicazione. Che cosa devi fare?

....

....

2 Come puoi controllare in un pc se una certa stampante è collegata al computer?

....

....

3 Devi uscire per mezz'ora e non vuoi lasciare acceso il pc, su cui al ritorno intendi riprendere il lavoro interrotto. Quale opzione di spegnimento ti conviene scegliere?

....

4 Qual è il modo più rapido per creare un nuovo documento di testo all'interno di una cartella che si trova sul desktop?

....

....

4.5 Operare su file e cartelle

I sistemi operativi consentono di esplorare i contenuti del computer visualizzando la **gerarchia delle cartelle e sottocartelle** (**figura 4.13**), che è una rappresentazione grafica del file system:

- in Ubuntu si apre il menu **Risorse** in alto sul desktop, si sceglie l'opzione **Computer** e quindi si fa clic su **Filesystem**;
- in Windows si fa clic sul **pulsante Start** e poi sull'icona **Esplora file**;
- in macOS si fa clic sull'icona **Finder**, la faccina in basso a sinistra della barra dock.

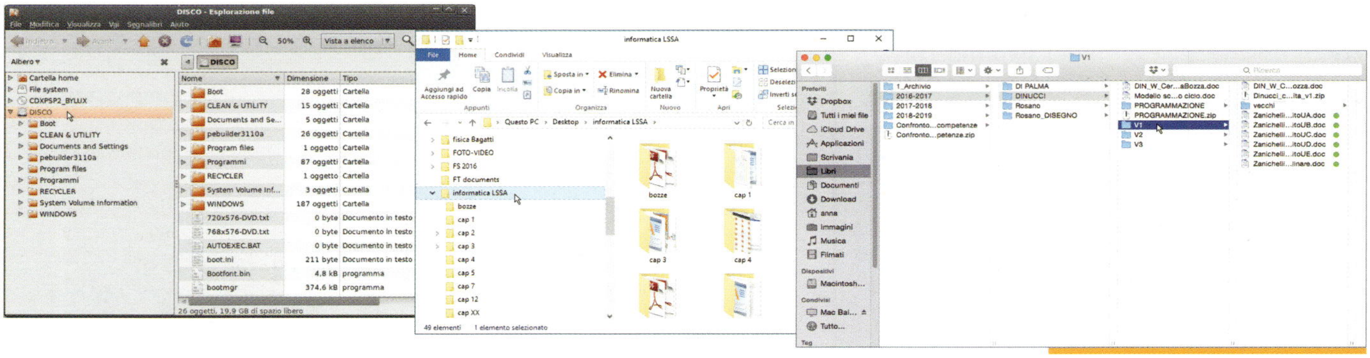

Figura 4.13 La gerarchia delle cartelle visualizzata in Ubuntu, in Windows10 e in macOS.

Sulla sinistra della finestra appare allora la struttura ad albero delle cartelle, mentre sulla destra appaiono i file contenuti nella cartella selezionata. Un clic sulla freccetta posta a sinistra di una cartella visualizza la struttura delle sue sottocartelle.

In qualsiasi momento è possibile **rinominare cartelle e file** (purché in quel momento non siano utilizzati da qualche applicazione).

Il modo più semplice per farlo è selezionare l'oggetto con un clic, poi dopo almeno 1 secondo fare di nuovo clic: il nome dell'oggetto allora si evidenzierà e sarà possibile digitare sulla tastiera il nuovo nome. Quando si è terminato, si fa clic fuori dall'oggetto per fargli assumere il nuovo nome.

Le estensioni dei file

Nei sistemi operativi Windows e macOS i nomi dei file sono caratterizzati da un'**estensione** alla fine del nome, formata da un punto seguito da alcuni caratteri (**tabella 4.3**).

Per esempio, tutti i file eseguibili delle applicazioni hanno estensione **.exe** in Windows e **.app** in macOS, mentre in entrambi i sistemi i documenti prodotti dal software Acrobat hanno estensione **.pdf**.

Tabella 4.3 Le più comuni estensioni dei file in Windows e macOS.

estensioni	tipo di file
.com .bat .exe .app	applicazioni e file eseguibili di sistema
.ddl .drv .sys .vbx	driver di periferiche e altri file di sistema
.odt .doc .docx .rtf .txt .wri	documenti prodotti con vari elaboratori di testo
.ods .xls .xlsx	fogli elettronici
.odp .ppt .pptx .pps	presentazioni
.htm .html .xml	documenti HTML e pagine web
.bmp .gif .jpg .png .tif	immagini in diversi formati
.aif .mid .mp3 .wav .ogg	suoni in diversi formati
.avi .mov .mpg .wmv .mp4	filmati in diversi formati

L'estensione descrive il **formato** del file, cioè il modo in cui i bit sono organizzati al suo interno; questo è importante, perché dice al sistema operativo quali applicazioni saranno in grado di aprire quel file.

Quando si rinomina un file, dunque, non se ne deve cambiare l'estensione, perché lo si potrebbe rendere inutilizzabile. Per modificare il formato di un file bisogna invece riaprirlo con l'applicazione che lo ha creato e salvarne una nuova copia nel formato desiderato.

Diversamente da Windows e macOS, Ubuntu non usa le estensioni; per riconoscere l'applicazione da associare a un file, il sistema operativo analizza invece i primi byte contenuti nel file. Se però si trasferisce un file da un pc con Ubuntu a uno con Windows, bisogna accertarsi che il file abbia la corretta estensione, altrimenti Windows non saprà con quale applicazione leggerlo.

Spostare, copiare ed eliminare file e cartelle

Per **spostare un oggetto** (cartella o file) sullo schermo, basta selezionarlo con un clic e poi trascinare il mouse, tenendolo cliccato, fino alla nuova posizione desiderata.

Questo metodo – detto ***drag-and-drop*** in inglese – permette anche di spostare gli oggetti da una directory a un'altra, per esempio trascinando l'oggetto da una finestra aperta al desktop, o viceversa.

Se si vuole inserire un oggetto dentro una cartella, basta trascinarlo sopra l'icona della cartella di destinazione. Se si vuole invece **fare una copia di un oggetto**, in Ubuntu e in Windows si può usare la stessa tecnica appena descritta, ma tenendo premuto il tasto Ctrl della tastiera mentre si trascina con il mouse.

Per **eliminare un oggetto** lo si trascina con il mouse sopra l'icona del **Cestino** sul desktop, oppure lo si seleziona e poi si preme il tasto Canc della tastiera, o ancora lo si clicca con il tasto destro del mouse e nel menu contestuale si sceglie **Elimina**; in questi ultimi due casi, per sicurezza, il computer farà apparire una finestrella che chiede di confermare il comando. Attenzione, però: eliminare una cartella significa eliminare anche tutti i file che contiene!

I file e le cartelle che eliminiamo, comunque, non vengono immediatamente cancellati: restano invece memorizzati nel **Cestino**, che si può aprire con un doppio clic e da cui un oggetto può essere recuperato, se lo si è eliminato per errore.

Quando poi si sceglie l'opzione **Svuota cestino**, gli oggetti non appariranno più nel file system (ma verranno davvero definitivamente cancellati soltanto quando i relativi cluster di memoria saranno sovrascritti da nuovi dati).

! Molti comandi si possono dare in modi diversi: con i menu dell'interfaccia grafica, con la tastiera oppure con un clic del tasto destro del mouse.

Le «scorciatoie» da tastiera

Molte operazioni su cartelle e file si possono fare anche usando la **tastiera** anziché il mouse, come riassunto dalla **tabella 4.4**.

In macOS per queste operazioni si usa il tasto **command** ⌘ invece del tasto Ctrl usato in Ubuntu e in Windows.

Tabella 4.4 Alcuni modi per dare comandi usando la tastiera.

tasti	risultato
Canc	**elimina** il file, la cartella o la parte di documento selezionata
Ctrl + C	**copia** negli *Appunti* il file, la cartella o la parte di documento selezionata
Ctrl + X	**taglia**, cioè sposta negli *Appunti*, l'oggetto che si era selezionato
Ctrl + V	**incolla** in un file o in una cartella l'oggetto che è stato copiato o tagliato
Ctrl + Z	**annulla** l'ultima operazione effettuata
Ctrl + Y	**ripristina** l'ultima operazione annullata

Per **spostare un oggetto**, per esempio, si può procedere come segue:

1. si seleziona l'oggetto;
2. si premono insieme i due tasti Ctrl + X ; l'oggetto allora viene **«tagliato»**, cioè trasferito negli **Appunti** (*clipboard* in inglese), un'area temporanea di memoria;
3. ci si posiziona là dove si vuole trasferire l'oggetto (per esempio, in un'altra finestra);
4. si premono insieme i due tasti Ctrl + V della tastiera; in questo modo l'oggetto viene **«incollato»**, cioè spostato dagli Appunti nella nuova posizione.

Questa stessa tecnica, detta **taglia-e-incolla**, permette anche di **spostare parti di un documento** (per esempio, un brano di testo o un'immagine) in un'altra posizione nel documento, oppure in un diverso documento aperto.

Selezionare più oggetti insieme

Quando si vuole agire simultaneamente su più cartelle o file, è utile per prima cosa selezionarli insieme, così da poter poi agire su tutti con un unico comando.

Per **selezionare più oggetti** sullo schermo si procede in questo modo:

- se gli oggetti sono contigui, si trascina il mouse così da tracciare un rettangolo che li include tutti; in alternativa, si può fare clic sul primo oggetto del gruppo e poi, tenendo premuto il tasto ⇧ , sull'ultimo oggetto;
- se gli oggetti non sono contigui, li si seleziona uno per uno con un clic del mouse mentre si tiene premuto il tasto Ctrl .

Sugli oggetti selezionati si può poi agire con il mouse (per esempio, trascinandoli per spostarli tutti insieme), con i comandi da menu oppure con le scorciatoie da tastiera.

IN SINTESI

- L'interfaccia grafica permette di visualizzare la **struttura ad albero delle cartelle e sottocartelle** che rappresenta graficamente il file system.
- Alcuni sistemi operativi identificano il **formato dei file**, e quindi le applicazioni con cui aprirli, attraverso **estensioni** alla fine del nome del file.
- Si possono **spostare**, **copiare** ed **eliminare** gli oggetti trascinandoli con il **mouse** oppure usando «scorciatoie» basate sull'uso della **tastiera**.
- Gli oggetti messi nel **Cestino** si possono recuperare; se si svuota il Cestino, i dati possono essere sovrascritti e quindi cancellati dalla memoria.

Visualizzare le estensioni dei file

Se in Windows **Esplora file** non mostra le estensioni, per visualizzarle si apre il menu **File** e si sceglie **Modifica opzioni cartelle e ricerca**; nella finestra che appare si sceglie la scheda **Visualizzazione** e nell'elenco delle **Impostazioni avanzate** si rimuove il segno di spunta dalla voce **Nascondi le estensioni**; infine si fa clic su **Applica** e poi su **OK** per salvare la nuova impostazione.
In macOS invece si apre il **Finder**, si sceglie l'opzione **Preferenze**, si fa clic su **Avanzate** e qui si seleziona **Mostra tutte le estensioni**.

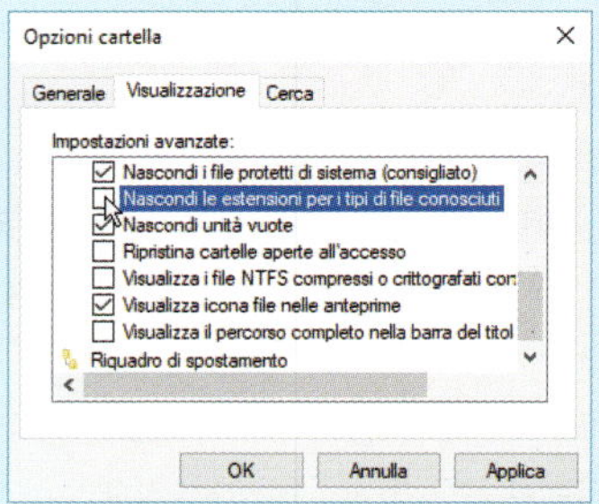

ESERCIZI

1 Se hai un'immagine in formato PNG nel file **foto.png**, per trasformarla nel formato compresso JPEG ti basterà rinominare il file, chiamandolo **foto.jpg**? Motiva la tua risposta.

....

....

2 Associa ogni estensione al programma corrispondente.

A. .odt	1. editor di suoni
B. .png	2. elaboratore di testi
C. .wav	3. foglio elettronico
D. .xlsx	4. fotoritocco

4.6 Il software applicativo

Il **software applicativo** è costituito da programmi, o **applicazioni**, che si aggiungono al sistema operativo per dare al computer la capacità di svolgere compiti particolari.

In un certo senso, ogni applicazione trasforma il computer in un apparecchio di tipo diverso. A seconda del programma usato, il computer diventa, per esempio:

- una macchina per scrivere e impaginare (con i *word processor*, elaboratori di testi);
- una calcolatrice programmabile (con i fogli elettronici);
- un sistema per archiviare e consultare grandi quantità di dati (con i *database*);
- uno strumento per la comunicazione in pubblico (con i programmi di presentazione);
- uno strumento per comunicare a distanza (con i programmi di gestione delle *chat*, delle videoconferenze o della posta elettronica);
- uno studio grafico per disegnare o per ritoccare fotografie (con i programmi di elaborazione delle immagini);
- uno studio di registrazione musicale (con i programmi di elaborazione del suono);

... e così via, per innumerevoli applicazioni di tipo diverso.

Come si creano le applicazioni

La realizzazione di una nuova applicazione software per il mercato di consumo è un processo lungo, che richiede mesi o perfino anni di lavoro a un team di parecchie persone (**figura 4.14**). Di solito avviene attraverso queste fasi:

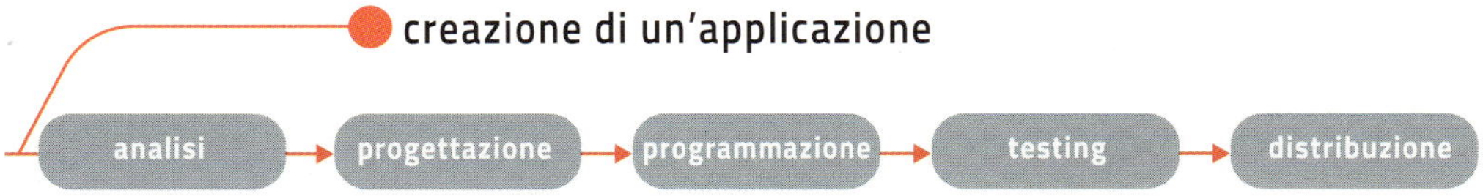

1. **analisi:** si identifica l'obiettivo dell'applicazione, cioè l'attività che il computer potrà svolgere grazie al nuovo software;
2. **progettazione:** si definiscono il flusso dei dati e delle istruzioni da elaborare (per esempio usando *flowchart*, cioè diagrammi di flusso) e l'*interfaccia* per la comunicazione con l'utente;
3. **programmazione:** si sviluppa il software, scrivendo il *codice sorgente* (*source code*) con un linguaggio di programmazione adatto al tipo di programma progettato; il codice comprende anche la grafica dell'interfaccia-utente;
4. **testing**: si mette alla prova l'applicazione facendola sperimentare da molti utenti su computer e dispositivi con caratteristiche diverse, per identificare gli eventuali malfunzionamenti (*bug*, «bachi»); l'ultimo controllo del software prima della distribuzione generalizzata è chiamato *beta testing*; la versione del programma sulla quale si esercita questo controllo è chiamata *versione beta*;
5. **distribuzione**: il software è reso disponibile agli utenti, liberamente o a pagamento.

Una volta distribuito, il software può venire aggiornato creandone nuove versioni, aggiungendo nuove funzionalità e correggendo gli errori sfuggiti alla fase di testing.

Figura 4.14 La creazione di una nuova applicazione di solito è frutto di un lavoro di gruppo.

Trovare, installare e disinstallare le applicazioni

Per poter usare un'applicazione bisogna per prima cosa **installarla** sul proprio computer: questo significa copiare sul disco rigido i file dell'applicazione e *configurarli*, così che il sistema operativo possa riconoscerli e farne l'uso corretto.

La configurazione avviene attraverso una procedura guidata: si apre una finestra in cui, con alcuni semplici passaggi, si possono impostare parametri come la lingua dell'interfaccia o la cartella in cui memorizzare i dati dell'applicazione.

Alla fine della procedura di installazione il nuovo programma è pronto per l'uso e lo si può lanciare facendo doppio clic sulla sua icona.

Se si desidera rimuovere un'applicazione dal computer, bisogna procedere alla sua **disinstallazione**: si aprono le **Impostazioni** , la si seleziona nell'elenco delle applicazioni installate e si sceglie **Disinstalla**; in pochi secondi tutti i file relativi all'applicazione vengono eliminati.

In passato, per aggiungere un'applicazione al proprio computer bisognava rivolgersi a negozi specializzati, dove il software si acquistava in confezioni contenenti CD-rom o DVD. L'installazione avveniva poi mediante il lettore di dischi del computer.

Oggi invece **le applicazioni normalmente si trovano su Internet** e si scaricano sul computer collegandosi alla Rete e acquistandole con carta di credito, quando sono a pagamento.

Esistono anche **applicazioni pre-installate**: sono già presenti nel computer quando lo si acquista, ma funzionano soltanto per un certo periodo o per un certo numero di utilizzi, dopo di che ci si deve collegare a Internet per registrarsi come utente autorizzato.

Infine è in rapida diffusione l'uso di **applicazioni residenti su web server**, con il cosiddetto ***cloud computing***. Questi programmi si usano mentre si è collegati a Internet, senza che occorra scaricarli e installarli sul proprio computer. Un esempio sono le applicazioni della suite Google Drive (**figura 4.15**).

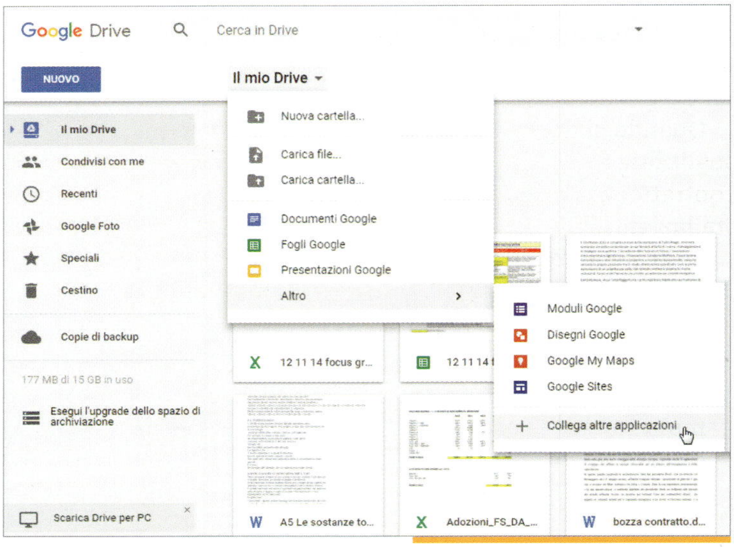

Figura 4.15 Le applicazioni di Google Drive si usano online, senza scaricare i programmi.

IN SINTESI

- Esistono innumerevoli **applicazioni** che consentono di usare il computer per attività di ogni genere. Dietro ogni applicazione c'è un lungo lavoro di **analisi**, **progettazione**, **programmazione** e **testing**.
- Le applicazioni di solito si scaricano sul proprio computer dalla Rete e diventano utilizzabili dopo una procedura di **installazione**; è poi possibile eliminarle con una procedura di **disinstallazione**.
- Il **cloud computing** permette di usare applicazioni residenti su web server, mentre si è collegati a Internet, senza che occorra installarle sul proprio computer.

ESERCIZI

1 Se scarichi da Internet un'applicazione descritta come «versione beta», devi aspettarti che funzioni perfettamente, e perché?

....

....

2 Molte applicazioni permettono di attivare un'opzione di «aggiornamento automatico». Sai dire che cosa significa?

....

....

4.7 Il copyright e le licenze d'uso

Così come è vietato fotocopiare questo libro o duplicare un DVD commerciale, in generale **è illegale fare «copie pirata» dei programmi per computer**.

Il **diritto d'autore**, o **copyright**, è l'apparato di leggi che garantisce diritti esclusivi all'autore di un'opera dell'ingegno, o a chi ne ha la proprietà. Anche il software è un'opera dell'ingegno: perciò non lo si può copiare, distribuire o vendere senza infrangere la legge, a meno di essere autorizzati da chi possiede i diritti d'autore.

I materiali soggetti a diritti d'autore, compreso il software, contengono sempre una nota con la scritta «copyright» (o il simbolo ©), l'anno di pubblicazione e il nome del proprietario dei diritti. Nel caso delle applicazioni per il computer, questa nota appare sullo schermo quando si avvia il programma.

Copiare i programmi da un computer a un altro può avere conseguenze molto gravi. In base alla Legge 248/2000, chi copia e diffonde un programma o altri materiali coperti da diritti d'autore, infatti, incorre in sanzioni che possono arrivare a *tre anni di carcere* e *tremila euro di multa*. Lo stesso vale per chi riesca a eliminare le protezioni per copiare un programma o condividere su Internet file musicali o di altra natura.

Quando si acquisisce regolarmente un software, all'avvio del programma viene visualizzata la **licenza d'uso** o **EULA** (*end-user license agreement*). La licenza d'uso è un contratto legale, che specifica quale uso si può fare del software; per procedere all'installazione è necessario accettarne esplicitamente le condizioni.

La licenza stabilisce che l'utente non *possiede* una copia del programma: ha soltanto il permesso di utilizzarla. In pratica quindi non diventiamo padroni del software, ma lo affittiamo. Una licenza può essere:

- **monoutente**, quando l'uso del programma è consentito a un singolo utente per volta (non lo si può usare, per esempio, in una rete locale);
- **multiutente**, quando l'applicazione può essere usata al massimo da un numero specificato di utenti;
- **aziendale**, quando il programma può essere usato su qualsiasi computer dell'azienda o ente che l'ha acquistato.

! Il software è un'opera dell'ingegno protetta da **copyright**: non se ne possono fare copie se non si è autorizzati.

Freeware e shareware

Alcuni sviluppatori di applicazioni software distribuiscono liberamente i propri programmi senza chiedere alcun compenso: si parla in tal caso di **freeware**. È lecito copiare e distribuire questo tipo di software, ma non venderlo.

Altri sviluppatori invece vendono il loro prodotto, ma permettono di usarlo in prova per un periodo, dopo di che si può decidere di tenere il programma (pagandolo) oppure di rimuoverlo dal proprio computer. In questo caso si parla di **shareware**.

A tutti gli effetti lo shareware è software soggetto ai diritti d'autore. Di solito i programmi shareware hanno un sistema di protezione che si attiva alla fine del periodo di prova, per evitare che l'utente possa continuare a usare il software senza acquistarlo. Soltanto acquisendo la licenza si possono ottenere i futuri aggiornamenti, che correggono gli eventuali errori del programma e lo rendono più sicuro.

Software proprietario e open source

Per proteggere l'originalità della propria creazione, gli sviluppatori o le aziende che commercializzano il software possono rendere inaccessibile il codice sorgente di un'applicazione, impedendo così che venga letto o modificato dagli utenti.

In questi casi si parla di **software proprietario**; per esempio, il sistema operativo Windows è basato su un codice «chiuso» di proprietà dell'azienda Microsoft (così come la *suite* di applicazioni Office), mentre il sistema operativo MacOS appartiene alla Apple. Nessuno sviluppatore può apportare modifiche a questi programmi, se non prendendo accordi specifici con le aziende proprietarie.

Il movimento open source (**figura 4.16**) ritiene invece più efficiente ed etico lo sviluppo di software «aperto» e basato sulla libera collaborazione tra specialisti di tutto il mondo.

Il codice sorgente dei programmi open source può essere liberamente distribuito, e anche modificato, in base a uno schema di licenze che garantisce comunque il mantenimento del copyright iniziale per gli autori.

Figura 4.16 Il logo della *Open Source Initiative.*

Segue questa filosofia, per esempio, il sistema operativo **Ubuntu**, un software che deriva da **GNU/Linux**, creato dal finlandese Linus Torvalds insieme a un gruppo internazionale di appassionati.

Ubuntu è liberamente utilizzabile, riproducibile e modificabile (purché chi lo modifica renda note le modifiche apportate); così qualsiasi utente può contribuire a svilupparlo ulteriormente.

Tra i progetti open source di maggior successo ci sono Android, il più diffuso sistema operativo per dispositivi mobili, il browser Firefox e l'enciclopedia online Wikipedia.

Anche il software open source è protetto dalla legge sul diritto d'autore ed è soggetto a licenze.

La **figura 4.17** per esempio mostra la **licenza GPL** (*GNU public licence*) che permette di usare un freeware open source, e che va accettata all'atto dell'installazione.

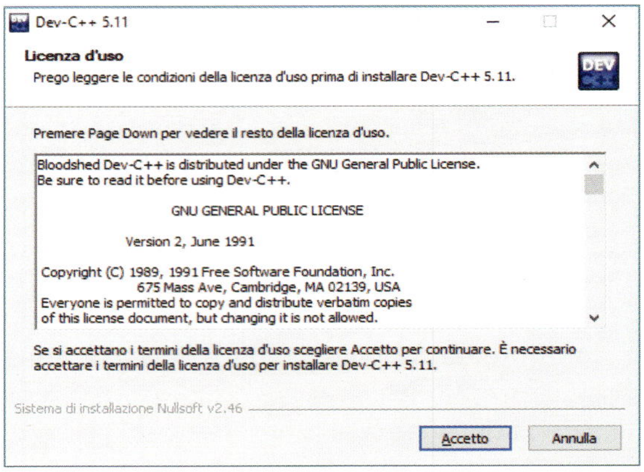

Figura 4.17 La licenza GPL che si accetta all'atto dell'installazione per usare un freeware open source.

Questa licenza è un esempio del tipo di copyright chiamato *copyleft*, con un gioco di parole basato sul fatto che in inglese *right* significa «destra», oltre che «diritto». Il copyleft dà agli utenti il diritto di distribuire liberamente copie e anche versioni modificate di un'opera, con la sola condizione che lo stesso diritto sia poi garantito per tutte le versioni derivate dell'opera stessa.

La licenza GPL è stata ideata da Richard Stallman, pioniere del software libero e fondatore della Free Software Foundation. Una licenza simile, chiamata *share-alike*, fa parte del paniere di licenze proposte dall'organizzazione Creative Commons.

IN SINTESI

- Il software è un'opera dell'ingegno ed è perciò protetto dalle leggi sul **diritto d'autore** o copyright. Per usare legalmente un software, bisogna accettare le condizioni della sua **licenza d'uso** o **EULA**.
- Il software applicativo a volte è **freeware**, che si può copiare liberamente, oppure **shareware**, che si può usare gratuitamente per un tempo limitato. In genere però si può usare un'applicazione soltanto dopo aver acquistato la relativa **licenza d'uso**.
- Il **software proprietario** ha un codice sorgente inaccessibile e non si può modificare. Il **software open source** invece ha codice aperto e incoraggia la collaborazione tra programmatori per lo sviluppo delle applicazioni.

ESERCIZI

1 Vero o falso?

Una licenza d'uso non consente di rivendere il software.	V	F
Lo shareware si può usare gratis senza limiti di tempo.	V	F
Il software open source non è proprietario.	V	F
Il software open source non è soggetto a licenze d'uso.	V	F

2 Il simbolo a sinistra nella figura è usato per indicare il copyright su un'opera. Sai immaginare che cosa rappresenta il simbolo a destra?

....

ATTIVITÀ GUIDATA Creare ed eliminare file e cartelle

Completa il testo

Quando accendiamo un personal computer, al termine della procedura di avviamento sullo schermo appare il …………………… .

1. Vogliamo creare una nuova cartella chiamata **Folder**. Possiamo procedere così: facciamo clic con il tasto …………………… del mouse su un punto libero del desktop, poi nel …………… contestuale che appare scegliamo la voce …………………… e quindi **Cartella**. Appare allora l'icona della nuova cartella, con un nome generico evidenziato; digitiamo sulla …………………… il nome …………………… poi facciamo clic sul desktop.

2. Ora vogliamo creare all'interno della cartella **Folder** un nuovo file grafico chiamato **Image**. Per prima cosa apriamo la cartella con un …………………… clic; appare allora una …………………… vuota, perché la cartella non contiene ancora file. Facciamo clic dentro l'area della …………………… con il tasto …………………… del mouse, poi scegliamo **Nuovo** e quindi **Immagine**. Appare allora l' …………………… del nuovo file, a cui assegniamo il nome procedendo come al punto 1.

3. Ora vogliamo tornare al desktop, creare un'altra nuova cartella **Subfolder** e poi farla diventare una sottocartella di **Folder**. Per prima cosa riduciamo a …………………… la cartella **Folder**, facendo clic sul primo dei tre …………………… di controllo della finestra. Poi creiamo sul desktop la nuova cartella **Subfolder**, come al punto 1. Quindi riapriamo la finestra **Folder**, facendo clic sulla sua icona nella …………………… delle applicazioni. Infine …………………… con il mouse la cartella **Subfolder** dentro la finestra **Folder**, e qui rilasciamo il …………………… del mouse.

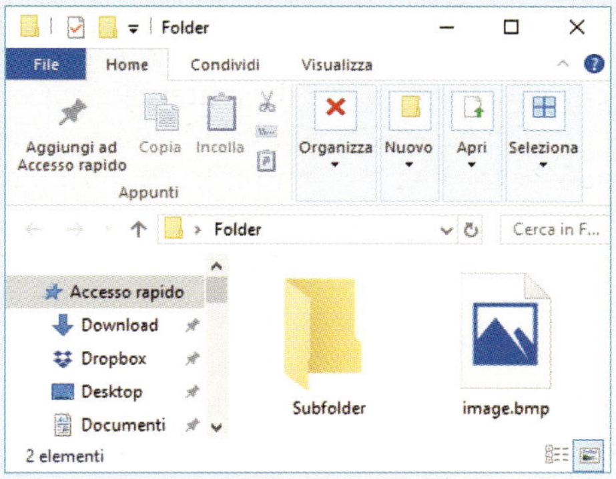

4. Ora vogliamo chiudere la finestra ed eliminare tutto ciò che abbiamo creato. Per prima cosa chiudiamo la …………………… **Folder**, facendo clic sul pulsante di controllo che ha la forma di una ………… . Poi …………………… con il mouse l'icona della cartella fin sopra l'icona del …………………… , e qui rilasciamo il tasto del mouse. A questo punto la cartella è scomparsa dal desktop. Per eliminarla del tutto, apriamo il Cestino con un …………………… clic e poi scegliamo l'opzione …………………… **cestino**.

Ora prova tu

1. Crea sul desktop tre nuove cartelle chiamandole **A**, **B1** e **B2**.
2. Fai in modo che **B1** e **B2** diventino sottocartelle di **A**.
3. Nella finestra di **A** crea una nuova sottocartella chiamandola **C**.
4. Usa mouse e tastiera per creare una copia di **C** in **B1**.
5. Usa il mouse per spostare **C** da **A** dentro **B2**.
6. Rinomina **C1** la sottocartella di **B1** e **C2** la sottocartella di **B2**.
7. Chiudi la finestra, poi elimina la cartella **A**.
8. Apri il **Cestino** e ripristina la cartella **A** riportandola sul desktop con il mouse.
9. Disegna la struttura gerarchica delle cartelle e sottocartelle che hai creato.

ESERCIZI DI RIEPILOGO

ZTE ONLINE

LOSAI? RIPASSA CON LO SMARTPHONE

1 Completa la mappa con le parole:
albero ▪ input ▪ periferiche ▪ RAM ▪ risorse ▪ sicurezza ▪ sistema ▪ system ▪ utility

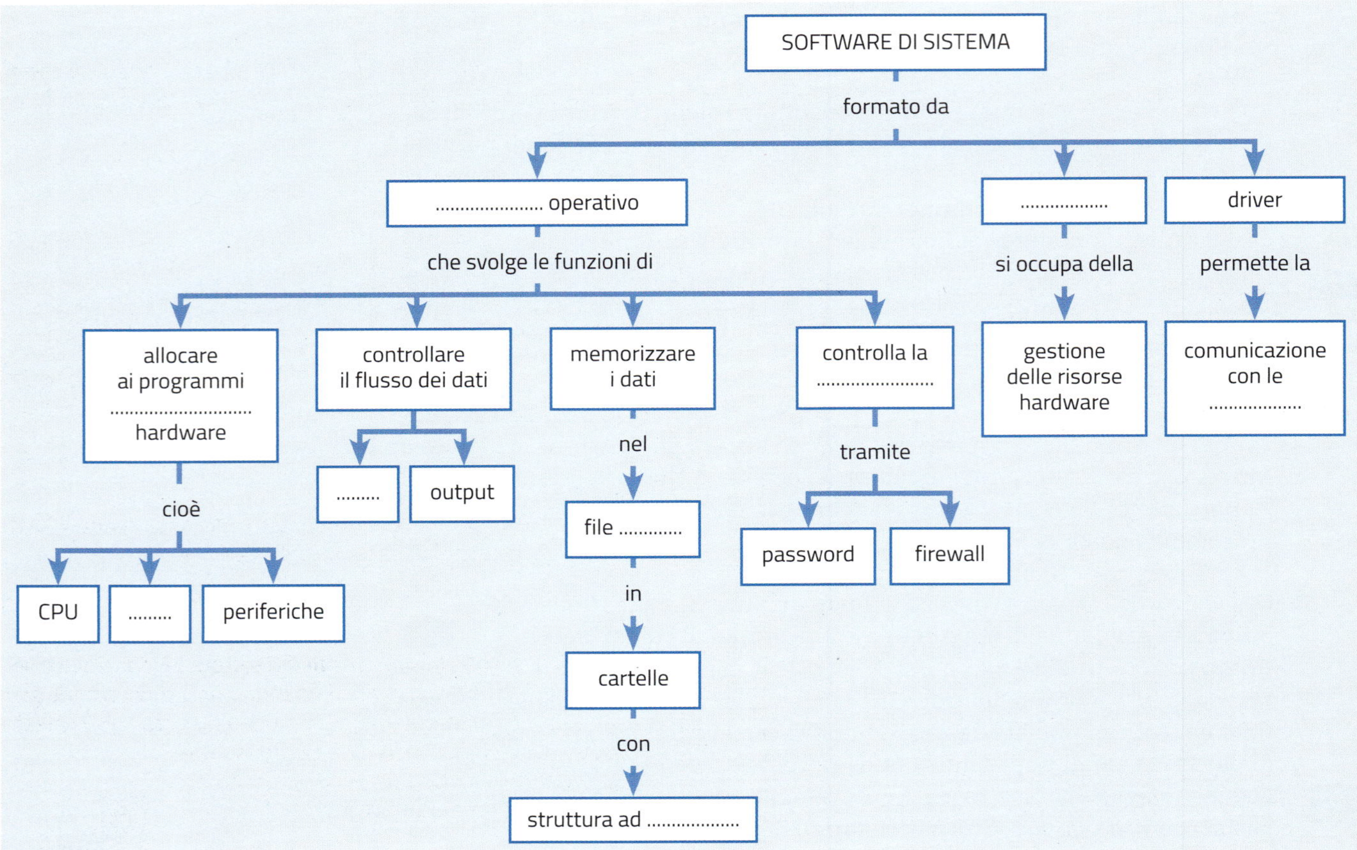

2 Qual è il modo più rapido per spostare la cartella **Folder4** dal desktop all'interno della cartella **Folder**?

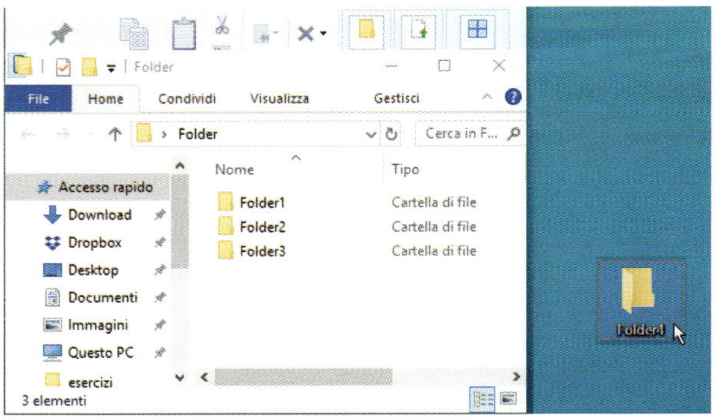

....

....

3 Se hai un file selezionato in una finestra aperta, come puoi creare una copia del file in un'altra finestra usando i tasti della tastiera?

....

....

....

4 Come puoi ripristinare un file eliminato per sbaglio?

....

....

5 Nella finestra della figura si possono attivare due diversi programmi che fanno parte del software di sistema. Come classificheresti questo tipo di programmi?

....

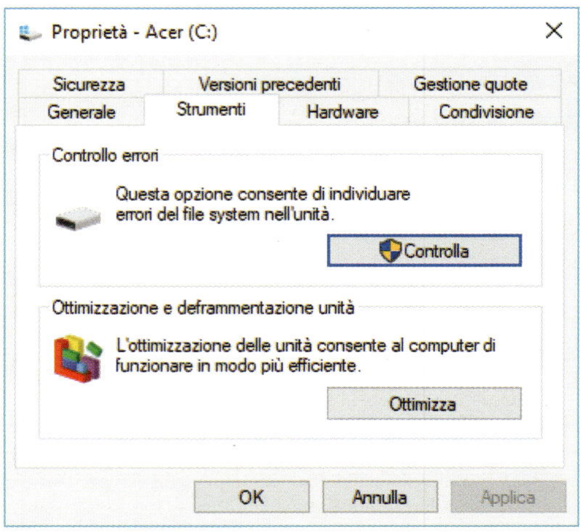

6 Quando in Windows si fa clic con il tasto destro sul nome di un file e nel menu contestuale si sceglie l'opzione **Apri con**, appare un elenco di applicazioni con cui è possibile aprire il file. Quale informazione usa il sistema operativo per scegliere le applicazioni da mostrare nell'elenco?

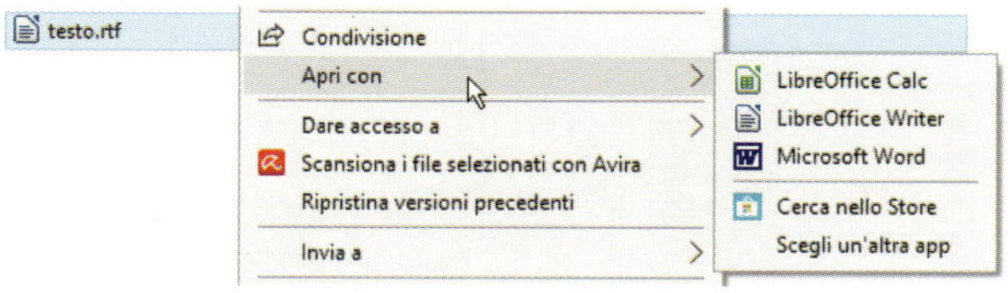

....

7 Dopo aver fatto clic sulla prima sottocartella **Folder1** e aver rilasciato il tasto del mouse, come sono state selezionate le cartelle nei due casi mostrati qui sotto?

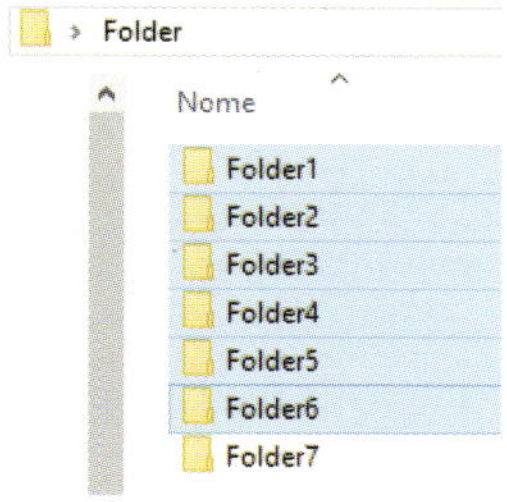

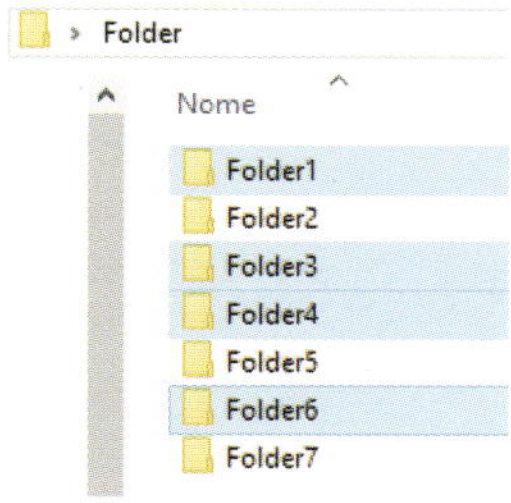

a. ....
....
....

b. ....
....
....

8 Sapresti indovinare a quale software di un personal computer corrisponda l'interfaccia della figura, che mostra lo stato di alcuni importanti componenti hardware?

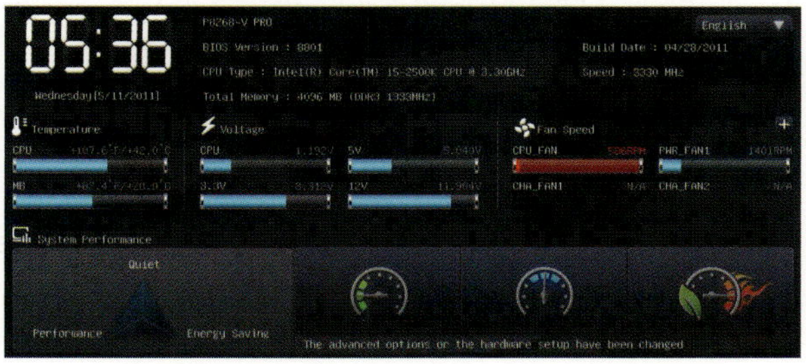

....

9 Se si elimina un file da un computer, i dati in realtà non scompaiono subito dalla memoria. Sai spiegare perché?

....
....
....

10 Completa il testo.

I documenti elettronici chiamati .... nel computer sono contenuti in directory, o .... , organizzate in una struttura ad .... gestita dal sistema operativo tramite il file ....

11 Scrivi tre diversi modi in cui puoi eliminare un file la cui icona è visibile in una finestra aperta sul desktop.

a. ....
b. ....
c. ....

12 Nella struttura ad albero del file system, qual è la caratteristica che contraddistingue la directory radice (*root*) rispetto a tutte le altre?

....

13 Se ascolti musica dal pc mentre stai navigando su Internet, con quale parola potresti descrivere l'attività svolta in quel momento dal microprocessore del computer?

....

14 Dal punto di vista del file system, che cosa rende il firmware diverso dal resto del software?

....

15 Attraverso le **Impostazioni** del sistema è possibile chiedere a un pc di riavviarsi usando per il processo di *boot* una memoria esterna, come una chiavetta USB, invece del disco rigido. Affinché ciò possa funzionare, che cosa deve necessariamente contenere la chiavetta USB?

....
....

16 Il gergo informatico è ricco di metafore, come quella delle «finestre» che danno il nome al sistema operativo Windows. Sapresti elencare altri quattro esempi di parole inglesi usate come metafore quando si parla di computer?

1. ....   **3.** ....
2. ....   **4.** ....

17 Prova a organizzare, nella tabella che segue, il menu di un ristorante imitando la gerarchia dei sottomenu di un computer. I singoli piatti offerti dal ristorante sono l'analogo delle funzioni a cui si accede tramite i sottomenu. Usa (anche più volte) le parole dell'elenco che segue.

bistecca ▪ mare ▪ pasta alle vongole ▪ pesce ai ferri ▪ primi ▪ ravioli al ragù ▪ secondi ▪ terra

	sottomenu 1	**sottomenu 2**	**piatti**
menu del ristorante	....	....	....
		....	....
	....	....	....
		....	....

VERIFICA DELLE COMPETENZE

1 LAVORA SULL'IMMAGINE

La colonna di sinistra della La figura qui sotto mostra la struttura gerarchica delle cartelle contenute nel disco rigido del computer di un fotografo naturalistico.

Completa l'immagine scrivendo nella giusta posizione i nomi di queste cartelle:

rettili ▪ pesci ▪ gatti ▪ falchi ▪ animali

In quale ordine sono elencate le cartelle di ogni dato livello, nell'interfaccia del file system del computer?

....

2 SCOPRILO SU INTERNET

Che cosa si deve fare di un vecchio personal computer che non funziona più? Scoprilo facendo una ricerca in Rete, poi rispondi alle domande.

a. Come si chiamano in linguaggio tecnico i tipi di rifiuto speciale di cui fanno parte i computer rottamati?

....

....

b. Qual è il significato del simbolo qui a fianco, presente su tutti i nuovi computer venduti dall'anno 2005 in avanti?

....

....

....

c. Dove è possibile smaltire un vecchio personal computer non più utilizzabile?

....

....

....

d. Un vecchio telefonino che non funziona più si può consegnare gratuitamente nei grandi negozi di elettronica di consumo. Quale regola sui rifiuti lo permette?

....

....

....

3 L'INFORMATICA E IL CITTADINO

In Italia gli uffici degli enti pubblici, che comprendono anche le scuole, usano milioni di postazioni computerizzate.

Quasi sempre i singoli enti stipulano contratti con aziende produttrici di software proprietario, che così forniscono agli uffici i sistemi operativi, le applicazioni e la relativa assistenza tecnica.

C'è chi sostiene che negli uffici pubblici si dovrebbe invece usare esclusivamente software open source, perché questo tutelerebbe meglio gli interessi della collettività.

Sapresti scrivere un buon motivo pratico a favore di questa tesi e un buon motivo contrario?

PRO: ....

....

CONTRO: ....

....

4 INFORMATICA E AMBIENTE

Spesso si acquista un nuovo personal computer anche se il vecchio funziona ancora benissimo. La ragione è che i nuovi sistemi operativi e le nuove applicazioni hanno *requisiti di sistema* sempre maggiori: richiedono cioè un microprocessore più veloce, una quantità maggiore di RAM e una memoria di massa più capiente.

Esistono però versioni dei sistemi operativi e delle applicazioni open source che hanno requisiti di sistema più modesti rispetto ai software proprietari, e sono perciò compatibili anche con i vecchi pc.

L'uso del software open source potrebbe dunque contribuire alla sostenibilità ambientale dell'informatica. Sai spiegare perché?

....

....

....

CLIL

Learn from the originals | Read it as they wrote it

Frequently asked questions - What is open source?

from the web site www.opensource.com

What's the difference between open source and other types of software?

Some software has source code that only the person, team, or organization who created it – and maintains exclusive control over it – can modify. People call this kind of software «proprietary» or «closed source» software. Only the original authors of proprietary software can legally copy, inspect, and alter that software. And computer users must agree, by signing a license, that they will not do anything with the software that the software's authors have not expressly permitted.

Open source software is different. Its authors make its source code available to others who would like to view that code, copy it, learn from it, alter it, or share it.

By design, open source software licenses promote collaboration and sharing because they permit other people to make modifications to source code and incorporate those changes into their own projects.

Doesn't «open source» just mean something is free of charge?

No. This is a common misconception about what open source implies.

Open source software programmers can charge money for the open source software they create or to which they contribute. But some programmers find that charging users money for software services and support (rather than for the software itself) is more lucrative.

What is open source «beyond software»?

We like to think of open source as not only a way to develop and license computer software, but also an attitude.

Approaching all aspects of life «the open source way» means expressing a willingness to share, collaborating with others in ways that are transparent (so that others can watch and join too), embracing failure as a means of improving, and expecting – even encouraging – everyone else to do the same.

Glossary

to inspect = to examine in detail

sharing = having, using or doing something at the same time as someone else

misconception = an idea that is wrong

lucrative = that produces a lot of money

to troubleshoot = to discover why something does not work

QUESTIONS

1 Are these statements true (T) or false (F)?

Open source software can never be sold, under any circumstances. T F

Open source software is not protected against modifications. T F

Open source software normally does not have an author. T F

2 Fill in the missing words.

Proprietary software is closed, not ....: this means that only the owners can inspect the .... code and one needs their authorization to produce a new version by altering the ....

Capitolo **5**

I computer in rete e Internet

5.1 Comunicare trasmettendo dati

Per gli esseri umani la *comunicazione*, cioè lo scambio di informazioni, è un ingrediente essenziale della vita sociale. Comunichiamo continuamente tra noi con le parole, la scrittura e le immagini, i rumori e la musica.

La nostra società è detta *società dell'informazione* perché moltissime attività si basano sulla trasmissione o sulla comunicazione di informazioni. In questo contesto il computer ha un ruolo e un'importanza sempre crescenti.

La **trasmissione** di informazioni richiede la presenza di due interlocutori: chi *trasmette* e chi *riceve*. Quando parliamo, per esempio, trasmettiamo messaggi verbali che sono ricevuti da chi ci ascolta.

Si ha **comunicazione** quando la trasmissione delle informazioni è *bidirezionale*, cioè a due vie: ciascun interlocutore per una parte del tempo trasmette e per un'altra parte del tempo riceve. Il telefono, per esempio, è uno strumento per la comunicazione a distanza.

I *mass media* tradizionali – la televisione, la radio e i giornali – sono *unidirezionali*: raggiungono con i loro messaggi milioni di persone, che non possono però rispondere. Si tratta quindi in realtà di mezzi di *trasmissione*; si ha trasmissione di dati a due vie soltanto in casi particolari, come quello dei servizi a richiesta (*on-demand*).

Internet invece è un vero strumento per la *comunicazione di massa*. Ogni giorno infatti centinaia di milioni di utenti sono ***online*** («in linea»), cioè collegati a Internet, e possono scambiarsi dati e informazioni.

La diffusione dei servizi basati su Internet, dalla *posta elettronica* alle *reti sociali*, ha facilitato enormemente questa comunicazione tra persone di tutto il mondo, quasi annullando le distanze geografiche e temporali.

All'origine di questa rivoluzione c'è il fatto che i computer sono collegati tra loro a formare **reti** che consentono la *telecomunicazione*, cioè la trasmissione di dati a distanza.

Affinché due o più computer possano comunicare tra loro, formando una **rete di computer** (in inglese *computer network*), servono alcuni elementi essenziali:

- un **mezzo di trasmissione** dei dati;
- il componente hardware chiamato **scheda di rete**;
- l'uso di un **protocollo di comunicazione** che permetta a macchine diverse di «parlare la stessa lingua».

La comunicazione in rete è gestita da specifici software che fanno parte del sistema operativo dei computer collegati.

trasmissione unidirezionale

comunicazione

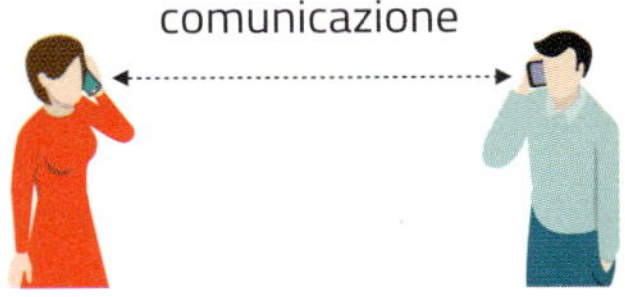

! Perché un computer possa **comunicare** in rete, occorrono un mezzo di trasmissione, una scheda di rete e un protocollo di comunicazione.

I mezzi di trasmissione

Collegare più computer significa rendere possibile lo scambio di dati tra loro, attraverso un **mezzo di trasmissione** che può essere di tre tipi (**figura 5.1**):

- **elettrico**, quando trasporta impulsi elettrici su fili metallici come i *doppini* delle linee telefoniche (formati da due cavetti di rame intrecciati) o i *cavi coassiali* (con un nucleo centrale di rame isolato e schermato dalle interferenze);
- **ottico**, quando trasporta segnali luminosi nelle *fibre ottiche*, formate da fasci di sottilissimi filamenti di vetro o di materiale plastico;
- **wireless**, cioè senza fili, quando si basa sull'invio di *onde radio* o *microonde*.

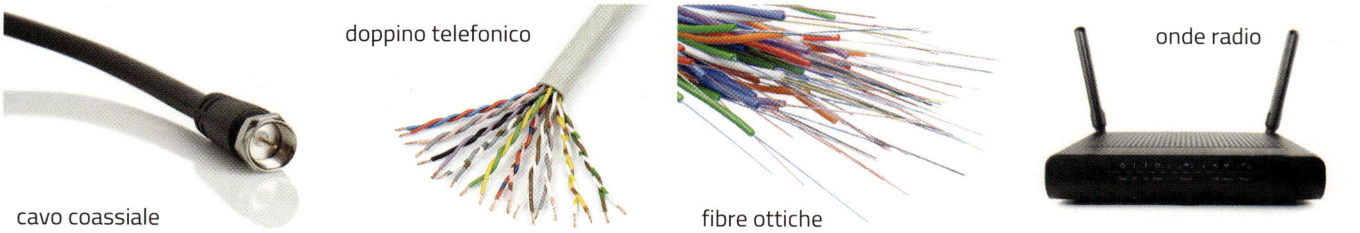

Figura 5.1 I più diffusi mezzi di trasmissione dei dati.

Per esempio, i collegamenti ADSL usano il doppino della rete telefonica fissa, le connessioni «a banda larga» usano cavi di fibre ottiche, mentre tablet e smartphone possono scambiare dati attraverso la rete wireless cellulare.

Una rete di computer può essere basata su un singolo mezzo di trasmissione, ma spesso si usa una combinazione di mezzi di trasmissione diversi, per esempio con pc cablati, cioè collegati tramite cavi, e dispositivi mobili collegati senza fili.

Ciascun tipo di mezzo di trasmissione offre vantaggi specifici: i cavi di rame sono economici e molto affidabili, le fibre ottiche sono più costose ma possono trasportare enormi quantità di dati, le connessioni senza fili rendono possibile la mobilità dei dispositivi e degli utenti.

Un dato mezzo di trasmissione può ospitare più **canali di comunicazione**, cioè consentire la propagazione di più segnali simultaneamente, un po' come una strada può avere più corsie in cui avanzano in parallelo veicoli diversi.

Per visualizzare il concetto, si può immaginare di inviare lungo una fibra ottica impulsi luminosi di colori diversi, cioè fatti di luce di diversa frequenza: ciascun segnale colorato rappresenterebbe allora un canale di comunicazione indipendente dagli altri.

La larghezza di banda

Un concetto importante per le telecomunicazioni è quello di **larghezza di banda** (in inglese *bandwidth*), che ha origine nel contesto analogico.

Qualsiasi segnale analogico ha una *forma d'onda* che si può analizzare in termini delle frequenze che la compongono, ottenendo così lo *spettro* del segnale.

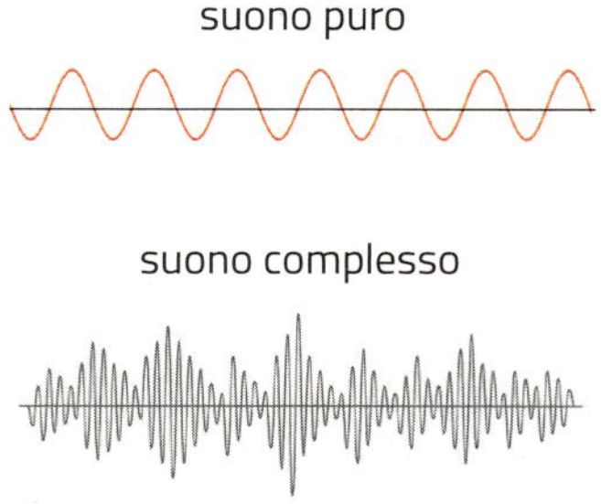

Consideriamo il caso dei segnali audio. Il *suono puro* emesso da un diapason è un'onda sonora che oscilla con un'unica frequenza: la sua forma d'onda è una *sinusoide*. Il *la* centrale del pianoforte, per esempio, ha una frequenza di 440 Hz. Invece qualsiasi altro suono, come un brano musicale o il linguaggio parlato, ha una forma d'onda complessa, che si può esprimere come sovrapposizione di tante frequenze diverse.

Il nostro orecchio riesce a udire frequenze comprese all'incirca tra 20 Hz e 20 kHz: questa perciò è la banda di frequenze che un canale analogico deve avere per poter trasmettere fedelmente tutti i suoni che udiamo.

Le linee telefoniche tradizionali invece trasportano soltanto frequenze intermedie del nostro intervallo di udibilità, da 300 a 3400 Hz. Questa larghezza di banda di soli 3100 Hz non può contenere tutte le frequenze dei suoni che emettiamo; di conseguenza la nostra voce, quando parliamo al telefono, è distorta e diversa dal solito.

Nel contesto digitale, per larghezza di banda di un canale di comunicazione si intende la **velocità di trasmissione dei dati** lungo quel canale, cioè la quantità massima di bit che esso può trasmettere in un secondo. Questa dipende dalla banda di frequenza del canale analogico fisico usato per la comunicazione digitale.

La larghezza di banda digitale si misura in bps (bit al secondo) o nei multipli kbps (kilobit al secondo), Mbps (megabit al secondo) e Gbps (gigabit al secondo).

Vent'anni fa i modem *dialup* usati per collegarsi a Internet potevano trasmettere fino a un massimo di 56 kbps lungo i cavi telefonici. Oggi con la tecnologia ADSL quelle stesse linee possono arrivare a 24 Mbps.

I cavi metallici delle reti locali e i più avanzati sistemi wireless possono trasmettere 1 Gbps, mentre i cavi di fibre ottiche arrivano a 40 Gbps.

Per confronto, nel 1850 un operatore specializzato del telegrafo poteva riuscire a trasmettere con il *codice Morse* quattro caratteri al secondo, cioè circa 0,03 kbps.

ADSL → fino a 0,0024 Gbps

reti cablate → fino a 1 Gbps

fibra ottica → fino a 40 Gbps

Le schede di rete e il modem

La **scheda di rete** (in inglese NIC, *network interface card*) è il componente hardware che permette di collegare un computer con il mezzo di trasmissione, attraverso un **connettore di rete** (**figura 5.2**).

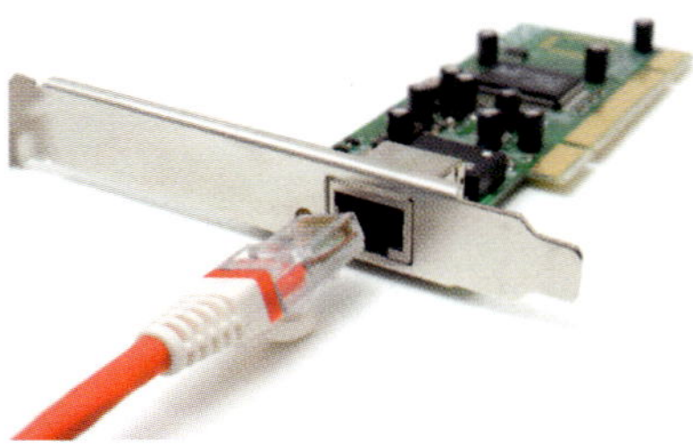

Figura 5.2 Una scheda di rete con un connettore e un cavo di rete Ethernet.

Il connettore può essere una porta a cui collegare un cavo oppure un'antenna capace di ricevere e trasmettere segnali wireless.

Questa scheda è quindi l'interfaccia su cui transitano tutti i dati che il computer riceve dalla rete e tutti i dati da trasmettere in rete. La scheda è dotata di una memoria propria, in cui vengono registrati temporaneamente i dati in transito.

La scheda di rete – che nei computer odierni è spesso integrata nella scheda madre – ha anche l'importante compito di **codificare e decodificare** i dati, cioè trasformare i bit in segnali che possono viaggiare sul mezzo di trasmissione, e viceversa.

La codifica più semplice è quella che prevede l'invio dei bit uno dopo l'altro, mediante un'onda quadra: segnale alto significa 1, segnale basso significa 0.

È anche possibile codificare i dati facendo variare nel tempo – cioè *modulando* – l'ampiezza oppure la frequenza del segnale elettromagnetico; è ciò che avviene per esempio nelle trasmissioni radiofoniche AM (*amplitude modulation*) e FM (*frequency modulation*).

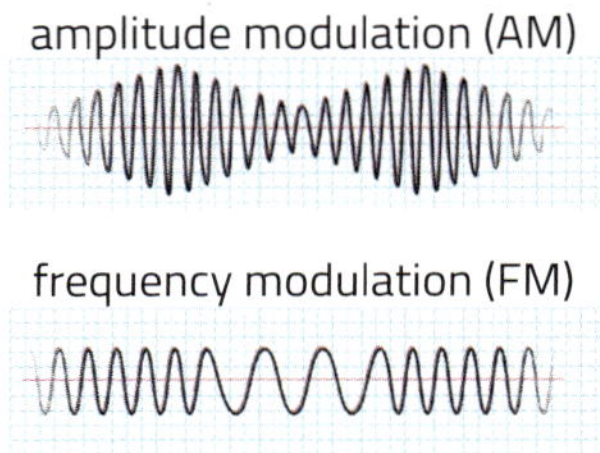

Mediante le schede di rete si possono collegare più computer a formare una **rete locale**, per esempio in un'abitazione o in un ufficio.

Per far comunicare due computer a distanza attraverso i cavi telefonici si usa il dispositivo chiamato **modem** (dalla contrazione di *modulatore-demodulatore*).

Come mostra la **figura 5.3**, il modem che trasmette trasforma i bit in segnali analogici che possono viaggiare sulla linea telefonica (modulazione). Il modem che riceve trasforma di nuovo il segnale analogico in digitale (demodulazione).

In particolare, questo è ciò che avviene quando si **accede a Internet** collegando il proprio computer tramite la linea telefonica a un *server*, cioè al computer di un **fornitore di servizi** o **ISP** (*Internet service provider*).

Figura 5.3 Schema del funzionamento di un modem.

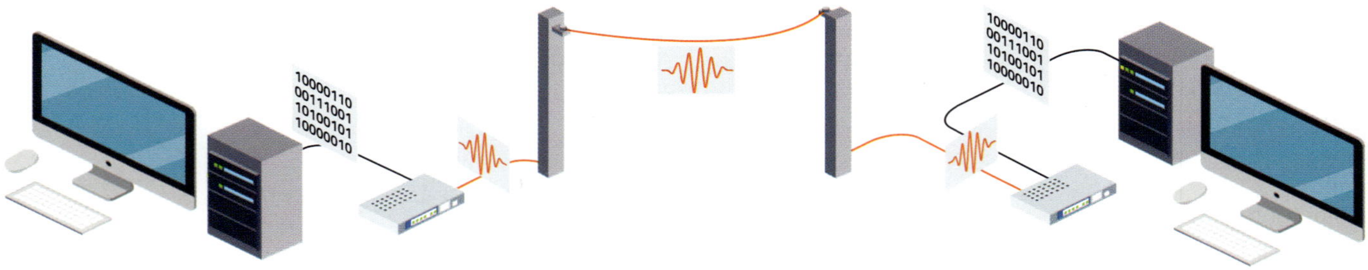

Per i personal computer esistono anche modem *wireless*, che invece del doppino telefonico usano la rete cellulare, come fanno i dispositivi mobili attraverso la scheda SIM (figura 5.4).

Questi modem (in inglese chiamati *dongle*) assomigliano a una chiavetta USB e si collegano al pc tramite una porta USB.

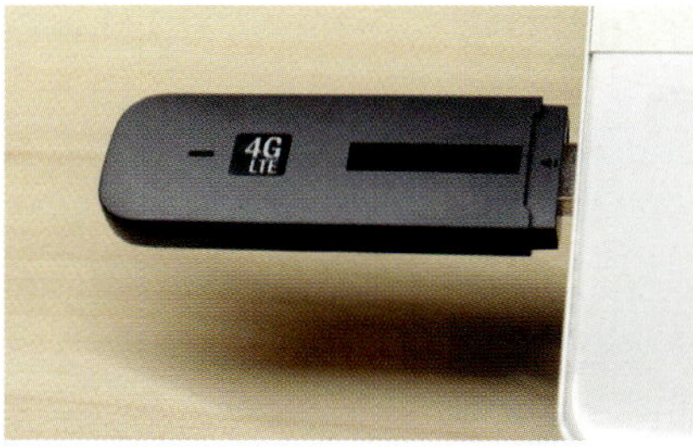

Figura 5.4 Un modem wireless USB.

Nelle reti senza fili lo stesso apparecchio spesso funziona come **router**, oltre che come modem: ciò significa che, oltre a permettere il collegamento a Internet, smista anche il traffico dei dati tra i computer collegati alla rete locale.

I protocolli di comunicazione

Ogni volta che ha luogo una comunicazione, gli interlocutori (che siano persone oppure macchine) seguono un **protocollo**, cioè un insieme di regole accettate da entrambi.

Questo serve a far sì che la comunicazione non sia ambigua, cioè che tutti i partecipanti possano capire il significato dei messaggi trasmessi.

Per esempio, quando due persone si incontrano, si salutano dicendo «ciao» oppure «buongiorno», e si stringono la mano oppure si danno un bacio, a seconda del grado di confidenza che esiste tra loro. Queste forme verbali e gestuali di saluto sono i principali protocolli delle nostre relazioni sociali. Ciascuno di noi li usa in modo quasi automatico, e si aspetta che gli altri facciano altrettanto.

In modo analogo, nelle reti di computer tutte le comunicazioni devono rispettare un insieme di regole standard, definite dai **protocolli di rete**, per assicurare che la trasmissione e la ricezione dei dati siano ordinate e accurate.

In particolare, il protocollo stabilisce come identificare in modo univoco i computer nella rete e come trasferire le informazioni tra di loro.

! Un **protocollo di rete** è un insieme di regole che gli apparecchi collegati devono rispettare per poter comunicare tra loro in modo corretto.

I diversi tipi di scheda di rete sono identificati proprio in base al protocollo di comunicazione usato per la codifica e per la trasmissione dei dati in rete (tabella 5.1).

Il protocollo – insieme al mezzo di trasmissione usato – determina anche la massima velocità possibile per il trasferimento dei dati in una rete.

Per le reti locali cablate, cioè che usano i cavi come mezzo di trasmissione, il protocollo più diffuso è **Fast Ethernet**, che consente di scambiare dati a 100 Mbps.

Per le reti senza fili le schede di rete più diffuse sono basate sul protocollo **Wi-Fi**, che nelle sue varie versioni permette di comunicare a 10-50 Mbps su distanze di qualche decina di metri.

Il protocollo **Bluetooth** è limitato a distanze di pochi metri con velocità di 1-2 Mbps, mentre il **WiMAX** può arrivare a 1 Gbps e coprire distanze di parecchi kilometri.

Nel caso della trasmissione di dati attraverso un collegamento a **Internet** il protocollo di comunicazione è lo stesso in tutto il mondo e si chiama **TCP/IP** (*Trasmission Control Protocol/Internet Protocol*).

Per le comunicazioni audio via Internet si usa il protocollo **VoIP** (*Voice over Internet Protocol*), che consente di trasmettere i suoni in formato digitale.

Con il VoIP si può telefonare tra computer in qualsiasi parte del mondo, con qualità audio migliore rispetto alla telefonia tradizionale e senza costi aggiuntivi a quelli della connessione a Internet.

Tabella 5.1 Alcuni protocolli per la comunicazione in rete tra computer.

PROTOCOLLO	TIPO DI RETE	VELOCITÀ	RAGGIO
Fast Ethernet	cablata	fino a 100 Mbps	centinaia di metri
WiMAX	wireless	fino a 1 Gbps	parecchi kilometri
Wi-Fi	wireless	10-50 Mbps	decine di metri
Bluetooth	wireless	1-2 Mbps	qualche metro
TCP/IP e VoIP	Internet	dipende dal provider	globale

IN SINTESI

- Le **reti di computer** e **Internet** rendono possibile la comunicazione a distanza tra persone di tutto il mondo.
- Nelle reti di computer i dati viaggiano su **mezzi di trasmissione** che possono essere di tipo **elettrico, ottico** o **wireless**, cioè senza fili.
- Il singolo computer si collega al mezzo di trasmissione attraverso la **scheda di rete** e i relativi **connettori**. Per lo scambio di dati attraverso i cavi telefonici o la rete cellulare si usa il **modem**.
- La **velocità di trasmissione dei dati** in rete è determinata dalla **larghezza di banda** della linea di trasmissione e dai **protocolli di rete** usati per la comunicazione, per esempio Fast Ethernet o Wi-Fi.

Collegarsi a una rete wireless

I personal computer odierni e i dispositivi mobili riconoscono automaticamente il segnale radio delle reti wireless, quando vengono a trovarsi nel loro raggio d'azione. Nel desktop dei pc un clic sull'icona fa apparire l'elenco delle reti disponibili.
È bene collegarsi soltanto a reti *protette*, cioè riservate a chi conosce una password di accesso. In certi locali pubblici l'accesso alla rete è libero, ma l'uso di una rete non protetta espone a rischi come l'intercettazione delle proprie comunicazioni.
Quando si sceglie di connettersi a una rete protetta bisogna inserire una password, che va chiesta all'amministratore della rete. Nelle reti che usano il protocollo WEP la password è un codice formato da 13 caratteri alfanumerici, mentre per il protocollo WPA i caratteri sono 24.
La password per fortuna va digitata soltanto al primo ingresso nella rete; il computer la memorizzerà e negli accessi successivi la connessione sarà automatica.

Trasforma il tuo smartphone in un modem

Gli smartphone e i tablet che dispongono di una connessione dati possono condividerla fungendo da modem Wi-Fi per altri apparecchi, come i personal computer. Per attivare questa funzione si va nelle **Impostazioni** del dispositivo mobile e si «accende» l'opzione che, a seconda dei modelli, può chiamarsi **Hotspot personale** o **Tethering** oppure **Router Wi-Fi.**
In questo modo si genera un **hot spot** («zona calda»), con un raggio di qualche metro, in cui diventa disponibile un segnale Wi-Fi tramite cui collegarsi a Internet. È sempre prudente impostare una password nel momento in cui si attiva l'hot spot, così che esso sia utilizzabile soltanto dalle persone che scegliamo di autorizzare.

ESERCIZI

1 Se una rete locale non è cablata, come comunicano tra loro i computer?

2 In un personal computer, quale componente decodifica i dati in arrivo da altri dispositivi collegati in rete?

3 Quanto tempo occorre per trasferire 100 MB di dati attraverso un collegamento via cavo Ethernet?

4 Quale protocollo può consentire a più dispositivi di comunicare senza fili all'interno di un'automobile, ma non da un'auto a un'altra?

5.2 Dalle reti locali a Internet

Le **reti di computer** si possono classificare in base alle loro dimensioni, intese come area geografica di estensione della rete:

- una **rete personale** o **PAN** (*personal area network*) collega dispositivi di un singolo utente, per esempio due diversi pc e una stampante in un ufficio o in un'abitazione;
- una **rete locale** o **LAN** (*local area network*) collega computer che si trovano in uno stesso edificio o nel raggio di poche centinaia di metri, per esempio nei diversi uffici di un'azienda o di un'istituzione (**figura 5.5**); la sigla **WLAN** indica un rete locale *wireless*;
- una **rete metropolitana** o **MAN** (*metropolitan area network*) include collegamenti in un raggio di parecchi kilometri, coprendo intere aree urbane, come nel caso delle reti dei *provider* di servizi di comunicazione o dei gestori di servizi telefonici;
- una **rete geografica estesa** o **WAN** (*wide area network*) può estendersi su più nazioni o perfino su continenti diversi; questo tipo di rete è gestito di solito da enti internazionali o da grandi gestori di servizi di comunicazioni.

Figura 5.5 L'aula informatica di una scuola è un esempio di rete locale o LAN.

Internet, o **«la Rete»** con la R maiuscola, non è in realtà una rete di computer, bensì **una rete di reti**: è formata infatti da decine di migliaia di reti LAN, MAN e WAN collegate e integrate tra loro grazie all'uso del protocollo comune TCP/IP.

Internet mette a disposizione dei suoi utenti molti servizi, tra cui il World Wide Web, la posta elettronica, le comunicazioni vocali e la messaggeria istantanea (IM, *Instant Messaging*).

Sullo stesso protocollo di Internet si basano le cosiddette reti **intranet**, usate per la comunicazione tra le diverse sedi di grandi aziende o istituzioni. Diversamente da Internet, però, una intranet non è liberamente accessibile dall'esterno; il suo uso è riservato agli utenti autorizzati dai gestori della rete.

Le **reti virtuali private VPN** (*virtual private network*) sono invece reti private che scambiano dati via Internet usando speciali tecniche crittografiche per garantire la sicurezza delle comunicazioni. Ciò permette per esempio ai diversi uffici di un'organizzazione, situati magari in diversi continenti, di comunicare via Internet proprio come se i loro computer facessero parte di una LAN.

! **Internet** è una rete di reti di computer, che comunicano tra loro usando il protocollo TCP/IP.

La condivisione di dati, risorse e programmi in rete

Il software di rete e il sistema operativo del computer permettono agli utenti di una rete locale di scambiarsi dati e anche di condividere risorse come dischi rigidi, stampanti o modem, proprio come se si trattasse di risorse del singolo computer.

Ogni utente può scegliere di condividere file memorizzati sulla propria postazione, archiviandoli in opportune cartelle a cui tutti gli altri utenti hanno libero accesso.

Esistono poi applicazioni apposite per le reti locali, chiamate *groupware* (cioè software di gruppo), che hanno come funzione principale la comunicazione tra gli utenti.

Un esempio di groupware è l'*agenda condivisa*: se per esempio un gruppo di collaboratori si deve incontrare, ognuno può controllare sul computer quali sono i momenti liberi di tutte le altre persone; si possono così organizzare riunioni risparmiando lunghi giri di telefonate o e-mail.

Nelle reti con configurazione ***peer-to-peer*** («da pari a pari») tutte le postazioni di lavoro condividono le risorse ed elaborano i dati in modo autonomo; è ciò che avviene spesso, per esempio, nelle aule informatiche delle scuole.

In alternativa, nella configurazione ***client-server*** un computer della rete, chiamato *server*, è al servizio degli altri computer, detti *client*. Questo schema consente a tutte le postazioni di lavoro della rete di condividere le applicazioni, facendole eseguire al microprocessore del server.

La configurazione client-server offre numerosi vantaggi:

› si risparmia spazio di memoria, perché il software è archiviato una volta sola sul server, invece di essere copiato sui dischi rigidi di tutte le postazioni;
› quando viene rilasciata una nuova versione del software, è più semplice aggiornarne una sola copia sul server, anziché più copie installate sulle singole postazioni;
› l'acquisto di una *licenza di rete* per il software è di solito meno costoso dell'acquisto di tante licenze monoutente quante sono le postazioni di lavoro.

Quando ci colleghiamo a Internet con un pc, un tablet o uno smartphone, il nostro dispositivo diventa un client di un *web server*, che fa parte della rete dell'azienda che ci fornisce l'accesso a Internet (detta *service provider*).

Si parla di ***cloud computing*** quando, invece di scaricare un programma sul nostro computer, lo facciamo eseguire a un web server nella «nuvola» della Rete.

Per usare il cloud computing basta accedere a una pagina web a cui trasmettiamo i dati di input e che ci restituisce i risultati dell'elaborazione.

Le topologie delle reti locali

Una rete locale o LAN è formata da numerosi computer, detti **nodi** o **host**, dotati di schede di rete e collegati tra loro da mezzi di trasmissione dei dati. L'insieme dei collegamenti tra tutti i nodi si chiama **infrastruttura di rete**.

In generale una stessa infrastruttura di rete può usare diversi mezzi di trasmissione; per esempio un nodo può essere collegato tramite un cavo Ethernet a un altro nodo, ma tramite Wi-Fi a un altro nodo ancora. Questo avviene spesso, per esempio, nelle reti domestiche che usano l'ADSL.

Per creare le infrastrutture di rete sono possibili diversi schemi di connessione, detti **topologie della rete**. La **figura 5.6** mostra alcuni tra gli schemi più comuni:

a. nella **topologia ad anello** le connessioni formano un anello chiuso; ogni nodo può comunicare con qualsiasi altro inviando i segnali in senso orario o antiorario attraverso la sequenza di connessioni;
b. nella **topologia a bus** ciascun nodo si collega a una connessione centrale (bus) condivisa da tutti i nodi; in questo schema il software di rete gestisce l'accesso al bus in modo tale da assicurare che le varie trasmissioni non si sovrappongano;
c. nella **topologia a stella** un nodo centrale è direttamente collegato a tutti gli altri; ciascun nodo periferico, per comunicare con gli altri, deve passare per il nodo centrale; questa è la topologia tipica di una configurazione client-server;
d. nella **topologia ad albero** i collegamenti sono organizzati in modo gerarchico, come in un albero genealogico: un nodo «genitore» connette direttamente due o più nodi «figli», ciascuno dei quali a sua volta è collegato a più nodi «nipoti», e così via.

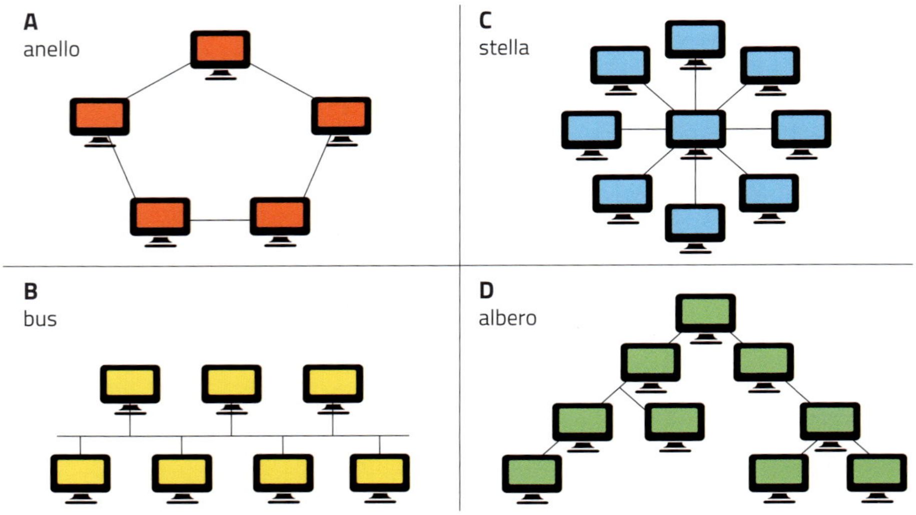

Figura 5.6 Alcuni esempi di topologie di rete.

Le topologie che abbiamo appena visto sono tipiche delle reti locali. Quando reti di piccole dimensioni sono collegate tra loro e organizzate in strutture di rete più grandi, la topologia della rete integrata diventa di solito molto più complicata; in tal caso si parla di rete con topologia **a grafo complesso** o **a maglia**.

Internet e la trasmissione «a pacchetti»

L'idea di Internet è nata a metà degli anni Sessanta, in piena Guerra fredda, quando il Dipartimento della Difesa degli Stati Uniti affidò all'ARPA (*Advanced Research Project Agency*, Agenzia per i progetti di ricerca avanzati) il compito di progettare un sistema di comunicazione utilizzabile anche nel caso estremo di un conflitto nucleare.

Nacque così la rete decentrata **ARPAnet**, formata da nodi completamente autonomi e capaci di comunicare tra loro con un'innovativa tecnica di trasmissione «a pacchetti di dati».

Nel 1969 a questa rete si collegarono i computer centrali di alcune università della California; negli anni successivi si aggiunsero nodi in tutti gli Stati Uniti (**figura 5.7**). Questa è stata l'origine della rete di reti che nel frattempo è diventata globale e che oggi chiamiamo **Internet**.

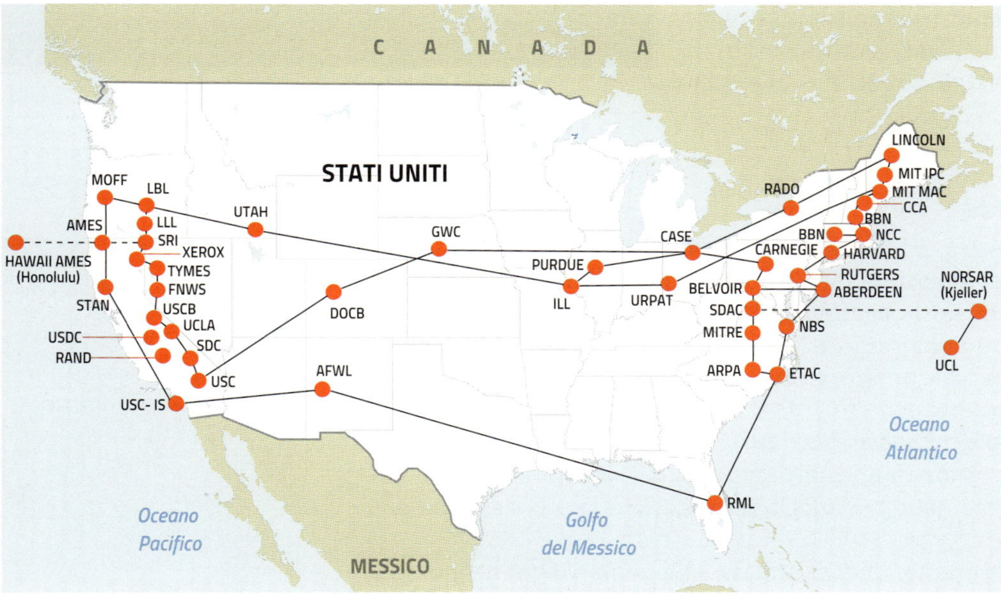

Figura 5.7 La rete ARPAnet nel 1974.

Quando ci colleghiamo a Internet, il nostro computer (o la nostra rete locale LAN) si connette alla rete geografica WAN del service provider che utilizziamo.

Tutte le WAN a loro volta sono collegate alle **dorsali** (in inglese *backbone*), che sono linee di trasmissione ad alta velocità.

L'enorme infrastruttura necessaria per le dorsali (che comprende satelliti, cavi transoceanici sottomarini e grandi reti di fibre ottiche) è finanziata e mantenuta in funzione dagli ISP, gli *Internet service provider* che noi paghiamo per avere accesso alla Rete.

La comunicazione su scala mondiale è possibile grazie al fatto che tutti i computer collegati alla Rete usano lo stesso **protocollo TCP/IP**, ideato per ARPAnet ed ereditato poi da Internet.

Questo protocollo si basa sulla **trasmissione dei dati «a pacchetti»** ed è formato da due componenti:

- il protocollo **IP** (*Internet protocol*) suddivide ogni messaggio in uscita in pacchetti di piccole dimensioni (1,5 kB) e ricompone i messaggi in arrivo, rimettendo insieme i relativi pacchetti;
- il protocollo **TCP** (*trasmission control protocol*) controlla la correttezza della trasmissione e fa sì che, se un pacchetto va perso o arriva danneggiato, esso sia inviato di nuovo.

La trasmissione è gestita da speciali computer chiamati ***router***, che conoscono l'indirizzo e lo stato di funzionamento degli altri router della rete. Ogni pacchetto di dati così può essere instradato lungo il percorso più favorevole in quel momento; se un nodo della rete non funziona, il pacchetto verrà re-inviato su un percorso diverso.

Ogni dispositivo collegato alla Rete (computer, smartphone, router, stampante e così via) è identificato da un **indirizzo IP** (*IP address*) formato da 32 bit, che per comodità di solito esprimiamo come sequenza di 4 byte in formato decimale, per esempio 123.18.255.2.

Ogni pacchetto di dati inviato su Internet ha nell'intestazione l'indirizzo IP del mittente e quello del destinatario.

Il sistema di suddivisione in pacchetti massimizza la probabilità che i messaggi arrivino rapidamente a destinazione. Se un lungo messaggio fosse inviato come un blocco unico, infatti, ogni ostacolo incontrato sulla linea di trasmissione ne impedirebbe la trasmissione, costringendo al re-invio dell'intero messaggio.

La figura 5.8 è una mappa grafica tridimensionale di Internet in cui ogni linea collega due nodi, cioè due indirizzi IP. Le zone più luminose sono ISP o server DNS che indirizzano gli utenti ai siti di destinazione.

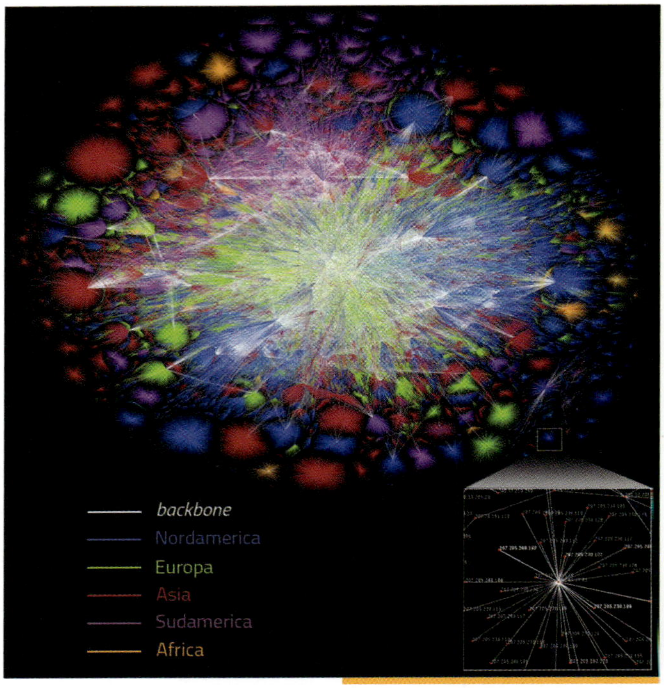

Figura 5.8 Un rappresentazione grafica delle reti che formavano Internet nel 2015.

Verso l'«Internet delle cose»

Fino a pochi anni fa, il collegamento a Internet riguardava soltanto apparecchi da ufficio come i personal computer o dispositivi mobili come i tablet e gli smartphone.

Oggi invece si sta avvicinando la prospettiva del cosiddetto **IoT**, ***Internet of Things***: anche gli oggetti della vita quotidiana saranno resi autonomi e interconnessi, dotandoli di chip e modem insieme a fotocamere, altri sensori e *attuatori*, cioè meccanismi con cui agire sull'ambiente.

Tra le applicazioni pratiche che più stimolano lo sviluppo di questo «Internet delle cose» ci sono i **veicoli a guida autonoma**, capaci di spostarsi nel traffico senza conducente, e la **domotica**, cioè l'uso delle tecnologie informatiche per la gestione delle nostre abitazioni.

Il frigorifero del futuro, per esempio, riconoscerà da solo quali cibi mancano, ci segnalerà quelli che si avvicinano alla scadenza, troverà il supermercato che in quel momento fa la migliore offerta per i prodotti che dobbiamo comprare e magari li ordinerà autonomamente, facendoceli consegnare a domicilio.

! Ogni dispositivo collegato a Internet è identificato in modo univoco da un **indirizzo IP** formato da 4 byte, per esempio 123.18.255.2.

Chi gestisce Internet?

Internet non appartiene a nessuno e funziona senza che vi sia un ente centrale che lo governa o lo controlla.
Tra le organizzazioni che sovrintendono all'infrastruttura e ai protocolli c'è la *Internet Society* (ISOC, www.isoc.it), un ente senza fine di lucro fondato nel 1992 con la missione di «garantire che lo sviluppo, l'evoluzione e l'uso di Internet rimangano aperti, a beneficio di tutte le persone del mondo».
Tra i membri dell'ISOC ci sono soci individuali (di solito esperti o appassionati di informatica, ma chiunque può iscriversi) oltre che aziende, organizzazioni internazionali, governi e università.
L'ISOC fornisce inoltre supporto amministrativo per numerosi gruppi meno strutturati che sono coinvolti nello sviluppo e nella gestione di Internet.

IN SINTESI

- Le **reti di computer** in base alla loro estensione si distinguono in **PAN** (personali), **LAN** (locali), **MAN** (metropolitane) e **WAN** (geografiche).
- Le **reti locali** possono avere una configurazione *peer-to-peer*, quando tutte le postazioni lavorano in modo autonomo, oppure *client-server*, quando un computer (server) è al servizio degli altri (client).
- Le più comuni **topologie** delle reti locali sono quelle ad **anello**, a **bus**, a **stella** o ad **albero**.
- **Internet** è la «Rete delle reti»: collega tra loro decine di migliaia di reti di computer tramite **dorsali** ad alta velocità.
- Il **protocollo TCP/IP** usato da Internet si basa sulla **trasmissione dei dati «a pacchetti»**, ciascuno dei quali viaggia lungo il percorso della rete più favorevole al momento dell'invio.
- Per **collegarsi a Internet** ci si connette al server di un **ISP** (*Internet service provider*), un punto di accesso direttamente collegato alla Rete mondiale.

PAROLE > I neologismi dei social network

La diffusione esplosiva delle reti sociali ha un impatto anche sul linguaggio, con la comparsa nel parlare quotidiano di neologismi, cioè nuove parole.

È il caso per esempio di **postare** (dall'inglese *to post*, inviare), cioè caricare un contenuto online, o **bannare** (da *to ban*, mettere al bando), cioè bloccare gli accessi a un utente che molesta, insulta o fa pubblicità non autorizzata.

E tutti conoscono ormai il significato di **like** («mi piace»), il pollice alzato per indicare gradimento di qualcosa visto su Facebook, o dei **follower** («seguaci») che seguono regolarmente i nostri post su Instagram, o del verbo **ritwittare**, cioè inoltrare i «cinguettii» su Twitter quando li si apprezza.

ESERCIZI

1 Quale sigla indica una rete locale come quella di un appartamento in cui i vari dispositivi comunicano tra loro via Wi-Fi?

....

2 Quale ISP può consentirci di accedere a una intranet? Motiva la tua risposta.

....

....

....

3 In quale topologia di rete locale il malfunzionamento di un singolo collegamento può rendere impossibile la comunicazione nell'intera rete?

....

4 Immagina di inviare via Internet agli amici, per esempio tramite una chat, l'immagine qui a fianco. L'immagine è contenuta in un file che che «pesa» 900 kB.

In quanti pacchetti di dati verrà suddivisa l'immagine durante la trasmissione?

....

....

....

....

5.3 Le pagine web e il browser

Il **World Wide Web** (o **WWW**, o semplicemente **web**) è il più diffuso servizio di Internet. È formato da contenuti multimediali organizzati in **pagine web**, a cui si accede mediante il protocollo di trasmissione **HTTP** (*HyperText Transfer Protocol*).

Questo sistema di gestione delle informazioni in rete è stato creato nel 1990 dal gruppo di Tim Berners-Lee ai laboratori del CERN di Ginevra. All'inizio fu progettato per consentire ai ricercatori sparsi in tutto il mondo di accedere a dati scientifici. Rapidamente però ha trovato applicazioni ben più vaste, e oggi esistono milioni e milioni di **siti web** dedicati a qualsiasi argomento.

! Il **World Wide Web**, il più diffuso servizio di Internet, si basa sul protocollo HTTP.

Gli ipertesti e la navigazione nel web

Il computer permette di effettuare collegamenti tra le informazioni, per esempio tra i diversi documenti che contiene o che sono presenti nella rete a cui è collegato.

Questa caratteristica ha reso possibile un nuovo modo di organizzare le informazioni, basato sullo strumento di comunicazione chiamato **ipertesto**.

Quando leggiamo un testo, di solito procediamo in modo sequenziale, una riga dopo l'altra, una pagina dopo l'altra. Un ipertesto invece mette a disposizione molti diversi percorsi di consultazione, tra i quali possiamo scegliere quello che preferiamo.

L'ingrediente fondamentale della struttura ipertestuale è il **collegamento** o ***link*** tra diverse unità di contenuto. Così da una pagina web possono partire molti collegamenti ad altre pagine, come in una ragnatela (che non a caso in inglese si chiama *web*).

Dal punto di vista informatico, le pagine web sono basate su un particolare linguaggio di formattazione degli ipertesti, **HTML** (*HyperText Markup Language*).

Per visualizzare le pagine web sul computer si usa il **browser**, un'applicazione capace di interpretare il linguaggio HTML.

! Le **pagine web** sono ipertesti formulati con il linguaggio **HTML**, che si visualizzano usando un **browser**.

I collegamenti di solito sono rappresentati da **parole attive** (***hyperlink*** in inglese), evidenziate con una sottolineatura o un particolare colore. Quando si passa con il mouse su una parola attiva, il puntatore cambia aspetto e assume la forma di una manina che «invita» a fare clic per attivare il link.

La pagina di Wikipedia dedicata a un personaggio famoso (**figura 5.9**), per esempio, conterrà link che indirizzano alle voci relative ai luoghi o ai personaggi citati nella biografia. L'indice stesso della pagina di Wikipedia è ipertestuale: ciascuna voce dell'indice, infatti, se cliccata porta a quella specifica sezione del documento.

Figura 5.9 Ogni voce dell'enciclopedia online Wikipedia è un ipertesto.

Oltre ai testi, anche le immagini e le icone possono essere link: per esempio, il clic su un'immagine può ingrandirla sullo schermo, o far apparire una didascalia esplicativa, o ancora far passare a una diversa pagina web.

«Navigare» in un ipertesto significa muoversi al suo interno usando i link, così da esplorarne diverse parti seguendo molti possibili percorsi di lettura.

Poiché il World Wide Web è strutturato come un gigantesco ipertesto, quando si consultano pagine con un browser si dice che si sta *navigando nel web*.

L'indirizzo e la struttura dei siti web

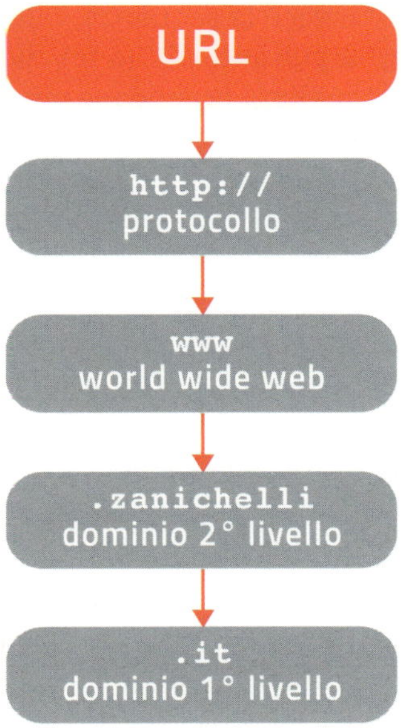

Ogni sito web è identificato in modo univoco da un **indirizzo** o **URL** (*uniform resource locator*). Per consultare un sito, si digita nel browser il suo indirizzo.

Il sito dell'editore di questo libro per esempio è **http://www.zanichelli.it**, e questo indirizzo ha una struttura ben precisa:

- i caratteri **http://** indicano il protocollo per il trasferimento dei dati in rete (i browser aggiungono automaticamente questi caratteri, perciò non è necessario digitarli);
- i caratteri **www** dicono che si tratta di un sito che fa parte del World Wide Web;
- il nome che segue (nel nostro esempio **.zanichelli**) rappresenta il **dominio di secondo livello**, cioè l'organizzazione a cui il sito appartiene;
- infine gli ultimi caratteri rappresentano il **dominio di primo livello**, che spesso indica la nazione a cui il sito appartiene (**.it** nel caso dell'Italia) oppure il tipo di organizzazione (per esempio, **.com** per le aziende o **.org** per gli enti senza fini di lucro).

In genere un sito web ha una pagina principale, o ***home page***, da cui si accede alle altre pagine mediante collegamenti ipertestuali. Ogni pagina ha un proprio indirizzo e può quindi essere raggiunta anche direttamente.

Come avviene per le cartelle nel computer, un sito web può contenere al proprio interno molti sotto-siti; in tal caso nell'URL appare come separatore la barra /.

Nel sito di Zanichelli per esempio la sezione dedicata alla scuola si trova all'indirizzo **http://www.zanichelli.it/scuola** e ha una sottosezione dedicata ai Bisogni Educativi Speciali all'URL **http://www.zanichelli.it/scuola/bisogni-educativi-speciali/**.

Un servizio importante di Internet è il «sistema dei nomi di dominio» **DNS** (*domain name system*), un database che associa a ogni sito web l'**indirizzo IP** del server che lo ospita, in modo simile a quanto avviene in una rubrica telefonica.

Al sito **www.zanichelli.it**, per esempio, corrisponde l'indirizzo IP **54.171.50.195**; questo è l'IP usato da tutti i computer che vogliono comunicare con il sito Zanichelli.

L'interfaccia del browser

Per consultare le pagine web si usa il **browser**, un'applicazione che offre gli **strumenti di navigazione** necessari per muoversi all'interno del World Wide Web.

Esistono tanti browser diversi; i più diffusi sono **Chrome** di Google, **Safari** di Apple, l'open source **Firefox** della Mozilla ed **Edge** di Microsoft.

Tutti questi programmi hanno un'interfaccia simile (**figura 5.10**), che comprende – con alcune variazioni grafiche e di posizionamento – gli stessi **pulsanti di navigazione**:

- con il pulsante ← (o facendo clic con il tasto destro del mouse sulla pagina e selezionando la voce **Indietro**) si ripercorre a ritroso, passo per passo, la sequenza delle pagine web visitate;

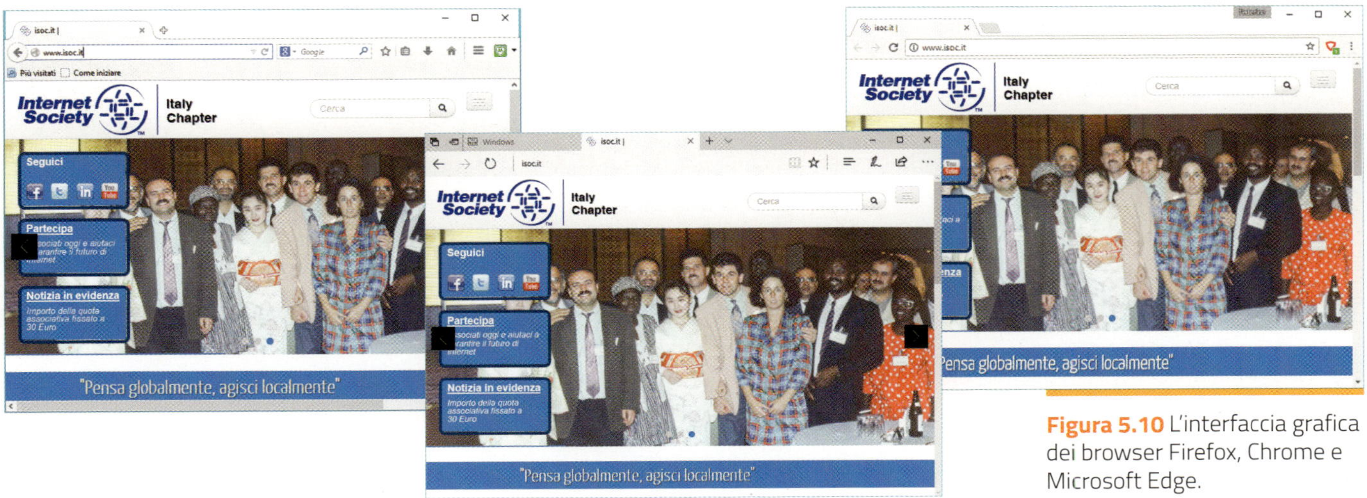

Figura 5.10 L'interfaccia grafica dei browser Firefox, Chrome e Microsoft Edge.

- con il pulsante → (o facendo clic con il tasto destro e selezionando **Avanti**) si rivede invece la sequenza delle pagine nell'ordine in cui sono state visitate;
- il pulsante (o un clic con il tasto destro, selezionando poi **Ricarica/Aggiorna**) visualizza la versione più recente della pagina che si sta consultando; durante il caricamento di una pagina il pulsante assume l'aspetto ✕, e al clic annulla il caricamento;
- il pulsante ☆ permette di memorizzare l'indirizzo del sito che si sta visitando, così in futuro lo si potrà riaprire, scegliendolo dalla barra o dal menu dei **Preferiti**;
- il pulsante o ⋮ dà accesso alle **Impostazioni** del browser; da qui in particolare si può accedere alla **Cronologia**, che contiene l'elenco di tutte le pagine visitate di recente; per tornare a una qualsiasi di esse, basta fare clic sulla corrispondente voce dell'elenco.

Con i browser è possibile consultare simultaneamente più pagine web, cioè mantenere aperte quelle appena visitate quando si passa a una nuova pagina. Si può infatti aprire ciascuna pagina in una **scheda** (in inglese *tab*) e si può passare da una scheda all'altra facendo clic sulla relativa linguetta in alto, come esemplificato nella **figura 5.11**.

Figura 5.11 Passare da una pagina web a un'altra aperta in una scheda diversa.

Per aprire una nuova scheda vuota in cui visualizzare una nuova pagina, si fa clic sul pulsante ✚ che appare a destra delle linguette.

Quando si fa clic su un link in una pagina web, a volte la nuova pagina *sostituisce* la precedente, aprendosi nella stessa scheda. In tal caso, se si vuole invece tenere aperta la pagina di partenza, bisogna fare clic sul link con il tasto *destro* del mouse e poi scegliere l'opzione **Apri in un'altra scheda**.

Per chiudere una scheda si fa clic sul pulsante a forma di **X** che si trova nella sua linguetta. Come in ogni finestra di programma, invece, il pulsante ✕ in alto a destra nel browser chiude l'intera applicazione.

IN SINTESI

- Il **World Wide Web** è un servizio di Internet formato da documenti ipertestuali, le **pagine web**, basati sul linguaggio di formattazione **HTML** e a cui si accede mediante il protocollo **HTTP**.
- Per **navigare nel web** si sfrutta la sua struttura ipertestuale; in particolare si usano i **collegamenti** o **link** tra contenuti, che si attivano facendo clic su **parole o immagini attive**.
- Ogni sito web è identificato da un **indirizzo** o **URL** che inizia con i caratteri **http://** e termina con il **dominio di primo livello** (come **.it** o **.org**).
- Le pagine web si consultano usando le **schede del browser**, un'applicazione caratterizzata da **strumenti di navigazione** come i pulsanti **Indietro**, **Avanti**, **Ricarica**, il menu dei **Preferiti** e la **Cronologia** dei siti visitati.

ESERCIZI

1 Qual è nell'URL **https://it.wikipedia.org** il dominio di primo livello?

....

2 Per ritornare a un sito web visitato la settimana scorsa, che cosa si può usare nel browser?

....

5.4 Fare ricerche nel web

Il World Wide Web contiene molti miliardi di pagine, per la maggior parte in lingua inglese. Per trovare ciò che ci interessa in questo grande oceano di informazioni, si usano i siti web chiamati **motori di ricerca**.

In questi siti si digitano **parole-chiave** che descrivono l'argomento che ci interessa, poi si dà il via alla ricerca; dopo pochi attimi il motore di ricerca restituisce come risultato un elenco di siti che trattano quell'argomento.

Ma com'è possibile che il motore di ricerca passi in rassegna in una frazione di secondo i contenuti di miliardi di pagine web?

In realtà la ricerca delle pagine non avviene «in tempo reale». Ogni motore ha una serie di «agenti software» (chiamati in inglese *bot* o *crawler*) che visitano in continuazione siti web di ogni genere, indicizzando i contenuti delle pagine.

I dati così ricavati sono archiviati in un grande database, che è il «cuore» del motore. Quando impostiamo una ricerca, il motore non cerca i dati in tempo reale su Internet, ma consulta il proprio database (che contiene soltanto indici analitici dei contenuti delle pagine web, non le pagine stesse): ecco perché i risultati arrivano così in fretta.

L'affidabilità di un motore di ricerca dipende dunque da tre fattori principali:

- il **numero dei siti web visitati** e indicizzati (completezza delle informazioni);
- la **frequenza** con cui queste visite avvengono (aggiornamento delle informazioni);
- l'**algoritmo** usato per indicizzare i siti visitati, che in ultima analisi determina la rispondenza dei risultati alle richieste fatte dagli utenti (qualità delle informazioni).

I risultati della ricerca

Quando facciamo una ricerca, le pagine web trovate sono ordinate in base alla coerenza con la nostra richiesta (**figura 5.12**).

Se per esempio la parola-chiave che abbiamo specificato appare nel nome o nel titolo di un sito, in genere questo apparirà tra i primi dell'elenco trovato.

L'elenco è suddiviso in gruppi, tipicamente di 10 siti; lo si può sfogliare mediante pulsanti che di solito si trovano al fondo della pagina.

Spesso i primi siti sono etichettati come annunci pubblicitari: è segno che quelle posizioni privilegiate sono vendute dall'azienda proprietaria del motore di ricerca.

Perché una ricerca sia efficace, conviene usare più parole-chiave, scegliendole con cura: devono essere il più possibile specifiche dell'argomento che vogliamo trovare.

Se per esempio cerchiamo notizie sui motori di ricerca e usiamo come parola-chiave soltanto **motori**, troveremo milioni di pagine che parlano di veicoli a motore.

Se digitiamo invece le due parole-chiave **motori ricerca**, i risultati si restringeranno: verranno trovati soltanto siti che contengono simultaneamente le due parole, ma questi comprenderanno per esempio siti di aziende che sviluppano nuovi motori per le auto.

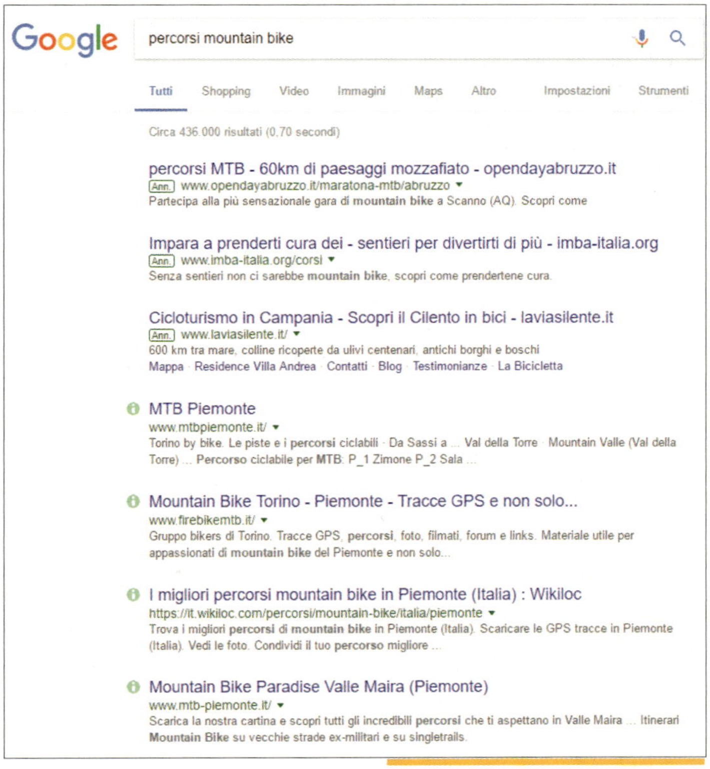

Figura 5.12 I risultati di una ricerca con Google; i primi siti dell'elenco (quelli con l'etichetta «Ann.», annuncio pubblicitario) hanno pagato per trovarsi in quella posizione.

Per affinare ancora si possono usare le virgolette: se digitiamo **"motori di ricerca"**, infatti, troveremo soltanto pagine che contengono esattamente quella espressione.

Per mirare ulteriormente le ricerche si può usare l'opzione **Ricerca avanzata**; nel caso di **Google** (www.google.it), il più celebre tra i motori di ricerca, questa opzione si apre dal menu **Impostazioni**.

Con la ricerca avanzata (**figura 5.13**), si possono cercare sequenze di parole o decidere di escludere una certa parola dalla ricerca; si può anche cercare in base a valori numerici o scegliere di limitare la ricerca ai siti in una determinata lingua, di una certa nazione o aggiornati di recente.

- L'opzione **frase esatta** equivale all'uso delle virgolette descritto sopra;
- l'opzione **tutte** applica l'operatore logico AND (si cercano soltanto le pagine che contengono *tutte* le parole digitate);
- l'opzione **una qualunque** applica l'operatore logico OR (si cercano le pagine che contengono *almeno una* tra le parole digitate);
- l'opzione **nessuna** applica l'operatore logico NOT (si cercano soltanto pagine che *non* contengono le parole digitate).

Finora abbiamo parlato di ricerche effettuate in tutto il web, ma molti siti hanno motori di ricerca propri, che cercano soltanto al loro interno, per consentire ai visitatori di trovare le informazioni di cui hanno bisogno. In particolare questo accade nei «negozi online» che vendono prodotti con l'*e-commerce*, il commercio elettronico.

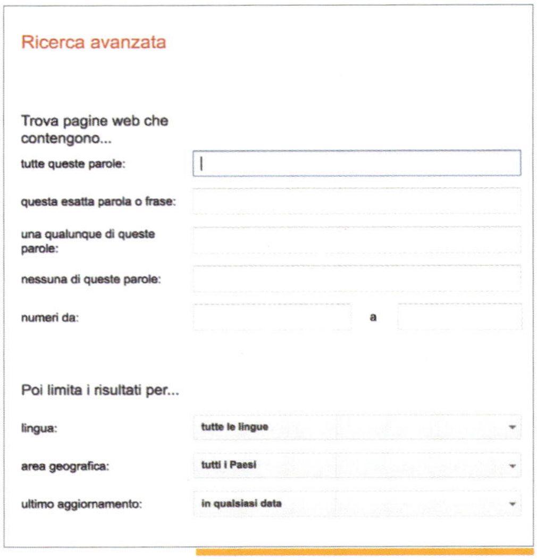

Figura 5.13 La Ricerca avanzata di Google.

Usare il web con spirito critico

Bisogna sempre tenere presente che chiunque può pubblicare informazioni su Internet.

Nell'editoria tradizionale il contenuto di giornali, riviste e libri passa attraverso il filtro di redattori professionisti. In generale invece sul web questo non accade: perciò ogni contenuto che si trova online va valutato criticamente.

Esistono tanti tipi diversi di siti: di informazione, basati su notizie di interesse generale (come l'attualità o il meteo) o specifico (come i blog, che riportano opinioni di singoli autori); di intrattenimento, che offrono occasioni di svago e gioco; e di vendita, dove si ha la possibilità di fare acquisti online.

Come si può stabilire allora la credibilità di un sito web?

Per i siti di informazione, dev'essere chiaro quando il contenuto è stato creato e devono esserci frequenti aggiornamenti; le fonti citate devono essere linkate in modo esplicito, per consentire al lettore di controllarle, e devono esserci informazioni sugli autori o redattori, con una sezione come «Chi siamo».

Le informazioni inoltre devono essere adeguate al tipo di pubblico a cui il sito si rivolge: un sito per bambini, per esempio, deve contenere molte immagini e pochi testi.

Nei siti di e-commerce è importante controllare che le transazioni siano sicure: l'indirizzo deve iniziare con **https://** e mostrare il simbolo del lucchetto chiuso (**figura 5.14**).

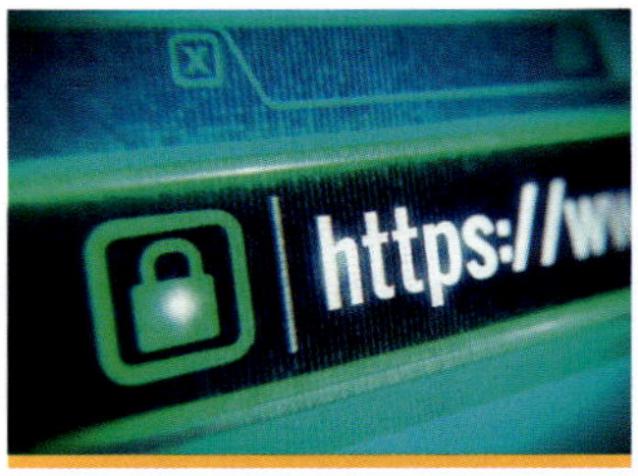

Figura 5.14 Gli URL dei siti sicuri iniziano con *https*.

IN SINTESI

- Nel web le informazioni si trovano usando i **motori di ricerca**, basati su una continua **indicizzazione** dei siti web, che producono elenchi di pagine corrispondenti alle **parole-chiave** digitate dall'utente.
- L'uso di **parole-chiave multiple** e la ricerca per frasi esatte, mediante l'uso delle **virgolette**, permettono di ottenere risultati più mirati.
- È importante usare sempre il web con spirito critico, cercando di accertare la credibilità dei siti che si consultano e fidandosi, per le transazioni economiche, soltanto dei **siti sicuri** (**https://**).

ESERCIZI

1 Il primo sito trovato da un motore di ricerca è sempre il più rilevante? Motiva la tua risposta.

....

....

2 Che cosa conviene digitare nella casella di un motore di ricerca per trovare le pagine web che citano l'inizio della *Divina Commedia* di Dante?

....

5.5 La posta elettronica

La **posta elettronica**, o **e-mail**, è disponibile come servizio globale di Internet dal 1990. Da allora ha rivoluzionato la comunicazione interpersonale, diventando uno dei sistemi più usati per lo scambio di informazioni e soppiantando in moltissimi casi la posta tradizionale cartacea.

Nel frattempo sono stati creati molti altri sistemi per scambiare messaggi via Internet, ma l'e-mail rimane il metodo di comunicazione standard nel mondo del lavoro. È infatti il sistema più efficace per inviare messaggi tra personal computer, scegliendo di volta in volta i destinatari e trasferendo come **file allegati** documenti digitali di ogni genere.

L'invio dei messaggi si basa sul protocollo **SMTP** (*Simple Mail Transfer Protocol*), mentre per scaricare messaggi dalla casella di posta si usa il protocollo **IMAP** oppure il **POP3**.

Ogni casella di posta elettronica è identificata da un indirizzo che (in modo simile agli URL) ha una precisa struttura del tipo **nomeutente@dominio2.dominio1**:

- **nomeutente** è il nome convenzionale scelto dall'utente;
- il simbolo **@** (*at*, «presso») dice a qualsiasi dispositivo collegato a Internet che la sequenza di caratteri è un indirizzo e-mail;
- **dominio2** è il dominio di secondo livello, di solito il nome della società o dell'istituzione che fornisce il servizio di posta elettronica;
- infine **dominio1** è il dominio di primo livello, che come abbiamo già visto può denotare, per esempio, il tipo di organizzazione oppure la nazione.

Un indirizzo e-mail non deve contenere spazi bianchi; non vi è invece alcuna distinzione fra i caratteri minuscoli e maiuscoli: Maria.Rossi@Email.It è del tutto equivalente a maria.rossi@email.it.

I sistemi webmail

Un tempo per poter usare l'e-mail bisognava installare sul proprio computer un apposito programma, detto ***client* della posta**, e stipulare un contratto con un fornitore del servizio, che era a pagamento.

Oggi invece sono sempre più diffusi i sistemi ***webmail***, servizi di cloud computing gratuiti. Si accede alla propria casella di posta elettronica via Internet, usando il browser; i messaggi si scrivono mentre si è online e non vengono memorizzati sul nostro computer, bensì sul server del fornitore del servizio.

Come esempio faremo riferimento a **Gmail**, la webmail di Google. Attualmente Gmail è il sistema di posta elettronica più usato nel mondo ed è gratuito (l'azienda si ripaga ospitando messaggi pubblicitari).

Aprire una nuova casella di posta è molto semplice: si va su **www.google.it** e si fa clic in alto a destra su **Gmail**. Una rapida procedura di registrazione (**figura 5.15**) permette di creare un *account Google*, cioè un accesso personale che varrà poi per tutti i servizi di Google.

Una volta inseriti nome e cognome, si sceglie l'indirizzo di posta elettronica desiderato (basta specificare la parte iniziale, il dominio **@gmail.com** sarà aggiunto automaticamente).

Se l'indirizzo scelto è già stato adottato da un altro utente, il programma chiederà di scegliere un indirizzo differente.

È importante scegliere con molta cura la **password** che permetterà di autenticare l'accesso: deve essere facile da ricordare per noi, ma difficile da indovinare per gli altri. Al momento della conferma, il programma dirà se la password scelta è sicura.

Figura 5.15 Il modulo per la creazione di un account Google.

Scrivere messaggi e allegare file

L'interfaccia dei programmi di posta elettronica è molto simile in tutte le applicazioni.

In Gmail per scrivere un nuovo messaggio si fa clic a sinistra sul pulsante **Scrivi messaggio**: appare allora un riquadro con un nuovo messaggio vuoto (**figura 5.16**).

Il cursore si posiziona automaticamente nella casella **A:**, dove va scritto l'indirizzo e-mail dei **destinatari** (si possono scrivere più indirizzi, separandoli con una virgola).

Al clic su **Cc** apparirà una casella in cui si possono digitare gli indirizzi e-mail di persone a cui inviare il messaggio in **copia per conoscenza** (per esempio, amici o colleghi che è utile siano al corrente del messaggio).

Al clic su **Ccn:** appare una casella in cui si possono inserire indirizzi di persone che riceveranno il messaggio come **copia nascosta**, cioè senza che il loro indirizzo sia visibile agli altri destinatari. Se si vuole che alcune persone vedano il messaggio, ma senza che ciò diventi di dominio pubblico, questo è il modo per informarle con discrezione.

Gmail ricorda gli indirizzi e-mail a cui si è scritto in passato: quando si inizia a digitarne uno, il programma offre la possibilità di completarlo in modo automatico, con un semplice clic su un menu di completamento.

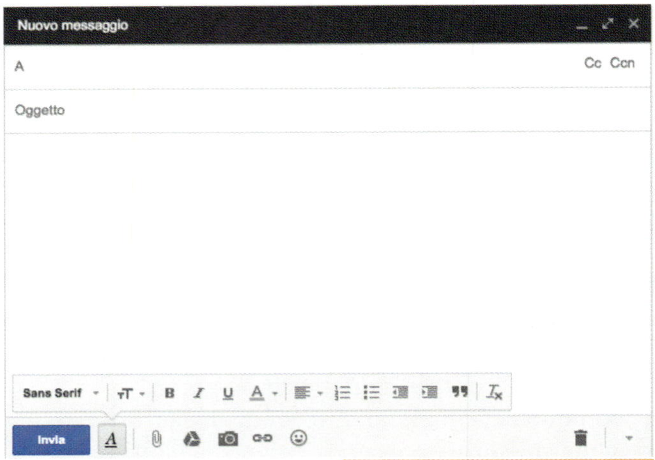

Figura 5.16 Scrivere un messaggio in Gmail.

Nella casella **Oggetto:** si deve scrivere un titolo che riassuma in modo efficace e conciso l'argomento del messaggio. Nell'area principale del riquadro si digita poi il messaggio vero e proprio.

Per **allegare un file** al messaggio si fa clic sull'icona della graffetta ; apparirà la finestra standard che consente di scegliere il file tra le risorse del computer. Per eliminare un file allegato per sbaglio, basta fare clic sul pulsante **X** al suo fianco.

Quando il messaggio è completato, si fa clic sul pulsante **Invia** per spedirlo ai destinatari. Una copia dei messaggi spediti resterà memorizzata nella **Posta inviata**.

Se si è iniziato a scrivere un messaggio ma lo si vuole completare più tardi, si può chiudere il riquadro senza inviarlo: il messaggio sarà automaticamente salvato tra le **Bozze**, da dove si potrà in seguito riaprirlo per modificarlo e spedirlo.

Rispondere ai messaggi

Per aprire un messaggio arrivato, basta fare clic su un punto qualsiasi della sua riga nell'elenco di **Posta in arrivo**.

Per chiudere un messaggio dopo averlo letto, si fa clic su **Torna a Posta in arrivo** . Se invece lo si vuole eliminare, si fa clic su **Elimina** .

Se ci sono file allegati, appariranno in fondo al messaggio. Quando si fa clic sull'icona di un allegato, il browser ne visualizzerà il contenuto. Se invece si fa clic sul pulsante **Scarica** , lo si potrà salvare su un'unità di memoria del computer.

Per rispondere al messaggio si fa clic sul pulsante **Rispondi** , oppure sul link al fondo del messaggio. La **figura 5.17** mostra anche le altre opzioni del menu che si apre al clic sulla freccetta del pulsante **Rispondi**.

Il messaggio di risposta sarà indirizzato soltanto al mittente del messaggio originario e la risposta avrà lo stesso oggetto del messaggio ricevuto, preceduto da una scritta standard come «Re:» (cioè «in riferimento a:»).

Se si vuole cambiare il testo dell'Oggetto, bisogna fare clic sul pulsante , vicino all'intestazione della risposta e poi scegliere **Modifica Oggetto**.

Figura 5.17 Le opzioni di risposta in Gmail.

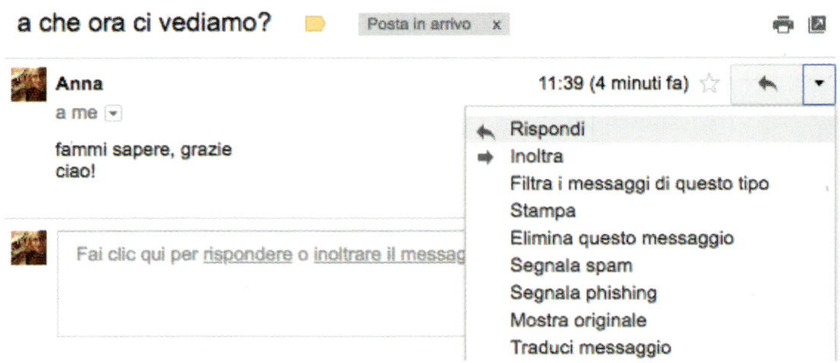

Il testo di risposta che scriveremo sarà seguito da una copia del testo del messaggio ricevuto (se questa non è visibile, la si può visualizzare con un clic sull'icona formata da tre puntini). È possibile cancellare o spostare parte del testo del messaggio ricevuto, per esempio per evidenziare la parte del messaggio a cui stiamo rispondendo.

Il messaggio di risposta non conterrà invece gli eventuali file allegati al messaggio ricevuto (sarebbe infatti inutile rispedirli a chi ce li ha mandati); è però possibile inserire nuovi file allegati, con un clic sull'icona della graffetta.

Se il messaggio in arrivo aveva più destinatari (magari in copia conoscenza, Cc) il menu del pulsante **Rispondi** e il link a fine riquadro conterranno anche la voce **Rispondi a tutti**: questa è l'opzione da scegliere se si vuole che tutti coloro che hanno ricevuto il messaggio originario restino aggiornati sull'avanzamento della conversazione.

È poi sempre presente la voce **Inoltra**, che permette di «girare» a nuovi destinatari il messaggio ricevuto: questa è l'opzione da usare se si vogliono informare terze parti, di cui bisognerà inserire gli indirizzi e-mail nella casella **A:** (e, se opportuno, **Cc:**).

Quando si inoltra un'e-mail, gli eventuali file allegati al messaggio originario restano automaticamente allegati e appariranno al fondo del messaggio inoltrato; se invece si desidera eliminarli, basta fare clic sul pulsante **X** al loro fianco.

Attenzione ai file allegati!

Il service provider può porre limiti alle dimensioni dei file che alleghiamo ai messaggi e-mail, impedendoci di spedirli se sono troppo grandi.
Inoltre il provider può impedire per cautela l'invio come allegati di certi tipi di file, come gli eseguibili di Windows, che hanno estensione **.exe**: questi file infatti sono il veicolo principale con cui i **virus** informatici si propagano su Internet.
Per la stessa ragione, non bisogna mai aprire i file allegati a messaggi ricevuti da sconosciuti o comunque sospetti (e in particolare, mai aprire gli allegati che sono file eseguibili!).
Talvolta i virus si possono nascondere anche negli allegati inviati (inconsapevolmente) da persone conosciute, oppure in file non eseguibili (per esempio, documenti di testo o fogli di calcolo che contengono *macro* infette).
C'è anche chi abusa della posta elettronica, inviando messaggi non richiesti e a volte fraudolenti. Questa pratica, detta ***spam***, inonda le caselle di posta di messaggi pubblicitari; è una pratica illegale in molti Paesi e può provocare la chiusura dell'account e-mail dello *spammer*.
Un tipo di spam particolarmente pericoloso è il ***phishing***: si riceve un messaggio che sembra provenire da un mittente noto, per esempio la nostra banca, e con un pretesto ci chiede di collegarsi al sito della banca. Il link però non rimanda al sito della banca, ma a una sua imitazione.
In casi come questi non bisogna assolutamente inserire i propri dati personali, come username e password, altrimenti queste informazioni andranno a finire nelle mani dei malintenzionati!

La rubrica dei contatti

Per usare in modo efficace la posta elettronica è importante avere una rubrica con tutti i *contatti*, cioè gli indirizzi e-mail delle persone con cui scambiamo abitualmente messaggi.

Alla rubrica di Gmail si accede con un clic sulla voce **Contatti** del menu che si apre facendo clic sul pulsante **Gmail** in alto a sinistra. In un nuovo tab del browser apparirà l'elenco dei contatti già esistenti.

Per aggiungere un nuovo indirizzo nella rubrica si fa clic sul pulsante +. Apparirà un modulo in cui inserire dati relativi al nuovo contatto; le informazioni essenziali da memorizzare sono il **Nome**, che apparirà poi nell'elenco della rubrica in ordine alfabetico, e il relativo indirizzo **Email** (figura 5.18). Una volta inseriti questi dati, con un clic su **Salva** il contatto sarà memorizzato nella rubrica.

In qualsiasi momento si potrà poi riaprire il contatto, selezionandolo con un clic nell'elenco, e modificare i dati usando l'icona a forma di matita, oppure eliminare il contatto con un clic sull'icona del cestino.

Quando si ha l'esigenza di inviare spesso messaggi a un gruppo di amici o colleghi, è conveniente creare una **lista di distribuzione** (*mailing list* in inglese), che in Gmail si contrassegna con un'*etichetta*.

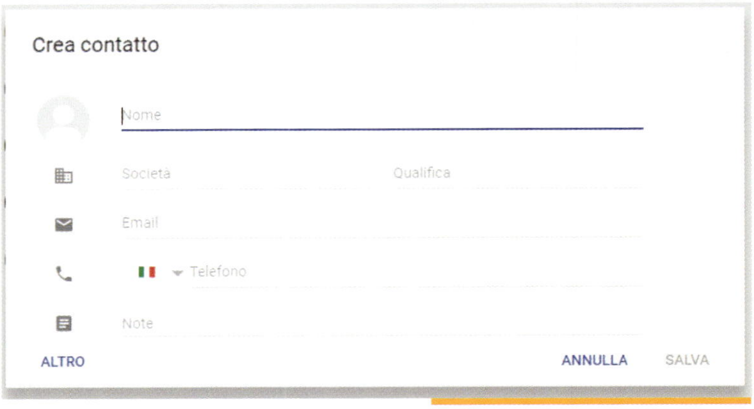

Figura 5.18 La creazione di un nuovo Contatto in Gmail.

Nella finestra dei contatti si fa clic a sinistra su **Crea etichetta**, le si assegna un nome, poi si selezionano con una spunta tutti gli indirizzi dell'elenco da includere, infine si fa clic in alto a destra sul pulsante **Gestisci etichette** e si sceglie l'etichetta a cui associarli. Uno stesso indirizzo può far parte di diverse mailing list.

Organizzare i messaggi

Gmail raggruppa automaticamente tutti i messaggi che hanno lo stesso oggetto, cioè che fanno parte di una *conversazione* (come nell'esempio della figura 5.19).

Questo è un modo molto efficace per tenere ordine nella corrispondenza, perché consente di avere una visione globale degli scambi di messaggi su un dato argomento, che sono avvenuti magari nell'arco di molti mesi.

Negli elenchi della posta appare soltanto il messaggio più recente (con l'indicazione del numero dei messaggi raggruppati nella conversazione).

Figura 5.19 Una «conversazione» in Gmail.

Quando si apre la conversazione, basta fare clic sull'intestazione di un messaggio per espanderlo e vederlo nella sua interezza, oppure per nasconderlo se è aperto.

Il pulsante **Espandi tutto** consente di espandere tutti i messaggi con un unico clic (e diventa **Comprimi tutto**, per nasconderli tutti tranne il più recente).

Nella scheda **Generali** delle **Impostazioni** si può comunque scegliere di visualizzare i messaggi individualmente, in modo tradizionale, anziché come conversazioni.

Di solito i programmi per la posta elettronica conservano i messaggi in cartelle, strutturate ad albero come le cartelle che nel computer contengono i file.

In Gmail l'equivalente della suddivisione in cartelle è l'assegnazione di **etichette** ai messaggi o alle conversazioni. Il vantaggio è che un messaggio può avere più etichette, così è più facile ritrovarlo (per esempio, a un messaggio con la ricevuta del pagamento di un viaggio si può associare sia l'etichetta **viaggi** sia l'etichetta **contabilità**).

Le etichette già esistenti sono elencate a sinistra, sotto il pulsante **Scrivi**: prima le etichette di sistema, poi quelle create dall'utente, in ordine alfabetico (se alcune sono nascoste, puoi visualizzarle con il menu del pulsante **Altro**).

Per creare una nuova etichetta, si selezionano nella **Posta in arrivo** i messaggi da catalogare, poi si fa clic sul pulsante **Etichette** (figura 5.20); dopo aver digitato il nome della nuova etichetta, si fa clic su **Crea nuova**.

I messaggi selezionati saranno automaticamente associati alla nuova etichetta, e il nome dell'etichetta apparirà all'inizio del loro oggetto, nell'elenco di **Posta in arrivo**.

Per applicare una o più etichette a un messaggio, lo si seleziona spuntando la sua casella, si apre il menu **Etichette** e si fa clic sui nomi delle etichette desiderate.

Per togliere un'etichetta a un messaggio si apre quell'etichetta, si seleziona il messaggio e si fa clic in alto su **Rimuovi etichetta**.

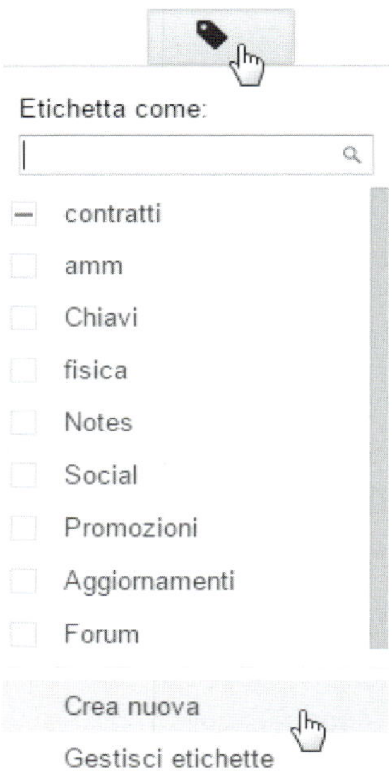

Figura 5.20 Creare una nuova etichetta in Gmail.

Per associare un messaggio esclusivamente a un'etichetta, facendolo scomparire dalla **Posta in arrivo**, si seleziona il messaggio e poi si sceglie il nome dell'etichetta dal menu a discesa del pulsante **Sposta in**.

IN SINTESI

- La **posta elettronica** o **e-mail** permette di inviare messaggi via Internet scegliendo di volta in volta i destinatari e trasferendo documenti digitali come **file allegati**.
- Gli **indirizzi** associati alle caselle e-mail hanno una struttura del tipo **nomeutente@dominio2.dominio1**.
- Per usare l'e-mail si può installare sul proprio pc un client **della posta** oppure accedere via Internet, usando il browser, a un sistema **webmail**.
- I **messaggi e-mail** si possono inviare anche a destinatari in **copia per conoscenza** e in **copia nascosta**; è bene specificare sempre in modo chiaro e conciso l'**Oggetto**.
- Quando si riceve un messaggio e-mail si può **rispondere al solo mittente o a tutti i destinatari** originali, oppure si può **inoltrare** il messaggio ad altri destinatari.
- Gli indirizzi e-mail delle persone con cui si corrisponde sono conservati nella **rubrica dei contatti**; i messaggi ricevuti si possono organizzare in un **archivio di cartelle** (o di **etichette** in Gmail).

La *netiquette*

Internet si usa di solito per comunicazioni *rapide*. Quando si usa la posta elettronica, perciò, è bene scrivere messaggi concisi, fare attenzione alla grammatica e all'ortografia ed evitare di allegare file di dimensioni troppo grandi, che impongono ai destinatari un lungo scaricamento.
Inoltre bisogna sempre scrivere con cura e concisione l'Oggetto: i messaggi privi di Oggetto costringono i destinatari ad aprirli per capire l'argomento e sono scomodi da archiviare.
Queste regole di comportamento fanno parte della *netiquette* (da *net*, «rete», ed *etiquette*, «buona educazione»), un insieme di norme non scritte a cui attenersi quando si comunica in Rete, per evitare di infastidire gli interlocutori.
Un'altra violazione della netiquette è la scrittura di testi in carattere TUTTO MAIUSCOLO, che in rete equivalgono al gridare durante una conversazione (**figura 5.21**).
Naturalmente bisogna sempre evitare di diffondere materiale inappropriato, come testi o immagini volgari o imbarazzanti, e anche di rivelare dettagli personali nostri o di altre persone, a meno che non sia strettamente necessario per lo scopo della comunicazione.

Figura 5.21 Scrivere in maiuscolo in una chat equivale a gridare durante una conversazione.

ESERCIZI

1 Se si digita un indirizzo e-mail scrivendolo tutto in lettere maiuscole, che cosa succede al momento dell'invio del messaggio?

....

....

2 Se si riceve un messaggio con file allegati, che cosa occorre fare per evitare che il messaggio di risposta contenga quegli stessi allegati ?

....

....

5.6 Le comunità online e le reti sociali

Le possibilità di comunicazione offerte da Internet hanno favorito la nascita di **comunità virtuali** formate da persone che hanno interessi in comune e grazie alla Rete possono mantenersi in contatto, superando ostacoli come la distanza geografica.

Centinaia di milioni di persone oggi usano le **reti sociali** o ***social network***, come *Facebook*, *Instagram*, *Whatsapp*, *Snapchat* o *Twitter*, che permettono di mantenersi in contatto continuo con gli amici e anche di interagire con persone di tutto il mondo prima sconosciute, con le quali condividere online opinioni, esperienze, hobby e amicizie.

Su **Facebook** ogni utente ha un proprio *profilo* su cui può condividere testi, immagini e video con tutti gli utenti, o soltanto con quelli ai quali ha «dato l'amicizia». Ma ci sono anche pagine che enti, associazioni o aziende usano per attività di pubbliche relazioni, come diffondere notizie o annunciare avvenimenti.

Instagram è nato come sistema per scattare fotografie, modificarle applicando filtri e condividerle in rete (**figura 5.22**); si possono anche caricare brevi video e trasmettere in streaming eventi ripresi in diretta.

Figura 5.22 Instagram è tra le reti sociali più popolari.

Snapchat si caratterizza per il fatto che i contenuti caricati in rete sono visualizzabili soltanto per 24 ore.

Con **Twitter** gli utenti pubblicano messaggi testuali limitati a un massimo di 280 caratteri, con la possibilità di aggiungere link, immagini o video; i messaggi sono visibili all'intera comunità degli utenti. Twitter ha reso celebre l'aggregatore tematico chiamato *hashtag* (da *hash*, il simbolo «cancelletto» #, e *tag*, etichetta), cioè una sequenza di caratteri del tipo #testosenzaspazi; ognuno può inserire hashtag nei propri messaggi, e cercando uno specifico hashtag si può vedere l'elenco di tutti i messaggi in cui è stato usato.

Esistono poi numerosi altri strumenti utilizzati dalle comunità online:

- i *forum* sono luoghi virtuali dove gli iscritti possono discutere di temi di loro interesse; un utente può aprire una discussione su un argomento o leggere la discussione aperta da un altro utente e lasciarvi un messaggio; la comunicazione non è istantanea, ma ognuno in qualsiasi momento può leggere gli interventi altrui e rispondere;
- le *chat* consentono invece una comunicazione in tempo reale: chi vi partecipa può comunicare con gli altri utenti connessi in quel momento, di solito suddivisi in «stanze»; diversamente dai forum, le chat spesso non richiedono all'utente un'iscrizione;
- i sistemi di **messaggistica multimediale** consentono a gruppi di persone di scambiarsi non soltanto testi ma anche immagini, video o messaggi audio; il più diffuso tra questi sistemi oggi è **WhatsApp**, progettato per i dispositivi mobili;
- la ***mailing list*** o **lista di distribuzione** è un sistema di comunicazione uno-a-molti basato sull'e-mail e di tipo asincrono, cioè non in tempo reale; il gestore della discussione, quando riceve un messaggio da un utente, lo inoltra a una lista di destinatari interessati a quello specifico argomento;
- infine i **giochi in rete** – di tipo tradizionale, come gli scacchi, oppure videogiochi concepiti espressamente per l'uso via Internet – sono diventati il fulcro di grandi comunità virtuali grazie alla possibilità di giocare online, sfidando in tempo reale altri appassionati di ogni parte del mondo.

Pubblicare e condividere materiali su Internet

Come abbiamo visto, le reti sociali forniscono «bacheche virtuali» in cui si possono pubblicare testi, foto e filmati.

Altri strumenti molto diffusi per caricare in Rete e condividere materiali multimediali sono i *blog*, il *podcast* e i sistemi di *video sharing* (condivisione di filmati):

- i **blog** (da *weblog*, «diario sul web») sono siti web che si possono creare e gestire facilmente anche senza conoscere il linguaggio HTML; il blog tipico contiene tanti *post* – unità di contenuto formate da un testo con immagini, link e file multimediali – pubblicati periodicamente dal proprietario; alla fine di ogni post si possono raccogliere i commenti di chi l'ha letto e vuole aggiungere qualche osservazione;

- il **podcast** permette di caricare in Rete file audio e video che altri utenti potranno scaricare sui propri dispositivi, fruendone poi quando lo desiderano; questo è il sistema usato di solito per la versione online delle trasmissioni radiofoniche e televisive;
- i sistemi di **video sharing**, come *YouTube* o *Vimeo*, permettono di caricare filmati che possono essere visti da chiunque si colleghi al sito che li ospita; i filmati sono visibili in streaming video: non occorre scaricarli sul proprio computer, che li riproduce invece in tempo reale mentre si è connessi alla Rete.

Un discorso a parte meritano i **wiki**, sistemi informatici grazie a cui gli utenti possono raccogliere e aggiornare informazioni in modo cooperativo. Di solito si tratta di collaborazioni su temi di interesse pubblico, senza fini di lucro: una forma di «volontariato digitale».

Il caso più celebre è quello di *Wikipedia*, ma esistono molti altri esempi. *Gulliver.it*, per esempio, è un wiki che cataloga migliaia di gite ed escursioni di ogni tipo in Italia, descritte e recensite dagli escursionisti stessi.

Per sperimentare il funzionamento di un wiki, la «palestra» migliore è Wikipedia: sulla destra della home page **http://it.wikipedia.org**, nella sezione **Cosa posso fare?**, basta scegliere **Modifica la pagina di prova** per verificare in pochi minuti come si procede per aggiornare una voce dell'enciclopedia online (figura 5.23).

La sequenza è semplice: si fa clic su **Modifica sorgente**, si interviene sul testo, si fa clic su **Anteprima** per verificare che il risultato sia quello voluto e infine si fa clic su **Salva la pagina**.

In questo stesso modo si possono modificare, oltre alla pagina di prova, anche le effettive voci dell'enciclopedia. In tal caso però le modifiche apportate sono soggette al controllo degli altri utenti attivi, o *contributors*, che potranno approvarle oppure eliminarle.

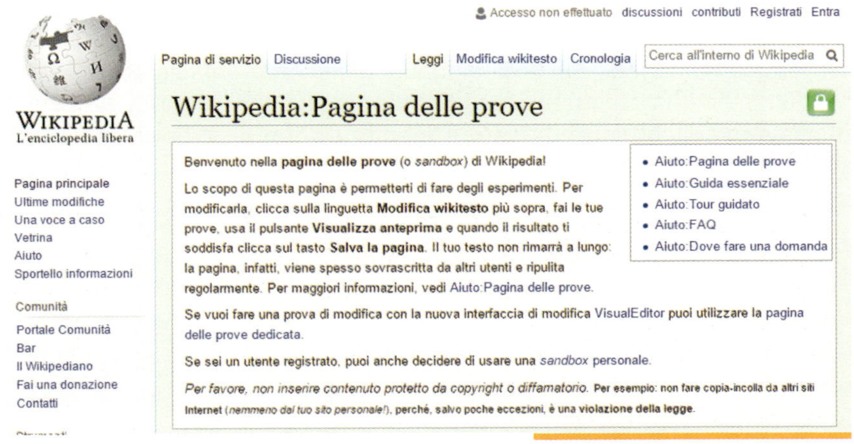

Figura 5.23 La «Pagina delle prove» di Wikipedia.

Proteggere la propria privacy

Le grandi opportunità messe a disposizione da Internet ci permettono di comunicare con tantissime persone. Al tempo stesso, però, ci espongono al rischio di entrare in contatto con persone sconosciute o potenzialmente malintenzionate.

È bene perciò **non diffondere mai pubblicamente i nostri dati personali**; quando è necessario inserire un proprio profilo personale, si deve fare in modo che il suo contenuto non sia consultabile da tutti, ma soltanto dalle persone da noi esplicitamente autorizzate.

Lo stesso vale per i materiali, come testi, foto e video di carattere personale, che «postiamo» sulla rete: chiunque vi abbia accesso può diffonderli o farne usi indesiderati, perciò è bene che siano accessibili soltanto a una cerchia di persone fidate.

Quando ci si iscrive a una rete sociale è bene proteggere sempre la privacy del proprio account, usando le impostazioni che sono disponibili in tutti i social network.

Se si viene contattati online da utenti che ci paiono inaffidabili, conviene bloccare il loro accesso alle nostre aree personali. E al minimo indizio di attività sospette – messaggi fraudolenti, aggressività o «cyberbullismo» – bisogna denunciare quegli utenti segnalandoli ai gestori del servizio.

Infine va ricordato che la *geolocalizzazione* permette di ricostruire la nostra posizione geografica, sulla base di informazioni trasmesse dai dispositivi con cui ci colleghiamo a Internet. Se non vogliamo che persone sconosciute possano sapere in ogni momento dove ci troviamo, è bene disattivare quelle informazioni.

! Sui social network, e in generale in Rete, bisogna fare attenzione a **non rendere pubblici i propri dati personali**.

Come fanno le reti sociali a mantenersi?

La partecipazione alle reti sociali è gratuita, ma le reti sociali sono gestite da aziende che di certo non lavorano gratuitamente: come fanno a guadagnare?

La risposta è duplice: nelle pagine appaiono *banner* pubblicitari, pagati da aziende che vogliono promuovere i propri prodotti; inoltre i gestori dei social network possono vendere alle aziende informazioni preziose ottenute con la «profilazione» degli utenti.

Chi gestisce una grande rete sociale infatti ha un capitale unico, costituito dall'intenso traffico di dati relativi a molti milioni di persone: ogni nostro clic è registrato e algoritmi sofisticati analizzano automaticamente non soltanto ciò che scriviamo, ma perfino il contenuto delle immagini che pubblichiamo.

Profilare, cioè elaborare i dati relativi agli utenti così da suddividerli in gruppi omogenei per gusti, interessi e comportamenti, è una potente tecnica di marketing.

Immagina per esempio di essere un'azienda che vende prodotti per la cura degli animali domestici. Se fai pubblicità sui giornali o in televisione, il (costoso) messaggio sarà visto da moltissime persone che non saranno mai tuoi clienti, perché non hanno cani o gatti.

Se invece, grazie alla profilazione, sai come raggiungere le persone che in Rete discutono spesso di animali domestici, potrai inviare loro messaggi pubblicitari mirati e molto più efficaci.

In questo panorama di usi commerciali della Rete, un'eccezione notevole è rappresentata da Wikipedia, che non fa pubblicità e non profila gli utenti.

Wikipedia infatti è un'impresa globale senza fini di lucro: si basa sul volontariato di migliaia di collaboratori di tutto il mondo e copre le proprie spese con le donazioni spontanee degli utenti.

IN SINTESI

- **Internet** ha reso possibile la nascita di **comunità virtuali** formate da persone di ogni parte del mondo che hanno interessi in comune: gli strumenti più diffusi sono le **reti sociali** o **social network**, i **forum**, le **chat**, la **messaggistica multimediale**, le **mailing list** e i **videogiochi in rete**.
- Per **pubblicare e condividere materiali** sulla Rete esistono inoltre i **blog**, i **podcast**, i sistemi di **video sharing** e i **wiki**.
- Internet permette di comunicare con tantissime persone, anche sconosciute, e ciò espone a **rischi di violazione della privacy**. In particolare **non bisogna diffondere mai pubblicamente i propri dati personali**.
- Il **modello di business delle reti sociali** si basa sulla vendita di **spazi pubblicitari** e sulla **profilazione degli utenti**, che permette di vendere alle aziende informazioni utili per le loro attività di marketing.

ESERCIZI

1 Per quale ragione l'avvento di Internet ha rivoluzionato il mondo dei videogiochi?

....

....

2 Se vuoi riascoltare una trasmissione che hai sentito alla radio, quale parola-chiave ti conviene usare per cercare la registrazione su Internet?

....

3 Come si ottiene l'autorizzazione per modificare i contenuti di un wiki come Wikipedia?

....

4 Se in una chat una persona che non conosci di persona ti chiede il tuo indirizzo di casa, che cosa devi fare?

....

....

ATTIVITÀ GUIDATA L'uso delle parole-chiave

Completa il testo

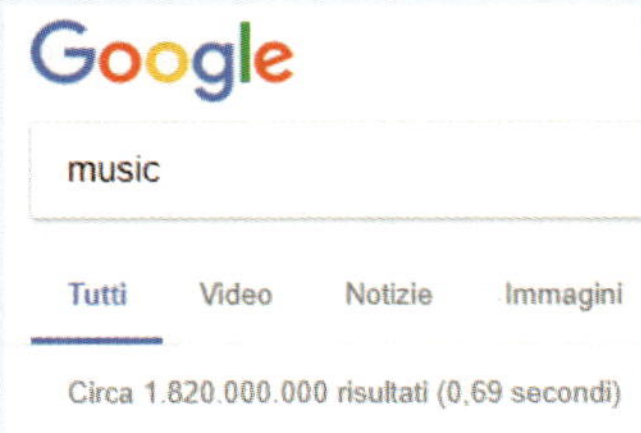

- Se nel sito di un .... di ricerca digitiamo **music** e poi avviamo la ricerca, il motore troverà miliardi di pagine web, perché la parola-.................................. che abbiamo usato è molto generica e in tutto il mondo un numero enorme di siti web parla di (o almeno menziona la) ....
- Se ripetiamo la ricerca digitando **musica**, troveremo ancora moltissime .... web ma il loro numero sarà una frazione del precedente: infatti la parola-chiave usata ora fa sì che vengano esclusi i siti in lingua ...., che su Internet sono la grande maggioranza del totale.
- Se poi digitiamo **musica sport**, il numero delle pagine trovate sarà molto .... di prima. Il motore infatti interpreta la richiesta cercando tutte le pagine che parlano sia di ...., sia di ....
- Se digitiamo **musica sport cibo**, il .... delle pagine trovate si ridurrà ancora, perché non sono molti i siti web che parlano di tutti e .... gli argomenti.
- Infine, se nella casella di ricerca digitiamo **"musica sport cibo"**, il motore troverà pochissime pagine: sono quelle che contengono l'esatta sequenza di caratteri del testo che abbiamo scritto tra .... (con l'eventuale aggiunta di .... di punteggiatura come le virgole).
- Se si volessero cercare le pagine che contengono l'espressione «musica e sport» e che inoltre menzionano il cibo, nella casella di ricerca bisognerebbe digitare il testo ....
- Se invece si volessero cercare le pagine che contengono l'espressione «musica e sport» ma che *non* menzionano il cibo, bisognerebbe fare ricorso agli strumenti della **Ricerca** ...., a cui si accede attraverso il menu ....

Ora prova tu

1. Fai una ricerca su Google usando come parola-chiave **verdi**.
2. Riporta nella seconda colonna della tabella il numero delle pagine web che il motore di ricerca ha trovato.
3. Fai una nuova ricerca digitando nel campo di ricerca **giuseppe verdi**. Riporta la parola-chiave e il numero dei risultati nella seconda riga della tabella.
4. Fai una nuova ricerca digitando nel campo di ricerca **"giuseppe verdi"**. Riporta la parola-chiave e il numero dei risultati nella terza riga della tabella.
5. Quali parole-chiave dovresti usare, se come risultato della ricerca volessi trovare esclusivamente pagine web che parlano del compositore Giuseppe Verdi? Riportale, insieme al numero delle pagine trovate, nella quarta riga della tabella.
6. Ripeti l'ultima ricerca, ma questa volta per immagini, e scrivi sotto la tabella l'URL del sito in cui si trova la prima delle immagini trovate, il nome dell'immagine e le sue dimensioni in pixel.

verdi	....
giuseppe verdi	....
"giuseppe verdi"	....
....	....

URL: ....

dimensioni: .... pixel

ESERCIZI DI RIEPILOGO

ZTE ONLINE

LOSAI? RIPASSA CON LO SMARTPHONE

1 Completa la mappa con le parole:
cablata ▪ e-mail ▪ HTTP ▪ locale ▪ stella ▪ TCP/IP ▪ VoIP ▪ Wi-Fi ▪ wireless

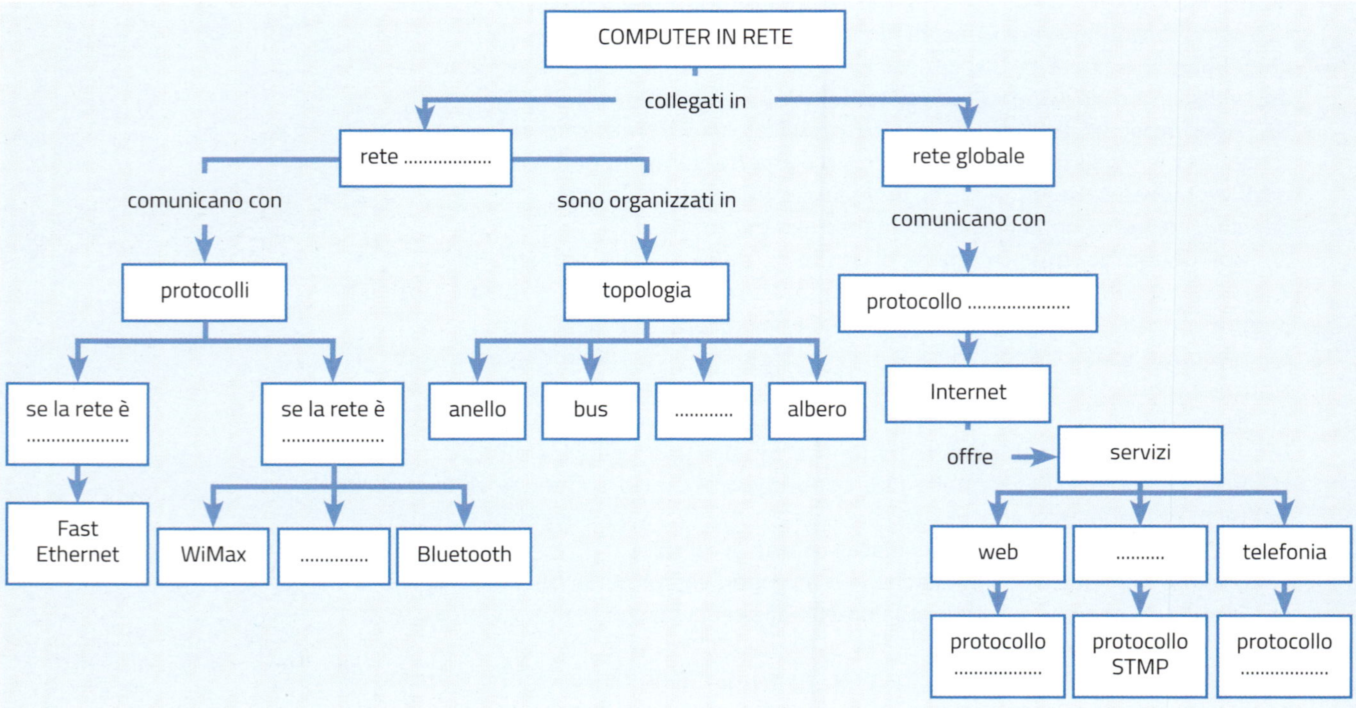

2 Qual è il mezzo di trasmissione per una rete wireless?

....

3 Quale rete usa il cavo chiamato *doppino*?

....

4 Scrivi il nome di ciascuna di queste topologie di rete locale.

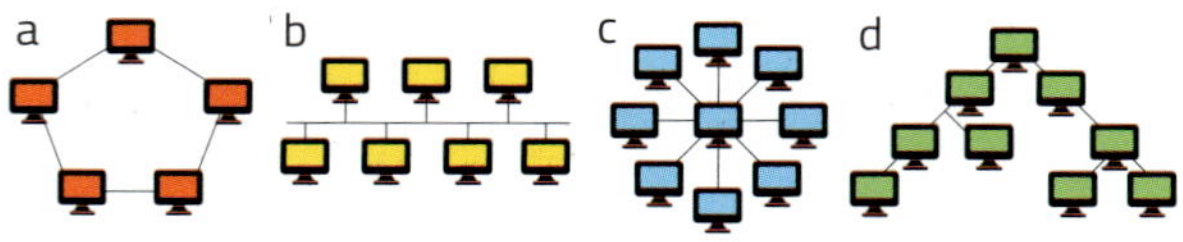

a. .... **c.** ....

b. .... **d.** ....

5 Quale sigla indica la tecnologia che consente di collegarsi a Internet usando la rete telefonica?

....

6 Quale componente hardware di un personal computer codifica dati, così da rendere possibile la loro trasmissione in rete?

....

7 Sarebbe corretto esprimere la larghezza di banda in MB o GB, come si fa per le dimensioni dei file o la capacità dei supporti di memoria? Motiva la tua risposta.

....

....

....

8 Scrivi due cose che ti conviene fare (o non fare) se ricevi da una persona sconosciuta un messaggio come quello della figura.

1. ....

....

2. ....

....

9 Scrivi due esempi di parole che fungono da protocolli di comunicazione con cui normalmente segnali l'inizio e la fine di una conversazione telefonica.

alla risposta: ……

in chiusura: ……

10 Vero o falso?

Con un motore di ricerca si trovano tutti i siti web che trattano l'argomento cercato. V F

Un motore di ricerca trova soltanto i siti che hanno nel titolo l'argomento cercato. V F

Un motore di ricerca seleziona alcuni tra i siti che trattano l'argomento cercato. V F

11 Se digiti nella barra degli indirizzi del tuo browser il numero 64.233.167.99, appare il motore di ricerca Google. Sai spiegare perché?

……

12 Se puoi leggere uno stesso messaggio e-mail su un personal computer e sullo smartphone, significa che stai usando quale tipo di servizio di posta elettronica?

……

13 Quale strumento «social» è il più indicato se ci si vuole informare e confrontare con altre persone su uno specifico tema?

……

14 Il gergo informatico usa molti acronimi basati sulla lingua inglese. Scrivi a che cosa corrispondono questi tre esempi e qual è il loro significato in italiano.

LAN in English: ……
in italiano: ……

URL in English: ……
in italiano: ……

DNS in English: ……
in italiano: ……

15 Qual è il numero minimo di parole che occorre usare per creare un link in un ipertesto? Motiva la risposta.

……

16 Sai indicare due sostanziali differenze tra una chat e un blog come strumenti di comunicazione tra le persone?

1. ……
2. ……

17 Sai dire quale differenza c'è tra la visione di un video tramite WhatsApp oppure tramite YouTube, dal punto di vista della trasmissione dei dati in Rete?

……

18 Se invii il messaggio e-mail della figura, quante persone lo riceveranno e perché?

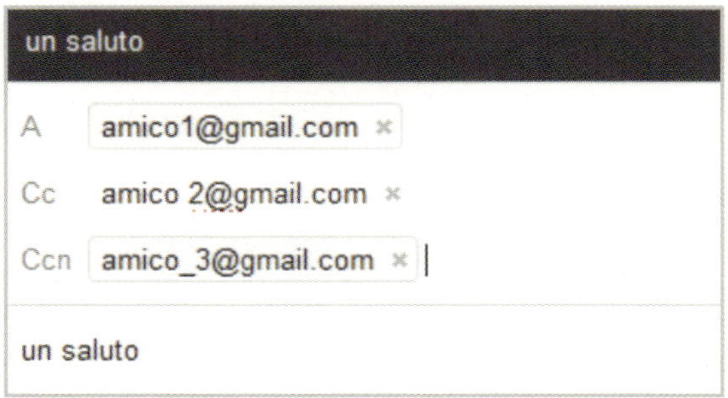

……

19 Sai scrivere due fattori importanti nel determinare la velocità con cui si può fruire di un servizio online, quando ci si collega a Internet?

1. ……
2. ……

20 Se fai acquisti su un sito di *e-commerce*, al momento della registrazione ti verrà chiesto di fornire il tuo indirizzo e-mail. Scrivi due ragioni per cui all'azienda può essere utile questa informazione.

1. ……
2. ……

21 In un film di cui non ricordi il titolo hai visto questo attore italiano che non conoscevi e che ti ha colpito.
Come puoi usare un motore di ricerca per scoprire il nome dell'attore?

……

VERIFICA DELLE COMPETENZE

1 LAVORA CON I DATI

Calcola e scrivi il tempo che occorre per trasferire in rete un intero video di 3 GB con questi tre protocolli.

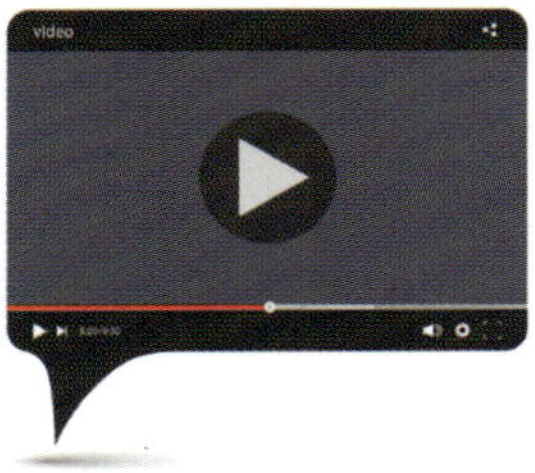

Bluetooth a 2 Mbps:

....

Wi-Fi a 15 Mbps:

....

Fast Ethernet a 100 Mbps:

....

2 SCOPRILO SU INTERNET

Fai una ricerca in Rete per scoprire il significato dell'espressione «neutralità della Rete» o *net neutrality*, poi rispondi alle domande qui sotto.

a. La neutralità della Rete è una caratteristica tecnica di Internet, o che cos'altro?

....

....

b. Che cosa non può fare deliberatamente un Internet provider, in base al principio della neutralità della Rete?

....

....

....

c. Nelle aule di giustizia italiane campeggia la scritta «Tutti i cittadini sono uguali davanti alla legge». Sapresti parafrasare questo motto per il caso del principio della neutralità della Rete, pensando al protocollo per la trasmissione dei dati usato in Internet?

....

....

d. La schermata qui sotto potrebbe diventare comune, se venisse abbandonato il principio della neutralità della Rete. Per quale ragione?

....

....

....

3 LAVORA SULL'IMMAGINE

Traccia linee di collegamento tra i computer in modo da creare topologie di rete del tipo indicato nei tre disegni.

4 L'INFORMATICA E IL CITTADINO

Probabilmente ti è già capitato di sentir parlare del fenomeno chiamato *cyberbullismo*.

a. Sapresti dare una definizione del cyberbullismo? Aiutati se vuoi con un esempio.

....

....

....

b. Per quale ragione il cyberbullismo può avere un impatto ancora più devastante del bullismo tradizionale?

....

....

....

c. Secondo te quali aspetti della propria personalità mette in mostra chi compie atti di cyberbullismo?

....

....

CLIL

Learn from the originals | Read it as they wrote it

The World-Wide Web by Tim Berners-Lee et al.

Tim Berners-Lee wrote this 1994 article together with his CERN colleagues Robert Cailliau, Ari Luotonen, Henrik Frystyk Nielsen and Arthur Secret

The World-Wide Web (W3) was developed to be a pool of human knowledge, which would allow collaborators in remote sites to share their ideas and all aspects of a common project.

A W3 «client» program runs on your computer. When it starts, it displays an object, normally a document with text and possibly images. Some of the phrases and images are highlighted: in blue, or boxed, or perhaps numbered, depending on what sort of a display you have and how your preferences have been set. Clicking the mouse on the highlighted area («anchor») causes the client program to retrieve another object from some other computer, a «server». The retrieved object is also in a hypertext format, so the navigation continues.

When viewing some documents, the reader can request a search, by typing in plain text (or complex commands) to send to the server, rather than following a link. In either case the client sends a request off to the server, often a completely different machine in some other part of the world, and within (typically) a second, the related information, in either hypertext, plain text or multimedia format, is presented.

Perhaps misnamed, rather than being a protocol for transferring hypertext, HTTP is a protocol for transferring information with the efficiency necessary for making hypertext jumps. The data transferred may be plain text, hypertext, images, or anything else.

W3 needed a common basic language of interchange for hypertext. HTML is that language, and much of the fabric of the Web is constructed out of it. It was designed to be sufficiently simple so as to be easily produced by both people and programs.

Glossary

to highlight = to emphasize something important
plain = simple, with nothing added
anchor = a heavy object that is dropped from a boat to prevent it from moving away
to retrieve = to get something back from somewhere
to misname = to give the wrong name
fabric = the structure of something (also the material for making clothes and other textiles)

QUESTIONS

1 **Fill in the missing words.**

Originally the World-Wide Web was also indicated, in short, by the acronym ....

What today we call a hyperlink was originally called an .... by the creators of the Web.

The language of interchange for hypertext was originally, and is still today, ...

2 **The second excerpt from Tim Berners-Lee's article describes what today is usually called:**

A the Web
B a browser
C cloud computing
D a search engine

3 **The third excerpt from the article describes what today is usually called:**

A the Web
B a browser
C cloud computing
D a search engine

Capitolo 6

Lo smartphone, un computer mobile

6.1 Ben più di un telefono cellulare

I telefoni cellulari esistono da oltre quarant'anni, ma soltanto intorno al 2010 si è affermato quello che oggi chiamiamo *smartphone*, cioè «telefono intelligente».

Vediamo alcune tappe significative nella storia di questa evoluzione tecnologica, riassunta visivamente dalla sequenza di modelli della **figura 6.1**.

Figura 6.1 Dai primi cellulari agli odierni smartphone.

1980	I **primi cellulari** erano esclusivamente telefoni senza fili, cioè consentivano unicamente di fare e ricevere chiamate; erano piuttosto ingombranti, con una lunga antenna per gestire le comunicazioni.
1990	Il progresso tecnologico ha poi permesso di ridurre le dimensioni dei telefonini, rendendoli tascabili, e di aggiungere un piccolo display in bianco e nero, con cui era possibile consultare la rubrica telefonica e scrivere messaggi **SMS** (*short message service*) usando i tasti numerici.
2000	In parallelo si sono diffusi i **PDA** (*personal digital assistant*, **figura 6.2**), destinati specialmente al mondo del lavoro: con una tastiera in miniatura aggiungevano al telefono alcune funzioni da personal computer, come la gestione dell'agenda, la comunicazione via e-mail e una rudimentale navigazione in Internet.
2007	La Apple commercializza il primo **iPhone**, che apre la strada alla grande diffusione degli smartphone: è un telefono senza tastiera, così da poter avere un display più grande, che è a colori e touchscreen, con un sistema operativo paragonabile a quello dei personal computer.
2010	Con l'iPad della Apple diventa popolare anche il **tablet**, uno smartphone con lo schermo più grande: l'idea è che, in presenza di funzionalità ormai analoghe a quelle di un personal computer, serva un'interfaccia più spaziosa per interagire comodamente con la macchina.

Figura 6.2 Un PDA Blackberry in commercio nel 2000.

Oggi il dispositivo più popolare è lo smartphone, che rispetto al tablet offre il vantaggio della maneggevolezza; inoltre le **app**, cioè le applicazioni progettate per i dispositivi mobili, risultano funzionali anche sullo schermo più piccolo. Nel seguito, perciò, considereremo lo smartphone come sinonimo di «computer mobile».

Gli smartphone sono oggetti tascabili che, oltre ad avere le funzioni proprie di un telefono, sono dotati di:

- uno schermo touchscreen a colori ad alta risoluzione;
- una CPU, una RAM e una scheda grafica di potenza simile a quella dei personal computer, nonché una memoria di massa di tipo SSD con capacità fino a decine di GB;
- un'interfaccia grafica che permette di eseguire molte operazioni con una sola mano, e con una tastiera virtuale che appare quando serve;
- due o più videocamere digitali con la capacità di registrare foto, audio e video;
- sistemi multipli per la comunicazione a distanza (rete cellulare, Wi-Fi, Bluetooth);
- sensori di movimento come gli accelerometri e il ricevitore GPS;
- innumerevoli applicazioni (*app*) che rendono possibili molti altri usi del dispositivo.

La rete cellulare

Il **telefono cellulare** è stato un'innovazione tecnologica rivoluzionaria: ha reso possibile la **comunicazione mobile**, che permette di stare sempre in contatto con tutto il mondo, ovunque ci si trovi, anche mentre si viaggia.

Il nome «cellulare» deriva dal fatto che questa rete telefonica suddivide il territorio in **celle**, ciascuna con dimensioni tipicamente di qualche kilometro.

In ogni cella c'è un'**antenna** che funge da ripetitore (**figura 6.3**); scambia continuamente segnali radio con tutti i telefoni cellulari accesi che si trovano all'interno di quella cella, e quando occorre comunica con la centrale che controlla tutta la rete.

La **figura 6.4** illustra con uno schema semplificato ciò che avviene quando si fa una chiamata con un telefono cellulare.

Nel disegno il ragazzo che si trova nella cella evidenziata a sinistra telefona alla ragazza che si trova nella cella evidenziata a destra.

Figura 6.3 Ripetitori su un'antenna della rete cellulare.

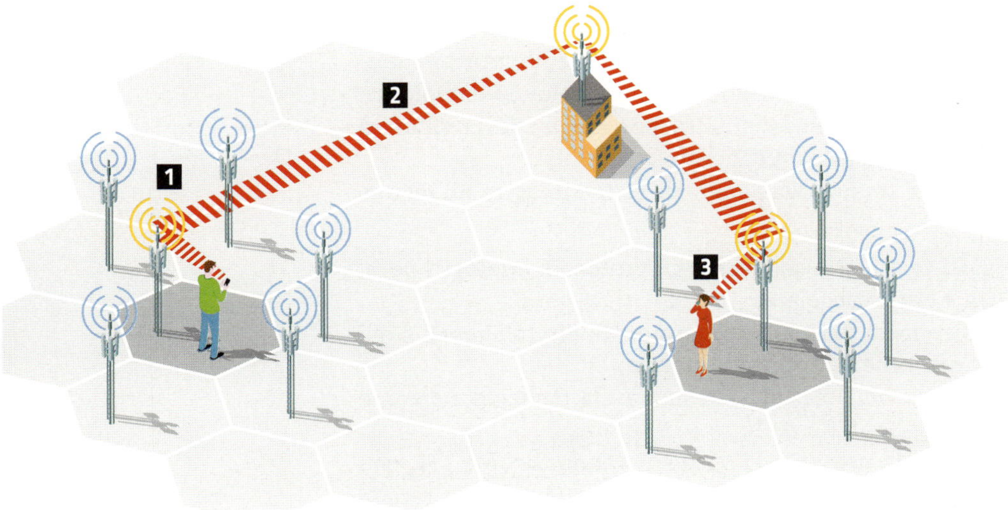

Figura 6.4 La sequenza di eventi durante una chiamata con il telefono cellulare.

1. Quando il ragazzo **digita il numero** della ragazza e la chiama, il telefono del ragazzo emette **onde radio** che inviano la richiesta al **ripetitore** della sua cella;
2. il ripetitore passa la richiesta alla **centrale**, che è sempre in contatto con tutti i ripetitori e perciò sa in quale cella si trova il telefono della ragazza;
3. la centrale, tramite il **ripetitore** della cella in cui si trova la ragazza, invia la richiesta al suo telefono e lo fa squillare: se la ragazza risponde, i due ragazzi sono collegati via onde radio e possono parlarsi.

Se uno dei due ragazzi, mentre parla, è in movimento e si sposta da una cella a un'altra, il ripetitore della nuova cella se ne accorge e «prende in carico» il suo telefono, permettendogli così di proseguire la conversazione.

In modo del tutto analogo, la rete cellulare permette anche di inviare SMS e dati di altro tipo da un telefono a un altro, per mezzo di apposite applicazioni.

La SIM

Nella rete cellulare ogni utente è identificato dalla sua **SIM** (*subscriber identity module*, cioè «modulo d'identità dell'abbonato»), un circuito integrato che gestisce le comunicazioni tra il chip del telefono e i ripetitori della rete.

La SIM è una schedina elettronica (**figura 6.5**) che al momento dell'acquisto contiene tutti i dati che autorizzano il possessore a usare la rete cellulare.

Nella SIM è memorizzato l'**IMSI** (*International Mobile Subscriber Identity*, cioè «identità internazionale dell'utente di telefonia mobile»); questo codice identifica in modo univoco ciascun utente, e a esso è associato il numero di telefono.

Figura 6.5 L'inserimento della SIM in uno smartphone. Per le SIM esistono i formati mini, micro e nano.

A partire dal 2005 le leggi antiterrorismo italiane hanno impedito l'uso anonimo delle SIM; perciò, quando se ne acquista una, la SIM diventa operativa soltanto dopo il caricamento dei dati anagrafici dell'acquirente nel database nazionale, operazione che di solito richiede 24 ore.

Le SIM hanno una memoria modesta, tipicamente 128 kB; un tempo la si usava per registrare gli SMS e una rubrica con i numeri telefonici, ma lo spazio disponibile era molto limitato.

Negli smartphone odierni i dati si possono registrare nella memoria del dispositivo, o direttamente in rete, e ciò rende irrilevanti le limitazioni della SIM.

Le «generazioni» della rete

La rete cellulare si può usare per trasmettere **dati** oltre che la voce.

I relativi **protocolli** di comunicazione sono migliorati nel tempo e sono comunemente indicati con il numero della loro «generazione» (G) nell'evoluzione della tecnologia.

Ogni generazione usa nuove bande di frequenza, può trasportare più dati nell'unità di tempo ed è incompatibile con le generazioni precedenti.

Finora si è assistito alla comparsa di una nuova generazione tecnologica all'incirca ogni dieci anni:

- la prima generazione o **1G**, risalente al 1982, era basata su protocolli analogici per il trasferimento dei segnali vocali e oggi è obsoleta;
- la seconda generazione o **2G**, introdotta nel 1991, usa protocolli digitali basati sugli standard GSM e GPRS ed è oggi disponibile in tutto il mondo;
- la terza generazione o **3G**, introdotta nel 1998, si basa su standard successivi come UMTS; oggi è usata da oltre metà degli utenti della rete cellulare;
- la quarta generazione o **4G**, introdotta nel 2009, si basa su standard come LTE, che trasferiscono i segnali audio usando i protocolli di Internet (VoIP), ed è in rapida diffusione.

Nei prossimi anni saranno introdotti protocolli **5G** con velocità di trasferimento dei dati maggiore, una minore *latenza* (il ritardo tra l'arrivo di un input e l'output di risposta del sistema) e un minor consumo della batteria.

Queste caratteristiche saranno indispensabili in particolare per rendere possibile il cosiddetto «Internet delle cose» (*Internet of things* o *IoT*), cioè la connessione attraverso la Rete di oggetti di ogni tipo, che saranno dotati di minuscoli computer embedded e di una varietà di sensori.

Il Wi-Fi e il Bluetooth

Con i più recenti protocolli di comunicazione la rete cellulare può trasferire non soltanto chiamate vocali, ma dati di ogni tipo, proprio come una rete di computer.

Lo smartphone, che è a tutti gli effetti anche un computer, come i pc ha una **scheda di rete** che gli permette di comunicare con altri computer in rete, attraverso connessioni senza fili. In particolare, lo smartphone riconosce automaticamente la presenza delle reti **Wi-Fi**, nel raggio di qualche decina di metri dal router, e vi si può collegare se si inserisce la password.

Una volta che si è connessi alla Rete, molte app consentono allo smartphone di fare chiamate telefoniche VoIP attraverso Internet, anziché usando la rete cellulare.

Un altro collegamento standard è quello che usa il protocollo **Bluetooth**, attivo nel raggio di 1-2 metri dal dispositivo.

Con questa connessione si possono trasferire direttamente dati da uno smartphone ad altri computer vicini (per esempio per *sincronizzare* i dispositivi, così che tutti contengano sempre dati aggiornati), oppure trasmettere musica dallo smartphone per ascoltarla con altoparlanti o cuffie senza fili (**figura 6.6**).

Figura 6.6 Grazie al Bluetooth si può ascoltare musica usando cuffie *wireless*.

Se lo si collega a un pc con un cavo USB, lo smartphone è trattato come una periferica ed è facile visualizzare la gerarchia delle cartelle che contiene.

Spesso questo è un buon modo per copiare dati dal telefonino o per eliminare rapidamente quelli che non servono più, liberando così spazio di memoria nello smartphone.

Gli hotspot personali

Quando uno smartphone è collegato a Internet, può anche essere usato come *router* per dare accesso alla Rete ad altri dispositivi che si trovano nelle vicinanze. Per creare un «*hotspot*» Wi-Fi intorno allo smartphone, basta scegliere nelle sue **Impostazioni** l'opzione chiamata **Hotspot personale**, **Router wi-fi** oppure **Tethering** («concatenamento»).

Questa opzione consente anche di impostare una password, così da permettere l'accesso all'hotspot soltanto agli utenti che si sceglie di autorizzare.

IN SINTESI

- Lo **smartphone** è un dispositivo che mette insieme le funzioni di telefono cellulare, fotocamera digitale e personal computer mobile; inoltre si può collegare in rete ed è dotato di numerosi sensori.
- La **rete cellulare**, nata per trasmettere **segnali vocali**, oggi è usata anche per il **trasferimento di dati**, con una velocità che aumenta con ogni nuova **generazione** tecnologica (2G, 3G, 4G, ...).
- Oltre che tramite la rete cellulare, lo **smartphone** può comunicare mediante connessioni **Wi-Fi** e **Bluetooth**; lo si può anche usare come **router** per altri dispositivi.

ESERCIZI

1 Scrivi i nomi di due componenti hardware di uno smartphone che il personal computer tipico non ha.

1. ....
2. ....

2 Scrivi i nomi di due componenti hardware tipiche di un personal computer che uno smartphone non ha.

1. ....
2. ....

3 Per quale ragione non si può acquistare una SIM per uno smartphone in modo *anonimo*?

....

....

4 In che modo vengono trasmesse le conversazioni telefoniche nella rete cellulare 4G?

....

....

6.2 Il touchscreen e l'interfaccia-utente

Grazie alla diffusione dello smartphone, tutti oggi abbiamo familiarità con lo **schermo tattile** o ***touchscreen***, e con i modi in cui si può interagire con questa periferica di input/output.

Ma come funziona il touchscreen? Esistono numerose tecnologie diverse, ma le più diffuse sono due:

- gli **schermi resistivi** contengono due strati vicini di materiale conduttore (in giallo nella **figura 6.7**), tenuti distanziati da piccoli separatori (in grigio); quando un oggetto preme lo schermo, i due strati si toccano e la resistenza elettrica in quel punto cambia; il software del controllore elettronico riconosce la variazione di corrente e identifica così il punto che è stato premuto;
- negli **schermi capacitivi** invece il vetro davanti al monitor è ricoperto da un sottilissimo strato di ossido metallico; ai quattro angoli del vetro è applicata una tensione elettrica (**figura 6.8**) che si propaga in modo uniforme sullo schermo, perché l'ossido conduce l'elettricità; quando un dito tocca lo schermo, sottrae cariche elettriche e fa diminuire la tensione in quel punto; il controllore se ne accorge grazie a una serie di condensatori posti subito sotto lo schermo.

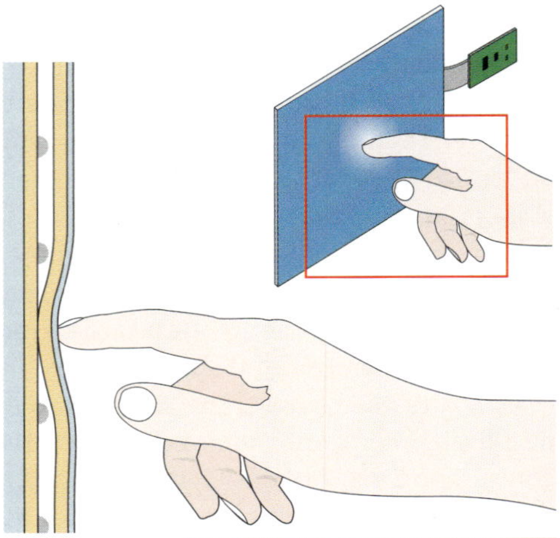

Figura 6.7 Uno schema del funzionamento di un monitor touchscreen resistivo.

I monitor touchscreen resistivi sono stati sviluppati per primi (**figura 6.9**) e sono più economici da produrre; di solito sono di questo tipo, per esempio, i display dei bancomat.

Per gli smartphone invece si usano schermi capacitivi, per due ragioni principali: sono ***multi-touch***, cioè permettono al software di rilevare più posizioni toccate simultaneamente con le dita (mentre gli schermi resistivi riconoscono il tocco di una sola posizione per volta) e inoltre sono **più trasparenti**: lasciano passare il 90% della luce (rispetto al 75% degli schermi resistivi), garantendo una migliore qualità dell'immagine.

Un'altra differenza tra i due tipi di monitor tattili è legata al principio fisico del loro funzionamento: lo schermo resistivo si attiva con un'azione meccanica, che si può fare con qualsiasi oggetto (basta che la pressione sia sufficientemente intensa); lo schermo capacitivo invece è attivato soltanto dai conduttori elettrici, com'è il nostro corpo. Se si usano i guanti, per esempio, il touchscreen capacitivo non funziona (a meno che non si usino guanti prodotti appositamente, dotati di fili elettrici nei polpastrelli).

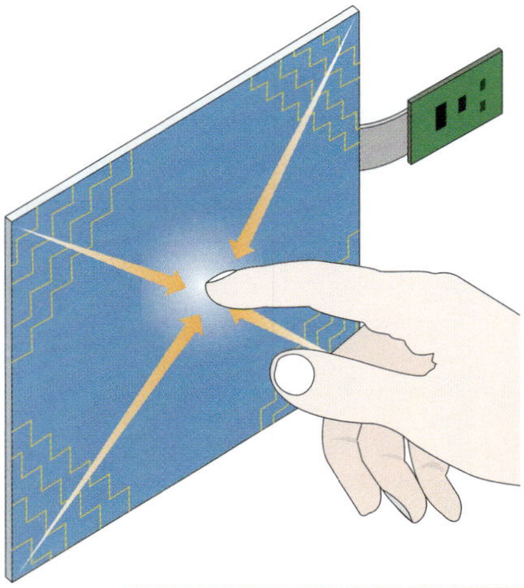

Figura 6.8 Uno schema del funzionamento di un monitor touchscreen capacitivo.

Gli smartphone sono alimentati da una **batteria** con una carica elettrica limitata, e per estenderne la durata è molto importante tenere sempre attivate le **opzioni di risparmio energetico**.

Lo schermo acceso, in particolare, assorbe una notevole quantità di energia elettrica; perciò, quando il sistema operativo riconosce che non si sta usando il dispositivo, dopo breve tempo lo mette in standby, cioè sospende automaticamente la sessione e spegne lo schermo.

Figura 6.9 Nei primi DPA il display touchscreen era resistivo; lo schermo degli smartphone invece è capacitivo.

Gesti e pulsanti

L'interazione con lo schermo tattile capacitivo avviene usando le dita. L'avvento dello smartphone ha portato con sé un nuovo repertorio di gesti, movimenti della mano che permettono di controllare il computer in modo più naturale e immediato di quanto non avvenga sui pc con il mouse.

Tra le azioni più frequenti ci sono (**figura 6.10**):

- il ***tap***, cioè un leggero tocco con un polpastrello, per aprire un oggetto; equivale, a seconda dei casi, al clic o al doppio clic del mouse nei personal computer;
- lo ***swipe*** (pronuncia: suàip), cioè la strisciata con un dito, che fa scorrere i contenuti; le immagini di una galleria fotografica di solito si «sfogliano» con uno swipe orizzontale, i messaggi di una conversazione con uno swipe verticale;
- l'uso simultaneo di **due dita** per ingrandire (*zoom in*, allontanando le dita), rimpicciolire (*zoom out*, avvicinando le dita) oppure ruotare un oggetto (ruotando insieme i due polpastrelli).

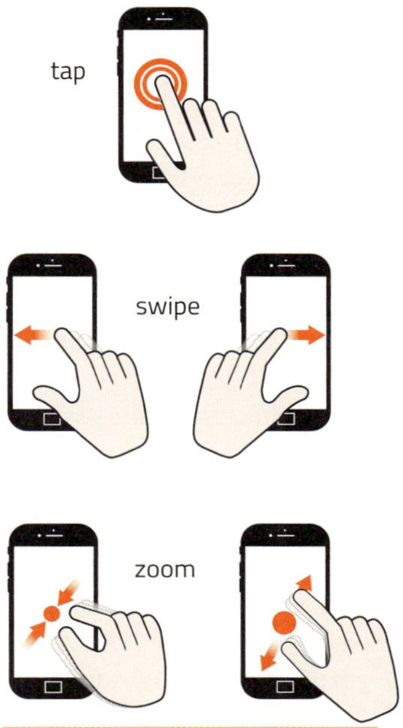

Figura 6.10 I più comuni modi di interazione con lo schermo dello smartphone.

Generalmente lo smartphone, oltre alla superficie touchscreen, ha tre pulsanti «meccanici» (**figura 6.11**): un pulsante laterale che accende o spegne il dispositivo; un altro pulsante laterale (singolo o doppio) che permette di regolare il volume audio; e il cosiddetto *pulsante Home*, posto in basso al centro sul piano dello schermo.

Figura 6.11 I pulsanti normalmente presenti nello smartphone.

Il **pulsante Home** ha varie funzioni importanti: quella fondamentale è riattivare lo schermo quando lo smartphone è in standby, riaprendo così la sessione sospesa.

In molti modelli di smartphone il pulsante Home non è meccanico ma capacitivo, cioè «touch» come lo schermo, e ha anche la funzione di **riconoscimento dell'impronta digitale**, così da consentire l'uso del dispositivo soltanto al legittimo proprietario.

L'interfaccia grafica e la navigazione

Come nei pc, anche negli smartphone i diversi sistemi operativi usano interfacce-utente differenti, ma simili nella loro impostazione generale.

Nel seguito faremo riferimento ad **Android** di Google, che attualmente è il sistema operativo per dispositivi mobili più diffuso. Android è una derivazione open source del sistema operativo Linux per pc.

Il punto di partenza è un **desktop** simile a quello dei pc. Dato lo spazio limitato disponibile sullo schermo, negli smartphone il desktop spesso è formato da più «pagine», tra cui ci si può muovere con uno swipe laterale del dito.

Sul desktop appaiono le **icone** delle app installate (**figura 6.12**). Come nei pc, possono anche essere presenti **cartelle** che contengono al proprio interno più icone.

Figura 6.12 Il desktop di uno smartphone con sistema operativo Android.

In basso di solito ci sono le icone delle funzioni telefoniche: fare chiamate, consultare la rubrica dei contatti e scrivere messaggi SMS.

In basso a destra c'è l'icona della cartella che contiene tutte le app di sistema, come il programma di gestione delle fotocamere, il browser, il calendario, la calcolatrice e le **Impostazioni** del dispositivo.

Per aprire una app si fa tap sulla sua icona sul desktop. Durante la **navigazione** tra le app, poi, si possono usare tre pulsanti (**figura 6.13**):

- con il pulsante **Home** si abbandona l'app in uso, tornando al desktop;
- con il pulsante **Indietro** si torna indietro di una schermata, per esempio risalendo alla schermata precedente della app che si sta usando;
- il pulsante **Recenti** fa apparire l'elenco delle app usate più di recente; un tap sul nome di una app nell'elenco la riapre, ripristinando la sessione con quel programma, là dove la si era interrotta.

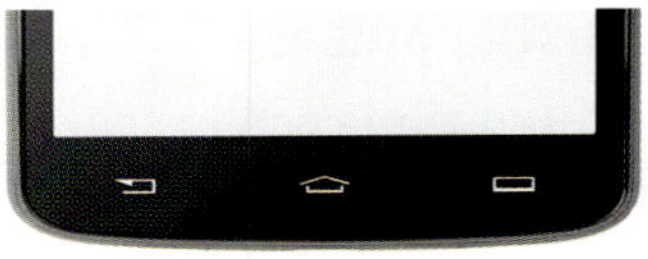

Figura 6.13 I tre pulsanti Indietro, Home e Recenti.

L'aspetto e la posizione dei pulsanti varia nei diversi modelli di smartphone Android. Alcune marche per esempio li riuniscono in un unico pulsante capacitivo, che al tap funge da **Home**, allo swipe verso sinistra da **Indietro** e allo swipe verso destra da **Recenti**.

In tutti i casi, se dal bordo superiore dello schermo si fa uno swipe verticale verso il basso, compaiono le principali **Impostazioni** del dispositivo: si può passare dalla modalità sonora a quella di vibrazione e attivare o disattivare le connessioni wireless, la geolocalizzazione e la rotazione automatica dello schermo.

Sul desktop si può spostare qualsiasi oggetto tenendo il dito premuto su di esso e trascinandolo sullo schermo. Se si tiene premuto il dito senza trascinare (tap prolungato), appare l'icona del **cestino**; per eliminare l'oggetto, lo si trascina sul cestino.

All'interno delle applicazioni, il tap prolungato su un oggetto fa comparire un menu contestuale, come nei pc quando si usa il tasto destro del mouse.

Quando è visualizzato l'elenco delle applicazioni recenti, per esempio, al tap prolungato su una app appare un menu (**figura 6.14**) con due opzioni che consentono di chiuderla del tutto o di consultare le sue proprietà e impostazioni.

Come nei pc, i menu delle app per smartphone possono essere grafici. Per esempio, quando si è all'interno di una *chat*, cioè una app per scambiare messaggi con gli amici, al tap prolungato su un messaggio appare di solito un gruppo di icone: si tratta di un menu grafico con opzioni che consentono di eliminare quel messaggio, di condividerlo con altri utenti oppure di copiarne il testo negli Appunti, per poterlo in seguito incollare altrove.

Ogni volta che è necessario digitare testi, per esempio quando si fa tap per scrivere un messaggio in una chat, nella parte inferiore dello schermo appare automaticamente una **tastiera virtuale**.

Rispetto ai personal computer, infine, negli smartphone è molto più diffuso l'uso del software di **riconoscimento vocale**, un'interfaccia sonora che consente di impartire comandi e fare ricerche con l'aiuto di «assistenti vocali» come Siri della Apple o Now di Google.

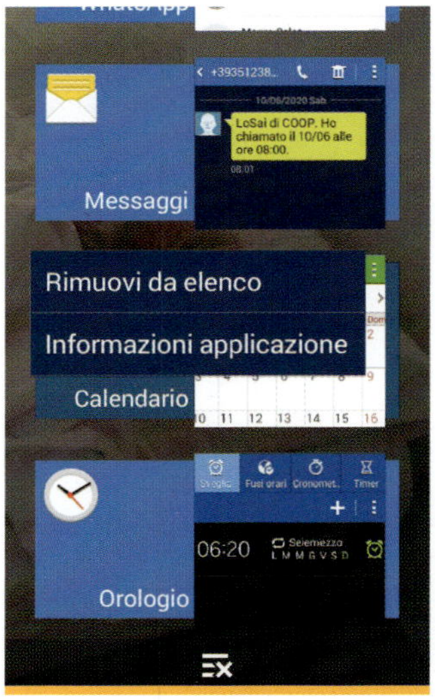

Figura 6.14 Il menu che appare al tap prolungato sulla app Calendario di Android.

IN SINTESI

- Lo smartphone ha uno **schermo tattile capacitivo**, cioè sensibile al contatto con qualsiasi conduttore elettrico, come il nostro corpo.
- Nello smartphone la principale modalità di input è l'interazione con il touchscreen, mediante **gesti** come il **tap**, lo **swipe** o il **multi-touch**.
- Il computer dello smartphone è controllato da un **sistema operativo** che si può personalizzare tramite le **Impostazioni** del dispositivo. L'**interfaccia grafica**, come nei pc, ha un **desktop** su cui appaiono **icone** e **cartelle**.
- Per la **navigazione** tra le applicazioni o **app**, il mouse è sostituito da **pulsanti** come **Home**, **Indietro** e **Recenti** nel sistema operativo Android. Quando occorre digitare testo, sullo schermo appare una **tastiera virtuale**.

ESERCIZI

1 Se per agire con precisione sullo schermo di uno smartphone si vuole usare una penna, di che materiale dev'essere fatta?

....

2 Che cosa può consentire di interagire con uno smartphone senza toccarlo?

....

6.3 L'accelerometro e il GPS

Se si guarda una fotografia panoramica sullo smartphone tenendolo in verticale (cioè in «modalità ritratto»), la foto occupa una piccola porzione dello schermo. Se però si ruota di 90° il telefonino, la foto viene ruotata automaticamente, così da occupare l'intero schermo («modalità panoramica»).

Come fa il telefonino a sapere che l'abbiamo ruotato, e a reagire di conseguenza, adattandosi alla nuova posizione?

La risposta sta nel fatto che lo smartphone contiene un **accelerometro**, cioè uno strumento capace di misurare le accelerazioni a cui il dispositivo è sottoposto.

Il principio di funzionamento dell'accelerometro è illustrato dalla **figura 6.15**. Le molle rappresentano elementi elastici, disposti lungo i tre assi di un sistema cartesiano, che all'interno dello smartphone tengono in equilibrio una piccola massa (la pallina).

Quando l'apparecchio accelera, per esempio nel verso positivo dell'asse x, per inerzia la massa tende a «rimanere indietro»; così la molla che sta dietro la pallina viene compressa, mentre la molla che sta davanti si allunga.

Un sistema di sensori misura le deformazioni delle molle e il software ne ricava l'accelerazione del dispositivo, usando due leggi della fisica:

- la legge di Hooke $F = -kx$, che descrive il comportamento elastico delle molle per piccole deformazioni x e consente di ricavare la forza F (conoscendo la costante elastica k delle molle);
- il secondo principio della dinamica $F = ma$, che permette di ricavare l'accelerazione a come rapporto tra la forza deformante F e la massa nota m.

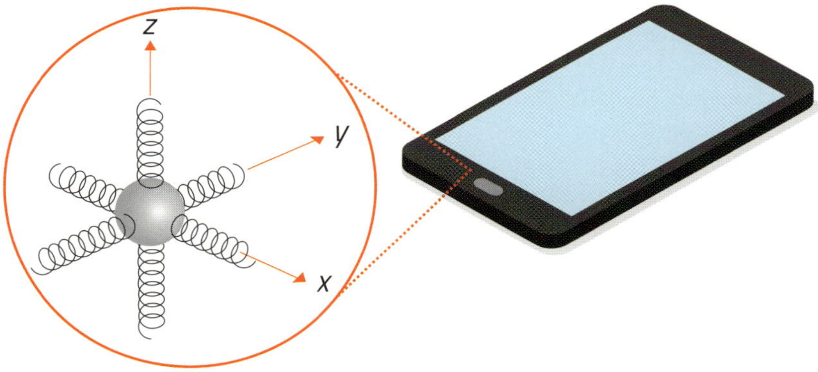

Figura 6.15 Il principio su cui si basa l'accelerometro contenuto nello smartphone.

Quando lo smartphone è fermo come nella **figura 6.15**, il peso mg della massa fa deformare le molle. Il sensore allora misura 9,81 m/s^2 nella direzione z negativa: è il valore dell'accelerazione di gravità g diretta verso il centro della Terra.

Se si ruota l'apparecchio di 90° attorno all'asse x, l'accelerometro misurerà sempre 9,81 m/s^2, ma adesso lungo la direzione y.

Così lo smartphone può dedurre in ogni istante l'orientamento dello smartphone rispetto alla direzione della forza di gravità, e il software che gestisce la rotazione dello schermo entra in azione quando si accorge che abbiamo ruotato l'apparecchio.

Molte applicazioni di vario tipo sfruttano l'accelerometro dello smartphone; ci sono per esempio app che correggono le riprese video fatte con l'apparecchio in movimento, e app che riconoscono la caduta di chi ha con sé lo smartphone e lanciano un allarme (particolarmente utili nel caso di persone anziane).

Tra le più usate ci sono anche le *app conta-passi*, utili durante gli allenamenti sportivi (**figura 6.16**). Infatti, quando facciamo un passo, il nostro corpo ha un'accelerazione prima verso il basso e poi verso l'alto. Lo stesso avviene quando corriamo, ma in questo caso l'accelerazione ha un valore maggiore. Così, grazie all'accelerometro, una app può misurare quanto tempo passiamo stando fermi, quanto tempo camminando e quanto correndo, e calcolare il corrispondente consumo di calorie.

Figura 6.16 Le app che contano i passi mentre si fa esercizio usano l'accelerometro dello smartphone.

La geolocalizzazione e la navigazione satellitare

Un altro sensore utile dello smartphone è il **ricevitore GPS** che permette la **geolocalizzazione**, cioè la determinazione in tempo reale della posizione geografica in cui il dispositivo si trova.

Il sistema **GPS** (*global positioning system*, «sistema di localizzazione globale») è basato su **decine di satelliti** che sono in orbita intorno al nostro pianeta, a circa 20000 km dalla superficie terrestre (**figura 6.17**).

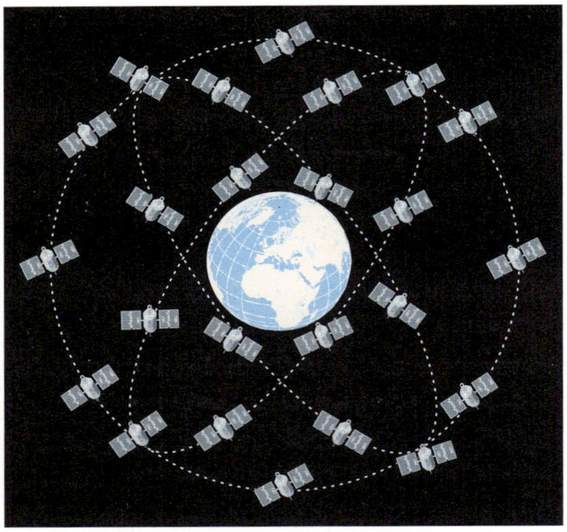

Figura 6.17 Il sistema GPS si basa su una flotta di satelliti in orbita intorno alla Terra.

Ogni satellite emette continuamente, via radio, un semplice messaggio con due informazioni: di quale satellite si tratta e quale ora segna il suo orologio al momento dell'emissione del segnale.

Il ricevitore GPS è in grado di calcolare la propria posizione misurando il tempo impiegato dal segnale radio per viaggiare tra un satellite e il dispositivo stesso.

Il calcolo risulta accurato perché i satelliti percorrono orbite note e sono dotati di **orologi atomici** sincronizzati tra loro e precisi al miliardesimo di secondo.

Il software del ricevitore GPS, elaborando i dati ricevuti in un dato istante dai satelliti, riesce a determinare le coordinate geografiche – cioè latitudine, longitudine e quota – dello smartphone in quell'istante.

Lo schema della **figura 6.18** aiuta a capire il funzionamento del sistema:

A. se riceviamo il segnale di un satellite e sappiamo da quanto tempo l'ha inviato, possiamo calcolare la distanza a cui ci troviamo da quel satellite, perché sappiamo che le onde radio viaggiano alla velocità della luce nel vuoto c = 300000 km/s; sapremo allora che ci troviamo in un punto della circonferenza arancione;

B. se captiamo i segnali inviati da *due* satelliti, possiamo dedurre la nostra distanza da entrambi, perciò sappiamo che ci troviamo in uno dei due punti che costituiscono le intersezioni tra le circonferenze arancione e azzurra;

C. se abbiamo a disposizione i segnali inviati da *tre* satelliti, l'intersezione tra le tre circonferenze che rappresentano le nostre distanze dai satelliti si riduce a un unico punto: è qui che ci troviamo.

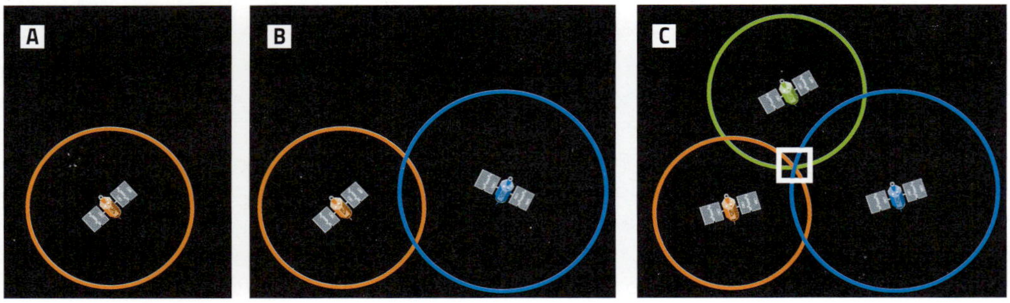

Figura 6.18 Il principio del funzionamento della geolocalizzazione satellitare.

Il modello bidimensionale della **figura 6.18** è semplificato (ogni satellite in realtà emette nello spazio un fronte d'onda sferico) ma dà un'idea del funzionamento del metodo geometrico, detto *triangolazione*, con cui il ricevitore GPS determina la propria posizione.

Poiché le misurazioni dei ritardi nell'arrivo dei segnali non sono infinitamente precise, in pratica il ricevitore GPS funziona bene soltanto se «vede» simultaneamente *almeno quattro satelliti*, nel qual caso riesce a calcolare la propria posizione con un errore di pochi metri.

La tecnologia GPS ha rivoluzionato il mondo dei trasporti: ogni giorno milioni di persone viaggiano in auto, in camion o in barca senza dover consultare mappe o bussole, grazie alla navigazione assistita dai satelliti.

Figura 6.19 Le app per la navigazione satellitare sfruttano il ricevitore GPS dello smartphone.

I ricevitori GPS sono diventati così piccoli ed economici da essere ormai una dotazione standard degli smartphone, su cui si può installare una tra le tante app per la **navigazione satellitare** (**figura 6.19**).

Basta indicare la meta del viaggio (digitandola, oppure a voce); a quel punto il programma, incrociando i dati del ricevitore GPS con un archivio di carte geografiche digitali, troverà il percorso ideale per le nostre esigenze e ci guiderà a destinazione.

Quando si dispone di misure della posizione in istanti di tempo successivi, inoltre, si può calcolare la *velocità* con cui il ricevitore GPS si sta muovendo; è quello che fanno, per esempio, le app che misurano i dati statistici quando si va in bicicletta (**figura 6.20**).

Oltre alla navigazione satellitare, il sensore GPS è utile in innumerevoli situazioni: dai rilevamenti cartografici alla segnalazione automatica di punti di interesse turistico, dal ritrovamento di vittime di incidenti in luoghi remoti a misure scientifiche come la registrazione dei movimenti di un ghiacciaio.

Figura 6.20 Grazie al GPS possiamo misurare la distanza percorsa e la velocità tenuta in media durante un giro in bici.

IN SINTESI

- Tra i **sensori** dello smartphone c'è l'**accelerometro**, che rivela le accelerazioni a cui è sottoposto l'apparecchio misurando la deformazione di elementi elastici che mantengono in equilibrio una piccola massa.
- In particolare l'accelerometro riconosce in ogni istante la direzione della forza di gravità, permettendo così al software di gestire la **rotazione automatica dello schermo**.
- Un altro sensore di posizione e movimento sfrutta il **ricevitore GPS**, che misura il ritardo nell'arrivo dei segnali radio inviati da una flotta di **satelliti**. Questi dati rendono possibile la **geolocalizzazione**: il software determina cioè in ogni istante la posizione geografica dello smartphone.
- Lo smartphone può funzionare come **navigatore satellitare** grazie ad applicazioni che incrociano carte geografiche digitali con i dati misurati istante per istante dal ricevitore GPS.

ESERCIZI

1 In automobile, quale dispositivo dello smartphone permette di misurare la velocità con cui l'auto si muove?

....

2 Quale dispositivo permette allo smartphone che abbiamo con noi di riconoscere se stiamo camminando oppure correndo?

....

6.4 Il mercato delle app

Nelle pagine precedenti abbiamo già citato vari esempi di **app** per i dispositivi mobili. Ma come sono prodotte e commercializzate queste applicazioni?

Le si trova in «**negozi virtuali**» accessibili via Internet, da cui le si può scaricare e installare sul proprio dispositivo. I due negozi principali sono l'*AppStore* della Apple, che contiene esclusivamente app per i dispositivi con il suo sistema operativo iOS, e il *Google Play*, che offre app compatibili con i dispositivi che usano il sistema operativo Android.

Molte app sono prodotte da aziende specializzate (*software house*), ma possono realizzarle anche singoli programmatori o piccoli gruppi di appassionati di informatica. Questo è vero in particolare per le app destinate ad Android, che è un sistema operativo open source; per sviluppare una app per iOS, che è un sistema proprietario, bisogna ottenere un'autorizzazione da Apple.

Esistono milioni di app diverse, destinate a usi di ogni genere, ma c'è anche una grande concorrenza tra app dello stesso tipo: da questo oceano di prodotti non è facile emergere e imporsi all'attenzione del pubblico (**figura 6.21**).

Figura 6.21 Nel mercato delle app concorrono tra loro milioni di prodotti.

Raramente una app viene promossa con un lancio pubblicitario di tipo tradizionale; ciò avviene di solito soltanto per videogiochi che hanno già avuto grande successo. Più spesso la diffusione delle app è «virale», legata cioè al passaparola spontaneo tra gli utenti.

Rispetto ad altri prodotti venduti online, però, le app hanno due grandi vantaggi: sono fatte di bit immateriali (quindi non hanno costi di magazzino o di trasporto) e hanno un mercato veramente globale, grazie alla distribuzione via Internet.

Quindi una app realizzata in Italia può essere messa online a costo zero e può essere scaricata da utenti di tutto il mondo: il bacino potenziale dei clienti è dunque enorme.

Il modello di business delle app

Molte app sono in vendita: per poterle scaricare bisogna pagarle con carta di credito.

La maggior parte delle app presenti nei negozi online però si può scaricare gratuitamente, un fatto che a prima vista può apparire sorprendente.

In realtà, di rado le app sono veri e propri freeware; quando sono gratuite, è probabile che usandole vedremo apparire **messaggi pubblicitari**, con cui i produttori si finanziano.

Gli annunci pubblicitari sono gestiti da algoritmi automatici forniti dal negozio online. I produttori delle app perciò non hanno bisogno di investire per trovare gli inserzionisti, e non devono neppure pagare per inserire la app nel negozio virtuale.

In cambio di questi servizi, il negozio online che ospita la app trattiene una percentuale degli incassi da vendite e degli introiti pubblicitari.

Un meccanismo diffuso è quello della cosiddetta **vendita in-app**: l'applicazione si può scaricare e usare gratuitamente, ma se si vuole avere accesso a tutti i contenuti o a tutte le funzionalità, allora bisogna pagare.

Per esempio, alcuni videogiochi sono gratuiti fino a un certo livello, ma a pagamento per quelli successivi. L'utente ha comunque il vantaggio di poter provare la app a costo zero prima di decidere se acquistarla, anziché doverla comprare a scatola chiusa.

La sicurezza delle app

Ogni volta che scarichiamo una app sul nostro smartphone, installiamo software prodotto da sviluppatori a noi sconosciuti e perciò potenzialmente pericoloso.

I gestori dei negozi online usano algoritmi automatici, e anche personale specializzato, per testare ogni app prima di renderla disponibile al pubblico; questo dovrebbe garantirne la qualità e la sicurezza.

Nonostante ci sia questo meccanismo di controllo, alcune app possono usare in modo non trasparente i nostri dati personali. Per questo, quando si installa una nuova app bisogna esaminare con attenzione le specifiche *autorizzazioni* che la app ci richiede (**figura 6.22**).

Può accadere, per esempio, che la app chieda di poter accedere alla rubrica, o alla geolocalizzazione, o alla fotocamera, senza che sia chiaro il motivo della richiesta.

In tal caso conviene rifiutare l'autorizzazione, a difesa dei nostri dati e della privacy: eviteremo il rischio che sconosciuti possano prelevare informazioni sui nostri contatti, sapere in ogni momento dove ci troviamo o addirittura riprendere immagini con lo smartphone a nostra insaputa.

Figura 6.22 È bene prestare sempre attenzione alle autorizzazioni richieste dalle app quando le installiamo.

Le app e l'innovazione

Lo smartphone è una sfida e una grande opportunità per i progettisti di software e per i programmatori: le speciali caratteristiche dei computer mobili permettono di creare applicazioni di tipo nuovo, che non erano pensabili in passato e oggi sono ancora in gran parte da inventare.

Un esempio di innovazione legata alle peculiari caratteristiche dello smartphone è la **realtà aumentata** (*augmented reality*), ossia la sovrapposizione di oggetti virtuali, creati dalla scheda grafica, sulle scene reali riprese dalla fotocamera.

La **figura 6.23**, per esempio, mostra una app che usa un atlante astronomico digitale, le impostazioni di data e ora dello smartphone e la geolocalizzazione: se si punta il dispositivo verso l'alto, la app riconosce la porzione di cielo inquadrata e fa apparire sullo schermo informazioni sulle stelle e sulle costellazioni.

In modo simile, in un parco archeologico, inquadrando le rovine di un antico monumento potremmo vedere sullo schermo una ricostruzione 3D dell'aspetto originario dell'edificio.

La tecnica può tornare utile anche come strumento di marketing. Per esempio, un negozio di mobili può fornire ai clienti una app che simula l'arredamento di un locale inquadrato con la fotocamera (**figura 6.24**), con la possibilità di cambiare virtualmente la disposizione o il colore dei mobili.

Figura 6.23 La realtà aumentata aggiunge informazioni alle scene riprese dalla fotocamera.

Figura 6.24 Con la realtà aumentata si può simulare l'arredamento di una casa prima di acquistare i mobili.

IN SINTESI

- Esistono **milioni di app** per i computer mobili. Lo sviluppo di una nuova app in genere è realizzato da aziende specializzate, ma è anche alla portata di piccoli gruppi di appassionati di informatica.
- Le app si scaricano da **negozi online** accessibili via Internet e hanno un mercato globale. Possono essere in **vendita**, includere pagamenti **in-app** o generare reddito attraverso le **inserzioni pubblicitarie**.
- I venditori sottopongono il software delle app a controlli di **sicurezza**, ma è sempre bene esercitare **cautela**, specie nel concedere alle app l'accesso ai nostri dati.
- Le speciali caratteristiche dei computer mobili rendono possibili **applicazioni innovative** che non erano realizzabili con i pc tradizionali, per esempio la **realtà aumentata**.

Sincronizzare i dispositivi e le app

Con l'avvento dei dispositivi mobili è diventato possibile accedere con frequenza – anche nel corso della stessa giornata – a molte applicazioni con dispositivi diversi, dal computer di casa allo smartphone, a seconda di dove ci si trova e dell'attività che si sta svolgendo. A ogni accesso alla rete, tramite i diversi dispositivi, si possono modificare dati importanti, per esempio inserendo nuovi contatti nella rubrica telefonica.

Per assicurare che i dati risultino sempre aggiornati, qualunque sia il dispositivo con cui vi si accede, si usa la funzionalità del sistema operativo chiamata **sincronizzazione**, che si trova nelle **Impostazioni**.
La sincronizzazione mantiene sempre «allineati» i dati memorizzati nella nuvola e così garantisce, per esempio, che una modifica alla rubrica telefonica fatta con lo smartphone la mattina sia visibile anche quando, la sera, ci si collega alla rete con il notebook.

ESERCIZI

1 La app di questa figura è scaricabile gratuitamente. Significa che gli autori della app non guadagnano nulla quando la usiamo?

....

....

2 Quale tecnologia software è utilizzata dalla app del famoso gioco *Pokémon Go*?

....

ATTIVITÀ GUIDATA Ripassare la fisica con una app

Completa il testo

- Collegati con lo smartphone o con un tablet a un negozio di app online e nella casella di .... digita «Fisica in 3 minuti». Una volta trovata la .... , scaricala e installala (si può fare gratuitamente).
- Quindi lancia la app: appariranno due elenchi (**Grandezze** e **Leggi**); in ciascun elenco le prime tre voci sono attive e consultabili liberamente; le altre voci richiedono invece un .... in-app, ma per quest'attività puoi trascurarle.
- Apri la terza voce dell'elenco **Leggi**, facendo tap sul suo titolo. Si aprirà il riassunto della *legge della gravitazione universale*, suddiviso in 5 punti.
- Per esplorare il primo punto, puoi fare tap sul numero **1** oppure fare .... verso sinistra, come se sfogliassi un libro.

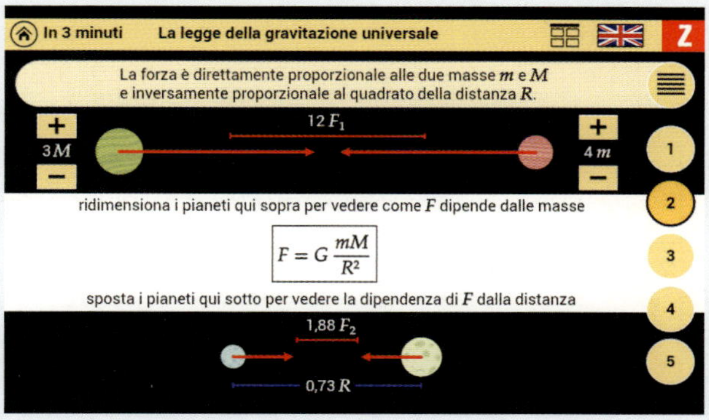

- Ripeti la stessa azione un'altra volta: arriverai al punto **2** del riassunto (mentre per ritornare all'inizio dovresti fare swipe verso ....). Qui trovi vari oggetti attivi; in particolare, se fai tap su un pianeta in basso e lo ...., esso si sposterà sullo schermo e vedrai in tempo reale come la forza di .... tra i due pianeti cambia con la distanza.
- A questo punto premi il pulsante .... dello smartphone: abbandonerai così la app e tornerai al desktop.
- Se ora premi il pulsante ...., vedrai l'elenco delle app aperte; con un .... su «Fisica in 3 minuti», la app si riaprirà esattamente nella posizione in cui l'avevi lasciata.
- Nota anche che, mentre usi questa app, le pagine restano sempre visualizzate in modalità panoramica, comunque tu muova lo smartphone. La ragione è che gli sviluppatori del .... hanno disabilitato la .... automatica dello schermo, così che i testi siano sempre ben leggibili.

Ora prova tu

1. Scarica da un negozio online la app gratuita **Viewranger** e installala sul tuo smartphone. Questa app consente di registrare il tracciato di qualsiasi percorso seguito dallo smartphone.
2. Assicurati che il ricevitore GPS dello smartphone sia acceso, poi fai tap su **Nuovo**, quindi su **Registra**.
3. Dai il via alla registrazione e fai una passeggiata di almeno 10 minuti in una zona che ti piace.
4. A fine passeggiata interrompi la registrazione e salva la relativa traccia.
5. Apri le tue tracce personali, fai tap su quella appena salvata e condividila con un amico usando i pulsanti in alto (puoi inviargliela via e-mail, oppure tramite una rete sociale, oppure esportarla come file con estensione **.gpx**).
6. Se usa questa stessa app, l'amico potrà usare la tua traccia per seguire esattamente lo stesso percorso della tua passeggiata.

ESERCIZI DI RIEPILOGO

ZTE ONLINE

LOSAI? RIPASSA CON LO SMARTPHONE

1 Completa la mappa con le parole:

app ▪ cellulare ▪ dati ▪ dita ▪ fotocamere ▪ GPS ▪ rotazione ▪ telefonia ▪ touchscreen ▪ Wi-Fi

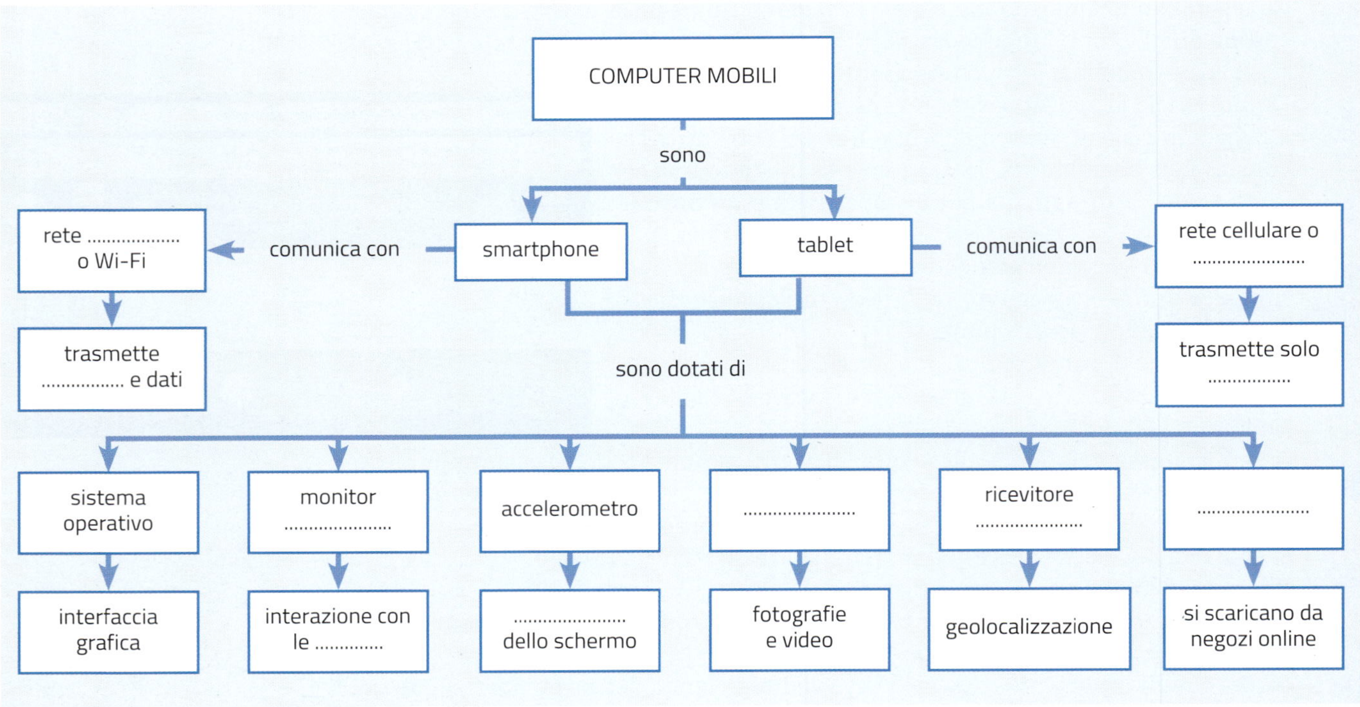

2 Che cos'è nella rete cellulare una *cella*?

A Un'area di connessione riservata a un cellulare.
B Un'area geografica coperta da un ripetitore.
C Un'area di memoria usata per comunicare.
D Un'area ristretta dove il cellulare non ha campo.

3 Quale proprietà del nostro corpo rende possibile il funzionamento degli schermi capacitivi?

....

4 Scrivi i nomi di tre diversi sistemi che uno smartphone può usare per trasferire dati a distanza.

1. .... **2.** .... **3.** ....

5 Quale sensore è usato dai tablet per adattare l'interfaccia grafica quando si ruota l'apparecchio?

....

6 Un monitor touchscreen resistivo si attiva mediante una sollecitazione di tipo:

A elettrico B meccanico
C digitale D magnetico

7 Che cosa manca quando un cellulare «non ha campo»?

....
....

8 La signora di questa foto riuscirebbe a usare il bancomat anche se indossasse i guanti. Per quale ragione?

....

9 Per quale ragione, in base ai concetti fondamentali dell'informatica, si può dire che uno smartphone è a tutti gli effetti anche un computer?

....
....
....

10 A che cosa serve il *tethering* fatto con uno smartphone?

....

....

11 Completa il testo.

Quando faccio una telefonata, il mio cellulare emette onde .... Queste vengono captate dal .... della cella in cui mi trovo, che re-invia il segnale alla centrale.
Questa, a sua volta, comunica con altri ripetitori per individuare la .... in cui si trova il .... che ho chiamato.

12 Sai dire qual è la differenza principale tra una carta SIM e una normale memory card, al di là della loro diversa capacità di memoria?

....

....

13 Il gergo informatico usa molti acronimi basati sulla lingua inglese. Scrivi a che cosa corrispondono questi tre esempi e qual è il loro significato in italiano.

SIM in English: ....

in italiano: ....

4G in English: ....

in italiano: ....

GPS in English: ....

in italiano: ....

14 Se una persona sta guidando, qual è l'unico tipo di interazione che può avere con uno smartphone, per rispettare la legge e le regole di buon senso sulla sicurezza?

....

....

15 Se si è all'interno di un lungo tunnel, la bussola di uno smartphone può funzionare, ma una app per la navigazione satellitare no. Per quale ragione?

....

....

....

....

16 Sai spiegare quale differenza sostanziale esiste tra *realtà aumentata* e *realtà virtuale*?

....

....

....

....

17 Sapresti spiegare perché sulla Stazione Spaziale Internazionale l'interfaccia grafica di un tablet non cambia mai, comunque si orienti il dispositivo?

....

....

....

....

18 Com'è possibile che una app dello smartphone che porti con te riesca a misurare la velocità con cui ti stai muovendo?

....

....

....

VERIFICA DELLE COMPETENZE

1 **LAVORA CON I DATI**

Il funzionamento del ricevitore GPS si basa sulla misura di intervalli di tempo: il ricevitore infatti calcola la propria posizione in base ai ritardi con cui riceve i segnali radio emessi da diversi satelliti della «costellazione».

La precisione della posizione misurata perciò dipende dall'accuratezza degli orologi usati.

Se l'orologio di un satellite GPS sbaglia di 1 milionesimo di secondo, di quanto sarà sbagliata la misura della distanza da quel satellite?

Supponi che i segnali radio viaggino a 300 000 km/s.

....

Posto che i satelliti GPS orbitano a circa 20 000 km dalla superficie terrestre, quale sarà l'errore percentuale sulla misura della distanza dal satellite?

....

2 **INFORMATICA E AMBIENTE**

Osserva attentamente l'immagine. Sai spiegare in che modo le stesse tecnologie presenti nei computer mobili oggi possono aiutarci a proteggere gli animali selvatici a rischio, monitorandone il comportamento?

....

....

3 **SCOPRILO SU INTERNET**

Il sistema GPS si basa su satelliti militari di proprietà del governo degli Stati Uniti.

a. Come si chiama il sistema satellitare europeo equivalente al GPS?

....

b. Da quanti satelliti è formato?

....

c. Qual è la differenza principale tra il sistema europeo e quello nordamericano?

....

....

4 **L'INFORMATICA E IL CITTADINO**

L'azione raffigurata nella fotografia qui sotto può essere giustificata soltanto se la scena avviene in una particolare situazione. Sai dire quale?

....

....

Per quale ragione in tutti gli altri casi quest'azione è vietata dalla legge e dev'essere in ogni modo scoraggiata?

....

....

....

....

5 **L'ESPERTO SEI TU**

L'uso dello smartphone può avere un impatto molto positivo sulla vita degli anziani, non soltanto perché consente loro di comunicare più facilmente, ma perché le app possono migliorare l'assistenza in caso di difficoltà.

Come progetteresti per esempio una app che sappia riconoscere il fatto che la persona che ha con sé lo smartphone è caduta, e in tal caso chiami automaticamente i soccorsi?

....

....

....

....

Proponi un nuovo gesto, diverso da quelli con cui già oggi interagiamo con lo smartphone, che possa consentire a una persona in difficoltà di chiamare automaticamente i soccorsi. Concentrati sull'invenzione di un gesto che il sistema operativo possa riconoscere senza ambiguità; dai per scontato che esista un numero di emergenza da chiamare e trascura tutte le altre modifiche software che sarebbero necessarie.

....

....

....

CLIL

Learn from the originals | Read it as they wrote it

How Smartphones and Mobile Internet Have Changed Our Lives

by Ely Hechtel in *saucelabs.com*, January 2016

20 years ago there weren't any smartphones and since then a lot of things have changed. Now we can't even remember the last time we actually didn't use our smartphone for a whole day. Mobile smart devices and mobile Internet are changing the way we do things and how we connect with other people.

3.2 billion people are now using the Internet, 2 billion of which are in developing countries. From the beginning of 2014 to the beginning of 2015, mobile data usage has grown 55%.

There are now nearly more mobile-cellular telephone subscriptions (around 7 billion) than people in the world. That tells us that the people who have access to mobile Internet do access the Internet with more than just one mobile device.

The average time we spend on our mobile devices daily is 3 hours and 40 minutes and that amount of time does not include the time we spend doing actual phone calls. According to a Flurry Analytics research, 90% of the time we spend on our mobile devices we spend within apps.

Out of 1.8 million apps that can be found in the Google Play store (November 2015) and 1.5 million on the Apple AppStore (June 2015), the average user has just 36 apps installed, but only 26% of all installed apps are used daily. 25% of installed mobile apps have been used only once by the device owner in the first six months of ownership.

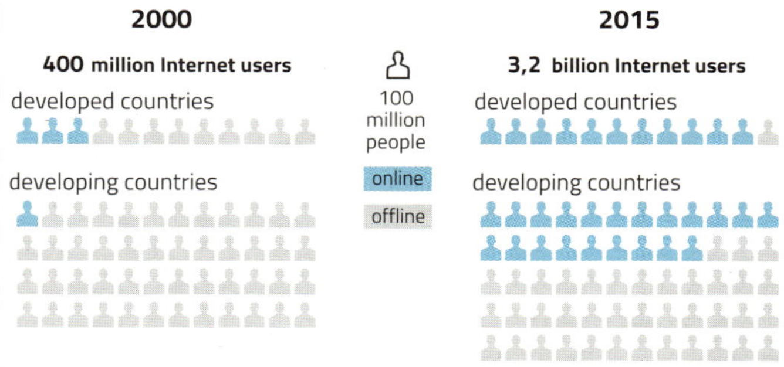

Source: ITU

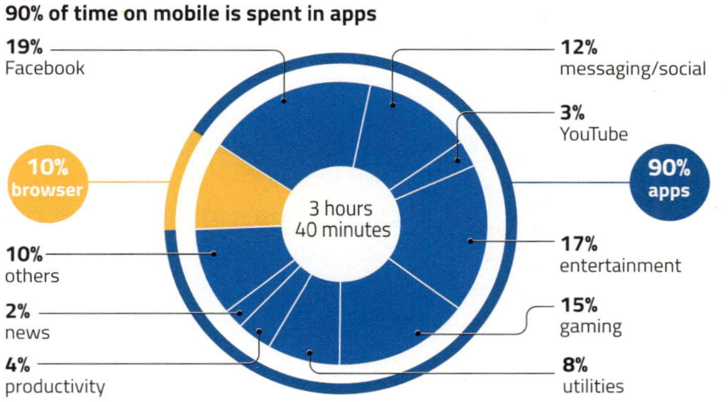

Source: Flurry Analytics

Glossary

developed/developing country = technologically more/less advanced country

subscription = an amount of money paid regularly to receive a service

average = the mean value in a set of data, calculated by dividing the sum of the values by their number

ownership = the fact that you own something

QUESTIONS

1 Read the graphs and fill in the missing numbers.

In the year 2000 there were .... Internet users in developed countries for every Internet user in developing countries. In 2015, however, there were about .... users in developing countries for every user in developed countries. Between 2000 and 2015 the population in developed countries has not changed, while that in developing countries has increased by .... people.

2 List the first three app types that were most used in the US in 2015, and the corresponding percentage of time spent using them by smartphone users.

	app	% of time
1	....	....
2	....	....
3	....	....

Capitolo 7

La sicurezza informatica

7.1 Perché è importante proteggere i propri dati

I dati contenuti nei nostri computer spesso sono importanti per lo studio e il lavoro, oppure possono avere un valore affettivo, come nel caso delle foto o dei video. Ma oltre a essere significativi per noi, questi dati possono interessare anche a persone malintenzionate.

Collegarci a Internet con il nostro computer può esporci ad alcuni rischi, come il «**furto di identità**»: se un malfattore riesce a carpire dati sensibili, per esempio le nostre password, può derubarci facendo acquisti online con i nostri conti bancari, oppure può compiere a nostro nome azioni illecite con la posta elettronica o sulle reti sociali.

Proteggere i dati personali è perciò un'esigenza prioritaria per chiunque usi computer collegati alla Rete, o anche dispositivi mobili come tablet e smartphone.

La sicurezza delle informazioni

Nel mondo sono molti – più di quanti normalmente si immagini – gli individui e i gruppi che si dedicano ad attività illegali sfruttando i punti deboli dei sistemi informatici.

I **crimini informatici** possono essere di vario tipo: oltre al furto di identità, l'accesso non autorizzato a un database, l'intercettazione illecita delle comunicazioni altrui, il danneggiamento, la cancellazione o l'alterazione di dati, le frodi elettroniche.

Le buone norme della **sicurezza informatica**, di cui parleremo in questo capitolo, sono una difesa contro questo tipo di crimini.

Un sistema informatico sicuro deve soddisfare tre requisiti fondamentali, la *confidenzialità*, la *disponibilità* e l'*integrità* delle informazioni:

- la **confidenzialità** (o **riservatezza**) consiste nel limitare l'accesso alle informazioni e alle risorse informatiche alle sole persone autorizzate;
- la **disponibilità** fa sì che le informazioni e le risorse informatiche siano sempre accessibili agli utenti che ne hanno diritto, nel momento in cui servono;
- l'**integrità** indica la correttezza, completezza, coerenza e affidabilità delle informazioni, nonché del funzionamento delle risorse informatiche che si usano.

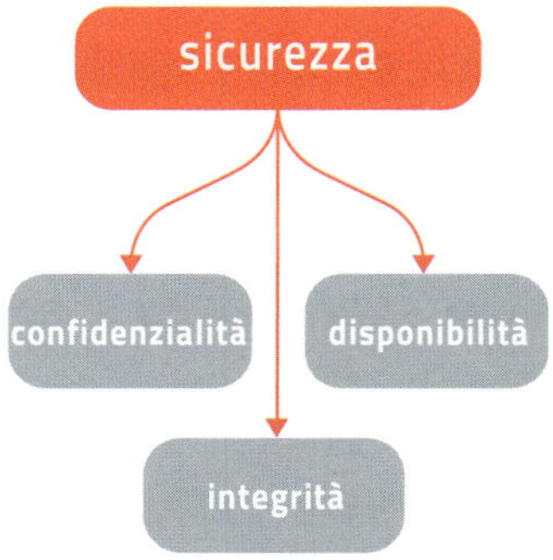

La sicurezza informatica è particolarmente importante per le aziende: oltre a difendere le proprie informazioni riservate, devono proteggere i dati relativi ai loro clienti, che sono un capitale prezioso per le attività di promozione e marketing. Un criminale informatico che ne entri in possesso potrebbe farne un uso illegale, per esempio contattando i clienti con offerte truffaldine.

Va detto però che *non è possibile ottenere una sicurezza informatica assoluta*: il meglio che si può fare è minimizzare i rischi associati ai crimini informatici.

Hacker e cracker

Un ***hacker*** è un esperto di informatica che trova e sperimenta tecniche diverse per accedere a un sistema hardware o software, per esplorarlo o modificarlo.

Il termine hacker spesso è usato erroneamente come sinonimo di «cyber-criminale»; in realtà la parola corretta per indicare in inglese un criminale informatico è ***cracker*** (figura 7.1).

Gli hacker detti *white hat* («dal cappello bianco») agiscono in modo lecito e con scopi nobili: il loro *hacking etico* sfrutta le competenze informatiche per migliorare la sicurezza di un sistema, evidenziandone le falle.

Molte grandi aziende perciò impiegano gli hacker come consulenti per identificare i punti di debolezza dei propri sistemi informatici. In questo modo cercano di prevenire i danni che potrebbero essere causati dai *black hat*, i cracker, che usano le tecniche dell'hacking a fini criminali.

Figura 7.1 Gli hacker possono agire a fin di bene (*white hat*) mentre i cracker (*black hat*) sono criminali informatici.

L'«ingegneria sociale»

Nel campo della sicurezza informatica, l'espressione **ingegneria sociale** (*social engineering*) indica l'insieme delle pratiche messe in atto da malintenzionati per procurarsi password e codici utili per avere accesso a informazioni sensibili, violando così la confidenzialità dei dati.

Si tratta soprattutto di tecniche di manipolazione psicologica, che mirano a spingere le persone a divulgare informazioni confidenziali.

Il metodo più diffuso è il ***phishing*** («pesca di dati»), basato sull'invio di e-mail che mascherano il reale indirizzo di provenienza e simulano in modo molto fedele i messaggi di un sito di cui ci fidiamo, per esempio quello della nostra banca.

Una tipica azione di phishing è il ***pretexting*** (figura 7.2): in un messaggio e-mail la finta banca, con un pretesto, ci chiede di inserire in un modulo lo username e la password del nostro conto corrente online (cosa che la vera banca non farebbe mai). Se incautamente inseriamo i dati del conto, essi vengono inviati al cracker, che si impossessa così dei nostri codici.

Banca Intesa

Caro membro di Banca Intesa,

Per i motivi di sicurezza abbiamo sospeso il vostro conto di operazioni bancarie in linea a Banca Intesa. Dovete confermare che non siete una vittima del furto di identita per ristabilire il vostro conto.

Dovete scattare il collegamento qui sotto e riempire la forma alla seguente pagina per realizzare il processo di verifica.

http://www.bancaintesa.it/verifica_profilo/index.htm

Li ringraziamo per la vostra attenzione rapida a questa materia. Capisca prego che questa и una misura di sicurezza progettata per contribuire a proteggere voi ed il vostro conto. Chiediamo scusa per eventuali inconvenienti.

Francamente, Reparto Di Rassegna Di Conti Di Banca Intesa

Non risponda prego a questo E-mail. La posta trasmessa a questo indirizzo non puт essere risposta a.

Figura 7.2 Un esempio di *pretexting* legato a un'azione di *phishing*.

Tecniche criminali vecchie e nuove

Il modo più semplice per appropriarsi di un codice d'accesso è ancora quello tradizionale: spiare l'utente – per esempio in un Internet cafè – mentre digita la password, standogli dietro le spalle (in inglese ***shoulder surfing***) o usando telecamere a circuito chiuso.

Conviene sempre quindi prendere precauzioni quando si digitano dati come il PIN di una carta bancomat (figura 7.3).

Per procurarsi i dati necessari per un furto d'identità – nome, cognome, indirizzo, codice fiscale, luogo e data di nascita, numero della carta di credito della vittima – i criminali a volte rubano il portafogli o il telefonino della vittima, oppure rovistano nella sua spazzatura (***information diving*** o ***dumpster diving***): dettagli a prima vista irrilevanti, come vecchie bollette, estratti conto bancari o lettere personali, possono infatti fornire informazioni preziose circa la nostra identità.

Esistono poi tecniche più raffinate da un punto di vista informatico, come lo ***skimming*** (dall'inglese per «leggere velocemente»): uno sportello bancomat, un distributore di biglietti o un terminale per il pagamento con carta di credito viene modificato con congegni che copiano i dati delle carte, clonandole.

Figura 7.3 È bene assicurarsi che nessuno possa leggere i PIN e le password quando li digitiamo.

Le bande criminali che organizzano questo tipo di reato usano poi la carta clonata per fare prelievi o acquisti, di solito all'estero; le vittime dello skimming spesso si accorgono del furto soltanto al momento di controllare il successivo estratto conto.

Per limitare i danni dovuti alla clonazione delle carte, molte banche offrono un servizio, via SMS o e-mail, che avvisa l'utente ogni volta che si fa un acquisto.

La difesa della privacy

Quando un sito web o una app ci chiede di registrarci inserendo dati personali, per esempio il codice fiscale o l'indirizzo o l'età, è potenzialmente a rischio la nostra *privacy*, cioè il diritto a mantenere riservate le informazioni sulla nostra vita privata.

Nell'Unione Europea il regolamento 679/2016, noto come **GDPR** (*General Data Protection Regulation*), stabilisce che chiunque raccolga e tratti dati personali, cioè il «titolare del trattamento», deve garantire la protezione delle persone alle quali le informazioni si riferiscono, definite «gli interessati».

Tra i principi di base che ispirano la **difesa della privacy** ci sono:

- la **trasparenza**: la raccolta dei dati dev'essere manifesta e dichiarata, spiegandone la finalità e dichiarando le procedure adottate per il rispetto delle regole;
- la **legittimità**: la raccolta deve perseguire fini legittimi e avvenire con il consenso dell'interessato o in base ad altre circostanze stabilite dal GDPR;
- la **proporzionalità**: i dati raccolti devono essere pertinenti, accurati e aggiornati, e non devono andare al di là delle specifiche finalità per cui sono raccolti.

L'interessato, ai sensi degli articoli 15-22 del GDPR, ha il diritto di:

- venire informato in modo chiaro sull'esistenza dei dati personali;
- conoscere l'origine dei dati e le finalità e modalità del loro trattamento;
- sapere chi detiene i dati personali e a chi altro potranno essere comunicati;
- opporsi al trattamento dei propri dati personali a fini commerciali;
- chiedere la cancellazione dei propri dati (diritto all'oblio).

Il titolare dei dati, cioè l'ente o l'azienda che li raccoglie, ha il dovere di conservarli soltanto per il tempo necessario per gli scopi per cui sono stati raccolti, e di garantire che siano al riparo da intrusioni esterne, attuando le opportune misure di sicurezza.

IN SINTESI

- La **sicurezza informatica** mira a garantire insieme la **confidenzialità**, la **disponibilità** e l'**integrità** delle informazioni.
- I **dati** contenuti nei nostri computer vanno difesi dai possibili attacchi dei **criminali informatici** o ***cracker***; tra i rischi maggiori c'è quello del **furto di identità**, cioè delle credenziali con cui accediamo a servizi riservati.
- Le tecniche dell'**ingegneria sociale**, come il ***phishing*** e il ***pretexting***, usano e-mail e finti siti web per spingerci a divulgare dati personali.
- I cracker usano anche metodi come il ***shoulder surfing*** (spiare mentre si digitano le password), l'***information diving*** (recupero di dati dall'immondizia) o la tecnica dello ***skimming*** per clonare le carte di credito.
- È importante anche la **difesa della privacy**: chi raccoglie dati su di noi deve rispettare regole di **trasparenza**, **scopi legittimi** e **proporzionalità**.

ESERCIZI

1 Quale fra i tre requisiti per la sicurezza dei dati si mira a soddisfare usando un PIN per il bancomat?

....

2 Qual è il nome inglese della tecnica usata per clonare una carta di credito?

....

7.2 Le password e il controllo degli accessi

Per proteggere i contenuti di un computer dagli accessi non autorizzati, di solito si definisce una **password** («parola d'ordine») che bisogna conoscere per poter accedere ai dati.

Le password sono un elemento cruciale della sicurezza informatica: sono infatti la principale tecnica per *autenticare* gli utenti e riconoscere se siano o meno autorizzati, garantendo così la confidenzialità dei dati.

Le password che utilizziamo perciò vanno scelte e gestite con cura. Una buona password deve essere facile da ricordare per noi, ma molto difficile da indovinare per chiunque altro.

Per essere «robusta», una password dev'essere sufficientemente lunga – almeno 8 caratteri – e contenere sia lettere maiuscole sia minuscole, ma anche numeri e simboli speciali, come la «chiocciola» (@) o il «cancelletto» (#).

! Una **buona password** deve avere almeno 8 caratteri con lettere maiuscole e minuscole, numeri e simboli.

È poi buona norma modificare le password periodicamente, per ridurre il rischio che vengano scoperte. E naturalmente bisogna tenerle riservate: se per paura di dimenticare una password si decide di annotarla, la copia andrà conservata in un luogo sicuro.

I servizi che richiedono una password sono moltissimi: per esempio l'accesso alle reti sociali, i servizi bancari online, gli account di rete.

È importante usare per ogni servizio una password diversa: se si usasse un'unica password e questa venisse scoperta da un malintenzionato, infatti, sarebbe messa a repentaglio in un colpo solo la sicurezza di tutti i servizi che usiamo.

Ricordare tante password diverse però è difficile; per gestirle si possono usare le applicazioni chiamate ***password manager***. Questi programmi, che sono protetti mediante tecniche crittografiche, memorizzano tutte le password che usiamo; l'unica password che occorrerà ricordare a memoria, perciò, è quella che dà accesso al password manager stesso.

Alcuni password manager sono applicazioni offline, contenute per esempio nei browser; in tal caso funzioneranno soltanto sul particolare computer su cui sono installate. Esistono però anche password manager online, che memorizzano i dati nella «nuvola» e possono perciò essere usati da qualsiasi nostro dispositivo connesso a Internet.

Le one-time password

Tra i metodi più efficaci per vanificare l'eventuale intercettazione delle credenziali di un utente c'è l'uso della cosiddetta ***one-time password*** (OTP): si tratta di una password «usa-e-getta», che perde la propria validità non appena la si usa una volta; così un eventuale intruso che l'abbia intercettata non potrà riutilizzarla.

Molte banche per esempio forniscono ai loro clienti una chiavetta elettronica con display, come nell'esempio della figura 7.4.

Figura 7.4 Un dispositivo che genera one-time password.

Ogni volta che il cliente deve confermare una transazione online nel sito web della banca, usa come OTP il codice numerico che appare sul display. Questa password è valida soltanto in quell'istante; dopo pochi secondi, infatti, il codice cambia.

Cifrare file e cartelle

I documenti contenuti in un computer si possono proteggere mediante la **cifratura**, cioè usando i metodi della **crittografia** per renderli incomprensibili alle persone che non sono autorizzate a leggerli.

Per esempio, il programma open source **7-zip** (scaricabile dal sito **www.7-zip.org**) è un freeware che permette di comprimere file e cartelle e, al contempo, cifrarli.

Dopo aver selezionato i file da comprimere, si fa clic su **Aggiungi** per inserirli nell'archivio compresso. A quel punto appare la finestra **Aggiungi all'archivio**, dove si può attivare la **Cifratura** digitando una password, che va poi digitata una seconda volta per conferma (**figura 7.5**).

Al clic su **OK** verrà creato un file compresso (con estensione **.7z**) che si potrà aprire soltanto inserendo la password che è stata impostata.

Queste tecniche di cifratura hanno il vantaggio di impedire l'accesso ai dati da parte di intrusi (a patto che le password scelte siano difficili da indovinare, e siano mantenute segrete). Il rischio però è quello di perdere l'accesso ai dati qualora si dimentichi la password; è indispensabile perciò avere un backup non protetto dei dati.

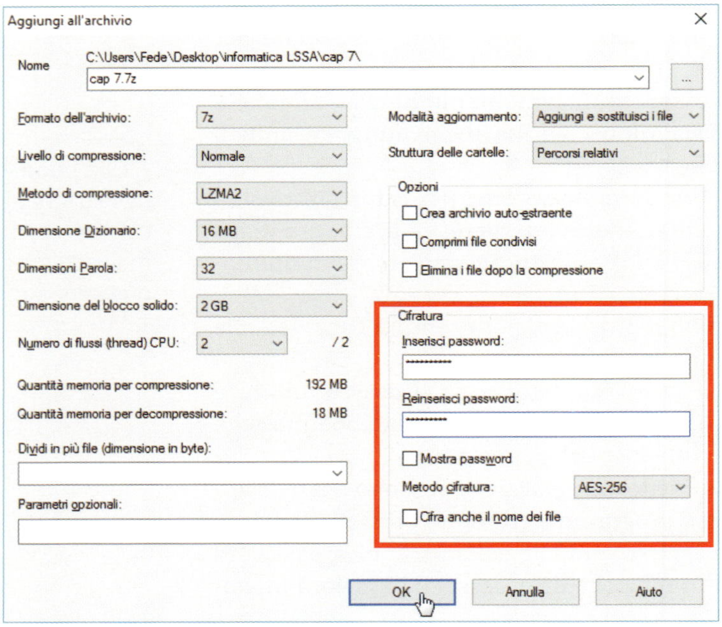

Figura 7.5 La cifratura di un file compresso con la app open source *7-zip*.

L'autenticazione degli utenti

I sistemi informatici riconoscono gli utenti autorizzati tramite il processo di **autenticazione**, cioè il riconoscimento delle credenziali dell'utente.

Come abbiamo visto, l'autenticazione può basarsi su una **password**, cioè un'informazione segreta che soltanto l'utente conosce.

Ma si può usare anche un oggetto che soltanto l'utente autorizzato possiede; per esempio, in molte aziende i dipendenti registrano gli ingressi e le uscite dal lavoro («timbrano il cartellino») usando una **smartcard** personale, cioè un tesserino dotato di un circuito integrato.

Per limitare l'accesso a un dispositivo o a un'area di lavoro sono sempre più diffusi anche i sistemi di **controllo biometrico**, che identificano l'utente in base a una caratteristica fisica univoca: scanner che riconoscono l'impronta digitale (**figura 7.6**), sistemi laser per la scansione dell'iride (o a raggi infrarossi per la scansione della retina) oppure software di analisi del suono, capace di riconoscere la voce dell'utente.

Esistono anche sistemi, basati sull'uso di telecamere e di algoritmi molto sofisticati, che consentono il riconoscimento facciale (analisi delle caratteristiche geometriche di naso, occhi, bocca e zigomi) o il riconoscimento della geometria della mano (lunghezza e forma delle dita, curvatura del palmo).

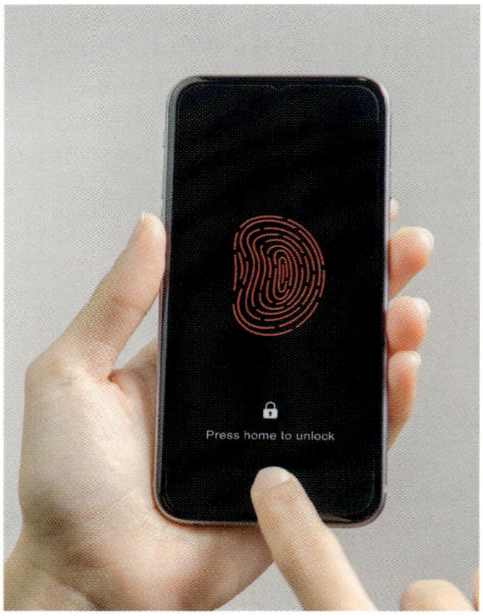

Figura 7.6 Molti smartphone consentono di autenticare l'accesso con un controllo dell'impronta digitale.

Quando il controllo dell'accesso dev'essere più rigoroso, si usano più metodi simultaneamente e si parla di **autenticazione a più fattori** (o **forte**). Per esempio:

- per prelevare denaro con una carta di credito o bancomat occorre sia possedere la smartcard, sia conoscere un codice segreto (il PIN);
- per usare la posta elettronica bisogna digitare due dati, il codice utente e la password associata, che danno accesso alla propria casella e-mail;
- per accedere a luoghi che richiedono massima sicurezza, si deve possedere una smartcard e anche sottoporsi alla verifica dell'iride (**figura 7.7**).

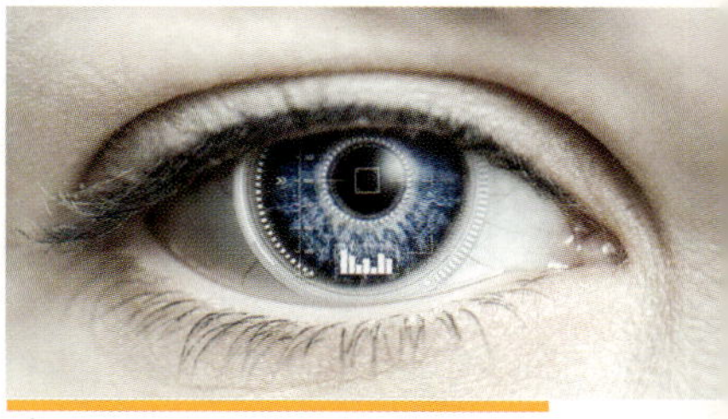

Figura 7.7 Tra i sistemi di controllo biometrico c'è la scansione dell'iride.

IN SINTESI

- Una **password**, per essere **sicura**, deve avere almeno 8 caratteri, contenere lettere maiuscole e minuscole e anche numeri e simboli speciali.
- I servizi bancari online di solito usano le ***one-time password*** (OTP), che sono valide per un breve tempo e si possono usare una volta sola.
- I **file** si possono proteggere dagli accessi non autorizzati con la **cifratura**, cioè proteggendoli con tecniche di **crittografia**.
- L'**autenticazione**, cioè il **controllo delle credenziali** dell'utente di un sistema informatico, può avvenire mediante **oggetti** (come le smartcard), **informazioni segrete** (come le password) o **esami biometrici** (come l'analisi dell'impronta digitale). L'autenticazione più sicura è quella **a più fattori**, che usa cioè diverse tecniche simultaneamente.

PAROLE > I CAPTCHA

Un problema particolarmente rilevante per la sicurezza informatica è la diffusione sempre crescente dei *bot*, cioè di robot software che circolano continuamente per il web. Questi programmi sono indistinguibili dagli utenti umani per interazioni come il clic su un link o un pulsante, ma è importante rendere loro impossibili certe operazioni, come le transazioni economiche o la risposta a questionari o sondaggi d'opinione.

A questo servono i **CAPTCHA** (pronuncia: *càpcia*), riquadri con sequenze di alcuni caratteri deformati in modo casuale, e con uno sfondo che ne disturba la lettura.

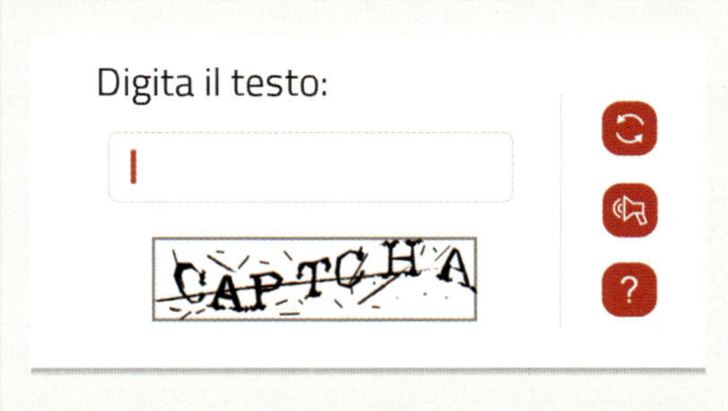

Grazie alla flessibilità del nostro cervello, la sequenza per noi è molto semplice da riconoscere, mentre è molto difficile per il sistema di riconoscimento automatico di un robot. I CAPTCHA perciò sono usati come parte dell'autenticazione a più fattori per garantire che l'utente sia un essere umano.

CAPTCHA è un acronimo che suona come il verbo inglese *capture* («catturare, registrare»): sta per *Completely Automated Public Turing test to tell Computers and Humans Apart*, cioè «test di Turing completamente automatico per distinguere i computer dalle persone».

ESERCIZI

1 Quale tra queste è l'unica password accettabilmente sicura?

A 7ott2003
B CR7#gol
C An_nA!06
D password13

2 Il password manager del browser ti chiede se vuoi memorizzare la password che hai appena usato. Se si tratta di una one-time password, che cosa rispondi, e perché?

....
....
....

7.3 I malware e gli antivirus

I file trasmessi da un computer a un altro, per esempio attraverso Internet, possono contenere vari tipi di software pericoloso o **malware** («software maligno», cioè dannoso).

Il malware mette a rischio la sicurezza informatica violando l'integrità e la disponibilità dei nostri dati: può alterarli, cancellarli oppure renderli inaccessibili tramite il blocco di certe funzionalità del computer.

I malware più comuni di tipo **infettivo**, che si autoreplicano propagandosi da un computer all'altro come malattie informatiche contagiose, sono i *virus* e i *worm*:

- i **virus** sono applicazioni parassite che si insediano all'interno di altri file e li infettano facendo copie di sé stessi; spesso l'utente non se ne rende conto fino a quando il funzionamento del sistema operativo non viene rallentato in modo significativo;
- i **worm** («vermi») agiscono in modo simile ai virus ma sono programmi a sé stanti, che possono riprodursi autonomamente, senza bisogno di agganciarsi ad altri file; la loro specialità è propagarsi via Internet, spesso come allegati ai messaggi e-mail.

I vettori di contagio

Siamo esposti al rischio di infezione da malware ogni volta che il nostro computer riceve dati dall'esterno, come quando gli colleghiamo una **chiave USB** (**figura 7.8**) oppure – e soprattutto – durante il **collegamento a Internet**.

Il malware infatti viaggia prevalentemente con la posta elettronica, nascosto nei **file allegati** ai messaggi e-mail, e con i **file che scarichiamo** dalla Rete.

Perciò, se si riceve un messaggio e-mail che arriva da un mittente sconosciuto, o appare comunque sospetto, è importante non aprire mai i file allegati, specialmente se si tratta di file eseguibili. E se si intende scaricare un file da un sito web, bisogna per prima cosa accertarsi che la fonte sia affidabile e sicura.

Allo stesso modo, può essere pericoloso collegare al proprio computer una chiave USB di cui non conosciamo il proprietario. Per esempio, alcuni cracker abbandonano chiavette infette in luoghi frequentati come parcheggi o bar, contando sul fatto che qualcuno le trovi e le colleghi al proprio computer.

Un altro possibile veicolo di contaminazione sono le **macro**, funzioni con cui si possono automatizzare le attività eseguite più di frequente in programmi come gli elaboratori di testo o i fogli di calcolo. Perciò è consigliabile impostare i programmi disattivando le macro e, se un programma ci chiede l'autorizzazione ad attivarne una, accertare prima di procedere che il file provenga da una fonte affidabile.

In tutti i casi, è fondamentale **assicurarsi che nel computer sia attivo un programma antivirus aggiornato**, che controlli automaticamente tutti i file in ingresso.

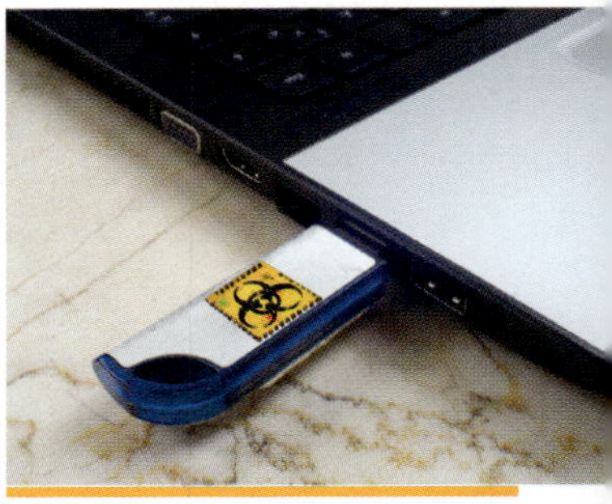

Figura 7.8 Ogni volta che colleghiamo una chiave USB a un pc, lo esponiamo a un potenziale rischio di contagio da malware.

Trojan, backdoor e rootkit

I cracker mirano all'***evasion***, cioè a evitare che i sistemi di protezione rivelino la presenza del malware; perciò usano una varietà di tecniche per nascondere i file pericolosi.

A seconda della strategia usata, i malware si suddividono in tre famiglie principali:

- i ***Trojan*** («cavalli di Troia») sono nascosti in programmi che paiono attraenti e invogliano l'utente all'installazione, per esempio videogiochi «piratati»; il malware si attiva poi nel computer all'insaputa dell'utente;
- i ***backdoor*** (letteralmente «porta sul retro») sono metodi per accedere al computer dalla rete, evitando le procedure di autenticazione; usano connessioni aperte da programmi autorizzati, come i software *peer-to-peer* usati per condividere in rete file audio o video, oppure da virus o Trojan;
- i ***rootkit*** sono applicazioni che modificano il funzionamento del sistema operativo, inibendo i suoi normali strumenti di amministrazione e controllo e impedendogli così di attivarsi contro il malware.

Non soltanto virus e worm

Oltre a quelli già citati, esistono tanti altri tipi di malware di cui fanno uso i criminali informatici. Per esempio:

- gli ***spyware*** sono Trojan usati per il furto di dati: raccolgono informazioni riservate presenti sul computer (come elenchi dei siti visitati, password e indirizzi e-mail della rubrica) e le inviano all'esterno;
- i ***keystroke logger*** o ***keylogger*** («registratori dei tasti battuti»), installati di solito sul computer da Trojan o da worm, sono programmi che registrano tutto ciò che l'utente digita sulla tastiera, incluse le password o altri dati sensibili;
- gli ***adware*** (da *advertisement*, «annuncio pubblicitario») sono programmi simili agli spyware: non inviano informazioni all'esterno, ma fanno apparire nel computer della vittima messaggi pubblicitari indesiderati;
- i ***ransomware*** bloccano il funzionamento di una o più applicazioni e chiedono un pagamento (riscatto, *ransom* in inglese) per sbloccare i programmi.

Altre variazioni sul tema sono gli ***scamware*** (da *scam*, «truffa») che inducono a pagare per software inutile e fraudolento, gli ***scareware*** (da *scare*, «impaurire»), che si attivano quando si risponde a messaggi di allarme ingannevoli, e i ***leakware*** (da *leak*, «diffusione di informazioni»), che chiedono pagamenti con la minaccia di diffondere dati sensibili.

Un caso estremo è rappresentato dalla cosiddetta **botnet**, una rete di computer connessi a Internet che sono stati «reclutati» infettandoli con malware, e che rispondono agli ordini di un unico **botmaster**. Il botmaster vende i servizi della botnet a clienti che vogliono compiere azioni illegali, come il furto delle credenziali per condurre truffe o campagne di ***spamming***, cioè l'invio di messaggi pubblicitari indesiderati a un gran numero di utenti.

I malware evolvono seguendo il progresso tecnologico. Per esempio i ***dialer***, che erano worm progettati per deviare la connessione verso servizi fraudolenti a pagamento, sono scomparsi insieme ai vecchi modem a 56 kbps, che componevano il numero di telefono per collegarsi al provider.

I programmi antivirus

Le applicazioni **antivirus** sono in grado di prevenire, rilevare ed eliminare software nocivi. I malware possono attaccare qualsiasi sistema informatico, anche mobile, perciò è importante proteggere con antivirus tutti i propri dispositivi (**figura 7.9**).

Un programma antivirus esamina periodicamente con una **scansione** i file memorizzati nel computer per determinare se siano infettati, confrontandoli con un archivio di tutti i malware conosciuti. Ogni malware è identificato tramite la sua specifica ***signature***, o «firma informatica».

Bisogna però tenere presente che **nuovi malware vengono continuamente creati e diffusi** sulla Rete. Siccome c'è il rischio che i malware creati più di recente non siano rilevati, il software antivirus usa altre due tecniche di rilevamento, il *riconoscimento generico* e la *ricerca euristica*:

- il **riconoscimento generico** analizza caratteristiche meno specifiche della firma. Alcuni malware per esempio sono creati da programmi di generazione automatica, ai quali l'antivirus dà la caccia: così, anche se non è possibile identificare con precisione il software nocivo, se ne rileva comunque la potenziale minaccia;
- la **ricerca euristica** si basa invece sull'analisi del comportamento dei file. Se un programma si nasconde nel sistema operativo, modifica o cancella dei file, o ancora invia dati verso l'esterno attraverso la rete, ci sono buone probabilità che si tratti di un malware. Anche in questo caso l'identificazione della minaccia non è precisa, ma consente all'antivirus di mettersi in allerta nei confronti di un dato file.

Va sottolineato che **gli antivirus sono efficaci soltanto se vengono aggiornati di frequente.** Per garantirsi una protezione dai malware di recente introduzione, è bene aggiornare almeno settimanalmente i file di riconoscimento dei virus e almeno mensilmente il software antivirus.

! Su tutti i personal computer e i dispositivi mobili bisogna installare un **antivirus** e tenerlo **sempre aggiornato**.

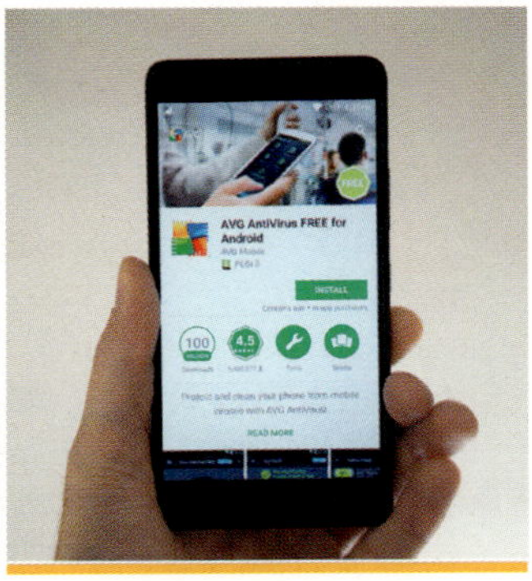

Figura 7.9 Nei negozi online di app si trovano buoni antivirus per smartphone, anche gratuiti.

È importante **aggiornare regolarmente anche le applicazioni**, come il browser e i relativi *plug-in*, e anche lo stesso sistema operativo, ogni volta che i produttori ne rendono disponibili nuove versioni più sicure. Molti malware infatti fanno leva proprio su vulnerabilità scoperte dai cracker nelle applicazioni obsolete o non aggiornate.

Come si «disinfetta» il computer

Di solito, al momento dell'installazione, il software antivirus ha le opzioni di base già attivate: aggiornamento automatico del software quando si è collegati a Internet, scansione sistematica di tutti i file scaricati da Internet o allegati alle e-mail, scansione dell'intero computer a intervalli regolari.

È possibile anche pianificare manualmente le scansioni, per esempio richiedendo che una volta alla settimana tutte le unità disco siano analizzate in dettaglio.

Nei sistemi operativi Ubuntu e Windows si può scansionare in qualsiasi momento un file o una cartella specifica facendo clic sulla sua icona con il tasto destro del mouse e scegliendo poi l'opzione di scansione nel menu di scelta rapida.

Quando l'antivirus rileva la presenza di un malware, di solito ci consente di decidere che cosa fare, offrendo diverse opzioni. La scelta più sicura è sempre quella di **eliminare del tutto i file infetti**.

A volte l'antivirus raccomanda di mettere un file in **quarantena**, perché l'ha riconosciuto come sospetto e potenzialmente pericoloso, ma non ha potuto identificare uno specifico malware. Il file in tal caso sarà trasferito in una zona confinata della memoria, per essere analizzato di nuovo quando l'antivirus verrà aggiornato.

I file messi in quarantena si possono comunque recuperare e usare: il programma antivirus avvertirà del pericolo e chiederà una conferma prima dell'apertura del file.

Esistono anche risorse online per identificare il malware presente sul proprio computer; le si trova per esempio nei siti web dei produttori di antivirus, di browser o di sistemi operativi. Questi programmi possono aiutare a diagnosticare e risolvere un attacco da virus mentre è in corso, ma non forniscono una protezione quotidiana in tempo reale.

IN SINTESI

- Il **malware** è un software dannoso che può alterare i nostri dati, cancellarli o renderli inaccessibili bloccando alcune funzionalità del computer.
- I più comuni malware **infettivi**, che si moltiplicano e si diffondono a nostra insaputa, sono i **virus** (che si insediano dentro altri programmi) e i **worm** (programmi autonomi).
- Per sfuggire ai controlli i cracker usano malware come i ***Trojan*** (nascosti in app «normali»), i ***backdoor*** (accedono al computer evitando l'autenticazione) e i ***rootkit*** (alterano il funzionamento del sistema operativo).
- Per difendersi dal malware è fondamentale che nel computer sia attivo un **programma antivirus sempre aggiornato**, che scansiona i file e identifica il malware attraverso la sua «firma» (***signature***). I file infetti vanno eliminati subito, quelli sospetti sono invece messi in **quarantena**.

ESERCIZI

1 Quando si compra un computer nuovo, che cosa è bene controllare prima di usarlo per collegarsi a Internet?

....

....

2 A che cosa servono i cosiddetti *filtri antispam* dei browser?

....

....

....

7.4 Rendere sicure le reti

I criminali informatici usano Internet per cercare di infettare i computer con malware, per accedere senza autorizzazione ai dati e per violare la privacy degli utenti. Per difendersi da queste minacce, **è fondamentale assicurarsi che la propria connessione di rete sia sicura**.

Le **reti locali**, come quelle di una scuola o di un'azienda, di solito sono del tipo *client-server*: ciascun computer a disposizione degli utenti è un client, mentre il server gestisce le autenticazioni e l'accesso di ogni postazione alle risorse informatiche condivise dalla rete.

L'**amministratore della rete** identifica gli utenti, assegna gli account per accedere alla rete, tiene sotto controllo il traffico dei dati e, in caso di problemi, interviene per risolverli.

Ogni utente ha un **account di rete** a cui sono associati come credenziali un **nome utente** e una **password**. Grazie all'account di rete, ogni utente può collegarsi alla rete da un qualsiasi computer client con la procedura detta ***login*** (o ***logon***), cioè digitando le proprie credenziali per dare inizio a una sessione (**figura 7.10**).

Figura 7.10 Durante il login la password di solito è oscurata, così che nessuno possa appropriarsene.

In genere ogni utente ha un livello personalizzato di accesso alle risorse informatiche: il server quindi darà privilegi diversi a una postazione, a seconda di quale utente vi ha fatto il login.

Al termine di ogni sessione è importante che l'utente disconnetta il proprio account di rete, facendo il cosiddetto ***logout*** (o ***logoff***), per evitare che altri possano usare quella postazione con i suoi privilegi. Anche nel caso di abbandono temporaneo della postazione si deve bloccare il computer, di solito con una sequenza di comandi da tastiera, «congelando» così la sessione; per riprenderla sarà necessario reinserire la password.

Il firewall

Per sicurezza, ogni computer connesso a Internet deve essere dotato di un **firewall** («barriera di fuoco» in inglese).

Il firewall è un hardware o un software che si interpone tra il computer (o una rete locale) e la Rete globale, filtrando tutti i dati in entrata e in uscita e controllando che non contengano minacce per il sistema.

Il sistema operativo Windows di Microsoft è il più diffuso nel mondo, e anche il più soggetto agli attacchi da malware. In Windows il firewall si attiva usando la finestra della **figura 7.11**, che si apre dal **Pannello di controllo** scegliendo **Sistema e sicurezza** e poi **Windows Firewall**.

Può accadere che un programma di cui abbiamo bisogno, e che sappiamo essere sicuro, non funzioni correttamente perché è bloccato dal firewall.

In tal caso si può usare l'opzione **Consenti app o funzionalità** evidenziata a sinistra nella figura.

Apparirà una finestra che mostra l'elenco dei programmi con le relative impostazioni; con un clic su **Modifica impostazioni** si possono poi spuntare le caselle di controllo delle applicazioni a cui si vuole consentire di attraversare il firewall.

Figura 7.11 L'attivazione del firewall in Windows 10.

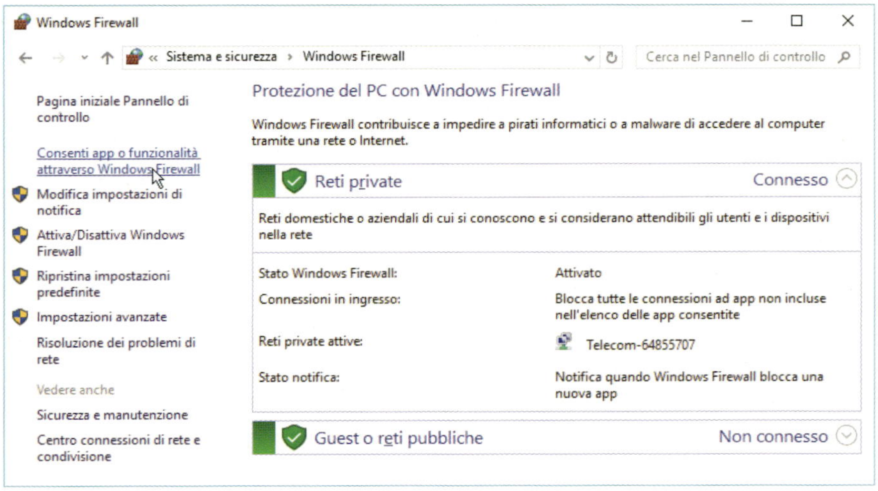

Quando il firewall non è un dispositivo hardware ma un software, come nel caso appena visto, esso fa parte dello stesso sistema operativo che deve proteggere; se un malware prende il controllo del computer, quindi, c'è il rischio che il firewall venga disabilitato.

Questo pericolo evidenzia ancora una volta l'importanza dell'installazione di un'applicazione antivirus efficace e aggiornata.

La sicurezza nelle reti wireless

I dati che viaggiano su reti cablate non possono essere intercettati da criminali informatici, a meno che essi abbiano accesso fisico ai cavi. Invece il segnale radio emesso dal router di una rete senza fili può essere captato da qualsiasi dispositivo che si trovi nel suo raggio d'azione.

Se la rete wireless non è adeguatamente protetta, perciò, può essere attaccata da malintenzionati con una varietà di tecniche:

- l'***eavesdropping***, cioè l'intercettazione dei dati trasmessi nella rete;
- il ***network hijacking***, cioè il «dirottamento della rete» che consiste nell'accesso a un account della rete senza credenziali;
- il ***man-in-the-middle*** **(MITM)**, cioè la violazione di comunicazioni private da parte di un cracker che riesce a leggere e modificare i messaggi scambiati tra due utenti della rete.

Per non correre il rischio di finire vittime di queste «spie digitali», **bisogna usare soltanto reti protette**, cioè dotate di una password di accesso.

Nelle reti Wi-Fi pubbliche e non protette, come quelle di molti locali pubblici, si deve essere consapevoli del fatto che la sicurezza non è garantita, perché non si può avere la certezza dell'onestà degli altri utenti.

Nell'elenco delle reti disponibili che appare sul nostro dispositivo, quelle protette sono sempre indicate esplicitamente, a volte anche con il simbolo di un lucchetto chiuso o di uno scudo.

Vari protocolli di trasmissione dei dati sono stati progettati per garantire la sicurezza delle reti wireless:

- il **protocollo WEP** (*wired equivalent privacy*, «privatezza equivalente a quella delle reti cablate»), nonostante il nome ambizioso, usa un algoritmo di cifratura piuttosto semplice e perciò vulnerabile; è in uso soltanto nei dispositivi più datati;
- il **protocollo WPA** (*Wi-Fi protected access*, «accesso protetto al Wi-Fi») è un'evoluzione più sicura del WEP, perché usa un protocollo che cambia dinamicamente la chiave di codifica in uso, generandone una nuova per ogni pacchetto di byte;
- il **protocollo MAC** (*media access control*, «controllo dell'accesso al mezzo») è lo standard usato per trasferire i pacchetti di dati dalla rete al mezzo fisico che trasmette il segnale (l'antenna radio, nel caso delle connessioni Wi-Fi); ogni scheda di rete ha un indirizzo MAC univoco, perciò si può restringere l'accesso alla rete autorizzando soltanto i dispositivi che conoscono quell'indirizzo.

Per accedere a una rete protetta si apre il gestore delle connessioni del dispositivo che si sta usando, come nell'esempio della **figura 7.12**, si identifica il nome di una rete sicura e lo si seleziona.

Al primo ingresso nella rete si dovrà inserire un codice formato da caratteri alfanumerici (13 caratteri nel caso WEP, 24 caratteri nel caso WPA); se non si conosce la password, bisogna richiederla all'amministratore della rete. In genere il dispositivo memorizzerà il codice e lo userà automaticamente per le successive connessioni a quelle stesse reti Wi-Fi.

! È bene collegarsi sempre e soltanto a **reti wireless protette**, cioè dotate di password d'accesso.

Figura 7.12 È bene collegarsi sempre e soltanto a reti wireless *protette*.

In caso di dubbi sulla sicurezza, il modo più rapido per interrompere il collegamento alla rete è passare alla **Modalità aereo**, che interrompe tutti i trasferimenti di dati. Negli smartphone questa modalità blocca anche l'accesso alla rete telefonica.

Gli hotspot personali

In generale un ***hotspot*** («punto caldo») è l'area coperta dal segnale Wi-Fi dell'antenna di un router, per esempio in un'abitazione o in un locale pubblico; i dispositivi che si trovano all'interno dell'hotspot possono collegarsi alla rete wireless.

Come già abbiamo visto, i tablet e gli smartphone consentono di creare un **hotspot personale**: il dispositivo mobile può diventare a tutti gli effetti il router di una rete locale senza fili, e può condividere la propria connessione dati con tutti gli apparecchi dotati di scheda wireless che si trovano nel suo raggio d'azione.

Questa funzione, che si attiva scegliendo l'opzione **Hotspot** o **Router Wi-Fi** nelle **Impostazioni** del computer mobile, potrebbe facilitare le intrusioni nel nostro dispositivo da parte di chi si collega all'hotspot.

Perciò quando si crea un hotspot bisogna sempre impostare anche una **password** per l'accesso: così soltanto le persone alle quali comunichiamo la password potranno connettersi a Internet tramite il nostro dispositivo.

Quando l'hotspot non è più necessario, è bene spegnerlo ritornando alle **Impostazioni** del dispositivo mobile e disattivando l'opzione. Infatti l'attività hotspot accorcia notevolmente la durata della batteria e può consumare molto traffico dati.

IN SINTESI

- Per difendersi dagli attacchi del malware bisogna usare sempre e soltanto **connessioni di rete sicure**.
- Nelle **reti locali** client-server è l'**amministratore della rete** a gestire l'autenticazione degli accessi. Per le **connessioni a Internet** ogni computer deve avere un **firewall** attivo.
- Nelle **reti wireless** la sicurezza delle comunicazioni è particolarmente a rischio. È prudente **usare soltanto reti protette** mediante i **protocolli WEP, WPA** oppure **MAC**.
- Anche quando con i dispositivi mobili si creano **hotspot personali**, bisogna sempre impostare una **password** per l'accesso.

ESERCIZI

1 Nella situazione della figura, a quale rete sceglieresti di collegarti, e perché?

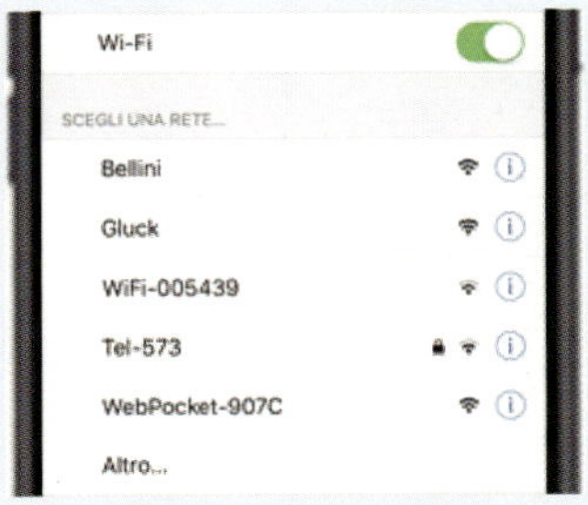

....

....

....

....

2 Perché molti sistemi di autenticazione mostrano l'ultimo carattere che si è digitato, ma non i precedenti?

....

....

....

....

7.5 Navigare sicuri in Internet

Per rendere sicuro il trasferimento di informazioni tra computer, garantendo la confidenzialità e l'integrità dei dati, si usano applicazioni basate sulla **crittografia**: speciali algoritmi convertono ogni messaggio in una sequenza apparentemente casuale di caratteri; soltanto chi possiede la corretta «chiave» potrà decifrare la sequenza.

Per esempio, il protocollo **HTTPS** è usato per garantire la riservatezza della trasmissione dei dati quando si naviga in Internet. Questo protocollo crittografico è fondamentale per i siti di e-commerce, perché protegge i dati relativi ai pagamenti.

Quando si fanno acquisti o pagamenti online, quindi, prima di inserire i propri dati sensibili bisogna accertarsi che l'indirizzo della pagina web inizi con i caratteri **https://** e che la barra degli indirizzi mostri il simbolo di un **lucchetto chiuso** (**figura 7.13**).

Figura 7.13 L'URL dei siti sicuri inizia con i caratteri **https**.

Una tecnica criminale chiamata ***pharming*** consiste nel deviare il traffico diretto a un sito legittimo verso un sito clonato, che ha un aspetto molto simile, ma è fraudolento: se facciamo transazioni dopo questo «dirottamento», verremo derubati. Nei siti clonati l'indirizzo non inizia con i caratteri https e non appare il lucchetto.

Per attestare la propria identità, i siti legittimi usano i **certificati digitali** rilasciati da un'Autorità di certificazione (*Certification Authority*, CA), che in Italia dev'essere accreditata presso l'ente governativo DigitPA (www.digitpa.gov.it): il nostro browser così può accertarsi che il server a cui siamo collegati sia autentico, e userà la chiave pubblica indicata nel documento digitale per scambiare dati in modo sicuro.

Se un sito non ha un certificato digitale valido, il browser mostrerà un avviso che consiglia di non visitare quel sito; se scegliamo di procedere comunque, lo facciamo a nostro rischio.

Precauzioni quando si usa il browser

I browser memorizzano nella loro **memoria cache** molti dati relativi alla nostra navigazione in Internet, e in particolare i testi che digitiamo nei moduli delle pagine web.

Questa memorizzazione è molto utile se si deve digitare con frequenza un dato, per esempio il proprio indirizzo e-mail: la funzione di **completamento automatico** del browser infatti ci consente di inserire i dati memorizzati con un singolo clic o tap, non appena digitiamo il primo carattere in un nuovo modulo.

Se però usiamo un computer a cui hanno accesso anche altre persone, per prudenza è bene disattivare nelle **Impostazioni** del browser questa funzione di completamento, e specialmente la memorizzazione automatica delle password digitate.

Tra i dati memorizzati dal browser c'è anche la **Cronologia** della navigazione, con gli indirizzi di tutti i siti web che visitiamo. Le **Impostazioni** consentono di cancellare la cronologia ogni volta che si chiude il browser, e anche di eliminarla manualmente, insieme ad altri dati già memorizzati: i file temporanei di Internet, le password, i dati dei moduli e i cookie (**figura 7.14**).

I **cookie** sono file di testo che un sito web crea mentre lo visitiamo e invia al nostro computer, dove il browser li archivia nella cache. Quando in seguito entreremo di nuovo in quel sito, il nostro computer gli invierà il cookie e il sito così saprà quando lo abbiamo già visitato, quali pagine abbiamo aperto, e così via.

I cookie non sono veicoli di malware, ma forniscono ai siti web dati sui nostri gusti e sulle nostre preferenze di navigazione, perciò c'è chi li rifiuta considerandoli una violazione della privacy.

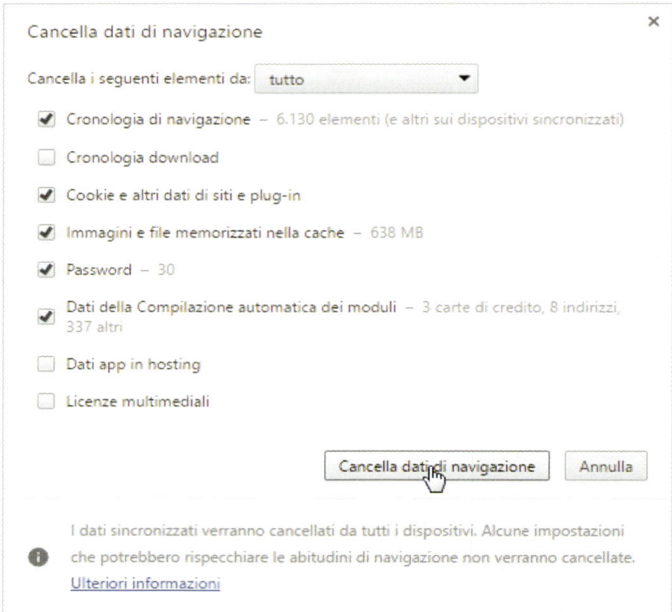

Figura 7.14 La cancellazione dei dati memorizzati nella cache del browser *Chrome*.

Gli attacchi *denial of service*

Tra le minacce in rete più insidiose – e costose per le aziende e le istituzioni che operano online – oggi ci sono i cosiddetti **attacchi DoS** (*denial of service*, cioè «negazione del servizio»).
In questi attacchi i cracker inondano un web server di contatti con richieste fittizie, così da sovraccaricare il sistema e impedirgli di rispondere alle effettive richieste degli utenti.
È un po' come se una gran folla di finti clienti bloccasse l'ingresso a un negozio, impedendo ai veri clienti di entrare.
L'attacco di solito è coordinato, cioè proviene da molti siti diversi, spesso usando le risorse di una botnet, così da impedire che il server attaccato possa difendersi bloccando le richieste che provengono da una singola fonte.

La navigazione in incognito e la navigazione anonima

I browser danno la possibilità di **navigare in incognito**, cioè senza lasciare tracce sul dispositivo adoperato. Se si usa questa funzione, gli indirizzi dei siti visitati non compaiono nella cronologia e non vengono memorizzati i dati inseriti nei moduli né i cookie.

Questa modalità di navigazione non va confusa con la **navigazione anonima**, che consente invece di camuffare la propria identità online, tramite speciali sistemi che proteggono l'indirizzo IP del computer.

Se navighiamo in incognito, invece, il nostro indirizzo IP rimane visibile all'esterno, quindi chi controlla il flusso dei dati può sapere chi siamo e quali siti stiamo visitando. L'unica protezione riguarda il dispositivo che usiamo in quel momento, dove non resteranno tracce della nostra navigazione.

Precauzioni quando si usa l'e-mail

Dal punto di vista della sicurezza, la posta elettronica è simile all'invio di una cartolina: chiunque riesca a intercettarla, può leggerla.

Alcuni client di posta elettronica perciò usano un sistema di **cifratura**, così che soltanto il legittimo destinatario di un'e-mail possa decifrarne il contenuto.

Per le comunicazioni particolarmente importanti si può usare un **certificato digitale**, che garantisce l'autenticità del mittente e la reale appartenenza di un indirizzo e-mail a una persona fisica. Il certificato è associato a una **firma digitale**, che permette anche di cifrare i propri documenti e di inviarli con tecniche crittografiche.

Quando si ricevono e-mail fraudolente, come quelle di phishing, spesso è facile riconoscerle: non sono personalizzate, hanno un tono allarmistico, contengono errori di ortografia e link a indirizzi contraffatti.

Se un link in un messaggio e-mail appare sospetto, non va cliccato e bisogna invece cestinare subito il messaggio.

I tentativi di phishing si possono denunciare al servizio clienti dell'istituzione legittima (per esempio la banca che viene simulata) oppure alla **polizia postale**, segnalandolo nel sito **www.commissariatodips.it**.

Se si ricevono messaggi pubblicitari indesiderati, è sempre utile segnalarli come **spam** al gestore del servizio di posta elettronica.

Tuttavia, il rischio principale associato all'e-mail sta nei **file allegati**, che sono il veicolo più comune per la diffusione dei malware.

Gli allegati che sono file eseguibili di Windows, con estensione **.exe**, sono sempre pericolosi; ma anche documenti che paiono innocui, come quelli prodotti con gli elaboratori di testo, possono contenere **macro** capaci di scatenare un'infezione.

È fondamentale disporre di un **software antivirus sempre aggiornato** e che scansioni automaticamente tutti i messaggi in arrivo.

! I **file allegati** ai messaggi e-mail sono tra i principali **veicoli di malware** in rete.

Precauzioni quando si usano i social network

Le reti sociali sono un vero e proprio serbatoio di dati sugli utenti, che spesso forniscono informazioni personali – sia all'atto dell'iscrizione, sia durante l'uso quotidiano del servizio – senza rendersi conto dei possibili rischi che ciò comporta.

In Rete abbondano i malintenzionati pronti ad approfittare di ogni dato sensibile che riescono a trovare, per esempio per risalire a una password o a un conto in banca.

Perciò è altamente consigliabile **usare sempre le impostazioni di privacy** che tutti i social network mettono a disposizione per proteggere la riservatezza del proprio account.

Su Facebook per esempio si può rifiutare l'«amicizia» alle persone indesiderate e si possono attribuire permessi diversi alle persone: per esempio, si possono condividere gli album di foto soltanto con alcuni amici stretti, invece di renderli pubblici a tutti.

Dalle impostazioni del proprio profilo si può scegliere anche se comunicare o meno la propria posizione geografica; la geolocalizzazione tramite GPS può infatti costituire una violazione della privacy.

È bene anche tenere presente che le immagini e i post che inseriamo potranno essere usati nei contesti più vari. Le società di selezione del personale per esempio cercano in rete informazioni sui candidati, perciò le nostre «leggerezze» su un social network potrebbero in futuro penalizzarci nella ricerca di un lavoro.

I social network si prestano anche alla trasmissione di link e file allegati pericolosi, da cui bisogna sempre guardarsi (**figura 7.15**).

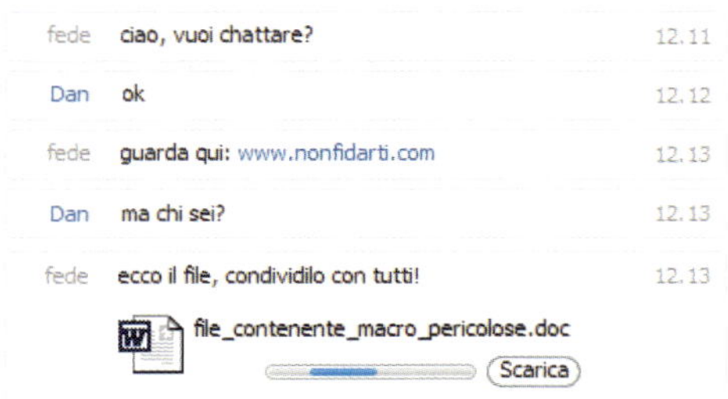

Figura 7.15 Mai prendere per buoni i link e i file che vengono condivisi nelle chat!

Con la **messaggistica istantanea** si possono correre rischi simili a quelli visti per l'e-mail. Se si è vittime di un malware che sfrutta un backdoor, per esempio, un utente esterno malintenzionato può prendere il controllo del nostro computer: senza che ce ne rendiamo conto, tutti i nostri contatti potrebbero allora ricevere messaggi istantanei infetti.

Un link a un sito web, per esempio, potrebbe in realtà essere stato inviato da un worm per infettare il nostro computer: perciò è sempre bene non cliccare su link sospetti o non richiesti. Allo stesso modo, non bisogna mai aprire a cuor leggero i file allegati a un messaggio istantaneo, perché i malware si diffondono anche così.

Purtroppo le reti sociali a volte sono usate addirittura per commettere reati contro la persona, come il **cyber-bullismo** e l'**adescamento di minori**.

In particolare, non sempre i nostri interlocutori sono ciò che appaiono: chi si presenta come una persona giovane può invece essere un adulto, e viceversa. Non è raro infatti che gli utenti creino **false identità** per semplice divertimento, per dispetto o anche per carpire informazioni riservate.

Qualora si sia vittime o testimoni di abusi, è bene parlarne con qualcuno, segnalare il fatto ai gestori della rete sociale e fare una denuncia alla Polizia postale, nel sito **www.commissariatodips.it**.

I rischi associati alle app

Le app che installiamo sui dispositivi mobili possono essere una fonte di malware e di rischio per i dati personali conservati sui nostri tablet e smartphone, specialmente se le si scarica da fonti non ufficiali (per esempio, usando le procedure *Jailbreak* da Apple o *Rooting* dai sistemi Android).

Bisogna perciò accertarsi che ogni app sia fornita da un produttore affidabile, e che al momento dell'installazione richieda autorizzazioni soltanto per risorse che sono effettivamente necessarie per il suo funzionamento.

Per esempio, l'autorizzazione alla **Chiamata diretta** (cioè a comporre autonomamente numeri telefonici su uno smartphone) è indispensabile per app come Skype o WhatsApp, ma non per applicazioni come i giochi: una app fraudolenta potrebbe usare l'autorizzazione per comporre numeri a pagamento.

In modo analogo, una app autorizzata a usare il microfono o la videocamera potrebbe usare il nostro dispositivo per registrarci o riprenderci a nostra insaputa.

IN SINTESI

- I **siti web sicuri** per le transazioni online hanno l'URL che inizia con i caratteri **https://** ed è accompagnato dall'icona di un **lucchetto chiuso** nella barra degli indirizzi.
- I siti web privi di un **certificato digitale** valido vengono segnalati dal browser: non è prudente visitarli.
- I dati memorizzati nella **cache del browser** – come le **password**, la **Cronologia** e i dati usati per il **completamento automatico** dei moduli – vanno eliminati per sicurezza, se altre persone hanno accesso al computer. L'accettazione dei **cookie** può esporre a violazioni della privacy.
- Quando si usa l'**e-mail** non si devono mai aprire i file allegati ai messaggi sospetti ed è bene **denunciare i tentativi di phishing**. La riservatezza delle e-mail si può garantire con la **cifratura** o con un **certificato digitale**.
- Quando si usano i **social network** bisogna impostare il proprio profilo in modo tale da **proteggere la privacy**, evitare di pubblicare informazioni personali e non scaricare file o cliccare link sospetti o non richiesti.

E se si perde un dispositivo mobile?

Per non mettere a rischio i nostri dati in caso di smarrimento o furto, è importante annotare e conservare in un luogo sicuro alcuni dati relativi a ogni dispositivo mobile che possediamo: modello e marca, numero di telefono, PIN e il **codice IMEI** che identifica univocamente l'apparecchio.

Il codice IMEI si può visualizzare digitando sulla tastiera telefonica la sequenza di caratteri ***#06#**, oppure entrando nelle **Impostazioni**, scegliendo **Info sul dispositivo** e quindi **Stato**. Nei dispositivi con batteria rimuovibile, l'IMEI è anche stampato su un'etichetta posta sotto la batteria.

Questi dati saranno necessari per poter denunciare lo smarrimento o il furto; in particolare, l'IMEI è indispensabile per poter chiedere all'operatore telefonico di bloccare le chiamate da un dispositivo smarrito o rubato.

Come prevenzione si può installare sul proprio dispositivo mobile una **app antifurto** tra le tante che esistono sul mercato: in caso di smarrimento o furto, questo programma consentirà di collegarsi in remoto allo smartphone o al tablet, dando così la possibilità di localizzarlo, di bloccarlo e di cancellare i dati che contiene.

ESERCIZI

1 Se accettiamo di visitare un sito web che usa i cookie, aumentiamo il rischio di infezione da malware, e perché?

....

....

....

....

....

2 Chi naviga nel web in incognito può lasciare messaggi diffamatori su una rete sociale senza timore di essere identificato? Motiva la tua risposta.

....

....

....

....

7.6 Il backup e l'eliminazione sicura dei dati

Abbiamo discusso molti modi per proteggere l'integrità dei nostri dati mentre lavoriamo al computer, ma va garantita anche la sicurezza fisica dei dispositivi che utilizziamo.

In casa i computer vanno protetti con le precauzioni standard contro i furti e ci si deve assicurare che siano fuori della portata di chi potrebbe danneggiarli, come i bambini piccoli.

Gli uffici, e anche i laboratori informatici delle scuole, devono avere un registro aggiornato di tutte le dotazioni informatiche (che ne descriva le caratteristiche, la collocazione e i numeri di serie) e un controllo degli accessi alle stanze in cui gli apparecchi sono installati.

Per **prevenire i furti**, le apparecchiature talvolta vengono assicurate al tavolo o al muro tramite cavi di sicurezza, che si collegano a una porta del dispositivo con un lucchetto a chiave o a combinazione (figura 7.16).

Figura 7.16 Una possibile precauzione contro il furto per un notebook.

Fare copie di sicurezza e ripristinare i dati

In caso di furto o danneggiamento irrimediabile di un computer, tutti i dati che conteneva andranno perduti; perciò è fondamentale fare con frequenza il **backup** dei nostri dati importanti, cioè metterne da parte una o più **copie di riserva**, per sicurezza.

Disporre di un backup dei dati è molto utile anche in caso di eliminazione o sovrascrittura accidentale di documenti importanti, oppure di infezione da virus o altro malware.

Il backup può essere importante non soltanto per i documenti (di testo, fogli elettronici, file audio e video) ma anche per informazioni come la cronologia del browser, l'elenco dei siti preferiti e i messaggi di posta elettronica.

Nelle reti locali il backup è un'operazione gestita dall'amministratore del sistema, che pianifica le procedure, la periodicità (per esempio, ogni notte) e decide su quali supporti fisici effettuare il salvataggio.

Il backup va sempre effettuato su un dispositivo di memoria di massa fisicamente separato dal computer, che possa poi essere conservato in un luogo diverso.

Un tempo per il backup si masterizzavano CD-rom o DVD, ma oggi la norma è usare un disco fisso esterno, che ha il vantaggio di essere riutilizzabile, molto capiente e veloce nel trasferimento dei dati.

Per singoli file o cartelle di grande importanza è consigliabile un backup molto frequente (anche più volte al giorno) su semplici chiavette di memoria USB.

Per il backup dell'intero contenuto del computer, i sistemi operativi offrono utility specifiche, come nell'esempio della figura 7.17 per Windows.

> ! È bene fare con frequenza **copie di backup** dei dati importanti su supporti di memoria fisicamente separati dal computer.

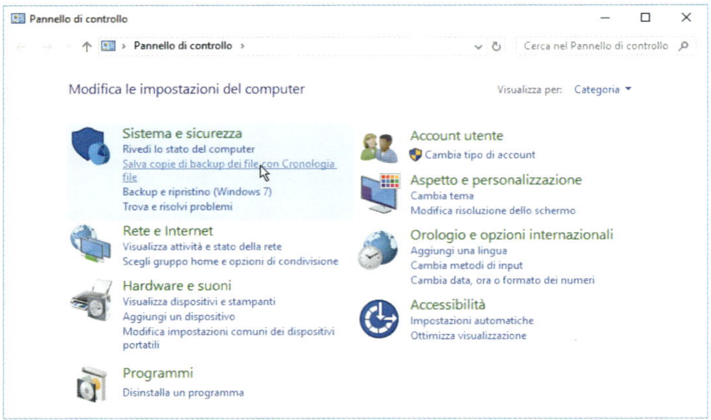

Figura 7.17 L'avvio del backup dal *Pannello di controllo* di Windows 10.

Per prima cosa si deve configurare il backup, collegando al computer il disco esterno che ospiterà i dati; il programma a quel punto crea una «immagine» del sistema, che sarà poi copiata sul supporto di backup.

A questo punto si può decidere di avviare manualmente il backup oppure programmarne l'esecuzione automatica; questa funzione permette anche di impostare il backup automatico a intervalli regolari.

All'occorrenza sarà poi possibile **ripristinare** il sistema usando i dati che si erano salvati. Se per esempio si sono perduti file importanti, eliminati per errore o per un attacco da malware, il ripristino dei dati farà ritornare il computer esattamente nello stato in cui era al momento dell'ultimo backup; tutte le modifiche ai dati effettuate nel frattempo, però, andranno perdute.

Il backup online

Esistono anche servizi che consentono di archiviare i dati su un server accessibile via Internet. Il vantaggio è quello di non doversi preoccupare della conservazione di un supporto fisico di memoria, ma per grandi masse di dati il processo di trasferimento al server può richiedere molto tempo.

Il backup online è implicito nel *cloud computing*, l'elaborazione dei dati «nella nuvola»; in questo caso un provider mette a disposizione le applicazioni via Internet e fornisce le risorse di calcolo, memorizzando tutti i file (e le loro copie di sicurezza) nei propri *data center* sparsi per il mondo.

Il cloud computing è ideale quando si lavora in collaborazione a distanza, perché fa risparmiare il tempo e le risorse che sarebbero necessari per scambiare continuamente i dati con i colleghi.

Come nel caso del backup online, però, si perde il controllo sui propri dati, che ora risiedono su server remoti, e ci si espone al rischio di possibili attacchi informatici ai provider dei servizi (che sono bersagli appetibili per i cracker, giacché possiedono grandi quantità di dati relativi a moltissimi utenti).

L'eliminazione definitiva dei dati

A volte può essere necessario eliminare i dati memorizzati in un computer in modo definitivo, cioè facendone scomparire ogni traccia.

In tal caso non è sufficiente cancellare file e cartelle selezionandoli e poi premendo il tasto Canc, o scegliendo la voce **Elimina** nel menu di scelta rapida che si apre al clic con il tasto destro del mouse: queste operazioni infatti non fanno altro che spostare i dati in una diversa zona di memoria, il **Cestino**, da cui sono facilmente recuperabili.

Per eliminare davvero del tutto un file o una cartella, in realtà, non basta neppure scegliere l'opzione **Svuota il cestino**: anche in questo caso, infatti, nel computer rimarrà traccia dei file eliminati, almeno fino a quando lo spazio di memoria che occupavano sul disco fisso non viene sovrascritto da nuovi dati.

Sul mercato esistono applicazioni specifiche che consentono la cancellazione sicura dei dati dal disco rigido, ma per avere la certezza assoluta che i dati non siano più recuperabili bisogna procedere alla smagnetizzazione dei supporti di memoria, oppure alla loro distruzione fisica (**figura 7.18**).

Quanto detto finora vale per i dati che abbiamo archiviato offline, su dispositivi che sono in nostro possesso. Diversa è la situazione per i nostri dati che si trovano online, per esempio archiviati da un servizio nel cloud. In tal caso non sarà mai possibile escludere che, anche se chiediamo e otteniamo la cancellazione dei dati, su qualche server in giro per il mondo non ne restino copie che sfuggono al nostro controllo.

In particolare, comunque, bisogna essere consapevoli che **qualsiasi testo, foto o video, una volta pubblicato in un social network, non scomparirà mai dalla Rete**, anche se lo

Figura 7.18 Per avere la certezza che i dati memorizzati in un pc non siano più recuperabili, bisogna distruggere fisicamente il disco rigido.

rimuoviamo dal sito in cui l'avevamo «postato»: basta che una sola persona ne abbia fatto copia, e quel documento potrà continuare a circolare per sempre via Internet.

Bisogna perciò sempre riflettere bene prima di diffondere file online, ed evitare di pubblicare qualsiasi materiale che possa risultare volgare, offensivo, indiscreto o comunque imbarazzante.

! Attenzione a ciò che pubblichi sui social network: non illuderti che sia poi facile rimuoverlo dalla Rete.

IN SINTESI

- Oltre a prendere **precauzioni contro il furto** dei dispositivi elettronici, bisogna fare con frequenza il **backup** dei dati, così da averne **copie di sicurezza**. Grazie alle utility del sistema operativo, in caso di problemi sarà possibile **ripristinare** lo stato del computer usando i dati salvati nel più recente backup.
- Il **backup online** su server remoti è l'opzione naturale nel caso del *cloud computing*, ma in generale può richiedere lunghi tempi di trasferimento e fa perdere il controllo sui propri dati.
- Per **eliminare con certezza i dati** da un computer, non basta cancellarli via software: occorre distruggere i supporti di memoria.
- Per i **dati pubblicati online**, in particolare sui **social network**, non si potrà mai avere la certezza dell'eliminazione; anche per questa ragione è importante **evitare di «postare» materiali che possano risultare imbarazzanti** per noi stessi o per altre persone.

Denunciare il cyberbullismo

La grande facilità con cui si può comunicare attraverso le reti ha alcune conseguenze negative. Tra queste c'è il **cyberbullismo**, cioè un attacco ripetuto e sistematico da parte di utenti che indirizzano alle vittime – spesso adolescenti – messaggi offensivi e diffamatori per intimorirle, farle sentire a disagio e metterle in imbarazzo.
Il cyberbullismo è un reato. In base alla legge 71 del 2017 le vittime che hanno più di 14 anni, o i loro genitori, possono chiedere al gestore del social network o al titolare del trattamento dei dati di oscurare, rimuovere o bloccare i contenuti persecutori diffusi in Rete.
Se ciò non avviene entro 48 ore, ci si può rivolgere al Garante della privacy, usando l'apposito modulo che si trova sul sito **www.garanteprivacy.it/cyberbullismo**.
Il Garante ha poi l'obbligo di intervenire direttamente entro le successive 48 ore.

ESERCIZI

1 Quando si svuota il Cestino, si può essere certi che nessuno potrà più accedere ai dati dei file che conteneva? Motiva la tua risposta.

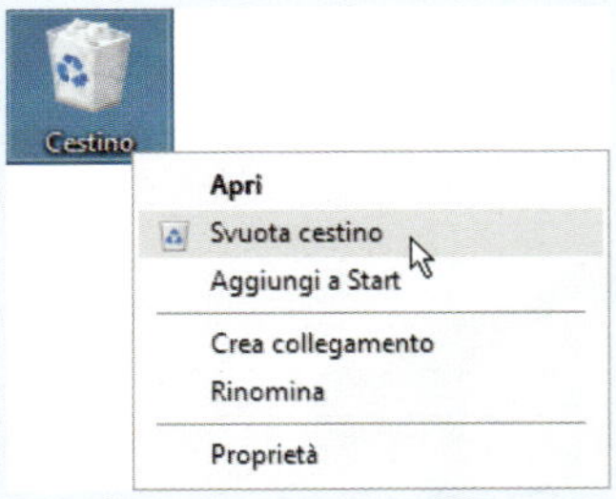

....

....

2 Quando si «posta» una foto su una rete sociale, sarà poi possibile eliminarla con la certezza che in Rete non ne resti traccia? Motiva la tua risposta.

....

....

....

ATTIVITÀ GUIDATA Un tentativo di phishing

Completa il testo

Un'azione di phishing consiste di solito in questa sequenza di fasi:

1. **invio di falsi messaggi e-mail**: il truffatore, sfruttando una botnet, invia decine di migliaia di .... che simulano, nella grafica e nel contenuto, comunicazioni da parte di un'istituzione, per esempio una banca;
2. **ricezione del messaggio**: il messaggio e-mail avverte che, a causa di un grave problema di sicurezza, è necessario controllare il proprio ...., cliccando su un .... presente nel testo dell'e-mail stessa;
3. **accesso al sito fasullo**: il link però rimanda a un sito fittizio, ospitato su un server in realtà controllato dal ...., che riproduce fedelmente l'aspetto del sito della ....;
4. **furto delle credenziali**: se l'utente commette l'errore di effettuare il .... sul sito fasullo, i suoi dati sensibili sono archiviati nel database del server del truffatore, che potrà poi disporne a proprio piacimento;
5. **infezione da virus o Trojan**: è anche possibile che visitando il sito fasullo si sia infettati da .... di vario tipo: il malfattore infatti può voler prendere il controllo di nuovi computer, così da arricchire il «parco macchine» della .... che usa per condurre i suoi attacchi.

Alcuni elementi tipici di tutti i tentativi di .... costituiscono un campanello d'allarme che aiuta a riconoscere in tempo la truffa:

- l'e-mail contiene .... allarmanti, come «Verifica subito il tuo account!» oppure «Se non rispondi, entro 48 ore il tuo .... verrà cancellato»;
- l'e-mail invita a inserire informazioni personali, usando un link che collega il messaggio a un .... web esterno (cosa che un'istituzione seria non farebbe mai);
- il testo è espresso in un italiano scorretto, con .... di ortografia e di grammatica; i messaggi di phishing infatti di solito sono scritti in inglese e poi convertiti nelle varie lingue usando un .... automatico.

Ora prova tu

1. Cerchia nella figura tutti gli elementi che rendono sospetto il messaggio e fanno capire che si tratta di un tentativo di phishing.
2. Che cosa non devi sicuramente fare se ricevi un messaggio di questo tipo?

   ....

   ....

   ....

3. Che cosa conviene invece fare se ricevi un messaggio di questo tipo?

   ....

   ....

   ....

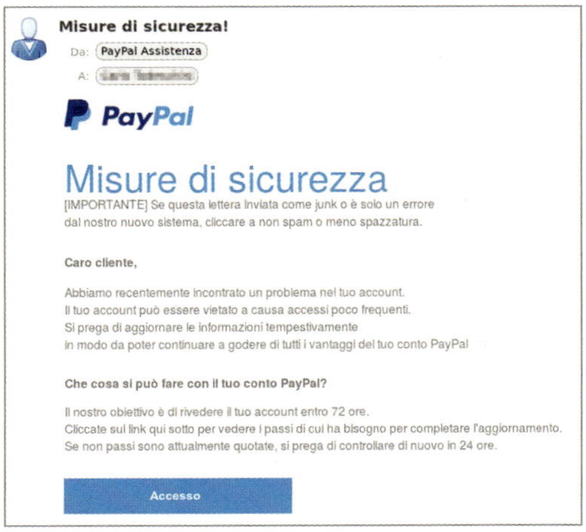

ESERCIZI DI RIEPILOGO

ZTE ONLINE

LOSAI? RIPASSA CON LO SMARTPHONE

1 Completa la mappa con le parole:
accessi ▪ antivirus ▪ biometrici ▪ cifratura ▪ confidenzialità ▪ disponibilità ▪ firewall ▪ malware ▪ password ▪ worm

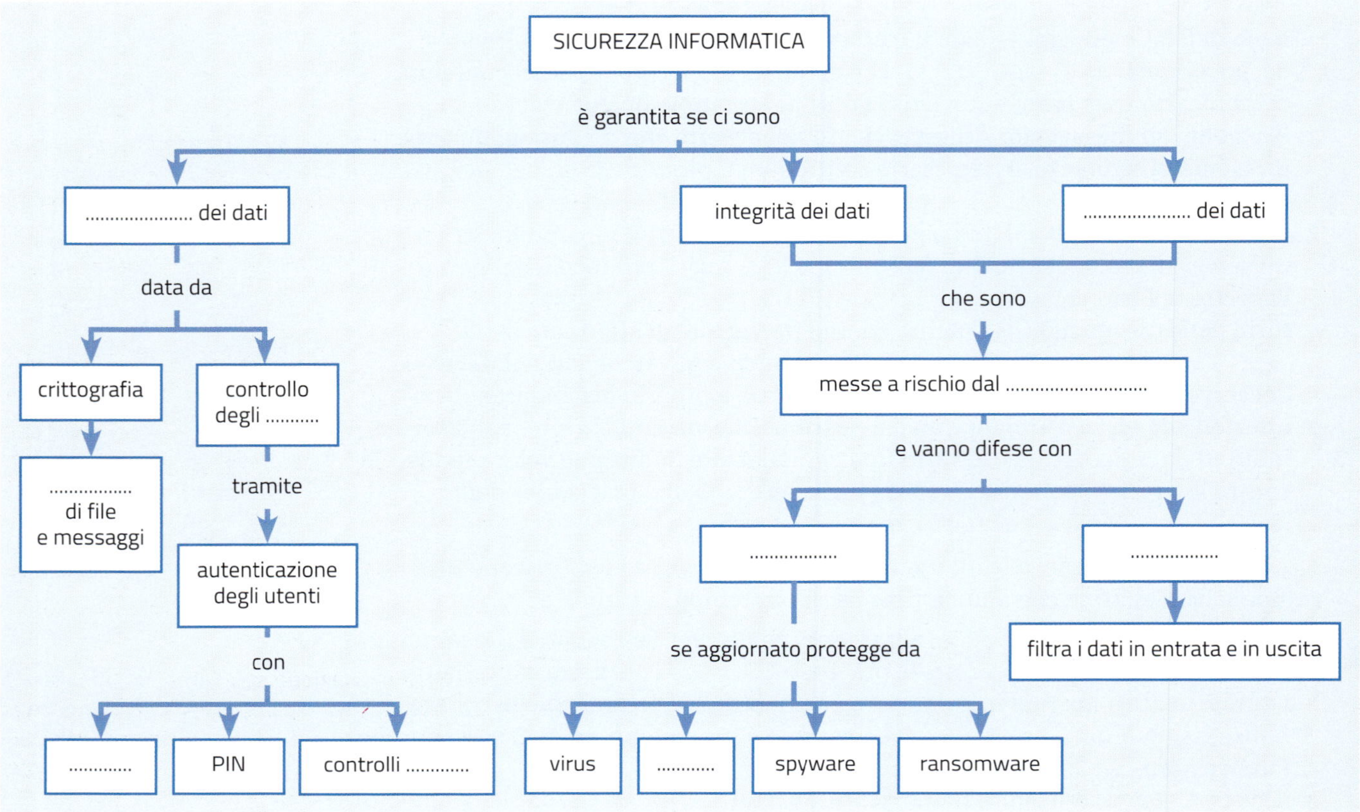

2 Quale tra questi software non è generalmente pericoloso?

- A Scamware.
- B Leakware.
- C Shareware.
- D Keylogger.

3 Che cosa significa l'espressione *confidenzialità dei dati*, uno degli obiettivi-chiave della sicurezza informatica?

....

4 Perché la password «topsecret» non è sicura?

....
....
....

5 In quale tra queste situazioni è più importante fare un backup dei dati?

- A Se i dati occupano molto spazio di memoria.
- B Se i dati vengono aggiornati con frequenza.
- C Se ci si collega raramente a Internet.
- D Se il computer è stato colpito da un virus.

6 Navigare *in modo anonimo* significa:

- A cancellare la Cronologia del browser.
- B rifiutare l'uso dei cookie.
- C non firmare i messaggi e-mail.
- D nascondere l'indirizzo IP del computer.

7 Qual è la principale differenza tra un virus e un worm?

....
....

8 Si può dire che un computer è sicuro se non viene mai collegato a Internet, e perché?

....
....
....

9 Tra i tipi di file elencati qui sotto, qual è l'unico che non può essere veicolo di malware? Motiva la tua risposta.

.docx .exe .txt .xlsx

....
....

10 Come descriveresti il messaggio e-mail qui sotto, e che cosa *non* devi sicuramente fare se lo ricevi?

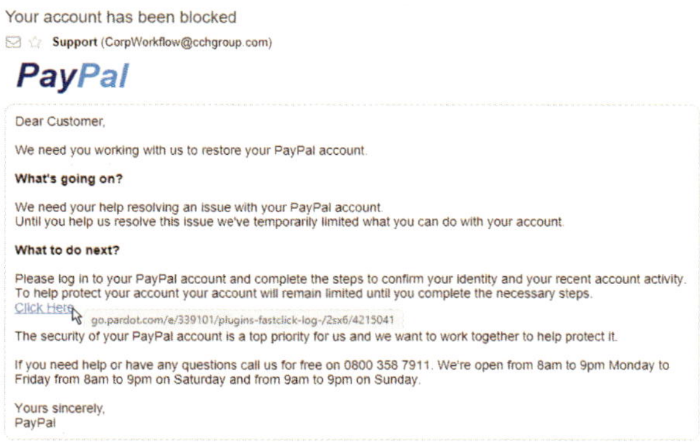
Your account has been blocked
Support (CorpWorkflow@cchgroup.com)
PayPal

Dear Customer,

We need you working with us to restore your PayPal account.

What's going on?

We need your help resolving an issue with your PayPal account.
Until you help us resolve this issue we've temporarily limited what you can do with your account.

What to do next?

Please log in to your PayPal account and complete the steps to confirm your identity and your recent account activity.
To help protect your account your account will remain limited until you complete the necessary steps.
Click Here go.pardot.com/e/339101/plugins-fastclick-log-/2sx6/4215041
The security of your PayPal account is a top priority for us and we want to work together to help protect it.

If you need help or have any questions call us for free on 0800 358 7911. We're open from 8am to 9pm Monday to Friday from 8am to 9pm on Saturday and from 9am to 9pm on Sunday.

Yours sincerely,
PayPal

11 Sai spiegare perché le grandi aziende a volte impiegano giovani hacker come consulenti?

12 A che cosa serve l'operazione richiesta dallo smartphone della figura qui sotto?

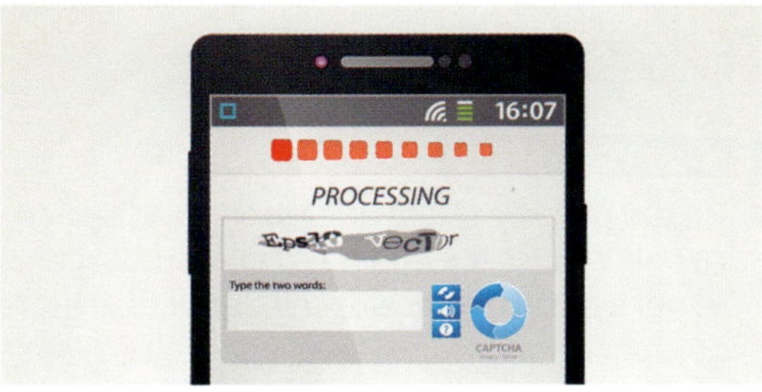

13 Se devi inviare a una persona via Internet un documento di testo il cui contenuto deve assolutamente rimanere riservato, che cosa ti conviene fare?

14 Scrivi due motivi per cui sarebbe una pessima idea scaricare sul tuo personal computer una copia «piratata» di un videogioco.

a.

b.

15 Un criminale, arrestato dopo che la polizia ha trovato sul suo pc informazioni che ne dimostrano la colpevolezza, non si dà pace: «Non è possibile! Avevo eliminato quei file e poi avevo anche svuotato il Cestino!». Sai spiegare che cos'è successo?

16 Tutti i principali sistemi operativi dei personal computer permettono di usare una tastiera virtuale, che compare sullo schermo e si usa facendo clic sui tasti con il mouse. Questo strumento software può costituire una buona difesa contro un particolare tipo di malware. Sai dire quale e spiegare perché?

17 Al momento dell'installazione sullo smartphone, le app qui sotto ti chiedono le autorizzazioni elencate nella tabella. Qual è l'unico caso in cui le richieste sono proporzionate alle esigenze della app, e perché negli altri casi potrebbe essere a rischio la tua privacy?

tipo di app	autorizzazioni richieste
chat	contatti, fotocamera, microfono
gioco di scarabeo	contatti, microfono
solitario con le carte	contatti, fotocamera

18 Se in un locale pubblico vedi questo cartello, puoi considerare sicuro collegarti alla rete in quel locale, e perché?

VERIFICA DELLE COMPETENZE

1 LAVORA CON I DATI

a. Se usi una password alfanumerica (cioè fatta di lettere minuscole o maiuscole e di numeri) formata da 8 caratteri scelti a caso, quante combinazioni dovrebbe provare un malintenzionato per essere sicuro di scoprire la password?

b. È più sicura una password formata da 8 numeri o una password formata da 5 lettere minuscole o maiuscole, e perché?

2 SCOPRILO SU INTERNET

Tra i malware più dannosi di sempre si annovera il famigerato ILOVEYOU, che in un solo giorno infettò decine di milioni di computer in tutto il mondo, provocando danni stimati in oltre 10 miliardi di euro.

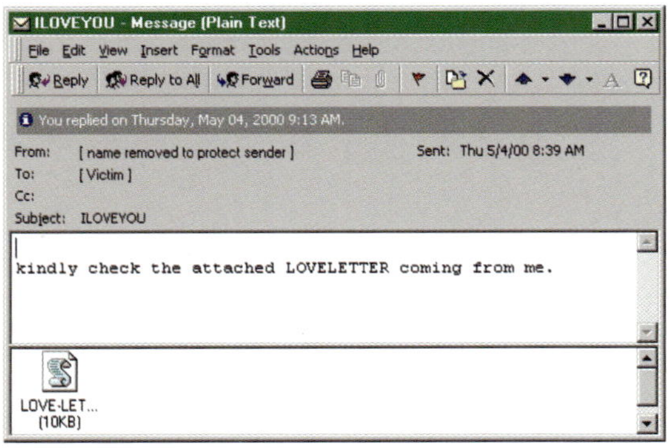

Fai una ricerca in Rete per scoprire la storia di questo malware.

a. Quando è avvenuta la diffusione di ILOVEYOU e da dove ha avuto origine?

b. Che tipo di malware era e come si propagava?

c. Quale aspetto di ILOVEYOU era deliberatamente progettato per ingannare i destinatari e fargli attivare il malware?

3 L'INFORMATICA E IL CITTADINO

Le forze di polizia, se sono autorizzate da un giudice, possono intercettare le conversazioni telefoniche che avvengono usando la rete cellulare o la tradizionale rete fissa.

In certi casi il giudice autorizza anche *intercettazioni ambientali* per ascoltare le conversazioni in viva voce.

In passato per effettuare queste intercettazioni bisognava preventivamente collocare «cimici», cioè microfoni nascosti, nei locali o nei veicoli interessati.

Oggi invece gli investigatori possono usare speciali tipi di malware per fare intercettazioni ambientali tramite gli smartphone delle persone sotto indagine.

Sai immaginare in che modo ciò possa avvenire?

4 L'ESPERTO SEI TU

Un tuo parente si lamenta dicendo: «Quando uso la banca online, succede questa cosa assurda: per poter entrare nel servizio, invece di chiedermi di digitare il PIN, me ne chiede soltanto tre cifre, ogni volta diverse. E per farmele digitare mi fa apparire una tastiera con i tasti tutti mescolati, che ogni volta cambiano posizione. Ma che senso ha?».

Sai spiegargli la ragione per cui questa interfaccia apparentemente strana può in realtà essere molto utile per la sicurezza della sua interazione con la banca?

CLIL

Learn from the originals | Read it as they wrote it

Massive ransomware infection hits computers in 99 countries

from www.bbc.com, 13 May 2017

A massive cyber-attack using tools believed to have been stolen from the US National Security Agency (NSA) has struck organisations around the world. Cyber-security firm Avast said it had seen 75,000 cases of the ransomware – known as WannaCry and variants of that name – around the world.

There are reports of infections in 99 countries, including Russia and China. Among the worst hit was the National Health Service (NHS) in England and Scotland.

The malware spread quickly on Friday, with medical staff in the UK reportedly seeing computers go down «one by one».

NHS staff shared screenshots of the WannaCry program, which demanded a payment of $300 in virtual currency Bitcoin to unlock the files for each computer.

In Spain, a number of large firms – including telecoms giant Telefonica, power firm Iberdrola and utility provider Gas Natural – were also hit, with reports that staff at the firms were told to turn off their computers.

People tweeted photos of affected computers including a local railway ticket machine in Germany and a university computer lab in Italy.

France's car-maker Renault, Portugal Telecom, the US delivery company FedEx and a local authority in Sweden were also affected.

The infections seem to be deployed via a worm – a program that spreads by itself between computers. Once WannaCry is inside an organisation, it will hunt down vulnerable machines and infect them too.

A patch for the vulnerability was released by Microsoft in March, which would have automatically protected those computers with Windows Update enabled.

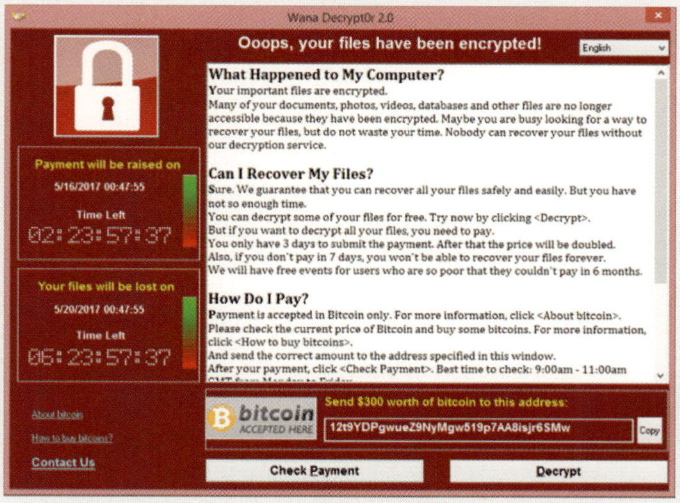

Glossary

to hit, to strike = to attack forcefully
to hunt down = to search everywhere until you find someone or something
to spread = to have an effect on a wider area
currency = the money used in a particular country
patch = a small computer program added to an existing program to make it work better

QUESTIONS

1 List 10 countries that were hit by the Wannacry ransomware in May 2017.

....

....

2 True or false?

The software used in the cyber-attack was created by a single person. T F

Users hit by the attack were unable to access files on their computer. T F

The malware used for the attack was a Trojan. T F

3 The Windows computers that avoided the infection:

A paid a ransom in Bitcoins.
B had an updated operating system.
C were turned off.
D shared screenshots of the worm.

Lavorare con le applicazioni

Capitolo 8 L'elaborazione di testi

8.1 Le applicazioni per il *word processing*

I programmi per l'elaborazione dei testi – detti anche *di videoscrittura* o, in inglese, *word processor* – sono tra le applicazioni per personal computer più diffuse, perché sono semplici da usare e si rivelano utili in moltissime situazioni, dalla scuola al lavoro al tempo libero. Con un word processor infatti si può preparare una lettera o una relazione ufficiale, un articolo di giornale o una ricerca scolastica, un volantino o una pagina web.

Al computer si può elaborare il contenuto di un documento di testo in molti modi:

- copiare testi da un documento a un altro o spostare parti di un documento per organizzarlo meglio;
- scegliere tra diversi caratteri, di cui si può cambiare il formato e il colore;
- evidenziare parti del testo con formattazioni, colori di sfondo, elenchi puntati o numerati;
- impaginare il testo su più colonne, con margini variabili o in forma di tabella;
- inserire nel testo disegni, fotografie e collegamenti ipertestuali;
- controllare in modo automatico la correttezza ortografica del testo.

In questo paragrafo descriveremo le caratteristiche generali dei word processor; nei paragrafi successivi ne esploreremo le funzioni più importanti attraverso la preparazione di documenti usati come esempi.

Useremo come riferimento l'applicazione *Writer* di LibreOffice, che è la più diffusa *suite* (cioè raccolta di programmi coordinati) open source e si può scaricare gratuitamente da Internet. In parallelo mostreremo i comandi di *Word*, l'applicazione proprietaria della suite Office della Microsoft, quando le procedure sono diverse per i due programmi.

L'interfaccia del word processor

I diversi programmi per l'elaborazione di testi hanno tutti un'interfaccia grafica simile.

La **figura 8.1** mostra gli elementi principali della finestra di Writer (versione 5.3) che appare all'apertura del programma nel sistema operativo Windows 10.

Al centro c'è l'area di lavoro bianca che rappresenta il foglio su cui scrivere. Quando si digita sulla tastiera, il testo compare sul foglio nella posizione in cui si trova il **cursore**, che si può spostare nel documento usando il mouse oppure i tasti-freccia della tastiera.

In alto, sotto la **barra del titolo** (con il nome del documento attualmente aperto) ci sono la **barra dei menu** e la **barra dei pulsanti** (con gli strumenti di formattazione), che permettono di impartire tutti i principali comandi. Se si ferma il puntatore del mouse su un pulsante, appare la finestrella detta *tooltip* con un testo che ne descrive la funzione, come nell'esempio in alto a destra della figura.

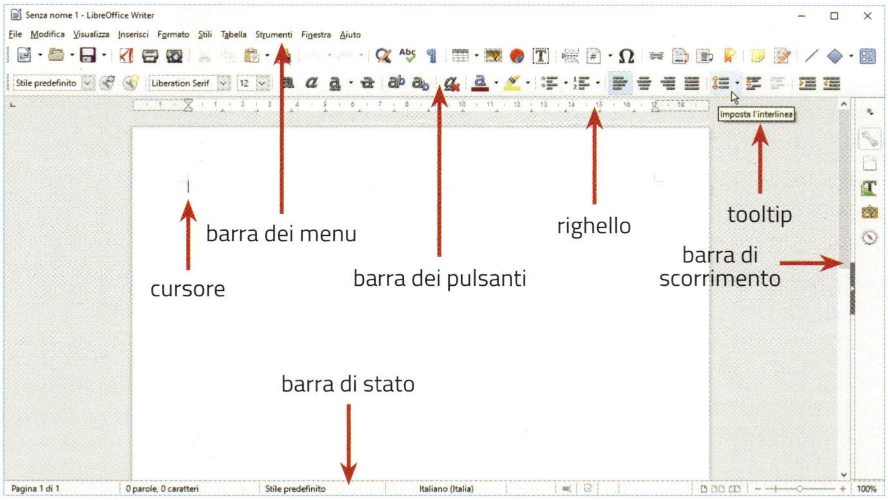

Figura 8.1 Gli elementi principali della finestra di LibreOffice Writer.

Sotto le barre, il **righello** mostra la disposizione dei tabulatori e i margini sinistro e destro dei paragrafi e del documento. Sulla destra (ed eventualmente anche in basso) c'è la **barra di scorrimento** che consente di far scorrere il foglio.

In basso la **barra di stato** mostra informazioni sullo stato del documento in lavorazione (come la pagina in cui ci si trova e il numero di parole e di caratteri presenti) e sulla destra ha le funzioni di **zoom**: agendo con il mouse sulla barretta, si può ingrandire o rimpicciolire sullo schermo il documento a cui si sta lavorando.

In Microsoft Word

Nell'interfaccia di Microsoft Word 2016 la parte superiore ha un aspetto diverso: l'unico menu tradizionale presente è **File**, mentre gli altri comandi sono riuniti nella **barra multifunzione** della **figura 8.2.** Qui le icone delle diverse funzioni sono raggruppate in modo tematico in schede (**Home**, **Inserisci**, **Layout di pagina** e così via). Per passare da una scheda all'altra si fa clic sulle relative linguette.

Se si vuole avere più spazio disponibile per l'area di lavoro, la barra multifunzione si può nascondere facendo doppio clic sulla scheda attiva in quel momento; resteranno visibili soltanto le linguette, su cui fare doppio clic quando si desidera riaprire la barra.

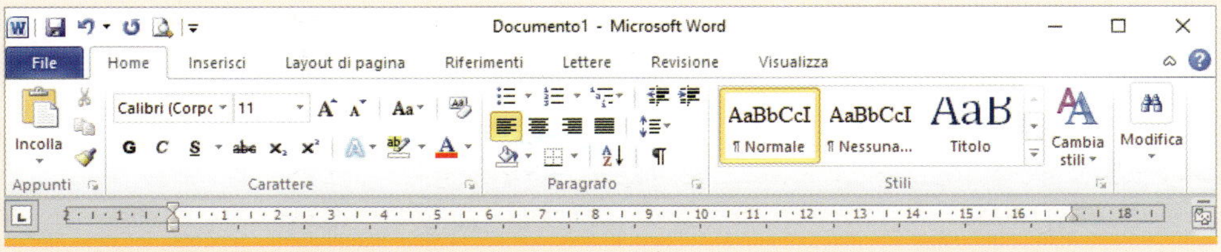

Figura 8.2 La barra multifunzione di Word 2016.

Più modi per fare la stessa cosa

Nei prossimi paragrafi vedremo molti esempi di azioni che permettono di elaborare un documento di testo o le sue singole parti (parole, frasi, paragrafi).

Fin da ora comunque è bene tenere presenti due regole generali:

- quando si vuole agire su una parte del testo, di norma la si deve per prima cosa *selezionare*: si trascina il mouse su quella parte del testo, così che essa appaia evidenziata, e a quel punto si applicano i comandi desiderati;
- esistono, in generale, più modi diversi per eseguire una data azione: spesso si può ottenere lo stesso risultato usando i menu, le icone oppure la tastiera; ciascuna di queste diverse strade può risultare più o meno comoda, a seconda della situazione o della modalità di lavoro.

Supponiamo per esempio di voler enfatizzare una frase di un testo usando il **grassetto** (o **neretto**), cioè il formato in cui il carattere è più spesso del normale.

Per prima cosa dovremo selezionare la frase in questione; se non lo facessimo, la formattazione del carattere verrebbe applicata soltanto alla parola in cui si trova il cursore.

In LibreOffice Writer sono poi possibili almeno tre strade diverse:

- si fa clic con il mouse nella barra delle icone sul pulsante **a**;
- oppure sulla tastiera si premono simultaneamente i due tasti Ctrl e B (dove la B sta per *bold*, grassetto in inglese);
- oppure si apre il menu **Formato** e si sceglie **Carattere**: appare allora una «finestra di dialogo» in cui si fa clic su **Grassetto** nella casella **Stile**; infine si conferma con **OK**.

In Microsoft Word

In Word si possono usare metodi analoghi, con alcune differenze: il pulsante (nel gruppo **Carattere** della barra multifunzione) ha l'aspetto **G**, sulla tastiera insieme a Ctrl va premuto il tasto G e la finestra di formattazione si apre al clic sulla freccetta in basso a destra del gruppo **Carattere**.

Fra le tre strade descritte, l'ultima appare senz'altro la più macchinosa. Essa può però risultare utile se, oltre ad applicare il grassetto, si desidera cambiare altre formattazioni del testo selezionato (come il tipo di carattere, le sue dimensioni o altri effetti che sono raccolti in modo compatto nella stessa finestra di dialogo).

Il *cloud computing* e la collaborazione online

Finora abbiamo parlato di word processor che si usano *offline*, cioè senza essere collegati a Internet; queste applicazioni vanno installate sul pc su cui si intende usarle.

Una possibile alternativa consiste nell'uso del *cloud computing*, cioè di applicazioni che risiedono su un server nella Rete e a cui si accede via Internet tramite un browser.

Un word processor di questo tipo è *Documenti* della suite Google Drive (**figura 8.3**); vi si accede tramite il pulsante della pagina web del motore di ricerca, è disponibile gratuitamente a chiunque abbia un account Google e non richiede alcuna installazione.

I documenti si preparano lavorando online e vengono salvati automaticamente in remoto, ossia su un server di Google. Se lo si desidera, li si può anche scaricare sul proprio computer e aprirli con altri elaboratori di testo, per continuare offline il lavoro.

Figura 8.3 L'interfaccia dell'applicazione *Documenti* di Google Drive.

Il *cloud computing* è particolarmente utile per i progetti collaborativi tra compagni di scuola, o più in generale tra collaboratori che vivono in luoghi diversi.

Per vedere perché, immaginiamo che Anna, Barbara e Carlo vogliano lavorare a distanza su uno stesso documento di testo – che chiameremo **ricerca** – usando elaboratori di testo tradizionali, cioè offline, e comunicando tra loro via e-mail.

Potrebbero mettersi d'accordo di collaborare secondo questo algoritmo:

1. Anna prepara la prima versione del documento, la chiama **ricerca1** e la invia come allegato e-mail a Barbara e Carlo, che la scaricano sul proprio computer;
2. Barbara modifica il documento, lo salva con il nome **ricerca2** (per segnalare che è stato alterato) e lo invia ad Anna e Carlo, che lo scaricano sul proprio computer;

3. a questo punto sul documento interviene Carlo, che poi lo salva come **ricerca3** e lo invia ad Anna e Barbara; ora tocca di nuovo ad Anna, che può aprire il documento, vedere com'è stato modificato e fare i propri nuovi cambiamenti.

In ogni fase della sequenza è importante che sul documento intervenga una sola persona. Altrimenti, se per esempio sia Carlo sia Anna facessero modifiche al documento **ricerca2**, da quel momento circolerebbero due documenti omonimi, **ricerca3**, che hanno contenuto diverso, e non esisterebbe più un documento che contiene gli interventi di tutti i partecipanti.

La lavorazione dunque è già complicata per un gruppo di tre persone, e lo diventerebbe ancora di più se i collaboratori fossero numerosi.

In questo tipo di situazione il cloud computing può semplificare moltissimo il lavoro: il documento **ricerca** è uno solo, ha sempre lo stesso nome, non risiede sul computer di nessun collaboratore ma è sempre raggiungibile da tutti. Chiunque sia autorizzato a modificare il documento può intervenire su di esso in qualsiasi momento.

Il servizio di cloud computing, inoltre, conserverà automaticamente copie di tutte le versioni del documento e memorizzerà i dati su chi l'ha modificato e quando. In caso di necessità, perciò, sarà facile ritornare a una versione precedente, trascurando le modifiche più recenti.

I diversi formati dei file

LibreOffice Writer salva automaticamente i file nel formato **.odt** (*open document text*). Con l'opzione **Salva con nome** del menu **File** puoi però salvare i documenti in formati diversi, usando nella finestra di dialogo il menu della casella **Salva come** (**figura 8.4**).

Puoi scegliere per esempio il formato proprietario di Microsoft Word, **.docx** (o **.doc**, se vuoi poterlo usare con le versioni meno recenti di Office), oppure **.rtf** (*rich text format*), che è riconosciuto da tutti i word processor, o ancora **.html**, se il documento è destinato all'uso in un sito web.

Nella finestra c'è anche l'opzione di cifratura **Salva con password**: se spunti questa casella, potrai specificare una password e da quel momento in avanti il file potrà essere aperto soltanto digitando quella parola d'ordine.

Un'opzione utile è l'esportazione in formato **.pdf** (*portable document format*), che si attiva con il pulsante . I file Pdf sono una versione impaginata dei documenti elaborati con il word processor; li si può stampare e se ne possono copiare i testi, ma non li si può editare, cioè non si può modificarne il contenuto. Questo formato perciò è ideale se si vuole diffondere un documento con la certezza che non possa essere alterato, come per esempio quando si invia con l'e-mail un proprio *curriculum vitæ*.

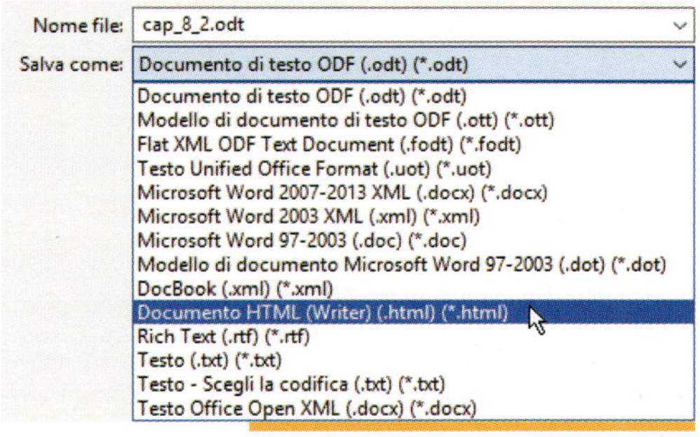

Figura 8.4 Le opzioni di salvataggio del file in LibreOffice Writer.

Alcune istruzioni generali

- Sul pc che userai per esercitarti, crea sul desktop una cartella **esercitazioni** in cui salvare tutti i documenti che produrrai durante lo studio di questo capitolo.
- Per **applicare formattazioni** a una porzione specifica del testo, selezionala per prima cosa con il mouse. Se non c'è testo selezionato, le formattazioni del carattere (come grassetto o corsivo) si applicheranno soltanto alla parola in cui si trova il cursore, mentre le formattazioni del paragrafo (come centratura o rientri) si applicheranno soltanto al paragrafo in cui si trova il cursore.
- Mentre lavori con il word processor, **salva con frequenza** il lavoro usando il pulsante ; eviterai così il rischio di perdere accidentalmente molto lavoro fatto, per esempio nel caso che il pc resti senza alimentazione.
- Se hai un collegamento a Internet, in qualsiasi momento puoi **consultare la Guida** all'uso dell'applicazione premendo il **tasto** F1 della tastiera.
- Durante il lavoro è utile usare ogni tanto la funzione **anteprima di stampa**, che si attiva con il pulsante , per vedere «come sta venendo» il documento in preparazione.

In Microsoft Word

In Word la cifratura di un documento si può attivare dalla voce **Informazioni** del menu **File**. Per salvare un documento in formato .pdf si apre il menu **File** e si sceglie **Esporta** e quindi **Crea documento PDF/XPS**. Una volta scelta la cartella in cui salvare il file, si fa clic su **Pubblica**.

IN SINTESI

- Gli **elaboratori di testi** sono applicazioni che consentono di preparare documenti contenenti testi formattati, immagini e tabelle.
- Nell'**interfaccia** del word processor il testo appare nell'area di lavoro centrale, il foglio, sopra cui ci sono barre di pulsanti e di menu che consentono di eseguire azioni sul testo selezionato. L'interfaccia è ridondante, cioè permette di eseguire una stessa azione in più modi diversi usando i menu, i pulsanti, il mouse o la tastiera.
- Il ***cloud computing*** permette di elaborare documenti di testo lavorando online con il browser, senza installare applicazioni; è un sistema particolarmente utile per i progetti realizzati in **collaborazione a distanza**.

Come installare LibreOffice su Windows

Per poter usare la suite LibreOffice su un pc con sistema operativo Windows, si segue una procedura che richiede pochi minuti:

1. ci si collega con il browser al sito **www.libreoffice.org**;
2. si fa clic sul pulsante **Download** per iniziare a scaricare i dati (circa 300 MB);
3. si sceglie dove salvare sul proprio computer il file d'installazione, che ha estensione **.msi** (Microsoft Installer);
4. scaricato il file, lo si lancia con un doppio clic: appare la finestra di una procedura guidata, in cui si fa clic più volte su **Avanti** accettando le impostazioni proposte;
5. al termine dell'installazione il programma viene lanciato automaticamente: appare la finestra di avvio di LibreOffice e si può iniziare a lavorare con i programmi.

L'installazione crea anche un collegamento a LibreOffice sul desktop. Quando in seguito lo si userà per aprire LibreOffice, nel riquadro principale della finestra di avvio (mostrata qui a fianco) appariranno le icone dei documenti creati o modificati più di recente.

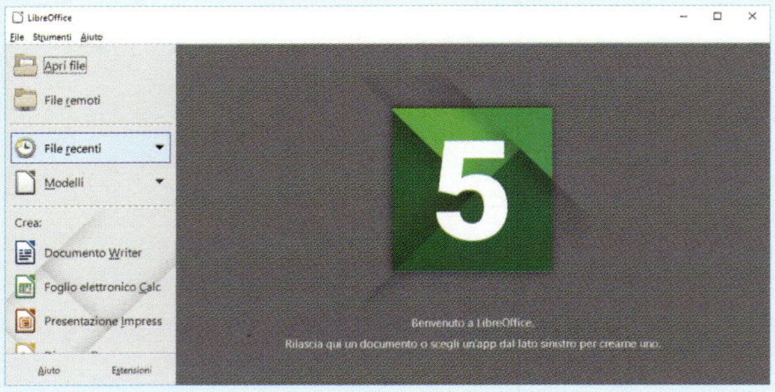

La suite LibreOffice include varie applicazioni tra cui, oltre al word processor **Writer**, ci sono il programma di presentazione **Impress** e il foglio elettronico **Calc**, che useremo nei prossimi capitoli, nonché il programma **Draw** per fare disegni e il programma **Base** per costruire semplici database.

ESERCIZI

1 Vero o falso?

Nei programmi di videoscrittura i margini sono modificabili con il righello.	V F
Per formattare una singola parola è necessario prima selezionarla.	V F
Per usare il cloud computing bisogna installare speciali applicazioni.	V F

2 Quando un documento è molto lungo, per passare da una pagina all'altra:

A si deve trascinare il mouse.

B si usano le barre di scorrimento.

C basta digitare il numero della pagina.

D bisogna usare il tasto **Invio** della tastiera.

8.2 Le azioni di base sui file e sul testo

In questo paragrafo l'obiettivo è riprodurre la pagina della **figura 8.5**, creando con Writer un nuovo documento chiamato **storia computer (testo).odt**.

Vedremo come creare e salvare un nuovo file, come copiare e incollare il testo e come impostare le varie formattazioni visibili nel documento, a partire da un testo non formattato.

Il testo senza formattazioni è contenuto nel file **storia del computer.txt**, che trovi nel sito web del libro; scaricalo per prima cosa nella cartella **esercitazioni**.

Una breve storia del computer

Che cos'è un computer

In generale possiamo definire il *computer* come una macchina in grado di ricevere dati, elaborarli sulla base di istruzioni e restituire un risultato. Questa semplice definizione ci permette di cogliere due aspetti molto importanti:

1. il computer ha origine ben prima dello sviluppo dell'elettronica, già a partire dalle prime macchine calcolatrici meccaniche;
2. i computer nel mondo attuale sono molto più diffusi di ciò che abitualmente pensiamo: un termostato elettronico o una lavatrice per esempio rientrano pienamente nella definizione che abbiamo tracciato.

Alle origini del computer

Tradizionalmente si fa risalire l'invenzione e la realizzazione del primo computer a Blaise Pascal; egli nel 1642 inventò la *Pascaline*, una calcolatrice in grado di svolgere semplici operazioni aritmetiche attraverso la rotazione di ingranaggi.

A un altro filosofo del XVII secolo, Gottfried Wilhelm Leibniz, dobbiamo la teoria del sistema di numerazione binario (sul quale si basano i moderni computer) e il progetto di una macchina moltiplicatrice.

Nell'Ottocento Charles Babbage realizzò un passo avanti importante nella direzione dei moderni elaboratori. La *macchina analitica* di sua invenzione non era una semplice calcolatrice, bensì un congegno che prevedeva l'acquisizione dei dati tramite schede perforate, un programma di elaborazione di questi dati e la possibilità di conservare i risultati delle operazioni svolte.

Nei primi decenni del Novecento si costruirono macchine sempre più potenti e precise. Durante la Seconda Guerra Mondiale si verificò un salto epocale anche nel campo dei computer, con la creazione di macchine interamente elettroniche come l'*ABC* (1939) e il *Colossus* (1943), che è stato il primo computer programmabile.

Da allora lo sviluppo di nuovi modelli di elaboratori assunse un ritmo vertiginoso:

- **1946**: viene costruito l'*ENIAC*, computer a valvole termoioniche, la cui velocità di calcolo era nettamente superiore a ogni modello precedentemente realizzato;
- **1950**: Von Neumann realizza l'*EDVAC*, il primo computer in grado di memorizzare i programmi di funzionamento;
- **1955**: vedono la luce i primi computer a transistor, che in minor spazio e a costi ridotti permettono una potenza di calcolo sempre maggiore.

Figura 8.5 La pagina da riprodurre in questo paragrafo.

Aprire più file, copiare testo da uno all'altro, inserire testo

1. Lancia la suite LibreOffice con un doppio clic sull'icona del desktop. Nella home page della suite scegli **Crea Documento Writer**: apparirà un documento vuoto intitolato **Senza nome 1**.
2. Apri il menu **File**, scegli **Salva con nome** e salva il documento nella cartella **esercitazioni** con il nome **storia computer (testo).odt**.
3. Fai clic sul pulsante **Apri**, trova il file **storia del computer.txt** e aprilo. Ora hai due diverse finestre aperte di Writer, ciascuna contenente un file.

! Ricorda di **salvare il file con frequenza** mentre lavori: così non rischierai di perdere le modifiche fatte, nel caso in cui il computer abbia problemi.

4. Apri il menu **Modifica** e fai clic su **Seleziona tutto**: selezionerai così l'intero testo non formattato. Poi fai clic sul pulsante **Copia** ; tutto il testo verrà così copiato negli Appunti del sistema.
5. Passa all'altra finestra e fai clic su **Incolla** ; il testo ora apparirà nel documento che prima era vuoto. Fai clic su **Salva** per salvare la modifica appena fatta al file **storia computer (testo).odt**.
6. Chiudi il documento di solo testo, che ora non serve più; puoi farlo con un clic sul pulsante di chiusura della sua finestra, oppure scegliendo **Chiudi** nel menu **File**.
7. Aggiungi una riga di testo all'inizio del documento **storia computer (testo).odt**: posiziona il cursore a sinistra della prima parola, poi digita sulla tastiera «Una breve storia del computer»; infine premi il tasto Invio per mandare a capo il testo che segue.

> **In Microsoft Word**
>
> In Word l'opzione **Seleziona tutto** si trova aprendo il pulsante Seleziona nel gruppo **Modifica** della scheda **Home** della barra multifunzione.

Cambiare la formattazione del testo

8. Seleziona l'intero testo del documento aperto, poi usa i menu delle caselle **Nome del carattere** e **Dimensione** per cambiare il font e il suo corpo: scegli Lucida Sans Unicode in corpo 12. Il testo così diventa più grande e più facile da leggere. Nota che in seguito a questa modifica il documento, inizialmente composto di due pagine, è andato a occupare anche l'inizio della terza pagina.
9. Per migliorare ancora la leggibilità, vogliamo formattare il titolo generale e i titoletti di sezione come nella **figura 8.5** di riferimento. Iniziamo dal titolo: seleziona, trascinando il mouse, la prima riga del documento. Il testo ora appare evidenziato da uno sfondo azzurro e puoi scegliere come formattarlo.
10. Fai clic sul pulsante per mettere in grassetto il titolo, poi sul pulsante per centrarlo nella pagina, poi sulla freccetta a fianco del pulsante e scegli il colore blu, infine sulla casella **Dimensione** e scegli il corpo 14. Hai così assegnato al titolo quattro diverse formattazioni, come mostrato qui sotto.

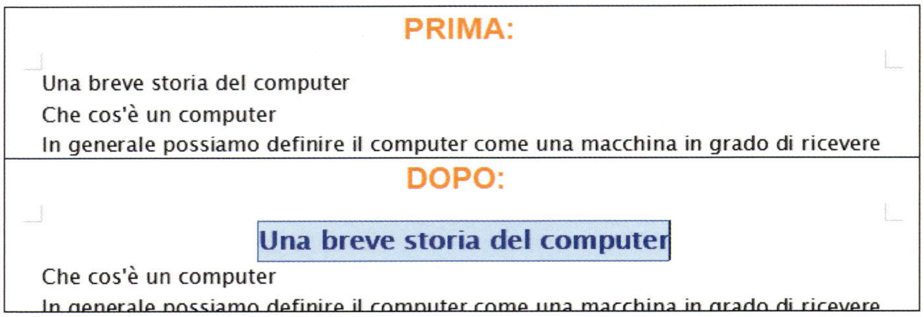

> **In Microsoft Word**
>
> In Word si può selezionare una riga semplicemente portando il puntatore del mouse alla sinistra della riga e poi facendo clic.

11. Adesso seleziona uno per volta i tre titoletti presenti nel testo e mettili in grassetto, senza cambiare la loro dimensione.
12. Nella prima riga del primo paragrafo, seleziona la parola «computer» e fai clic sul pulsante ; la parola ora apparirà in corsivo (*computer*).
13. Vogliamo poi mettere in corsivo anche tutti i nomi di computer che appaiono nel resto del testo (*Pascaline*, *macchina analitica*, *ABC* e così via). Si potrebbe selezionarli uno per uno e applicare loro il formato, ma c'è un metodo più veloce. Con il cursore nella parola *computer* appena formattata, fai doppio clic sul pulsante **Clona formattazione** (che resterà evidenziato), poi vai a fare clic su ciascuna parola che vuoi trasformare in corsivo. Quando hai finito, fai clic su per disattivare la copia del formato.

Cambiare l'interlinea e inserire elenchi

14. Ora seleziona l'intero documento e poi fai clic sul pulsante : automaticamente verrà aggiunto un po' di interlinea, ossia di spazio bianco, dopo ogni «a capo». I paragrafi di testo così appaiono separati e risultano più facili da leggere.

15. Seleziona il primo titoletto in grassetto e fai clic due volte sullo stesso pulsante appena usato. Poi ripeti l'azione per gli altri due titoletti del documento: aggiungerai così un'ulteriore separazione tra i diversi argomenti, come nella figura seguente. Puoi applicare altri valori dell'interlinea a un testo selezionato (o al paragrafo in cui si trova il cursore) usando il menu che si apre al clic sul pulsante.

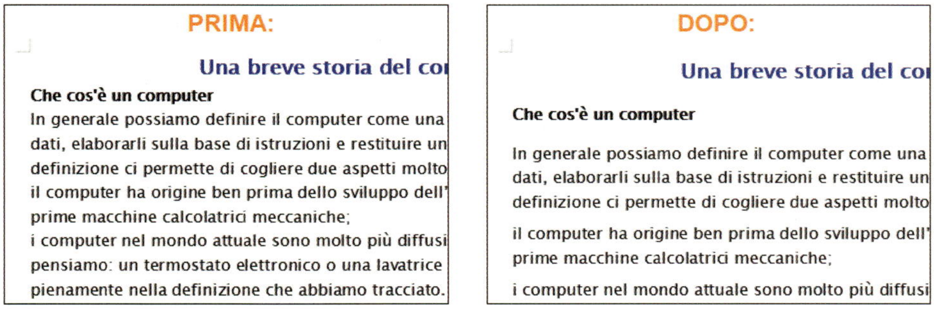

In Microsoft Word

In Word la spaziatura prima dei paragrafi va impostata manualmente, nella finestra che appare al clic sul pulsante del gruppo **Paragrafo** della scheda **Home**.

16. Ora vuoi trasformare il secondo e il terzo paragrafo del documento in punti di un elenco numerato, come nella **figura 8.5**. Per farlo, seleziona i due paragrafi e fai clic sul pulsante. Fai poi clic sulla freccetta nera a lato dello stesso pulsante: si apre un menu in cui puoi scegliere diversi stili (numeri o lettere) per i punti-elenco. Prova ad applicarne uno a tua scelta, poi ritorna alla numerazione standard.

17. Per trasformare invece gli ultimi tre paragrafi della pagina in un elenco *puntato*, selezionali e fai clic sul pulsante. Anche qui, la freccetta a lato del pulsante offre diversi aspetti grafici per i punti-elenco.

Riquadrare il testo e usare il righello

18. Vogliamo che il titolo del documento appaia centrato dentro un riquadro. Per ottenere questo risultato, posiziona il cursore dentro il titolo, poi nel menu **Formato** scegli **Paragrafo**; nella finestra che si apre scegli la scheda **Bordi** e qui fai clic sul pulsante, poi conferma con **OK**.

19. Ora intorno al titolo è apparso un riquadro, che però è largo quanto l'intera pagina. Puoi ridurre il suoi margini laterali usando il righello: fai clic sul cursore inferiore di sinistra del righello e trascinalo verso destra fino a 3,5 cm; poi fai clic sul cursore di destra e trascinalo verso sinistra fino a 13,5 cm, come mostrato qui sotto.

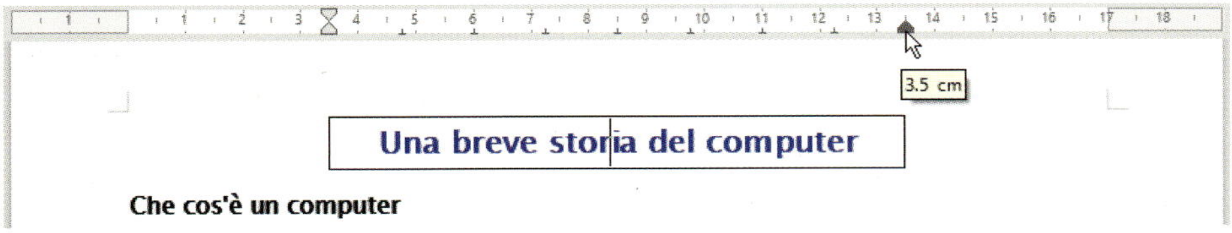

In Microsoft Word

In Word si può applicare un bordo al testo semplicemente facendo clic sul pulsante del gruppo **Paragrafo** della scheda **Home** della barra multifunzione.

20. Con il righello puoi anche impostare i rientri (o «indentature») del testo. Posiziona per esempio il cursore dentro il primo paragrafo del testo, poi fai clic sul cursore superiore di sinistra del righello e trascinalo verso destra fino a 1 cm: l'inizio del paragrafo ora apparirà rientrato come nella **figura 8.5**.

Annullare e ripristinare le azioni

21. Salva il file, per sicurezza, poi seleziona il primo paragrafo del testo ed eliminalo, facendo clic in alto sul pulsante o premendo sulla tastiera il tasto Canc.

22. Quando un'eliminazione è avvenuta per sbaglio e vuoi far ricomparire il testo, il metodo più rapido è fare clic sul pulsante, che annulla l'ultima azione eseguita. Puoi ottenere lo stesso risultato premendo insieme sulla tastiera Ctrl e Z.

23. Fai clic sullo stesso pulsante (o sulla combinazione di tasti) più volte: verranno annullate via via le ultime azioni che hai fatto in precedenza. Per ripristinarle, puoi fare clic sul pulsante, che ha funzione speculare al precedente; lo stesso risultato si ottiene premendo insieme i tasti Ctrl e Y, come vedi nella **tabella 8.1**.

Tabella 8.1 Alcune «scorciatoie» utili per inviare comandi dalla tastiera, senza usare il mouse.

comando	combinazione di tasti	pulsante
Copia	Ctrl + C	
Taglia	Ctrl + X	
Incolla	Ctrl + V	
Annulla	Ctrl + Z	
Ripristina	Ctrl + Y	
Cancella	Canc o ←	

Correggere l'ortografia

24. Ogni word processor contiene anche un proprio dizionario di riferimento, che è alla base dell'algoritmo di correzione ortografica: l'applicazione confronta ogni parola con il dizionario e segnala le parole che non riconosce. Prova per esempio a cancellare la lettera h da «macchina» nella prima riga del documento; il programma allora segnalerà la parola «maccina», sconosciuta al suo dizionario, aggiungendole una sottolineatura ondulata rossa.

In Microsoft Word

La correzione ortografica si attiva dal gruppo **Strumenti di correzione** della scheda **Revisione** della barra multifunzione.

25. Se ora fai clic su «maccina» con il tasto *destro* del mouse, apparirà un menu con le possibili correzioni dell'errore, cioè le parole più simili presenti nel dizionario del word processor. Fai clic nel menu su **macchina** per ristabilire l'ortografia corretta.

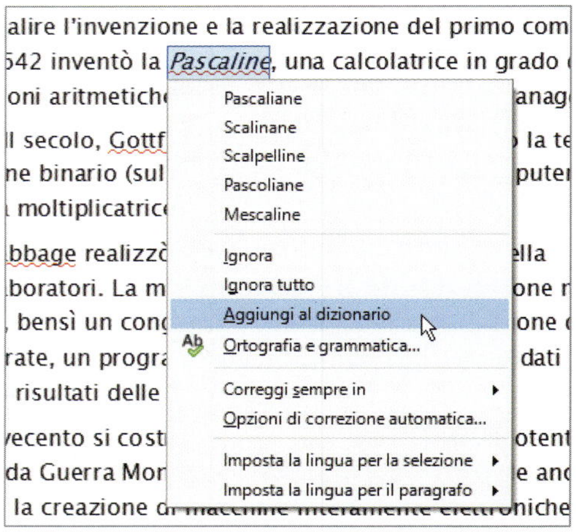

26. Nella **figura 8.5** le parole sottolineate in rosso non sono state riconosciute perché si tratta di termini stranieri o di neologismi. In tal caso puoi usare la tecnica appena descritta ma, invece di scegliere una grafia alternativa, fai clic su **Aggiungi al dizionario**: così il word processor d'ora in avanti considererà corretta la parola e non la segnalerà più con la sottolineatura rossa.

27. Per fare una correzione ortografica sistematica dell'intero documento, posiziona il cursore all'inizio e fai clic sul pulsante : apparirà allora una finestra con le stesse opzioni del menu appena visto, al cui interno scorreranno via via tutte le parole candidate per la correzione.

ESERCIZI

1 Formatta alla fine del testo un elenco puntato con punti a freccetta, come nella figura qui sotto. Il testo dell'elenco dev'essere rientrato di 3 cm.

> Tra il 1990 e il 2000 altri tre fenomeni hanno avuto grande rilevanza per l'affermazione del personal computer:
>
> - la realizzazione di software sempre più semplici da usare, grazie a interfacce grafiche intuitive;
> - l'arrivo sul mercato di attrezzature che hanno consentito di ampliare la sfera d'uso quotidiano del computer, come lo scanner e il masterizzatore di dischi ottici;
> - il proliferare delle reti locali di computer e la possibilità di comunicare su scala globale collegandosi a Internet.

2 Seleziona l'ultimo paragrafo del documento su cui hai lavorato e scopri come *giustificare* il testo, cioè far sì che ogni riga termini allineata al margine destro del foglio. Che cosa fa il word processor per ottenere questo risultato?

....

....

....

3 Nell'ultimo paragrafo è rimasto un errore di ortografia. Qual è la parola da correggere?

....

8.3 La gestione delle immagini

In questo paragrafo l'obiettivo è modificare la prima pagina del documento creato in precedenza, così da riprodurre la pagina della **figura 8.6**, a cui faremo riferimento nei passaggi che descrivono le procedure da usare.

Vedremo come inserire immagini in un file e come ridimensionarle, modificarle, posizionarle rispetto al testo e dotarle di didascalie.

Scarica per prima cosa nella cartella **esercitazioni** le immagini **Pascaline** e **Colossus**, che trovi nel sito web del libro.

Una breve storia del computer

Che cos'è un computer

In generale possiamo definire il *computer* come una macchina in grado di ricevere dati, elaborarli sulla base di istruzioni e restituire un risultato. Questa semplice definizione ci permette di cogliere due aspetti molto importanti:

1. il computer ha origine ben prima dello sviluppo dell'elettronica, già a partire dalle prime macchine calcolatrici meccaniche
2. i computer nel mondo attuale sono molto più diffusi di ciò che abitualmente pensiamo: un termostato elettronico o una lavatrice per esempio rientrano pienamente nella definizione che abbiamo tracciato.

Alle origini del computer

Tradizionalmente si fa risalire l'invenzione e la realizzazione del primo computer a Blaise Pascal; egli nel 1642 inventò la *Pascaline*, una calcolatrice in grado di svolgere semplici operazioni aritmetiche attraverso la rotazione di ingranaggi.

Illustrazione 1: La Pascaline *(fonte: Wikimedia)*

A un altro filosofo del XVII secolo, Gottfried Wilhelm Leibniz, dobbiamo la teoria del sistema di numerazione binario (sul quale si basano i moderni computer) e il progetto di una macchina moltiplicatrice.

Nell'Ottocento Charles Babbage realizzò un passo avanti importante nella direzione dei moderni elaboratori. La *macchina analitica* di sua invenzione non era una semplice calcolatrice, bensì un congegno che prevedeva l'acquisizione dei dati tramite schede perforate, un programma di elaborazione di questi dati e la possibilità di conservare i risultati delle operazioni svolte.

Nei primi decenni del Novecento si costruirono macchine sempre più potenti e precise. Durante la Seconda Guerra Mondiale si verificò un salto epocale anche nel campo dei computer, con la creazione di macchine interamente elettroniche come l'*ABC* (1939) e il *Colossus* (1943), che è stato il primo computer programmabile.

Illustrazione 2: Colossus *(fonte: Wikimedia)*

Figura 8.6 La pagina da riprodurre in questo paragrafo.

Inserire un'immagine in un documento di testo

1. Apri il documento **storia computer (testo).odt** e salvane una copia nella cartella **esercitazioni** con il nuovo nome **storia computer (immagini).odt**.
2. Vogliamo inserire una foto della macchina di Pascal in corrispondenza del testo che ne parla. Posiziona il cursore all'inizio del paragrafo «Tradizionalmente...».

3. Fai clic sul pulsante , oppure apri il menu **Inserisci** e scegli **Immagine...** (i puntini dopo il nome di un comando indicano che al clic si aprirà una finestra di dialogo, in cui si possono impostare i parametri del comando).
4. In questo caso si aprirà la finestra delle risorse del computer: apri la cartella **esercitazioni**, seleziona il file **Pascaline** e fai clic su **Apri** (oppure, in modo più rapido, fai direttamente doppio clic sul file).
5. La finestra di dialogo scomparirà e nel documento apparirà l'immagine (larga quanto la pagina, perché la foto è di grandi dimensioni). Lungo i bordi e ai quattro vertici del rettangolo vedrai quadratini verdi: indicano che l'immagine è selezionata e che puoi dunque agire su di essa.
6. Allo stesso tempo, la barra dei pulsanti ha cambiato aspetto: infatti, poiché è selezionata un'immagine, il programma ha fatto apparire nella seconda riga i pulsanti che consentono di effettuare le azioni più comuni sulle immagini. Questo è un esempio di *adattamento contestuale* dell'interfaccia grafica di un'applicazione.

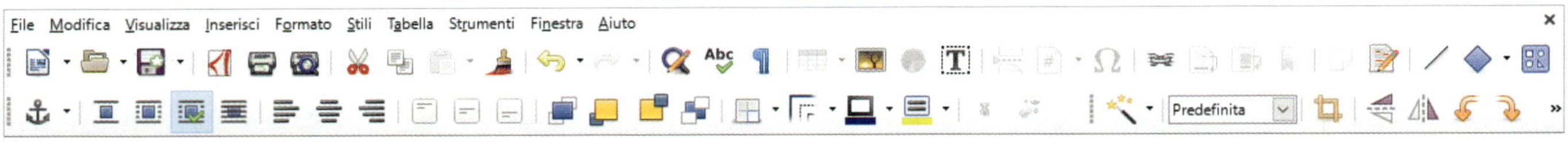

In Microsoft Word

Anche in Word la barra multifunzione si adatta in modo dinamico durante il lavoro sui documenti. Quando si seleziona un'immagine, appaiono le schede chiamate **Strumenti immagine**. Qui per esempio, facendo clic su **Effetti immagine** nel gruppo **Stili immagini** della scheda **Formato**, si può scegliere tra effetti come l'ombreggiatura, il rilievo o il contorno sfumato. In Writer effetti simili si possono impostare con il pulsante **Filtri** .

Ridimensionare un'immagine e ritagliarne una parte

7. Per ridurre le dimensioni dell'immagine nella pagina, così che possa stare di fianco al testo, porta il mouse sul quadratino verde posto in uno dei vertici: il puntatore allora prende la forma di una doppia freccia, e a questo punto basta trascinarlo per ridimensionare l'immagine senza cambiarne le proporzioni (se invece trascini uno dei quadratini al centro dei lati, cambierai le dimensioni dell'immagine ma la deformerai anche in senso orizzontale o verticale).

8. Nell'immagine che hai inserito, l'oggetto di interesse si trova al centro; in alto e in basso c'è un ampio sfondo nero, che non serve. Per eliminare parte dello sfondo nero, puoi fare clic sul pulsante ; ora l'immagine apparirà contornata da grossi quadrati rossi. Trascina verso il basso uno dei quadrati in alto e vedrai che quella parte dell'immagine scompare: il programma l'ha nascosta. Ripeti poi l'operazione dal basso verso l'alto, per tagliare la parte inferiore dello sfondo.

9. C'è un modo alternativo per effettuare l'operazione di ritaglio: fai clic sull'immagine con il tasto *destro* del mouse, poi nel menu scegli **Proprietà...** Nella finestra di dialogo **Immagine** che si apre, fai clic sulla linguetta **Ritaglia**: le caselle nella scheda che appare ti permettono di specificare da quale lato, e di quanti centimetri, vuoi tagliare l'immagine. Per ottenere il risultato della **figura 8.6**, scegli il valore 2 cm nelle caselle **Alto** e **Basso**.
10. Nota che la finestra **Immagine** permette di consultare tutte le proprietà dell'immagine selezionata, e anche di impostare un gran numero di parametri e opzioni. Per esempio, la scheda che si apre al clic sulla linguetta **Bordi** consente di aggiungere

vari tipi di bordatura all'immagine, scegliendo lo spessore e il colore della linea, la distanza tra immagine e bordo e l'eventuale ombreggiatura.

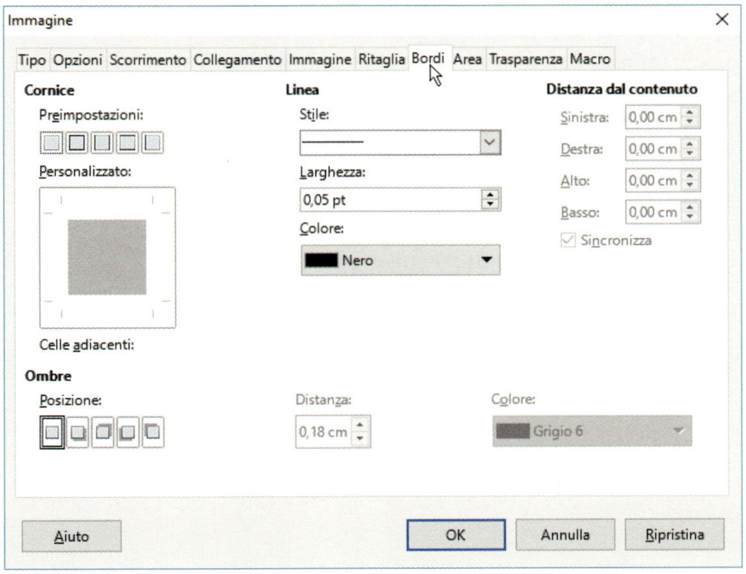

> **In Microsoft Word**
>
> In Word la finestra di gestione delle dimensioni dell'immagine si può aprire con un clic con il tasto destro, scegliendo poi **Dimensioni e posizione**, oppure con un clic sulla freccetta al piede del gruppo **Dimensioni** della scheda **Formato** nella barra multifunzione.

Posizionare l'immagine rispetto al testo

11. Quando inserisci un'immagine in un documento di Writer, essa viene automaticamente associata al paragrafo in cui si trova il cursore (lo testimonia l'icona di un'àncora che appare all'inizio del paragrafo) ed è centrata nella pagina, con l'opzione **Scorrimento dinamico** attivata; ciò significa che il testo del paragrafo scorrerà a fianco dell'immagine (alla sua sinistra, se l'immagine è centrata).

12. Sono possibili anche altre opzioni: se fai clic sul pulsante , l'immagine sarà separata verticalmente dal testo che precede e da quello che segue; se invece fai clic su , il testo scorrerà anche a destra dell'immagine. In ogni caso, anche se aggiungerai o eliminerai testo prima della posizione in cui si trova, l'immagine resterà sempre associata al paragrafo in cui l'hai inserita.

13. Per allineare l'immagine alla destra del testo, come nella **figura 8.6**, fai clic sul pulsante ; il bordo superiore dell'immagine resterà allineato con l'inizio del testo che le scorre a fianco. Se invece volessi allinearla verticalmente al centro del testo o in basso, dovresti usare i pulsanti o .

Aggiungere la didascalia a un'immagine

14. Vogliamo ora aggiungere alla foto una didascalia, per dire che l'immagine raffigura la Pascaline e per specificare la fonte da cui abbiamo preso l'immagine (nei documenti destinati alla diffusione è buona norma indicare sempre l'origine dei materiali usati). Una volta selezionata l'immagine, apri il menu **Inserisci** e scegli **Didascalia...**

15. Nella finestra di dialogo che si apre, mostrata qui a lato, puoi digitare il testo della didascalia e anche scegliere la **Categoria**, cioè la dicitura che apparirà all'inizio della didascalia (l'opzione standard di Writer è **Illustrazione**), lo stile della numerazione, il separatore tra il numero e il testo della didascalia (l'opzione standard sono i due punti) e il posizionamento della didascalia (prima o dopo l'immagine).

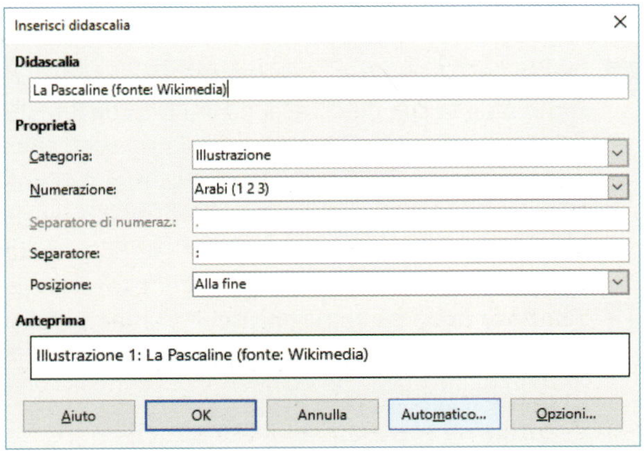

16. Digita il testo e lascia le impostazioni standard, poi fai clic su **OK**: ora nel documento l'immagine sarà seguita dalla didascalia, che per impostazione automatica apparirà in corsivo.
17. Sul testo della didascalia puoi agire come su qualsiasi altro testo del documento. Per esempio, seleziona con il mouse la parola «Pascaline» e fai clic sull'icona *a* ; in questo modo rimuoverai la formattazione corsiva e la parola apparirà nel normale carattere tondo. Poi seleziona il testo tra parentesi che specifica la fonte e riduci la dimensione del carattere a 10.
18. Ora ripeti le operazioni appena viste per aggiungere al documento anche l'immagine **Colossus**, in corrispondenza del paragrafo che ne parla. Riduci l'immagine così che abbia la stessa larghezza della foto precedente, e allineala a destra così che il testo scorra alla sua sinistra.

In Microsoft Word

In Word si può aggiungere una didascalia a un oggetto selezionato facendo clic su **Inserisci didascalia** nel gruppo **Didascalie** della scheda **Riferimenti**.
Quella che in Writer è chiamata **Categoria**, in Word si chiama **Etichetta**.
In Word è anche possibile aggiungere etichette personalizzate, digitandone il nome nella finestrella che si apre al clic su **Nuova etichetta**.

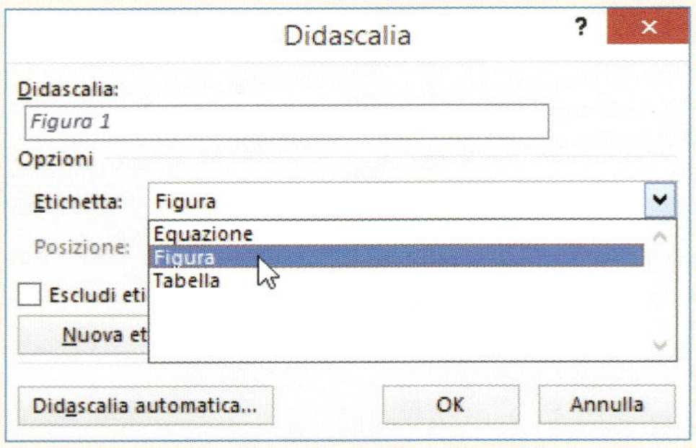

19. Aggiungi alla seconda immagine una didascalia, come nella **figura 8.6** di riferimento, ripetendo le operazioni descritte sopra. Noterai che il programma farà iniziare la didascalia con «*Illustrazione 2*»: esso infatti assegna in modo automatico un numero progressivo alla didascalia di ogni nuova immagine. Così, se per esempio provi a inserire una terza immagine tra le due già presenti, vedrai che la sua didascalia inizierà con «*Illustrazione 2*» mentre la didascalia del Colossus cambierà automaticamente, diventando «*Illustrazione 3*».
20. Nota infine che la didascalia, una volta inserita, forma un «blocco unico» con l'immagine a cui è associata: così puoi selezionarle insieme, per esempio per ridimensionarle o spostarle nel documento. Puoi ancora selezionare anche la sola immagine, o aprirne le proprietà con un doppio clic, ma soltanto per modificarla all'interno del riquadro che include la didascalia.
21. Salva il file **storia computer (immagini).odt** su cui hai lavorato e chiudi il programma Writer.

ESERCIZI

1 Seleziona il riquadro che include la prima immagine del documento e la sua didascalia, poi fai clic con il tasto destro del mouse e scegli **Oggetto...** Nella finestra che appare, apri la scheda **Scorrimento** e scopri come aumentare il *rispetto* a sinistra dell'immagine, cioè lo spazio bianco che la separa dal testo che scorre a fianco.

2 Seleziona la prima immagine del documento, fai clic su di essa con il tasto destro del mouse e scopri come far ruotare l'immagine di 90° verso destra; poi annulla l'operazione appena eseguita.

3 Fai doppio clic sulla seconda immagine del documento e nella finestra **Immagine** usa la scheda **Bordi** per assegnarle un bordo di colore rosso e di spessore 2 punti. Quindi annulla l'operazione appena eseguita, poi ripristinala e verifica che il bordo ricompaia.

4 Aggiungi nella prima pagina del documento, di fianco al testo che parla di Babbage, la foto **Babbage** che trovi nel sito web del libro. Poi associa all'immagine una didascalia e verifica che la numerazione della didascalia successiva venga cambiata in modo automatico dal programma.

8.4 La gestione delle tabelle

Nel file **storia del computer.txt**, da cui siamo partiti in questo capitolo, il testo (privo di formattazioni) conteneva un elenco di date, eventi e curiosità; le diverse informazioni erano separate da semplici tabulazioni, ottenute usando il tasto .

In questo paragrafo vedremo come si possono formattare quei testi in forma di tabella, così da riprodurre la pagina della **figura 8.7**, che sarà il nostro riferimento.

Vedremo anche come inserire informazioni all'interno dell'intestazione e del piè di pagina del documento, in particolare come far comparire nel piè di pagina una numerazione progressiva automatica delle pagine.

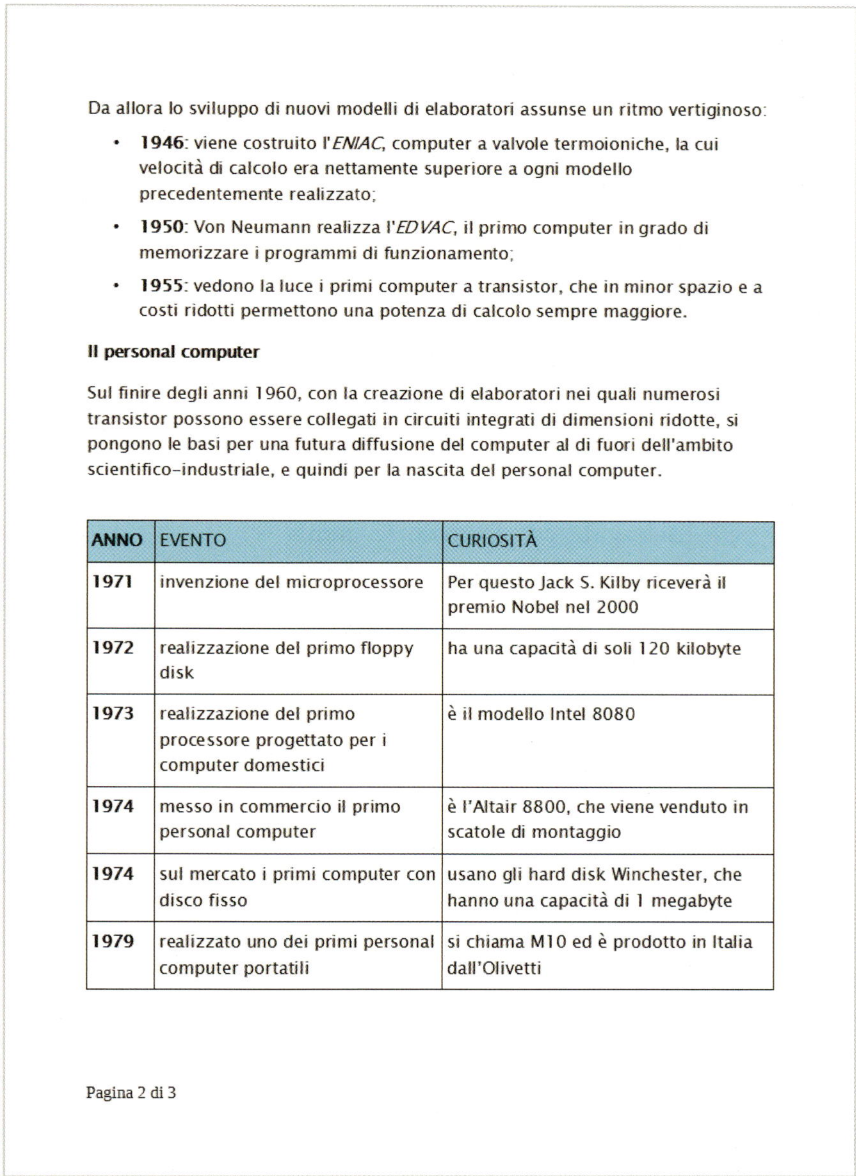

Da allora lo sviluppo di nuovi modelli di elaboratori assunse un ritmo vertiginoso:

- **1946**: viene costruito l'*ENIAC*, computer a valvole termoioniche, la cui velocità di calcolo era nettamente superiore a ogni modello precedentemente realizzato;
- **1950**: Von Neumann realizza l'*EDVAC*, il primo computer in grado di memorizzare i programmi di funzionamento;
- **1955**: vedono la luce i primi computer a transistor, che in minor spazio e a costi ridotti permettono una potenza di calcolo sempre maggiore.

Il personal computer

Sul finire degli anni 1960, con la creazione di elaboratori nei quali numerosi transistor possono essere collegati in circuiti integrati di dimensioni ridotte, si pongono le basi per una futura diffusione del computer al di fuori dell'ambito scientifico-industriale, e quindi per la nascita del personal computer.

ANNO	EVENTO	CURIOSITÀ
1971	invenzione del microprocessore	Per questo Jack S. Kilby riceverà il premio Nobel nel 2000
1972	realizzazione del primo floppy disk	ha una capacità di soli 120 kilobyte
1973	realizzazione del primo processore progettato per i computer domestici	è il modello Intel 8080
1974	messo in commercio il primo personal computer	è l'Altair 8800, che viene venduto in scatole di montaggio
1974	sul mercato i primi computer con disco fisso	usano gli hard disk Winchester, che hanno una capacità di 1 megabyte
1979	realizzato uno dei primi personal computer portatili	si chiama M10 ed è prodotto in Italia dall'Olivetti

Pagina 2 di 3

Figura 8.7 La pagina da riprodurre in questo paragrafo.

Inserire una tabella nel testo

1. Lancia Writer, apri il file **storia computer (immagini)** e salvane una copia nella cartella **esercitazioni** con il nuovo nome **storia computer (tabella).odt**.
2. Scorri il documento fino alla seconda pagina e posiziona il cursore subito a sinistra della parola «ANNO»: questo infatti è il punto del documento in cui vuoi far comparire la tabella che creerai.

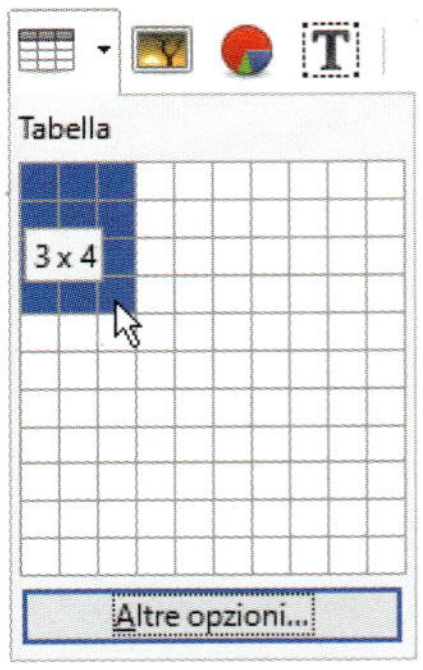

3. Fai clic sul pulsante **Inserisci tabella**: si aprirà a tendina il menu grafico raffigurato a fianco; qui, spostando il mouse sulla griglia, puoi specificare le dimensioni desiderate per la tabella (in alternativa, puoi aprire il menu **Tabella** e scegliere **Inserisci**). Scegli un formato con 3 colonne e 4 righe, poi fai clic.
4. A questo punto nel documento appare la tabella vuota, che per impostazione automatica occupa l'intera larghezza del foglio e ha colonne tutte della medesima larghezza. Il cursore è posizionato all'interno della prima cella, e contestualmente si è aggiunta in basso una nuova barra di pulsanti, specifici per le operazioni che si effettuano di solito sulle tabelle.

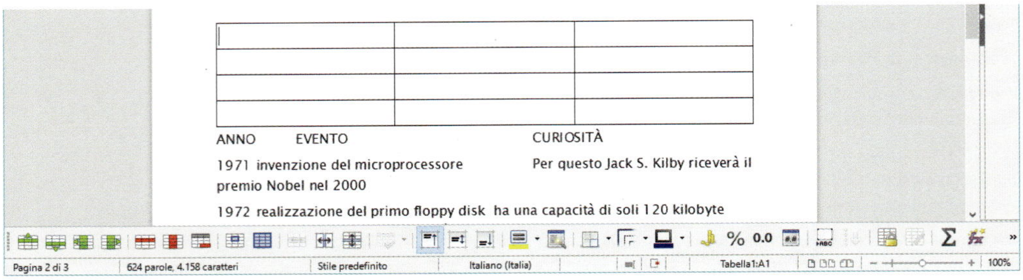

In Microsoft Word

In Word, quando il cursore è all'interno di una tabella, alla barra multifunzione si aggiungono automaticamente le schede **Strumenti tabella**.

Spostare testi all'interno di un documento

5. In genere, per inserire testo in una tabella, si posiziona il cursore in una cella e si digita sulla tastiera. Per spostarsi da una cella all'altra si può usare il tasto .
6. Nel nostro caso però hai già disponibili i testi, sotto la tabella vuota, perciò puoi semplicemente spostarli nelle rispettive celle. Seleziona per esempio la parola «ANNO», che va spostata nella prima cella. Potresti spostare la parola facendo clic sul pulsante **Taglia**, poi sulla prima cella e infine sul pulsante **Incolla** (oppure potresti usare le scorciatoie da tastiera descritte nel paragrafo 8.2). Il metodo più rapido e diretto, però, è semplicemente *trascinare* con il mouse la parola selezionata.
7. Trascina quindi «ANNO» sopra la prima cella della tabella, poi rilascia il mouse. Sposta poi «EVENTO» trascinandolo sopra la seconda cella della prima riga, quindi sposta «CURIOSITÀ» nella terza cella: queste tre parole saranno le intestazioni della tabella.
8. Proseguendo con il metodo del trascinamento, in pochi secondi riempirai tutte le celle della tabella, ottenendo il risultato mostrato qui a fianco.

ANNO	EVENTO	CURIOSITÀ
1971	invenzione del microprocessore	Per questo Jack S. Kilby riceverà il premio Nobel nel 2000
1972	realizzazione del primo floppy disk	ha una capacità di soli 120 kilobyte
1973	realizzazione del primo processore pensato per i computer domestici	è il modello Intel 8080

Aggiungere righe a una tabella

9. A questo punto però hai ancora informazioni da inserire, quindi bisogna aggiungere righe alla tabella: fai clic nella barra in basso sul pulsante e vedrai comparire una nuova riga vuota, in cui puoi spostare la data «1974» e le relative informazioni. La nuova riga viene aggiunta sempre sotto la riga in cui si trova il cursore.
10. Ripeti poi la stessa operazione altre due volte e trasferisci le ultime informazioni nelle celle, così da avere alla fine una tabella con 7 righe disposte su 3 colonne.
11. All'occorrenza puoi usare il pulsante della barra in basso per aggiungere una nuova riga vuota *al di sopra* di quella in cui si trova il cursore. Invece con i pulsanti e puoi aggiungere nuove *colonne* a sinistra o a destra della colonna in cui si trova il cursore; in tal caso, il programma ridimensiona in modo automatico le colonne preesistenti, riducendone la larghezza.

Ridimensionare le colonne di una tabella

12. La tabella costruita finora non usa lo spazio in modo ottimale: la prima colonna, che contiene soltanto le date, è quasi vuota, mentre nelle altre due colonne i testi sono sacrificati. Conviene perciò restringere la prima colonna e allargare le altre due.

13. Il modo più rapido per ridurre la larghezza della prima colonna consiste nel portare il mouse sul bordo verticale che la separa dalla seconda colonna: quando il puntatore prende la forma di una doppia freccia orizzontale, trascina verso sinistra il mouse fino a dare alla colonna la larghezza desiderata. Così facendo restringi la prima colonna e allarghi la seconda; la terza colonna rimane invece immutata.

14. Ripeti ora la stessa operazione agendo sul bordo verticale che separa la seconda colonna dalla terza. Cerca di fare in modo che alla fine queste due colonne abbiano la stessa larghezza, come nella **figura 8.7**.

ANNO		EVENTO	CURI
1971		invenzione del microprocessore	Per q ricev nel 2
1972		realizzazione del primo floppy disk	ha ur 120 l
1973		realizzazione del primo processore progettato per i computer domestici	è il n
1974		messo in commercio il primo personal computer	è l'Al vend mont
1974		sul mercato i primi computer con disco fisso	usan Wincl una c megá

15. Se vuoi assicurarti che la seconda e la terza colonna siano larghe uguali, puoi usare il menu **Tabella**, scegliendo **Dimensione** e poi **Larghezza colonna**...: si aprirà una finestra con caselle in cui puoi specificare la larghezza, precisa al millimetro, della colonna in cui si trova il cursore.

Aggiungere uno sfondo alle celle di una tabella

16. Si può aggiungere uno sfondo a qualsiasi cella di una tabella. Qui useremo uno sfondo colorato per evidenziare la prima riga con le intestazioni della tabella.

17. Per selezionare una riga di una tabella basta portare il mouse alla sua sinistra, fuori della tabella, e fare clic quando il puntatore diventa una freccetta nera rivolta verso destra. Seleziona in questo modo la prima riga della tabella, che apparirà evidenziata.

18. Ora fai clic sulla freccetta nera a fianco del pulsante **Colore di sfondo** nella barra in basso: apparirà la tavolozza dei colori tra cui scegliere. Fai clic sul quadratino del colore **ciano** per assegnare quel colore come sfondo alla prima riga della tabella. Fai poi clic nel documento al di fuori della prima riga (così da de-selezionarla) per vedere l'effetto cromatico ottenuto.

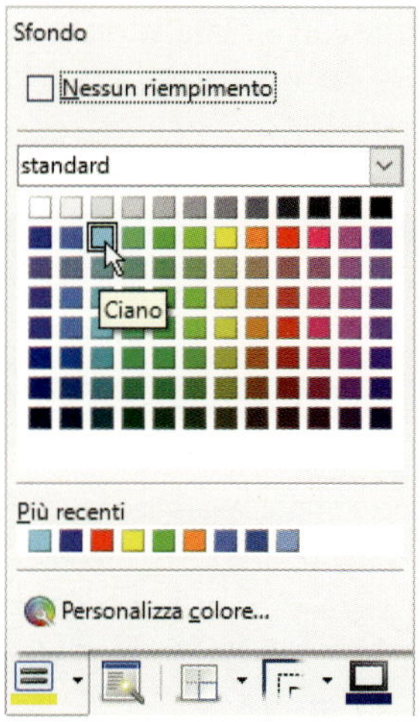

19. La selezione di una colonna di una tabella è simile a quella di una riga: si porta il mouse sopra la colonna e si fa clic quando il puntatore diventa una freccetta nera rivolta verso il basso. Seleziona in questo modo la prima colonna della tabella, che apparirà evidenziata.

20. Ora fai clic nella barra in alto sul pulsante **a**: il contenuto di tutte le celle della prima colonna ora sarà formattato in grassetto.

In Microsoft Word

In Word si può selezionare facilmente anche una singola cella di una tabella: basta portare il mouse nella sua parte di sinistra e fare clic quando il puntatore diventa una freccetta nera inclinata verso l'alto.

Inserire informazioni nell'intestazione e nel piè di pagina

21. Nell'area di lavoro di Writer i margini del foglio sono indicati da simboli grigi a forma di L capovolte. Se fai clic sopra il margine superiore, apparirà l'etichetta **Intestazione** e potrai digitare un testo che apparirà come titolo corrente in testa a tutte le pagine del documento. In modo analogo, se fai clic sotto il margine inferiore, apparirà l'etichetta **Piè di pagina** e potrai digitare un testo che apparirà al piede di tutte le pagine. In particolare, per documenti di più pagine può essere utile inserire in quest'area la numerazione delle pagine, che il programma può gestire in modo automatico. Vediamo come si procede per usare in questo modo il piè di pagina del nostro documento.

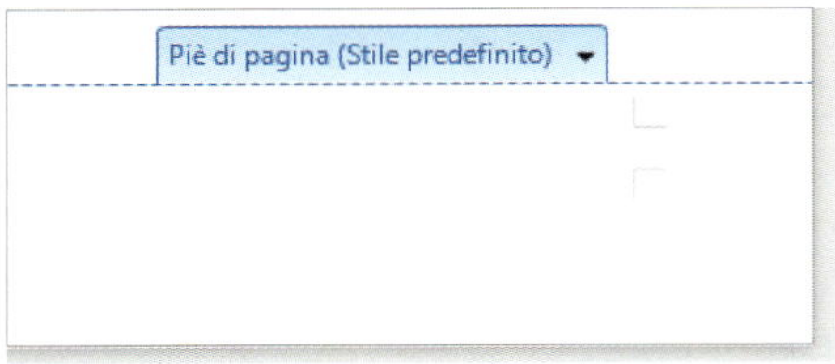

22. Apri il piè di pagina e digita il testo «Pagina » (con uno spazio bianco dopo la parola), poi fai clic in alto sul pulsante **Inserisci campo** e nel menu scegli **Numero di pagina**: nel piè di pagina comparirà il numero della pagina in cui ti trovi (evidenziato in grigio, a indicare che si tratta di un valore numerico gestito dal programma, che perciò non puoi modificare).

23. Sulla stessa riga del piè di pagina, digita ora « di » (con spazi bianchi prima e dopo la parola), poi fai di nuovo clic sul pulsante e nel menu questa volta scegli **Conteggio pagine**: comparirà il numero totale delle pagine del documento. D'ora in avanti, comunque venga modificato il documento, anche se si aggiungono o si eliminano pagine in qualunque sua parte, i due numeri del piè di pagina saranno mantenuti sempre automaticamente aggiornati dal word processor.

24. In modo analogo a quanto ora visto, un clic al di sopra del margine superiore della pagina farà apparire l'etichetta **Intestazione**: potrai così inserire scritte o campi che appariranno in testa a tutte le pagine del documento.

In Microsoft Word

In Word la scheda **Inserisci** della barra multifunzione ha un gruppo **Intestazione e piè di pagina**: al clic sui pulsanti appare un menu con modelli pronti all'uso. Il pulsante **Parti rapide** consente di inserire campi gestiti in modo automatico dal programma, come il numero delle pagine del documento.

ESERCIZI

1 Vero o falso?

A una tabella esistente si possono sempre aggiungere righe o colonne. V F

Nel word processor le tabelle hanno sempre la larghezza dell'intero foglio. V F

Nelle tabelle le formattazioni vanno sempre fatte una cella per volta. V F

Quando si crea una nuova tabella, le celle appaiono sempre vuote. V F

2 Che cosa succede se, dopo aver selezionato una colonna di una tabella, si tiene premuto il tasto sinistro del mouse e lo si trascina lateralmente?

....

3 Crea un nuovo documento di testo e al suo interno costruisci una tabella con 8 righe e 8 colonne che abbia l'aspetto di una scacchiera bianca e blu, come quella della figura. Salva il documento con il nome **scacchiera.odt**.

8.5 L'inserimento di disegni, simboli e formule

In questo paragrafo vedremo come tracciare disegni geometrici all'interno di un documento di testo, così da produrre una pagina simile a quella della **figura 8.8**.

Vedremo anche come scrivere semplici espressioni matematiche usando la formattazione del testo e come inserire formule più complesse con gli strumenti *ad hoc* forniti dal word processor.

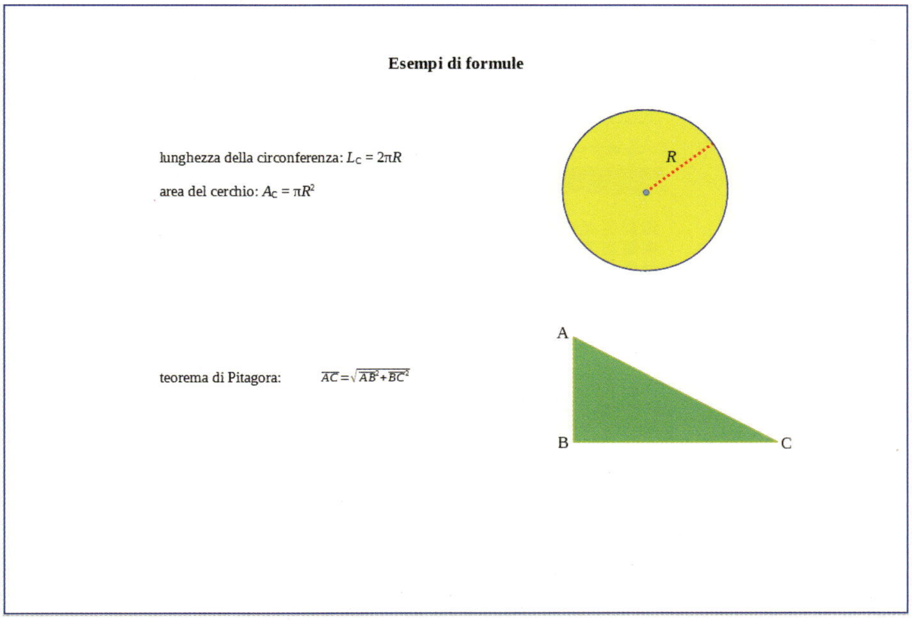

Figura 8.8 La pagina da riprodurre in questo paragrafo.

Modificare l'orientamento della pagina

1. Lancia Writer, apri un nuovo file vuoto e salvalo nella cartella **esercitazioni** con il nome **formule.odt**.
2. Vogliamo che questo documento abbia orientamento orizzontale, cioè che il foglio sia ruotato di 90° rispetto al solito. Apri allora il menu **Formato** e scegli **Pagina**...: nella finestra che compare apri la scheda **Pagina** e scegli l'opzione **Orizzontale**, poi conferma con **OK**.
3. La stessa finestra di dialogo consente di impostare molte altre proprietà dell'intero documento. Per esempio, sempre nella scheda **Pagina** puoi cambiare i valori dei margini, mentre nella scheda **Colonne** puoi scegliere di disporre il testo su più colonne, come avviene in giornali e riviste, anziché sulla singola colonna standard.
4. Scrivi ora il titolo «Esempi di formule», centralo e mettilo in grassetto assegnandogli una dimensione di 16 punti. Poi vai a capo più volte premendo il **tasto** Invio.

In Microsoft Word

In Word l'orientamento della pagina si può cambiare con il pulsante **Orientamento** presente nella scheda **Layout di pagina** della barra multifunzione.

Disegnare forme geometriche

5. Ora vogliamo disegnare il cerchio giallo, il suo centro e il raggio rosso tratteggiato. Iniziamo con il cerchio: fai clic sulla freccetta a fianco del pulsante **Inserisci forme** ; nel menu che si apre, scegli la forma **Cerchio**.
6. Nella seconda riga della barra dei pulsanti appaiono automaticamente nuove opzioni contestuali (che rivedrai ogni qualvolta selezioni un disegno) e sull'area di lavoro il puntatore del mouse assume la forma di una crocetta. Ora puoi disegnare il cerchio semplicemente trascinando il mouse sul foglio, nella posizione che desideri, dando alla figura dimensioni a piacere.

7. Mentre trascini il mouse vedrai apparire la forma geometrica, che quando rilasci il mouse resterà selezionata. Ora puoi spostare il cerchio trascinandolo con il mouse, oppure usando i tasti-freccia della tastiera. Puoi anche ridimensionare il cerchio come fosse una qualsiasi immagine, ma non puoi mantenere fisse le proporzioni del disegno. Fai in modo che il cerchio abbia dimensioni e posizione simili a quelle della **figura 8.8** all'inizio del paragrafo, che è il nostro riferimento.

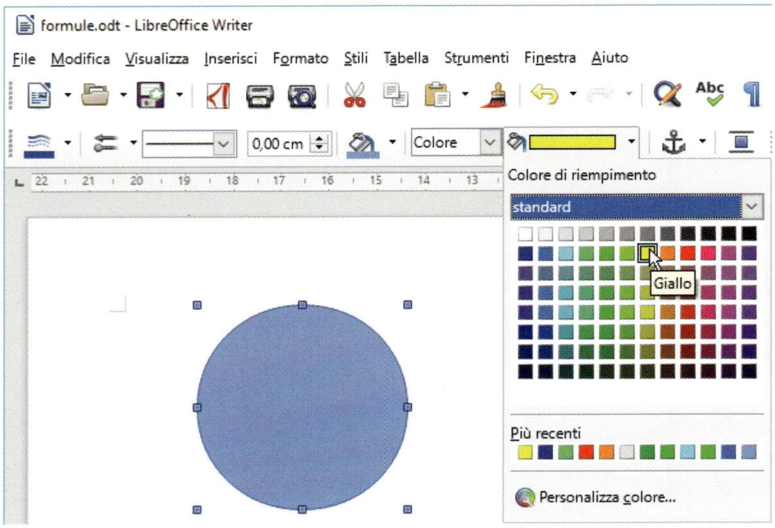

8. In base alle impostazioni standard del programma, la figura viene disegnata in un colore blu, con il contorno dello stesso colore. Per cambiare il colore di riempimento, fai clic sul pulsante **Colore** e scegli il giallo con un clic sulla tavolozza. Per ispessire il contorno, fai clic nella casella **Spessore** linea e assegna il valore, per esempio 0,04 cm.
9. Il pulsante **Inserisci forme** ora è rimasto impostato su **Cerchio**, l'ultima forma che hai usato. Fai di nuovo clic su di esso e traccia un cerchietto molto piccolo, che puoi lasciare nel colore standard: fungerà da centro del cerchio. Per posizionarlo con precisione al centro, ti converrà ingrandire il foglio con la barra dello **Zoom** in basso a destra nella finestra del programma. Quando hai finito, fai clic nella barra sulla tacca centrale del 100% per tornare alla visualizzazione normale.

In Microsoft Word

In Word per disegnare linee o forme geometriche si fa clic sul pulsante **Forme** della scheda **Inserisci**; la barra multifunzione viene automaticamente sostituita da una barra con gli strumenti per il disegno.

Disegnare linee e inserire caselle di testo

10. Per tracciare il raggio del cerchio, fai clic sul pulsante **Inserisci linea** e trascina il mouse sull'area di lavoro. Anche ora la linea apparirà in tempo reale mentre la tracci, sarà sottile e di colore blu, e resterà selezionata quando rilasci il mouse. Assegnale il colore arancione e uno spessore di 0,10 cm, poi apri il menu **Stile linea** e scegli **A tratti finissimi** per far sì che il raggio appaia tratteggiato.
11. Per aggiungere il simbolo R che indica il raggio, fai clic sul pulsante **Inserisci casella di testo** e trascina il mouse sull'area di lavoro: apparirà un rettangolo a sfondo trasparente, dentro cui puoi digitare «R». Seleziona poi la lettera e formattala in corsivo e con corpo 16 punti. Quindi fai clic sul bordo della casella: ora è selezionata e puoi spostarla trascinandola vicino al raggio del cerchio.

Raggruppare e separare gli elementi

12. Il disegno adesso è formato da quattro elementi separati: il cerchio, il centro, il raggio e la sua etichetta. Seleziona uno qualsiasi degli elementi, poi sposta il puntatore

del mouse fuori dal disegno e trascinalo così da inglobare l'intero disegno: in questo modo hai selezionato insieme tutti e quattro gli elementi di questo disegno.

13. Ora fai clic con il tasto *destro* del mouse sull'area selezionata: apparirà un menu con numerose opzioni relative al disegno. Scegli al fondo **Raggruppa** e poi di nuovo **Raggruppa**: d'ora in avanti i quattro elementi formeranno un blocco unico, così potrai per esempio spostare o ridimensionare tutto il disegno in un colpo solo. Se in seguito volessi agire su un singolo elemento, per esempio cambiare il colore del raggio, dovrai prima separare di nuovo gli elementi facendo clic con il tasto destro, scegliendo **Raggruppa** e poi **Separa**.

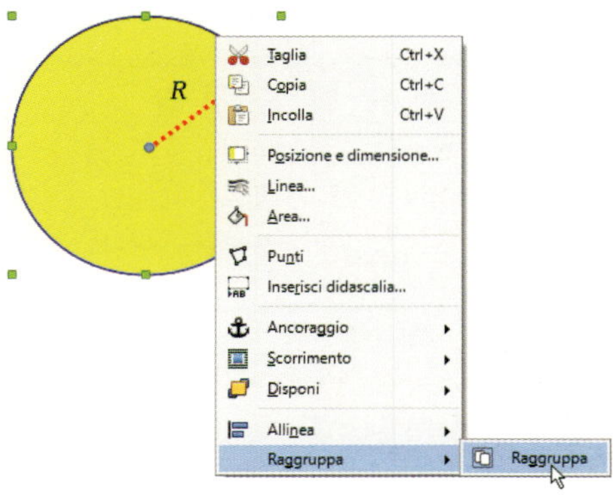

Scrivere testo con pedici, apici e simboli speciali

14. Ora è il momento di scrivere le prime righe di testo. Posiziona il cursore qualche riga sotto il titolo, imposta con il righello un margine sinistro di 3 cm, imposta 14 come dimensione del carattere e poi digita: «lunghezza della circonferenza: LC = 2R».

15. Il simbolo del *pi greco* non è presente sulla tastiera. Per inserirlo, posiziona il cursore dopo il 2 e fai clic sul pulsante **Ω** : si aprirà una finestra con tutti i caratteri speciali disponibili nell'applicazione. Scorri la tabella verso il basso (o scegli nel menu **Insieme speciale** la voce **Greco di base**), trova il simbolo π e fai clic su **Inserisci**.

16. Seleziona la L e mettila in corsivo, poi seleziona la C e fai clic sul pulsante : in questo modo avrai il simbolo L_C, dove la C è a *pedice* di *L*.

17. Vai a capo due volte, poi digita: «area del cerchio: AC = R2». Poi metti la A e la R in corsivo, formatta la C come pedice e inserisci il simbolo del *pi greco* prima della R. A questo punto resta da trasformare il 2 in un esponente: selezionalo e fai clic sul pulsante : avrai così la potenza R^2, con il 2 formattato come *apice*.

In Microsoft Word

In Word i simboli speciali si inseriscono con il pulsante **Simbolo** della scheda **Inserisci** della barra multifunzione.

Scrivere una formula con l'editor del programma

18. Disegna ora la forma di un triangolo rettangolo, colora l'area in verde e il contorno in marrone, poi aggiungi ai vertici le etichette A, B, C con tre caselle di testo. Fai in modo di ottenere un risultato simile a quello della **figura 8.8** a inizio paragrafo.

19. Sulla sinistra scrivi «teorema di Pitagora:», poi premi il tasto . Dopo lo spazio bianco di questa tabulazione vogliamo scrivere la formula del teorema, ma con la sola formattazione del testo non sapremmo come rappresentare la radice quadrata a secondo membro. Useremo perciò gli strumenti messi a disposizione dal word processor per la scrittura di formule matematiche.

20. Scegli nel menu **Inserisci** la voce **Oggetto**, e quindi **Formula...**; sul foglio appare una casella grigia, che è destinata a contenere la formula, e nell'interfaccia del programma si aggiungono due riquadri: quello a sinistra servirà per definire gli «ingredienti» della formula, mentre quello in basso ospiterà una descrizione in codice della formula.

21. La scrittura di una formula è, in un certo senso, un esercizio di programmazione. Il modo migliore di procedere è costruire per prima cosa la struttura della formula, per poi andare a inserire i simboli nei vari termini della struttura predisposta. Nel nostro caso, vogliamo scrivere un'uguaglianza con a primo membro l'ipotenusa e a secondo membro la radice quadrata della somma dei quadrati costruiti sui cateti.

22. Per prima cosa scegli nel riquadro a sinistra la categoria **Relazioni** e fai clic sulla prima icona, **Uguale a**. Nella casella del foglio appare allora l'uguaglianza tra due quadratini; ciascuno rappresenta genericamente un termine della formula e andrà poi riempito con uno o più simboli. Nel riquadro in basso appare in codice la stessa uguaglianza: i caratteri <?> indicano i termini ancora da definire.

In Microsoft Word

In Word le formule si inseriscono con il pulsante **Equazioni** della scheda **Inserisci** della barra multifunzione.
Appare un elenco di formule predefinite, che si possono inserire nel documento con un semplice clic; alla fine dell'elenco, la voce **Inserisci nuova equazione** consente di creare una nuova formula.

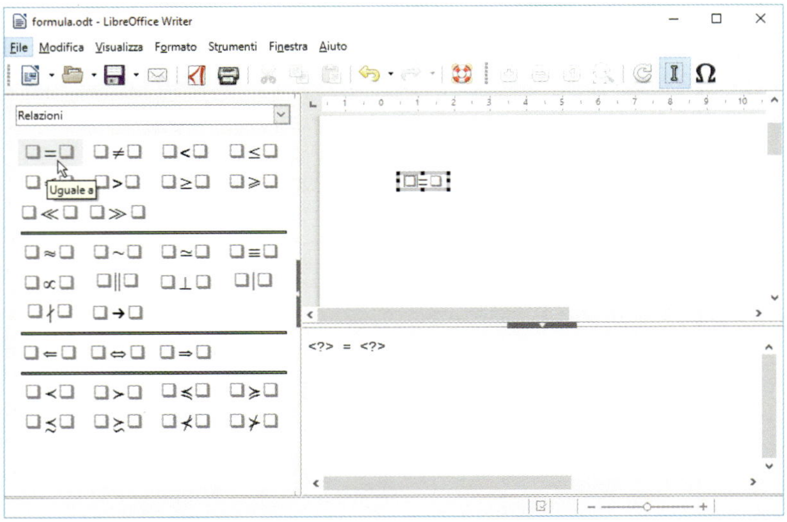

23. Ora fai clic sul quadratino a secondo membro per selezionarlo, poi a sinistra scegli la categoria **Funzioni** e fai clic sull'icona **Radice quadrata**: il quadratino apparirà sotto il simbolo della radice (che nel codice in basso è indicata come «sqrt», dall'inglese *square root*).

24. Il quadratino a secondo membro è rimasto selezionato. Scegli ora a sinistra la categoria **Operatori unari e binari** (vale a dire, che agiscono su uno o su due operandi) e fai clic sull'icona **Addizione**: sotto la radice a secondo membro ora appare la somma di due termini, e il primo è selezionato.

25. Vogliamo che ciascuno dei due termini sotto la radice sia una potenza; perciò scegli di nuovo a sinistra **Funzioni** e fai clic su **Potenza**. Poi seleziona il secondo quadratino sotto la radice e ripeti la stessa procedura.

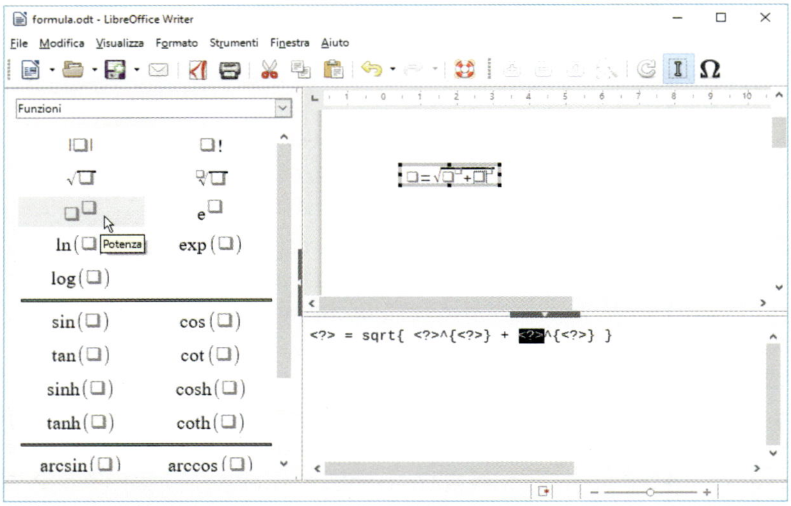

26. Hai così completato la struttura della formula. Nota che nel codice in basso gli esponenti delle potenze sono preceduti dal simbolo ^ e la gerarchia delle operazioni è indicata da parentesi graffe. Adesso non resta che sostituire a ogni quadratino il simbolo desiderato.

27. Nella casella della formula sul foglio, fai clic sul quadratino a primo membro e digita «AC»: la scritta apparirà simultaneamente nel codice in basso e nella formula sul foglio (dove sarà in corsivo, che è la formattazione standard per i termini delle formule matematiche). Poi fai clic nella casella sul primo quadratino sotto la radice e digita «AB», poi sul quadratino piccolo del suo esponente e digita «2». Hai così completato il primo addendo sotto la radice.

28. Per il secondo addendo puoi procedere allo stesso modo. In alternativa, puoi anche interagire direttamente con il codice della formula: seleziona nel riquadro in basso il termine <?> e digita «BC», poi seleziona il <?> rimanente e digita «2».

29. Ora fai clic su qualsiasi parte del foglio fuori della casella: i due riquadri scompariranno e la casella della formula resterà evidenziata. Adesso è diventata parte del testo: puoi copiarla o tagliarla, per poi incollarla in altre parti del documento, ma non puoi ridimensionarla (il formato delle formule è prefissato).

30. Puoi però ancora modificare la formula in qualsiasi momento; vediamo per esempio come aggiungere una barra sui tre simboli *AC*, *AB* e *BC*, a indicare la lunghezza dei segmenti. Fai doppio clic sulla casella: vedrai riapparire i due riquadri dell'editor. Per modificare il primo membro, selezionalo con un doppio clic. Poi a sinistra scegli la categoria **Attributi** e fai clic sull'icona **Linea sopra**: il termine *AC* ora avrà una barra superiore.

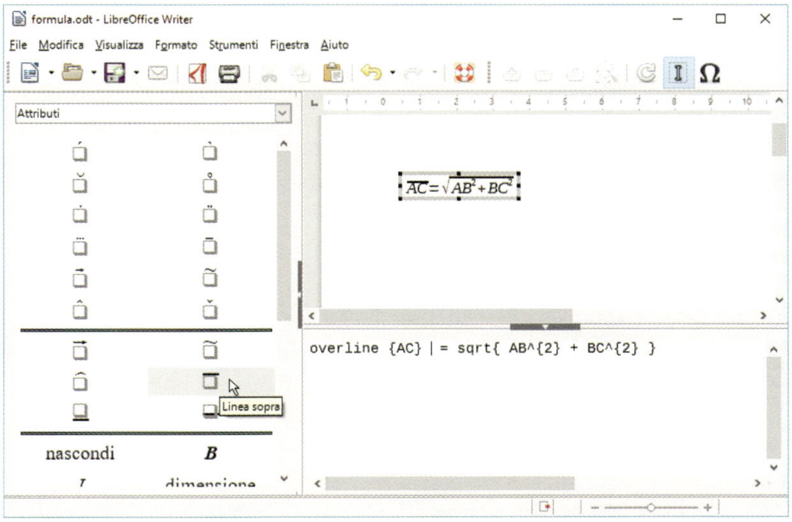

31. Nel codice del riquadro in basso, l'attributo «barra superiore» è indicato dalla parola **overline**. Copia nel codice la parola e incollala prima di AB: vedrai allora che nella formula appare una barra sopra l'intero termine AB^2. Per far sì che l'esponente sia fuori della barra, devi introdurre nel codice due parentesi graffe, scrivendo {overline AB} (se non trovi le graffe sulla tastiera, usa il metodo copia-e-incolla nel riquadro in basso).

32. Infine ripeti le ultime operazioni per aggiungere una barra anche sopra il simbolo *BC*, così da ottenere questo risultato: $\overline{AC} = \sqrt{\overline{AB}^2 + \overline{BC}^2}$.

33. Una volta costruita una formula, puoi memorizzarla così da poterla poi riutilizzare. Fai clic con il tasto destro del mouse sulla formula, scegli **Salva copia con nome...** e assegnale il nome **formula memorizzata**; il file sarà salvato con estensione **.odf** (*open document format*). In seguito lo potrai inserire in qualsiasi documento di LibreOffice: basterà aprire il menu **Inserisci**, scegliere **Oggetto** e quindi **Oggetto OLE...**: nella finestra che appare selezioni **Crea da file** e fai clic su **Cerca** per scegliere il file tra le risorse del computer.

In Microsoft Word

In Word, per aggiungere una formula alla raccolta del programma, la si seleziona e si sceglie **Salva come nuova equazione**; digitato il nome da assegnare alla formula, si sceglie **Equazioni** nell'elenco della raccolta, quindi si fa clic su **OK**.

ESERCIZI

1 Se gli elementi di un disegno sono stati raggruppati:

- **A** non li si può spostare come se fossero un blocco unico.
- **B** non li si può ridimensionare tutti insieme.
- **C** non è possibile modificare un singolo elemento.
- **D** non è poi più possibile separarli.

2 Crea un nuovo documento di testo e al suo interno scrivi i testi e costruisci le formule della figura. Salva il documento con il nome **potenze.odt**.

prodotto di potenze:	$a^m \cdot a^n = a^{m+n}$
rapporto di potenze:	$a^m / a^n = a^{m-n}$

8.6 La struttura a più colonne e la stampa in serie

In questo paragrafo vedremo come preparare un documento con una struttura a più colonne, come nella **figura 8.9**, che può servire per esempio come modello per un notiziario o un giornale scolastico.

Vedremo anche come associare al documento un indirizzario di persone, così da poter stampare per ciascun destinatario una copia personalizzata, con la tecnica che in inglese si chiama *mail merge* («stampa in serie» in LibreOffice Writer e «stampa unione» in Microsoft Word).

<Nome> <Cognome>
<Indirizzo, riga 1>
<C.A.P.> <Città>

Newsletter

TITOLO DELL'ARTICOLO n.1
Qui apparirà il testo dell'articolo del notiziario.
Qui apparirà il testo dell'articolo del notiziario.
Qui apparirà il testo dell'articolo del notiziario.
Qui apparirà il testo dell'articolo del notiziario.
Qui apparirà il testo dell'articolo del notiziario.
Qui apparirà il testo dell'articolo del notiziario.
Qui apparirà il testo dell'articolo del notiziario.
Qui apparirà il testo dell'articolo del notiziario.
Qui apparirà il testo dell'articolo del notiziario.
Qui apparirà il testo dell'articolo del notiziario.
Qui apparirà il testo dell'articolo del notiziario.
Qui apparirà il testo dell'articolo del notiziario.

TITOLO DELL'ARTICOLO n.2
Qui apparirà il testo dell'articolo del notiziario.
Qui apparirà il testo dell'articolo del notiziario.
Qui apparirà il testo dell'articolo del notiziario.
Qui apparirà il testo dell'articolo del notiziario.
Qui apparirà il testo dell'articolo del notiziario.
Qui apparirà il testo dell'articolo del notiziario.

Qui apparirà il testo dell'articolo del notiziario.
Qui apparirà il testo dell'articolo del notiziario.
Qui apparirà il testo dell'articolo del notiziario.
Qui apparirà il testo dell'articolo del notiziario.
Qui apparirà il testo dell'articolo del notiziario.
Qui apparirà il testo dell'articolo del notiziario.

TITOLO DELL'ARTICOLO n.3
Qui apparirà il testo dell'articolo del notiziario.
Qui apparirà il testo dell'articolo del notiziario.
Qui apparirà il testo dell'articolo del notiziario.
Qui apparirà il testo dell'articolo del notiziario.
Qui apparirà il testo dell'articolo del notiziario.
Qui apparirà il testo dell'articolo del notiziario.

Qui apparirà il testo dell'articolo del notiziario.
Qui apparirà il testo dell'articolo del notiziario.
Qui apparirà il testo dell'articolo del notiziario.
Qui apparirà il testo dell'articolo del notiziario.

TITOLO DELL'ARTICOLO n.4
Qui apparirà il testo dell'articolo del notiziario.
Qui apparirà il testo dell'articolo del notiziario.
Qui apparirà il testo dell'articolo del notiziario.
Qui apparirà il testo dell'articolo del notiziario.
Qui apparirà il testo dell'articolo del notiziario.
Qui apparirà il testo dell'articolo del notiziario.
Qui apparirà il testo dell'articolo del notiziario.
Qui apparirà il testo dell'articolo del notiziario.
Qui apparirà il testo dell'articolo del notiziario.
Qui apparirà il testo dell'articolo del notiziario.

TITOLO DELL'ARTICOLO n.5
Qui apparirà il testo dell'articolo del notiziario.
Qui apparirà il testo dell'articolo del notiziario.
Qui apparirà il testo dell'articolo del notiziario.
Qui apparirà il testo dell'articolo del notiziario.
Qui apparirà il testo dell'articolo del notiziario.
Qui apparirà il testo dell'articolo del notiziario.
Qui apparirà il testo dell'articolo del notiziario.
Qui apparirà il testo dell'articolo del notiziario.
Qui apparirà il testo dell'articolo del notiziario.
Qui apparirà il testo dell'articolo del notiziario.

Figura 8.9 La pagina da riprodurre in questo paragrafo.

Impostare una sezione con testo su più colonne

1. Lancia Writer, apri un nuovo file vuoto e salvalo nella cartella **esercitazioni** con il nome **newsletter.odt**. Premi alcune volte il tasto Invio, così da creare righe vuote su cui sovrapporrai poi il titolo grafico del notiziario.
2. Apri il menu **Inserisci** e scegli **Sezione**. Nella finestra che si apre, scegli la scheda **Colonne** e qui fai clic sull'icona **Due colonne di uguali dimensioni**. Poi imposta una **Spaziatura** di 0,5 cm tra le colonne e scegli una **Linea di separazione** fatta di puntini tra le due colonne. Infine fai clic su **Inserisci**.

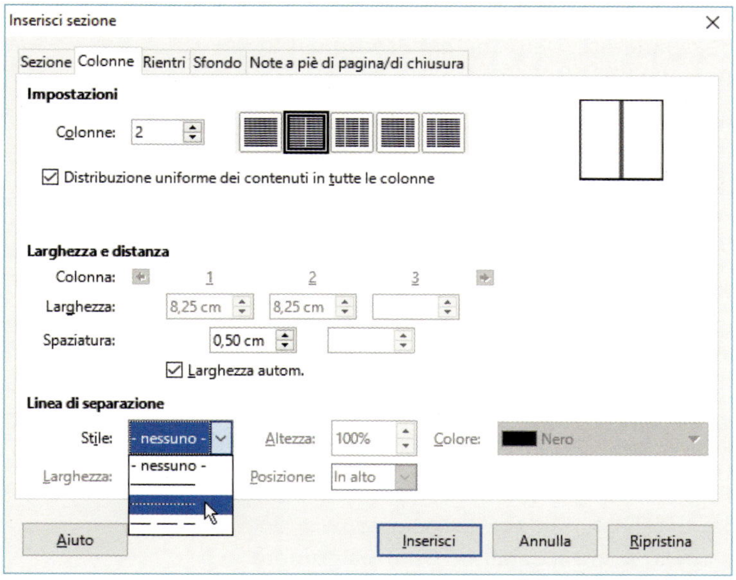

3. Hai così predisposto una sezione del documento in cui il testo sarà automaticamente impaginato su due colonne. Digita qualche riga di testo, formatta la prima riga come titolo colorato, poi copia-e-incolla più volte il blocco di testo, così da simulare le due colonne della **figura 8.9**.

Aggiungere illustrazioni e un titolo grafico

4. Fai clic sul pulsante **Galleria** nella barra laterale di destra (o apri il menu **Inserisci** e scegli **Media** e quindi **Galleria**). Nel riquadro di destra apparirà una collezione di illustrazioni suddivise in categorie tematiche.
5. Se fai clic con il tasto destro su un'illustrazione e scegli **Inserisci**, l'immagine verrà inserita nel punto del documento in cui si trova il cursore. In alternativa puoi trascinare direttamente con il mouse le illustrazioni nella posizione che desideri.
6. Inserisci nel testo un paio di illustrazioni; verificherai che anch'esse vengono automaticamente adattate alla struttura a due colonne. Una volta inserita un'illustrazione, puoi fare clic su di essa e ridimensionarla come faresti per qualsiasi immagine. Le illustrazioni sono immagini *vettoriali*, cioè non formate da pixel predeterminati (come le fotografie) ma gestite via software, e mantengono la stessa risoluzione anche se le si ingrandisce.
7. Per inserire un titolo grafico nel documento, apri il menu **Inserisci** e scegli **Fontwork...** Apparirà una finestra in cui puoi scegliere tra diversi stili grafici. Quando fai clic su uno dei modelli, nel documento apparirà un'immagine della parola «Fontwork» rappresentata con quello stile.
8. Con un doppio clic sull'immagine appare la casella di testo in cui si può sostituire la parola «Fontwork», digitando il testo desiderato per il titolo; scrivi per esempio «Newsletter».

In Microsoft Word

Per inserire in un documento Word una sezione con più colonne si usa la scheda **Layout di pagina** della barra multifunzione. Si fa clic sul pulsante **Interruzioni** del gruppo **Imposta pagina**, si sceglie la voce **Continua** e poi nell'elenco del pulsante **Colonne** si specifica il numero delle colonne.

In Microsoft Word

In Word le illustrazioni sono chiamate **ClipArt** e vi si accede con il pulsante del gruppo **Illustrazioni** nella scheda **Inserisci** della barra multifunzione.

In Microsoft Word

In Word il testo con formato grafico è chiamato **WordArt** e lo si può inserire con il pulsante del gruppo **Testo** nella scheda **Inserisci**. Quando si è scelto uno stile, appare una finestrella in cui digitare il testo.

9. Il titolo grafico è un'immagine a tutti gli effetti: lo si può ridimensionare e spostare con il mouse sulla pagina nella posizione desiderata. Deforma per esempio il titolo e posizionalo come nella **figura 8.9** all'inizio del paragrafo.

10. Quando il titolo è selezionato, un clic sul pulsante della barra laterale di destra fa apparire nel riquadro di destra le sue **Proprietà**. Qui è possibile modificare le caratteristiche grafiche del titolo; cambia per esempio il suo colore da giallo a ciano.

Preparare l'indirizzario

11. Se si vuole inviare uno stesso documento a numerosi destinatari, per esempio una lettera per convocare una riunione, è utile disporre di una procedura che associ al documento in modo automatico i nomi e gli indirizzi dei destinatari; si eviterà così di dover digitare quei dati su tante diverse copie del file. In Writer la procedura è chiamata **Stampa in serie**.

12. Per poter effettuare la stampa in serie bisogna disporre di un database con le informazioni sui destinatari. La creazione del database e la sua associazione al documento è parte di una procedura guidata che si avvia scegliendo **Stampa guidata in serie...** nel menu **Strumenti**. Ora la applicheremo al documento **newsletter.odt**.

13. La procedura guidata è formata da cinque passi. Nel passo 1 e nel passo 2 conferma le opzioni raccomandate facendo clic su **Avanti**: useremo il documento attivo come lettera. Il passo 3, mostrato qui sotto, chiede di indicare dove si trova il database dell'indirizzario. Siccome devi ancora crearlo, fai clic su **Seleziona un elenco di indirizzi** e nella finestra che si apre scegli **Crea...**

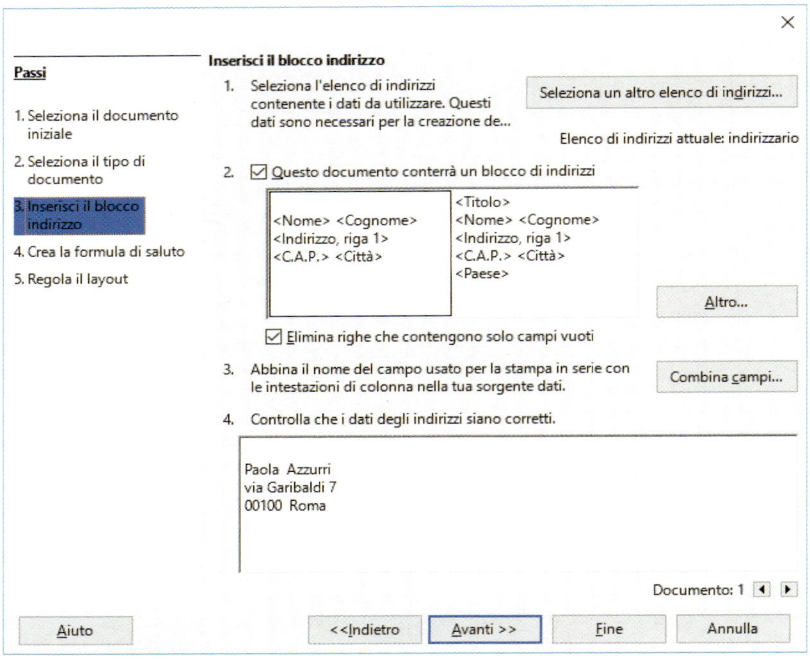

14. Ora appare una finestra con una maschera predisposta per l'inserimento dei dati del primo destinatario, cioè del primo record del database. Vengono proposti numerosi campi (**Titolo**, **Nome**, **Cognome** e così via), ma noi vogliamo usarne soltanto alcuni. Fai clic perciò su **Personalizza...** e nella finestrella che appare elimina il campo **Titolo**, il campo **Nome dell'azienda** e così via, in modo da tenere soltanto i campi **Nome, Cognome, Indirizzo riga 1, CAP** e **Città**.

15. Quando fai clic su **OK**, la maschera per l'inserimento dei dati mostrerà soltanto i campi che hai scelto di conservare. Inserisci ora nei cinque campi i dati del primo destinatario; i dati verranno memorizzati automaticamente man mano che li digiti.

In Microsoft Word

In Word la procedura è chiamata *stampa unione*. Per effettuarla in modo guidato si apre la scheda **Lettere** e nel menu dell'icona **Inizia stampa unione** si sceglie la voce **Creazione guidata Stampa unione**.
La procedura che si avvia è formata da sei passi; nel passo 3 si può creare una nuova tabella con i dati dei destinatari.

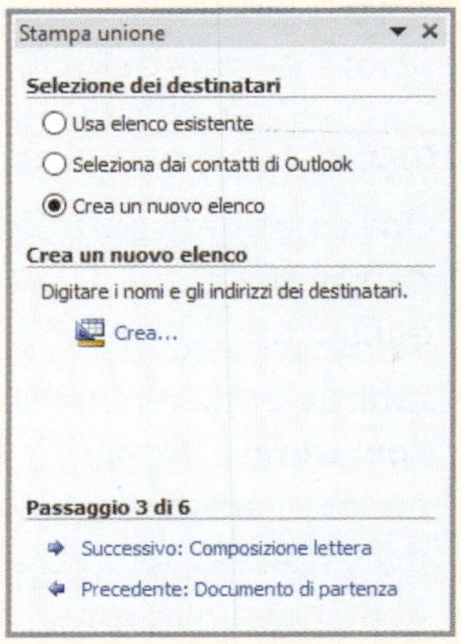

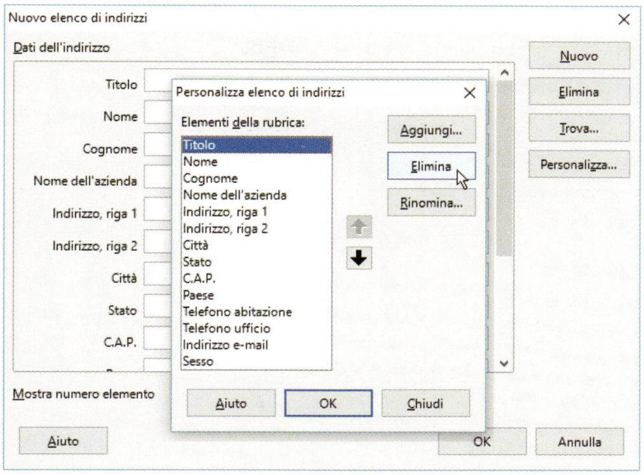

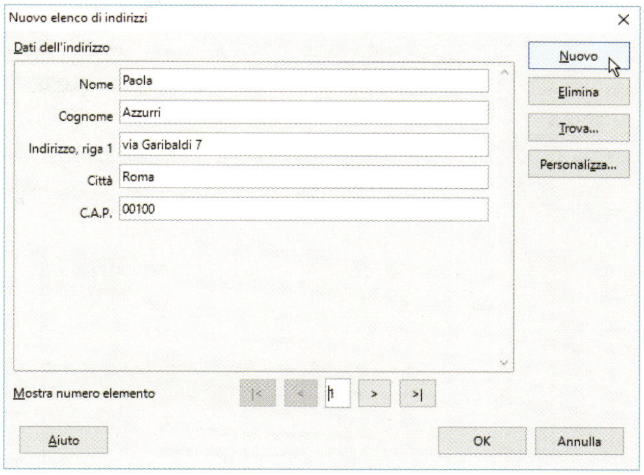

Quando hai completato l'inserimento, fai clic su **Nuovo** per aggiungere i dati del record del secondo destinatario. Procedi in questo modo finché avrai completato il record dell'ultimo destinatario.

16. Quando i dati sono tutti inseriti, fai clic su **OK**. Ti verrà chiesto allora di specificare dove vuoi salvare il file con i dati, che sarà nel formato **.csv** (*comma-separated values*), utile per importare ed esportare tabelle di dati nei fogli elettronici e nei database. Assegna il nome **indirizzario.csv** e salva il file nella cartella **esercitazioni**. Ora che hai memorizzato l'indirizzario, potrai riutilizzarlo per la stampa in serie di qualsiasi documento, scegliendolo come fonte dei dati nel passo 3 della procedura guidata.

In Microsoft Word

In Word il database dell'indirizzario viene salvato nel formato **.mdb** di Microsoft Access. Con l'icona **Modifica elenco destinatari** della scheda **Lettere** si possono eliminare i campi superflui e si può cambiare il contenuto dei campi o filtrare i record per selezionare i destinatari.

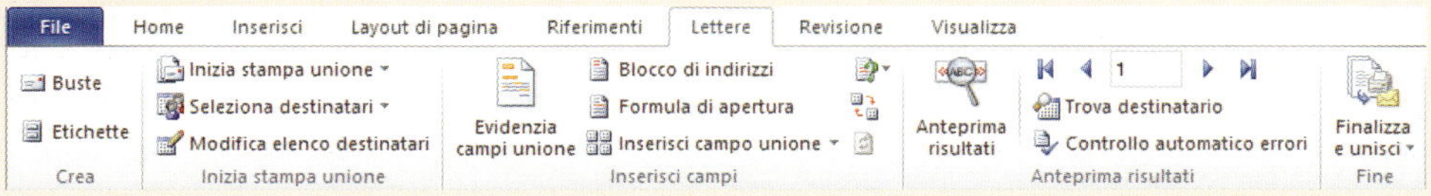

Completare la procedura guidata

17. Ora con un clic su **OK** e poi su **Avanti** vai al passo 4 della procedura guidata, che permette di inserire una formula di saluto ai destinatari. Non desideriamo usare questa opzione, perciò de-seleziona la casella di spunta e fai clic su **Avanti**.
18. Infine nel passo 5 puoi regolare la posizione in cui apparirà sulla prima pagina del documento la casella con i dati dei destinatari. Come ora vedremo, c'è un modo più comodo per agire su quella posizione, perciò puoi fare clic su **Fine**.
19. A questo punto la finestra della procedura guidata si chiude e nel documento appare un riquadro con i campi dell'indirizzario. Questo riquadro si può selezionare, ridimensionare e spostare come un qualsiasi oggetto grafico; approfittane per posizionarlo come nella **figura 8.9**.
20. Ora puoi verificare il buon esito della procedura simulando ciò che accadrà al momento della stampa in serie. Apri il menu **Visualizza** e scegli la voce **Sorgenti dati**. Sopra la pagina del documento appariranno una nuova barra di pulsanti e due riquadri. Apri nel riquadro di sinistra la struttura ad albero di **indirizzario** e visualizza nel riquadro di destra la tabella dei dati.

21. Fai clic a sinistra di un record della tabella per selezionarlo, poi nella nuova barra fai clic sul pulsante **Dati in campi** : vedrai che nel documento ai nomi dei campi si sostituiscono gli effettivi dati dell'indirizzario. Verifica che i dati cambino correttamente quando selezioni i diversi record del database.

In Microsoft Word

Per inserire i campi nel documento, nel passo 4 della procedura guidata di Word si deve scegliere **Altro...** Si apre allora la finestra **Inserisci campo unione** con l'elenco dei campi disponibili. Si può selezionare qualsiasi campo, in qualsiasi ordine. Al clic su **Inserisci**, il campo selezionato sarà inserito nel punto del documento in cui si trova il cursore.

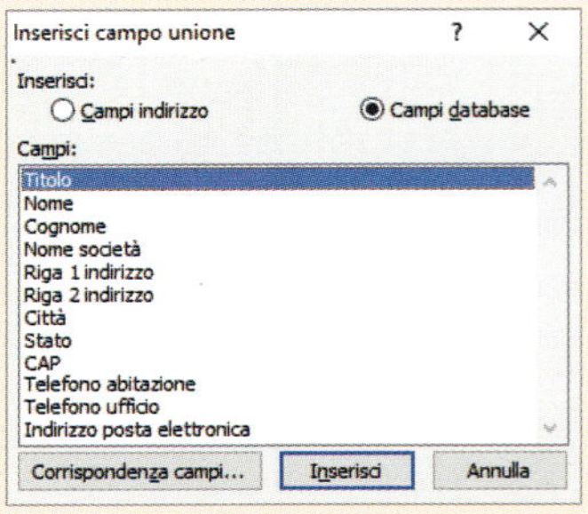

Procedere alla stampa in serie

22. Se ora fai clic sul pulsante , o scegli **Stampa** nel menu **File**, il programma ti chiederà se vuoi procedere o meno alla stampa in serie. Se rispondi **No**, il programma inserirà nel documento i dati del primo record dell'indirizzario e apparirà la finestra standard per la stampa di quel singolo documento.

23. Se invece rispondi **Sì**, apparirà la finestra **Stampa in serie** in cui puoi decidere quali record dell'indirizzario usare (tutti, oppure soltanto alcuni selezionati) e puoi scegliere se produrre una stampa su carta oppure un file; in questo secondo caso potrai salvare con un nuovo nome un file che contiene tante versioni del documento quanti sono i record selezionati, ciascuna intestata con i dati di un destinatario, e decidere in seguito se stamparlo o meno.

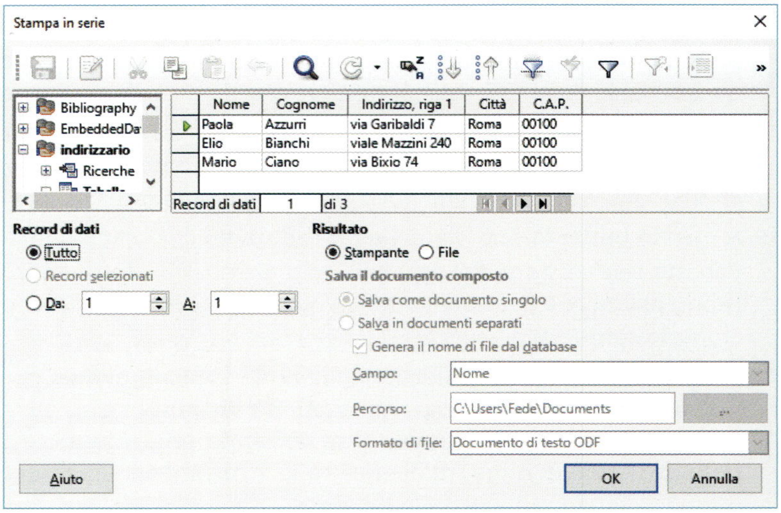

24. Se scegli di inviare i dati alla stampante, a questo punto apparirà la finestra standard per le impostazioni della stampa. Tali impostazioni (layout della pagina, formato della carta, numero di copie e così via) ora si applicheranno a tutte le versioni intestate del documento, che verranno stampate nella sequenza con cui i record appaiono nell'indirizzario.

ATTIVITÀ GUIDATA Un annuncio da appendere in bacheca

Completa il testo

- Per impostare in Writer i margini di un testo selezionato, si può aprire il menu **Formato**, scegliere la voce .... e nella finestra che appare scegliere la scheda **Rientri e spaziature**. In alternativa, e più rapidamente, si può usare il ....: basta trascinare con il .... i cursori di sinistra e di destra nelle posizioni desiderate.
- Per inserire una foto in un documento di testo si può usare il pulsante oppure aprire il menu .... e scegliere **Immagine...** Il file della foto dev'essere presente tra le risorse del .... (sul disco rigido o in un supporto di memoria collegato al pc). Una volta inserita, l'immagine diventa parte integrante del documento, dove rimarrà visibile anche se il .... originario viene spostato o rimosso.
- Un'immagine selezionata si può ridimensionare trascinando uno dei quadratini verdi posti nei .... (se si vuole che l'immagine mantenga le sue proporzioni) oppure lungo i .... (se la si vuole invece deformare).
- Se si vuole inserire una nuova tabella in un documento, lo si può fare usando soltanto il mouse: basta fare clic sul pulsante e poi scegliere le dimensioni, fino a un massimo di 10 .... e di 15 righe. In alternativa si può aprire il menu .... e scegliere **Inserisci**, per poi specificare qualsiasi numero di .... o colonne.
- Quando il puntatore del mouse è all'interno di una tabella, in basso nella finestra del programma appare una nuova .... di pulsanti. Con il pulsante per esempio si può aggiungere una .... sotto quella in cui si trova il cursore, mentre con si può aggiungere una .... a destra di quella in cui si trova il cursore.

Ora prova tu

La figura mostra un volantino che, una volta stampato, si può appendere in una bacheca ritagliandolo lungo le linee verticali, così che le persone interessate possano staccare una copia del numero di telefono da chiamare.

Segui le istruzioni e crea un documento come quello della figura, chiamando il file **annuncio gattini**.

1. Imposta la pagina con orientamento orizzontale.
2. Digita il testo delle prime due righe, usando il carattere Arial di dimensione 16 punti.
3. Inserisci l'immagine (la trovi nel sito web del libro), ridimensionala come opportuno e centrala come oggetto separato dal testo che precede e che segue.
4. Sotto l'immagine inserisci una tabella formata da 10 colonne e da una sola riga.
5. Digita nella prima cella un numero di telefono, per esempio il numero fittizio **350 12345678**. Formatta il numero in carattere Arial, dimensione 14, e in grassetto.
6. Seleziona il numero e usa la formattazione del carattere per ruotarlo di 90°.
7. Copia il numero ruotato nelle altre celle della tabella.
8. Aggiungi nuove colonne nella tabella fino ad avere in tutto 15 colonne. Copia in tutte lo stesso numero.
9. Usa (più volte) il pulsante **Bordi** sulla barra di stato della finestra per far sì che nella tabella non appaiano tutti i bordi delle celle, ma soltanto le linee verticali di separazione tra le colonne.

ESERCIZI DI RIEPILOGO

ZTE ONLINE

LOSAI? RIPASSA CON LO SMARTPHONE

1 Completa la mappa con le parole:

apice ▪ bordi ▪ carattere ▪ colonne ▪ corpo ▪ correzione ▪ corsivo ▪ elenchi ▪ intestazione ▪ paragrafo ▪ tabelle

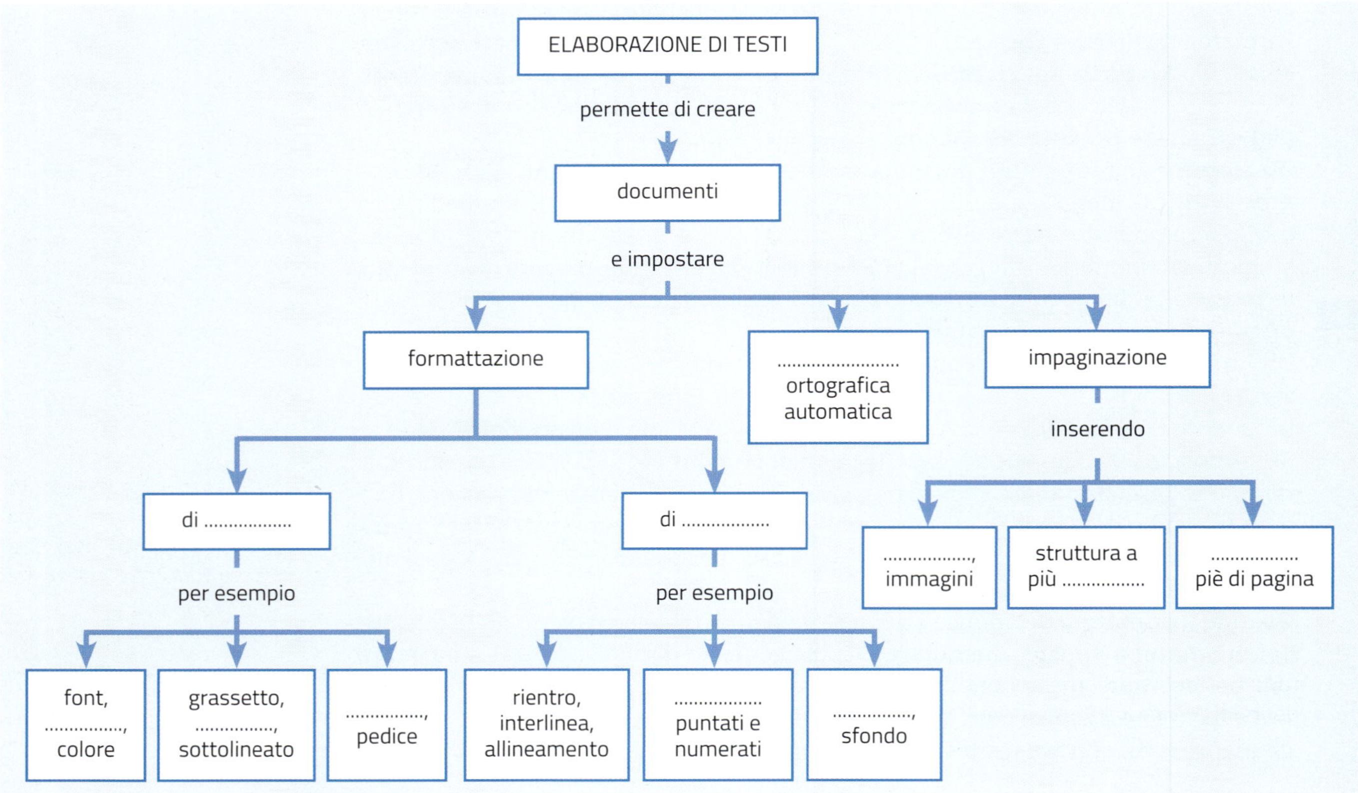

2 Il cursore in alto a sinistra del righello serve per impostare:

A il margine sinistro del testo selezionato.
B il margine destro del testo selezionato.
C il margine sinistro dell'intero documento.
D il rientro a inizio paragrafo del testo selezionato.

3 Il word processor è in grado di fare la correzione ortografica dei testi perché:

A riconosce le nostre incertezze mentre digitiamo il testo.
B si collega a Internet per controllare l'ortografia.
C contiene un dizionario di riferimento.
D memorizza tutte le correzioni effettuate dagli utenti.

4 Vero o falso?

Si può fare in modo che il word processor nasconda parte di un'immagine. V F

Si può inserire nel testo un'immagine scaricandola direttamente da Internet. V F

Se si ridimensiona un'immagine con il mouse, si rischia sempre di deformarla. V F

I testi delle didascalie delle immagini si possono formattare a piacere. V F

5 Scrivi tre modi diversi in cui con il word processor puoi formattare in grassetto un testo selezionato.

a. ....
b. ....
c. ....

6 Indica quali formattazioni vanno usate per riprodurre nel word processor queste espressioni matematiche.

formula	apice	pedice	simbolo speciale
$E = mc^2$	☐	☐	☐
$\Delta v = \Delta s/\Delta t$	☐	☐	☐
$T_{eboll} = 100\ °C$	☐	☐	☐
$\alpha = 90°$	☐	☐	☐
$a_{CENTR} = v^2/R$	☐	☐	☐
$1\ mm = 10^3\ \mu m$	☐	☐	☐

7 Crea un file di nome **cap8 eserc7** con questo contenuto.

Legge oraria del moto rettilineo uniforme: $s = s_0 + v \cdot t$

Legge oraria del moto uniformemente accelerato: $s = s_0 + v_0 \cdot t + \frac{1}{2} a \cdot t^2$

8 **a.** Per quale ragione alcune parole di questo testo nel word processor appaiono con una sottolineatura in rosso?

tappare	cliccare	clickare
postare	twittare	linkare

....

....

b. Come si può far scomparire la sottolineatura dalla parola «twittare»?

....

....

9 Riproduci con il word processor questo biglietto d'invito e salvalo con il nome **cap8 eserc9**.

Immagina di voler stampare una copia del biglietto per ciascuno dei tuoi compagni di classe. Quale funzione automatica del word processor potresti usare, e che cosa dovresti creare per poterlo fare?

....

....

....

10 Riproduci nel word processor l'immagine qui sotto, usando soltanto la foto **Einstein** che puoi scaricare dal sito web del libro. Salva il file con il nome **cap8 eserc10**.

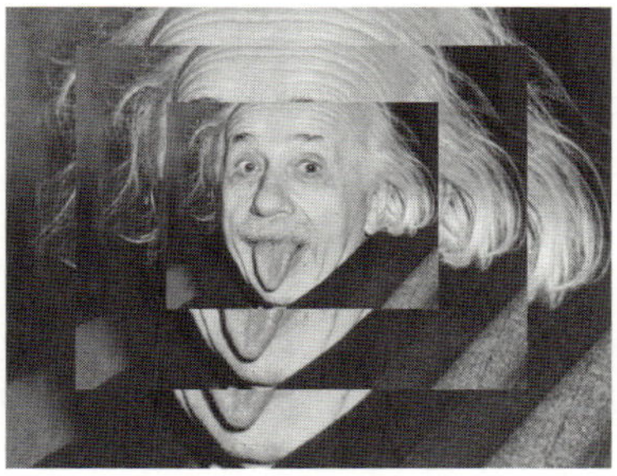

11 Crea in un nuovo documento una tabella di 5 righe e 2 colonne (la prima centrata, la seconda allineata a sinistra) che contenga le informazioni che seguono. Ordina gli eventi in modo crescente dal punto di vista cronologico e assegna il carattere grassetto e il giallo come colore di sfondo per le intestazioni di colonna. Salva il file con il nome **cap8 eserc11**.

1871 ▪ 1946 ▪ 1861 ▪ 1947 ▪ EVENTO ▪ DATA ▪ nasce la Repubblica Italiana ▪ nasce il Regno d'Italia ▪ entra in vigore la Costituzione italiana ▪ Roma diventa capitale d'Italia

12 Riproduci nel word processor il testo e le formule che vedi qui sotto. Salva il file con il nome **cap8 eserc12**.

soluzione dell'equazione di 2° grado $ax^2+bx+c=0$: $x_{1,2}=\frac{-b\pm\sqrt{b^2-4ac}}{2a}$

13 Usa gli strumenti di disegno del word processor per riprodurre la struttura qui a fianco, che in informatica è chiamata *diagramma di flusso*. Salva il file con il nome **cap8 eserc13**.

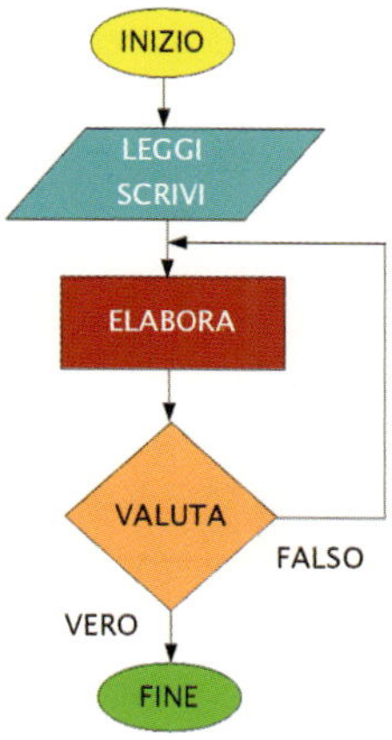

14 Riproduci con gli strumenti dell'elaboratore di testi la pagina riprodotta qui sotto. Come fonte per i testi, puoi usare il documento **impaginato.pdf** che trovi nel sito web del libro. Salva poi il file che hai prodotto con il nome **cap8 eserc14**.

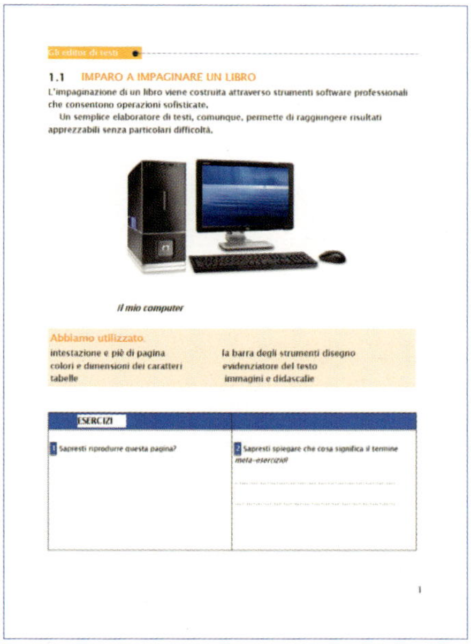
Gli editor di testi

1.1 IMPARO A IMPAGINARE UN LIBRO

L'impaginazione di un libro viene costruita attraverso strumenti software professionali che consentono operazioni sofisticate.

Un semplice elaboratore di testi, comunque, permette di raggiungere risultati apprezzabili senza particolari difficoltà.

Il mio computer

Abbiamo utilizzato

intestazione e piè di pagina	la barra degli strumenti disegno
colori e dimensioni dei caratteri	evidenziatore del testo
tabelle	immagini e didascalie

ESERCIZI

1 Sapresti riprodurre questa pagina?	2 Sapresti spiegare che cosa significa il termine *meta-esercizio*?

1

15 Crea con il word processor una lettera di convocazione dei genitori della classe a una riunione. Predisponi un indirizzario così che il documento possa essere stampato in serie con i nomi dei tuoi compagni. Salva il file con il nome **cap8 eserc15**.

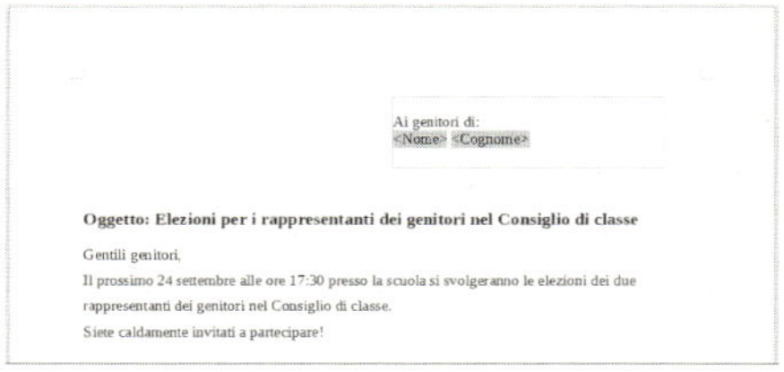
Ai genitori di:
<Nome> <Cognome>

Oggetto: Elezioni per i rappresentanti dei genitori nel Consiglio di classe

Gentili genitori,

Il prossimo 24 settembre alle ore 17:30 presso la scuola si svolgeranno le elezioni dei due rappresentanti dei genitori nel Consiglio di classe.

Siete caldamente invitati a partecipare!

VERIFICA DELLE COMPETENZE

1 LAVORA SULL'IMMAGINE

Nell'immagine qui sotto puoi vedere nove esempi di testi formattati con gli strumenti di un word processor.

Collega con una linea ciascun campione di testo con il pulsante della barra degli strumenti che è stato usato per formattarlo.

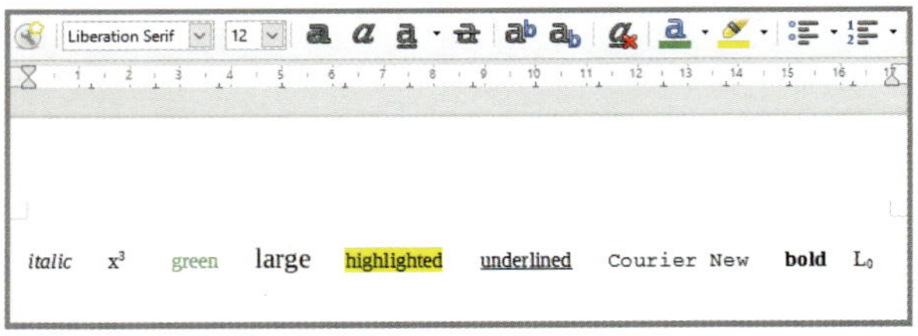

L'immagine che segue invece mostra alcuni paragrafi di testo formattati in modo diverso.

Scrivi la lettera corrispondente a ciascun paragrafo sotto il pulsante della barra degli strumenti che è stato usato per formattarlo.

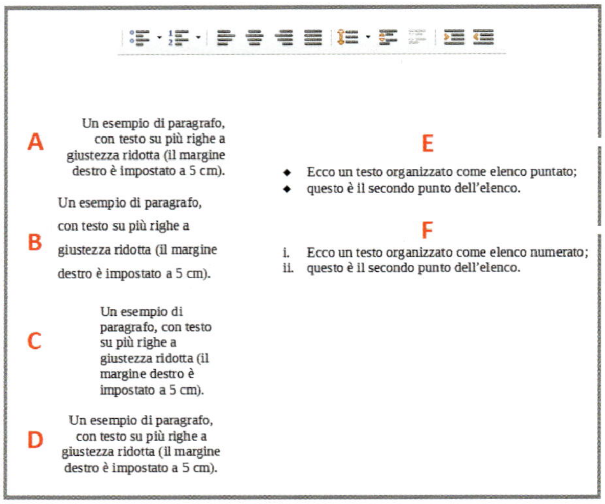

2 SCOPRILO SU INTERNET

Nei word processor puoi scegliere tra molte decine di caratteri o *font* diversi.

I caratteri tipografici sono il risultato di un'attenta progettazione e hanno una lunga storia.

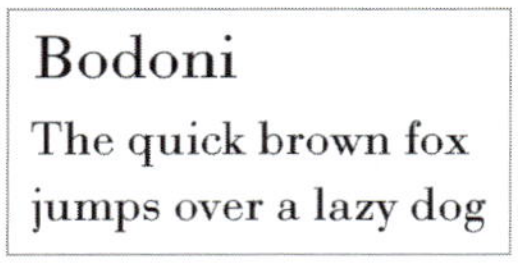

a. Perché il carattere esemplificato qui sopra si chiama Bodoni?

....

....

b. Il Bodoni è un carattere con stile *serif*. Che cosa significa?

....

....

c. Come si chiamano comunemente in italiano i caratteri *sans serif*?

....

3 L'INFORMATICA E IL CITTADINO

Il *curriculum vitæ* (in latino «corso della vita»), detto anche brevemente *CV*, è un documento con cui si riassumono le proprie conoscenze ed esperienze.

Serve per presentarsi a chi non ci conosce, per esempio in occasione di un colloquio per ottenere un lavoro, o nella richiesta di una borsa di studio, oppure durante la preparazione di uno scambio scolastico.

È importante che nel CV le informazioni siano ben strutturate, concise ed esaurienti, in modo che chi lo legge possa farsi facilmente e rapidamente un'idea.

Prepara un tuo CV con l'elaboratore di testi, seguendo lo schema riprodotto qui sotto (lo trovi anche nel file **curriculum.pdf** che puoi scaricare dal sito web del libro). Salva il file che hai prodotto con il nome **ilmioCV**.

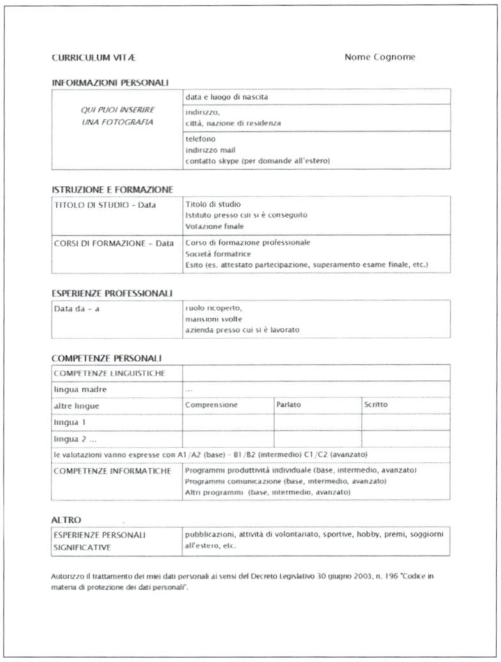

CURRICULUM VITÆ — Nome Cognome

INFORMAZIONI PERSONALI

QUI PUOI INSERIRE UNA FOTOGRAFIA	data e luogo di nascita
	indirizzo, città, nazione di residenza
	telefono indirizzo mail contatto skype (per domande all'estero)

ISTRUZIONE E FORMAZIONE

TITOLO DI STUDIO - Data	Titolo di studio Istituto presso cui si è conseguito Votazione finale
CORSI DI FORMAZIONE - Data	Corso di formazione professionale Società formatrice Esito (es. attestato partecipazione, superamento esame finale, etc.)

ESPERIENZE PROFESSIONALI

Data da - a	ruolo ricoperto, mansioni svolte azienda presso cui si è lavorato

COMPETENZE PERSONALI

COMPETENZE LINGUISTICHE			
lingua madre	...		
altre lingue	Comprensione	Parlato	Scritto
lingua 1			
lingua 2 ...			
le valutazioni vanno espresse con A1/A2 (base) - B1/B2 (intermedio) C1/C2 (avanzato)			
COMPETENZE INFORMATICHE	Programmi produttività individuale (base, intermedio, avanzato) Programmi comunicazione (base, intermedio, avanzato) Altri programmi (base, intermedio, avanzato)		

ALTRO

ESPERIENZE PERSONALI SIGNIFICATIVE	pubblicazioni, attività di volontariato, sportive, hobby, premi, soggiorni all'estero, etc.

Autorizzo il trattamento dei miei dati personali ai sensi del Decreto Legislativo 30 giugno 2003, n. 196 "Codice in materia di protezione dei dati personali".

È utile anche saper scrivere il proprio CV in lingua inglese, e a questo riguardo ti può aiutare un modello fornito dall'elaboratore di testi.

Nella finestra di apertura di LibreOffice fai clic su **Modelli**, quindi nel menu scegli **Modelli Writer**; apparirà tra le altre la miniatura del documento **CV**, che puoi aprire con un clic (l'inizio è riprodotto qui sotto).

Compila il documento in inglese, poi salvalo come **myCV**.

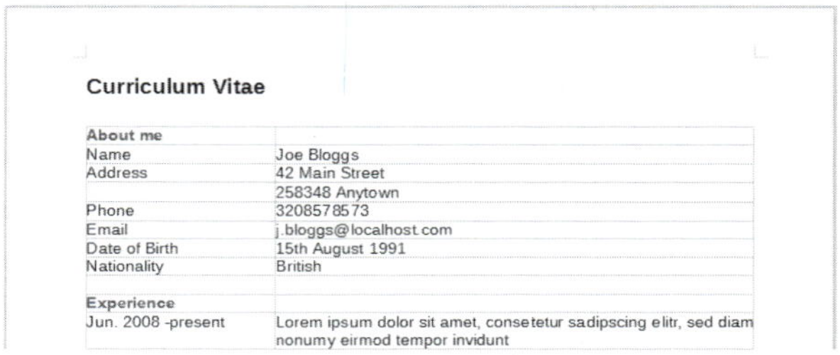

Curriculum Vitae

About me	
Name	Joe Bloggs
Address	42 Main Street
	258348 Anytown
Phone	3208578573
Email	j.bloggs@localhost.com
Date of Birth	15th August 1991
Nationality	British
Experience	
Jun. 2008 -present	Lorem ipsum dolor sit amet, consetetur sadipscing elitr, sed diam nonumy eirmod tempor invidunt

CLIL

Learn from the originals | Read it as they wrote it

«Word processor» in the Encyclopædia Britannica

from www.britannica.com

A word processor is a computer program used to write and revise documents, compose the layout of the text, and preview on a computer monitor how the printed copy will appear. The last capability is known as “what you see is what you get” (WYSIWYG; pronounced wi-zē-wig).

Word processors facilitate writing and editing, especially with their ability to copy and move text (“cut-and-paste”), their built-in dictionaries to check spelling, and their grammar checkers.

Other common features include a wide choice of typographic fonts and sizes, various paragraph and page layouts, tools for finding and replacing strings of characters, and word counts.

Modern word processors have also acquired many of the features once reserved for desktop publishing systems, such as table creation and importation of graphic images.

They typically provide templates for common document types, such as letters, memos, and résumés, and can generate multiple copies of a document with recipient addresses drawn from a list (“mail merge”).

Programs known as text formatters give more control over document layout and appearance, especially for scientific and mathematical documents, than do word processors. On the other hand, these programs, of which TeX is the most powerful and widely used, are much more difficult to learn, requiring an author to embed formatting commands directly in the text (word processors automatically generate and hide formatting information in the document file).

Glossary

to preview = to view in advance
editing = making changes to a text
built-in = permanently part of something
template = a pattern for producing similar things
résumé = curriculum vitæ
to embed = to insert something into something else
recipient = a person who receives something
to merge = to combine or join together

QUESTIONS

1 List five useful features of modern word processors.

1. ....
2. ....
3. ....
4. ....
5. ....

2 True or false?

Desktop publishing is not possible with a word processor. T F

When using a word processor, you don’t see the formatting commands. T F

Scientists use programs like TeX rather than word processors. T F

In order to duplicate text, one should use the cut-and-paste technique. T F

3 Which of the two boxes in the figure below is WYSIWYG, and why?

....

....

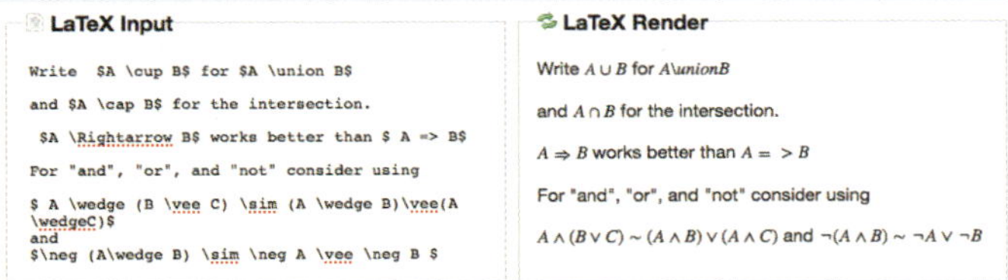

Capitolo 9 L'uso del foglio elettronico

9.1 Le applicazioni di foglio di calcolo

Nella storia dell'informatica il **foglio elettronico** o **foglio di calcolo** (in inglese *spreadsheet*) è stata la prima applicazione di grande successo per i personal computer, perché ha portato a un grande aumento di produttività nell'elaborazione dei dati all'interno delle aziende.

Un tempo la contabilità era fatta manualmente con carta, penna e macchina calcolatrice; chi se ne occupava doveva eseguire moltissime operazioni matematiche ripetitive. Se in un passaggio di un calcolo si commetteva un errore, questo si propagava ai risultati successivi; così, quando ci si accorgeva dello sbaglio, bisognava ricominciare il lavoro da capo.

Grazie al foglio elettronico la contabilità tradizionale è stata sostituita da un sistema di calcolo automatico molto più rapido e accurato, che permette di correggere quasi istantaneamente gli errori scoperti nei calcoli (**figura 9.1**).

L'utilità del foglio elettronico però va ben oltre la semplice esecuzione di calcoli: è infatti uno strumento molto efficace per archiviare dati, organizzarli e riassumerli visivamente con grafici di diversi tipi.

Saper usare un foglio elettronico significa perciò conoscere:

- gli strumenti per l'inserimento dei dati e la loro organizzazione in tabelle;
- le funzioni di tipo matematico, logico e statistico che il programma mette a disposizione dell'utente;
- gli strumenti per la creazione di grafici.

! Il **foglio elettronico** è un potente strumento per archiviare dati, organizzarli, usarli per analisi statistiche e visualizzarli in forma grafica.

Figura 9.1 Il foglio di calcolo elettronico ha sostituito la contabilità fatta a mano.

Il foglio di calcolo inoltre si presta alla creazione di programmi complessi (per esempio per la gestione di un magazzino, ma anche per l'analisi di dati scientifici) e permette di implementare modelli quantitativi per fare simulazioni e previsioni riguardo ai fenomeni più disparati.

In questo paragrafo impareremo a conoscere le caratteristiche generali dei fogli di calcolo; nei paragrafi successivi ne esploreremo le funzioni più importanti, elaborando dati di vario tipo.

Useremo come riferimento l'applicazione *Calc* della suite open source LibreOffice (versione 5.3). Mostreremo anche i comandi di *Excel*, l'applicazione proprietaria della suite Microsoft Office (versione 2016), quando le procedure sono diverse per i due programmi.

L'interfaccia dei fogli elettronici

L'interfaccia del foglio di calcolo è una **tabella** o **griglia** formata da aree rettangolari chiamate **celle**. Ciascuna cella può contenere testo, valori numerici oppure formule matematiche ed espressioni logiche.

La **figura 9.2** mostra la finestra standard che si apre lanciando Calc nel sistema operativo Windows 10:

- l'area principale è la griglia di celle che costituisce il **foglio di lavoro**;
- in alto ci sono la **barra dei menu** e le **barre dei pulsanti**;
- sopra la griglia c'è la **barra di calcolo** o **barra della formula**, con la **casella del nome** della cella attiva, seguita dalla lunga casella detta **riga di digitazione**;
- sotto la griglia c'è l'**elenco dei fogli di lavoro**: quando si apre un nuovo file appare soltanto un **Foglio1**, ma ogni documento può contenere più fogli di lavoro;
- al piede della finestra c'è la **barra di stato**, con a destra lo **zoom** per ingrandire o rimpicciolire con il mouse l'area del foglio su cui si sta lavorando;
- a destra, infine, c'è una barra verticale con le **Proprietà** e le principali opzioni relative alla cella su cui si sta lavorando.

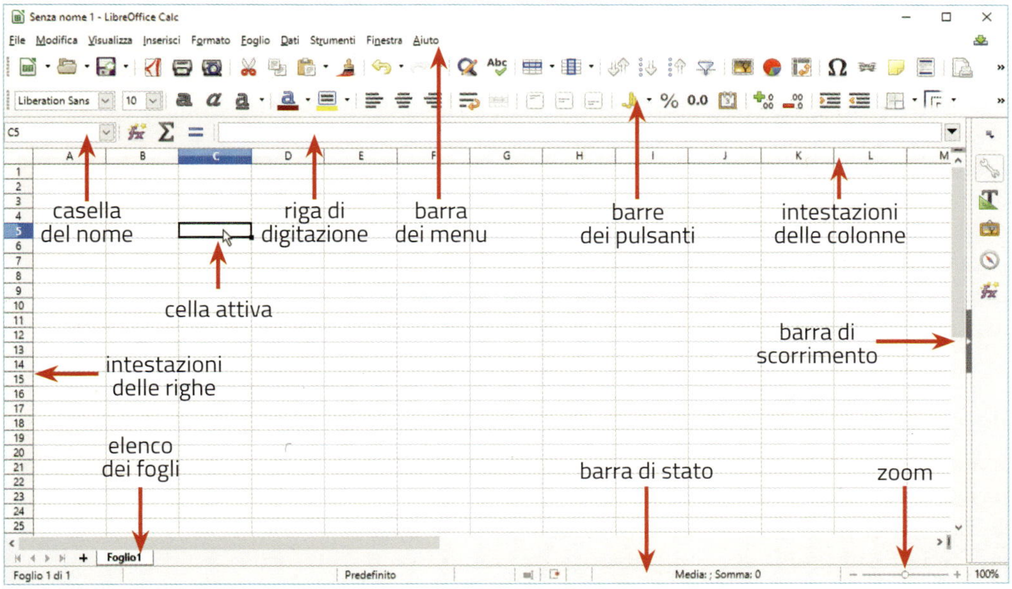

ogni cella ha un nome

Figura 9.2 La finestra di apertura di LibreOffice Calc in Windows 10.

Sopra la tabella dei dati ci sono le **intestazioni delle colonne** (lettere maiuscole A, B, C, ...) e a sinistra ci sono le **intestazioni delle righe** (numeri interi 1, 2, 3, ...).

Come nel gioco della *battaglia navale*, ogni cella è identificata dalla lettera e dal numero corrispondenti alla colonna e alla riga cui appartiene. Nella **figura 9.2**, per esempio, è attiva la cella **C5** e questa sigla appare nella casella del nome.

Anche nel foglio di calcolo, come abbiamo visto nei word processor, l'interfaccia è *ridondante*, nel senso che spesso una stessa azione può essere fatta in più modi diversi (usando i menu, i pulsanti, la tastiera o il mouse).

In Microsoft Excel

L'interfaccia di Microsoft Excel è molto simile a quella di Calc, tranne per il fatto che la barra di destra normalmente non è presente e in alto i comandi sono riuniti nella *barra multifunzione* della **figura 9.3**, con le icone delle varie funzioni raggruppate in schede (**Home**, **Inserisci**, **Layout di pagina** e così via). Per passare da una scheda all'altra si fa clic sulle relative linguette.

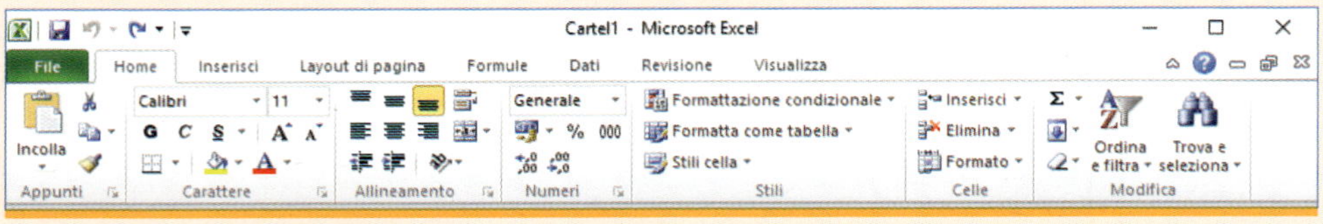

Figura 9.3 La barra multifunzione di Microsoft Excel 2016.

Per nascondere la barra multifunzione si fa doppio clic sulla scheda attiva; resteranno visibili soltanto le linguette, su cui fare doppio clic quando si desidera riaprire la barra.

Aprire il programma e inserire dati

Nel foglio elettronico ogni cella può contenere un **dato**, cioè un numero o un testo, oppure una **formula**, cioè l'istruzione su come calcolare il contenuto della cella a partire da quello di altre celle.

A ogni cella così corrisponde un valore, che il programma identifica con le coordinate della cella. Dunque, per esempio, per Calc sommare due numeri significa sommare il contenuto di due celle.

Per prendere familiarità con l'interfaccia dell'applicazione e con la logica del suo funzionamento, lancia LibreOffice e fai clic su **Foglio elettronico Calc**.

Nel nuovo foglio vuoto che si apre, vedrai che la cella A1 è evidenziata da un bordo spesso e che le intestazioni della colonna A e della riga 1 sono colorate: significa che la cella A1 è attiva, pronta a ricevere dati.

Digita sulla tastiera «primo dato». Poi passa alle celle vicine – puoi farlo sperimentando le tecniche riassunte nella **tabella 9.1** – e digita «5» nella cella B1, «secondo dato» nella cella A2, «12» nella cella B2 e «somma dei due» nella cella A3, come qui a fianco.

L'ultima scritta è più larga della cella che la ospita, ma puoi facilmente rimediare allargando la prima colonna: porta il mouse sulle intestazioni delle colonne, sulla linea divisoria tra A e B; quando il puntatore assume la forma di una doppia freccia ⇔, trascina il mouse verso destra e allarga la colonna A.

Ogni **cella** del foglio elettronico può contenere un **dato** (numerico o testuale) o una **formula**, cioè l'istruzione per il calcolo del valore della cella.

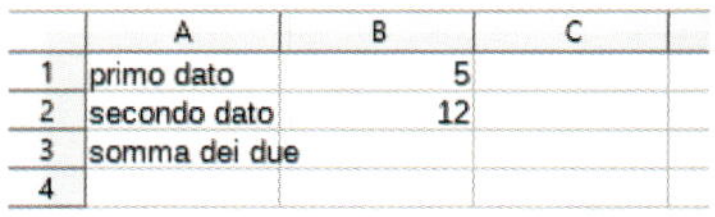

Come «ragiona» il foglio elettronico

Nella cella B3 vogliamo che appaia la somma dei valori contenuti nelle celle B1 e B2: per ottenere questo risultato, scriveremo nella cella B3 una *formula*.

Nel foglio elettronico tutte le formule devono iniziare con il simbolo =. Seleziona allora la cella B3, poi nella barra della formula fai clic sul pulsante = : nella riga di digitazione apparirà il segno «uguale».

Ora digita «B1+B2» (ma va bene anche «b1+b2»: il programma convertirà poi comunque tutte le lettere in maiuscole). In alternativa, dopo aver fatto clic sul pulsante = , puoi fare clic sulla cella B1, poi digitare «+» e quindi fare clic sulla cella B2.

Quando hai finito, fai clic sul pulsante **Accetta** apparso nel frattempo a sinistra della riga di digitazione: in questo modo salverai la modifica fatta alla cella.

Adesso noterai che istantaneamente il contenuto della cella B3 è cambiato: mentre digitavi nella barra della formula, gli stessi caratteri apparivano anche all'interno della cella; ma nel momento in cui hai salvato, nella cella B3 è apparso il valore 17.

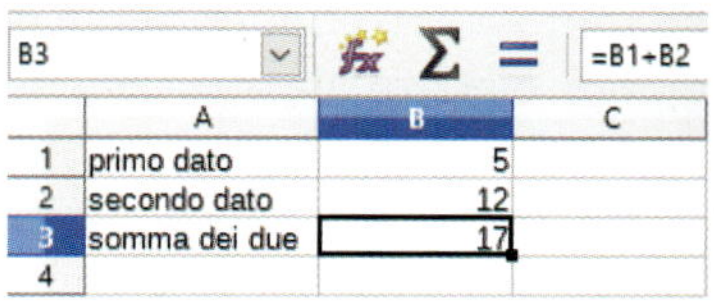

Tabella 9.1 Come spostarsi tra le celle, modificarne il contenuto e selezionarle a gruppi.

Se vuoi:	Azione:
attivare una cella qualsiasi	fai clic con il mouse sull'area della cella
passare alla cella a destra di quella attiva	premi il tasto ⇆ oppure →
passare alla cella che sta sotto quella attiva	premi il tasto Invio oppure ↓
modificare il contenuto di una cella	fai clic sull'area della cella e modifica nella riga di digitazione, oppure fai doppio clic e modifica direttamente nella cella; quando hai finito, premi Invio o fai clic su ↵
selezionare più celle adiacenti	trascina il mouse dalla prima cella e rilascialo sull'ultima, oppure fai clic sulla prima cella e poi, tenendo premuto ⇧, sull'ultima
selezionare più celle non adiacenti	fare clic sulle celle in sequenza tenendo premuto il tasto Ctrl
selezionare un'intera riga o colonna	fai clic sull'intestazione della riga o colonna
selezionare più righe o colonne	trascina il mouse sulle intestazioni delle righe o colonne

Shift = tasto maiuscolo x selezionare di più tra caselle (intervallo)

- somma = prima casalla + seconda casalla

- somma più caselle = somma(A1:A4)

- media = (B1:B4)

selezionare solo alcune caselle Ctrl + mouse selezione celle

Questo è il modo in cui funziona il foglio elettronico: quando una cella contiene una formula, l'applicazione calcola il valore da mostrare in quella cella in tempo reale, sulla base dei valori presenti nelle altre celle che appaiono nella formula.

Il punto-chiave è che, se i valori presenti nelle altre celle cambiano, il programma aggiorna automaticamente il valore mostrato nella cella che contiene la formula.

Fai clic per esempio sulla cella B1 e cambiane il valore, digitando «24», poi fai clic sul pulsante ↵. Come evidenziato nella figura qui a fianco, istantaneamente il valore della cella B3 cambierà, diventando 36.

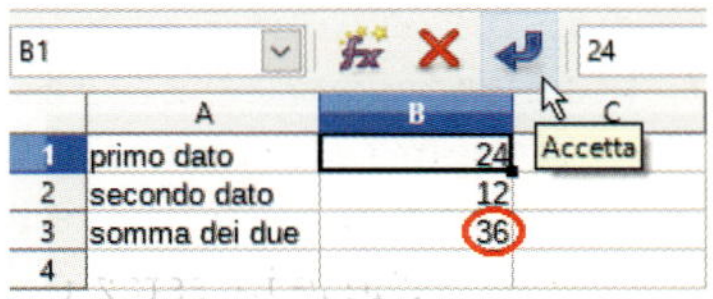

Dunque nella griglia del foglio elettronico, diversamente da quanto avviene nelle tabelle costruite con il word processor, **ogni cella è un elemento attivo**, che può avere un collegamento logico ad altre celle e può eseguire calcoli.

Una formula come la somma di due dati costituisce una relazione *di tipo astratto* fra le celle: vale, cioè, indipendentemente dai dati specifici che le celle contengono.

La nostra cella B3, per esempio, sommerà qualsiasi coppia di numeri, senza che occorra reimpostare il calcolo: è sufficiente inserire il primo numero nella cella B1 e il secondo nella cella B2.

L'esempio appena visto è molto semplice, ma la potenza del foglio elettronico sta nel fatto che lo stesso principio funziona anche per formule complesse, che coinvolgono un gran numero di celle del foglio.

Come si indicano gli insiemi di celle

I metodi che abbiamo descritto si possono applicare anche quando sono coinvolte più di due celle e anche se le celle non sono adiacenti.

Nei fogli elettronici un **insieme di celle adiacenti** si indica con i **due punti** :.

Se per esempio fai clic sulla cella E10 e poi trascini il mouse fino alla cella H17, selezionerai insieme quelle due celle e anche tutte le celle intermedie: nella casella del nome apparirà allora la scritta E10:H17.

Nel foglio l'area di celle selezionata viene evidenziata da uno sfondo azzurro.

Per indicare gli insiemi di celle **non adiacenti** si usa come separatore il **punto e virgola** ;. Così, per esempio, (A1:A5;C4;F7:F12) indica l'insieme formato dalle celle comprese tra A1 e A5, *più* la singola cella C4, *più* le celle comprese tra F7 e F12.

! Nel foglio di calcolo i due punti **:** indicano un intervallo di celle. Per esempio, B3:F7 è l'insieme di tutte le celle comprese tra la cella B3 e la cella F7 incluse.

Visualizzare il contenuto di una cella

Non sempre ciò che vediamo in una cella è il suo reale contenuto: è quindi importante imparare a distinguere ciò che una cella visualizza da ciò che essa realmente contiene.

Nell'esempio appena visto la cella B3, anche quando visualizza un numero, in realtà contiene una formula.

In tutti i casi, per conoscere il reale contenuto di una cella è sufficiente fare clic su di essa e leggere la barra della formula.

Inoltre, se si fa *doppio* clic su una cella contenente una formula, oppure si fa clic prima sulla cella e poi nella riga di digitazione, la formula appare anche nella cella e si evidenziano le celle collegate attraverso la formula, come nella **figura 9.4**.

Questo tipo di visualizzazione può essere molto utile, perché fa capire a colpo d'occhio quali e quante celle sono coinvolte in ogni data formula.

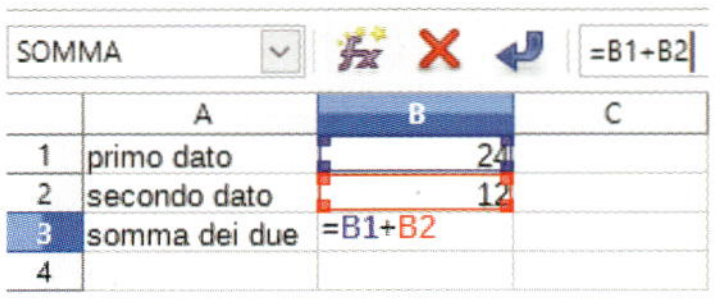

Figura 9.4 Un doppio clic sulla cella B3 mostra che essa contiene una formula ed evidenzia le celle collegate.

> ! Per conoscere il reale contenuto di una cella, fai clic su di essa e leggi la barra della formula.

Riferimenti relativi e assoluti

Per impostazione predefinita, nelle formule del foglio elettronico i riferimenti alle celle sono **relativi**, cioè legati alla posizione delle celle una rispetto all'altra.

Nel caso della **figura 9.4**, per esempio, la formula **=B1+B2** contenuta nella cella B3 *non* significa in realtà «somma il contenuto delle celle B1 e B2»; significa invece «somma il contenuto delle due celle che si trovano sopra quella che contiene la formula».

La differenza ha conseguenze importanti. Se per esempio copi il contenuto della cella B3 nella cella C6, il risultato sarà quello che vedi qui a destra: la formula è stata automaticamente cambiata dal programma, che ora somma il contenuto delle due celle che si trovano sopra C6 (il risultato è zero, perché quelle due celle sono vuote).

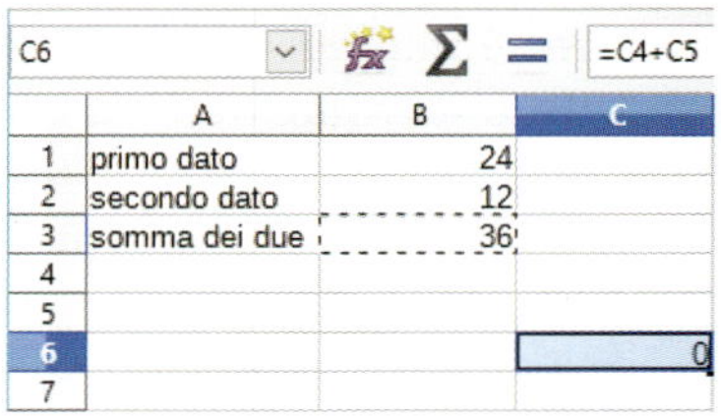

Come vedremo, l'uso dei riferimenti relativi e l'aggiornamento automatico delle formule sono caratteristiche che rendono molto potente il foglio elettronico.

Vedremo anche, però, che in certe situazioni è importante poter usare riferimenti **assoluti**, cioè fissati su celle specifiche che il programma non deve mai cambiare.

Il riferimento assoluto a una cella si indica anteponendo il simbolo $ a ciascuna coordinata della cella. Così, per esempio, la formula **=$B$1+$B$2** – in qualsiasi cella la si scriva – sommerà sempre il contenuto delle due specifiche celle B1 e B2.

Gli operatori matematici

Per fare operazioni algebriche nel foglio elettronico si usano i simboli + per l'addizione, – per la sottrazione, * per la moltiplicazione e / per la divisione. Inoltre il simbolo ^ indica l'elevazione a potenza e % un valore percentuale, come riassunto nella **tabella 9.2**.

La formula associata a una cella può consistere in una qualsiasi combinazione di queste operazioni. Bisogna però fare molta attenzione all'uso delle parentesi, per le quali nelle formule valgono le regole di priorità dell'algebra.

Così per esempio, nel caso dei dati qui a fianco, la formula «=(B4-A2)*C2» darà come risultato 4, mentre «=B4-A2*C2» darà come risultato 0.

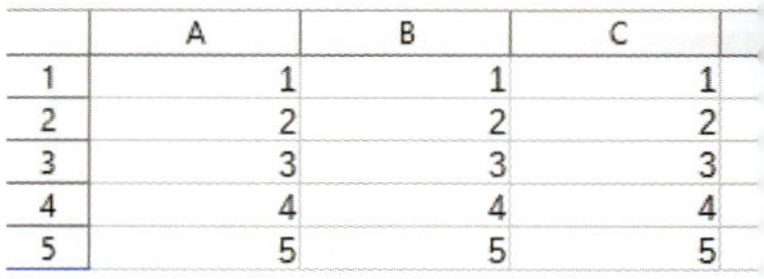

Nelle formule del foglio elettronico si usano sempre parentesi *tonde*, mai quadre o graffe. Quando occorre, si «annidano» più parentesi una dentro l'altra; a ogni parentesi aperta, naturalmente, deve sempre corrisponderne una che chiude.

Tabella 9.2 Gli operatori matematici di base usati nel foglio elettronico.

operazione	esempio di formula	risultato se A1=3 e B1=2	operazione	esempio di formula	risultato se A1=3 e B1=2
addizione	=A1+B1	5	sottrazione	=A1-B1	1
moltiplicazione	=A1*B1	6	divisione	=A1/B1	1,5
percentuale	=A1*10%	0,3	elevazione a potenza	=A1^B1	9

Cambiare il contenuto di una cella

Quando si vuole cambiare il contenuto di una cella, si procede come segue:

- per *svuotare* la cella, cancellandone il contenuto, basta selezionarla con il mouse e premere il tasto Canc;
- per *sostituire* il contenuto della cella, la si seleziona e si digita il nuovo contenuto;
- per *editare* il contenuto della cella, cioè per modificarlo senza cancellare il vecchio, si può fare doppio clic sulla cella oppure fare clic sulla cella e poi sulla riga di digitazione; a questo punto si agisce sul contenuto.

Al momento di *rendere effettive le modifiche* al contenuto di una cella, però, bisogna fare attenzione perché in Calc la procedura è diversa a seconda del contenuto:

- se la cella contiene *un testo o un numero*, per salvare la modifica si può fare clic sul pulsante o premere il tasto Invio, ma è sufficiente anche passare a una qualsiasi altra cella (con un clic del mouse o usando i tasti-freccia);
- se invece la cella contiene *una formula*, per salvare la modifica si devono usare esclusivamente il pulsante o il tasto Invio; in Calc, infatti, se si passa a un'altra cella mentre si scrive una formula, le coordinate di quella cella vengono inserite nella formula e quindi la alterano.

Quest'ultima caratteristica di Calc in realtà torna molto utile per la scrittura delle formule: invece di scrivere le coordinate delle celle, infatti, le si può selezionare direttamente con il mouse sulla griglia.

Nel caso in cui si commetta un errore scrivendo o modificando una formula, si può fare clic sul pulsante **Annulla** ✕ a sinistra della riga di digitazione.

Inoltre, come nel word processor, nella barra in alto sono sempre disponibili i pulsanti e , che permettono di annullare o ripristinare le ultime operazioni effettuate sui dati e sulle celle.

In Microsoft Excel

In Excel, anche mentre si edita una formula, un clic su qualsiasi altra cella salva le modifiche apportate, senza alterare il contenuto della formula.

I formati dei file

LibreOffice Calc salva automaticamente i file nel formato **.ods** (*open document spreadsheet*), ma con l'opzione **Salva con nome** del menu **File** si possono salvare i fogli di calcolo in formati diversi, tramite il menu della casella **Salva come** (figura 9.5).

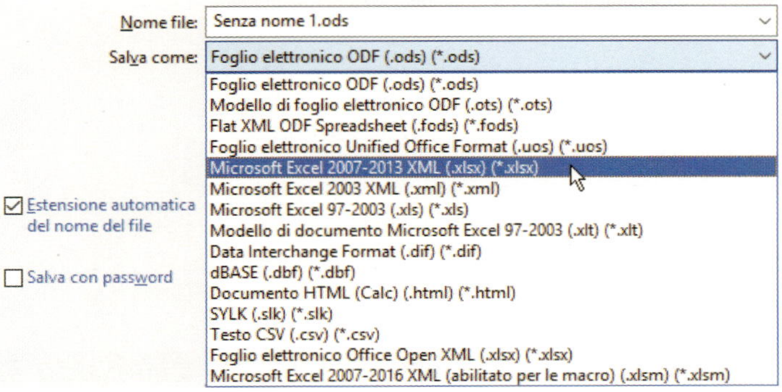

Figura 9.5 Le opzioni di salvataggio del file in LibreOffice Calc.

In questo modo si può scegliere per esempio di salvare nel formato proprietario di Microsoft Excel, che è caratterizzato dall'estensione **.xlsx** (o **.xls**, per le versioni che precedono Office 2007).

Nella finestra di salvataggio di Calc c'è anche l'opzione **Salva con password** per la cifratura del file: se si spunta la casella e si assegna la password, soltanto chi la conosce potrà in futuro aprire il file.

In alcuni casi può essere utile l'esportazione in formato **.pdf**, che si attiva con un clic sull'icona **Esporta** nella barra dei pulsanti.

La versione PDF contiene una «fotografia» dei fogli di lavoro che non è interattiva: può servire per mostrare il risultato di un'elaborazione di dati, ma non consente di modificare il contenuto delle celle.

In Microsoft Excel

In Excel si può cifrare un documento aprendo il menu **File** e scegliendo **Informazioni**. Per salvare un foglio elettronico come .pdf, si apre il menu **File** e si sceglie **Esporta** e quindi **Crea documento PDF/XPS**.

I fogli di calcolo in *cloud computing*

Anche per i fogli elettronici, oltre alle applicazioni offline descritte in questo corso, esiste l'opzione del *cloud computing*, basata sull'uso di programmi che risiedono su un web server e a cui si accede tramite il browser.

Questo tipo di software, con cui si lavora mentre si è collegati a Internet, è utile in particolare quando si collabora a distanza, condividendo i file con altre persone.

Con il cloud computing, inoltre, non occorre preoccuparsi di installare le applicazioni sul proprio pc, né di mantenerle sempre aggiornate: di questo si occupa il gestore del servizio.

Un esempio è l'applicazione online *Fogli* della suite Google Drive (**figura 9.6**), accessibile con il pulsante della pagina web del motore di ricerca e utilizzabile gratuitamente da chiunque abbia un account Google.

Figura 9.6 L'applicazione *Fogli* di Google Drive.

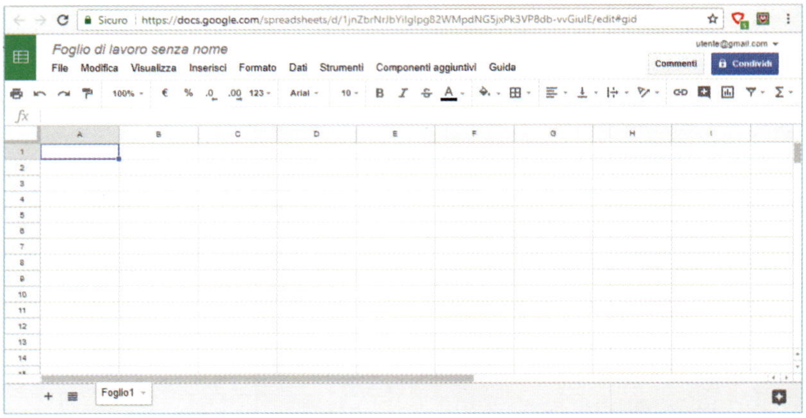

IN SINTESI

- Il **foglio elettronico**, o **foglio di calcolo**, contiene una tabella (o griglia) formata da **celle** identificate da due coordinate, la lettera della colonna e il numero della riga: B3 per esempio è una cella. Le celle possono contenere testi, valori numerici o formule.
- Ogni **formula** inizia sempre con il segno =, seguito da un'espressione che può contenere riferimenti ad altre celle. L'espressione può usare numeri, operatori aritmetici e logici e funzioni fornite dal programma.
- **Le celle che contengono formule sono attive**: effettuano calcoli in tempo reale, aggiornando il proprio contenuto ogni volta che cambia il contenuto delle altre celle coinvolte nelle formule.
- Con il mouse si possono selezionare **gruppi di celle adiacenti**, che in tal caso si indicano con i **due punti** tra le coordinate della prima e dell'ultima cella, per esempio C4:F12.
- Usando anche il tasto Ctrl si possono selezionare insieme **celle non adiacenti**. In tal caso le si separa con il **punto e virgola**; per esempio, C4;F12;K1 è un insieme di tre celle.

ESERCIZI

1 Nel foglio riprodotto qui sotto, che cosa apparirà nella cella D3 al clic sul pulsante ?

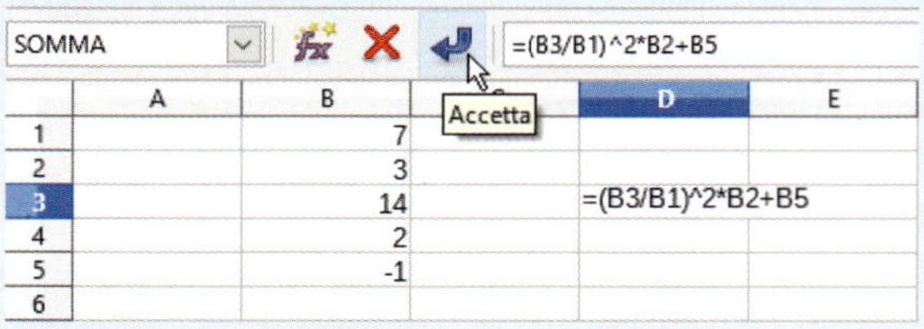

....

2 Nel foglio riprodotto qui sotto le celle B3 e C3 contengono numeri. Che cosa contiene secondo te la cella D3?

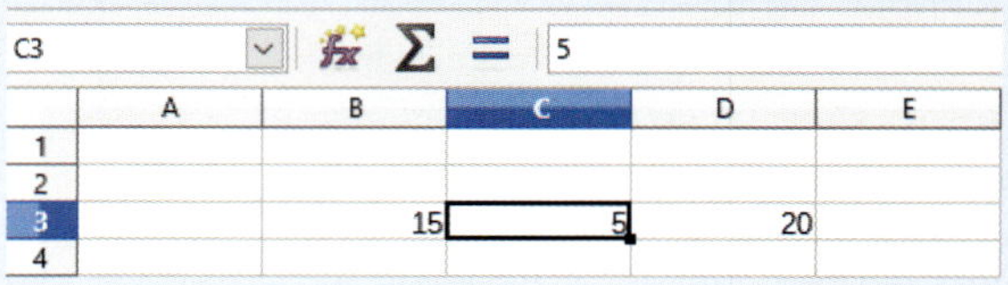

....

....

9.2 Un budget mensile: formattare i dati e creare grafici

In questo paragrafo partiremo da un foglio elettronico che contiene alcuni dati relativi a un bilancio mensile di spese, lo integreremo con altri dati e poi li elaboreremo con Calc, producendo totali, statistiche e un grafico riassuntivo.

Scarica per prima cosa dal sito web del libro nella tua cartella **esercitazioni** il file **bilancio mensile.ods**, che contiene i dati qui a fianco.

	A	B	C
1	voce di spesa	**gennaio**	**febbraio**
2	**affitto e bollette**	647,96	594,16
3	**alimentari**	144,97	170,70
4	**salute**	18,26	54,02
5	**trasporti**	72,72	75,55
6	**abbigliamento**	107,01	38,14
7	**divertimenti**	43,65	73,05
8	**altro**	271,27	155,40
9			

Vedremo come inserire un'ulteriore serie di dati, come formattare le celle, come sommare una serie di dati e calcolare il suo valore medio e infine come creare un grafico a torta, così da produrre il foglio della **figura 9.7**.

	A	B	C	D	E	F	G
1	voce di spesa	**gennaio**	**febbraio**	**marzo**		MEDIA MENSILE	
2	**affitto e bollette**	647,96	594,16	639,41		627,18	
3	**alimentari**	144,97	170,70	155,17		156,95	
4	**salute**	18,26	54,02	35,00		35,76	
5	**trasporti**	72,72	75,55	77,23		75,17	
6	**abbigliamento**	107,01	38,14	44,10		63,08	
7	**divertimenti**	43,65	73,05	69,75		62,15	
8	**altro**	271,27	155,40	191,54		206,07	
9	**TOTALE**	**1305,84**	**1161,02**	**1212,20**		1226,35	

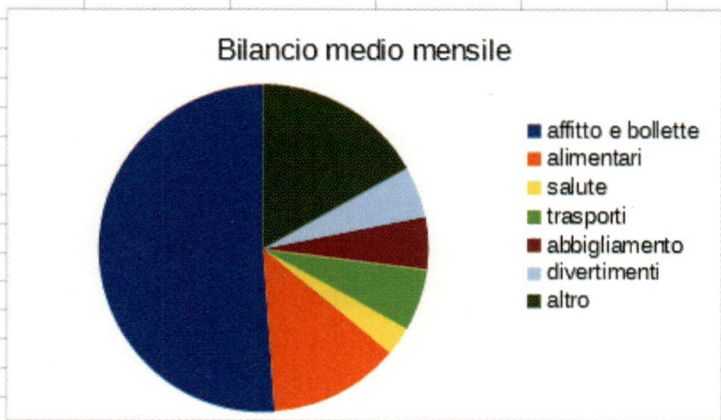

Figura 9.7 Il foglio di lavoro che produrremo in questo paragrafo.

Inserire dati e formattare le celle

1. Lancia la suite LibreOffice con un doppio clic sull'icona del desktop. Nella home page della suite scegli **Foglio elettronico Calc**: apparirà l'interfaccia del programma, con un documento vuoto intitolato **Senza nome 1**. Fai clic sul pulsante **Apri**, esplora le tue cartelle per trovare il file **bilancio mensile**, poi fai clic su **Apri**. Nella finestra di Calc apparirà il foglio con i dati riprodotti in alto a destra in questa pagina.
2. Per prima cosa devi aggiungere i dati relativi al mese di marzo. Fai clic sulla cella D1 e digita «marzo», poi premi Invio e nelle celle successive della colonna D inserisci i valori numerici riprodotti qui a destra.

D
marzo
639,41
155,17
35,00
77,23
44,10
69,75
191,54

3. Noterai che, quando inserisci i valori decimali che dopo la virgola terminano con zero, il programma li visualizza senza gli zeri finali. Per capire il motivo, fai clic per esempio sulla cella D4, poi nella barra di destra sul pulsante **Proprietà**. Nella sezione **Formato numero** vedrai che la cella in realtà non è formattata come numero: ha il formato **Generale**. Fai clic su **Numero** nel menu a tendina, come mostrato qui a fianco: la cella passerà così a un formato numerico che prevede per default 2 cifre decimali; ora gli zeri dopo la virgola appariranno nella cella.

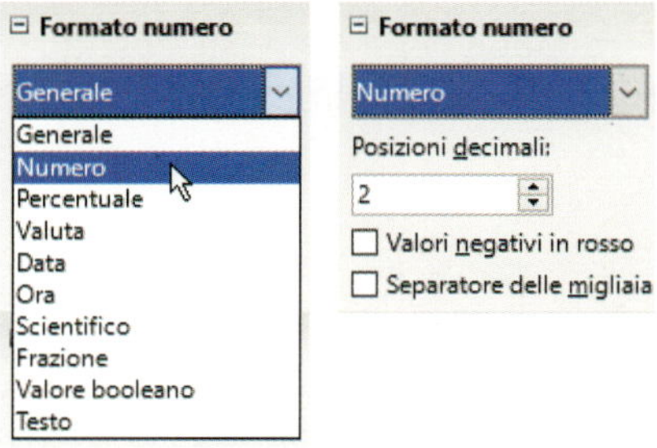

4. Porta il mouse sulla cella B2, fai clic e poi trascina fino alla cella D8, così da selezionare insieme tutte e 21 le celle (B2:D8). Ripeti ora l'operazione sul menu **Formato numero**: in questo modo applicherai lo stesso formato a tutte e tre le colonne di dati.

5. Ora vuoi dare al testo nella cella D1 lo stesso formato dei testi B1 e C1. Seleziona la cella, poi nella barra dei pulsanti o nella colonna **Proprietà** a destra fai clic su per mettere la parola «marzo» in grassetto, quindi su per centrarla nella cella. Infine nelle **Proprietà** a destra fai clic su per ingrandire il corpo del carattere.
6. Salva con un clic su il lavoro fatto finora, poi usa il pulsante per annullare le ultime azioni e tornare alla parola «marzo» non formattata. Ora sperimenta un modo più rapido per formattare la cella D1: fai clic su C1 e poi sul pulsante **Clona** ; porta su D1 il puntatore del mouse, che adesso ha la forma di un vasetto di vernice, e fai clic. In questo modo hai assegnato a D1 lo stesso formato della cella C1.

!Ricorda di **salvare il file con frequenza** mentre lavori: così non rischierai di perdere le modifiche fatte, nel caso in cui il computer abbia problemi.

In Microsoft Excel

In Excel non c'è la barra laterale delle **Proprietà**, ma quando selezioni una cella di testo appare una finestra contestuale che consente di applicare in modo molto rapido le principali formattazioni.

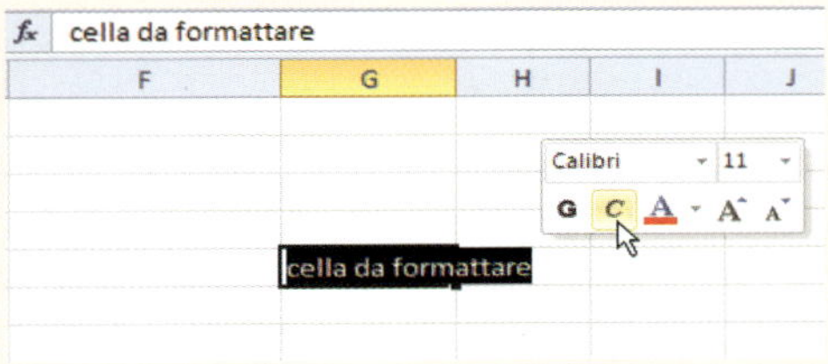

Sommare i dati di una colonna di celle

7. Ora che i nuovi dati sono inseriti e formattati, vogliamo calcolare nella riga 9 le somme dei valori nelle tre colonne. Per prima cosa digita nella cella A9 l'intestazione «TOTALE», poi formattala come le celle B1:D1, quindi fai clic su per allineare il testo a sinistra.
8. Fai clic sulla cella B9, poi sul pulsante Σ della barra della formula, quindi su : questa semplicissima operazione applica la funzione SOMMA e fa apparire in B9 il totale dei valori contenuti nelle celle B2:B8. In Calc infatti il pulsante con la lettera greca *sigma* maiuscola Σ, simbolo matematico della sommatoria, permette di sommare automaticamente tutti i valori che stanno al di sopra, o alla sinistra, della cella in cui lo si attiva. Avresti potuto ottenere lo stesso risultato scrivendo in B9 «=B2+B3+B4+B5+B6+B7+B8», o più concisamente «=SOMMA(B2:B8)», ma è più comodo e rapido usare il pulsante Σ.

In Microsoft Excel

In Excel il pulsante per l'inserimento di funzioni è sempre disponibile sulla barra della formula, mentre il pulsante per la somma automatica si trova nella scheda **Formule** della barra multifunzione.

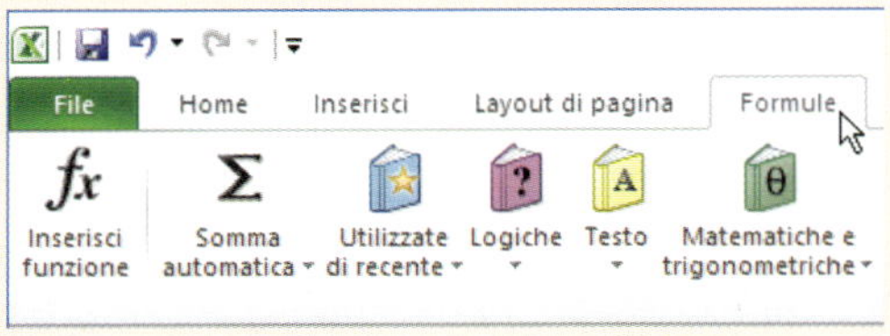

9. Ripeti ora la stessa operazione nelle celle C9 e D9, così da avere i totali per tutte e tre le colonne. Poi formatta le tre celle B9:D9 ingrandendo il corpo dei numeri e mettendoli in grassetto.

Calcolare la media di un insieme di dati

10. Ora vogliamo creare una nuova serie di dati che contenga i valori medi mensili di ciascuna voce di spesa. Fai clic sulla cella F1 e digita «MEDIA MENSILE». Per mettere questa intestazione su due righe, fai clic sul pulsante **Ritorno a capo** . Nota che nel foglio elettronico questo pulsante è necessario perché non si può usare il tasto Invio, che ha una funzione diversa. Premi Invio per salvare il contenuto della cella.

11. Adesso è attiva la cella F2: digita «=», oppure fai clic su = nella barra della formula, poi apri il menu della casella del nome e scegli **MEDIA**, come mostrato qui a fianco.

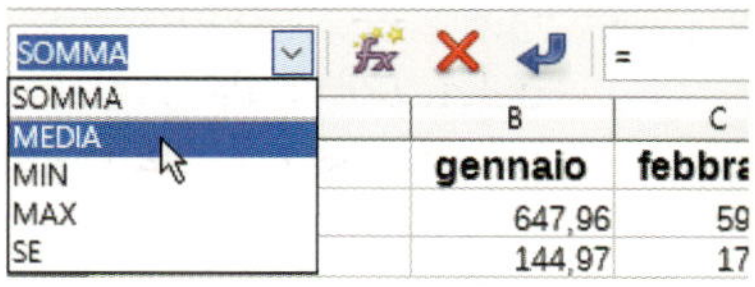

12. Adesso nella riga di digitazione appare «=MEDIA()», con il cursore tra le due parentesi tonde. Digita «B2:D2», oppure seleziona con il mouse le celle da B2 a D2, poi fai clic sul pulsante : nella cella F2 apparirà il valore medio dei tre valori delle celle B2, C2 e D2.
13. Il valore nella cella F2 ha molte cifre decimali. Usa le **Proprietà** a destra per assegnargli il formato **Numero** con 2 cifre decimali.

Usare il riempimento automatico

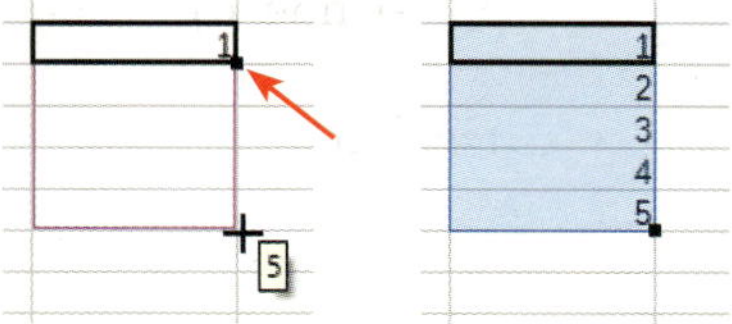

14. Tra gli strumenti più utili del foglio elettronico c'è il **riempimento automatico**. Per capire di che cosa si tratta, digita «1» in una cella di un'area vuota del foglio e fai clic sul pulsante . Ora avvicina il mouse al quadratino nero in basso a destra nella cornice che evidenzia la cella: il puntatore assumerà la forma di una croce. Se ora trascini il mouse verso il basso, come mostrato qui a fianco, e poi lo rilasci, il programma riempirà automaticamente le celle con la sequenza dei numeri interi.
15. La tecnica funziona anche con i testi. Scrivi per esempio in una cella «gennaio» e poi usa il riempimento automatico: nelle celle sottostanti appariranno i nomi dei mesi successivi. La stessa tecnica funziona anche se trascini il mouse orizzontalmente, anziché in verticale; verificalo facendo una prova.
16. Il riempimento automatico è particolarmente utile perché lo si può applicare anche alle formule. Grazie a questo fatto, nelle celle F3, F4 e successive non è necessario ripetere l'impostazione del calcolo della media fatta per la cella F2. Basta invece selezionare F2, fare clic sul quadratino nero e trascinare fino alla cella F8: quando rilasci il mouse, in ciascuna cella apparirà il valore medio della riga corrispondente.
17. Per capire la portata di questa funzionalità del foglio elettronico, fai clic ora sulle singole celle tra F3 e F8 e osserva la barra della formula: vedrai che il programma ha mantenuto sempre l'espressione generale che avevi impostato per la cella F2, ma ha sostituito automaticamente i riferimenti alle celle tra le parentesi della funzione MEDIA. L'applicazione ha capito ciò che intendevi fare e ha applicato ciascuna formula a celle che stanno sulla sua stessa riga, usando quindi riferimenti *relativi*.
18. Fai ora in modo che la cella F9 mostri il totale delle celle F2:F8.

! Il **riempimento automatico** consente di creare rapidamente una serie di dati oppure di estendere una formula su un gruppo di celle.

Generare un grafico a torta

19. Vediamo come si possano rappresentare graficamente le medie mensili della colonna F. Per prima cosa devi dire al programma quali dati utilizzare: seleziona con il mouse le celle A2:A8, che serviranno per la legenda del grafico, poi – tenendo premuto il tasto Ctrl – aggiungi alla selezione le celle F2:F8, che contengono la serie dei dati numerici.
20. Quando nel foglio le due serie di dati sono evidenziate, fai clic nella barra dei pulsanti su **Inserisci grafico** . Sul foglio apparirà la finestra **Creazione guidata grafico** e in secondo piano vedrai il grafico del tipo attualmente selezionato (per default è **Colonna**, cioè un istogramma). Nel riquadro **Seleziona un tipo di grafico** scegli l'opzione **Torta** come qui a lato, poi a sinistra fai clic su **4. Elementi del grafico**; nella casella **Titolo** digita «Bilancio medio mensile», quindi fai clic su **Fine**.

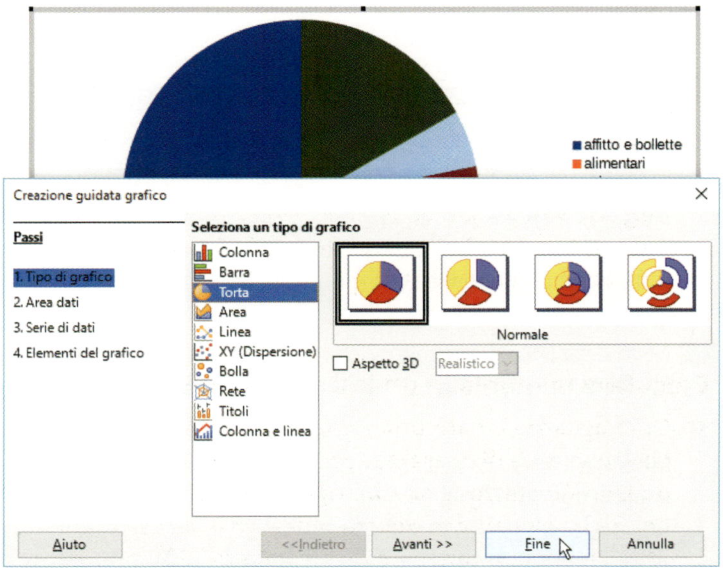

21. La finestra ora si chiude e puoi vedere il grafico a torta, o areogramma, circondato da una cornice grigia: questa segnala che si può agire sui contenuti del grafico. Fai clic su una qualsiasi cella fuori dell'area del grafico: in questo modo il grafico non sarà più selezionato e lo vedrai sovrapposto al foglio di lavoro.

22. Per arrivare al risultato della figura 9.7 non resta che aggiungere un bordo al grafico, ridimensionarlo e spostarlo sotto le colonne dei dati. Fai clic sul grafico e sui suoi bordi appariranno quadratini verdi: ora è selezionato come un'immagine, a cui si possono applicare le tecniche già viste nel caso del word processor.

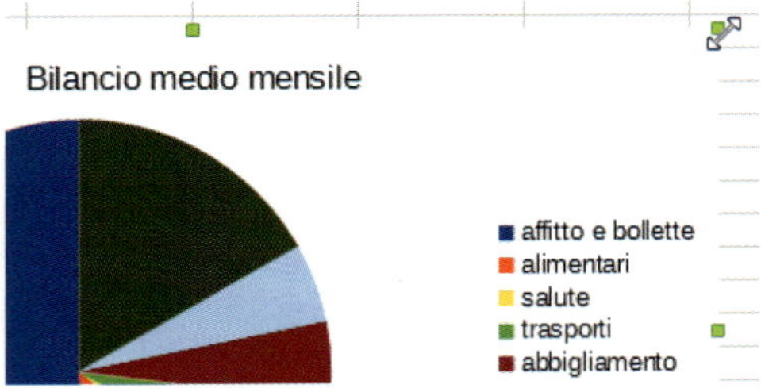

23. Per ridimensionare il grafico, per esempio, puoi portare il mouse su uno dei quadratini verdi e poi trascinare quando il puntatore prende la forma a doppia freccia. Se usi i quadratini verdi posti sui vertici, le proporzioni del grafico ridimensionato resteranno immutate; se invece usi i quadratini posti a metà dei lati, cambierai la forma del riquadro del grafico.

24. Apri a destra le **Proprietà** con il pulsante , poi nella sezione **Linea** apri il menu **Seleziona lo stile** e scegli **Piena**: il grafico ora sarà riquadrato da un bordo colorato.

Per spostare il grafico, quando il puntatore ha la forma a quattro frecce puoi trascinarlo liberamente con il mouse, oppure farlo muovere in orizzontale o in verticale usando i tasti-freccia. Posiziona il grafico come nella figura 9.7 all'inizio del paragrafo, poi salva il lavoro e chiudi il file **bilancio mensile.ods**.

In Microsoft Excel

In Excel si possono anche produrre grafici con aspetto tridimensionale, come l'areogramma qui a fianco. La scheda **Layout** degli **Strumenti grafico** nella barra multifunzione consente di personalizzare in molti modi il grafico. Per esempio, con il pulsante si può visualizzare vicino a ogni spicchio del grafico a torta il valore percentuale che rappresenta.

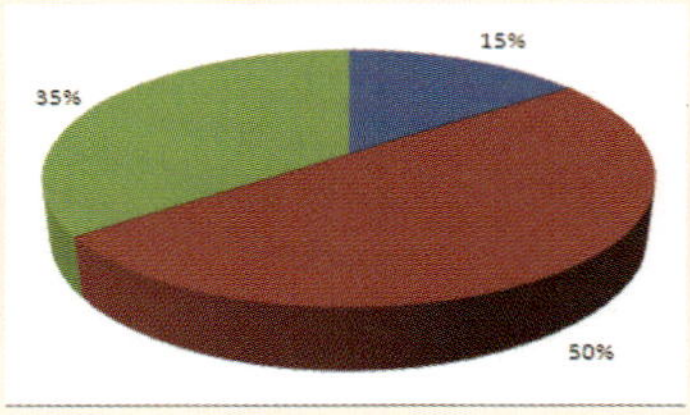

ESERCIZI

1 Il riempimento automatico funziona anche «in orizzontale». Per verificarlo, cancella il contenuto delle celle C9, D9 e F9, poi riassegna a queste celle il totale delle rispettive colonne di dati, ma questa volta usando il riempimento automatico a partire dalla cella B9.

2 Nella cella D9, diversamente che nelle altre, il programma visualizza una sola cifra decimale. Per quale ragione?

....

Modifica il formato della cella D9 in modo tale che essa visualizzi due cifre decimali.

3 Ciascuna «fetta» del diagramma a torta rappresenta un valore percentuale. Come fa il programma a calcolarlo?

....

....

....

4 Se nella cella F9 non avessimo calcolato il totale delle celle F2:F8, il programma avrebbe potuto disegnare il grafico?

....

....

....

9.3 Temperature a New York: formule e riempimento automatico

Sul sito web del *New York Times* d'inverno può capitare di leggere: «It's very cold today in New York City, just 15 degrees». Ma come può essere così freddo, se ci sono 15 gradi?

La ragione è che negli Stati Uniti le temperature si misurano sulla scala Fahrenheit, non sulla scala Celsius a cui siamo abituati, e 15 gradi Fahrenheit (°F) è una temperatura molto bassa, pari a circa –10 °C.

In questo paragrafo creeremo un documento formato dai due fogli di lavoro mostrati nella **figura 9.8**: nel primo foglio costruiremo un grafico delle temperature medie mensili a New York, mentre nel secondo confronteremo tra loro le due scale termometriche Fahrenheit e Celsius.

Scarica per prima cosa dal sito web del libro nella tua cartella **esercitazioni** il file **New York City Temperatures.odt**, che contiene la tabella di dati qui a fianco.

High °F	Low °F		High °C	Low °C
38	27	January	4	-3
42	29	February	5	-2
50	35	March	10	2
61	45	April	16	7
71	54	May	22	12
79	64	June	26	18
84	69	July	29	20
83	68	August	28	20
75	61	September	24	16
64	50	October	18	10
54	42	November	12	5
43	32	December	6	0

Vedremo come importare questi dati nel foglio elettronico, come spostare colonne e inserire righe, come creare nuovi fogli di lavoro, come assegnare sfondi alle celle e come inserire nel foglio un'immagine. Faremo inoltre pratica con la gestione dei grafici, con l'uso delle formule e con la tecnica del riempimento automatico.

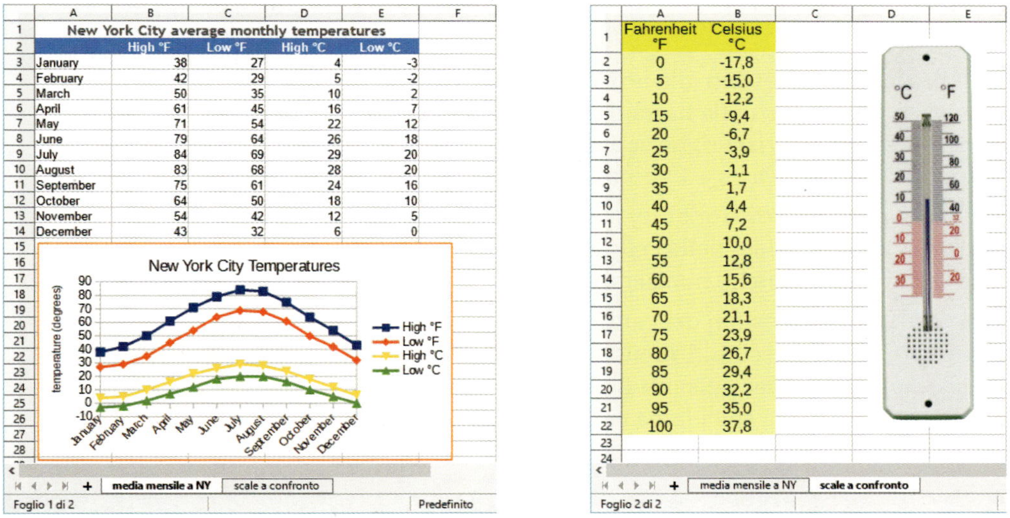

Figura 9.8 I due fogli di lavoro che produrremo in questo paragrafo.

Importare dati nel foglio elettronico

1. Lancia Calc e fai clic sul pulsante **Nuovo** per creare un nuovo documento, poi salvalo con il nome **temperature.ods**.
2. Apri con Writer il documento di testo **New York City Temperatures**, che contiene dati scaricati dal sito web **www.currentresults.com**. Seleziona nella finestra di Writer l'intera tabella dei dati e copiala, per esempio con il pulsante oppure con i tasti Ctrl + C. Passa alla finestra di Calc, accertati che sia selezionata la cella A1 e incolla, per esempio usando il pulsante o la combinazione Ctrl + V. I dati verranno automaticamente distribuiti nelle celle da A1 a E13.
3. Seleziona trascinando il mouse le celle A1:E13, poi usa le due caselle **Nome del carattere** e **Dimensione**, a sinistra nella barra dei pulsanti, per formattare tutti i dati in carattere Arial e corpo 10.

Inserire e spostare colonne

4. Ora vogliamo riordinare i dati, spostando la colonna con i nomi dei mesi a sinistra delle altre (questo ci servirà più avanti, per far apparire i mesi lungo l'asse delle ascisse del grafico). Se però provassimo a spostare la colonna D fino al bordo di sinistra del foglio, i suoi dati andrebbero a sostituire quelli dell'attuale colonna A, cancellandoli. Dunque per prima cosa dobbiamo invece fare spazio, creando una nuova colonna a sinistra dell'attuale A. Posizionati allora su qualsiasi cella della colonna A, poi fai clic nella barra dei pulsanti su **Operazioni colonna** (oppure apri il menu **Fogli**) e scegli **Inserisci colonne a sinistra**. Tutti i dati verranno spostati a destra di una colonna e apparirà una nuova colonna A vuota.
5. Adesso i nomi dei mesi sono nella colonna D: selezionala con un clic sulla sua intestazione, poi scendi con il mouse su qualsiasi cella della colonna, fai clic e trascina verso sinistra. Quando arrivi sopra la colonna A, rilascia il mouse: come risultato, vedrai che i nomi dei mesi che stavano nella colonna D si sono ora spostati nella prima colonna del foglio.
6. La colonna D, di conseguenza, è rimasta vuota. Seleziona insieme le colonne E ed F, poi trascinale insieme verso sinistra e rilascia il mouse appena si evidenzia la colonna D: ora la tabella dei dati è di nuovo tutta unita nell'area A1:E13, senza che tra le serie di dati vi siano colonne vuote.

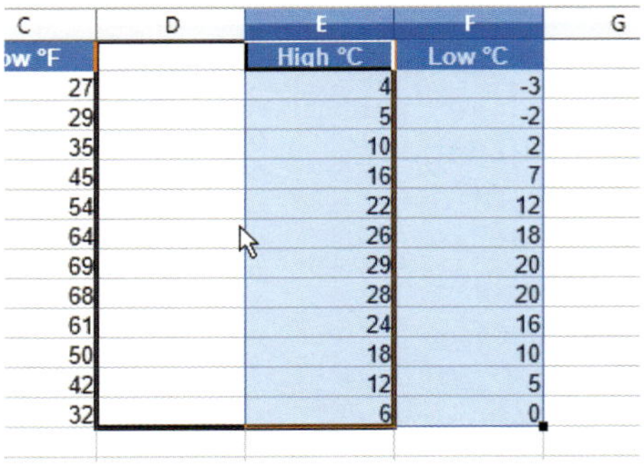

Inserire righe e unire più celle

7. Vogliamo aggiungere un titolo sopra la tabella dei dati, ma non c'è spazio. Seleziona allora una cella qualsiasi della riga 1, poi fai clic nella barra dei pulsanti su **Operazioni riga** (o usa il menu **Fogli**) e scegli **Inserisci righe sopra**. Tutti i dati così si abbasseranno di una riga e apparirà una nuova riga 1 vuota.
8. Passa al documento di Writer e copia il testo «New York City average monthly temperatures», poi torna alla finestra di Calc e incollalo nella cella A1. Ora puoi passare di nuovo al documento di Writer e chiuderlo, perché non servirà più.
9. Seleziona la cella A1 e riduci da 14 a 12 le dimensioni del carattere. Il testo comunque è lungo e si sovrappone a molte celle. Trascina il mouse così da selezionare insieme le celle A1:E1, poi fai clic nella barra dei pulsanti su **Unisci e centra**: ora il titolo sarà centrato sopra i dati in un'unica cella larga come cinque colonne.

In Microsoft Excel

In Excel il tipo di grafico si può scegliere direttamente dai menu a tendina che si aprono al clic sulle icone della scheda **Inserisci** nella barra multifunzione.

Creare il grafico di punti e linee

10. Seleziona le celle A2:E14 e poi fai clic nella barra dei pulsanti su **Inserisci grafico**. Nella finestra **Creazione guidata grafico** scegli il tipo **Linea** e poi sulla destra fai clic sull'icona **Punti e linee**. In secondo piano ci sarà l'anteprima del grafico: se vuoi vederla meglio, sposta con il mouse la finestra, facendo clic sulla sua barra del titolo e poi trascinandola.
11. Sempre nella finestra, fai clic a sinistra su **4. Elementi del grafico**. Nella casella **Titolo** digita «New York City Temperatures», poi nella casella **Asse Y** digita «temperature (degrees)», quindi fai clic su **Fine**.

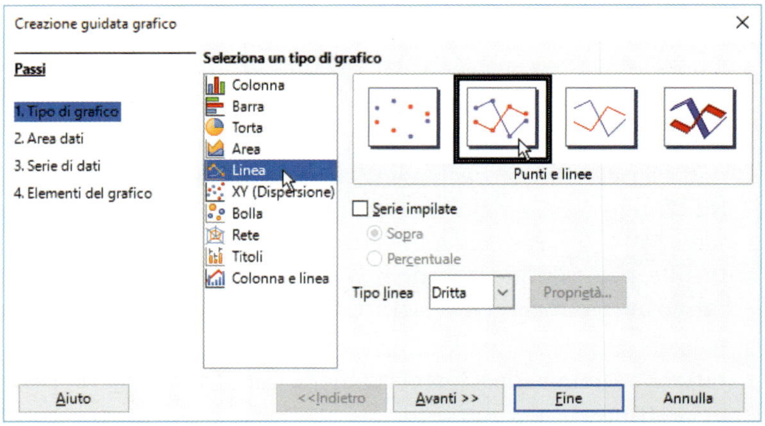

12. Fai clic fuori dell'area del grafico, poi selezionalo con un nuovo clic e usa le tecniche già familiari per ridimensionarlo e posizionarlo come nella **figura 9.8** all'inizio del paragrafo. Infine fai clic a destra su e usa la sezione **Linea** delle **Proprietà** per dare al grafico un bordo con linea piena spessa 1,5 punti e di colore arancione.

Creare nuovi fogli e rinominarli

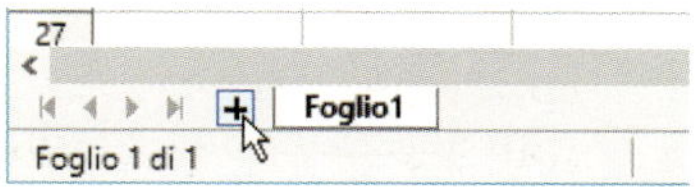

13. Ora è il momento di creare un secondo foglio di lavoro nello stesso documento. Vai sotto la griglia delle celle e fai clic sul pulsante +, come mostrato qui a fianco: apparirà un nuovo foglio di lavoro vuoto di nome **Foglio2**. In alternativa si può fare clic in qualsiasi punto della barra grigia a destra delle linguette dei fogli; in tal caso una finestra dà la possibilità di assegnare un nome diverso al nuovo foglio e di posizionarlo, volendo, anche prima di quello esistente.

14. Per rinominare un foglio basta fare doppio clic sulla sua linguetta. Appare allora la finestra qui sotto, con il nome attuale evidenziato: basta allora digitare il nuovo nome e poi fare clic su **OK**. Rinomina ora il **Foglio1** chiamandolo «media mensile a NY» e il **Foglio2** chiamandolo «scale a confronto».

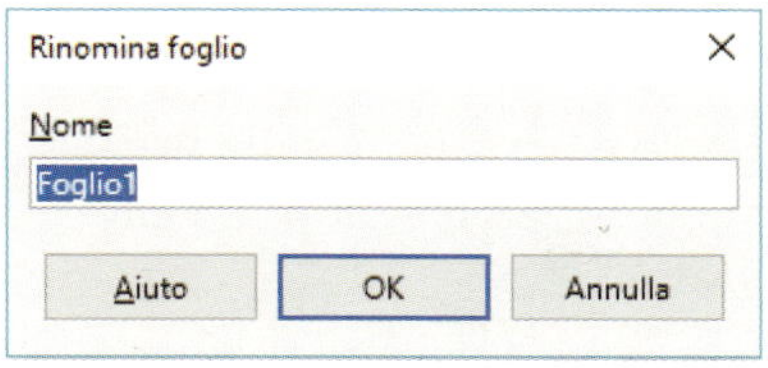

Usare il riempimento automatico con numeri e formule

15. Nel secondo foglio vogliamo mettere a confronto le due scale di temperatura Fahrenheit e Celsius. Digita nella cella A1 «Fahrenheit °F», ingrandisci il corpo a 12 punti e poi usa il pulsante **Ritorno a capo** per mettere il testo su due righe, come nella **figura 9.8**. Ripeti poi l'operazione nella cella B1, scrivendo «Celsius °C».

16. Nella prima colonna vogliamo avere valori della temperatura Fahrenheit intervallati di 5 gradi; questo è un tipico caso in cui torna utile la tecnica del riempimento automatico. Digita «0» nella cella A2 e «5» nella cella A3, poi seleziona insieme le due celle e trascina verso il basso il quadratino nero in basso a destra; in questo modo il programma riempirà le celle a incrementi di 5. Quando vicino al puntatore a croce appare il valore 100, rilascia il mouse: ecco pronta la tua serie di dati.

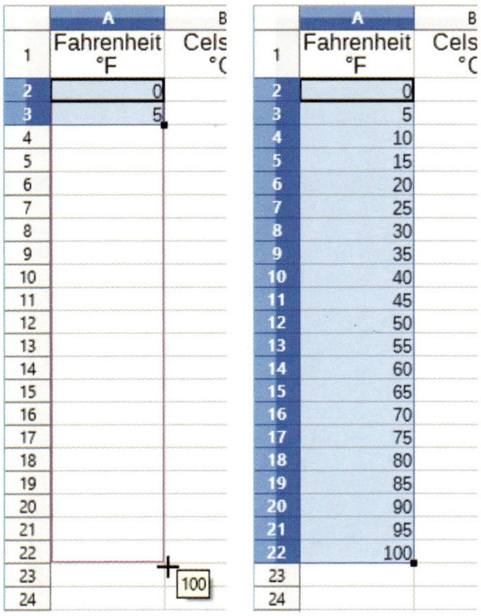

17. Per una data temperatura Fahrenheit $T_{°F}$, la temperatura Celsius $T_{°C}$ corrispondente è data dalla formula: $T_{°C} = (T_{°F} - 32)·5/9$. Inserisci ora questa formula nella cella B2, facendo riferimento alla cella A2: digita cioè «=(A2-32)*5/9». Poi premi [Invio] e in B2 apparirà il valore della temperatura Celsius che equivale a 0 °F.

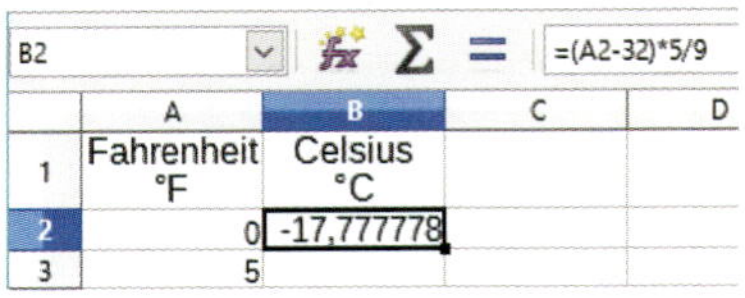

18. Ora seleziona la cella B2 e con il riempimento automatico trascina in basso fino a B22; quando rilasci il mouse, la tabella di corrispondenza tra le scale è completata.

Formattare i numeri e assegnare uno sfondo alle celle

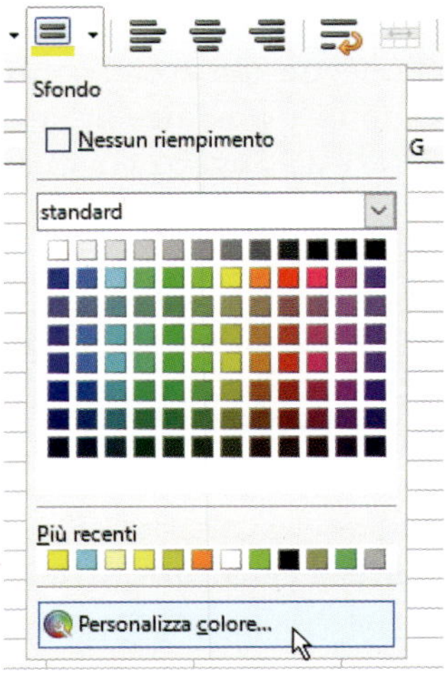

19. Nella colonna B ora ci sono valori con molte cifre decimali, ma la massima sensibilità che ha senso riportare è un decimo di grado Celsius. Seleziona perciò le celle B2:B22, apri a destra le **Proprietà** e nella sezione **Formato numero** scegli il formato **Numero** e imposta il valore 1 nella casella **Posizioni decimali**. Aumenta poi il corpo di tutti i numeri e centrali nelle colonne.

20. Per dare uno sfondo giallo alle due celle A1 e B1, selezionale e poi fai clic sulla freccetta a fianco del pulsante. Si aprirà a tendina una tavolozza di colori: fai clic sul quadratino di colore giallo e apparirà lo sfondo colorato.

21. Seleziona ora le celle A2:B22, aumenta a 12 il corpo del carattere e poi apri di nuovo il menu del pulsante. Ora vogliamo uno sfondo di un colore che non fa parte della tavolozza: fai clic in basso su **Personalizza colore...**, poi scegli con il mouse un colore giallo chiaro e infine fai clic su **OK**.

Inserire un'immagine nel foglio di calcolo

22. Infine, per completare il lavoro, vogliamo inserire in questo foglio la foto di un termometro con le due scale di temperatura. Scarica dal sito web del libro l'immagine **termometro**, poi torna al foglio di calcolo e fai clic in alto sul pulsante **Inserisci immagine**. Seleziona il file nella cartella del tuo computer, poi fai clic su **Apri**.

23. L'immagine ora appare sul foglio ed è selezionata, con i quadratini verdi sui bordi. Per ridimensionarla puoi usare la tecnica abituale di trascinamento dei quadratini. In alternativa, apri le **Proprietà** a destra e nella sezione **Posizione e dimensione** imposta la casella **Larghezza** o la casella **Altezza**. Controlla inoltre che la casella **Mantieni rapporto** sia spuntata, altrimenti l'immagine verrà deformata.

24. Sposta infine l'immagine, trascinandola con il mouse quando il puntatore ha la forma ✥. Posizionala come nella **figura 9.8**, quindi salva il lavoro e chiudi il file.

In Microsoft Excel

In Excel il pulsante per cambiare il colore di sfondo delle celle ha l'aspetto. Le proprietà grafiche delle celle selezionate si possono modificare anche facendo clic con il tasto destro del mouse e scegliendo **Formato celle**.

ESERCIZI

1 Nel foglio **media mensile a NY** crea due nuove serie di dati che contengano, rispettivamente, il valore medio tra **High °F** e **Low °F** e il valore medio tra **High °C** e **Low °C**. Seleziona queste due colonne insieme alla colonna A e crea un nuovo grafico, analogo a quello già presente, in cui compaiano soltanto le due curve delle temperature medie.
Salva il file modificato con il nome **temp-eserc1.ods**.

2 Usando il riempimento automatico, estendi la tabella del foglio **scale a confronto** fino al valore 200 °F.
Salva il file modificato con il nome **temp-eserc2.ods**.

3 Nel foglio **scale a confronto**, a destra della foto del termometro, crea una nuova serie di dati che contenga le temperature Celsius da 0 °C a 100 °C, a intervalli di 5 °C.
Alla sua destra crea la serie delle temperature Fahrenheit corrispondenti. Dovrai applicare la formula inversa di quella usata in precedenza, cioè: $T_{°F} = T_{°C}·9/5 + 32$, così da ottenere il risultato mostrato nella figura qui sopra.
Salva il file modificato con il nome **temp-eserc3.ods**.

Celsius °C	Fahrenheit °F
0	32
5	41
10	50
15	59

9.4 I grattacieli più alti del mondo: ordinamento dei dati e riferimenti assoluti

Negli ultimi decenni nel mondo, specialmente in Cina e in altri Paesi asiatici, sono stati costruiti grattacieli sempre più alti. In questo paragrafo lavoreremo su un insieme di dati relativi a questi spettacolari edifici.

Partiremo dai dati della **figura 9.9**: la tabella elenca i grattacieli alti più di 400 metri costruiti fino al 2017, ordinati dai più recenti ai più «antichi», come mostra l'ultima colonna con la data di completamento.

	A	B	C	D	E	F	G	H
1								
2		Building	City	Country	Height (feet)	Floors	Completion	
3		Ping An Finan	Shenzhen	China	1965	115	2017	
4		Tianjin CTF F	Tianjin	China	1739	98	2017	
5		Changsha IF	Changsha	China	1483	88	2017	
6		Suzhou IFS	Suzhou	China	1476	92	2017	
7		Lotte World T	Seoul	South Korea	1819	123	2016	
8		Guangzhou C	Guangzhou	China	1739	111	2016	
9		Wuhan Cente	Wuhan	China	1437	88	2016	
10		Shanghai Tow	Shanghai	China	2073	128	2015	
11		432 Park Ave	New York City	United States	1396	88	2015	
12		One World Tr	New York City	United States	1776	104	2014	
13		Abraj Al-Bait	Mecca	Saudi Arabia	1971	120	2012	
14		KK100	Shenzhen	China	1449	100	2011	
15		Burj Khalifa	Dubai	United Arab E	2717	163	2010	
16		International	Hong Kong	China	1588	118	2010	
17		Zifeng Tower	Nanjing	China	1476	89	2010	
18		Guangzhou I	Guangzhou	China	1440	103	2010	
19		Shanghai Wo	Shanghai	China	1614	101	2008	
20		Taipei 101	Taipei	Republic of C	1667	101	2004	
21		Petronas Tow	Kuala Lumpu	Malaysia	1483	88	1998	
22		Willis Tower	Chicago	United States	1450	108	1974	
23								

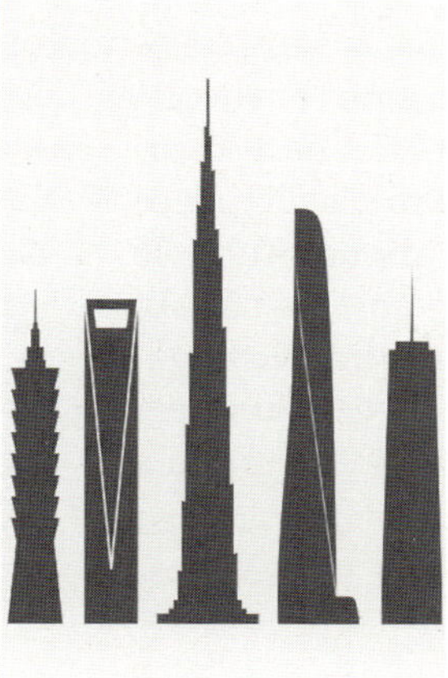

Figura 9.9 I dati di partenza per questo paragrafo.

Elaboreremo questi dati, modificando la tabella e creando il grafico della **figura 9.10**.

In particolare, impareremo a cambiare l'ordinamento dei dati e vedremo come e perché a volte convenga usare riferimenti *assoluti* alle celle del foglio. Poi creeremo l'istogramma dei dati, vedremo come intervenire sulle varie parti del grafico e come lo si possa esportare in altri documenti.

	A	B	C	D	E	F	G	H	I	J
1		Tallest skyscrapers in the world								
2		Building	City	Country	Height (feet)	Floors	Completion		altezza (m)	
3	1	Burj Khalifa	Dubai	United Arab Emirates	2717	163	2010		828	
4	2	Shanghai Tower	Shanghai	China	2073	128	2015		632	
5	3	Abraj Al-Bait Clock Tower	Mecca	Saudi Arabia	1971	120	2012		601	
6	4	Ping An Finance Centre	Shenzhen	China	1965	115	2017		599	
7	5	Lotte World Tower	Seoul	South Korea	1819	123	2016		554	
8	6	One World Trade Center	New York City	United States	1776	104	2014		541	
9	7	Tianjin CTF Finance Centre	Tianjin	China	1739	98	2017		530	
10	8	Guangzhou CTF Finance Centre	Guangzhou	China	1739	111	2016		530	
11	9	Taipei 101	Taipei	Republic of China	1667	101	2004		508	
12	10	Shanghai World Financial Center	Shanghai	China	1614	101	2008		492	
13	11	International Commerce Centre	Hong Kong	China	1588	118	2010		484	
14	12	Petronas Towers	Kuala Lumpur	Malaysia	1483	88	1998		452	
15	13	Changsha IFS Tower T1	Changsha	China	1483	88	2017		452	
16	14	Zifeng Tower	Nanjing	China	1476	89	2010		450	
17	15	Suzhou IFS	Suzhou	China	1476	92	2017		450	
18	16	Willis Tower	Chicago	United States	1450	108	1974		442	
19	17	KK100	Shenzhen	China	1449	100	2011		442	
20	18	Guangzhou Int. Finance Center	Guangzhou	China	1440	103	2010		439	
21	19	Wuhan Center	Wuhan	China	1437	88	2016		438	
22	20	432 Park Avenue	New York City	United States	1396	88	2015		426	
23										
24							1 piede =	0,3048	metri	
25										

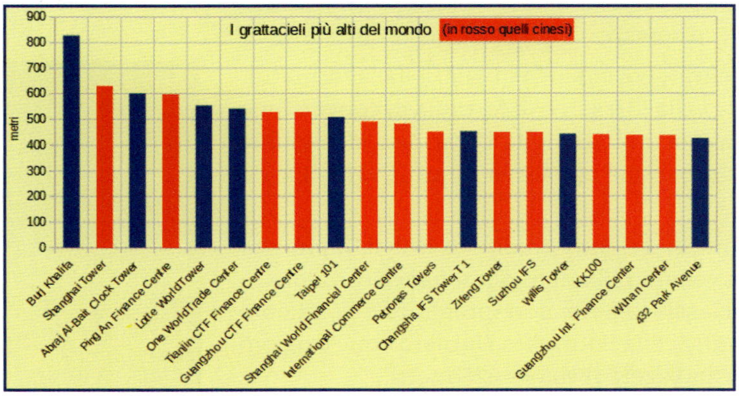

Figura 9.10 Il foglio di lavoro e il grafico che produrremo in questo paragrafo.

Cambiare l'ordinamento dei dati

1. Scarica dal sito web del libro nella tua cartella **esercitazioni** il file **skyscrapers.ods**, che contiene i dati della **figura 9.9**, poi aprilo con Calc. In molte celle i testi sono visibili soltanto in parte: allarga le colonne B, C e D così da visualizzarli interamente.
2. La tabella è ordinata in base alla colonna G (anno di completamento); vogliamo invece ordinare i grattacieli dal più alto al più basso, cioè in ordine decrescente in base alla colonna E. Seleziona una qualsiasi cella di questa colonna, che contiene l'altezza degli edifici misurata in piedi (*feet*), poi fai clic in alto sul pulsante **Ordina in modo decrescente** (o scegli la stessa opzione nel menu **Dati**): la tabella viene istantaneamente riordinata come desiderato.
3. Si possono ordinare i dati con la semplicissima operazione appena vista perché il foglio non contiene formattazioni particolari: il programma perciò riconosce automaticamente l'area occupata dai dati da ordinare. Quando ciò non avviene, devi invece selezionare insieme con il mouse tutte le serie di dati da considerare e poi fare clic sul pulsante **Ordina** : nella finestra che appare scegli la colonna in base a cui ordinare e il tipo di ordinamento, come mostrato qui a fianco, poi fai clic su **OK**.

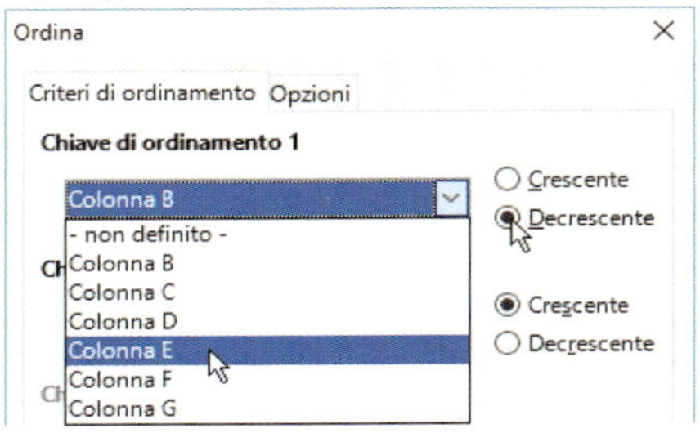

In Microsoft Excel

In Excel per ordinare i dati si può usare il pulsante **Ordina** della scheda **Dati**, scegliendo poi il tipo di ordinamento desiderato. In alternativa si può fare clic su **Ordina e filtra** nel gruppo **Modifica** della scheda **Home**, come qui sotto.

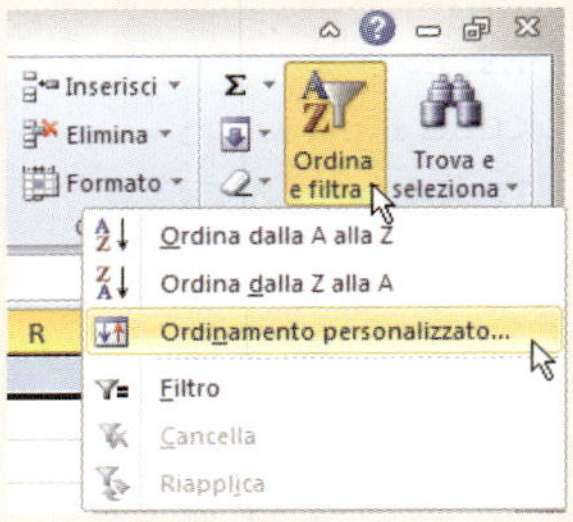

Formattare i dati

4. Procedi ora a formattare le intestazioni della riga 2 come nella **figura 9.10**, che è il nostro riferimento. Seleziona le celle B2:G2 e usa le **Proprietà** per mettere i testi in grassetto e aggiungere alle celle il colore ciano di sfondo. Poi seleziona insieme le colonne E, F e G e centra i loro contenuti con il pulsante .
5. Aggiungi ora nella colonna A una numerazione per la classifica dei primi 20 grattacieli in ordine di altezza: digita «1» nella cella A3, poi applica il riempimento automatico fino alla cella A22. Quindi centra i dati, mettili in grassetto, aggiungi lo sfondo e restringi la colonna.
6. Aggiungi un titolo generale alla tabella: digita nella cella B1 «Tallest skyscrapers in the world», poi assegna al testo il corpo 18, seleziona le celle B1:G1 e uniscile centrando il titolo con il pulsante .

Scrivere la formula di conversione dei dati

7. Nella tabella l'altezza dei grattacieli è misurata in piedi (*feet*, plurale di *foot*), un'*unità imperiale* ancora usata nei Paesi anglosassoni. Vogliamo ora creare una nuova colonna che contenga l'altezza equivalente in metri. Per prima cosa scrivi nella cella H24 il numero 0,3048 – cioè il fattore che useremo per convertire in metri i valori in piedi – poi restringi la colonna H e scrivi nelle celle a fianco «1 piede =» e «metri», quindi allinea i due testi come mostrato qui a destra.

1 piede =	0,3048	metri

8. Scrivi nella cella I2 l'intestazione «altezza (m)», poi copia in quella cella la formattazione delle celle B2:G2. Quindi seleziona la cella I3 e scrivi la formula di conversione come segue: fai clic su =, poi sulla cella H24, quindi digita l'asterisco «*» e infine fai clic sulla cella E3. Ora nella barra di digitazione appare la formula =H24*E3; fai clic su per confermarla.
9. Nella cella I3 è apparsa così l'altezza in metri del Burj Khalifa di Dubai, il più alto grattacielo del mondo nel 2018, che puoi vedere nella foto qui a fianco. Il valore in I3 ha molte cifre decimali, ma in questa classifica a noi non interessano le frazioni di metro; usa perciò le **Proprietà** per dare alla cella il formato **Numero** con **Posizioni decimali** uguale a zero. La cella adesso visualizzerà il valore 828 metri.

Usare i riferimenti assoluti

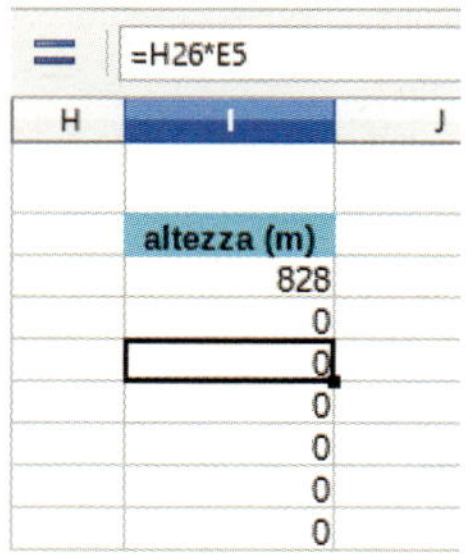

10. Ora vogliamo estendere la formula agli altri grattacieli: seleziona la cella I3, fai clic sul quadratino nero in basso a destra e trascinalo verso il basso per attivare il riempimento automatico delle altre celle della colonna I. Ti accorgerai però che nelle celle da I4 in giù appare il valore 0. Come mai?

11. La ragione è che il riempimento automatico ha agito a partire dalla formula =H24*E3 della cella I3, che contiene due riferimenti ad altre celle. Per default, il foglio elettronico li interpreta come riferimenti *relativi* e li aggiorna automaticamente entrambi, ogni volta che «scendi» di una cella. Così nella cella I4 la formula diventa =H25*E4, nella cella I5 diventa =H26*E5, e così via. Ma le celle H25, H26 e così via sono vuote, perciò la formula dà come risultato zero.

12. Noi invece vogliamo che la formula sia applicata di volta in volta ai dati delle celle E4, E5 e così via, ma sempre usando lo stesso fattore di conversione contenuto nella cella H24. Dobbiamo allora dire al programma che quello alla cella H24 è un **riferimento assoluto**: per farlo, bisogna premettere a ciascuna coordinata della cella il simbolo del dollaro $, cioè scrivere $H$24.

13. Torna dunque alla cella I3 e modifica la formula, così che diventi =$H$24*E3. Ora ripeti il riempimento automatico verso il basso: grazie all'uso del riferimento assoluto, vedrai che la colonna I si riempie correttamente con i dati della **figura 9.10**.

> **!** Il **riferimento assoluto** alla cella A1 si indica con **$A$1**: ogni formula che lo contiene userà sempre il valore della specifica cella A1.

Creare un grafico e modificarlo

14. Seleziona insieme le colonne B e I, poi fai clic su **Inserisci grafico** e nella finestra **Creazione guidata grafico** accetta le opzioni di default, facendo clic su **Fine**. Nel foglio apparirà un istogramma in cui l'altezza delle barre verticali è proporzionale a quella dei grattacieli della tabella; tutte le barre hanno lo stesso colore, assegnato per default dal programma. Ridimensiona il grafico trascinando i quadratini neri che vedi sul bordo grigio: allargalo per renderlo più leggibile, così da avere maggiore distanza tra le colonne e tra i nomi che appaiono lungo l'asse delle ascisse.

15. Ora vedremo come si modificano le caratteristiche dei grafici creati con il foglio elettronico. Nota per prima cosa che un grafico si può selezionare in due modi diversi, con un clic o con un doppio clic del mouse; nei due casi il programma aggiorna automaticamente la barra dei pulsanti offrendo funzioni diverse, come mostrato qui sotto.

al clic sul grafico:

al doppio clic:

> ### In Microsoft Excel
> In Excel, quando un grafico è selezionato con un clic, nella barra multifunzione appaiono tre nuove schede con strumenti utili per apportare modifiche: **Progettazione**, **Layout** e **Formato**.

16. Quando selezioni un grafico con un singolo clic, lungo i suoi bordi compaiono quadratini verdi e lo si può trattare come una qualsiasi immagine. Per esempio, con il menu della casella **Stile linea** che appare nella barra dei pulsanti puoi assegnare al grafico un bordo, regolandone lo spessore con il menu della casella **Spessore linea**.

17. Quando invece selezioni un grafico con un *doppio* clic, il suo bordo diventa grigio e puoi intervenire su ogni singolo aspetto del grafico. Per esempio, fai clic sul pulsante **Area del grafico**: apparirà una finestra in cui puoi scegliere il colore da assegnare allo sfondo del grafico; nel nostro caso scegli un colore giallo pallido, poi conferma con un clic su **OK**.

18. Il pulsante consente di cambiare «al volo» il tipo di grafico; sperimentane l'uso, poi però fai clic su **Annulla**. Un clic sul pulsante attiva o disattiva la legenda del grafico; nel nostro caso essa sottrae inutilmente spazio ai dati, perciò nascondila. Il pulsante aggiunge nel grafico una griglia verticale; al clic ripetuto, la griglia diventa più fitta o viene nascosta. Il pulsante **Titoli** fa apparire una finestra che permette di inserire un titolo, un sottotitolo ed etichette lungo gli assi del grafico; digita le scritte che vedi nella figura qui a fianco, poi fai clic su **OK**.

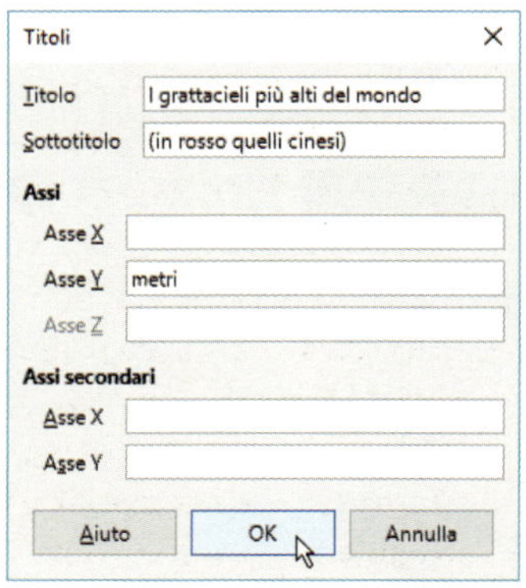

19. Se fai clic sulla griglia del grafico, il riquadro con l'istogramma si seleziona e puoi deformarlo trascinando i quadratini verdi: espandi verso l'alto il riquadro fin quasi al bordo del grafico.

20. Fai ora clic sul titolo che hai inserito nel grafico: intorno al testo apparirà una cornice lampeggiante e il puntatore del mouse assumerà la forma a quattro frecce; ora puoi spostare il titolo semplicemente trascinandolo. Sposta il titolo, il sottotitolo e l'etichetta dell'asse Y nelle posizioni della **figura 9.10** all'inizio del paragrafo.

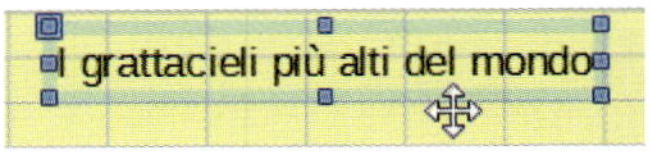

21. Infine fai clic su una qualsiasi delle barre verticali che formano l'istogramma: su ogni barra apparirà un quadratino verde, a indicare che sono selezionate tutte insieme. Se ora fai doppio clic, apparirà la finestra **Serie di dati** dove si può cambiare il colore di tutte le barre. A noi però interessa colorarne soltanto alcune; chiudi perciò la finestra e fai di nuovo clic sulla seconda barra da sinistra: ora quella barra sarà selezionata da sola e potrai usare le **Proprietà** per assegnarle un colore diverso da quello delle altre barre. Colora di rosso in questo modo tutte le barre che corrispondono a grattacieli costruiti in Cina. Poi seleziona il sottotitolo e con la stessa tecnica assegnagli uno sfondo rosso.

Esportare un grafico

22. Ora che l'elaborazione del grafico è completata, vediamo come lo si possa condividere con altre applicazioni. Seleziona il grafico con un clic, poi usa il pulsante – o un'altra delle tecniche che conosci – per copiarlo negli Appunti.

23. Scarica dal sito web del libro il file **grafico da Calc.odt**, poi aprilo con Writer. Posiziona il cursore sulla terza riga (vuota) del documento, quindi usa il pulsante – o un'altra delle tecniche che conosci – per incollare il contenuto degli Appunti. Il grafico apparirà nel documento di testo, con i quadratini verdi sul bordo; ora puoi spostarlo e ridimensionarlo come se fosse una qualunque immagine.

24. Per concludere, è importante notare che nel foglio elettronico i grafici sono elementi *attivi*: proprio come le celle contenenti formule, infatti, i grafici si aggiornano automaticamente quando i dati cambiano. Per verificarlo con un esempio concreto, nel foglio di Calc seleziona la tabella dei dati e usa il pulsante per riordinarla in base al numero dei piani dei grattacieli (colonna F) o del loro anno di completamento (colonna G): vedrai che, come conseguenza, in tempo reale le barre dell'istogramma cambiano posizione.

25. Per imparare un'altra tecnica utile, fai doppio clic sul grafico e poi clic sul pulsante **Aree dati** : nella finestra che appare, la casella **Area dati** elenca gli insiemi di celle usati per il grafico preceduti dal nome del foglio di lavoro in cui si trovano, come mostrato qui a fianco. Fai clic nella casella, poi intervieni sul testo scrivendo due volte 14 al posto di 22: in questo modo stai chiedendo al programma di considerare soltanto le serie di dati relative ai primi 12 grattacieli (B3:B14 e I3:I14). Quando nella finestra fai clic su **OK**, vedrai che istantaneamente il grafico cambia e l'istogramma si riduce a sole 12 barre. Se ora controlli il file **grafico da Calc** di Writer, però, troverai che il grafico lì non è cambiato: una volta esportati, infatti, i grafici diventano semplici immagini e non sono più collegati ai dati del foglio elettronico.

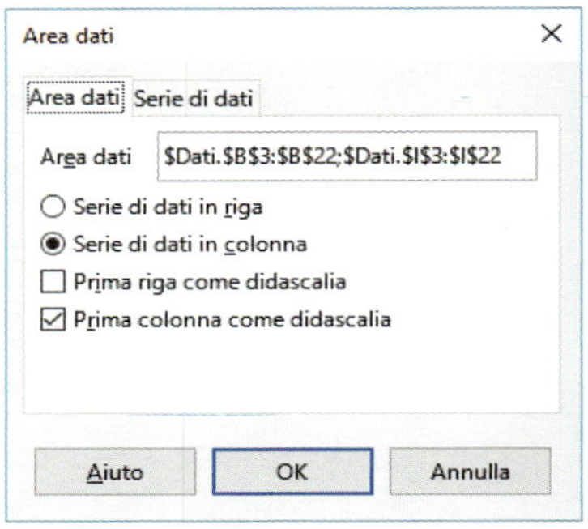

ESERCIZI

1 Se riordini i dati in modo crescente in base alla colonna D, come verranno elencati i grattacieli e che cosa apparirà nella cella D3?

....

....

2 Se il dato del fattore di conversione 0,3048 si trovasse nella cella J2, anziché in H24, come andrebbe scritta la formula della cella I3, per poterla usare come base per il riempimento automatico della colonna I?

....

9.5 Risolvere equazioni di 2° grado: funzioni predefinite e operatori logici

La generica equazione di 2° grado, $ax^2 + bx + c = 0$, ha in generale due diverse soluzioni (o *radici*) x_1 e x_2, che corrispondono all'uso del segno «più» e del segno «meno» nella formula risolutiva qui a fianco.

$$x_{1,2} = \frac{-b \pm \sqrt{b^2 - 4ac}}{2a}$$

L'espressione $b^2 - 4ac$ sotto la radice quadrata è detta *discriminante* dell'equazione e si indica con il simbolo Δ (la lettera greca *delta* maiuscola).

A seconda dei valori dei coefficienti a, b e del termine noto c, è possibile che il discriminante sia minore di zero: in tal caso l'equazione non ha soluzioni reali.

Quando invece il discriminante è uguale a zero, l'equazione ha due radici reali con valori che coincidono.

In questo paragrafo costruiremo il foglio della **figura 9.11**, che permette di inserire qualsiasi valore per i parametri a, b e c e calcola le soluzioni della corrispondente equazione di 2° grado.

Vedremo come inserire nelle formule le funzioni matematiche fornite dal programma, come usare la funzione SE e gli operatori logici, come interpretare i messaggi di errore del programma. Vedremo inoltre come scrivere testi che includono simboli e come aggiungere bordi alle celle.

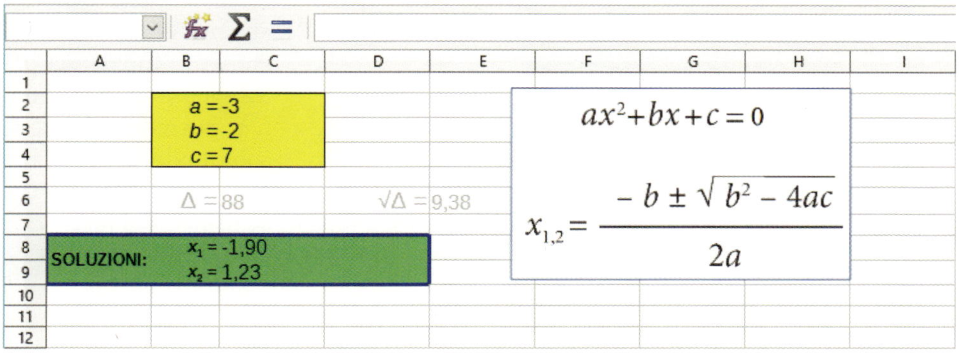

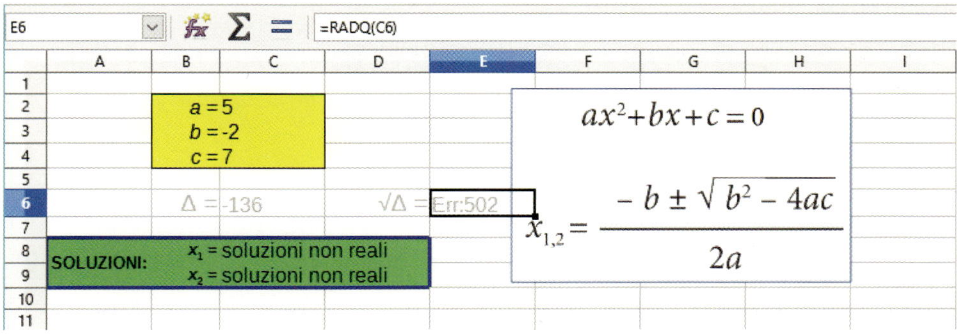

Figura 9.11 Due esempi di calcolo con il foglio di lavoro che produrremo in questo paragrafo.

Formattare testi e celle e inserire simboli

1. Lancia Calc, crea un nuovo file e salvalo con il nome **eq2grado.ods**. Scarica dal sito web del libro l'immagine **eq2grado**, poi inseriscila nel foglio di calcolo usando il pulsante, ridimensionala e posizionala come nella **figura 9.11**; ti servirà come promemoria delle formule da utilizzare.
2. Nella cella B2 scrivi «a =», poi seleziona la «a» e mettila in corsivo usando il pulsante *a*, quindi fai clic su. Se il programma per default trasforma la lettera in maiuscola, apri il menu **Formato**, scegli **Testo** e quindi **minuscole**. Allinea ora il testo a destra della cella con il pulsante e aumenta il carattere con il pulsante che trovi a destra nelle **Proprietà**.

3. Ripeti ora le operazioni per «b =» nella cella B3 e «c =» nella cella B4. Fai poi lo stesso nella cella B8 scrivendo «x1 =», quindi seleziona l'«1» e trasformalo in *pedice* usando nelle **Proprietà** il pulsante . Ripeti l'operazione nella cella B9 per «x2 =». Scrivi «SOLUZIONI:» nella cella A8, quindi selezionala insieme alla cella A9 e unisci e centra con il pulsante .

4. Per far comparire il simbolo Δ nella cella B6, selezionala e fai clic sul pulsante Ω: nella finestra **Caratteri speciali** che si apre, scegli nel menu **Insieme parziale** l'opzione **Greco di base**, identifica e seleziona il simbolo e fai clic su **Inserisci**.

5. Copia la cella B6 e incollala nella D6, poi posiziona il cursore a sinistra di Δ nella riga di digitazione, fai clic su Ω, nella finestra scegli l'insieme **Operatori matematici** e inserisci il simbolo √ della radice quadrata , come vedi qui a fianco.

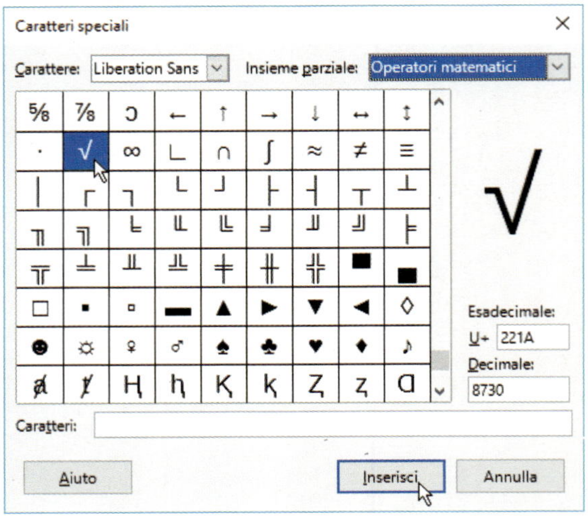

Usare le funzioni predefinite

6. Ora che le celle con i testi sono formattate, predisponiamo quelle che ospiteranno i valori numerici. Seleziona C2:C4 e assegna loro il formato **Numero**, allineando a sinistra e ingrandendo il carattere. Digita poi in ciascuna delle tre celle il valore 1: ciò significa che per un primo esempio di calcolo delle soluzioni useremo la particolare equazione $x^2 + x + 1 = 0$.

7. Nella cella C6 inserisci la formula per il calcolo del discriminante: =C3^2–4*C2*C4 (ricorda che nel foglio elettronico il simbolo ^ indica l'elevazione a potenza). Quando fai clic su , nella cella apparirà il valore –3 (infatti $1^2–4·1·1 = –3$).

8. Nella cella E6 vogliamo che appaia la radice quadrata del discriminante. Vediamo come si può scrivere una formula che effettua questa operazione facendo ricorso a una funzione fornita dal programma. Fai clic sul pulsante nella barra della formula e apparirà la finestra **Creazione guidata funzione** riprodotta qui a fianco, che dà accesso a tutte le funzioni predefinite del programma.

9. Scorri l'elenco **Funzione** (o velocizza la ricerca digitando «rad» nella casella **Cerca**) e fai doppio clic su RADQ, che in Calc è la funzione radice quadrata. Al clic su **OK**, nella cella E6 avrai predisposta la formula =RADQ(), con il cursore tra le parentesi; fai clic nel foglio sulla cella C6 per assegnarla come argomento della radice quadrata.

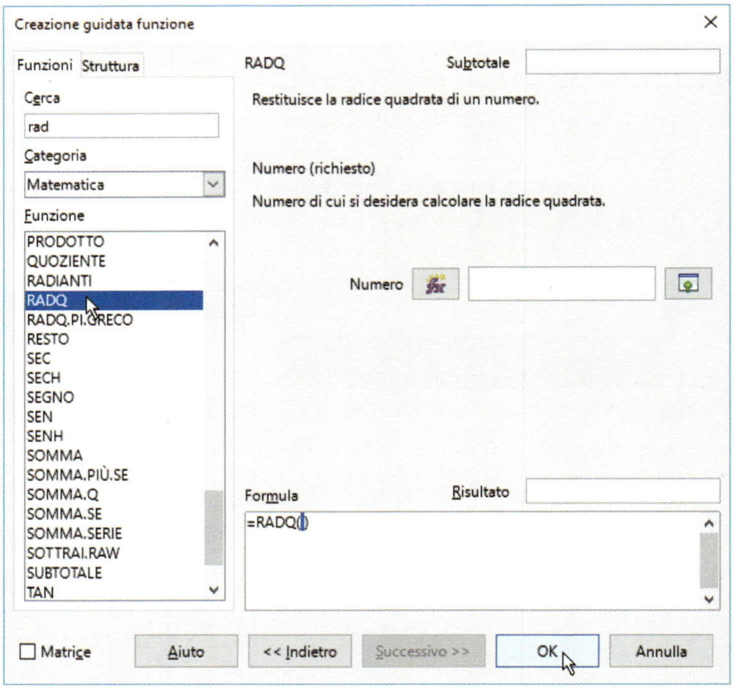

In Microsoft Excel

In Excel il pulsante *fx* apre la finestra **Inserisci funzione**. Scelta la funzione, al clic su **OK** appare la finestra **Argomenti funzione**; per assegnare gli argomenti si possono digitare le coordinate delle celle o fare semplicemente clic su di esse nel foglio.

Interpretare i messaggi di errore

10. Quando ora fai clic su , la cella E6 mostrerà il messaggio **Err:502** e nella barra di stato in basso apparirà la spiegazione: **Errore: argomento non ammesso**. La ragione

è che il valore della cella C6 è –3: il programma cioè sta cercando di calcolare in E6 la radice quadrata di un numero negativo.

11. Quello appena visto è un esempio di messaggio di errore che l'applicazione mostra quando è impossibile eseguire il calcolo richiesto. I messaggi di errore più comuni in Calc sono riassunti nella **tabella 9.3**.

Tabella 9.3 I più comuni messaggi di errore in Calc.

messaggio di errore	significato
###	la cella non è abbastanza larga per visualizzare il contenuto
Err:501 Carattere non valido	un carattere in una formula non è valido
Err:502 Argomento non valido	l'argomento di una funzione non è valido
Err:508 Errore nelle parentesi	manca una parentesi, per esempio ce n'è una aperta ma poi non chiusa
#NUM! Operazione a virgola mobile non valida	un calcolo ha prodotto un risultato che eccede l'intervallo di valori ammesso
#VALORE! Nessun risultato	la formula produce un valore che non corrisponde alla definizione o fa riferimento a una cella che contiene testo anziché un numero
#REF Riferimento non valido	una formula fa riferimento a una cella di cui il programma non riesce a trovare la colonna, la riga o il foglio
#NOME? Nome non valido	riferimento non valido, nome area non valido, intestazione di colonna/riga non trovata o separatore dei decimali non corretto
#DIV/0! Divisione per zero	si sta cercando di fare una divisione in cui il denominatore è 0

In Microsoft Excel

Excel non usa codici numerici; i messaggi di errore iniziano con il carattere # e sono molto simili a quelli di Calc. A fianco del messaggio compare un'icona con un punto esclamativo, che al clic fa accedere alla Guida con istruzioni e consigli per la correzione dell'errore.

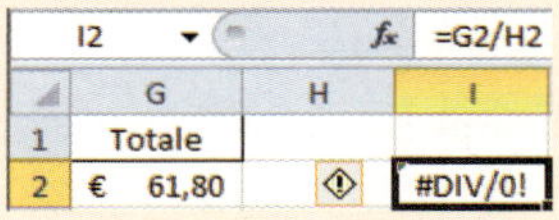

Usare la funzione SE e gli operatori logici

12. Nel calcolo delle radici dell'equazione dobbiamo dunque tenere conto del fatto che non sempre la formula risolutiva produce un risultato calcolabile. A questo scopo torna utile la **funzione SE** del foglio elettronico: questa funzione, inserita in una cella, specifica un test logico da eseguire e indica quale valore assegnare alla cella se il risultato del test è vero e quale valore invece se è falso. La funzione ha tre argomenti e va scritta seguendo questa sintassi:

=SE (*condizione*; *valore se è vera*; *valore se è falsa*)

13. Per esprimere la *condizione* della funzione SE si usano gli **operatori logici** (**tabella 9.4**). Così, per esempio, se nella cella D3 scriviamo «=SE(A3>0;B3;C3)», a D3 verrà assegnato il valore della cella B3 se la cella A3 contiene un numero positivo; se invece A3 contiene 0 o un numero negativo, a D3 verrà assegnato il valore della cella C3.

Tabella 9.4 Gli operatori logici usati nel foglio elettronico.

operatore	significato	esempio di formula	risultato se i valori sono A1 → 1 e B1 → 2
>	maggiore di	=A1>B1	Falso
>=	maggiore o uguale a	=A1>=B1	Falso
<	minore di	=A1<B1	Vero
<=	minore o uguale a	=A1<=B1	Vero
=	uguale a	=A1=B1	Falso
<>	diverso da	=A1<>B1	Vero

14. Nel nostro caso, vogliamo chiedere al programma di calcolare le radici dell'equazione di 2° grado soltanto se il discriminante calcolato nella cella C6 non è negativo: la condizione da soddisfare sarà dunque C6>=0. Se la condizione risulta falsa, vogliamo che nella cella appaia il messaggio «soluzioni non reali». Quando si vuole assegnare un testo come argomento alla funzione SE, bisogna racchiuderlo tra virgolette; la formula che scriveremo nella cella C8, per la prima radice dell'equazione, è dunque la seguente:

=SE(C6>=0;(-C3+RADQ(C6))/(2*C2);"soluzioni non reali")

15. Nella cella C8 la formula da scrivere per la seconda radice dell'equazione è quasi identica: basta sostituire al segno «più» un segno «meno».

16. Verifica ora che il foglio produca risultati corretti quando inserisci valori diversi nelle tre celle C2:C4. Prova in particolare casi in cui conosci già la soluzione, come quelli in cui a primo membro dell'equazione c'è un prodotto notevole. Se per esempio assegni alle tre celle i valori 1, 0 e –1, stai risolvendo l'equazione $x^2 -1 = 0$ e devi aspettarti di trovare come radici 1 e –1. Se invece assegni i valori 1, 2 e 1, stai risolvendo l'equazione $x^2 + 2x + 1 = 0$, equivalente a $(x + 1)^2 = 0$, perciò devi aspettarti di trovare due radici identiche, entrambe pari a –1.

Colorare e bordare le celle

17. Per concludere il lavoro, evidenziamo le celle in cui inserire i dati e quelle che contengono le soluzioni. Seleziona le celle B2:C4 e assegna loro uno sfondo giallo; potresti usare il pulsante della barra in alto, ma apri invece le **Proprietà** e nella sezione **Aspetto Cella** usa il menu **Seleziona il colore**. Sempre qui, poi, apri il menu dell'icona **Specifica i bordi** e scegli per bordare la cella.

18. Seleziona quindi le celle A8:D9 e assegna loro uno sfondo verde brillante e un bordo spesso, usando l'opzione ; usa poi il menu **Seleziona il colore di linea** per dare al bordo il colore blu. In alternativa, se apri il menu **Formato** e scegli **Celle...**, potrai gestire le proprietà appena impostate usando le varie schede di una finestra di dialogo.

19. Infine seleziona le celle B6:E6 e dai ai caratteri un colore grigio chiaro, così da sbiadirli e renderli meno evidenti: queste celle infatti contengono elaborazioni intermedie e hanno utilità soltanto «diagnostica», cioè servono per capire che cosa succede durante i calcoli. Volendo, potresti anche nascondere del tutto queste celle alla vista. Per farlo, basta aprire il menu **Formato**, scegliere **Righe** e quindi **Nascondi**. In tal caso la riga 6 scomparirà dal foglio; per visualizzarla di nuovo, nello stesso menu dovrai scegliere **Mostra** dopo aver selezionato insieme celle che si trovano sulle righe precedenti e successive alla riga 6.

In Microsoft Excel

I bordi si possono gestire dal gruppo **Carattere** della scheda **Home** della barra multifunzione.

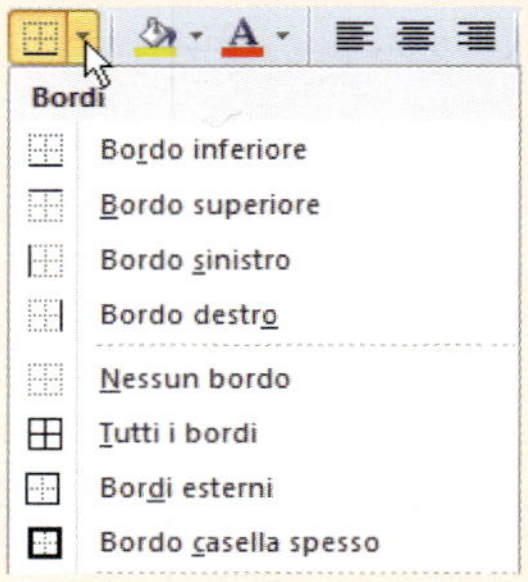

ESERCIZI

1 Come si potrebbe scrivere la formula della cella E6 usando l'operatore ^ anziché la funzione RADQ?

....

2 Come si potrebbe scrivere la formula della cella C6 usando la funzione POTENZA fornita dal programma?

....

3 Se per calcolare la media dei valori delle celle B2 e B3 scrivi la formula =0.5*(B2+B3), apparirà il messaggio di errore #NOME?. Per quale ragione?

....

4 Quale valore è stato inserito, e in quale cella, per produrre nel foglio **eq2grado.ods** il risultato mostrato dalla figura?

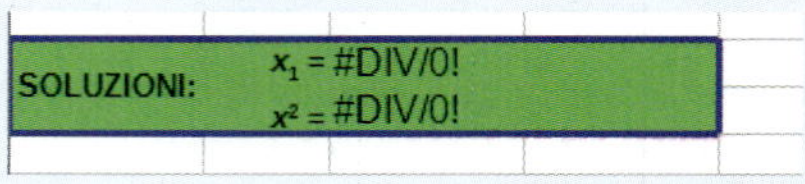

....

5 Scrivi una formula che, usando la funzione SE, assegni alla cella il *valore assoluto* del numero che è contenuto nella cella D2.

....

9.6 Da binario a decimale, e viceversa: implementare algoritmi

In questo paragrafo costruiremo un foglio di calcolo che esegue due operazioni:

1. dato un qualsiasi byte, cioè un numero in base 2 costituito da una sequenza di 8 bit, calcola e mostra il corrispondente numero in base 10;
2. dato un numero in base 10 compreso tra 0 e 255, calcola e mostra il numero equivalente in base 2, cioè il byte corrispondente.

Produrremo il foglio della **figura 9.12**, dove:

- le celle a sfondo giallo sono quelle in cui inserire i dati di input, cioè i numeri da convertire;
- le celle a sfondo verde mostrano l'output, cioè i risultati dell'elaborazione;
- le celle con i dati in grigio contengono risultati dei calcoli intermedi necessari per l'elaborazione.

Nel corso di questo lavoro impareremo a usare le funzioni e gli operatori logici del foglio elettronico per implementare algoritmi; vedremo anche come imporre condizioni di validità ai dati inseriti nelle celle e come far apparire messaggi di errore quando i dati inseriti non sono validi.

	A	B	C	D	E	F	G	H	I	J	K	L	M	N
1				7	6	5	4	3	2	1	0			
2														
3	digita un numero in base 2 (fino a un massimo di 1 byte):	10110011		2^7	2^6	2^5	2^4	2^3	2^2	2^1	2^0		check	
4				1	0	1	1	0	0	1	1		ok	
5	il numero corrispondente in base 10 è:	179		128	0	32	16	0	0	2	1			
6														
7														
8														
9														
10	digita un numero in base 10 compreso tra 0 e 255:	155												
11				1	0	0	1	1	0	1	1			
12	il numero corrispondente in base 2 è:	10011011		###	0	0	###	1000	0	10	1			
13														
14														

Figura 9.12 Il foglio di lavoro che produrremo in questo paragrafo.

Preparare la struttura del foglio

1. Lancia Calc, crea un nuovo file e salvalo con il nome **binario-decimale.ods**. Per prima cosa ridimensiona la colonna A e scrivi e formatta i testi in quella colonna come nella **figura 9.12** (per mandare a capo il testo nelle celle, usa il pulsante). Aggiungi poi i bordi e gli sfondi colorati alle celle B3, B5, B10 e B12, destinate a contenere i dati di input e di output. In queste celle imposta fin d'ora con il pulsante un corpo del carattere aumentato e centra i dati sia in orizzontale sia in verticale, usando le opzioni della sezione **Allineamento** delle **Proprietà** .
2. Formatteremo ora l'area C1:M12, che è destinata ad avere ruolo «di servizio». Seleziona insieme le colonne da C a M, apri il menu **Formato**, scegli **Colonne** e quindi **Larghezza...**; nella finestrella che si apre, assegna 1 cm come larghezza delle colonne e fai clic su OK. Poi seleziona l'area C1:M12 e nel menu del pulsante **Colore carattere** scegli un colore grigio: così tutti i dati che appariranno in queste celle risulteranno «sbiaditi», come nella **figura 9.12**.

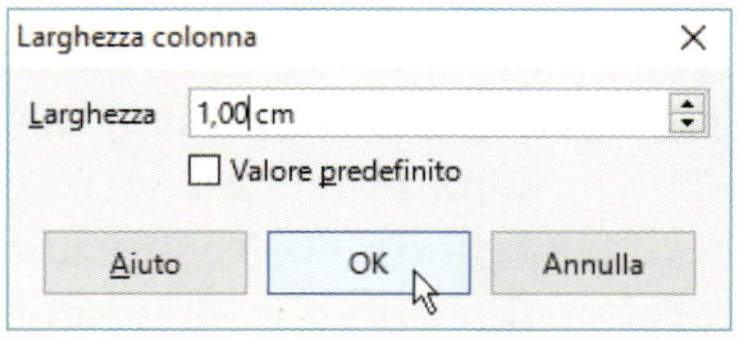

3. Per i calcoli che seguiranno sarà comodo avere a disposizione gli esponenti delle potenze di 2 corrispondenti a ciascun bit di un byte. Digita allora «7» nella cella D1 e «6» nella cella E1, poi trascina verso destra con il riempimento automatico fino alla cella K1. Seleziona quindi l'area D1:K1, aumenta il corpo del carattere e centra i dati nelle celle. Ora la prima riga del foglio avrà l'aspetto mostrato nella **figura 9.12**.

4. Nell'area D3:K3 vogliamo far apparire le potenze decrescenti di 2, non come valori numerici ma come testi: serviranno come promemoria visivo per le formule che scriverai più avanti. Inizia digitando «27» nella cella D3, poi seleziona il 7 e trasformalo in esponente usando il pulsante **Apice** delle **Proprietà**; quindi fai clic su . Ripeti poi l'operazione nelle celle da E3 a K3, riducendo via via l'esponente fino a zero.

Il primo algoritmo: da binario a decimale

5. Digita nella cella B3 «10110011». Considereremo questo dato come se fosse un numero in base 2: in altre parole, per noi sarà un esempio di byte formato da 8 bit. Come sappiamo, per convertirlo in base 10 è sufficiente moltiplicare ciascun bit per la corrispondente potenza di 2 e poi sommare i risultati. Quindi, il numero in base 10 che equivale al numero binario 10110011 è dato dall'espressione:

$$1\times10^7 + 0\times10^6 + 1\times10^5 + 1\times10^4 + 0\times10^3 + 0\times10^2 + 1\times10^1 + 1\times10^0.$$

6. Per poter applicare questa formula nel foglio, però, abbiamo bisogno di isolare le singole cifre che compongono il numero 10110011. Nota che il foglio elettronico per default lavora in base 10; per il programma, quindi, il dato vale 10 110 011, cioè dieci milioni centodiecimila e undici. Al fine di isolare i singoli bit, notiamo che dividendo il numero per 10 si ottiene 1 011 001 con resto 1: il resto è l'ultima cifra originaria. Se poi si prende il nuovo numero, cioè 1 011 001, e si divide di nuovo per 10, si ottiene 101 100 con resto 1: ora il resto è la *penultima* cifra originaria. Ripetendo più volte questa procedura, dunque, si possono isolare via via come resti, *in ordine inverso*, tutte le singole cifre del numero originario. La procedura è schematizzata qui a fianco.

a ogni passaggio si divide per 10:

10110011	
1011001	con resto 1
101100	con resto 1
10110	con resto 0
1011	con resto 0
101	con resto 1
10	con resto 1
1	con resto 0
0	con resto 1

7. Ora applicheremo l'algoritmo appena descritto, facendo ricorso a due funzioni predefinite del foglio elettronico, TRONCA e RESTO:
   - TRONCA elimina le cifre decimali del numero dato come argomento e restituisce la sola parte intera; per esempio, =TRONCA(123,456) restituisce il valore 123;
   - RESTO restituisce il resto della divisione del suo primo argomento per il secondo; gli argomenti vanno separati con un punto e virgola. Per esempio, la formula = RESTO(11;4) restituisce il valore 3, perché 11/4 vale 2 con il resto di 3.

8. Scrivi nella cella K4 la formula =RESTO(TRONCA($B$3/10^K1);10) e fai clic su . Quindi trascina *verso sinistra* con il riempimento automatico fino alla cella D4: ora nelle celle D4:K4 avrai le 8 cifre binarie del numero di partenza, come nella **figura 9.12**.

9. Studia attentamente la formula appena usata: è importante capire bene perché essa corrisponda all'algoritmo descritto sopra. Considera la cella K4: qui l'argomento della funzione TRONCA è il numero che appare in B3 (giacché questo è diviso per 10^0, cioè per 1); la funzione RESTO poi divide per 10 e restituisce il resto, che è l'ultima cifra del numero in B3. Ora considera la cella J4: qui TRONCA restituisce il numero di B3 privato dell'ultima cifra (perché lo ha diviso per 10^1 e ha poi eliminato la parte decimale); RESTO poi divide per 10 e restituisce il resto, che è dunque la penultima cifra del numero in B3. E così via per le altre celle. Nota che nella formula il riferimento a B3 è *assoluto*, così in tutta la serie D4:K4 la formula si applica sempre allo stesso numero di partenza.

10. Adesso non resta che moltiplicare i singoli bit per le corrispondenti potenze di 2 e poi sommare i risultati. Scrivi nella cella K5 la formula =K4*2^K1, poi trascina verso sinistra con il riempimento automatico fino alla cella D5. Infine scrivi nella cella B5 la formula =SOMMA(D5:K5). Ora in B5 compare 179, che è proprio il numero in base 10 equivalente al numero in base 2 della cella B3: $179_{10} = 10110011_2$.

Il secondo algoritmo: da decimale a binario

11. Passiamo ora al secondo problema. Scrivi 155 nella cella B10: sarà il nostro esempio di numero in base 10 da convertire a base 2. Come sappiamo dallo studio della rappresentazione digitale dei dati, per trovare le cifre del numero binario equivalente si può applicare un algoritmo simile a quello visto sopra, ma dividendo ogni volta per 2, anziché per 10. In altre parole, come mostra lo schema qui a fianco, si inizia dividendo 155 per 2, il che dà 77 con resto 1: questo resto è l'ultima cifra binaria cercata. Poi si divide 77 per 2, trovando 38 con resto 1, che è la penultima cifra binaria cercata. E così via, dividendo sempre per 2, fino a quando si arriva a zero: a questo punto si troverà come resto 1, che è la prima cifra del numero binario cercato.

a ogni passaggio si divide per 2:

155	
77	con resto 1
38	con resto 1
19	con resto 0
9	con resto 1
4	con resto 1
2	con resto 0
1	con resto 0
0	con resto 1

12. Scrivi dunque nella cella K11 la formula =RESTO(TRONCA($B$3/2^K1);10) e poi fai clic su ↵. Quindi trascina verso sinistra con il riempimento automatico fino alla cella D11: ora nelle celle D11:K11 vedrai apparire le 8 cifre binarie cercate, come nella **figura 9.12** all'inizio del paragrafo. Assicurati di comprendere bene il significato della formula che hai appena inserito.

13. Le cifre binarie isolate però non ci bastano: vogliamo che l'output nella cella B12 abbia l'aspetto di una sequenza di 8 bit. A questo scopo procederemo in modo analogo a quanto fatto alla fine del primo algoritmo, ma ora moltiplicheremo per le potenze di 10, anziché per quelle di 2. Scrivi nella cella K12 la formula =K11*10^K1, poi trascina verso sinistra con il riempimento automatico fino alla cella D12. Infine scrivi nella cella B12 la formula =SOMMA(D12:K12). Ora in B12 compare 10011011, che è proprio il numero in base 2 equivalente al numero in base 10 che era stato inserito nella cella B10: $10011011_2 = 155_{10}$.

14. Nota che in alcune celle della riga 12 appare il messaggio ###: significa che quelle celle contengono dati che eccedono la larghezza della colonna (G12, per esempio, contiene il valore 10 000) e perciò non si possono visualizzare. I dati però sono memorizzati correttamente in quelle celle, come puoi verificare allargando le colonne.

Controllare la validità dei dati di input

15. Nel programma che abbiamo creato ci sono ancora due aspetti importanti da sistemare. In primo luogo, se l'utente digitasse in B3 un numero con più di 8 cifre, oppure un numero contenente cifre diverse da 0 e 1, avremmo un problema; per come l'abbiamo implementato, infatti, l'algoritmo può funzionare correttamente soltanto per numeri composti esclusivamente da 0 e 1 e per un massimo di 8 cifre.

16. Per risolvere questo problema, useremo la funzione SE facendo anche ricorso alla funzione logica O del foglio elettronico. O(*condizione1*;*condizione2*) equivale al predicato *condizione1* OR *condizione2* con l'operatore logico OR: restituisce cioè VERO se almeno una delle condizioni è vera, mentre restituisce FALSO se entrambe sono false (in generale, la funzione O può avere come argomenti anche più di due condizioni, che vanno sempre separate con punti e virgola).

17. La funzione MAX del foglio elettronico trova il massimo tra i valori di un gruppo di celle. Seleziona allora la cella B2 e scrivi

=SE(O(B3>11111111;MAX(D4:K4)>1);"non valido!";"").

Con questa istruzione, se il numero inserito dall'utente supera 11111111, oppure se una delle sue cifre supera 1, nella cella B2 apparirà il messaggio «non valido!»; in caso contrario, nella cella B2 non apparirà nulla. Formatta ora B2 in modo che l'eventuale testo appaia in grassetto e in colore rosso, come mostrato qui a fianco.

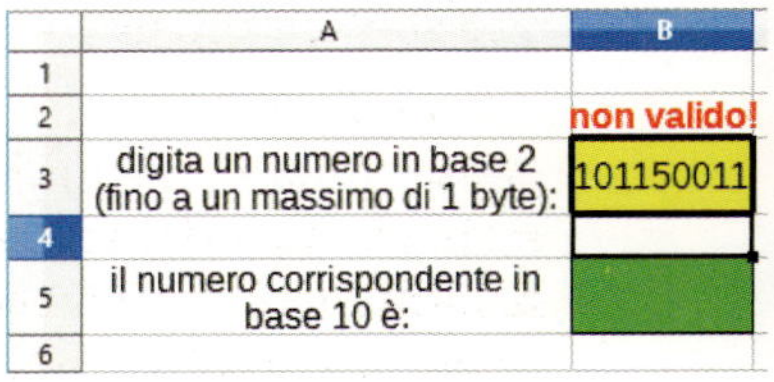

18. Il messaggio in B2 non è però sufficiente: in caso di input non valido, vogliamo anche essere sicuri che nella cella B5 dell'output non compaia nulla. Copia allora il contenuto di B2 un'altra cella qualsiasi, per esempio nella cella M4, poi modifica l'istruzione scrivendo il valore –1 al posto del messaggio di allarme, in questo modo: =SE(O(B3>11111111;MAX(D4:K4)>1);–1;"ok"). Così, se il dato di input non è valido, M4 assumerà il valore –1, che fungerà da «segnale d'allarme» numerico.

19. Adesso puoi modificare il contenuto della cella di output B5 scrivendo al suo interno: =SE(M4=–1;"";SOMMA(D5:K5)). Così, quando l'input non è valido, B5 resterà vuota.

20. Il secondo aspetto delicato riguarda l'input nella cella B10: qui vogliamo che l'utente possa inserire soltanto numeri compresi tra 0 e 255; se prova a inserire un valore diverso e non valido, vogliamo rifiutare il dato e far comparire un messaggio di avviso. Questo problema si può risolvere usando uno strumento standard del foglio elettronico. Seleziona la cella B10, apri il menu **Dati** e scegli **Validità...**: si aprirà la finestra mostrata qui sotto.

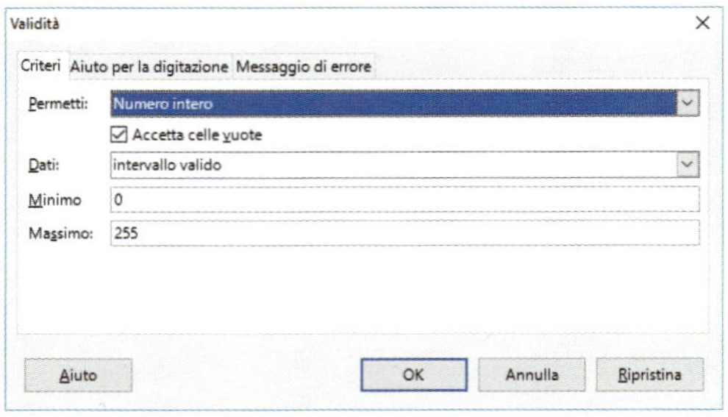

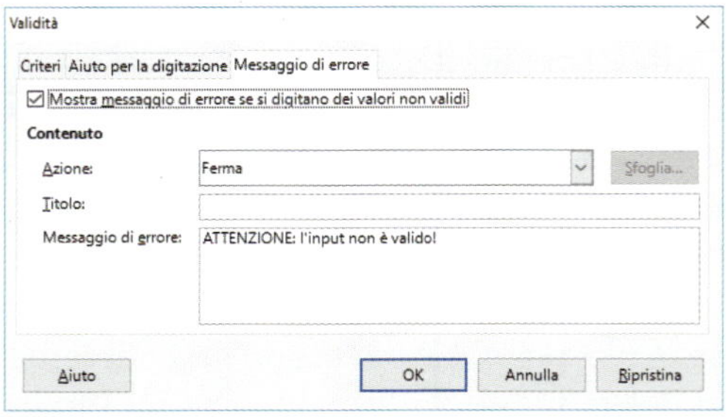

21. Nella scheda **Criteri** apri il menu **Permetti** e scegli **Numero intero**; quindi nel menu **Dati** scegli l'opzione **intervallo valido** e infine digita 0 come **Minimo** e 255 come **Massimo**. Passa poi alla scheda **Messaggio di errore** e digita il testo che vuoi far comparire quando l'utente prova a inserire un input non valido, come qui a fianco.

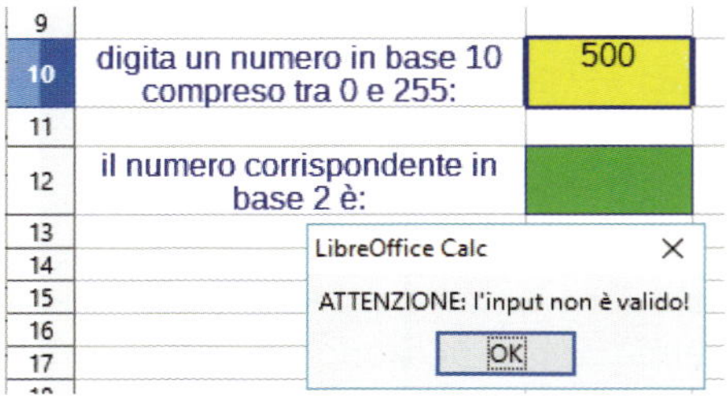

22. Infine, per completare l'opera, modifica il contenuto della cella di output B10 scrivendo: =SE(B10="";"";SOMMA(D12:K12)). In questo modo, quando l'input non è valido o comunque la cella B10 è vuota, anche la cella B12 resterà vuota, invece di mostrare il valore 0.

ESERCIZI

1 Quale numero in base 10 equivale al numero 110011 in base 2? Trova la risposta usando il foglio **binario-decimale**.

....

2 Come si rappresenta in base 2 il numero 77 in base 10?

....

3 Supponi di voler rendere invisibile all'utente, nel foglio **binario-decimale**, l'area D1:M12 che contiene i calcoli intermedi. Scrivi due diversi modi in cui potresti farlo senza inficiare il funzionamento del programma.

a. ....

b. ....

4 Come procederesti se volessi modificare il foglio **binario-decimale** così da estendere il calcolo fino a numeri binari formati da 10 bit, anziché 8?

....

....

....

....

5 Nel programma modificato dell'esercizio precedente, come dovresti cambiare le condizioni sulla validità dell'input?

....

....

9.7 Dinamica delle popolazioni: simulazioni e *what if*

Con il foglio elettronico si possono anche simulare fenomeni rappresentandoli con modelli matematici. Questi modelli contengono sempre **parametri**, cioè variabili il cui valore influenza il risultato del calcolo. Il foglio elettronico permette di variare i valori dei parametri, così da esplorare con la simulazione molti diversi scenari: questo è l'approccio chiamato in inglese *what if...?* («che cosa succederebbe se...?»).

In questo paragrafo vedremo un esempio concreto di questo modo di usare il foglio elettronico, come illustrato nella **figura 9.13**.

Calcoleremo l'evoluzione della popolazione *P* di una specie animale, usando come modello matematico una semplice formula *iterativa*, applicata cioè ripetendola a ogni nuova generazione della specie, che corrisponde a un passo o *step* del calcolo.

Scopriremo che al variare di un parametro del modello, il tasso di riproduzione *R* della specie, si trovano risultati molto interessanti.

Questo semplice modello, studiato per la prima volta nel 1976 dal biologo inglese Robert May, ha importanza storica per la scienza contemporanea: è stato infatti all'origine di un nuovo settore della matematica e della fisica, la cosiddetta *teoria del caos*.

	A	B	C	D	E
1		modello: $P_{n+1} = R\,P_n\,(1 - P_n)$			
2		P_i è la popolazione alla generazione i			
3		*R* è il tasso di riproduzione della popolazione			
4					
5	*R* =	2,00	generazione	popolazione	
6	P_0 =	0,01	0	0,01	
7			1	0,02	
8			2	0,04	
9			3	0,07	
10			4	0,14	
11			5	0,24	
12			6	0,36	
13			7	0,46	
14			8	0,50	
15			9	0,50	
16			10	0,50	
17			11	0,50	
18			12	0,50	
19			13	0,50	
20			14	0,50	
21			15	0,50	
22			16	0,50	
23			17	0,50	

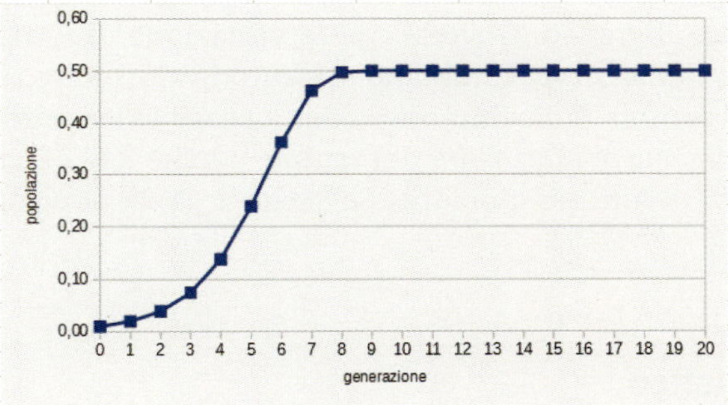

Figura 9.13 Il foglio di lavoro che simula come una popolazione evolve nel tempo.

Modellare una crescita esponenziale

1. Lancia Calc, crea un nuovo file e salvalo con il nome **popolazioni.ods**. Rinomina il **Foglio1** chiamandolo **esponenziale**; in questo foglio creeremo e applicheremo, come «riscaldamento», un primo modello matematico basato su una formula iterativa estremamente semplice.
2. Inserisci testi nelle prime celle e formattali come mostrato qui a fianco, usando le tecniche che ormai conosci: aumento del corpo del carattere, caratteri in grassetto e corsivo, trasformazione del testo in pedice, unione e centratura di celle, aggiunta di sfondo colorato. Nelle celle B5 e B6 inserisci i due valori numerici formattandoli come numeri con due cifre decimali.

	A	B	C	D	E
1		modello: $P_{n+1} = R\,P_n$			
2		P_i è la popolazione alla generazione i			
3		*R* è il tasso di riproduzione della popolazione			
4					
5	*R* =	**2,00**	generazione	popolazione	
6	P_0 =	0,01			

3. Nelle celle C6 e C7 digita «0» e «1». Poi seleziona insieme le due celle e ingrandisci e centra il carattere. Quindi usa il riempimento automatico verso il basso così da creare un elenco crescente fino al valore 10, cioè fino alla cella C16.
4. Nella cella D6 digita «=B6», poi nella cella D7 scrivi la formula «=$B$5*D6». Seleziona insieme le due celle, formattale come numeri con due cifre decimali e ingrandisci e centra il carattere. Quindi applica il riempimento automatico verso il basso fino alla cella D16. Otterrai il risultato mostrato qui a fianco.

5	*R* =	2,00	generazione	popolazione
6	P_0 =	0,01	0	0,01
7			1	0,02
8			2	0,04
9			3	0,08
10			4	0,16
11			5	0,32
12			6	0,64
13			7	1,28
14			8	2,56
15			9	5,12
16			10	10,24

5. Con queste semplicissime operazioni hai programmato il modello matematico della formula in alto nel foglio: $P_{n+1} = RP_n$. Vediamo qual è il significato del calcolo numerico che il foglio ha effettuato, e di cui mostra i risultati nella colonna D:
   - all'inizio (generazione 0) c'è una popolazione P_0 che ha un certo valore convenzionale (qui pari al valore 0,01 della cella D6);
   - il tasso di riproduzione R è pari a 2,00: ciò significa che a ogni nuova generazione ci sono 2 individui per ciascun individuo della vecchia popolazione;
   - la formula inserita nella colonna D assegna a ogni cella un valore che è quello della cella soprastante moltiplicato per R (nota l'uso del riferimento *assoluto* al valore di R);
   - a ogni generazione, quindi, la nuova popolazione P_{n+1} è pari alla vecchia popolazione P_n moltiplicata per R; siccome R = 2, il risultato è che a ogni generazione, cioè a ogni passo del calcolo della simulazione, la popolazione raddoppia.
6. Quello che abbiamo appena descritto è un esempio di *crescita esponenziale*: in sole 10 generazioni la popolazione aumenta di oltre 1000 volte, e al passare del tempo cresce sempre più rapidamente. Per visualizzare l'evoluzione della popolazione, crea nel foglio di calcolo un grafico di tipo **Linea** scegliendo l'opzione **Solo linee**; se assegni il colore grigio all'area e rosso alla curva, otterrai un risultato come quello mostrato qui a fianco.

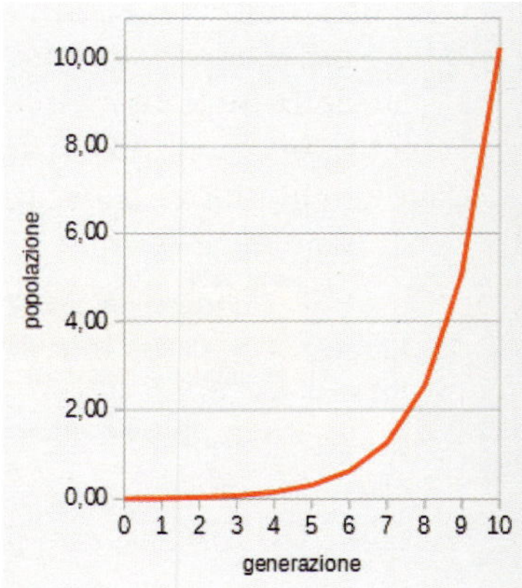

7. Il modello che hai applicato contiene due parametri, P_n e R. Nelle celle B5 e B6 puoi cambiare i valori di questi due parametri, entrando così nella «modalità *what if*». Prova a variare un parametro per volta (scegliendo sempre valori positivi) e osserva come cambia in tempo reale il grafico. Troverai che la variazione di P_n non ha effetti significativi sull'aspetto della curva: cambiano soltanto i valori lungo l'asse delle ordinate. Invece la curva cambia radicalmente se per R scegli valori minori di 1: in tal caso la popolazione *diminuisce* al passare del tempo, perché R < 1 significa che nascono meno individui di quanti ne muoiano. Se scegli R =1, la popolazione rimarrà sempre costante.

Implementare il modello logistico

8. La crescita esponenziale non è (per fortuna) un buon modello di come evolvono nella realtà le popolazioni. Pensa per esempio ai conigli, che si riproducono molto rapidamente: se la loro popolazione crescesse davvero in modo esponenziale, avrebbero già da tempo ricoperto tutta la Terra! Invece la crescita della popolazione dei conigli è frenata da diversi fattori: predatori come le volpi e le aquile li mangiano, le malattie che si diffondono tra i conigli possono ucciderli e in ogni caso, se i conigli diventano troppo numerosi, non trovano più cibo e muoiono di fame. Serve dunque un modello migliore di quello che abbiamo considerato finora.

9. Crea ora una copia del foglio di lavoro su cui hai lavorato: fai clic con il tasto destro del mouse sulla linguetta **esponenziale** in basso, poi nel menu contestuale scegli **Sposta o copia foglio...** Nella finestra che si apre, spunta la casella **Copia** e assegna come nuovo nome **logistica**, poi fai clic su **OK**. Ora hai un secondo foglio di lavoro identico al precedente. Nel foglio **logistica** puoi subito selezionare ed eliminare il grafico; tra poco infatti ne creerai uno diverso per il nuovo modello.
10. Modifica per prima cosa la formula del modello in alto, come mostrato qui a fianco: aggiungi alla fine del secondo membro il fattore $(1 – P_n)$. Poi seleziona le celle D8:D16 e cancellane il contenuto premendo il tasto Canc: vogliamo infatti cambiare la formula per il calcolo di quest'area, così da farla corrispondere al nuovo modello matematico per l'evoluzione della popolazione.

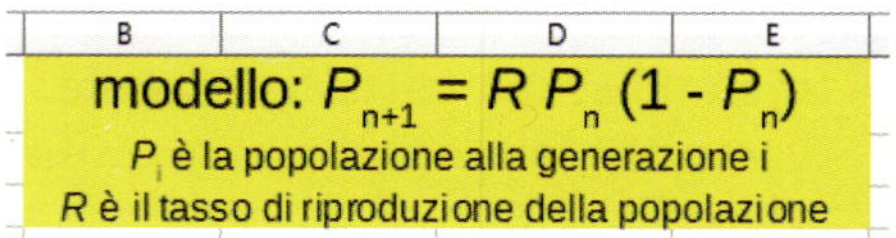

11. Fai clic sulla cella D7 e nella riga di digitazione, alla fine della formula esistente, aggiungi il nuovo fattore *(1-D6) e salva con il pulsante ↵. Adesso la formula è diventata =$B$5*D6*(1-D6), che corrisponde al modello matematico riportato in testa al foglio.

12. Seleziona insieme le due celle D6 e D7, poi usa il riempimento automatico verso il basso fino alla cella D26. Estendi poi anche la colonna C, sempre con il riempimento automatico, fino alla cella C26.

13. Hai così completato l'implementazione del nuovo modello matematico. Per visualizzare il risultato, crea un grafico di tipo **Linea con punti**; otterrai un risultato molto simile a quello della **figura 9.13**, che è riprodotto per comodità qui a fianco.

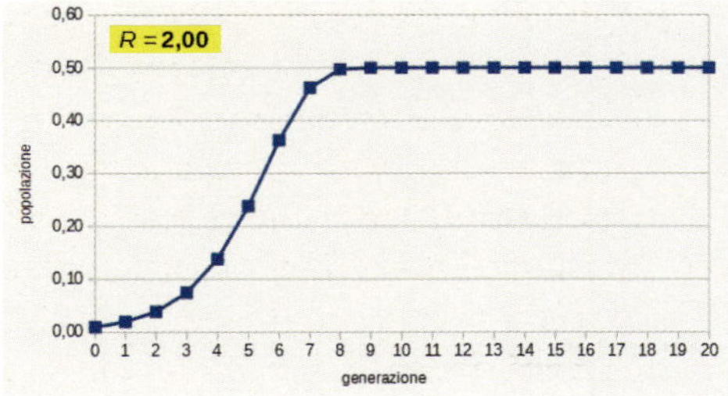

14. Vediamo di interpretare il significato di questo risultato:

- il grafico inizia in modo molto simile a quello del modello precedente: la ragione è che, quando la popolazione P_n ha un valore vicino a zero, il nuovo fattore $(1 - P_n)$ che abbiamo aggiunto alla formula è molto vicino a 1;
- quando il valore di P_n cresce, però, il fattore $(1 - P_n)$ diventa significativamente minore di 1, perciò *riduce* la crescita della popolazione dovuta al prodotto $R \cdot P_n$; nel modello, in altre parole, il fattore $(1 - P_n)$ rappresenta l'effetto dei predatori, delle malattie e della scarsità di cibo;
- man mano che si procede con le generazioni, dunque, la popolazione da un lato tende ad aumentare, per via del termine $R \cdot P_n$, dall'altro tende a diminuire, per via del fattore $(1 - P_n)$; alla fine tra i due effetti si raggiunge un equilibrio e la popolazione non cambia più, rimane stabile nel tempo.

15. La curva del grafico, con la sua caratteristica forma «a S», è chiamata **curva logistica** ed è piuttosto celebre, perché la si incontra studiando molti fenomeni, anche assai diversi dalla dinamica delle popolazioni. Nel marketing, per esempio, la curva logistica descrive bene l'evoluzione delle vendite di certi prodotti di successo: all'inizio crescono lentamente, poi hanno un aumento esplosivo e infine si stabilizzano su un valore costante.

16. Per gli scienziati, però, il modello che abbiamo implementato è affascinante anche per un'altra ragione, che ora puoi verificare usando il foglio elettronico in modalità *what if*. Se fai variare il valore del parametro R, infatti, troverai risultati come quelli esemplificati nelle figure qui sotto:

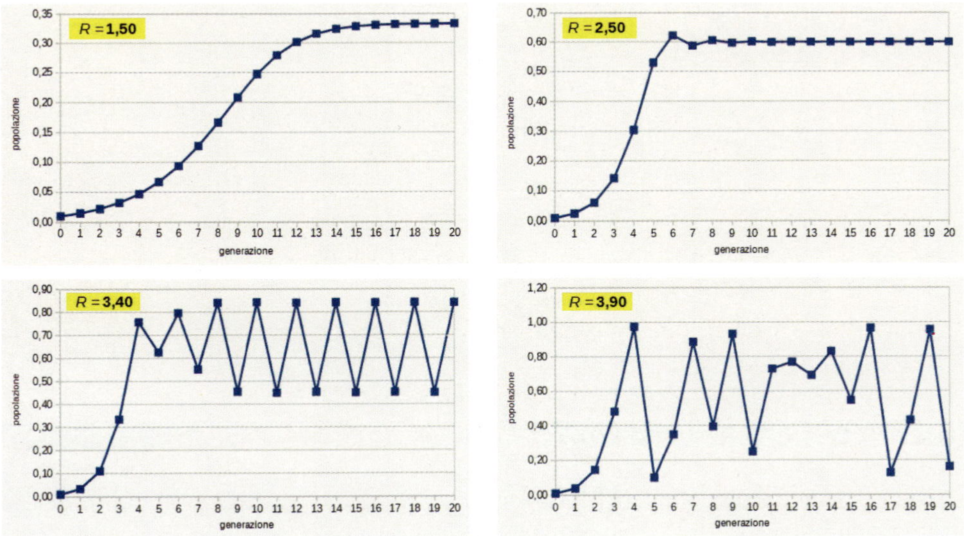

- per $1 < R < 3$ il grafico ha sempre, con buona approssimazione, la forma della curva logistica;
- quando $R > 3$, invece, appaiono oscillazioni periodiche, che diventano via via più complesse: da una generazione alla successiva ci sono crolli della popolazione, seguiti da un rapido recupero;
- quando R supera il valore 3,57 le oscillazioni non sono più regolari, ma disordinate: di conseguenza, l'andamento della curva diventa *imprevedibile*.

17. È straordinario che un modello matematico così semplice produca risultati così ricchi di complessità; questo fatto ha incuriosito i ricercatori, che hanno perciò approfondito l'analisi del modello logistico. Questo studio si è rivelato proficuo e ha portato alla nascita di un nuovo importante ramo della fisica matematica, chiamato *teoria del caos*.

18. In particolare, una «firma» caratteristica dei sistemi caotici è la loro sensibilità alle condizioni iniziali: basta che queste cambino anche di pochissimo per modificare in modo radicale l'evoluzione del sistema. Il nostro foglio **logistica** permette di verificare facilmente la natura caotica delle previsioni quando $R > 3{,}57$. La figura qui sotto confronta l'andamento nel tempo della popolazione in due casi in cui il tasso di riproduzione cambia di pochissimo: nei due casi, infatti, R è diverso per meno di una parte su diecimila. All'inizio i due grafici sono pressoché identici, ma dopo un certo numero di generazioni l'evoluzione della popolazione diventa completamente diversa nei due casi.

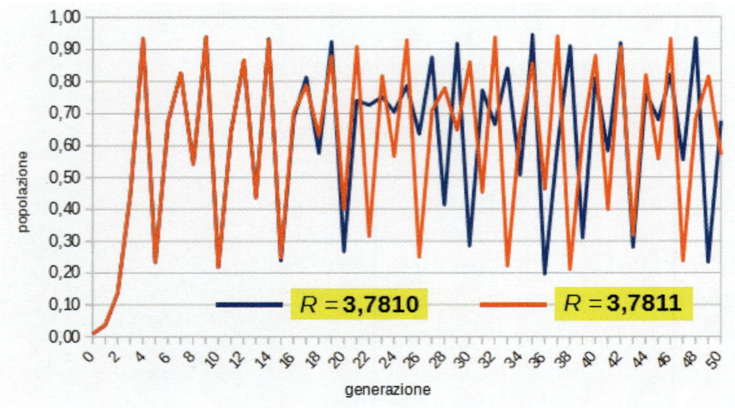

19. Per poter riprodurre il grafico mostrato qui sopra sono necessarie alcune operazioni addizionali. In particolare, avrai bisogno di due diverse serie di dati, corrispondenti a due diversi valori del parametro R, per poterle rappresentare insieme nello stesso grafico.

20. Fai una copia del foglio **logistica**, chiamala **logistica2** e modifica questo nuovo foglio estendendo per prima cosa fino a 50 il numero delle generazioni calcolate.

21. Poi scrivi in una cella un secondo valore per R, quindi crea una nuova serie di dati, anch'essa con 50 generazioni, che sia basata sempre sulla stessa formula ma faccia riferimento (assoluto) alla cella con il nuovo valore di R.

22. Ora potrai selezionare insieme le due serie di dati e generare il grafico che mette a confronto le due tracce corrispondenti ai due diversi valori di R. Se per R usi i due valori 3,7810 e 3,7811, dovresti trovare lo stesso risultato della figura riprodotta sopra.

ESERCIZI

1 Che cosa succede se nel foglio **logistica** inserisci per R un valore minore di 1?

....

2 Al di sopra di quale valore positivo di R il modello produce risultati che il foglio elettronico non è più in grado di calcolare? Scoprilo sperimentalmente e riporta qui sotto il valore.

....

3 Supponiamo che tu abbia prodotto il grafico dell'evoluzione della popolazione corrispondente al valore $R = 2{,}00$. Per vedere che cosa cambia al variare del parametro R, è necessario creare un nuovo grafico ogni volta che cambi il valore numerico nella cella B5? Motiva la tua risposta.

....

....

....

ATTIVITÀ GUIDATA I numeri di Fibonacci e la sezione aurea

Completa il testo

› La successione di Fibonacci è definita come segue: i primi due numeri sono F_1=1 e F_2=1, poi ogni numero è la somma dei due precedenti. Il numero di Fibonacci di indice *n* dunque è dato da: $F_n = F_{n-1} + F_{n-2}$. I primi dieci numeri della successione perciò sono i seguenti: 1, 1, 2, ..., 5, 8, 13, 21, ..., 55.

› Nel .... elettronico riprodotto qui a fianco, gli indici della colonna A sono stati creati con il riempimento automatico: si è digitato il valore .... nella cella A3, poi si è fatto clic sul pulsante ↵, quindi si è fatto clic sul quadratino nero che si trova in basso a destra sul bordo della cella e infine si è .... il mouse verso il basso fino alla cella A22.

› Nella colonna B, per creare la successione dei primi 20 .... di Fibonacci, si è inserito il valore 1 nella cella B3 e nella cella ...., poi nella cella B5 si è scritta la formula .... Quindi si è applicato il riempimento automatico dalla cella B5 fino alla cella ....

› La formula usa riferimenti ...., non assoluti, perché le celle di cui vogliamo .... i valori cambiano per ogni nuovo numero di Fibonacci.

› Nella colonna C del foglio, la cella che si trova al fianco del numero F_n ha un valore pari all'espressione $F_{n-1} \cdot F_{n+1} - F_n^2$. Nella cella C4 dunque si è inserita la formula ...., che poi è stata estesa con il .... automatico fino alla cella C22.

	A	B	C
1			
2	indice della successione	**numeri di Fibonacci**	**identità di Cassini**
3	1	1	
4	2	1	1
5	3	2	-1
6	4	3	1
7	5	5	-1
8	6	8	1
9	7	13	-1
10	8	21	1
11	9	34	-1
12	10	55	1
13	11	89	-1
14	12	144	1
15	13	233	-1
16	14	377	1
17	15	610	-1
18	16	987	1
19	17	1597	-1
20	18	2584	1
21	19	4181	-1
22	20	6765	1

› Il risultato dimostra una curiosa proprietà dei numeri di Fibonacci, scoperta nel 1680 da Giovanni Domenico Cassini: l'espressione $F_{n-1} \cdot F_{n+1} - F_n^2$ vale 1 per tutti i numeri di Fibonacci che hanno indice *n* pari, mentre vale .... per tutti i numeri della successione che hanno indice ....

Ora prova tu

1. Crea un nuovo foglio di lavoro che contenga i dati descritti sopra e salvalo con il nome **Fibonacci.ods**.
2. Aggiungi nella colonna D una serie di dati che contenga il rapporto F_n/F_{n-1} tra ciascun numero di Fibonacci e quello immediatamente precedente.
3. Si chiama *sezione aurea* un particolare numero irrazionale che i matematici indicano con il simbolo Φ (la lettera greca *phi* maiuscola): $\Phi = (1+\sqrt{5})/2 = 1{,}618...$.
4. Aggiungi nella cella F2 l'intestazione «sezione aurea Φ» in grassetto.
5. Imposta la cella F3 così che mostri il valore numerico di Φ. Allarga la colonna F in modo tale da visualizzare tutte le cifre decimali calcolate dal foglio elettronico.

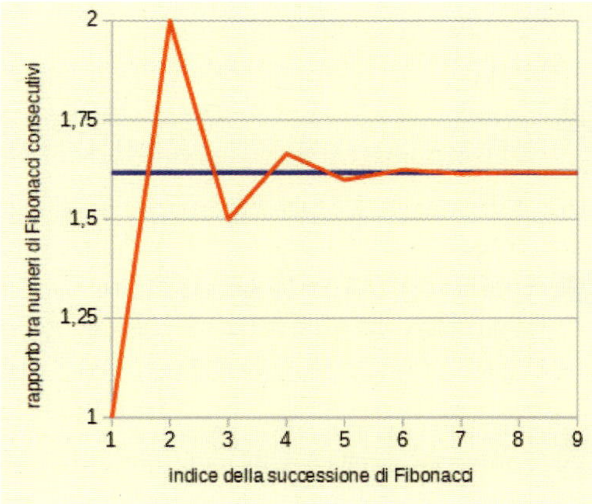

6. Produci nel foglio Fibonacci un grafico come quello qui sopra, che mostra come il rapporto F_n/F_{n-1} (traccia rossa) tenda rapidamente a diventare uguale alla sezione aurea (linea orizzontale blu).

a. Scrivi due formule diverse ed equivalenti per calcolare Φ nel foglio elettronico.

....

b. Qual è il massimo numero di cifre decimali che il foglio elettronico è in grado di calcolare e visualizzare?

....

c. Estendi le serie dei dati nel foglio di calcolo fino al valore 50 dell'indice della successione. Qual è il valore dell'indice oltre il quale il rapporto tra numeri di Fibonacci consecutivi risulta uguale alla sezione aurea?

....

ESERCIZI DI RIEPILOGO

ZTE ONLINE

LOSAI? RIPASSA CON LO SMARTPHONE

1 Completa la mappa con le parole:
assoluti ▪ colonne ▪ formule ▪ funzioni ▪ operatori ▪ riferimenti ▪ righe ▪ valori

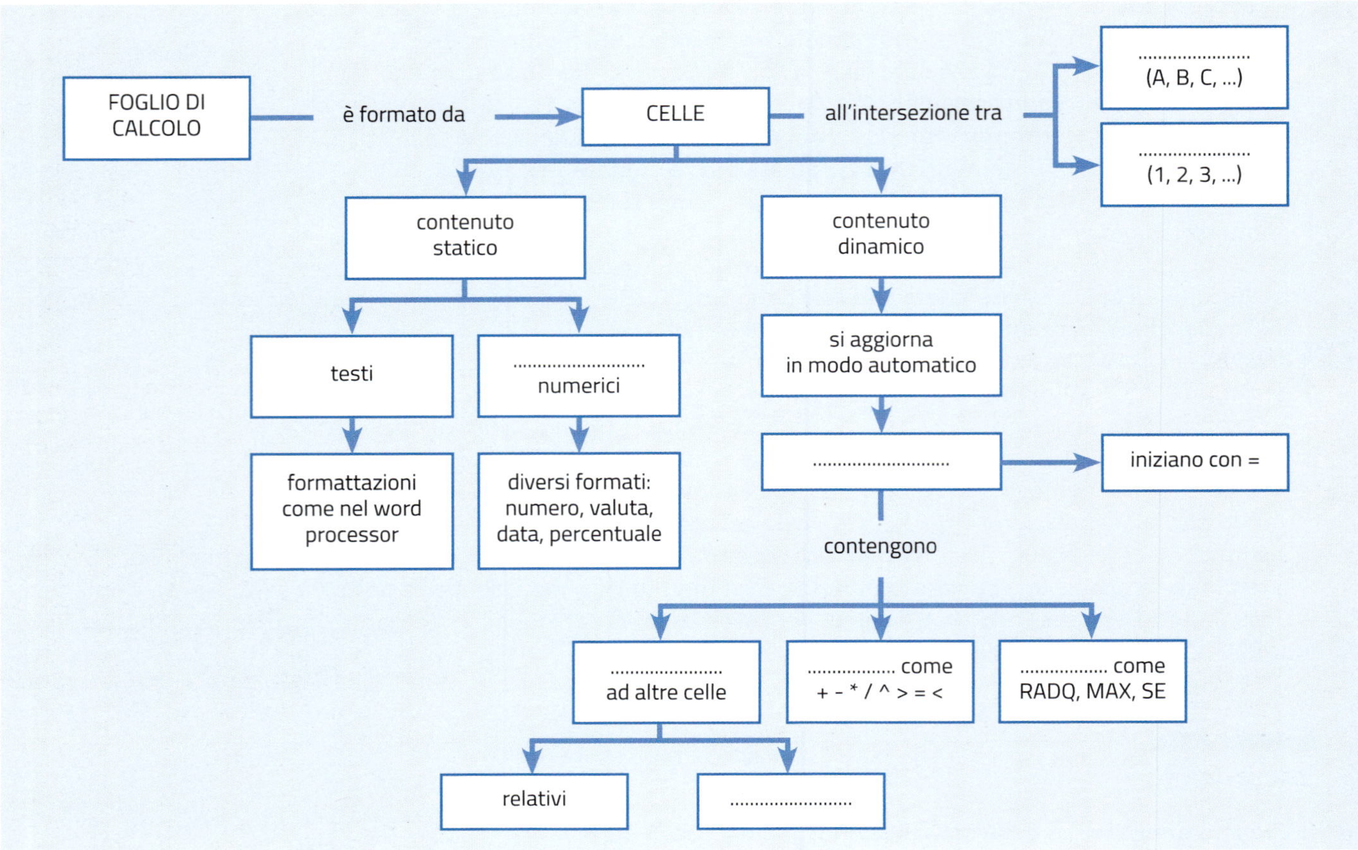

2 Se nella cella E4 scrivi «SOMMA (A4:D4)» e premi il tasto Invio, in quella cella non apparirà un numero. Come mai?

....

3 Se le celle A1:A4 contengono tutte il valore 1, che cosa appare se nella cella A5 si fa clic sul pulsante Σ e quindi su ↵?

....

4 Come mai la cella D3 del foglio qui sotto mostra il valore 1?

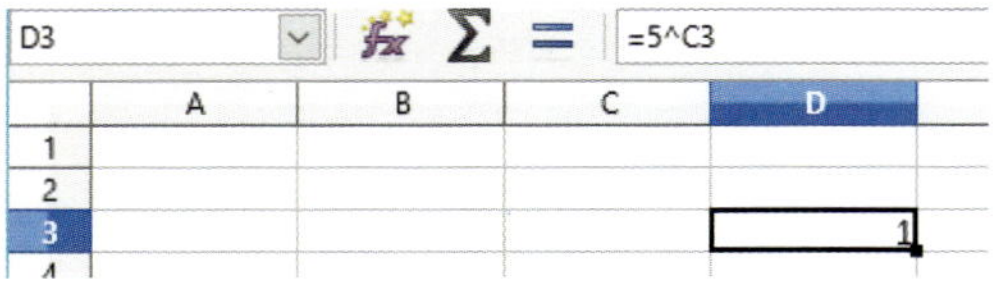

....

5 Qual è il numero delle celle contenute in ciascuno di questi insiemi?

A1:A3 .... A1:C5 ....
A1;C5 .... A1:C3;C5 ....

6 Quale formula scriveresti per calcolare il valore medio tra quelli presenti nelle dieci celle della colonna K comprese tra K2 e K11 incluse?

....

7 Quale formula scriveresti per calcolare il valore medio tra quelli presenti nelle tre celle B3, D3 e G3?

....

8 Qual è il modo più rapido per inserire questi dati nel foglio elettronico?

	A	B	C	D	E	F	G
1							
2	lunedì	martedì	mercoledì	giovedì	venerdì	sabato	domenica
3	3	6	9	12	15	18	21
4							

riga 2: ....
....
....

riga 3: ....
....
....

9 Scarica dal sito web del libro il foglio di lavoro **cap9 eserc9** e usa i dati per produrre il grafico che vedi qui sotto. Alla fine salva il file modificato senza cambiargli nome.

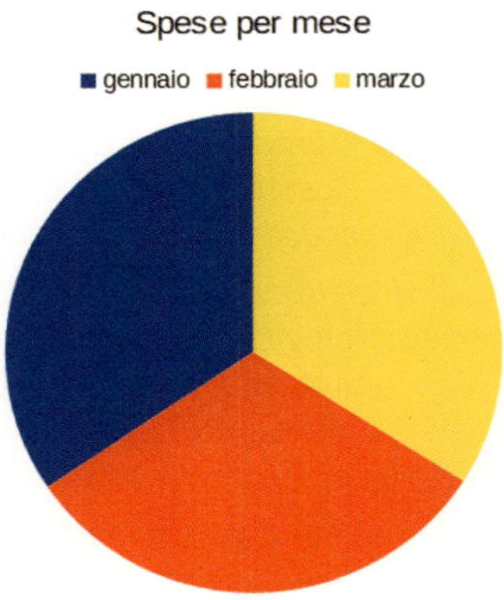

10 Nel foglio dell'esercizio precedente aggiungi nella colonna E i totali per ogni voce di spesa e nella colonna F il valore per ogni voce di spesa, poi produci un grafico come quello raffigurato qui sotto.
Salva il file con il nome **cap9 eserc10**.

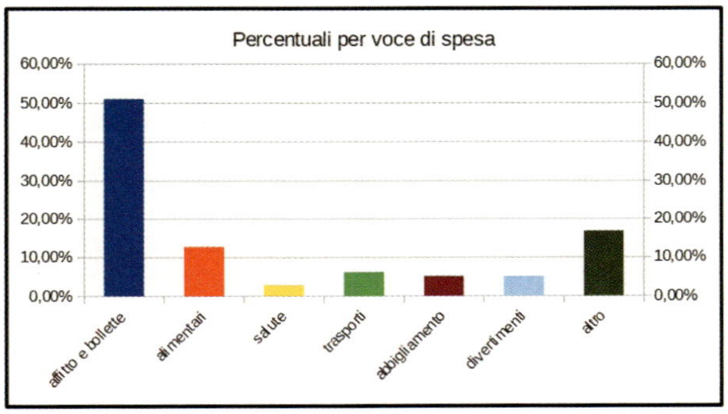

11 Crea un nuovo foglio di lavoro, inserisci i dati che vedi qui sotto a sinistra e produci il grafico mostrato a fianco dei dati. Salva il file con il nome **cap9 eserc11**.

	B	C
1		
2		
3	anno	popolazione
4	1750	791
5	1800	978
6	1850	1262
7	1900	1650
8	1950	2521
9	2000	5978
10		

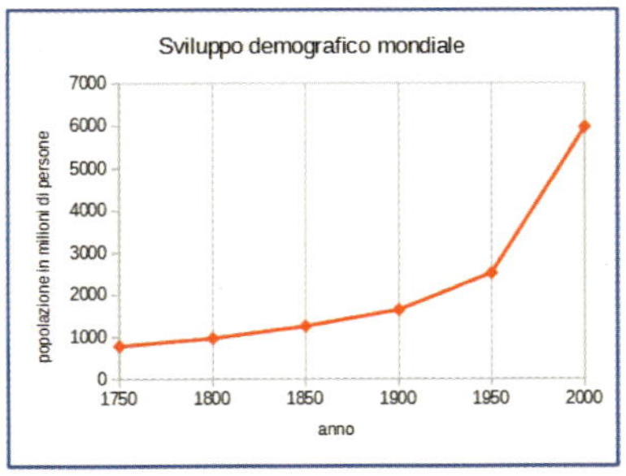

12 Crea un nuovo foglio di lavoro e inserisci opportunamente dati in modo tale da poter produrre il grafico a forma di quadrato mostrato qui a fianco. Salva il file con il nome **cap9 eserc12**.

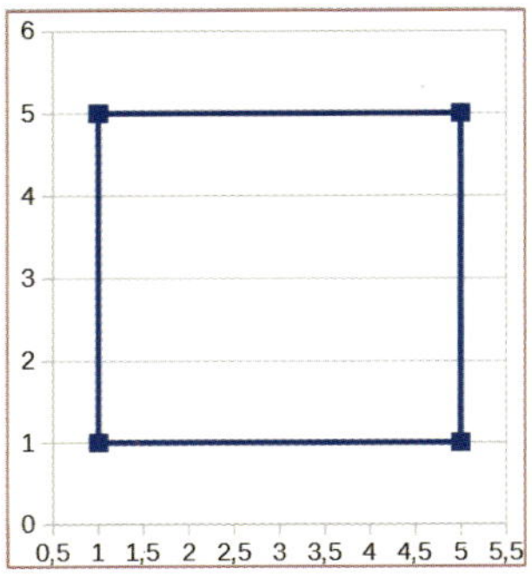

13 Crea un foglio di lavoro per la compilazione di fatture, come mostrato qui sotto. Nelle celle in grigio scrivi le formule necessarie per il calcolo automatico, quando nelle celle B5:C7 si inseriscono i dati relativi agli oggetti acquistati. Salva il file con il nome **cap9 eserc13**.

	A	B	C	D	E
1					
2		**FATTURA**			
3					
4		N° articoli	Prezzo unitario	Descrizione	Prezzo
5				pantaloni	
6				maglietta	
7				scarpe	
8					
9		Sub totale			
10		IVA %	22%	IVA €	
11					
12		Totale			
13					
14		Sconto %	10%	Sconto €	
15					
16		Prezzo finale			
17					

14 Un *quadrato magico* contiene i numeri da 1 a 9 posizionati in modo tale che la somma dei numeri contenuta in ogni riga, in ogni colonna e nelle due diagonali dia come risultato 15.

Costruisci con il foglio elettronico un quadrato giallo come quello della figura, che misuri 9x9 cm, facendo in modo che le celle all'esterno riportino le somme delle righe, delle colonne e delle diagonali e, se una somma è superiore a 15, lo segnalino con la scritta «ERRORE».

Salva il file con il nome **cap9 eserc14** e trova una soluzione ottimale che renda magico il quadrato.

	1	5	9	15
	8	2	3	13
	4	6	7	ERRORE
15	13	13	ERRORE	10

15 Scarica dal sito web del libro il foglio **cap9 eserc15**, che contiene le prime 5 colonne di dati mostrate qui sotto, relative a un torneo di basket. Aggiungi le altre colonne inserendo opportune formule per calcolare il punteggio delle squadre dopo ciascuna giornata del torneo e la differenza canestri accumulata da ogni squadra. Alla fine il foglio dovrà mostrare i risultati in rosso e in blu nella figura. Salva il file modificato senza cambiargli nome.

	A	B	C	D	E	F	G	H	I
1	**PRIMA GIORNATA**						**SQUADRA**	**PUNTI**	**DIFFERENZA CANESTRI**
2		Bianchi	Rossi	70	72		Bianchi	0	-2
3		Blu	Verdi	75	58		Blu	2	17
4							Rossi	2	2
5							Verdi	0	-17
6									
7									
8	**SECONDA GIORNATA**						**SQUADRA**	**PUNTI**	**DIFFERENZA CANESTRI**
9		Bianchi	Verdi	86	72		Bianchi	2	12
10		Rossi	Blu	81	67		Blu	2	3
11							Rossi	4	16
12							Verdi	0	-31
13									
14									
15	**TERZA GIORNATA**						**SQUADRA**	**PUNTI**	**DIFFERENZA CANESTRI**
16		Blu	Bianchi	85	84		Bianchi	2	11
17		Verdi	Rossi	60	54		Blu	4	4
18							Rossi	4	10
19							Verdi	2	-25

VERIFICA DELLE COMPETENZE

1 LAVORA CON I DATI

Quando si rilascia il mouse dopo il completamento automatico, nelle due situazioni mostrate qui sotto, quale valore apparirà nella cella B10?

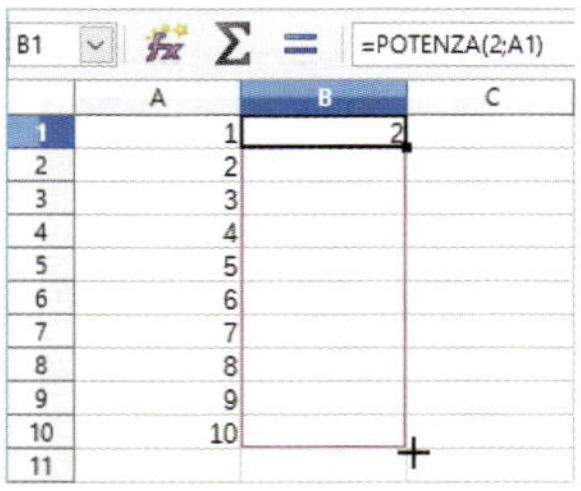

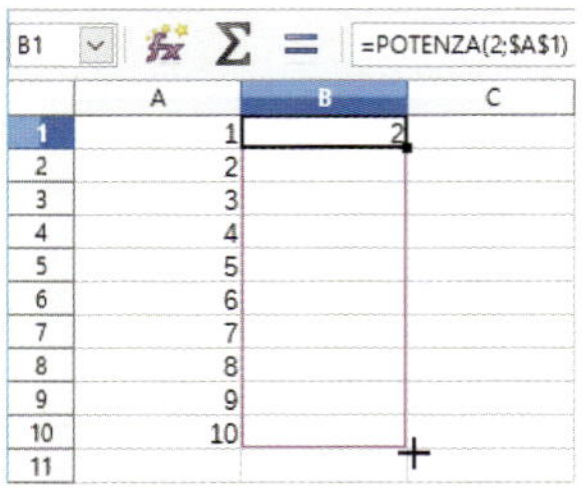

In questo caso .... In questo caso ....

2 L'INFORMATICA E IL CITTADINO

L'ISTAT, Istituto nazionale di statistica, è un ente di ricerca pubblico che raccoglie, organizza e pubblica dati relativi a tutti gli aspetti della vita sociale ed economica nel nostro Paese.

Su Internet è liberamente accessibile I.Stat, la banca dati aggiornata con le più recenti statistiche prodotte dall'Istituto, suddivisa per grandi temi e presentata sotto forma di fogli elettronici, che si possono scaricare per farne l'uso che si desidera.

Sperimenta l'uso di questa banca dati per produrre un grafico sul tuo computer, seguendo questi passi:

- vai al sito web **dati-giovani.istat.it**;
- scegli la sezione **Stili di vita e salute**, poi la sottosezione **Attività fisica e sportiva** e quindi i dati organizzati per **Classe di età**;
- nella tabella dei dati che appare, usa l'opzione **Seleziona periodo** per selezionare soltanto i dati dell'anno più recente, poi fai clic su **Visualizza dati**;
- usa il menu **Esportazioni** per scaricare sul tuo computer i dati in formato **Excel**;
- apri con il tuo foglio elettronico il file scaricato, seleziona i dati relativi alla tua fascia d'età e produci un grafico a barre orizzontali con titolo, legenda e bordo esterno, come quello riprodotto qui sotto.

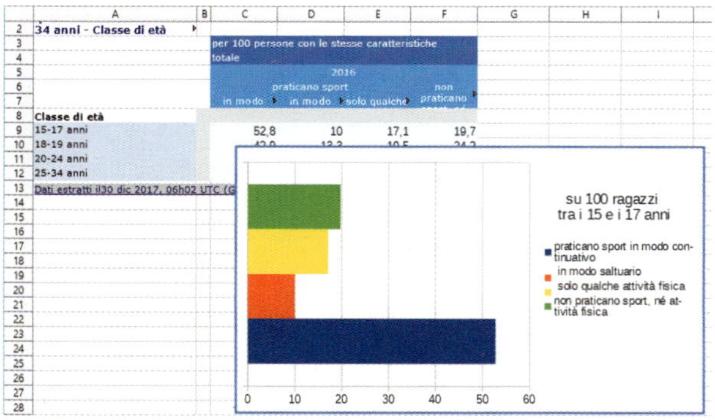

3 INFORMATICA E AMBIENTE

Come si ottengono le previsioni del tempo, e quanto sono affidabili?

Per prevedere il tempo dei prossimi giorni, i meteorologi simulano con il computer l'evoluzione dell'atmosfera, applicando un *modello matematico*.

I dati di partenza sono quelli misurati sul territorio dalle stazioni meteorologiche: valori della pressione atmosferica, della temperatura e dell'umidità dell'aria, della velocità e direzione del vento. Queste misure naturalmente sono affette da errori, come tutte le misure scientifiche.

A partire da questi dati, i meteorologi calcolano come dovrebbero evolvere – secondo il modello matematico – la pressione, la temperatura, l'umidità, le nubi e i venti.

Fare questo calcolo significa risolvere in modo iterativo equazioni estremamente complicate. Per riuscirci in poco tempo, si usano i più potenti supercomputer oggi disponibili, come quello della foto.

Ma non è tutto: i modelli dell'evoluzione dell'atmosfera. infatti, hanno alcuni *parametri* che possono variare. Si tratta di coefficienti che nelle equazioni non sono fissati rigidamente dalle leggi della natura: hanno invece una gamma di possibili valori, tutti altrettanto plausibili.

I meteorologi perciò devono ripetere più volte i calcoli, facendo variare questi parametri: ottengono così diversi possibili *scenari* per il tempo che farà. Ogni scenario inoltre ha una propria incertezza, che è dovuta agli errori presenti nelle misure usate come dati di partenza.

Alla fine, la previsione del tempo è una *media* dei risultati ottenuti nei diversi scenari simulati.

Per stimare l'*affidabilità* della previsione, i meteorologi analizzano la dispersione dei risultati: se tutti gli scenari danno risultati simili, la previsione è ritenuta affidabile; se al contrario gli scenari divergono molto tra loro, la previsione è poco affidabile.

Il tempo che farà tra 4-5 giorni si può prevedere soltanto con un'affidabilità limitata, come mostra l'esempio qui sopra. Ed è praticamente impossibile prevedere che tempo farà tra due settimane. Sai spiegare perché?

....

....

....

....

CLIL

Learn from the originals | Read it as they wrote it

«Recalc or Die»: Microsoft Excel, 30 years later

by Todd Bishop, www.geekwire.com, September 25, 2015

Doug Klunder, now 55, was the lead developer for Microsoft Excel 1.0, which went on sale Sept. 30, 1985. With other members of the original team, he joined us to record a podcast at the GeekWire offices this week. Thirty years later, their passion for the project still runs deep. It's clear that one of the main reasons Excel beat out rivals such as Lotus 1-2-3 and VisiCalc was the determination and ingenuity of the original team.

Doug Klunder, then and now. He's now a lawyer who does privacy work for the American Civil Liberties Union.

One of Excel's features was «intelligent recalc», created by Klunder, which gave Excel an advantage over Lotus 1-2-3 by being smart about the way it recalculated cells in a spreadsheet. Rather than recalculating all the cells when one cell was changed, it selectively recalculated cells affected by the change – making the program more efficient and improving its performance on the limited hardware of early personal computers.

Jabe Blumenthal is now focusing on climate and clean energy advocacy. He taught high school math and physics after leaving Microsoft.

Excel was a learning experience for everyone. Jabe Blumenthal was Microsoft's first program manager, working on the Excel team. He was initially skeptical about his colleague Steve Hazlerig's idea to «print» a document to the screen as a way of checking the output before printing to paper. Blumenthal couldn't understand why anyone would want to do that. But he recognized that he could be wrong, and so he let the feature live. «I'm so, so glad that I don't go down in history as the person who killed Print Preview» he said.

«It's not like there wouldn't have been a dominant spreadsheet in the world had it not been Excel» said Blumenthal. «It's always important to start these things off by saying, the brilliant invention was the invention of VisiCalc. But it's so cool that I got to participate in this thing at such a ridiculously young age with a whole bunch of really fun and inspiring people to work with. Every day I thank my lucky stars for having had that experience».

Glossary

developer = a person or company that creates new products

to go on sale = to become available to buy

to run deep = to be strong, having existed for a long time

ingenuity = ability to think of clever new ways of doing things

to go down = to be remembered in a particular way

bunch = a group of people

QUESTIONS

1. How old was Klunder when he led the development of Excel 1.0?
   ....
2. Which application was the first spreadsheet?
   ....
3. What made Excel more efficient than Lotus 1-2-3?
   ....
4. Which feature of Excel was nearly removed by the program manager?
   ....

Capitolo 10 Le presentazioni al computer

10.1 Le applicazioni per fare presentazioni

Le presentazioni al computer sono uno strumento molto utile per fare lezioni, tenere conferenze o mostrare in pubblico il risultato di uno studio o di una ricerca, che sia a scuola, in un congresso scientifico o nel mondo del lavoro.

Per **presentazione informatica** di solito si intende una serie di ***slide***, o **diapositive**. Ogni slide è una schermata del computer che può contenere testo, immagini, animazioni, suoni o video. Chi fa la presentazione accompagna le diapositive con un commento parlato e al momento opportuno le fa avanzare in sequenza usando il mouse, la tastiera o un telecomando.

Una presentazione si può mostrare ad alcune persone sullo schermo del computer, a una classe scolastica tramite la LIM o a un pubblico numeroso mediante un proiettore in una sala conferenze. Si possono anche far circolare le presentazioni stampandole su carta o diffondendole via Internet, tramite servizi specializzati di condivisione come **www.slideshare.net**.

I programmi di presentazione sono applicazioni progettate per facilitare principalmente due tipi di attività:

- la creazione di singole diapositive contenenti una varietà di elementi multimediali;
- l'organizzazione e la modifica della sequenza delle diapositive.

Per quanto riguarda la gestione dei testi, gli strumenti sono simili a quelli tipici dei word processor; in più ci sono numerosi strumenti per la gestione dei contenuti multimediali (immagini, suoni, effetti di animazione).

In questo paragrafo descriveremo le caratteristiche generali dei programmi di presentazione; nei paragrafi successivi ne esploreremo le funzioni più importanti realizzando numerosi esempi di slide.

Useremo come riferimento l'applicazione *Impress* della suite open source LibreOffice (versione 5.3). In parallelo mostreremo i comandi di *PowerPoint*, l'applicazione proprietaria della suite Office della Microsoft (versione 2016), quando le procedure sono diverse per i due programmi.

L'interfaccia dei programmi di presentazione

La **figura 10.1** mostra gli elementi principali della finestra standard di Impress nel sistema operativo Windows 10:

- al centro c'è l'area principale, con la **struttura** (o *layout*) della slide su cui lavorare;
- a sinistra c'è una colonna che mostra in miniatura l'**elenco delle diapositive**;

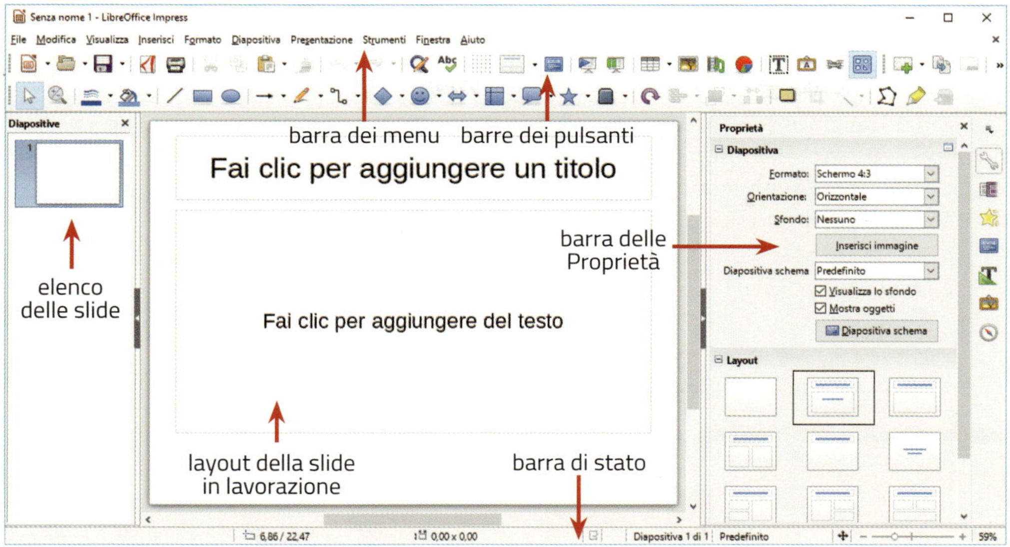

Figura 10.1 La finestra di apertura di LibreOffice Impress.

- a destra c'è una barra verticale con le **Proprietà** e le principali opzioni relative all'oggetto su cui si sta lavorando; questo strumento contestuale è molto utile perché consente di applicare rapidamente i comandi, senza dover cercare pulsanti nelle barre in alto o aprire opzioni dei menu; in ogni momento puoi visualizzare le **Proprietà** con un clic sul pulsante 🔧 sul bordo di destra della finestra del programma.

Le due colonne laterali si possono nascondere, con un clic sui sottili pulsanti-freccia color grigio scuro, se si vuole massimizzare l'area riservata alla slide. Gli stessi pulsanti consentono di far ricomparire le colonne.

Come nel word processor, in alto ci sono la barra dei menu e le barre dei pulsanti, in basso la barra di stato con sulla destra lo **zoom**, che permette di ingrandire o rimpicciolire con il mouse la diapositiva su cui si sta lavorando.

Nell'area centrale della figura 10.1 sono visibili riquadri tratteggiati, detti **segnaposto**. I segnaposto sono caratteristici del layout di ciascuna diapositiva e definiscono le porzioni di slide destinate ai diversi tipi di contenuto. In questo caso si tratta di testi, perché il programma presume che la presentazione inizi con una slide con il titolo.

Come vedremo, i segnaposto si adattano in modo automatico al contenuto che vi si inserisce, e l'utente può sempre spostarli o ridimensionarli a piacere.

Anche nei programmi di presentazione, come abbiamo visto nei word processor, l'interfaccia è *ridondante*, nel senso che spesso una stessa azione può essere fatta in modi diversi (usando i menu, i pulsanti, la tastiera o il mouse).

In Microsoft PowerPoint

Nell'interfaccia di Microsoft PowerPoint la barra di destra normalmente non è presente e in alto i comandi sono riuniti nella *barra multifunzione* della figura 10.2, con le icone delle varie funzioni raggruppate in schede (**Home**, **Inserisci**, **Progettazione** e così via). Per passare da una scheda all'altra si fa clic sulle relative linguette.
Per nascondere la barra multifunzione si fa doppio clic sulla scheda attiva; resteranno visibili soltanto le linguette, su cui si può poi fare doppio clic quando si desidera riaprire la barra.

Figura 10.2 La barra multifunzione di Microsoft PowerPoint 2016.

Le impostazioni globali delle presentazioni

Nei prossimi paragrafi ci concentreremo sulla preparazione di singole diapositive, ma esistono alcune opzioni importanti che si possono applicare all'intera presentazione; tra queste ci sono i **modelli grafici** e le **transizioni** tra le slide.

Ogni volta che si crea una nuova presentazione, il programma offre la possibilità di scegliere, tra diversi modelli precostituiti, uno schema grafico che verrà poi applicato a tutte le diapositive. La **figura 10.3** mostra un esempio in cui si è scelto il modello di Impress chiamato **Ispirazione**.

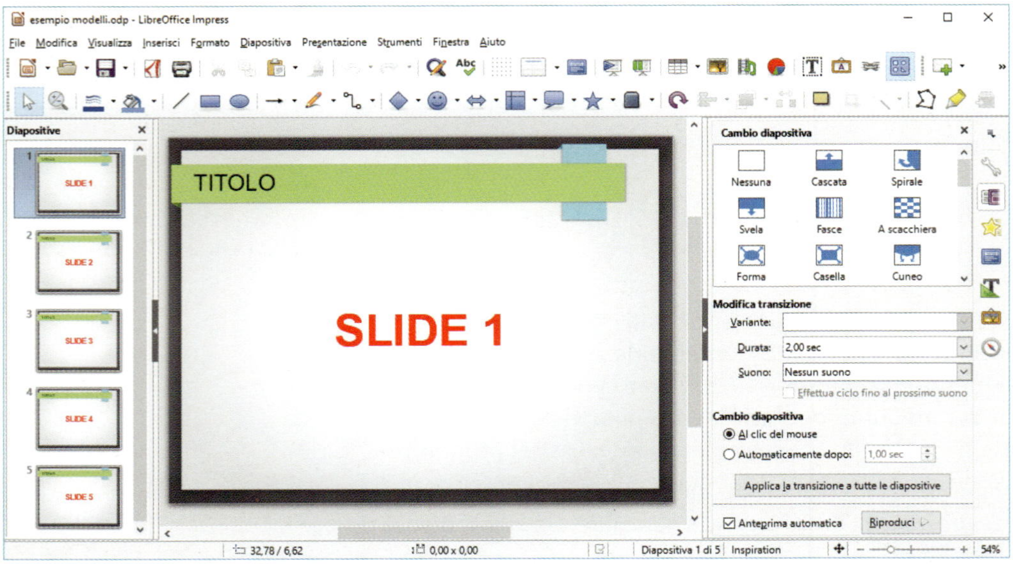

Figura 10.3 Una presentazione basata su un modello grafico, con sulla destra le opzioni per la transizione tra slide.

In MS PowerPoint

In PowerPoint lo stile grafico delle slide si può cambiare usando i modelli del gruppo **Temi** della scheda **Progettazione** nella barra multifunzione.

Se si fa clic nel colonnino del bordo di destra sul pulsante **Pagine schema**, appariranno le miniature degli altri modelli. Per cambiare lo schema grafico della presentazione, è sufficiente fare clic con il tasto destro del mouse su una miniatura e scegliere **Applica a tutte le diapositive**.

Sempre nel colonnino, il pulsante **Cambio diapositiva** fa apparire nel riquadro di destra le opzioni per la transizione tra le diapositive, cioè l'effetto animato che si vedrà quando si passa da una slide alla successiva.

Se si fa clic sull'icona di un effetto, lo si vede simulato in anteprima. Con le caselle sottostanti se ne può regolare la durata e si può anche associare alla transizione un effetto sonoro. Inoltre si può scegliere di far avanzare le diapositive in modo automatico, a intervalli di tempo prestabiliti, anziché al clic del mouse (quest'opzione può essere utile per esempio nel caso di uno *slide show* di fotografie).

Si possono associare effetti di transizione a ogni singola slide; di norma però, una volta scelto il tipo di transizione, è bene usarlo nell'intera presentazione, facendo clic su **Applica la transizione a tutte le diapositive**.

In Microsoft PowerPoint

In PowerPoint gli effetti animati si scelgono nella scheda **Transizioni** della barra multifunzione; qui sono presenti anche i pulsanti **Opzioni effetto**, per regolare l'effetto scelto, e **Applica a tutte**, per applicarlo all'intera presentazione. Nella scheda **Intervallo** ci sono le diverse opzioni per l'avanzamento delle diapositive durante la presentazione a tutto schermo.

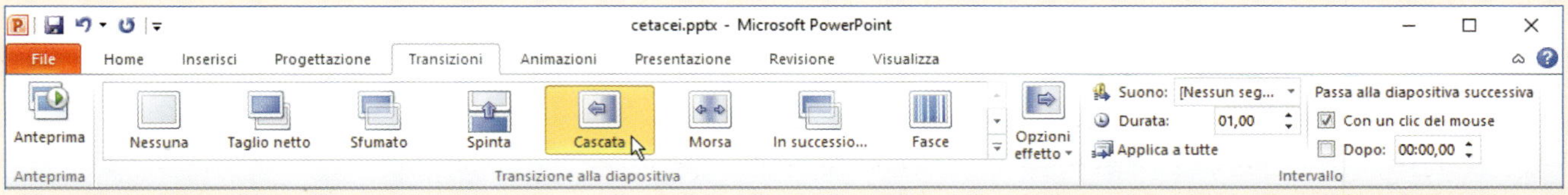

Alcune istruzioni generali

- Usa la cartella **esercitazioni** già creata in precedenza per salvare i file che userai e quelli che produrrai durante lo studio di questo capitolo.
- La colonna di sinistra, che mostra l'**elenco delle slide**, permette di riorganizzare facilmente la presentazione: per spostare una slide basta trascinare verticalmente con il mouse la sua miniatura; per aggiungere una nuova slide basta fare clic con il tasto destro del mouse tra le miniature, nella posizione in cui la si vuole inserire; e per eliminare una slide basta selezionare la sua miniatura e poi premere il tasto Canc.
- Nell'area principale di lavoro, quando si vuole agire su un elemento della slide, lo si deve per prima cosa **selezionare**: basta un semplice clic del mouse quando si passa sopra l'oggetto e il puntatore assume la forma a quattro frecce. Se si vogliono selezionare più elementi, per esempio per copiarli o spostarli insieme, basta trascinare il mouse così da tracciare un rettangolo che li inglobi tutti.
- Ai testi si possono **applicare formattazioni** selezionando con il mouse una parola o frase dentro il relativo segnaposto, nel qual caso la formattazione si applicherà soltanto a quella porzione del testo, oppure selezionando l'intero segnaposto, nel qual caso si formatterà allo stesso modo tutto il testo contenuto.
- Durante il lavoro è utile guardare spesso **le diapositive in anteprima**, cioè visualizzarle a tutto schermo, come appariranno durante la presentazione in pubblico, per vedere «come stanno venendo». Per vedere la presentazione dall'inizio si preme il tasto F5 della tastiera (o in Impress si fa clic sul pulsante), mentre per partire dalla slide su cui si sta lavorando si premono insieme i tasti ⇧ e F5 (o in Impress si fa clic sul pulsante).
- Durante la **presentazione a tutto schermo**, per passare da una slide alla successiva si può fare clic con il mouse o premere il tasto Invio o la barra spaziatrice. Un'utile alternativa è l'uso dei tasti-freccia della tastiera, che consentono anche di tornare indietro: i tasti → e ↓ portano alla slide successiva, mentre i tasti ← e ↑ riportano alla precedente. Per chiudere la presentazione e ritornare all'applicazione, si preme il tasto Esc.
- Anche per i programmi di presentazione la **Guida all'uso** dell'applicazione si può aprire in qualsiasi momento premendo il **tasto** F1; la consultazione della Guida richiede un collegamento attivo a Internet.

! Se hai fatto qualcosa di sbagliato, puoi sempre rimediare facendo clic sul pulsante **Annulla** ; all'occorrenza, le azioni si possono ripristinare con il pulsante .

In MS PowerPoint

In PowerPoint i pulsanti per attivare la riproduzione delle slide a tutto schermo si trovano nella scheda **Presentazione** della barra multifunzione.

I formati dei file

LibreOffice Impress salva automaticamente i file nel formato **.odp** (*open document presentation*), ma con l'opzione **Salva con nome** del menu **File** si possono salvare le presentazioni in formati diversi, tramite il menu della casella **Salva come** (**figura 10.4**).

In questo modo si può scegliere di salvare nel formato proprietario di Microsoft PowerPoint, che ha estensione **.pptx** (o **.ppt**, per le versioni che precedono Office 2007).

Anche il formato **.ppsx** (o **.pps**) può tornare utile: all'apertura del file lancia direttamente la presentazione a tutto schermo, senza passare per l'interfaccia dell'applicazione.

Nella finestra di salvataggio di Impress c'è anche l'opzione **Salva con password** per la cifratura del file: se si spunta la casella e si assegna la password, soltanto chi la conosce potrà in futuro aprire il file.

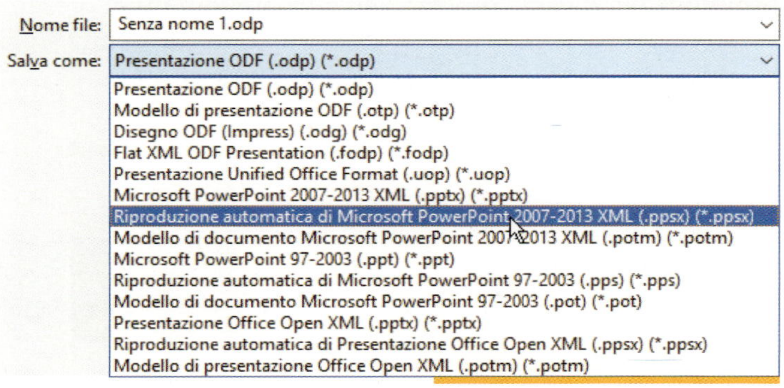

Figura 10.4 Le opzioni di salvataggio del file in Impress.

L'esportazione in formato **.pdf**, che si attiva con il pulsante , ha il vantaggio di produrre un file «leggero». Chi riceve la versione Pdf di una presentazione può visualizzarla a tutto schermo (in forma statica, senza gli eventuali elementi animati o interattivi) e può stampare le slide, ma non può modificarne il contenuto.

In Microsoft PowerPoint

In PowerPoint la cifratura di un documento si può attivare dalla voce **Informazioni** del menu **File**. Per salvare una presentazione come .pdf si apre il menu **File** e si sceglie **Esporta** e quindi **Crea documento PDF/XPS**. Una volta scelta la cartella in cui salvare il file, si fa clic su **Pubblica**.

Le presentazioni in *cloud computing*

Anche per le presentazioni, oltre alle applicazioni offline descritte qui, esiste l'opzione del *cloud computing*, basata sull'uso di programmi che risiedono su un web server e a cui si accede tramite il browser.

Con il cloud computing non occorre preoccuparsi di installare le applicazioni sul proprio pc, né di mantenerle sempre aggiornate: di questo si occupa il gestore del servizio.

Un esempio è il programma *Presentazioni* della suite Google Drive (**figura 10.5**), accessibile con il pulsante ⠿ della pagina web del motore di ricerca e utilizzabile gratuitamente da chiunque abbia un account Google.

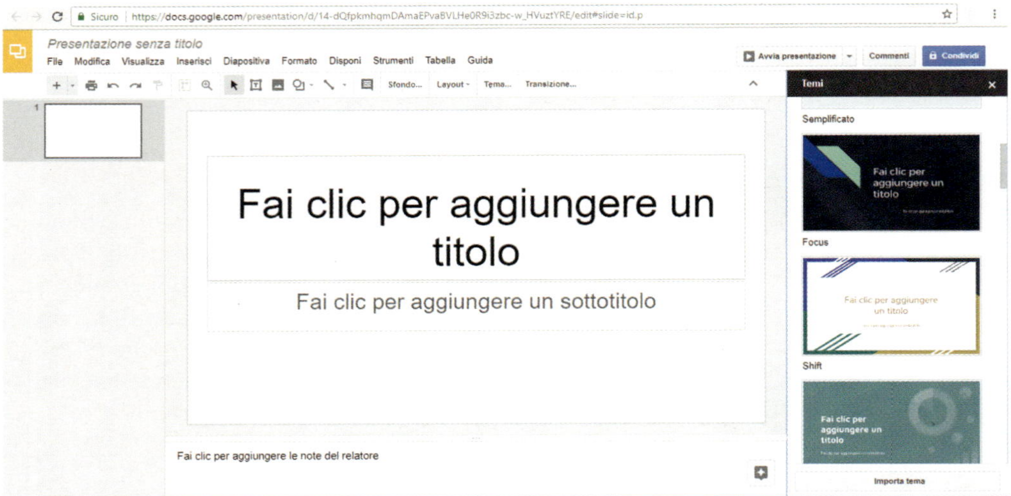

Figura 10.5 L'interfaccia dell'applicazione *Presentazioni* di Google Drive.

Questo tipo di software, con cui si lavora mentre si è collegati a Internet, è utile in particolare quando si prepara una presentazione collaborando a distanza con altre persone.

Un'alternativa interessante è l'applicazione online *Prezi*, che si basa su una filosofia comunicativa diversa rispetto agli altri programmi di presentazione (**figura 10.6**).

In Prezi tutte le informazioni sono distribuite su una «tela», un'unica grande mappa che costituisce la «storia pittorica» da raccontare.

Ciascuna unità di contenuto, o *nodo*, è un insieme di grafica, testi e immagini collegato in modo visuale agli altri nodi.

Una presentazione realizzata con Prezi così non consiste in una sequenza di slide autonome, bensì in una successione di zoom sui diversi nodi della mappa, con un effetto narrativo che può avere grande efficacia comunicativa.

L'uso della versione base del programma, sul sito **www.prezi.com**, è gratuito.

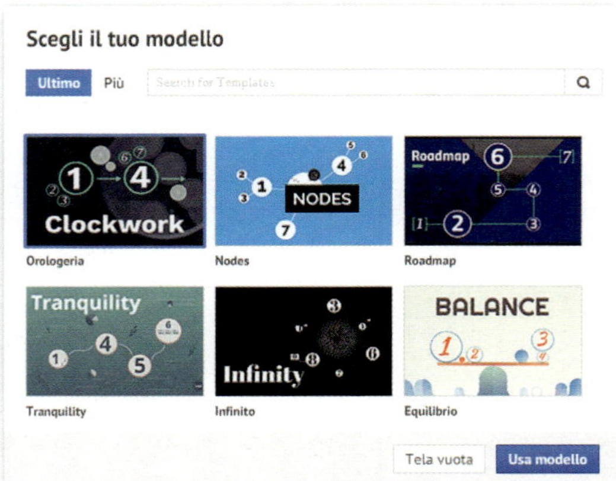

Figura 10.6 Alcuni modelli per presentazioni con Prezi.

Accorgimenti per fare presentazioni efficaci

Un «racconto multimediale» può essere molto più efficace di quanto non sarebbero singolarmente le immagini, la narrazione o il testo scritto che lo compongono.

Ogni presentazione però va progettata con cura, decidendo in anticipo il messaggio che si vuole comunicare, scegliendo i materiali più adatti per illustrarlo e ordinandoli in una sequenza efficace.

L'impostazione dipende naturalmente anche dai destinatari: una presentazione per una scuola elementare sarà molto diversa da una presentazione per il liceo.

È buona norma seguire in ogni caso alcune regole generali:

- usare uno stile di scrittura asciutto e conciso: evitare frasi lunghe, che sono difficili da leggere e distraggono il pubblico dall'ascolto del commento parlato;
- strutturare il più possibile il testo sulle slide, per esempio usando elenchi puntati e numerati o schemi grafici;
- scegliere immagini pertinenti e significative: un'immagine efficace trasmette un messaggio meglio di tante parole;
- evitare il ricorso alla grafica appariscente ma inutile;
- limitare il contenuto di ogni slide a non più di due messaggi importanti;
- se possibile, far apparire in sequenza i diversi elementi di una slide: l'«effetto sorpresa» aiuta a mantenere viva l'attenzione del pubblico;
- terminare con una slide che ringrazia il pubblico per l'attenzione dedicata.

Se la presentazione affronta molti temi diversi, è bene mettere subito dopo il titolo una slide-indice che riassuma i contenuti, per poi ricapitolare i messaggi principali con una slide finale.

Spesso, infine, le diapositive vengono distribuite a persone che non assistono alla presentazione orale. In tal caso è importante accertarsi che le slide siano comprensibili anche alla sola lettura: i testi devono essere sufficienti a far comprendere il discorso.

IN SINTESI

- I programmi per fare **presentazioni** sono applicazioni per pc che consentono di preparare **diapositive**, o **slide**, multimediali e di mostrarle poi in sequenza a un pubblico.
- Nell'**interfaccia** dei programmi di presentazione si lavora sulla diapositiva nell'area centrale, mentre a lato c'è l'elenco delle miniature di tutte le diapositive presenti. Il mouse, i menu e i pulsanti consentono di eseguire azioni sugli oggetti selezionati nella slide in lavorazione.
- Alcune impostazioni generali, come il **modello grafico** e gli **effetti di transizione**, si possono applicare a tutte le slide di una presentazione.
- Il ***cloud computing***, utile in particolare per i progetti in **collaborazione a distanza**, permette di realizzare presentazioni mediante il browser, lavorando online e senza installare applicazioni.

ESERCIZI

1 Quale tra queste impostazioni non si può applicare simultaneamente a tutte le diapositive di una presentazione?

A Lo stile grafico della diapositiva.

B L'effetto di transizione tra una diapositiva e l'altra.

C La temporizzazione dell'avanzamento delle diapositive.

D La formattazione in grassetto dei testi delle diapositive.

2 Se si vuole lavorare con Google Presentazioni:

A bisogna per prima cosa installare il programma sul proprio pc.

B bisogna essere collegati a Internet per modificare le diapositive.

C non sarà possibile scaricare i file creati sul proprio pc.

D non sarà possibile consentire ad altri di modificare i file.

10.2 La gestione del testo e delle immagini

In questo paragrafo creeremo con Impress una presentazione chiamata **cetacei.odp**, formata dalle due diapositive della **figura 10.7**.

Vedremo come creare nuove slide, come formattare il testo, come copiare segnaposto da una slide a un'altra e come importare immagini, ridimensionarle e allinearle.

Scarica per prima cosa dal sito web del libro nella tua cartella **esercitazioni** la cartella **foto cetacei** (contiene le immagini che useremo) e il file **testo cetacei.txt**.

Figura 10.7 Le diapositive da riprodurre in questo paragrafo.

Creare una nuova presentazione e inserire testo in una diapositiva

1. Lancia la suite LibreOffice con un doppio clic sull'icona del desktop. Nella home page della suite scegli **Crea Presentazione Impress**: apparirà l'interfaccia del programma, con un documento vuoto intitolato **Senza nome 1** e in primo piano la finestra con diversi modelli grafici tra cui scegliere. Fai clic su **Annulla** per chiudere la finestra: per le diapositive useremo infatti lo schema predefinito, a sfondo bianco.
2. Fai clic dentro il segnaposto in alto e digita «I cetacei»: il testo apparirà centrato e sarà nel carattere Liberation Sans (lo standard di LibreOffice) di dimensione 44 (lo standard di Impress per i titoli delle diapositive).
3. Apri il menu **File**, scegli **Salva con nome** e salva il documento nella cartella **esercitazioni** assegnandogli il nome **cetacei.odp**.
4. Adesso fai clic su un punto qualsiasi della diapositiva *al di fuori* dei due segnaposto. Nota che il bordo del segnaposto del titolo scompare, mentre nella barra di destra le **Proprietà** cambiano contenuto: ora mostrano (e consentono di modificare) le caratteristiche generali della diapositiva e del suo layout.

In MS PowerPoint

In PowerPoint i modelli e temi grafici appaiono quando si sceglie l'opzione **Nuovo** del menu **File**.

Formattare il testo e spostare i segnaposto

5. Ora porta il mouse vicino al titolo e quando il puntatore assume la forma fai clic: in questo modo hai selezionato il segnaposto del titolo, il cui bordo ora è evidenziato in colore e lampeggia. A destra il riquadro **Proprietà** adesso mostra le opzioni di formattazione del testo contenuto nel segnaposto. Cambia il carattere, scegliendo **Arial**, poi fai clic sulla freccetta del pulsante e scegli nella tavolozza il colore blu per il testo. Hai così ri-formattato il titolo della slide.
6. Fai clic dentro il segnaposto in basso e digita «fantastici mammiferi marini»: il testo apparirà al centro del segnaposto e sarà di corpo più piccolo rispetto al titolo. Fai clic sul bordo del segnaposto per selezionarlo, poi scegli di nuovo il carattere **Arial** e il colore blu.

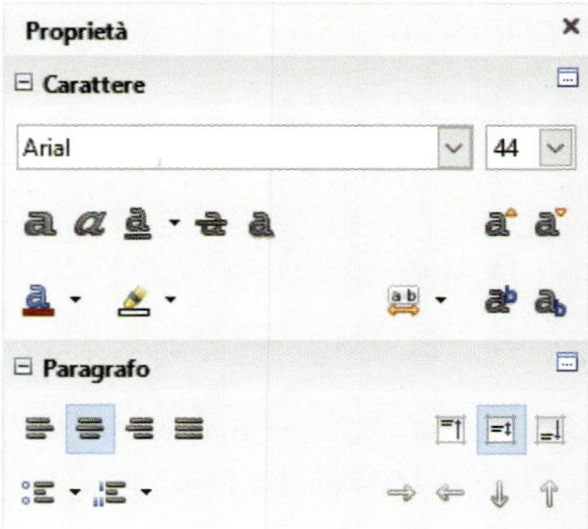

7. Vogliamo che questo testo sia il sottotitolo della diapositiva, perciò dobbiamo spostarlo in alto rispetto alla sua posizione attuale. Sempre con il segnaposto selezionato, fai allora clic sul pulsante nella sezione **Paragrafo** della barra laterale.
8. Il sottotitolo non è ancora abbastanza in alto; seleziona allora con il mouse il suo segnaposto, poi premi più volte il tasto ↑ (in alternativa, puoi specificare il valore della **Posizione Y** del segnaposto nell'apposita casella della barra di destra).

! Ricorda di **salvare il file con frequenza** mentre lavori: così non rischierai di perdere le modifiche fatte, nel caso in cui il computer abbia problemi.

In Microsoft PowerPoint

In PowerPoint, quando si seleziona un testo, appare una finestra contestuale che consente di applicargli in modo molto rapido le principali formattazioni.

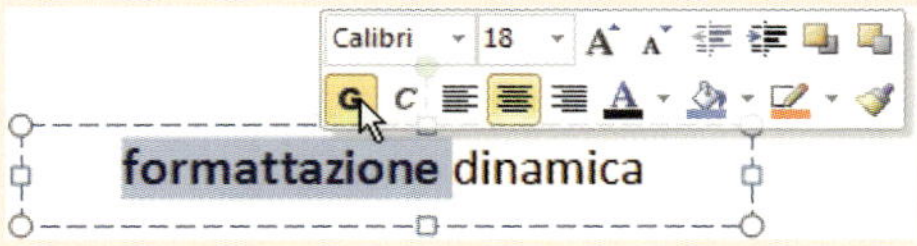

Inserire un'immagine e agire su di essa

9. Per completare la prima slide dobbiamo aggiungere in basso l'immagine dei delfini. Fai clic in alto sul pulsante : appare la finestra della ricerca tra le risorse del computer. Trova la cartella **foto cetacei** e apri l'immagine **delfini**.
10. L'immagine viene posizionata al centro della diapositiva ed è selezionata. Nota che ora nella barra di destra appaiono automaticamente le **Proprietà** dell'immagine: qui, volendo, puoi modificarne la luminosità, il contrasto e le intensità cromatiche, oltre che la posizione e le dimensioni.
11. Come abbiamo visto nel caso del word processor, il modo più semplice per ridimensionare un'immagine è trascinare con il mouse i suoi quadratini verdi di selezione. Ingrandisci la foto trascinando uno dei quadratini posti ai suoi vertici, così che le proporzioni della foto non cambino. Poi fai clic in un punto qualsiasi dell'immagine e spostala, trascinandola con il mouse, fino a posizionarla come nella **figura 10.7**.
12. Quando un'immagine è selezionata, un ulteriore clic sulla sua cornice (oppure sul pulsante) ne fa cambiare l'evidenziazione: ora è fatta di ellissi rosse e, all'occorrenza, puoi trascinare i vertici con il mouse per far *ruotare* l'immagine. Lo stesso meccanismo vale per qualsiasi altro oggetto selezionato.
13. Si può ruotare un oggetto anche nella sezione **Posizione e dimensione** della barra di destra, agendo con il mouse sull'icona del goniometro oppure specificando nella casella il valore in gradi della rotazione. Qui i pulsanti **Rifletti** permettono anche di riflettere un'immagine rispetto a un asse orizzontale o verticale.

In Microsoft PowerPoint

In PowerPoint, quando si seleziona un'immagine, nella barra multifunzione si aggiungono le schede **Strumenti immagine**. Con la freccetta al piede del gruppo **Dimensioni** (o al clic con il tasto destro del mouse sull'immagine, scegliendo **Dimensioni e posizione**) si apre la finestra **Formato immagine**, che riunisce tutte le impostazioni. Rispetto a Impress ci sono alcune ulteriori comodità: le dimensioni dell'immagine sono espresse anche in percentuale rispetto alle dimensioni originarie, e per ruotare un'immagine selezionata basta trascinare con il mouse il pallino verde che appare sopra la cornice evidenziata.

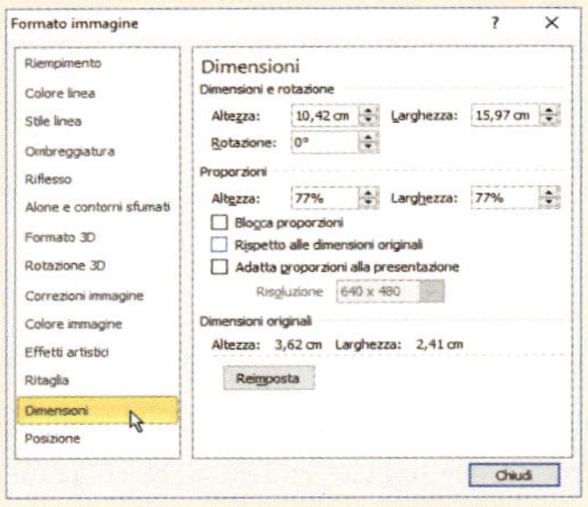

Aggiungere una diapositiva e copiare segnaposto e testi

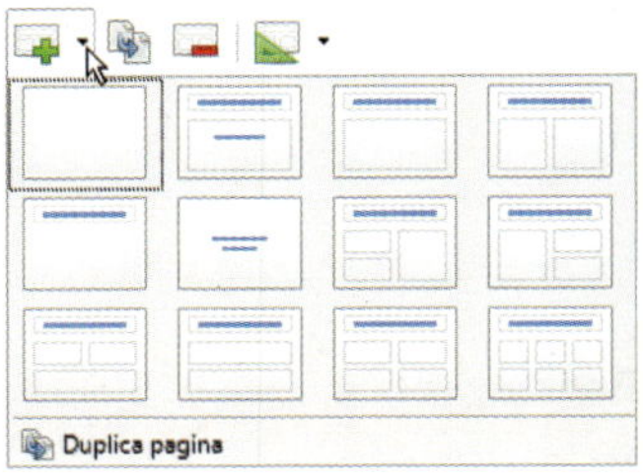

14. È il momento di aggiungere la seconda diapositiva della **figura 10.7**. Fai clic in alto a destra sulla freccetta a fianco del pulsante : si apre il menu grafico qui a fianco con vari possibili layout, cioè strutture diverse per la nuova slide. Siccome nessuna di queste corrisponde a ciò che intendiamo fare, scegli la prima icona: nell'area centrale apparirà allora una diapositiva vuota.

15. Vediamo un metodo alternativo per creare la nuova slide. Per prima cosa elimina la slide appena creata: fai clic nella colonna di sinistra sulla sua miniatura, poi premi il tasto Canc. Poi nella stessa colonna seleziona la miniatura della prima slide e premi il tasto Invio (o fai clic con il tasto destro del mouse e scegli **Nuova diapositiva**): appare allora una seconda diapositiva, che ha come layout quello utilizzato più di recente. Per trasformarla in una diapositiva vuota, fai clic sulla prima icona della sezione **Layout** della colonna di destra.

16. Nella diapositiva vuota vogliamo copiare il titolo della prima slide. Seleziona la prima slide con un clic nella colonna di sinistra, fai clic sul titolo e quando appare il relativo segnaposto, selezionalo. Poi usa una delle tecniche per copiarlo negli Appunti (per esempio il pulsante , o la combinazione di tasti Ctrl + C, o il tasto destro del mouse). Seleziona quindi nella colonna di sinistra la seconda diapositiva e incolla (per esempio con o con Ctrl + V). Ora il titolo appare anche nella seconda slide.

17. Più in basso vogliamo avere un testo come elenco puntato, perciò per prima cosa ci serve un segnaposto. Fai clic in alto sul pulsante T, poi trascina il mouse nella diapositiva così da tracciare un rettangolo. Quando rilasci il mouse, vedrai evidenziato il segnaposto che hai creato, con all'interno il cursore che ti invita a digitare il testo.

18. Invece di digitare, vediamo come si copiano testi da un'altra applicazione. Apri il file **testo cetacei.txt**, seleziona le tre righe del testo per questa slide e copiale negli Appunti. Poi cambia finestra, tornando a Impress, e incolla: ora le tre righe appaiono nel nuovo segnaposto.

Formattare elenchi, cambiare l'interlinea e usare caratteri speciali

19. Ora vogliamo che il testo copiato assuma l'aspetto che ha nella **figura 10.7**. Per prima cosa seleziona il segnaposto, ridimensionalo e spostalo così che abbia larghezza quasi pari alla slide e inizi poco sotto il titolo. Poi usa la barra **Proprietà** per formattare il contenuto del segnaposto in Arial colore blu di corpo 26.

20. Adesso usa il pulsante per trasformare il testo in un elenco puntato (con la freccetta a fianco del pulsante potresti scegliere altri stili per i punti-elenco). Quindi aumenta l'interlinea tra i punti dell'elenco facendo clic su e scegliendo il valore **1,5 righe**. Otterrai il risultato mostrato qui sotto.

In MS PowerPoint

In PowerPoint gli elenchi e le indentazioni del testo si formattano con le opzioni del gruppo **Paragrafo** della barra multifunzione.

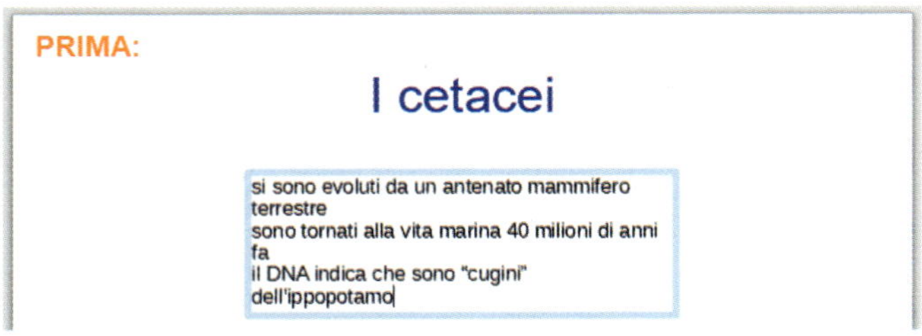

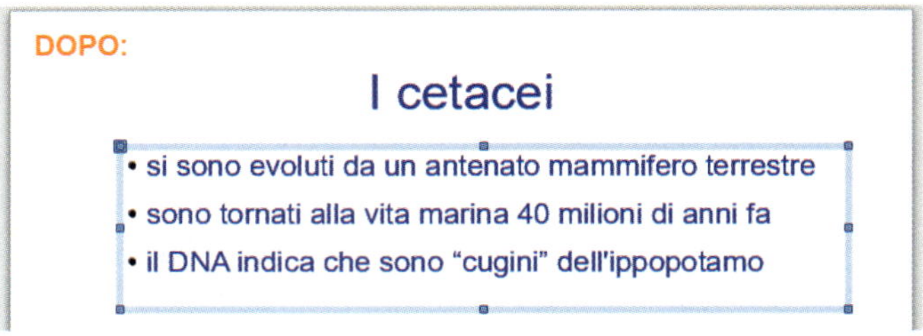

21. Bisogna ancora mettere in grassetto alcune parole del testo. Per iniziare, fai clic sulla prima riga, poi seleziona le ultime tre parole e fai clic nella barra a destra sul pulsante . Ripeti poi la procedura nelle altre righe, a imitazione della **figura 10.7** a inizio paragrafo. Alla fine, se necessario, ridimensiona il segnaposto così che ogni punto del testo stia su una sola riga.

22. Infine nell'ultima riga vogliamo sostituire le virgolette alte con quelle *caporali*, o *a sergente*, « e »; queste però sono caratteri speciali, non presenti sulla tastiera. Seleziona allora nel testo le virgolette alte di apertura, apri il menu **Inserisci** e scegli **Carattere speciale...**. Nella finestra che appare scegli il carattere **«** e fai clic su **Inserisci**. Ripeti poi la procedura per le virgolette alte di chiusura, sostituendole con ».

Agire su più oggetti insieme e allinearli

23. Per completare la slide, servono le due immagini. Inserisci la foto **capodoglio** della cartella **foto cetacei**, poi inserisci **orca**. La seconda foto apparirà sovrapposta alla prima, al centro della diapositiva; spostala in basso a destra, poi sposta alla sua sinistra la prima foto; per ora, non cercare di allineare esattamente le due foto.

24. Ora vuoi ingrandire entrambe le foto, ridimensionandole esattamente nella stessa misura. Traccia allora con il mouse un rettangolo che contenga le due immagini, così da selezionarle insieme. Poi nella colonna **Proprietà** a destra cambia il valore della **Larghezza** oppure dell'**Altezza**, fino a ottenere le dimensioni desiderate. Assicurati che la casella **Mantieni rapporto** abbia il segno di spunta: in questo modo eviterai di deformare le foto.

25. Le due foto, ancora selezionate insieme, non sono perfettamente allineate. Fai clic allora sulla freccetta a fianco del pulsante e poi scegli l'opzione **Allinea in alto** mostrata qui a fianco. Ora le immagini partono esattamente dalla stessa altezza; puoi verificarlo selezionandole separatamente e controllando i valori della loro **Posizione Y** nella colonna **Proprietà**.

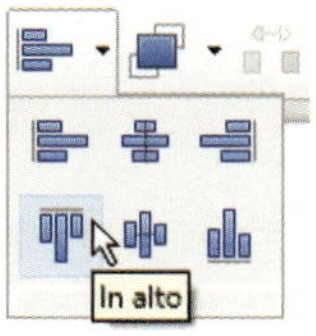

Hai completato così le due slide della **figura 10.7**. Nota che in molte fasi del lavoro la presenza della barra laterale **Proprietà**, con i suoi contenuti contestuali, ha consentito di applicare rapidamente i comandi, senza dover cercare pulsanti nelle barre in alto o aprire opzioni dei menu. Qualora capitasse che le **Proprietà** non fossero visibili, potresti visualizzarle in ogni momento con un clic sul pulsante sul bordo di destra della finestra del programma.

In Microsoft PowerPoint

In PowerPoint l'allineamento degli oggetti si gestisce aprendo il menu del pulsante **Disponi**, che consente anche di portare oggetti in primo o in secondo piano e di raggruppare oggetti o separarli.

ESERCIZI

1 Aggiungi sulle foto della seconda slide una didascalia interna con il nome del cetaceo, come nella figura qui sotto. Seleziona la prima foto, fai clic su e digita il nome «capodoglio», che apparirà al centro dell'immagine. Formatta il testo in grassetto e in colore bianco, poi trova nelle **Proprietà** il pulsante che permette di spostare il testo allineandolo al piede della foto. Ripeti poi la procedura per la seconda foto, scrivendo «orca».

2 Modifica la prima delle due foto in modo tale da «zoomare» sul capodoglio, come nella figura qui sotto. Seleziona la prima foto, fai clic su e ritaglia i bordi, in modo da lasciare soltanto l'immagine centrale; poi ingrandisci l'immagine così che torni ad avere le stesse dimensioni della foto a fianco, e sia allineata con essa.

10.3 Disegni e schemi

In questo paragrafo creeremo una presentazione **computer.odp** con le due diapositive riprodotte nella **figura 10.8**.

Vedremo come usare gli strumenti per il disegno, come scrivere testi nelle forme geometriche e come realizzare schemi in cui le caselle di testo sono collegate da linee di connessione.

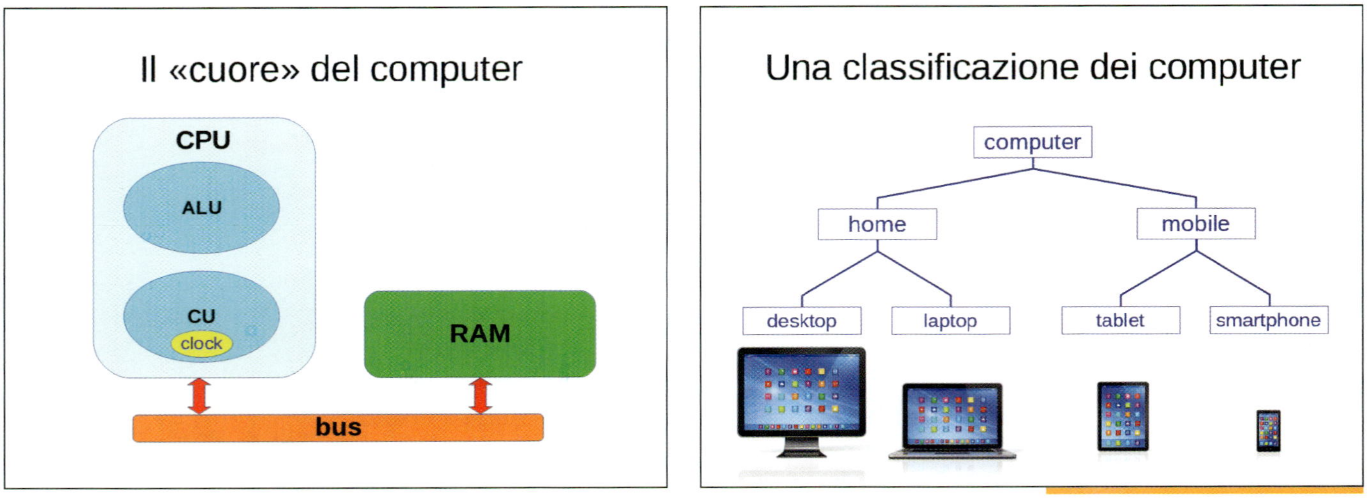

Figura 10.8 Le diapositive da riprodurre in questo paragrafo.

Disegnare forme geometriche e integrarle con testi

1. Crea in Impress una nuova presentazione **computer.odp** e scegli per la prima slide un layout con il solo titolo. Fai clic nel segnaposto e digita il titolo «Il "cuore" del computer». Usa poi i caratteri speciali per trasformare le virgolette alte in virgolette caporali.
2. Per prima cosa vogliamo disegnare le due ellissi colorate che rappresentano l'unità aritmetico-logica ALU e l'unità di controllo CU nella CPU. Fai clic in alto sul pulsante , poi trascina il mouse nella diapositiva così da tracciare un'ellisse delle dimensioni desiderate.
3. L'ellisse apparirà blu scura. Usa la sezione **Area** delle **Proprietà** nella barra di destra per cambiare il **Colore di riempimento**; nella tavolozza scegli il colore **Ciano**.
4. Mentre l'ellisse è ancora selezionata, fai clic sul pulsante T: al centro dell'ellisse apparirà il cursore; digita la sigla «ALU». Poi seleziona il testo che hai digitato, apri la sezione **Carattere** nelle **Proprietà** a destra e imposta la dimensione 24 e il formato grassetto.

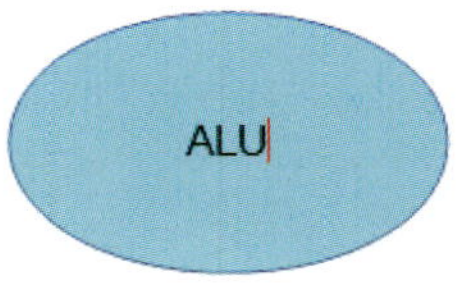

Copiare e spostare oggetti grafici

5. Hai completato così la prima ellisse. Ora selezionala e fai copia-e-incolla con una qualsiasi tra le tecniche equivalenti che conosci. Attenzione: quando incolli, a prima vista parrà che non sia successo nulla; in realtà una copia dell'oggetto è stata creata e posizionata esattamente sopra l'originale. La copia è selezionata: tieni premuto il tasto → e la vedrai spostarsi verso destra (mentre l'originale rimane dov'era).

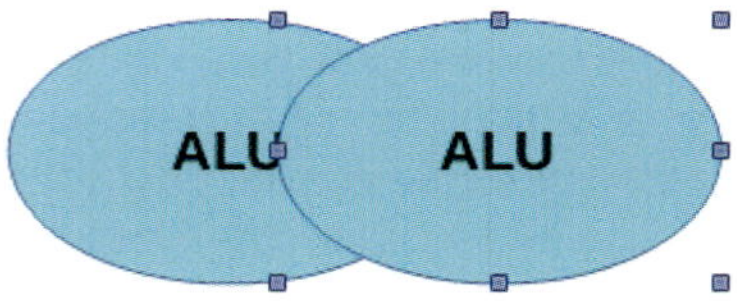

6. Trascina ora la copia dell'ellisse nella posizione desiderata, sotto l'originale, poi fai clic sul testo al suo centro e sostituiscilo con «CU».
7. Traccia una nuova ellisse più piccola dentro l'ultima, riempila di colore giallo e scrivi al suo interno «clock» in corpo 22 e colore blu. Infine seleziona l'ellisse «CU» e usa il pulsante **Allinea**, scegliendo l'opzione **Centrato** , per assicurare che al suo interno l'ellisse gialla sia allineata al centro.

In Microsoft PowerPoint

In PowerPoint le linee e le forme geometriche si scelgono nella scheda **Inserisci** o nel gruppo **Disegno** della scheda **Home** della barra multifunzione.

Portare in secondo piano e personalizzare i colori

8. Ora hai completato le ellissi, ma manca ancora il rettangolo che rappresenta la CPU. Fai clic sulla freccetta a fianco del pulsante ◆ e scegli il **Rettangolo arrotondato**, quindi traccia con il mouse un rettangolo che ricopra le due ellissi.
9. Il programma per default ha creato la nuova figura in primo piano nella slide, nascondendo così le due ellissi. Per mettere il rettangolo in secondo piano rispetto alle ellissi, fai clic sulla freccetta a fianco del pulsante **Disponi** e poi scegli l'icona **Porta in fondo**.
10. Assegna al rettangolo come colore di riempimento lo stesso ciano usato per le ellissi. Siccome però vuoi che il colore sia più chiaro, riapri la tavolozza e in basso scegli **Colore personalizzato...**; nella finestra che compare, dove puoi scegliere tra milioni di colori diversi, fai clic su una sfumatura chiara di azzurro e poi su **OK**.

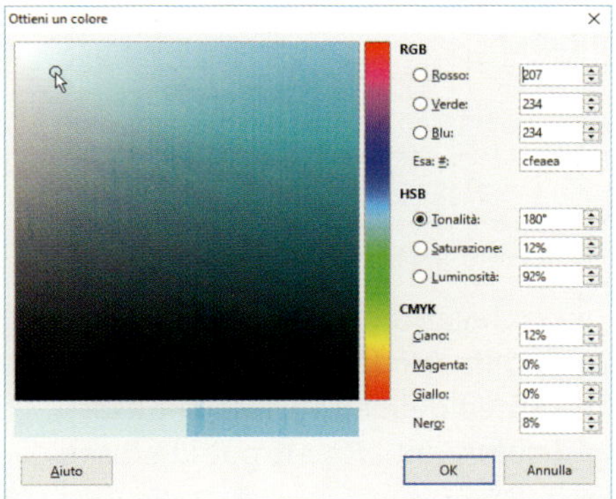

Inserire caselle di testo

11. Ora manca soltanto la scritta in alto nel rettangolo. Per aggiungerla potresti fare clic su T e digitare il testo al centro della forma, come prima, per poi usare l'opzione **Allinea in alto** nella scheda **Paragrafo** delle **Proprietà**. Vediamo invece un metodo diverso: fai clic su un punto vuoto della slide per de-selezionare il rettangolo, poi fai clic sul pulsante T e quindi trascina il mouse nella parte superiore del rettangolo, dove vuoi inserire il testo.
12. Appare così una casella di testo in cui puoi digitare «CPU»; formatta poi il testo in corpo 32 e grassetto. Infine seleziona la casella di testo e fai clic su ≡ per centrare il testo al suo interno.
13. Applica poi le varie tecniche già apprese per aggiungere nella slide il rettangolo arancione con la scritta **bus** e il rettangolo verde con la scritta **RAM**.
14. Infine usa il menu del pulsante ⇔ per disegnare con il mouse una doppia freccia verticale, colorala di rosso e posizionala così da collegare il rettangolo **CPU** con il bus. Fai poi una copia della doppia freccia e usala per collegare il **bus** con la **RAM**. Hai così completato la prima slide della **figura 10.8**.

Creare uno schema con connettori tra le caselle

15. Crea una nuova slide che abbia nel layout soltanto il titolo e digita nel segnaposto «Una classificazione dei computer».

16. Ora vogliamo creare la prima casella dello schema, che farà poi da modello per le altre. Fai clic su [T] e trascina il mouse per creare la casella. Digita «computer», poi assegna al testo il corpo 28 e il colore blu. Seleziona la casella, centra il testo al suo interno e nella sezione **Linea** delle **Proprietà** scegli lo stile **Piena** e il colore blu: ora la casella appare riquadrata, come nella **figura 10.8** all'inizio del paragrafo.

17. A questo punto copia la casella negli Appunti, quindi incolla e poi sposta in basso e a sinistra la copia della casella così creata. Poi seleziona il testo e sostituiscilo digitando «home».

18. Ripeti ora la procedura per creare e posizionare le altre caselle. Se usi il tasto → per spostare le caselle-copie, avrai la certezza di mantenerle allineate tra loro. Nelle caselle dell'ultima riga assegna 24 come dimensione del carattere.

19. Ora devi collegare tra loro le caselle. Fai clic sulla freccetta a fianco del pulsante **Connettore** e scegli l'icona **Connettore lineare**. Poi avvicina il mouse alla prima casella: vedrai che il suo bordo si illumina e si evidenziano i centri dei quattro lati; questi sono i punti a cui puoi collegare i connettori.

20. Fai clic vicino al centro del lato inferiore della casella «computer», poi trascina il mouse verso la casella «home». Quando ti avvicini, anche questa casella si illumina; rilascia il mouse vicino al centro del lato superiore e apparirà il connettore tra le due caselle, come nella sequenza qui sotto.

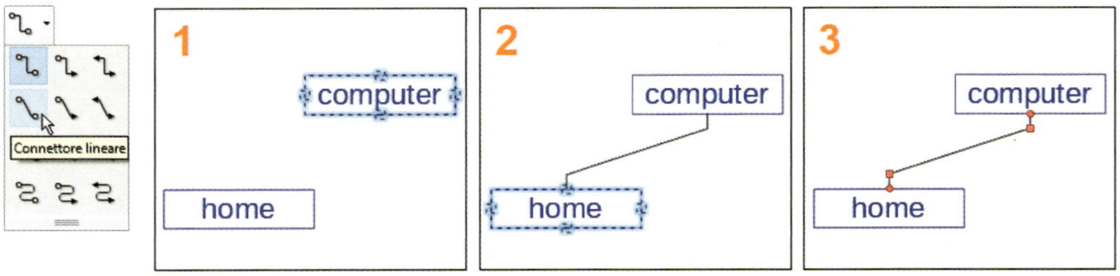

21. Ora ripeti la procedura più volte, fino a completare i collegamenti tra le caselle. Poi seleziona insieme, usando il mouse, i due collegamenti in alto (facendo attenzione a non selezionare le caselle di testo) e usa la sezione **Linea** delle **Proprietà** per assegnare alle linee dei connettori lo spessore 2,3 pt e il colore blu. Ripeti poi la stessa azione per i cinque collegamenti in basso.

22. Nota che i connettori che hai inserito non sono linee fisse nella loro posizione, ma elementi *dinamici*: se selezioni una o più caselle di testo e le sposti nella slide, le linee di connessione automaticamente si modificano, adattandosi allo spostamento.

In MS PowerPoint

In PowerPoint gli oggetti chiamati *SmartArt* comprendono strutture grafiche pronte all'uso, che permettono di inserire testi e immagini e collegarli tra loro con connettori.

ESERCIZI

1 Completa la slide della classificazione inserendo in basso le quattro immagini **desktop**, **laptop**, **tablet** e **smartphone** che puoi scaricare dal sito web del libro. Sposta le foto, ridimensionale e ritagliale come opportuno, ma mantienile in scala una rispetto all'altra; infine assicurati che i bordi inferiori siano allineati tra loro.

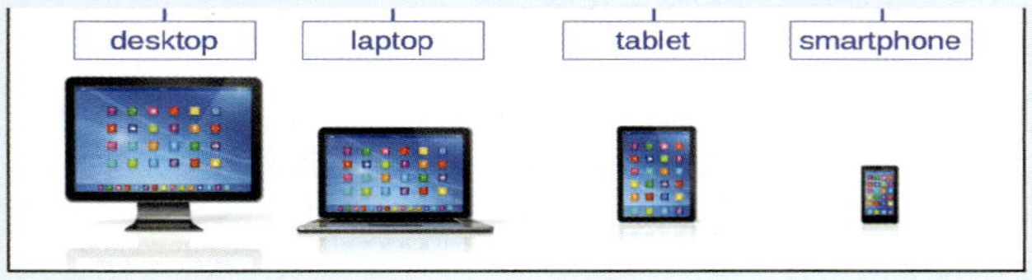

2 Crea in una nuova diapositiva uno schema come quello della figura qui sotto, in cui tre caselle rosse (con le lettere in corpo 28 grassetto) sono collegate da connettori blu (con frecce) spessi 2,3 punti.

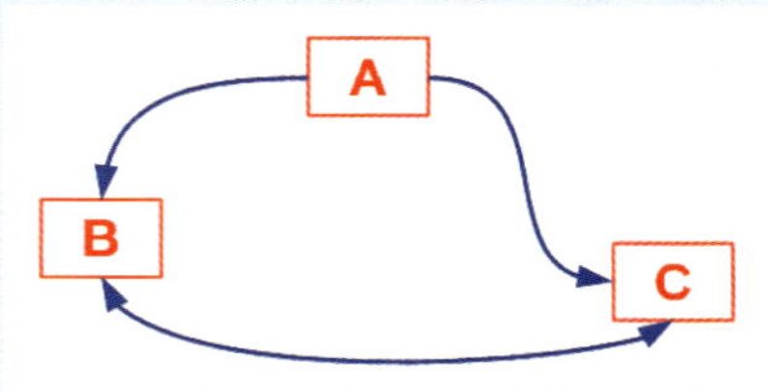

10.4 Tabelle e link ipertestuali

In questo paragrafo creeremo una presentazione formata da una diapositiva contenente una tabella, come nella **figura 10.9**, e da una diapositiva con un quiz interattivo (il cui funzionamento, come vedremo, richiede in realtà numerose slide).

Vedremo come gestire le tabelle, come inserire link a pagine web e come strutturare i collegamenti ipertestuali interni alla presentazione.

Figura 10.9 Le diapositive da riprodurre in questo paragrafo.

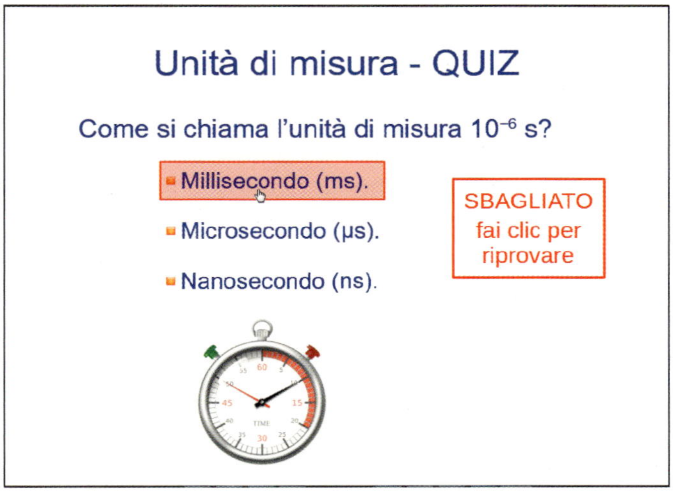

Inserire una tabella e formattarla

1. Crea una nuova presentazione **unità di misura.odp** e scegli per la prima slide il layout con solo titolo; digita come titolo «Il Sistema Internazionale».
2. La procedura per inserire una tabella è simile a quella vista per il word processor; la differenza principale è che in Impress le tabelle standard hanno un aspetto più vivace, con sfondo colorato. Fai clic sul pulsante e con il mouse seleziona un formato con 3 colonne e 8 righe.
3. La tabella compare al centro della slide ed è selezionata. Ridimensionala e regola la larghezza delle colonne come nella **figura 10.9**. Nella sezione **Struttura tabella** della barra **Proprietà** scegli il modello dove domina il colore blu, poi de-seleziona la casella **Righe a colori alternati**, come mostrato qui a lato: così tutte le celle avranno lo stesso colore, tranne che nella prima riga destinata alle intestazioni.
4. Digita o copia-e-incolla nella prima cella «grandezza fisica», poi usa il tasto per spostarti nella cella successiva. Procedi così fino a completare la tabella con tutti testi, che puoi trovare nel file **SI.txt** del sito web del libro.
5. Seleziona l'intera tabella e con il pulsante della barra di destra centra verticalmente tutti i testi nelle rispettive celle. Poi seleziona, trascinando il mouse, la sola prima riga e formatta i testi in corpo 20, grassetto e colore bianco. Quindi seleziona le altre righe e formattale in corpo 20. Infine seleziona insieme la seconda e la terza colonna e centra orizzontalmente tutti i loro testi.

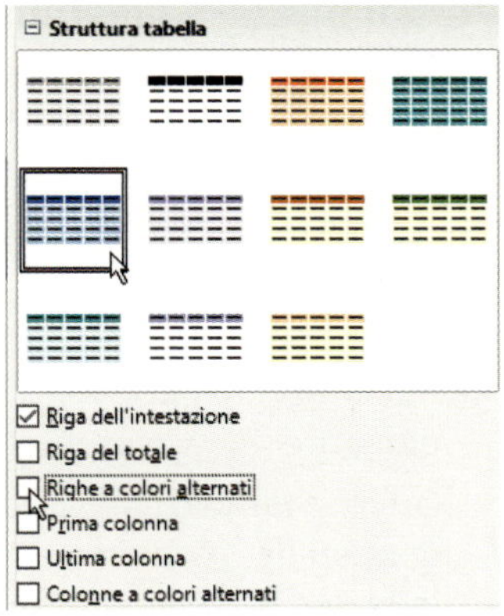

Inserire un link a una pagina web

6. Copia dal file **SI.txt** il testo dell'indirizzo del sito web di Wikipedia. Poi torna alla diapositiva, crea in basso una casella di testo, digita «Fonte: Wikipedia» e quindi seleziona la parola Wikipedia. Fai clic in alto sul pulsante **Inserisci collegamento**, incolla nella casella **URL** il testo che avevi copiato e fai clic su **OK**.
7. Ora nella casella la parola Wikipedia ha cambiato colore ed è diventata un link attivo: al passaggio del mouse il puntatore assume la forma della manina e al clic apre nel browser del pc una nuova scheda con la pagina web indicata.

In MS PowerPoint

I collegamenti ipertestuali appaiono sottolineati, oltre che in colore.

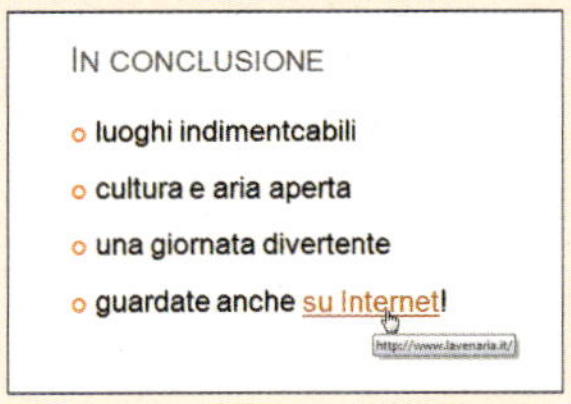

Progettare diapositive per l'uso interattivo

8. Hai completato la prima delle due slide. Ora vogliamo aggiungere un quiz interattivo, con una risposta giusta e due sbagliate. Da questa slide in poi, perciò, la presentazione non potrà più essere sequenziale: ci dovranno essere percorsi diversi a seconda della risposta che viene scelta nel quiz.
9. Il funzionamento di un quiz interattivo si può progettare in modi diversi. Qui l'idea è la seguente: al clic su una risposta errata, vogliamo che l'utente riceva un feedback negativo e possa tornare al quiz, per riprovare con un'altra risposta. Al clic sulla risposta giusta, invece, vogliamo che l'utente riceva un feedback positivo e possa poi andare avanti con la presentazione. L'utente potrà anche scegliere di non rispondere al quiz e proseguire con il resto della presentazione.
10. Il primo passo è costruire la prima diapositiva a sinistra qui sotto. Poi faremo tre copie della slide, le modificheremo come vedi nelle altre immagini e inseriremo i necessari collegamenti ipertestuali tra le slide.

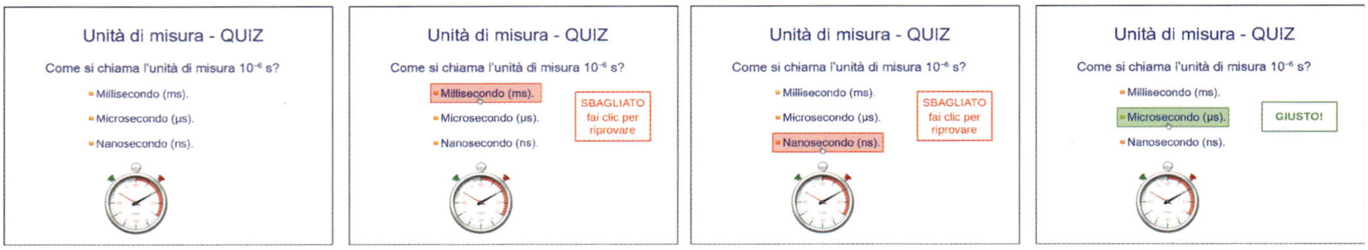

Personalizzare gli elenchi

11. Crea una nuova slide con titolo e sottotitolo. Come titolo digita «Unità di misura - QUIZ» e in basso al centro inserisci l'immagine **cronometro** che trovi sul sito web del libro.
12. Ora copia da **SI.txt** il testo del quiz (la domanda e le tre risposte), sostituiscilo al sottotitolo nel secondo segnaposto, allinealo a sinistra e ridimensiona come opportuno il segnaposto. Trasforma in apice l'esponente negativo nel quesito. Poi seleziona le tre righe con le risposte, mettile in corpo 28, falle rientrare usando più volte il pulsante e assegna loro un'interlinea pari a 2 righe.
13. Ora vogliamo trasformare le risposte in un elenco puntato, ma con un punto-elenco diverso da quello standard. Fai clic sulla freccetta a fianco del pulsante e scegli in basso **Altri elenchi puntati...**. Nella finestra che si apre scegli la scheda **Immagine**, fai clic sull'elenco con i quadrati arancione e poi su **OK**.

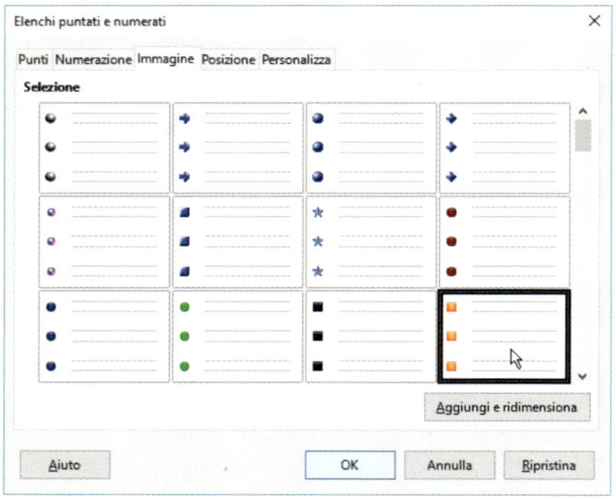

14. Hai così costruito la slide-base per il quiz. Ora fanne tre copie: seleziona nella colonna di sinistra la sua miniatura, copia e quindi incolla per tre volte consecutive.

Rinominare le diapositive

15. A questo punto è bene dare un nome distintivo a queste quattro slide: tornerà utile quando dovremo collegarle tra loro. Fai clic con il tasto destro sulla miniatura della slide-base e scegli **Rinomina diapositiva**. Nella finestrella che appare, vedrai evidenziato il nome automatico dato dal programma alla slide; digita al suo posto «QUIZ» e fai clic su **OK**.

16. Fai clic con il tasto destro sulla miniatura successiva; vogliamo che questa diapositiva appaia se l'utente fa clic sulla prima risposta (che è errata). Rinomina la slide chiamandola «SBAGLIATA 1».

17. Ripeti poi la procedura per la seconda slide-copia, chiamandola «SBAGLIATA 2» (corrisponderà alla terza risposta, che è errata), e infine per l'ultima slide, chiamandola «GIUSTA» (corrisponderà alla seconda risposta).

Usare la trasparenza

18. Ora modifica le tre slide-copie. Apri la diapositiva SBAGLIATA 1 e inserisci sulla destra una casella con il testo «SBAGLIATO fai clic per riprovare» in corpo 28 e colore rosso; borda la casella con una linea rossa di spessore 3 punti.

19. Poi, per evidenziare la prima risposta, traccia sopra di essa una forma rettangolare, riempila di colore rosso e nelle **Proprietà** imposta la **Trasparenza** al 70%; poi imposta anche qui un bordo rosso spesso 3 punti.

20. Seleziona le due caselle che hai creato e copiale, poi passa alla slide successiva, cioè a SBAGLIATA 2, e incollale. Fai clic all'esterno per de-selezionarle, quindi seleziona soltanto la casella trasparente e abbassala, così che in questo caso vada a evidenziare la *terza* risposta.

21. Passa alla slide GIUSTA e costruisci come sopra la casella di testo di feedback e l'evidenziazione della seconda risposta; qui però usa il colore verde al posto del rosso.

Inserire link tra diapositive

22. Hai così completato i ritocchi alle diapositive; adesso è il momento di inserire i collegamenti tra loro. Passa alla slide QUIZ e seleziona il testo della prima risposta, poi fai clic sul pulsante **Inserisci collegamento**. Nella finestra che si apre, scegli a sinistra **Documento**, poi fai clic a destra sul pulsante **Destinazione nel documento**: apparirà una finestrella con l'elenco delle diapositive. Fai clic sul nome SBAGLIATA 1, come vedi qui sotto, quindi su **Applica** e infine su **OK**.

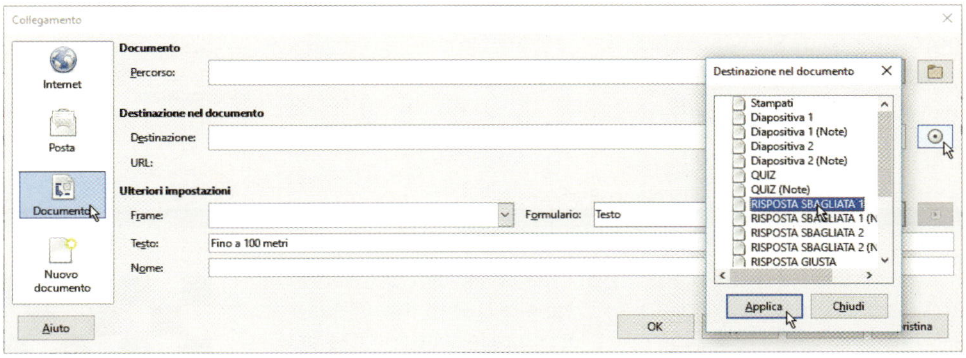

23. Ora, durante la presentazione, se si passa con il mouse sulla prima risposta, il puntatore diventerà manina e al clic si passerà alla slide SBAGLIATA 1. Verifica che sia effettivamente così, eseguendo la presentazione a tutto schermo.

24. Ripeti ora la procedura per collegare nella diapositiva QUIZ la terza risposta alla slide SBAGLIATA 2 e la seconda risposta alla slide GIUSTA.

Nascondere diapositive

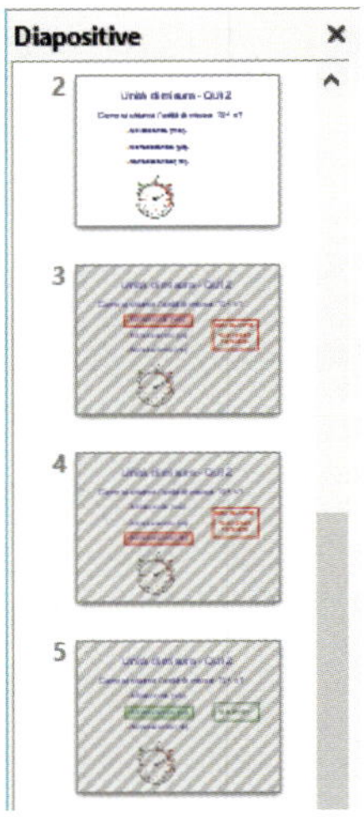

25. Ci sono ancora due dettagli importanti da sistemare. In primo luogo, che cosa succede se nella slide QUIZ l'utente non sceglie una risposta, ma fa clic altrove nella diapositiva? Vogliamo che possa andare avanti nella presentazione, ma senza vedere i feedback alle risposte del quiz. La soluzione è trasformare le tre slide con i feedback in diapositive *nascoste*.

26. Fai clic con il tasto destro sulla miniatura della slide SBAGLIATA 1 e scegli **Nascondi diapositiva**. Fai poi lo stesso con le due slide successive. Adesso nella colonna di sinistra le tre diapositive appaiono oscurate, e durante la presentazione a schermo non appariranno (a meno che non vengano aperte come destinazione dei link impostati per le risposte al quiz).

In Microsoft PowerPoint

In PowerPoint le diapositive nascoste non vengono oscurate: appare soltanto una barra sopra il numero che le etichetta nella colonna delle miniature.

Inibire l'avanzamento al clic

27. Infine vogliamo che, se l'utente risponde al quiz e sceglie una risposta sbagliata, nelle diapositive-feedback il clic del mouse riporti alla slide QUIZ (anziché mandare, come di consueto, alla slide successiva, che contiene un altro feedback). Il modo più semplice per ottenere questo effetto è sovrapporre alla slide un riquadro trasparente, che durante la presentazione risulti invisibile, ma che al clic rimandi alla slide con il quiz.

28. Apri allora la slide SBAGLIATA 1 e traccia con il mouse una forma rettangolare che ricopra quasi tutta la slide. Nella sezione **Area** delle **Proprietà** scegli nel menu **Riempimento** la voce **Nessuno**, poi fai lo stesso nella sezione **Linea**: così il riquadro trasparente non avrà contorno.

29. Per creare il link, sperimenta un metodo diverso da quello usato in precedenza. Fai clic con il tasto destro sulla forma rettangolare trasparente e scegli **Interazione...**; nella finestra che si apre, scorri il menu **Azione al clic** del mouse e scegli **Vai a pagina od oggetto**; quando appare l'elenco delle slide, scegli come **Destinazione** la slide QUIZ e poi fai clic su **OK**.

30. Infine seleziona il riquadro trasparente che hai appena reso interattivo, copialo e vallo a incollare nella slide SBAGLIATA 2, che così avrà lo stesso comportamento di SBAGLIATA 1.

31. Hai così terminato la costruzione del quiz interattivo; ora esegui la presentazione e verifica che tutto funzioni effettivamente come desiderato.

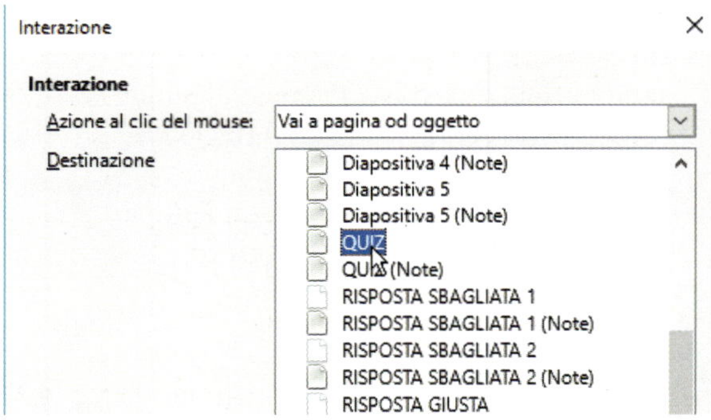

ESERCIZI

1 Crea una nuova diapositiva con layout **Testo centrato**. Digita il testo «collegamento al sito web del libro», poi collega le parole «sito web del libro» all'URL. Fai sì che il testo con il link appaia sottolineato e in colore rosso. Infine verifica in modalità presentazione il corretto funzionamento del link.

2 Crea una slide contenente una tabella 8x8 di forma quadrata e colora le celle come le caselle di una scacchiera. Uno strumento della prima barra dei pulsanti in alto potrà esserti di grande aiuto per velocizzare le operazioni necessarie.

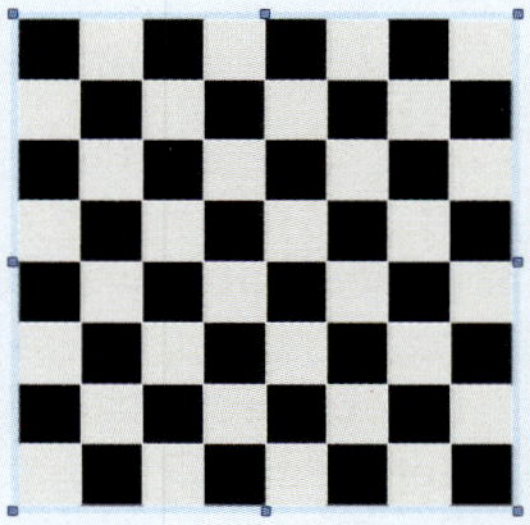

10.5 Animazioni, audio e video

Vogliamo ora completare la presentazione **cetacei.odp** aggiungendo le due diapositive della **figura 10.10**, che contengono elementi animati e multimediali.

Vedremo come far muovere elementi all'interno di una slide, come far comparire diversi elementi della slide in istanti diversi e come riprodurre suoni e filmati durante la presentazione.

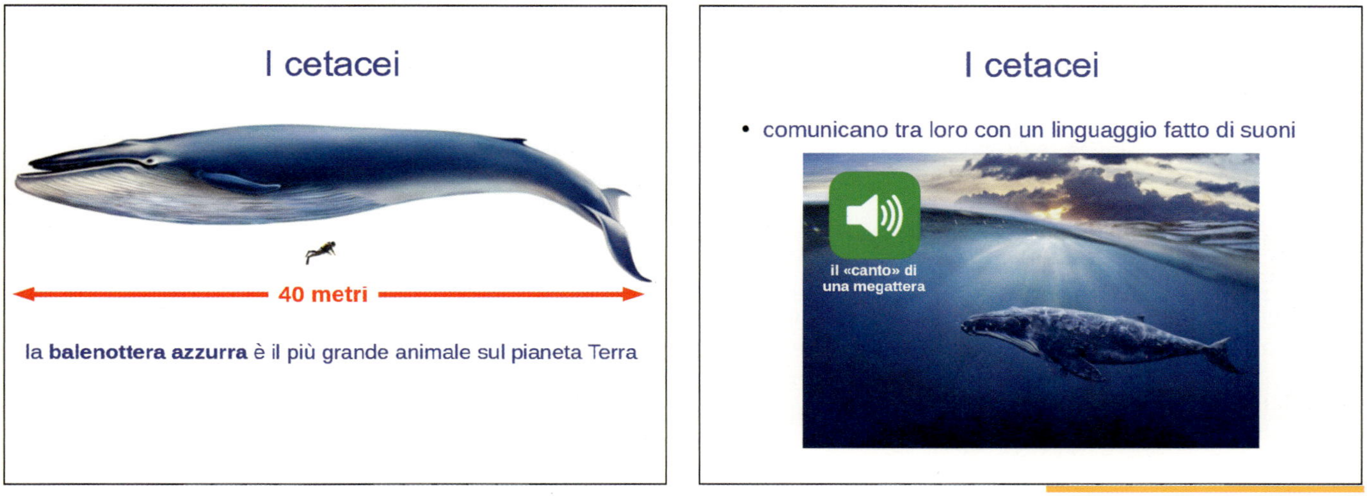

Figura 10.10 Le diapositive da riprodurre in questo paragrafo.

Ritagliare immagini e dar loro dimensioni specificate

1. Apri il file **cetacei.odp**, posizionati sull'ultima slide e crea una nuova diapositiva con il layout vuoto. Copia dalla prima slide della presentazione il segnaposto del titolo e incollalo dentro la nuova slide. Poi inserisci l'immagine **balenottera** che trovi nella cartella **foto cetacei** scaricata dal sito del libro.
2. Fai clic sul pulsante e ritaglia l'immagine eliminando il bianco a sinistra e a destra dell'immagine. Quindi ingrandisci l'immagine, senza deformarla, così che sia larga 28 cm e occupi in larghezza quasi l'intera slide; per farlo, assegna nella sezione **Posizione e dimensioni** della barra **Proprietà** il valore della **Larghezza**, accertandoti che la casella **Mantieni rapporto** abbia il segno di spunta.
3. Poi inserisci l'immagine **subacqueo**: ridimensionala, senza deformarla, così che la sua larghezza sia 1/20 di quella della balena (questo è il rapporto reale tra le dimensioni). Posiziona l'immagine al centro in basso, vicino al bordo inferiore della slide.

Far muovere un oggetto lungo un percorso specificato

4. Il progetto per questa diapositiva è il seguente: vogliamo che il subacqueo, inizialmente fermo al fondo della slide, al clic del mouse «nuoti» salendo vicino alla balenottera; a quel punto vogliamo che si aggiunga l'indicatore rosso delle dimensioni della balenottera; infine, a un altro clic del mouse, vogliamo che si aggiunga la riga di testo.

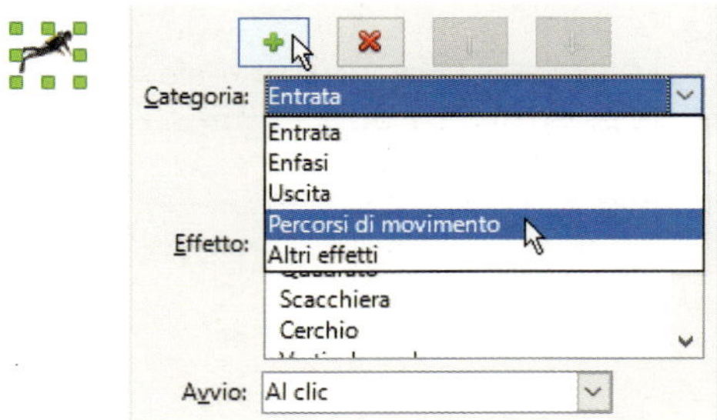

5. Per prima cosa dobbiamo dunque associare all'immagine del sub un effetto di animazione. Seleziona l'immagine e fai clic a destra sul pulsante **Animazione** . Nella barra di destra, al posto delle **Proprietà**, compaiono allora i comandi relativi alle animazioni.
6. Fai clic sul pulsante **Aggiungi effetto** , come mostrato qui a fianco. Gli effetti standard previsti dal programma sono le transizioni per la comparsa (**Entrata**) o la scomparsa (**Uscita**) dei singoli oggetti al clic del mouse; sperimentane l'uso per vedere come funzionano, usando il pulsante **Riproduci** in basso.

7. Noi però desideriamo far muovere l'immagine lungo una traiettoria scelta a nostro piacere: nel menu **Categoria** scegli allora l'opzione **Percorsi di movimento**, poi nella casella **Effetto** scegli **Curva**.
8. Ora con il mouse puoi tracciare sulla slide, a partire dalla foto, il percorso che l'immagine dovrà seguire, in animazione, dopo il clic. Traccia con il mouse un percorso curvo dal basso verso l'alto, che termini poco sotto la balenottera, e al termine fai doppio clic. Il percorso resterà indicato sulla slide come curva tratteggiata grigia, con frecce a indicare il verso del movimento.
9. Visualizza la slide in anteprima a tutto schermo, poi fai clic per vedere in azione l'effetto scelto. Quando abbandoni la presentazione e torni alla slide, puoi selezionare con un clic il percorso e deformarlo o ridimensionarlo, proprio come se fosse un'immagine. Guarda ogni volta a tutto schermo il risultato delle modifiche, poi salva il lavoro quando l'effetto che hai impostato è quello desiderato.

In Microsoft PowerPoint

In PowerPoint gli effetti animati si scelgono nella scheda **Animazione** della barra multifunzione. Un clic su **Opzioni effetto** apre poi una finestra in cui si possono modificare tutte le impostazioni; tra queste c'è anche la possibilità di specificare un ritardo in secondi rispetto all'effetto animato precedente.

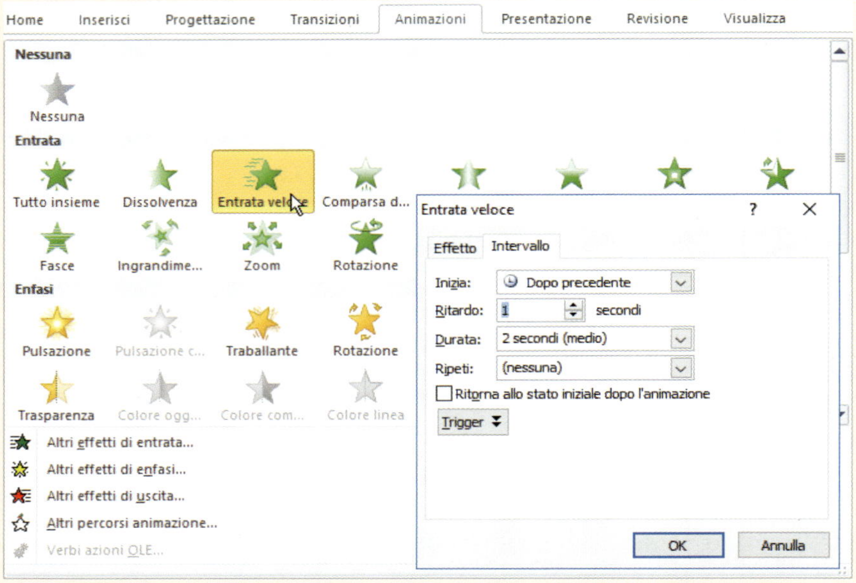

Far comparire un oggetto dopo un altro, o al clic

10. Ora che l'animazione è impostata, usa la freccetta a fianco del pulsante e scegli **Linea con frecce**. Traccia la doppia freccia orizzontale, quindi fai clic su e usa le **Proprietà** per darle il colore rosso e lo spessore di 6 punti. Crea poi una casella di testo, digita al suo interno «40 metri», centra il testo e formattalo in corpo 28 e colore rosso. Per la casella scegli come colore di riempimento il bianco, poi spostala al centro della doppia freccia, come nella **figura 10.10** che è il nostro riferimento.
11. Ora seleziona insieme la doppia freccia e la casella di testo, poi fai clic di nuovo sul pulsante **Animazione** e quindi sul pulsante **Aggiungi effetto**. Questa volta lascia come **Categoria** lo standard **Entrata** e come **Effetto** lo standard **Tutto insieme**, ma nel menu **Avvio** scegli l'opzione **Dopo precedente**: in questo modo la doppia freccia apparirà sulla slide, in modo automatico, alla fine del movimento animato del subacqueo. Verifica a tutto schermo che il risultato sia quello desiderato.

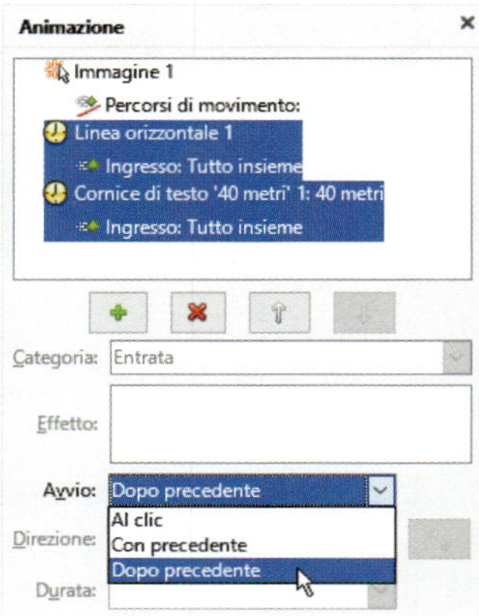

12. Infine crea la casella di testo, copia la frase dal file **testo cetacei.txt**, incollala e formattala come opportuno. Poi seleziona la casella, fai clic sul pulsante e quindi su ; scorri il menu **Effetto** e scegli l'opzione **Dissolvenza**, per far sì che la frase appaia gradualmente; per il resto, accetta tutte le opzioni standard. Verifica a tutto schermo che la frase compaia dopo il *secondo* clic del mouse sulla slide.

Riorganizzare la sequenza degli effetti animati

13. Hai così completato la prima diapositiva, in cui sono presenti numerosi effetti animati. Nota che nel riquadro **Animazione** della barra di destra puoi selezionare ciascun effetto e agire su di esso con i pulsanti presenti sotto l'elenco.

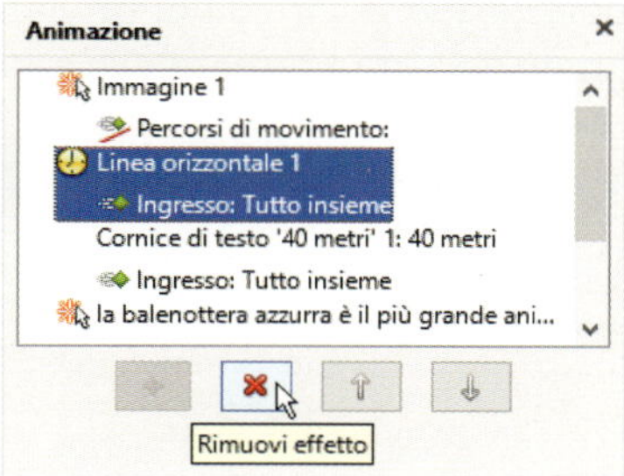

14. Se per esempio vuoi eliminare l'effetto selezionato, fai clic sul pulsante (attenzione: se invece premi il tasto Canc della tastiera, non eliminerai soltanto l'effetto animato, ma l'intero oggetto dalla slide!). Se invece vuoi spostare l'effetto selezionato prima o dopo un altro degli effetti animati presenti nella slide, devi usare i pulsanti e .

Inserire contenuti audio o video

15. Completata la prima slide, passiamo alla successiva. Aggiungi una nuova diapositiva con il layout **Titolo, Contenuto**. Incolla dentro il segnaposto in alto il testo del titolo, copiandolo dalla prima slide della presentazione.

16. Il secondo segnaposto contiene l'icona standard dei layout per l'inserimento di contenuti: tabelle, grafici, immagini e audio o video. Se fai clic sull'ultima opzione, potrai andare a selezionare tra le risorse del computer un file sonoro oppure un filmato, in uno tra molti formati multimediali (come **.aac** o **.mp3** per l'audio, **.wmv** o **.avi** per il video).

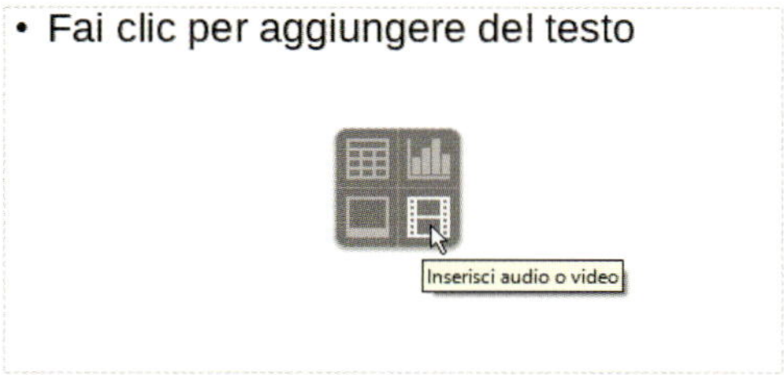

17. Se inserisci un file video, il primo fotogramma apparirà al centro della diapositiva, selezionato, e potrai ridimensionarlo come se fosse un'immagine. Nella barra di destra ci saranno gli strumenti di controllo della riproduzione, come play e pausa, per vedere il video in anteprima. Durante la presentazione a tutto schermo, il video partirà automaticamente quando si passa alla slide in cui è inserito. Non ci saranno strumenti di controllo e al termine del filmato, se lo si vuole rivedere, bisognerà riaprire la diapositiva (per esempio, usando il tasto dopo essere passati alla slide successiva).

18. Se invece inserisci un file audio, nella diapositiva apparirà l'icona standard di un altoparlante, che potrai ridimensionare a piacere, e con i controlli a destra potrai ascoltare il file sonoro in anteprima. Anche qui, durante la presentazione, l'audio partirà automaticamente quando si apre la slide in cui è inserito, senza strumenti di controllo.

19. In entrambi i casi appena visti, il contenuto dei file multimediali viene fisicamente copiato all'interno del file della presentazione (come avviene per le immagini). Questo significa che il file **.odp** può diventare molto «pesante», specialmente nel caso dell'inserimento di video. Ciò può avere effetti negativi sulla qualità della riproduzione, perché si sovraccarica la memoria RAM del computer. Anche per questa ragione i software di presentazione non sono, in generale, lo strumento migliore per mostrare video.

In Microsoft PowerPoint

Gli **Strumenti video** offrono numerose opzioni per la gestione dei filmati.
Con i pulsanti del gruppo **Riproduzione** si può scegliere se riprodurre il filmato a schermo intero durante la presentazione, se farlo girare a ciclo continuo (fino a un clic di interruzione) e se farlo tornare all'inizio quando termina.
In modalità presentazione si può far partire il filmato (e metterlo in pausa durante la visione) con un clic sul pulsante che appare al passaggio del mouse.
Quando un filmato è in esecuzione, per uscire dalla modalità presentazione e tornare alla visualizzazione normale occorre premere *due volte* il tasto Esc.

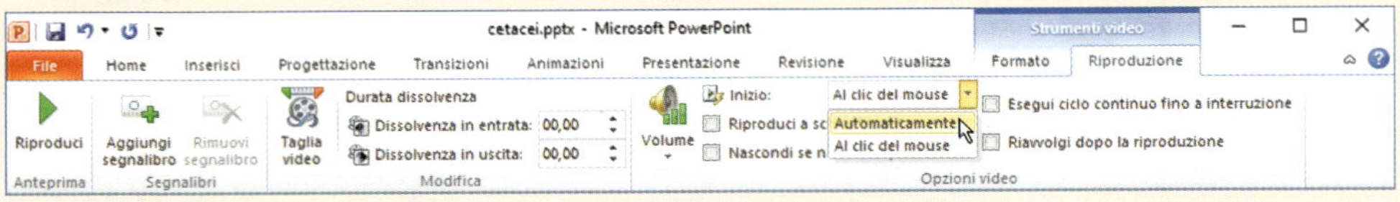

Associare a un oggetto la riproduzione di un suono

20. Ora useremo un metodo diverso: invece di *inserire* un audio nella presentazione, creeremo un collegamento a un file audio esterno. Per iniziare, copia nel secondo segnaposto il testo «comunicano tra loro con un linguaggio fatto di suoni» e formattalo in corpo 28 e colore blu. Poi inserisci nella slide l'immagine **megattera** e dimensionala come nella **figura 10.10** all'inizio del paragrafo.

21. Ora inserisci l'immagine **iconaudio** che trovi nel sito web del libro, ridimensionala e sovrapponila in alto a sinistra alla fotografia.

22. Poi, sempre a immagine selezionata, fai clic con il tasto destro e scegli **Interazione...**, quindi nella finestra che appare scegli nel menu **Riproduci audio**. Scegli tra le risorse del computer il file **megattera.mp3** (che avrai preventivamente scaricato dal sito web del libro nella cartella **esercitazioni**) e conferma con **OK**.

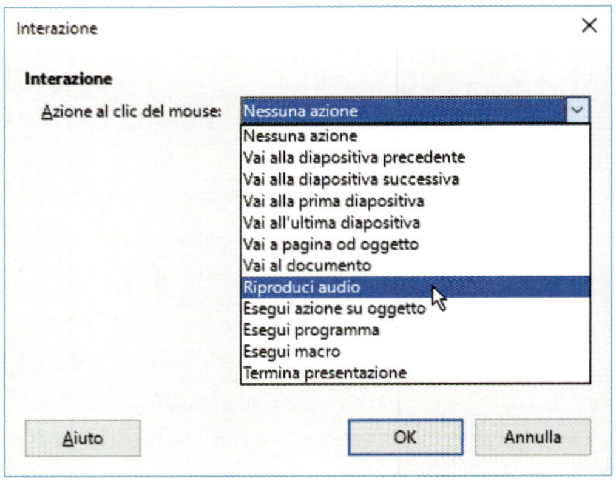

23. Se ora provi la presentazione a tutto schermo, troverai che ogni clic sull'icona dell'altoparlante avvia la riproduzione del file audio. Così, dopo averlo ascoltato, puoi riprodurlo ancora quante volte vuoi.

24. La tecnica di collegamento a un file esterno presenta vantaggi e svantaggi. Tra i vantaggi ci sono il fatto di mantenere leggero il file della presentazione e la possibilità di riprodurre più volte l'audio. Lo svantaggio principale è che il file esterno deve rimanere sempre disponibile quando si visualizza la presentazione: se sposti o rinomini il file audio, infatti, la riproduzione nella slide non funzionerà più. All'atto pratico conviene conservare tutti i file oggetto di collegamento nella stessa cartella in cui è memorizzato il file **.odp** della presentazione.

25. Hai così completato il lavoro: salva il file **cetacei.odp** e chiudi il programma di presentazione.

ESERCIZIO

1 Crea una nuova diapositiva con le immagini della balenottera e del subacqueo in scala. Associa a ciascuna immagine un'animazione del tipo **Percorsi di movimento**: devi far sì che durante la presentazione, al clic del mouse, la balenottera si sposti verticalmente dall'alto verso il basso e che *allo stesso tempo* il subacqueo salga seguendo un percorso curvilineo e vada a fermarsi sopra la balenottera.

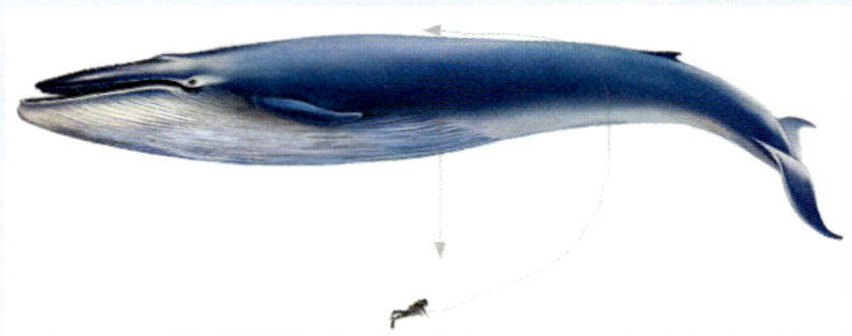

ATTIVITÀ GUIDATA Il teorema di Pitagora animato

Completa il testo

- Quando un oggetto è selezionato in una diapositiva (chiamata anche ....), in Impress con il pulsante gli si può associare un .... di animazione.
- Gli effetti più semplici sono quelli che fanno apparire oppure .... l'oggetto: possono essere transizioni grafiche, come le dissolvenze, o movimenti predefiniti, che per esempio fanno entrare l'oggetto nello schermo oppure lo fanno .... verso l'esterno.
- Di norma durante la presentazione gli effetti si attivano con un .... del mouse sull'oggetto animato, ma è anche possibile impostarli così che avvengano insieme a un effetto precedente, oppure subito .... di esso.
- Nell'interfaccia del programma ogni effetto si può vedere in ...., mentre si lavora sulla diapositiva, grazie al pulsante **Riproduci**. Per essere sicuri del risultato ottenuto, però, è sempre bene verificarlo avviando la presentazione a tutto ....

Ora prova tu

1. Crea una nuova presentazione **Pitagora.odp**.
2. Assegna alla prima slide uno sfondo grigio chiaro. Aggiungi in alto una casella in cui appaia su due righe il testo «una dimostrazione grafica del teorema di Pitagora», centrato e in corpo 22. Centra la casella orizzontalmente nella slide.
3. Disegna un triangolo rettangolo e coloralo in verde con bordo arancione.
4. Crea tre copie del triangolo e ruotale di 90°, 180° e 270° rispetto all'originale.
5. Disegna un quadrato, coloralo in giallo con bordo arancione e fai sì che il suo lato sia lungo quanto la somma dei cateti del triangolo di partenza.
6. Porta il quadrato sullo sfondo rispetto ai triangoli, poi disponi gli oggetti sulla slide come mostrato a sinistra nella figura qui sotto. Usa la funzione zoom per posizionare gli oggetti con precisione.
7. Seleziona il triangolo ruotato di 180° e associagli un effetto di animazione. Scegli **Percorsi di movimento** e **Linea a mano libera**, poi traccia con il mouse un percorso rettilineo che porti il triangolo nell'angolo in alto a destra del quadrato. Se occorre, seleziona il percorso e modificalo con il mouse fino a ottenere il risultato desiderato. Verifica sempre a tutto schermo il risultato dell'animazione impostata.
8. Anima in modo analogo gli altri due triangoli ruotati, così che si spostino nelle posizioni mostrate a destra nella figura. Fai sì che tutte le animazioni avvengano simultaneamente e inizino nel momento in cui si visualizza la diapositiva.
9. Crea poi una seconda diapositiva in cui i triangoli partano dalla posizione finale della prima slide e in animazione si muovano fino alla posizione iniziale della prima slide.

ESERCIZI DI RIEPILOGO

ZTE ONLINE

LOSAI? RIPASSA CON LO SMARTPHONE

1 Completa la mappa della codifica digitale dei dati con le parole:
audio ▪ filtri ▪ formattazioni ▪ geometriche ▪ layout ▪ link ▪ multimediali ▪ puntati ▪ sequenza ▪ slide ▪ transizione

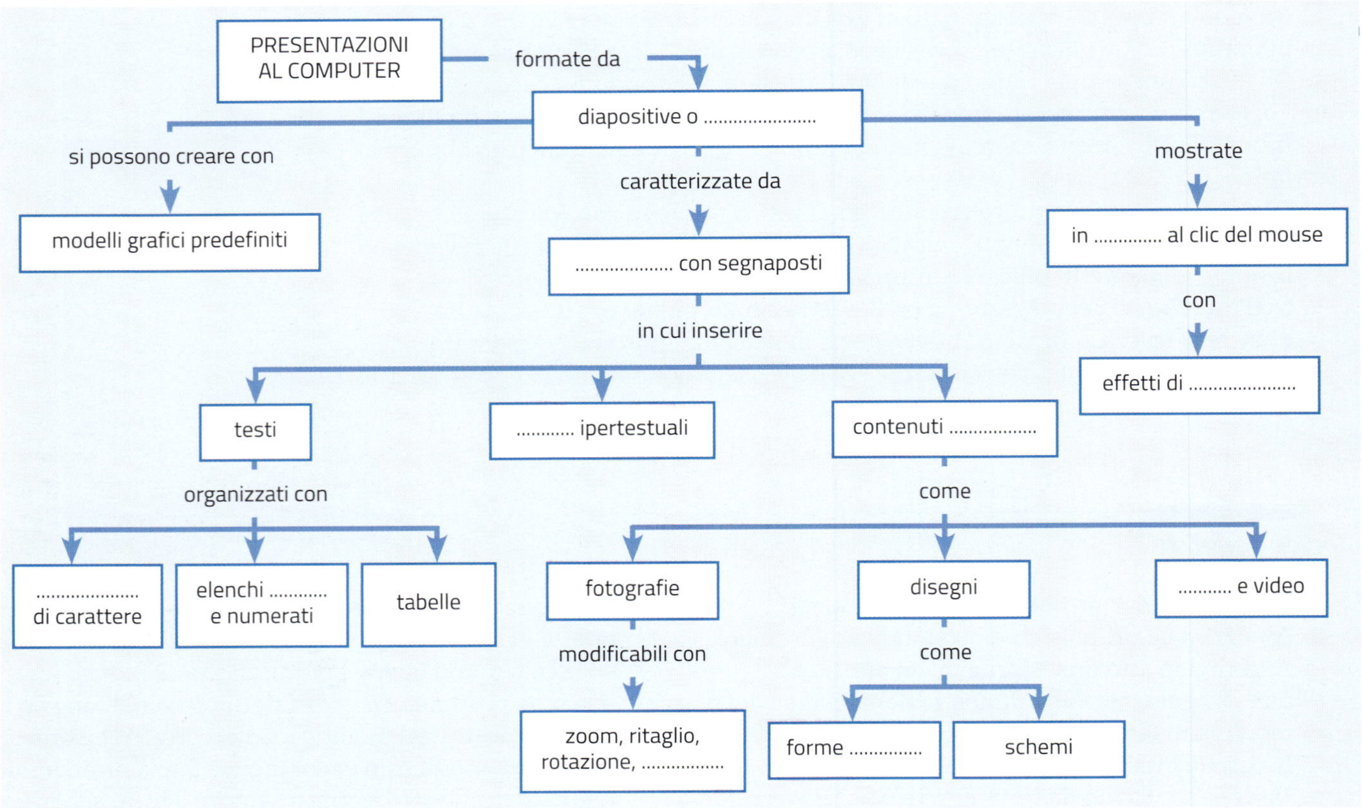

2 Associa ciascun termine alla corretta definizione.

1. presentazione
2. slide
3. transizione

A. passaggio da una slide all'altra
B. un insieme di diapositive
C. una singola diapositiva

....

3 Quale tra queste impostazioni si può applicare simultaneamente a tutte le diapositive di una presentazione?

A La sottolineatura dei titoli delle diapositive.
B La dimensione orizzontale delle immagini.
C L'effetto di transizione tra una diapositiva e l'altra.
D Il colore di riempimento delle forme geometriche.

4 Immagina di avere 7 slide, ma poco tempo a disposizione per presentarle: dovrai perciò «sacrificare», non mostrandole, le slide numero 3 e 4, che però in futuro potrebbero servirti. Quale modifica ti conviene allora apportare al file della presentazione?

....

5 In una presentazione vuoi spostare la slide numero 4 al primo posto. Qual è il modo più veloce per farlo?

....

6 Crea in una diapositiva una casella di testo con l'aspetto e il contenuto che vedi qui sotto. Dovrai usare anche i caratteri speciali e uno strumento per il disegno. Salva il file con il nome **cap10 eserc6**.

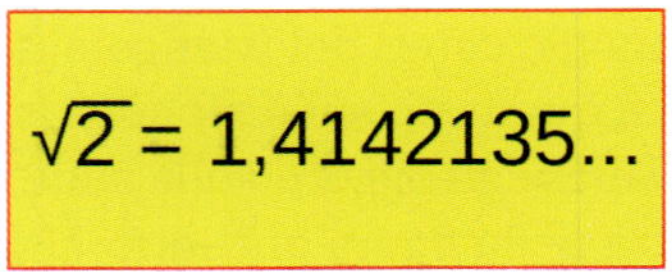

7 Riproduci, usando gli strumenti di disegno del programma, la diapositiva che vedi qui sotto. Salva il file con il nome **cap10 eserc7**.

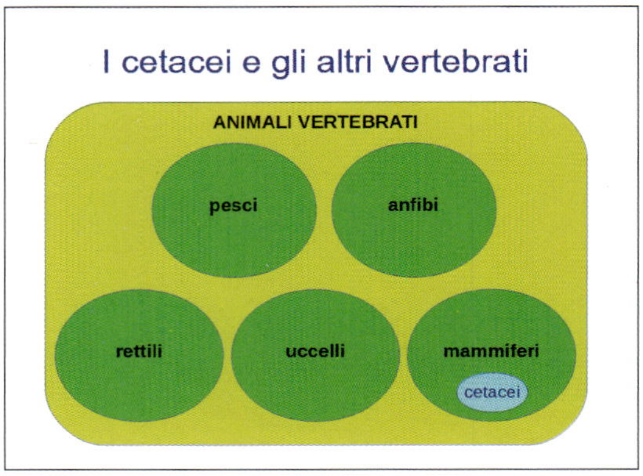

8 Riproduci la diapositiva che vedi qui sotto. Per i testi puoi usare il file **testo cetacei**, ma dovrai aggiungere caratteri speciali. Usa le immagini da **classif1** a **classif5** della cartella **foto cetacei**, opportunamente ridimensionate e allineate tra loro. Salva il file con il nome **cap10 eserc8**.

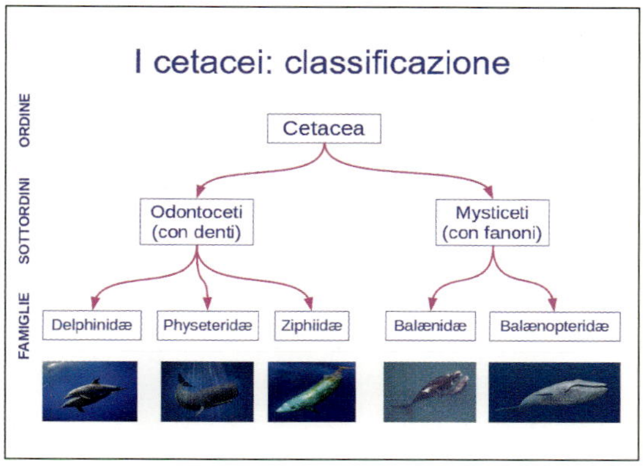

9 Riproduci la diapositiva che vedi qui sotto, copiando i testi dal file **testo cetacei** e inserendo gli opportuni caratteri speciali. Inserisci l'immagine **spruzzo** della cartella **foto cetacei** e poi ritagliala in modo opportuno. Inserisci il collegamento ipertestuale all'articolo scientifico citato in basso e verifica che funzioni in modalità presentazione. Salva il file con il nome **cap10 eserc9**.

10 Crea una presentazione formata da tre slide, di cui due nascoste, che consenta di rispondere interattivamente a un quesito del tipo vero/falso, come mostrato sotto. In caso di risposta sbagliata, il clic deve riportare alla slide del quesito, dove si potrà riprovare a rispondere.
Salva il file con il nome **cap10 eserc10**.

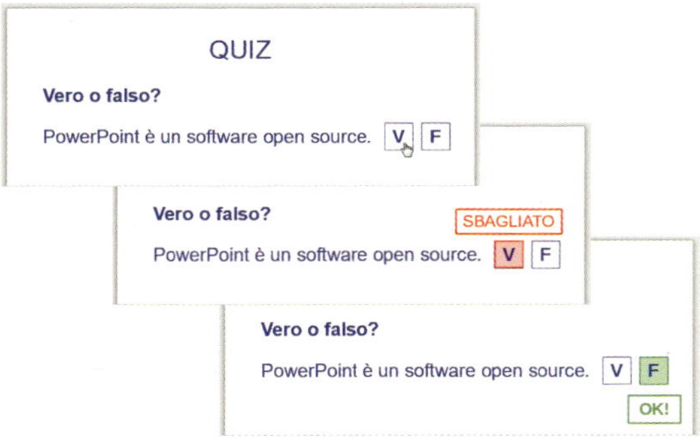

11 Crea una diapositiva con un albero genealogico, come nella figura, e scrivi nelle caselle i nomi (o inserisci le foto) dei tuoi familiari. Sulla slide le diverse generazioni devono apparire, una dopo l'altra, a intervalli di 3 secondi. Salva il file con il nome **cap10 eserc11**.

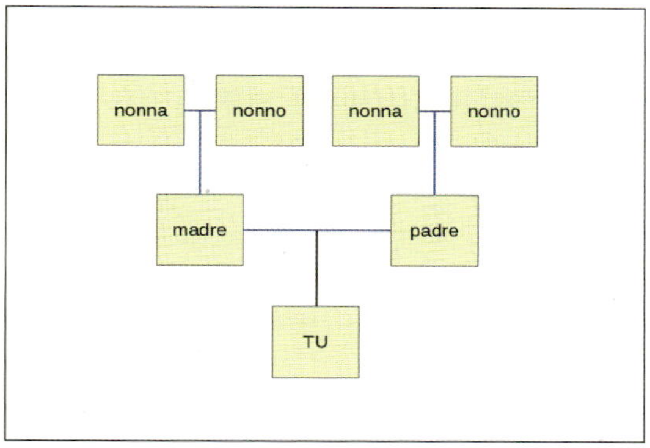

12 Crea una presentazione formata da 5 slide interattive, organizzata in questo modo: la prima slide conterrà una foto a tua scelta (qui sotto **romanesco** dal sito web del libro) e quattro pulsanti – attivi al clic del mouse – corrispondenti a quattro diversi effetti applicati alla foto; le altre quattro slide conterranno la foto modificata con i quattro effetti. In ogni slide sostituisci il pulsante dell'effetto mostrato con un pulsante che riporti alla slide 1. Salva il file con il nome **cap10 eserc12**.

13 Crea una presentazione formata da una sola slide, come mostrato qui sotto. Disegna quattro corsie numerate e posiziona quattro corridori allineati a sinistra (nel sito web del libro trovi il disegno **corridore**). Al clic sul pulsante VIA!, i corridori devono partire insieme e attraversare lo schermo fino al traguardo rispettivamente in 1, 2, 3 e 4 secondi. Salva il file con il nome **cap10 eserc13**.

VERIFICA DELLE COMPETENZE

1 LAVORA SULL'IMMAGINE

La figura mostra una parte dell'interfaccia del software di presentazione.
Aggiungi nella figura le lettere da **A** ad **H** scrivendole in corrispondenza dei pulsanti che permettono di effettuare le operazioni elencate sotto.

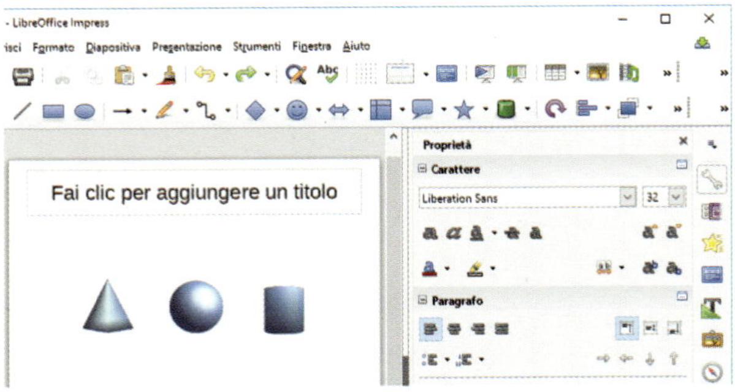

A. allineare un testo al piede di un segnaposto
B. assegnare un effetto di animazione
C. avviare la presentazione dall'inizio
D. formattare un testo come pedice
E. inserire un connettore tra caselle di testo
F. inserire una tabella nella slide
G. ripristinare un'azione che si è annullata
H. ruotare un'immagine

2 L'INFORMATICA E IL CITTADINO

Dal 1971 la fondazione Pubblicità Progresso produce e distribuisce gratuitamente campagne pubblicitarie che hanno lo scopo di sensibilizzare il pubblico su questioni morali, civili ed educative che ci riguardano tutti.
Un elemento-chiave della strategia comunicativa di queste campagne pubblicitarie è l'uso di immagini a forte impatto e di testi semplici, concisi e chiari, che vanno direttamente al cuore del problema e risultano molto coinvolgenti.

Rifletti e prova a immaginare un tema che secondo te rientra nello spirito della Pubblicità Progresso.
Poi realizza con il software di presentazione una slide che contenga un'immagine e uno slogan e comunichi in modo efficace il tema che hai scelto.

3 SCOPRILO SU INTERNET

In Rete esistono diverse piattaforme software che consentono di condividere le proprie presentazioni. Tra le più popolari c'è **slideshare.net**; qui nella casella in alto puoi scrivere parole-chiave per cercare presentazioni sugli argomenti che ti interessano.

Cerca per esempio «presentazione Impress», troverai molti *tutorial* che guidano all'uso di questo programma. Esplorane alcuni e rispondi alle domande che seguono.

a. Quale tasto della tastiera permette di avviare la presentazione a tutto schermo?

....

b. Quale combinazione di tasti permette di avviare la stampa della presentazione aperta?

....

c. Quale combinazione di tasti permette di selezionare insieme tutti gli oggetti presenti in una slide?

....

4 INFORMATICA E AMBIENTE

Il bellissimo **pesce scorpione** (*Pterois volitans*), nativo dei mari tropicali, viene avvistato sempre più spesso lungo le nostre coste mediterranee.
Il pesce scorpione è voracissimo e non ha predatori naturali nei nostri mari. Ha aculei molto velenosi, perciò non va assolutamente toccato a mani nude. Ciò nonostante, è commestibile e molto saporito.

Prepara una presentazione di 3 slide che metta in evidenza il rischio costituito dall'arrivo di questa nuova specie per l'equilibrio ecologico dei nostri mari e suggerisca possibili contromisure.
Cerca in Internet le immagini che ti servono.

CLIL

Learn from the originals | Read it as they wrote it

«Prezi» in Wikipedia

from https://en.wikipedia.org, January 2018

Prezi was founded in 2009 in Budapest by Adam Somlai-Fischer, Peter Halacsy, and Peter Arvai. The company has additional offices in San Francisco and Mexico City. As of March 2017, Prezi had reportedly over 75 million users, who had created more than 260 million prezis.

The company's flagship platform is a visual storytelling software alternative to traditional slide-based presentation formats. Prezi presentations feature a map-like, schematic overview that lets users pan among topics at will, zoom in on desired details, and pull back to reveal context.

The term «conversational presenting» was coined by the company in 2015 to describe a style in which presentations follow the flow of dialogue, instead of vice-versa. By letting presenters adapt the order of their content delivery, this method allows questions and concerns to be addressed as they arise, rather than according to a scripted path.

Prezi uses the *freemium* revenue model, a pricing strategy by which a product or service is provided free of charge, but money (premium) is charged for proprietary features, functionality, or virtual goods.

Presentations created using the product's free Public license type appear on the Prezi.com website, which is publicly viewable. Customers who pay for an Enjoy, Pro, or Pro Plus license can control their presentations' privacy settings. Pro and Pro Plus users have access to the Prezi desktop app, which enables offline editing. Prezi also offers an educational license for students and educators, as well as Prezi Business, which is designed specifically for teams.

Prezi's interactive nature makes it a popular classroom tool. The company has worked closely with the ConnectED initiative since its inauguration by President Barack Obama in 2013, providing free Prezi licenses to hundreds of thousands of high school teachers across the USA.

Glossary

reportedly = according to what some people say

flagship = the most important product of a company

to feature = to include as an important part

to pan = to swing a camera so as to give a panoramic effect

delivery = the distribution of something

scripted = based on a text that was written before

QUESTIONS

1 How many people created the Prezi company, and what is their nationality?

....

2 Which words are fused together to produce the word ***freemium***?

....

3 True or false?

Prezi presentations are not based on slides. T F

No licence is needed to use the Prezi software. T F

If you don't pay to use Prezi, your presentations remain private. T F

The Prezi software can also be used offline. T F

Iniziare a programmare

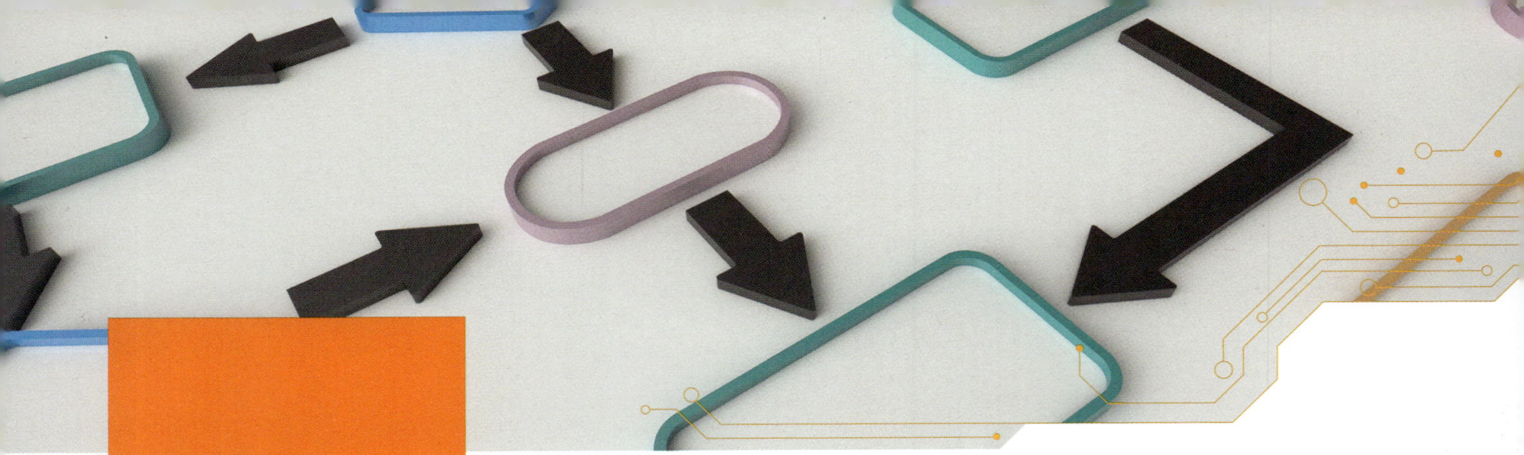

Capitolo 11

La programmazione strutturata

11.1 Gli algoritmi e i diagrammi di flusso

Per risolvere problemi con l'aiuto del calcolatore, si scrivono **programmi**; ogni programma dunque è la traduzione di un **algoritmo** – cioè di una serie di precise istruzioni elementari – in un linguaggio che la macchina possa comprendere ed eseguire.

Uno strumento utile per *progettare* gli algoritmi è la loro rappresentazione come schemi grafici mediante i **diagrammi di flusso**, in inglese *flowchart*.

I diagrammi di flusso sono chiamati anche *diagrammi a blocchi*, perché ogni istruzione dell'algoritmo è rappresentata dentro un blocco grafico, la cui forma è determinata dal tipo di istruzione (**figura 11.1**).

I blocchi sono collegati da linee che terminano con una **freccia** e indicano il **flusso del controllo** dell'algoritmo, cioè il percorso da seguire nell'esecuzione delle istruzioni.

Con questi pochi blocchi elementari, opportunamente collegati da frecce, si può rappresentare qualsiasi algoritmo.

Figura 11.1 I blocchi grafici usati nei diagrammi di flusso.

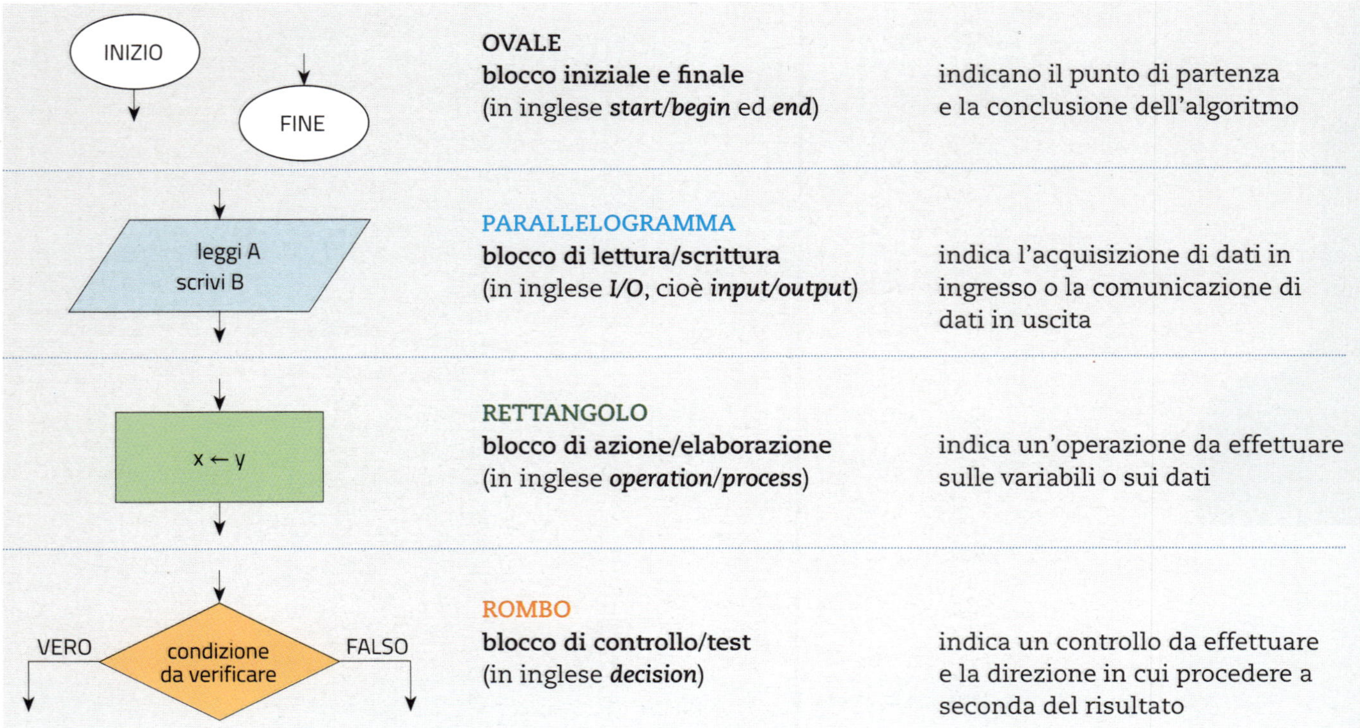

Leggere e disegnare i diagrammi di flusso

Un diagramma di flusso si legge partendo dal blocco iniziale e seguendo la freccia fino al blocco successivo. Si effettua l'operazione descritta nel blocco, poi si segue la freccia che ne esce, fino al blocco successivo. E così via, fino a giungere al blocco finale.

La **figura 11.2** per esempio mostra il diagramma di flusso per questo semplice algoritmo per la messa in carica del telefonino:

1. Controlla quanta carica ha ancora il telefonino.
2. Se la carica della batteria supera il 20%, non fare nulla.
3. Altrimenti, cioè se la carica è inferiore al 20%, collega il caricabatteria.

! Il **diagramma di flusso** è un modo per rappresentare in forma grafica un **algoritmo**.

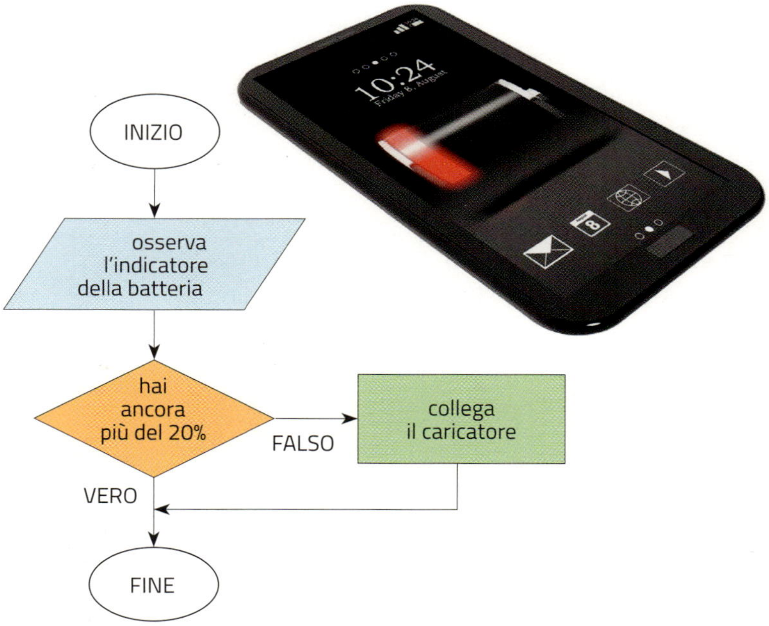

Figura 11.2 Un diagramma di flusso per la messa in carica del telefonino.

Nel diagramma di flusso, dal blocco iniziale si passa a un blocco di lettura; il dato d'ingresso per l'algoritmo è il valore mostrato dall'indicatore della batteria.

Da qui poi si passa a un blocco di controllo, dove la condizione da verificare è la percentuale di carica ancora disponibile: se la carica supera il 20%, non si fa nulla e l'algoritmo termina passando al blocco finale; in caso contrario, prima si passa all'azione di collegare il caricatore, quindi al blocco finale.

Nelle applicazioni reali i diagrammi di flusso non sono semplici come quello appena visto: spesso hanno numerose diramazioni, corrispondenti a numerose scelte logiche diverse (blocchi di forma romboidale) che si susseguono nel corso dell'algoritmo; inoltre ogni diramazione può a sua volta dare origine a un nuovo sottodiagramma di flusso, che termina ricongiungendosi al diagramma principale.

Le regole per i diagrammi di flusso

Nel disegnare un diagramma di flusso bisogna sempre rispettare alcune regole:

- ogni blocco di lettura/scrittura e di azione/elaborazione deve avere una sola freccia entrante e una sola freccia uscente;
- ogni blocco di controllo deve avere una sola freccia entrante e due frecce uscenti;
- ogni freccia deve entrare in un blocco oppure innestarsi in un'altra freccia;
- ci deve essere almeno una freccia che arriva al blocco di fine algoritmo.

Il diagramma di flusso della **figura 11.3** rappresenta un semplice esempio di algoritmo matematico.

Un programma basato su questo algoritmo somma due numeri dati come input e mostra il risultato, con questa sequenza di azioni:

- il programma inizia;
- il programma legge i due numeri;
- chiama i due numeri rispettivamente A e B;
- somma i valori di A e di B e chiama il risultato SOMMA;
- produce come output il valore di SOMMA;
- il programma termina.

Nel linguaggio informatico A, B e SOMMA sono *variabili* e il simbolo della freccia verso sinistra (←) indica l'*assegnazione* del loro valore.

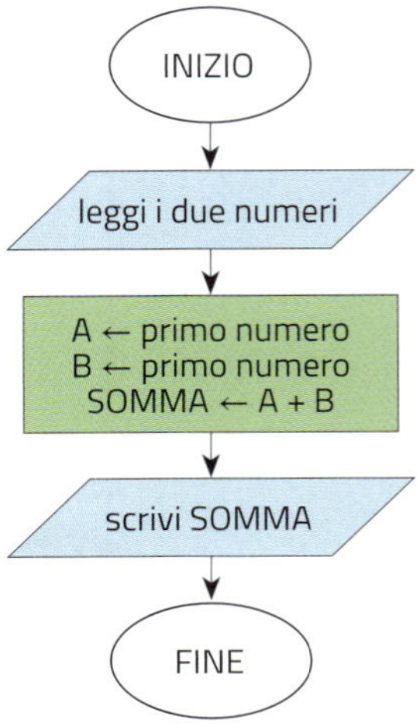

Figura 11.3 Il diagramma di flusso per l'algoritmo che calcola e mostra la somma di due numeri dati come input.

IN SINTESI

- Ogni **algoritmo** si può rappresentare in forma di **diagramma di flusso** usando pochi blocchi grafici elementari: inizio/fine, lettura/scrittura, azione/elaborazione e test.
- I blocchi di un diagramma sono collegati da **frecce** che indicano la sequenza in cui vanno eseguite le istruzioni dell'algoritmo.
- I diagrammi di flusso aiutano a visualizzare gli algoritmi evidenziando i **collegamenti** tra le istruzioni e quindi il **flusso del controllo** durante l'esecuzione.

ESERCIZI

1 Completa questo diagramma di flusso che descrive un algoritmo per l'attraversamento pedonale a un semaforo.

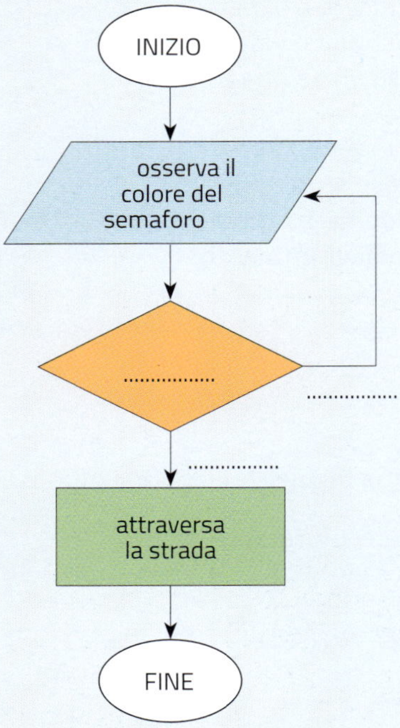

2 In questo algoritmo la barra / rappresenta l'operazione di divisione. Spiega che cosa fa l'algoritmo e perché il diagramma di flusso deve contenere un blocco di test.

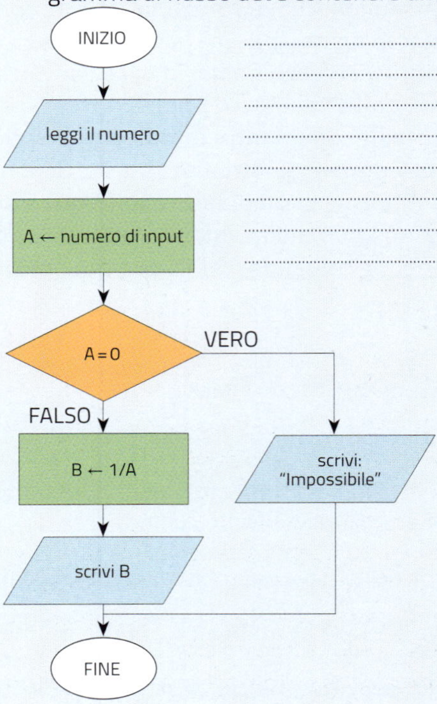

....
....
....
....
....
....
....
....

11.2 Le strutture fondamentali dei programmi

Nel 1966 Corrado Böhm (**figura 11.4**), professore di informatica all'Università di Roma, insieme al suo studente Giuseppe Jacopini dimostrò che gli algoritmi hanno una proprietà generale molto importante: si possono sempre esprimere usando soltanto tre strutture fondamentali, che sono la *sequenza*, la *selezione* (o *struttura condizionale*) e il *ciclo* (o *struttura iterativa*).

Questo celebre **teorema di Böhm-Jacopini** è il fondamento su cui si basa la **programmazione strutturata**, il *paradigma* che caratterizza tutti i principali linguaggi di programmazione odierni. Il termine «paradigma» qui indica l'approccio concettuale usato come riferimento dai programmatori quando progettano e scrivono un programma per il computer.

La programmazione strutturata permette di limitare la complessità del flusso di controllo dei programmi, grazie all'uso delle sole tre strutture di base necessarie:

- la **sequenza** di istruzioni;
- la **selezione** o **struttura condizionale**;
- il **ciclo** o **struttura iterativa**.

Nel seguito del capitolo esamineremo in dettaglio queste tre strutture.

Figura 11.4 Corrado Böhm con i suoi studi ha dato importanti contributi allo sviluppo dell'informatica teorica.

Le istruzioni in sequenza

La **struttura sequenziale** è la più semplice: le istruzioni sono elencate in sequenza e vanno eseguite una dopo l'altra nell'ordine in cui le ha scritte il programmatore.

Le istruzioni possono essere di tre tipi:

- **lettura** (o ingresso, o input): consente di leggere il valore di una variabile da un'unità di ingresso (per esempio la tastiera) e trasferisce tale valore nella parte di memoria RAM che contiene i dati del programma;
- **scrittura** (o uscita, o output): operazione inversa alla lettura, serve per far apparire sullo schermo (o per stampare su carta, o per registrare in un file) il contenuto di una variabile;
- **assegnazione**: fa assumere a una variabile il valore ottenuto calcolando una data espressione.

Vediamo un esempio molto semplice di algoritmo con struttura sequenziale: dato il valore del diametro **D** di un cerchio, vogliamo trovare la lunghezza **L** della circonferenza.

L'algoritmo è rappresentato dal diagramma di flusso della **figura 11.5** e lo si può riassumere così:

1. Leggi il numero di input e assegna il suo valore a **D**.
2. Assegna a **pigreco** il valore 3,14.
3. Assegna a **L** il valore trovato calcolando **pigreco** * **D**.
4. Scrivi come output un messaggio che contiene il valore finale di **L**.

Nella formula abbiamo usato la notazione standard in informatica per la moltiplicazione, che si indica con l'asterisco * (per la divisione si usa invece la barra /).

Nell'algoritmo e nel diagramma di flusso intervengono due *variabili*, **D** e **L**, e una *costante*, **pigreco**.

Come abbiamo già visto, il simbolo della freccia verso sinistra (←) indica l'*assegnazione* del valore a queste entità.

I concetti di «variabile», «costante» e «assegnazione» sono molto importanti nell'informatica ed è fondamentale capire bene il loro significato, che ora andremo ad approfondire.

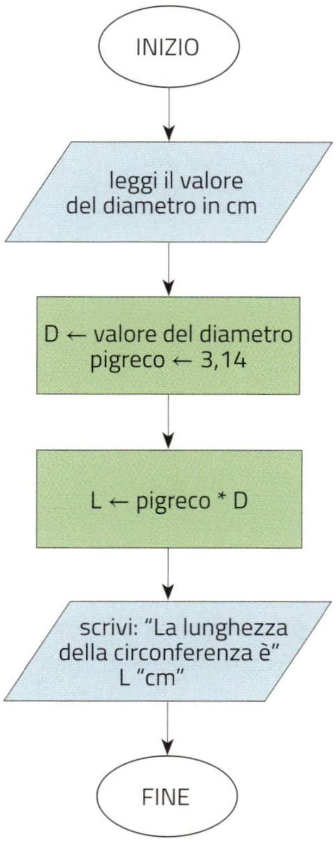

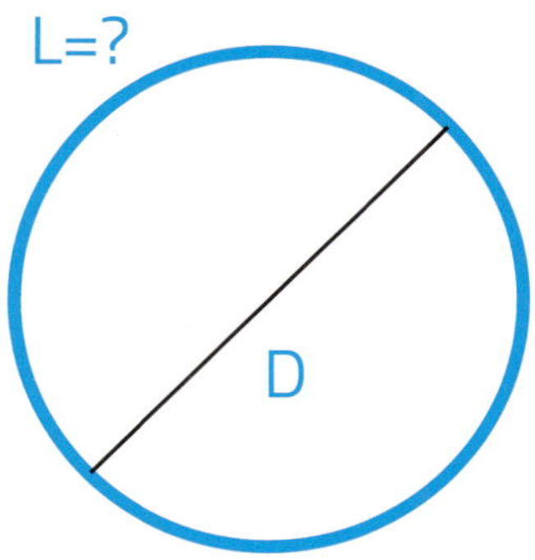

Figura 11.5 Il diagramma di flusso per il calcolo della lunghezza della circonferenza **L**, dato il diametro **D**.

Variabili e costanti

Gli algoritmi servono per risolvere classi generali di problemi. Perciò, come avviene anche nelle formule matematiche, negli algoritmi appaiono **variabili**, ossia simboli che rappresentano numeri il cui valore non è specificato *a priori*.

L'algoritmo della precedente **figura 11.5**, per esempio, non è scritto per calcolare la lunghezza della circonferenza per un particolare valore del diametro: funziona per *qualsiasi* valore della variabile diametro **D**.

Nelle applicazioni informatiche a ogni variabile viene *allocato* (cioè riservato) uno **spazio di memoria**, nella RAM del computer, destinato a contenere il dato che costituisce il valore della variabile.

Una variabile dunque è come una scatola su cui è scritto il nome della variabile, mentre il valore è il contenuto della scatola (**figura 11.6**).

Nei programmi per computer ciò che importa di una variabile non è il nome, bensì il **valore** che essa ha in ogni dato momento durante l'esecuzione.

All'inizio di ogni algoritmo bisogna **inizializzare** le variabili, cioè far sì che abbiano un valore (introdotto come dato di input, oppure assegnato con una specifica istruzione).

Il valore di una variabile può poi cambiare a ogni esecuzione dell'algoritmo – come avviene per **D** e **L** nell'esempio della pagina precedente – o anche nel corso dell'algoritmo stesso.

Una **costante** invece, una volta inizializzata, non subisce mai modifiche.

Nell'algoritmo della circonferenza, per esempio, **pigreco** è una costante: il contenuto del suo spazio di memoria non sarà mai modificato durante l'esecuzione del programma al computer.

Ci sono buone ragioni per usare negli algoritmi costanti simboliche, invece di scrivere i loro valori numerici espliciti.

Per esempio, nel calcolo della lunghezza della circonferenza si potrebbe semplicemente scrivere la formula come **L ← 3,14 * D**.

Ma introdurre la costante **pigreco** è più elegante dal punto di vista formale, e inoltre può rivelarsi utile per alcune ragioni importanti:

- se si vuole estendere l'algoritmo ad altri calcoli che coinvolgono π (come trovare l'area del cerchio o il volume della sfera di diametro **D**), si evita di dover riscrivere ogni volta il numero, riducendo così il rischio di commettere errori;
- se si decide poi di usare un valore diverso per la costante (per esempio 3,141592 invece di 3,14, così da ottenere un risultato più preciso), basta cambiarlo in una sola istruzione, quella che assegna il valore alla costante **pigreco**.

! Una **variabile** è uno **spazio di memoria** che registra un valore che può cambiare. Una **costante** invece è uno spazio di memoria il cui valore non cambia mai.

Figura 11.6 Una variabile è come una scatola contenente un dato numerico che può cambiare nel tempo.

L'assegnazione dei valori

Il simbolo della freccia verso sinistra (←) indica l'operazione di **assegnazione**: alla variabile posta a sinistra della freccia si assegna il valore che si trova a destra della freccia.

Assegnare un valore a una variabile significa **sovrascrivere** con il nuovo valore quello che era precedentemente contenuto nello spazio di memoria della variabile.

Nei linguaggi di programmazione l'assegnazione di solito è rappresentata con il segno di uguaglianza, =.

È importante però tenere presente che non si tratta dell'uguaglianza a cui siamo abituati nelle formule algebriche: l'istruzione **A = B** non significa «le variabili **A** e **B** hanno lo stesso valore», bensì «assegniamo ad **A** lo stesso valore che ha **B**».

La differenza sostanziale tra i due significati si vede bene, per esempio, nel caso di un'istruzione come **A = A+1**. In termini algebrici questa uguaglianza è priva di senso: non è possibile che un numero sia uguale allo stesso numero aumentato di un'unità. Nel contesto della programmazione, invece, l'istruzione significa «cambiamo il valore di **A**, aumentandolo di un'unità».

Per evitare possibili confusioni, negli algoritmi useremo sempre la freccia ← di assegnazione e non il segno «uguale», scrivendo l'istruzione nella forma **A ← A+1**.

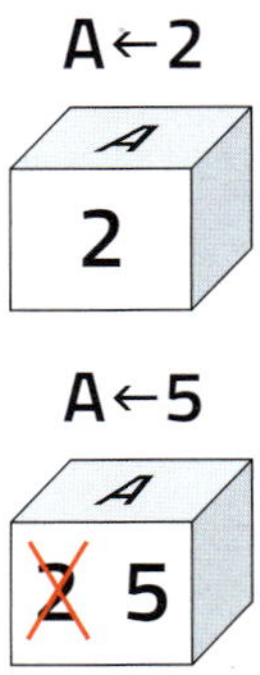

! **Assegnare un valore** a una variabile significa **sovrascrivere** il valore che c'era prima nel suo spazio di memoria.

Le variabili e la loro posizione in memoria

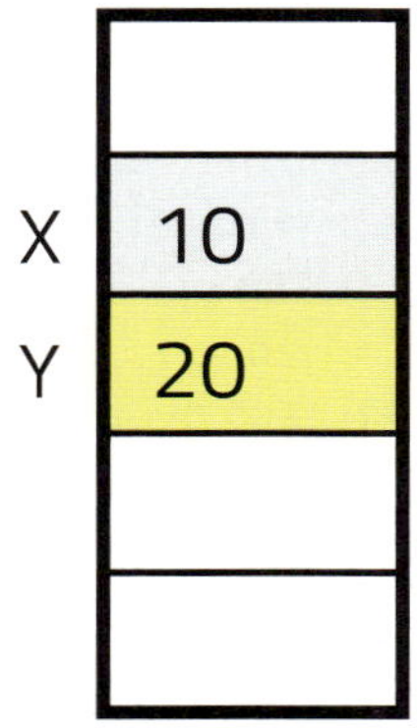

Per programmare non occorre sapere dove siano fisicamente posizionati i dati nel computer; è importante però capire la relazione che esiste tra una varabile e il suo *indirizzo*, cioè la sua posizione nella memoria elettronica.

Supponiamo per esempio di avere nel programma due variabili **X** e **Y** che contengono rispettivamente i valori 10 e 20, come schematizzato qui a fianco.

Vogliamo scambiare il loro contenuto, cioè far sì che il valore che si trova in memoria all'indirizzo **X** passi all'indirizzo **Y**, e viceversa (*swapping* in inglese).

Per ottenere questo risultato useremo l'istruzione di assegnazione, ma dobbiamo fare attenzione a non «perdere per strada» nessun valore.

Non possiamo per esempio iniziare con l'istruzione **Y** ← **X**: se lo facessimo, copieremmo all'indirizzo **Y** il valore di **X**, come desiderato, ma perderemmo al contempo il vecchio valore di **Y**, che verrebbe sovrascritto.

Il procedimento da seguire è simile a quello per scambiare il contenuto di due bottiglie, una piena d'acqua e una di vino: occorre una terza bottiglia in cui travasare il liquido.

Per il nostro problema occorre utilizzare un terzo indirizzo nella RAM, quello della variabile **Z**, come schematizzato nella **figura 11.7**:

1. per prima cosa si copia in **Z** il valore di **X**;
2. poi si copia in **X** il valore di **Y**;
3. infine si copia in **Y** il valore di **Z**.

La sequenza delle istruzioni di assegnazione sarà dunque quella mostrata in basso nella figura: prima **Z**←**X**, poi **X**←**Y**, infine **Y**←**Z**.

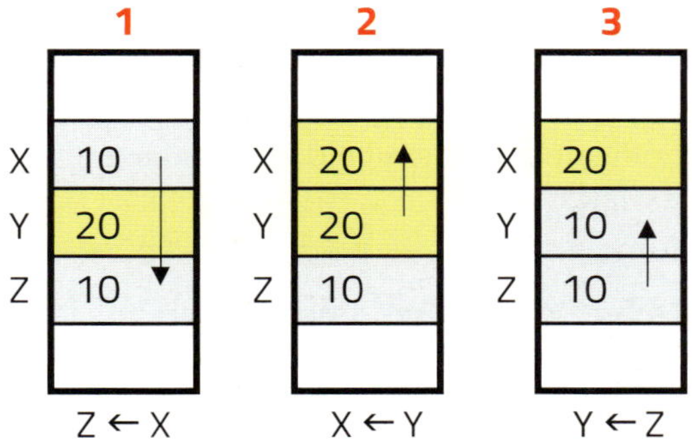

Figura 11.7 Lo scambio dei contenuti di due variabili nella memoria del computer.

IN SINTESI

- La **programmazione strutturata** si basa sul teorema di Böhm-Jacopini, secondo cui qualsiasi algoritmo si può programmare usando soltanto tre strutture: la **sequenza di istruzioni**, la **selezione** (o **struttura condizionale**) e il **ciclo** (o **struttura iterativa**).
- Negli algoritmi alle **variabili** è associato un valore numerico che può cambiare durante l'esecuzione dell'algoritmo; le **costanti** invece hanno un valore che non cambia durante l'esecuzione.
- Lo **spazio di memoria** riservato a una variabile o a una costante contiene un valore numerico attribuito con un'istruzione di **assegnazione**, indicata nei diagrammi di flusso dalla freccia ←.

ESERCIZI

1 Se esegui il programma della **figura 11.5** assegnando a **D** il valore di input 1, che cosa conterrà alla fine lo spazio di memoria RAM della variabile **L**?

....

2 Se nella **figura 11.5** invece del diametro l'input fosse il raggio, assegnato a una variabile **R**, come andrebbe riscritta l'istruzione di assegnazione per **L**?

....

3 Se nell'esercizio precedente si volesse calcolare anche l'area del cerchio, che cosa andrebbe aggiunto all'algoritmo?

....

4 Se la costante **C** contiene il valore 15 all'inizio dell'esecuzione di un programma, quale valore conterrà alla fine dell'esecuzione?

....

5 Se la variabile **V** contiene il valore 15 all'inizio dell'esecuzione, quale valore conterrà alla fine dell'esecuzione?

....

6 Hai due coppie di variabili A, B e C, D e vuoi scambiare tra loro i valori della prima coppia e poi quelli della seconda coppia. Quante variabili addizionali dovrai introdurre?

....

11.3 La struttura condizionale

I programmi di solito non sono composti semplicemente da una sequenza lineare di istruzioni; hanno invece blocchi di istruzioni la cui esecuzione dipende dalle condizioni che si verificano nel corso dell'algoritmo.

Pensiamo per esempio a un programma in cui, a seconda del valore assunto da una certa variabile, si possono eseguire due blocchi diversi di istruzioni.

In tal caso nel programma si inserisce un *test*, o *selezione*, il cui risultato dice al computer quale strada prendere nei passaggi successivi del programma.

Questa **struttura condizionale** prevede dunque due strade alternative, a seconda che la condizione di controllo risulti vera oppure falsa.

Vediamo un semplice esempio di uso di questa struttura.

! La **selezione** o **struttura condizionale** permette di eseguire istruzioni diverse a seconda che una **condizione** sia vera o falsa.

Trovare il valore assoluto di un numero

Dato un numero X, che può essere positivo o negativo, trovare il *valore assoluto* di X (indicato con il simbolo |X|) significa prendere il valore numerico di X trascurandone il segno:

$$\text{se } X \geq 0\text{, allora } |X| = X \quad \text{ma} \quad \text{se } X < 0\text{, allora } |X| = -X$$

La funzione «valore assoluto» dunque lascia X immutato se X è positivo o nullo, mentre trasforma X nel suo opposto se X è negativo. Per esempio: $|2| = 2$ mentre $|-5| = 5$.

L'algoritmo corrispondente si può descrivere così:

1. Leggi il numero e assegna il suo valore alla variabile X.
2. Se X è maggiore o uguale a zero, mostra come risultato il valore di X.
3. Altrimenti, cioè se invece X è minore di zero, mostra come risultato il suo opposto, ossia il valore di –X.

La **figura 11.8** mostra il corrispondente diagramma di flusso.

Il blocco a forma di rombo contiene il test di selezione: se il numero letto è negativo occorre compiere un'azione (cambiare il suo segno), mentre se è positivo o nullo non è necessaria alcuna azione.

In entrambi i casi, l'algoritmo termina stampando o mostrando a schermo il valore finale di X.

Va notato che il valore della variabile X può cambiare nel corso dell'algoritmo, se viene eseguita l'istruzione di assegnazione X ← –X.

In tal caso, al termine dell'algoritmo il valore iniziale (negativo) di X non sarà più presente nella memoria RAM del computer: è stato sostituito dal valore (positivo) –X.

Quindi, nel caso di X < 0, alla fine del programma nel computer non ci sarà più traccia del valore originario (di ingresso) della variabile X.

Se invece si volesse conservare in memoria tale valore, per esempio perché serve in altre parti del programma, bisognerebbe complicare un poco le istruzioni: dopo il test di selezione si dovrebbe assegnare a una nuova variabile Y il valore X oppure –X (a seconda del risultato del test su X) e produrre alla fine come output il valore della variabile Y.

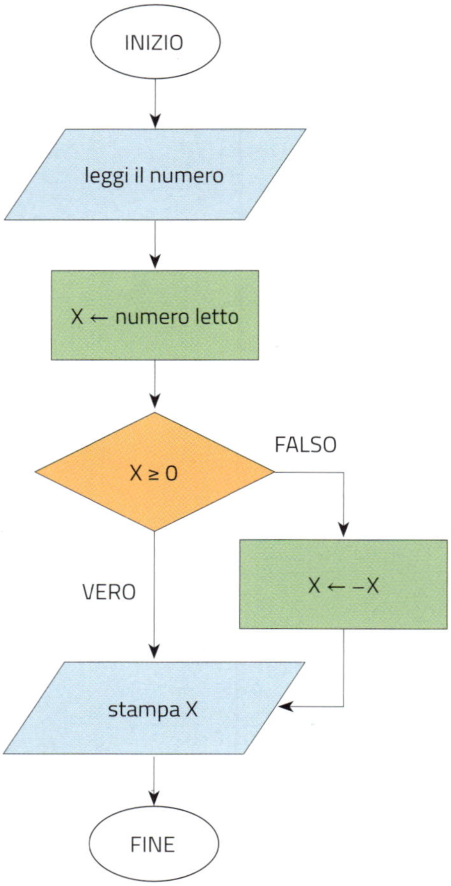

Figura 11.8 Un diagramma di flusso per il calcolo del valore assoluto di un numero dato come input.

Trovare le soluzioni, o radici, di una equazione di secondo grado

Vediamo adesso un caso in cui entrambi i rami di una selezione (vero e falso) richiedono di eseguire azioni.

Per un'equazione di secondo grado che ha la forma $ax^2 + bx + c = 0$, le radici o soluzioni sono date dall'espressione:

$$x_{1,2} = \frac{-b \pm \sqrt{b^2 - 4ac}}{2a}$$

Le due radici dell'equazione, x_1 e x_2, si ottengono applicando la formula una volta con il segno «più» e un'altra con il segno «meno», là dove compare il simbolo ±.

L'espressione sotto la radice quadrata, $\Delta = b^2 - 4ac$, si chiama *discriminante* perché, a seconda del suo valore, ci sono due soluzioni, oppure una sola, o nessuna.

Esistono radici reali soltanto se il discriminante $\Delta = b^2 - 4ac$ è maggiore o uguale a zero. Se invece $\Delta < 0$, la radice quadrata non si può calcolare e non ci sono soluzioni reali.

Prima di eseguire il calcolo delle radici, bisogna quindi fare un controllo sul valore del discriminante Δ (questo simbolo è la lettera greca «Delta» maiuscola).

Un possibile algoritmo è descritto dal diagramma di flusso della **figura 11.9** e si può esprimere così:

1. Leggi i tre coefficienti a, b e c.
2. Calcola $\Delta = b^2 - 4ac$.
3. Se Δ è maggiore o uguale a zero, calcola con la formula di risoluzione le due radici x_1 e x_2 e producile come output.
4. Altrimenti, cioè se Δ è negativo, scrivi «Non ci sono radici reali».

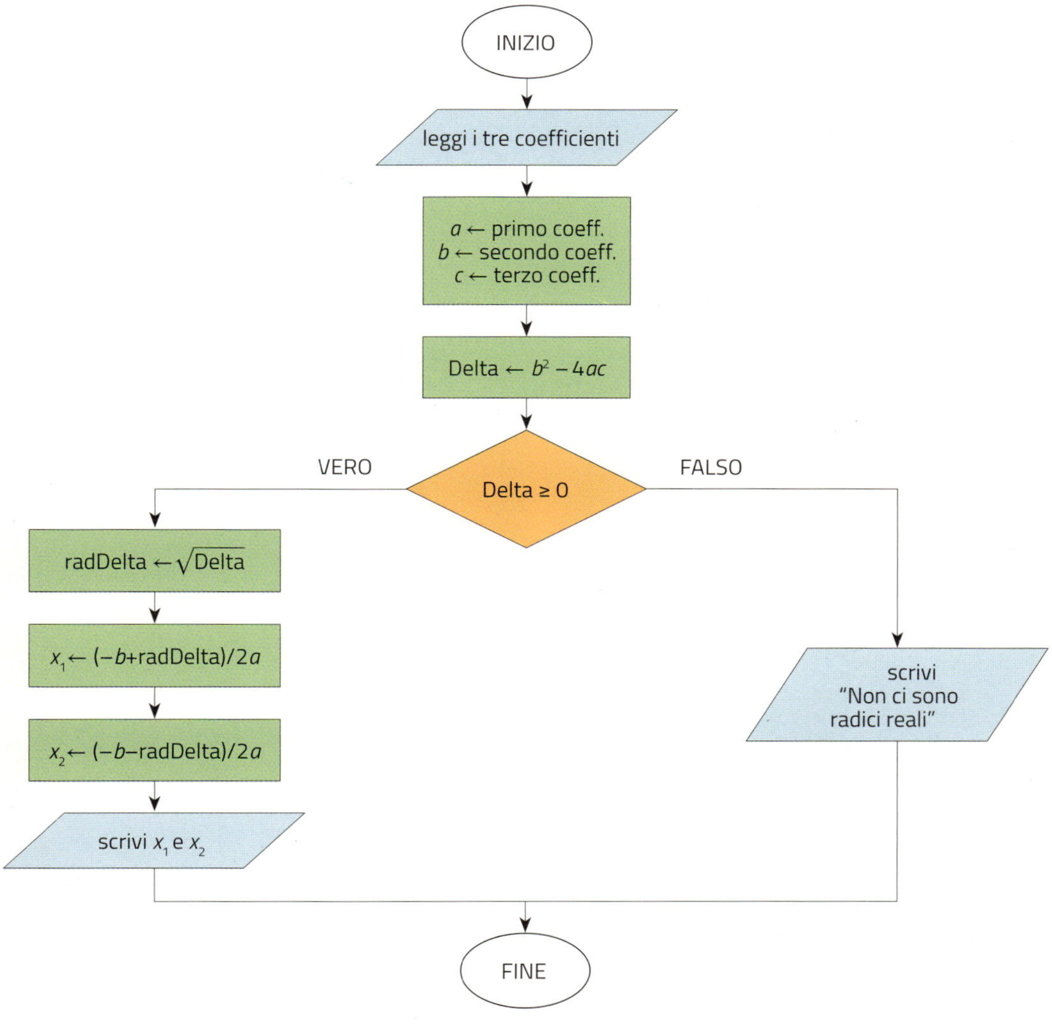

Figura 11.9 Un diagramma di flusso per la risoluzione di un'equazione di secondo grado.

Le strutture nidificate

Per rappresentare la struttura condizionale, i linguaggi di programmazione usano la parole-chiave **if** («se» in inglese), che può essere seguita da **else** («altrimenti») ed **end if** («fine dell'if»), con una sequenza di istruzioni del tipo:

> **if** (*condizione da verificare*)
>
> *istruzioni da eseguire se la condizione è vera*
>
> **else**
>
> *istruzioni da eseguire se la condizione è falsa*
>
> **end if**

Una selezione può contenere, fra le azioni condizionate, ulteriori sottoselezioni, che allora si dicono **nidificate** nella prima.

In tal caso occorre però evitare attentamente, mentre si scrive il programma, di «incrociare» tra loro le strutture condizionali in modo incoerente dal punto di vista logico, come esemplificato a destra nella **figura 11.10**.

A seconda del linguaggio di programmazione usato, questo errore di logica porterebbe a un programma che non è eseguibile oppure, se lo è, produce risultati non corretti.

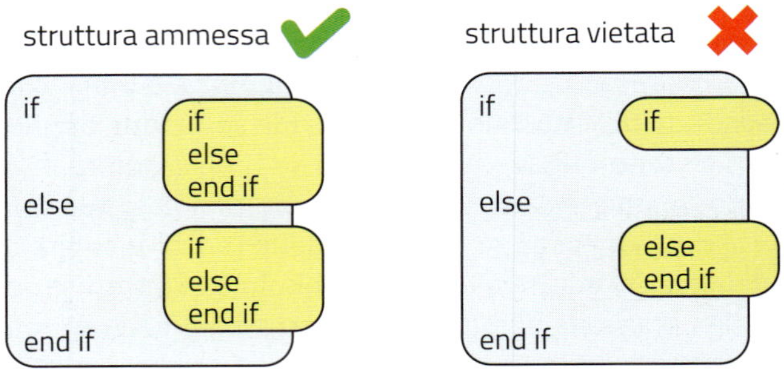

Figura 11.10 Selezioni nidificate ammesse e vietate.

Vediamo un esempio di algoritmo che contiene una struttura nidificata.

Nel caso dell'algoritmo per risolvere un'equazione di secondo grado, può essere utile introdurre una selezione nidificata come mostrato nella **figura 11.11**.

Qui nella parte inferiore del diagramma di flusso abbiamo esplicitato tutti i casi possibili per il discriminante.

Ora il caso di Δ positivo è trattato in modo distinto dal caso $\Delta = 0$, in cui le due radici coincidono e i calcoli si possono semplificare.

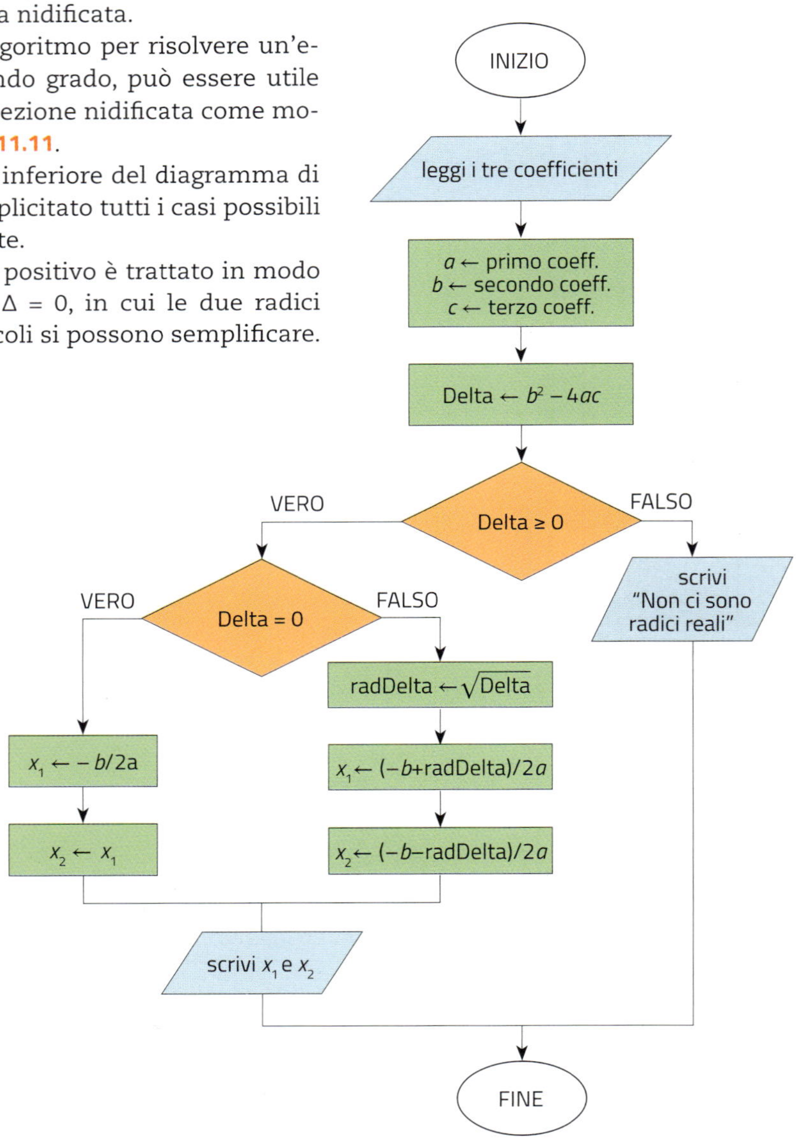

Figura 11.11 Un diagramma di flusso con una selezione nidificata.

Gli operatori relazionali e gli operatori logici

Le condizioni sottoposte a controllo nei test di selezione, dette anche *predicati*, sono espressioni che coinvolgono una o più variabili.

Per esempio, la condizione «A > B» scritta in un blocco a forma di rombo significa «se è vero che il valore della variabile A è maggiore di quello della variabile B».

I predicati si esprimono usando gli **operatori relazionali**, che sono:

=	uguale
≠	diverso
>	maggiore
<	minore
≥	maggiore o uguale
≤	minore o uguale

Nei predicati spesso è utile usare anche gli **operatori** (o **connettivi**) **logici AND**, **OR** e **NOT**, in particolare quando si vogliono controllare simultaneamente più condizioni.

Questi operatori sono detti anche **booleani**, dal nome di George Boole, l'inglese che nell'Ottocento ha fondato la logica matematica.

Se chiamiamo C_1 e C_2 due condizioni, ciascuna delle quali può essere vera (V) oppure falsa (F), allora la *congiunzione logica* **AND** e la *disgiunzione logica* **OR** sono definite dalle seguenti **tabelle di verità**:

C_1	C_2	C_1 AND C_2
V	V	V
V	F	F
F	V	F
F	F	F

C_1	C_2	C_1 OR C_2
V	V	V
V	F	V
F	V	V
F	F	F

Dunque la condizione composta **C_1 AND C_2** è vera soltanto se sono vere *sia* C_1 *sia* C_2. Invece, perché **C_1 OR C_2** sia vera, basta che sia vera *almeno una* tra le condizioni C_1 e C_2.

Negli algoritmi può accadere di controllare simultaneamente anche più di due condizioni. In tal caso:

- se si usa la congiunzione logica **AND**, il predicato composto:

  condizione1 AND condizione2 AND condizione3 AND ...

  è VERO soltanto se *tutte* le singole condizioni sono soddisfatte, mentre è FALSO se *anche una sola* tra le condizioni non è soddisfatta;
- se si usa la disgiunzione logica **OR**, il predicato composto:

  condizione1 OR condizione2 OR condizione3 OR ...

  è VERO se *almeno una* tra le condizioni è soddisfatta, mentre è FALSO soltanto se *nessuna* tra le singole condizioni è soddisfatta.

Questo significa che la congiunzione AND impone vincoli più restrittivi rispetto alla disgiunzione OR.

Come esempio concreto, considera questo algoritmo per decidere che fare quando ricevi una chiamata sul telefonino:

Rispondi se chi chiama è un amico AND è pomeriggio.

In base a questa regola di comportamento, risponderai alla chiamata soltanto se arriva da un amico di pomeriggio. Se un amico ti chiama di mattina o di sera non risponderai, e anche di pomeriggio non risponderai, se chi chiama non è un amico.

Se invece la regola fosse:

Rispondi se chi chiama è un amico OR è pomeriggio.

allora risponderesti alla chiamata in molti più casi: ogni volta che ti chiama un amico (in qualsiasi momento del giorno) e sempre al pomeriggio (chiunque sia a chiamare).

! Con gli **operatori logici** AND e OR si possono esprimere condizioni composte da più requisiti.

L'operatore logico NOT nega la condizione a cui è applicato. Così, per esempio, questa regola per il telefonino:

Rispondi se NOT è mattina.

significa che risponderai a tutte le chiamate, tranne a quelle che arrivano al mattino.

L'operatore NOT, applicato a una condizione C, è definito da questa tabella di verità:

C	NOT C
V	F
F	V

IN SINTESI

- La **struttura condizionale** o **selezione** prevede due strade alternative, a seconda che una condizione di controllo risulti vera oppure falsa.
- Nei linguaggi di programmazione la selezione si rappresenta con le istruzioni **if** (seguita dalle istruzioni da eseguire se la condizione è vera) ed **else** (seguita dalle istruzioni da eseguire se la condizione è falsa).
- I **predicati**, cioè le condizioni di cui si controlla il valore di verità, si esprimono applicando alle variabili gli **operatori relazionali** «uguale a» (=), «diverso da» (≠), «minore di» (<), «maggiore di» (>), «minore o uguale a» (≤) e «maggiore o uguale a» (≥).
- Un predicato può anche combinare tra loro **più condizioni diverse** mediante gli **operatori logici AND, OR** e **NOT**.

ESERCIZI

1 Spiega a che cosa serve l'algoritmo descritto da questo diagramma di flusso.

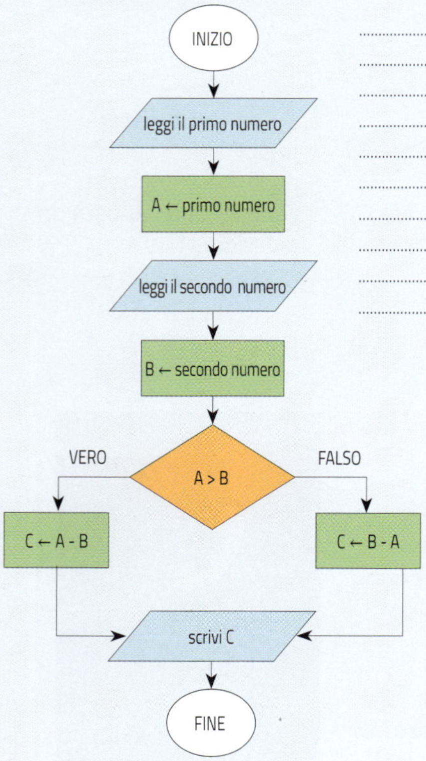

2 Che cos'altro andrebbe cambiato nel diagramma di flusso dell'esercizio precedente, se nel blocco di controllo si scegliesse di scrivere la condizione «A<B» invece di «A>B»?

3 Disegna su un foglio il diagramma di flusso per un algoritmo che, dato un numero qualsiasi, dica se il numero è positivo o negativo. Per quale ragione è utile che quest'algoritmo contenga una selezione nidificata?

4 Data una variabile numerica **NUM**, scrivi una condizione che permetta di controllare se il suo valore è compreso tra 3 e 7. Usa un operatore logico.

5 Data una variabile testuale **giorno**, che può assumere qualsiasi valore da **lunedì** a **domenica**, scrivi una condizione che permetta di controllare se il valore di **giorno** corrisponde al fine settimana. Usa un operatore logico.

11.4 Le strutture iterative

Molti algoritmi richiedono che certi gruppi di istruzioni siano eseguiti ripetutamente, per un numero di volte predefinito oppure fino al verificarsi di una data condizione.

Iterare significa ripetere, perciò l'esecuzione ripetuta di uno stesso gruppo di istruzioni con dati diversi si chiama **iterazione**, o anche **ciclo**, perché la ripetizione avviene in modo ciclico.

Ora vedremo in quali modi questa struttura si può realizzare seguendo le regole della programmazione strutturata.

Il ciclo di tipo *for*

Quando si vuole iterare per un numero prestabilito di volte, si usa il **ciclo di tipo for**.

La struttura generale di questo tipo di ciclo si può riassumere così:

for (*condizione da verificare*)
    istruzioni da eseguire se la condizione è vera
    poi torna all'istruzione **for** *per l'iterazione successiva*
end for

Qui **end for** indica il termine del ciclo: quando la condizione risulta falsa, non si itera più e si procede con le istruzioni successive del programma.

La condizione del ciclo dipende da una variabile intera detta **contatore**, perché conta il numero delle iterazioni eseguite.

Di solito questa variabile è chiamata **i** e il suo valore viene incrementato di un'unità a ogni esecuzione del ciclo.

Va notato che nel ciclo **for** il controllo della condizione da soddisfare *precede* il gruppo delle istruzioni da iterare. Può quindi accadere che le istruzioni previste nel ciclo non siano mai eseguite.

Consideriamo come esempio il problema di calcolare, dato un qualsiasi valore di **n**, la somma dei primi **n** numeri interi positivi, ossia il valore della seguente espressione:

$$1 + 2 + 3 + \ldots + (n-1) + n.$$

Si tratta dunque di ripetere **n** volte un'operazione di addizione.

Un possibile algoritmo è dato dal diagramma di flusso della **figura 11.12**, che si può descrivere così:

1. Assegna come input il valore della variabile **n**.
2. Inizia azzerando la variabile **somma** e parti dal valore 1 per il contatore **i**.
3. Se il valore del contatore **i** è minore o uguale a **n**, aggiungi il suo valore a **somma**, poi incrementa di un'unità il valore di **i** e ripeti il test di controllo.
4. Altrimenti, cioè se il contatore **i** è maggiore di **n**, produci come output il valore di **somma**.

Merita sottolineare alcuni aspetti di quest'algoritmo:

› il numero **n** delle iterazioni da fare è noto fin dall'inizio, cioè dal momento della lettura dell'input;
› il valore di **i** viene aumentato a ogni iterazione, perciò prima o poi **i** supererà **n**; quindi il ciclo avrà sicuramente un termine;
› nel caso in cui l'input **n** vale 0, la condizione sarà falsa fin dall'inizio e le istruzioni del ciclo non verranno mai eseguite.

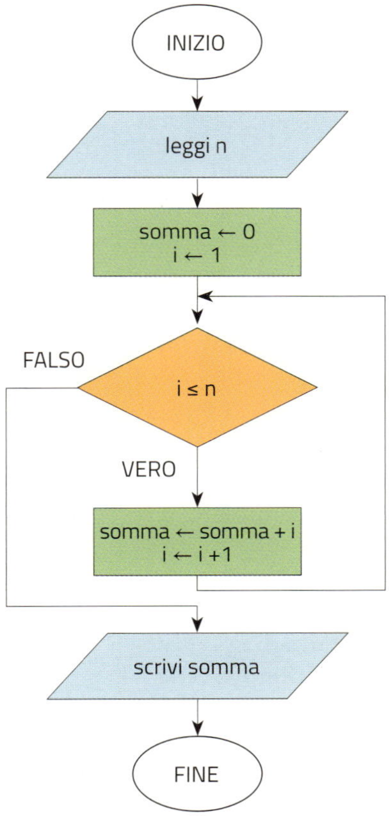

Figura 11.12 Un diagramma di flusso basato sul ciclo **for**.

! Il **ciclo di tipo for** si usa quando il numero delle iterazioni è prestabilito.

I cicli di tipo *while* e *do*

I cicli di tipo **while** e i cicli di tipo **do** si usano per codificare algoritmi contenenti iterazioni quando non si conosce *a priori* il numero dei cicli da effettuare, perché quel numero dipende dal verificarsi o meno di una certa condizione.

La differenza principale fra i due costrutti sta nella posizione della condizione per la permanenza all'interno del ciclo, come mostrano gli schemi della **figura 11.13**.

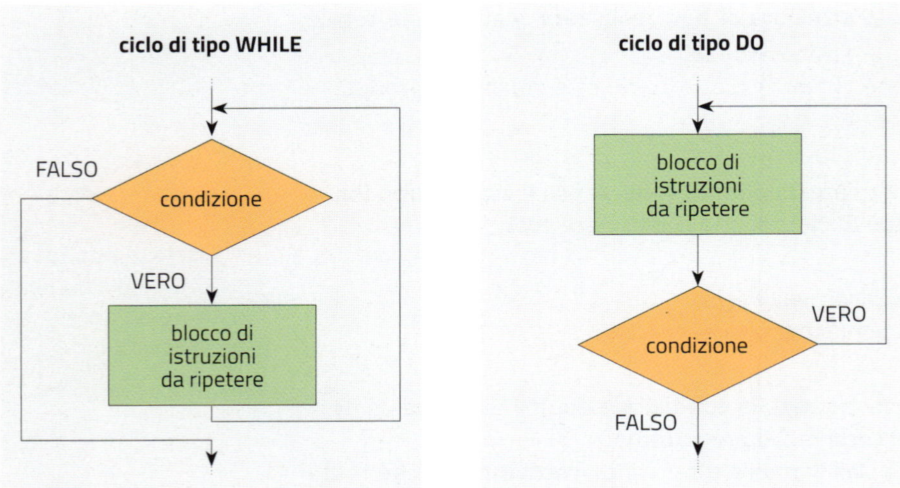

while *(condizione da verificare)*
istruzioni da eseguire
finché la condizione è vera
end while

do
istruzioni da eseguire
while *(condizione da verificare)*
se la condizione è vera, torna a **do**

! I **cicli** di tipo **while** e di tipo **do** sono equivalenti tra loro all'atto pratico.

Figura 11.13 La struttura dei cicli **while** e **do**.

- Nel ciclo di tipo **while** la condizione *precede* le istruzioni da ripetere, come nel ciclo di tipo **for**; è possibile che il test dia subito come risultato **falso**, nel qual caso le istruzioni del ciclo sono trascurate e il programma prosegue con le istruzioni successive.
- Nel ciclo di tipo **do** la condizione è posizionata invece *alla fine* del blocco di istruzioni da ripetere; tali istruzioni verranno dunque eseguite almeno una volta.

Vediamo ora un esempio concreto di applicazione dei due costrutti.

Supponiamo di voler rispondere a questa domanda: se sommiamo i numeri della sequenza degli interi positivi (così: 1 + 2 + 3 + ...), a quale numero dovremo arrivare perché la somma ottenuta superi il valore 100?

La soluzione di questo problema richiede un algoritmo di tipo iterativo.

Per un ciclo di tipo **while**, il diagramma di flusso può essere quello della **figura 11.14**, che si può descrivere come segue:

1. Inizializza con il valore 0 la variabile numero intero **i** e la variabile somma **s**.
2. Controlla se il valore della somma **s** è minore del valore-soglia 100.
3. Se ciò risulta vero, aumenta il valore di **i** di un'unità (cioè passa al numero intero successivo) e aggiungilo alla somma **s**.
4. Altrimenti, cioè se invece risulta che **s** è maggiore o uguale a 100, esci dal ciclo e produci come output il valore di **i**.

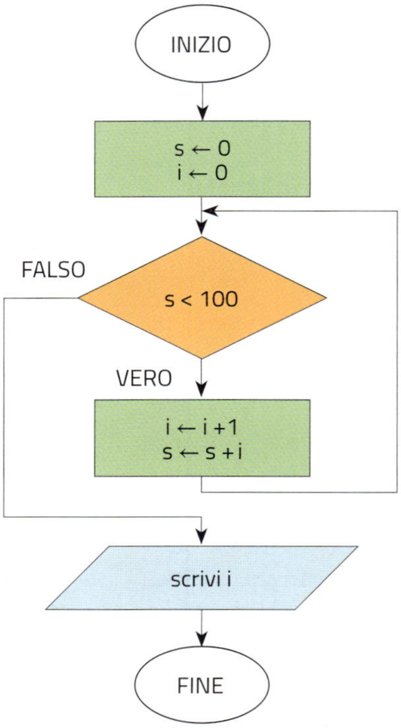

Figura 11.14 Diagramma di flusso basato sul ciclo **while**.

Otterremo così come risultato l'ultimo valore del contatore **i** che è stato utilizzato nel ciclo. Questo valore è proprio la risposta alla domanda che ci eravamo posti: infatti alla fine **i** è il numero degli interi che sono stati sommati per superare 100.

Per un ciclo di tipo **do** un algoritmo che risolve lo stesso problema è invece il seguente, che corrisponde al diagramma di flusso della **figura 11.15**:

1. Inizializza con il valore 0 la variabile numero intero **i** e la variabile somma **s**.
2. Inizio del ciclo: aumenta il valore di **i** di un'unità (cioè passa all'intero successivo) e aggiungilo a **s**.
3. Controlla se il valore della somma **s** è minore di 100.
4. Se **s** < **100**, torna all'inizio ciclo, cioè al punto **2**; altrimenti esci dal ciclo e produci come output il valore di **i**.

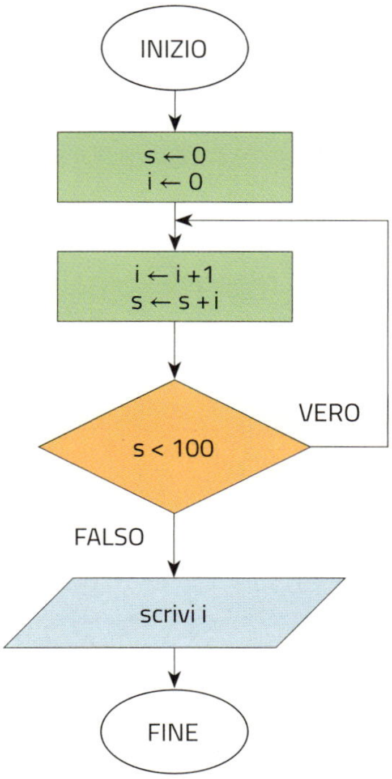

Figura 11.15 Diagramma di flusso basato sul ciclo **do**.

I due algoritmi che abbiamo scritto sono equivalenti tra loro, ed entrambi daranno come output il valore 14 (infatti la somma degli interi da 1 a 14 vale 105).

L'algoritmo scritto per il valore-soglia 100 si può facilmente generalizzare: basta leggere all'inizio come input un numero intero qualsiasi, assegnarlo a una variabile **soglia** e sostituire poi nel test la condizione **s** < **soglia**.

Si può notare che in questo esempio, nel ciclo di tipo **while**, la prima applicazione del test sul valore di **s** è superflua (giacché si è appena assegnato il valore **s** ← **0**); il test perciò verrà sempre ripetuto almeno due volte.

Invece nel caso **do**, almeno in linea di principio, si potrebbe uscire dal ciclo già alla prima applicazione del test (ciò avverrebbe se la condizione fosse **s** < **1** invece di **s** < **100**).

Per riassumere tutto ciò che abbiamo visto sui cicli, quando si vuole progettare una struttura iterativa in un algoritmo occorre stabilire:

- quali azioni debbano essere inserite prima dell'avvio del ciclo;
- quale tipo di ciclo sia più adatto per l'algoritmo in esame;
- quali siano le azioni da ripetere a ogni iterazione;
- quale sia la condizione che pone termine all'iterazione;
- quali azioni vadano eseguite dopo la fine del ciclo.

Come negli esempi che abbiamo visto, è molto comune avere nei cicli una variabile che aumenta di un'unità a ogni iterazione; perciò i linguaggi di programmazione di solito hanno istruzioni concise per farlo.

Nei linguaggi C e C++, per esempio, basta scrivere **i++** per incrementare automaticamente di un'unità una variabile intera **i** che funge da contatore.

Evitare l'istruzione GO TO

Nei primi linguaggi di programmazione, quando si voleva ritornare all'inizio di un blocco di istruzioni oppure uscirne, era comune l'uso dell'istruzione **go to**.
Questa istruzione, detta anche *salto incondizionato*, rimanda a un'altra istruzione del programma senza che debba essere soddisfatta alcuna condizione.
L'istruzione è permessa anche da alcuni linguaggi odierni, ma **il suo uso è fortemente sconsigliato** nell'ambito della programmazione strutturata.
L'istruzione **go to**, infatti, rende meno chiara la struttura dei programmi, in cui diventa più difficile seguire il flusso di controllo; aumenta, in altre parole, il rischio di produrre quello che in inglese è chiamato *spaghetti code*, cioè un codice aggrovigliato come gli spaghetti in un piatto di pastasciutta.
Inoltre l'uso del **go to** facilita la creazione di situazioni indesiderate, in cui per esempio un blocco di istruzioni si ripete all'infinito, oppure il processo di esecuzione del programma termina bruscamente in modo imprevisto.

IN SINTESI

- L'**iterazione** o **ciclo** è la ripetizione di uno stesso gruppo di istruzioni con dati diversi all'interno di un algoritmo.
- Quando si vuole iterare per un numero prestabilito di volte, si usa il **ciclo di tipo for**, in cui una variabile intera (contatore) viene incrementata di un'unità a ogni iterazione.
- Quando invece il numero dei cicli da effettuare dipende dal verificarsi o meno di una certa condizione, si usa il **ciclo di tipo while** (in cui la selezione precede il blocco di istruzioni da ripetere) oppure il **ciclo di tipo do** (in cui la selezione è al termine del blocco di istruzioni da ripetere).

ESERCIZI

1 Supponi di voler calcolare, dato **n**, il prodotto dei primi **n** numeri interi positivi. Nell'algoritmo puoi usare un ciclo di tipo **for**? Motiva la tua risposta.

....

2 L'algoritmo descritto da questo diagramma di flusso calcola, con un ciclo di tipo **while**, la parte intera del rapporto tra due numeri interi **m** e **n** dati come input.

Qual è il risultato dell'algoritmo nel caso in cui **n > m**?

....

Qual è il risultato nel caso in cui **m = n**?

....

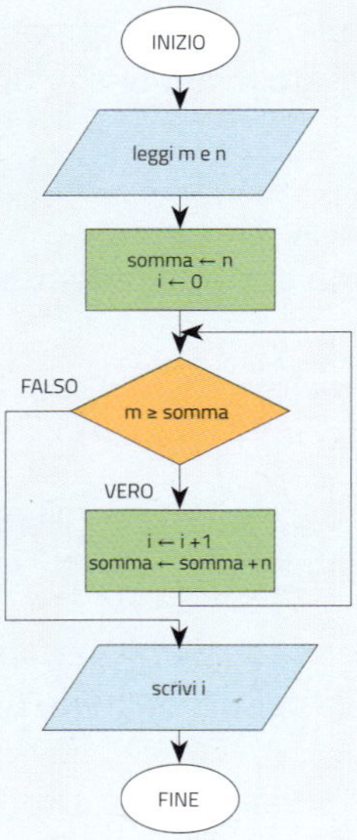

3 Supponi di voler trovare il valore di **n** tale che il prodotto dei primi **n** interi superi un certo valore dato. Nell'algoritmo puoi usare un ciclo di tipo **for**? Motiva la tua risposta.

....

4 Disegna nel riquadro un diagramma di flusso che equivalga a quello dell'esercizio qui a sinistra, ma che usi un ciclo di tipo **do**.

11.5 La tabella di traccia

Quando si formula un algoritmo, prima di iniziare a codificarlo in un linguaggio di programmazione conviene sempre verificare che l'algoritmo sia corretto.

Un modo per farlo è costruire la cosiddetta **tabella di traccia**, che è una tecnica di verifica puntuale per mettere alla prova, passo per passo, il funzionamento e la stabilità dell'algoritmo.

Per spiegare come si costruisce una tabella di traccia, useremo l'algoritmo di somma dei numeri interi che abbiamo visto come esempio di applicazione del ciclo **for**.

Il diagramma di flusso dell'algoritmo è quello della **figura 11.12**, che riproduciamo per comodità qui a fianco.

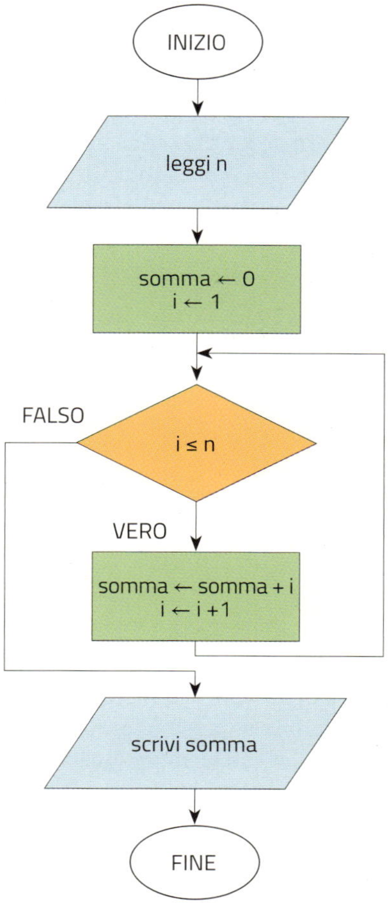

Nell'algoritmo intervengono tre variabili:

- **n** è il numero intero massimo a cui arrivare nell'iterazione;
- **i** ha la doppia funzione di contatore e di intero da sommare in ogni ciclo;
- **somma** è il risultato che si accumula progressivamente a ogni ciclo.

Useremo allora una tabella a quattro colonne per tenere traccia, durante il calcolo iterativo, dei valori delle tre variabili e del risultato del test di selezione.

Consideriamo per esempio il caso in cui il valore di input dato al programma è 3. Ecco allora come una tabella di traccia permette di seguire l'evoluzione del calcolo basato sull'algoritmo:

1. il valore 3 di input viene assegnato alla variabile **n**, poi **i** è inizializzata con il valore 1; così il primo test di confronto dà come risultato **vero**, perché **i** è minore di **n**; il programma perciò effettua una prima iterazione e aggiunge 1 al valore di **somma**, che era stata inizializzata con 0;

n	i	i ≤ n	somma
3	1	vero	0 + 1 = 1

2. all'inizio del secondo ciclo il valore di **i** è diventato 2; il test è ancora soddisfatto, perciò il programma prosegue effettuando la seconda iterazione e aggiorna la variabile **somma** aggiungendo al suo valore il valore di **i**, cioè 2;

n	i	i ≤ n	somma
3	1	vero	0 + 1 = 1
	2	vero	1 + 2 = 3

3. all'inizio del terzo ciclo il valore di **i** è diventato uguale a quello di **n**; il test è ancora soddisfatto, giacché nella condizione c'è minore o *uguale*, perciò il programma prosegue con la terza iterazione e aggiunge 3 al valore di **somma**;

n	i	i ≤ n	somma
3	1	vero	0 + 1 = 1
	2	vero	1 + 2 = 3
	3	vero	3 + 3 = 6

4. al quarto ciclo invece il valore di **i** supera quello di **n**; il test di confronto adesso dà come risultato **falso** e il programma esce dall'iterazione: il valore di **somma** non subisce altri cambiamenti e viene stampato come output.

n	i	i ≤ n	somma
3	1	vero	0 + 1 = 1
	2	vero	1 + 2 = 3
	3	vero	3 + 3 = 6
	4	falso	6

Nelle verifiche con la tabella di traccia è bene usare per prima cosa dati di input qualsiasi, scelti in modo arbitrario (come abbiamo appena fatto); questo serve per controllare il *funzionamento* dell'algoritmo.

Per il controllo della *stabilità* dell'algoritmo, invece, si devono usare dati di input che rappresentino casi-limite significativi.

Nel nostro esempio, un caso-limite è quello in cui il valore di input per **n** è zero. Si tratta di una scelta bizzarra per gli scopi dell'algoritmo; tuttavia è una scelta possibile, ed è bene verificare che l'algoritmo «si comporti bene» anche in questo caso.

Quando l'assegnazione iniziale è **n ← 0**, la tabella di traccia diventa:

n	i	i ≤ n	somma
0	1	falso	0

Il test di selezione dà subito come risultato **falso** (giacché 1 > 0), perciò il programma non farà nessuna iterazione: il valore della variabile **somma** rimane così uguale a zero, che è un risultato sensato.

! La **tabella di traccia** permette di controllare sia il funzionamento sia la stabilità di un algoritmo.

Verificare il funzionamento dell'algoritmo in casi noti o particolari

Dopo aver fatto i controlli con la tabella di traccia, si può procedere con la scrittura del codice e l'esecuzione del programma.

Spesso accade che vi siano particolari valori dei dati di input per i quali conosciamo già la soluzione del problema. In tal caso è utile eseguire il programma proprio con quei particolari valori di ingresso, come ulteriore verifica di sicurezza.

Nel caso del nostro algoritmo di somma dei numeri interi, esiste un «trucco» che rende molto semplice calcolare il valore della variabile **somma** per particolari valori di **n**.

La **figura 11.16** mostra, per esempio, come ragionare nel caso in cui **n** vale 10.

Si suddividono in coppie i numeri da 0 a 10, in modo tale che la somma di ciascuna coppia valga 10, in questo modo: 0+10, 1+9, 2+8, 3+7, 4+6.

Si ottengono così 5 coppie (per una somma totale di 50) e va ancora aggiunto il numero 5, che è rimasto in mezzo da solo: per **n ← 10**, dunque, il valore finale di **somma** deve essere **55**.

Applicando esattamente la stessa logica, è facile convincersi che la somma dei numeri da 1 a 100 vale 5050, quella dei numeri da 1 a 1000 vale 50 500, e così via.

Per verificare il funzionamento del programma, perciò, si potrà metterlo alla prova controllando che per **n ← 100** l'output **somma** valga 5050, per **n ← 1000** valga 50 500, e così via.

Per fare un altro esempio, immagina di aver scritto un algoritmo che calcola il valore di una potenza, dati come input i valori della base e dell'esponente.

In questo caso la prima cosa da controllare durante il test è che, per qualsiasi valore della base, il programma dia come risultato 1 quando l'esponente vale 0.

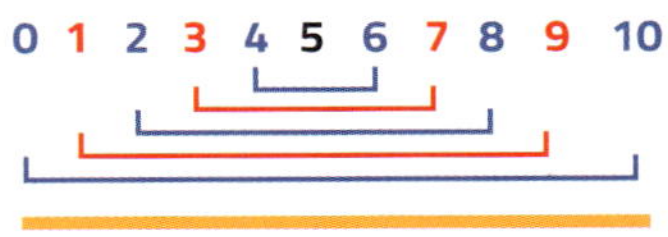

Figura 11.16 Il «trucco» per sommare a mente i primi 10 numeri interi.

IN SINTESI

- La **tabella di traccia** è una tecnica per verificare in modo puntuale, passo per passo, la correttezza di un algoritmo.
- Con dati di input scelti a caso si mette alla prova il **funzionamento** di un algoritmo, mentre nei casi-limite se ne mette alla prova la **stabilità**.
- Quando la soluzione è già nota per certi valori dei dati di input, questi sono i primi valori da provare per testare il corretto funzionamento del programma.

ESERCIZIO

1 Costruisci una tabella di traccia per l'algoritmo della **figura 11.14** di questo capitolo (ciclo **while**); usa però, come valore-soglia, 20 invece di 100. Ripeti poi l'esercizio per l'algoritmo della **figura 11.15** (ciclo **do**), sempre con valore-soglia 20.

ATTIVITÀ GUIDATA Un algoritmo per trovare il massimo fra tre numeri dati

Completa il testo

- Il .... di flusso qui a fianco schematizza un algoritmo che, dati tre numeri qualsiasi come input, restituisce il valore massimo fra i tre numeri.
- L'algoritmo utilizza tre variabili A, B e C per i tre numeri, più una .. .. addizionale MAX.
- I due blocchi di .... del diagramma rappresentano due strutture condizionali che vengono applicate in sequenza, una dopo l'altra.
- L'algoritmo si può riassumere in questo modo:

1. Leggi i tre numeri e .... i loro valori alle variabili A, B e C.
2. Se $A > B$, inizializza MAX con il valore di A, altrimenti inizializzala con ....
3. Se a quel punto $C >$ MAX, assegna a .... il valore di C, ... non fare nulla.
4. Scrivi come output il valore di MAX.

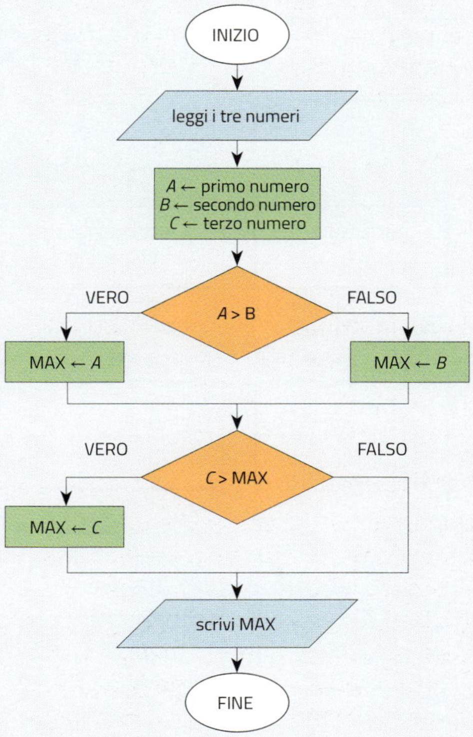

Ora prova tu

1. Completa il diagramma di flusso qui a fianco, scrivendo gli elementi mancanti dove ci sono i puntini.
2. Nota che questo algoritmo equivale al precedente, ma qui il risultato si ottiene senza bisogno di introdurre la quarta variabile MAX.
3. Nelle strutture condizionali, che in questo caso sono una annidata dentro l'altra, dovrai usare (due volte) un opportuno operatore logico.

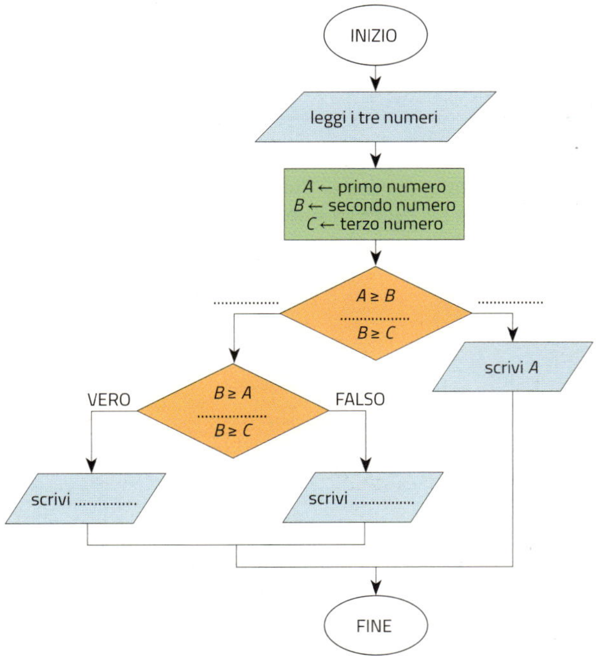

ESERCIZI DI RIEPILOGO

ZTE ONLINE

LOSAI? RIPASSA CON LO SMARTPHONE

1 Completa la mappa con le parole:

ciclo ▪ do ▪ else ▪ for ▪ iterativa ▪ precede ▪ scrittura ▪ sequenziale ▪ variabile

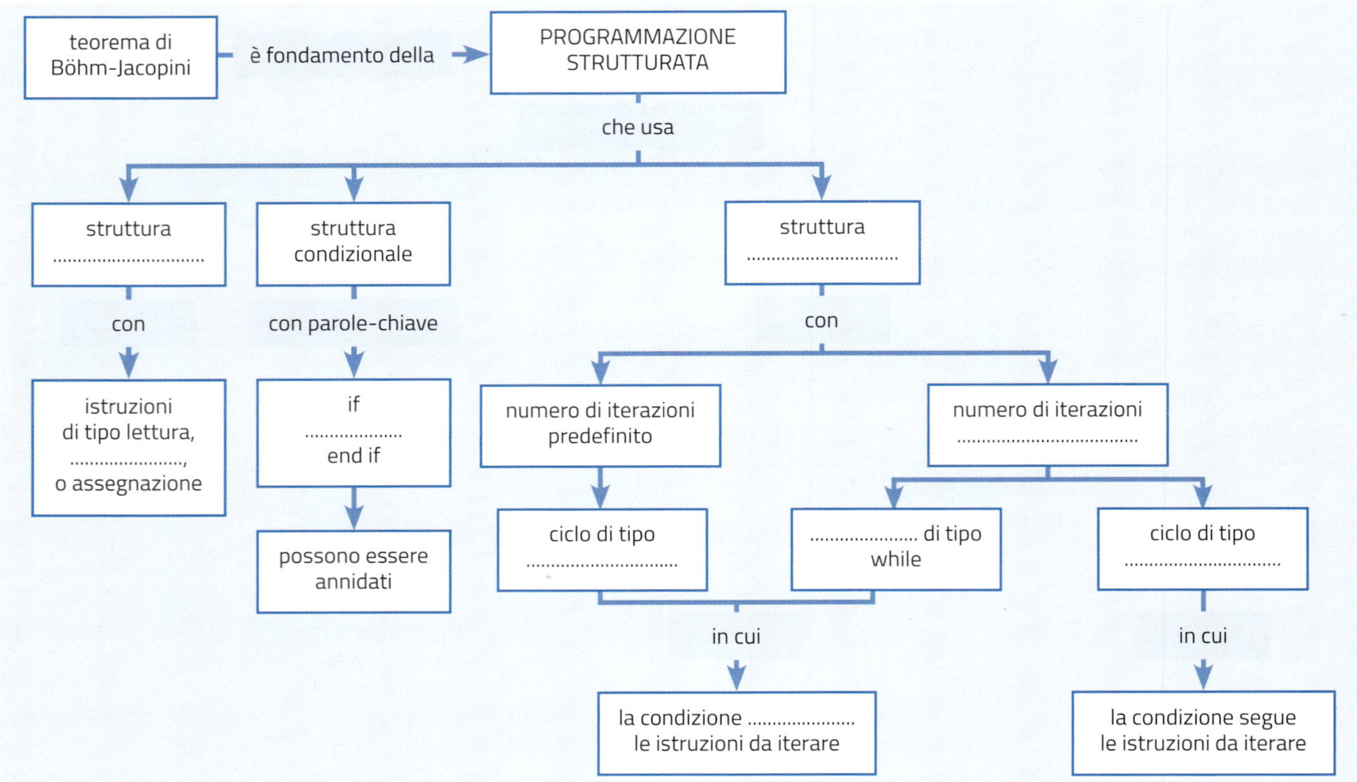

2 **a.** Che cosa corrisponde nel computer a una *variabile* di un programma?

....

b. Che cosa distingue una *costante* da una variabile?

....

3 Questo diagramma di flusso per il calcolo del valore assoluto di un numero è incompleto. Completalo aggiungendo i due elementi mancanti vicino al rombo.

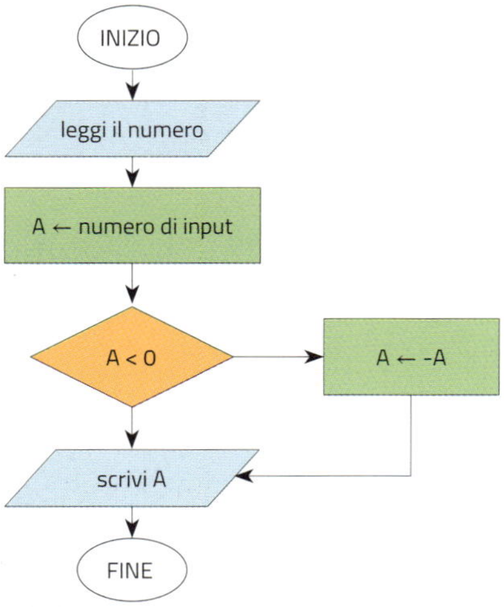

4 Completa questo diagramma di flusso per un algoritmo che risolve il problema di che cosa fare al mattino.

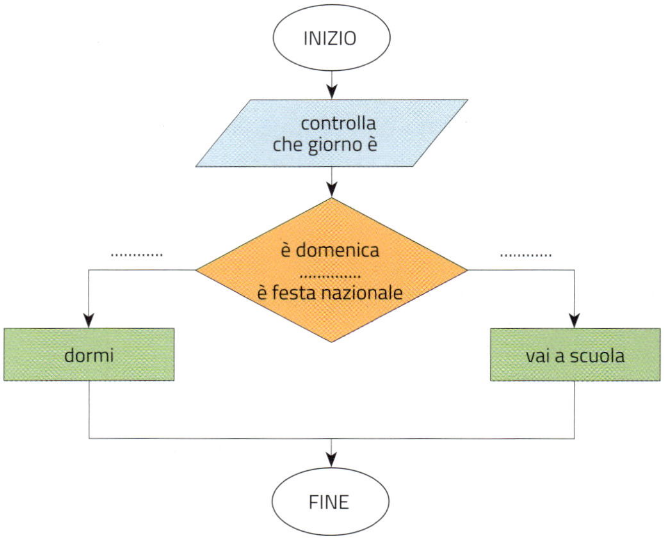

Come va modificato l'algoritmo se si ha la fortuna di non andare a scuola il sabato?

....

....

....

5 Scrivi a che cosa serve questo algoritmo e completa il diagramma di flusso scrivendo la giusta condizione nel blocco di test.

....

....

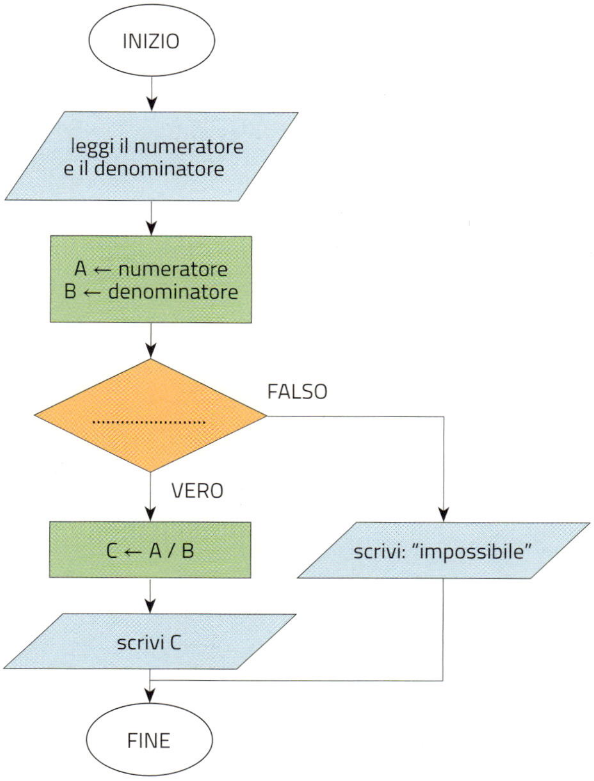

6 **a.** Quali sono i quadrilateri che hanno quattro lati uguali AND quattro angoli uguali?

....

b. Quali sono i quadrilateri che hanno quattro lati uguali OR quattro angoli uguali?

....

7 Dato un prezzo in euro e data la percentuale di sconto da applicare, vuoi calcolare lo sconto in euro. Per esempio, se il **prezzo** è 100 € e lo **sconto** è del 15%, il programma dovrà restituire come output il valore 15 € per la variabile **sconto€**.
Completa il diagramma di flusso dell'algoritmo.

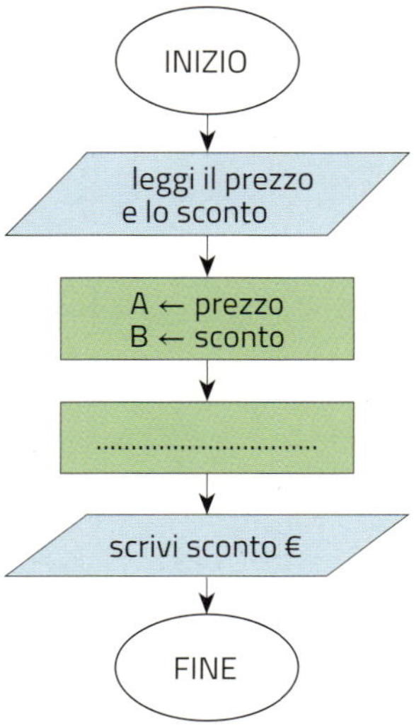

8 Come modificheresti gli ultimi blocchi del precedente diagramma di flusso, se volessi calcolare e mostrare, invece dello sconto, il valore del prezzo scontato?

....

....

....

....

9 **a.** Qual è la principale differenza tra un ciclo di tipo **do** e un ciclo di tipo **while**?

....

....

....

b. Qual è la principale differenza tra un ciclo di tipo **for** e un ciclo di tipo **while**?

....

....

....

10 Dato come input il valore in gradi **A** di uno dei due angoli adiacenti all'ipotenusa in un triangolo rettangolo, vuoi trovare e stampare il valore del terzo angolo (chiamalo **B**). Scrivi qui sotto l'algoritmo da applicare e disegna su un foglio il corrispondente diagramma di flusso.

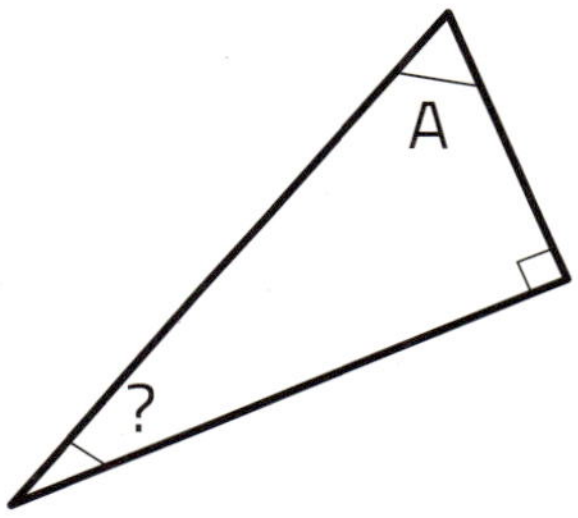

....

....

....

....

....

11 Disegna su un foglio il diagramma di flusso di un algoritmo che, dati come input tre numeri qualsiasi, restituisca come output il valore del *più piccolo* tra i tre numeri.

12 Disegna su un foglio il diagramma di flusso di un algoritmo che, dati come input **n** numeri, restituisca come output il loro valore medio.
Supponi che il valore di **n** sia il primo dato di input, seguito poi dagli **n** valori.
Nell'algoritmo puoi usare non più di quattro variabili.

13 Disegna su un foglio il diagramma di flusso di un algoritmo che restituisca come output il valore medio di un numero qualsiasi di valori dati come input.
Dopo la lettura di ciascun valore, devi chiedere all'utente del programma se vuole inserirne un altro.
Se la risposta è no, l'algoritmo deve terminare mostrando il valore medio dei dati inseriti fino a quel momento.

VERIFICA DELLE COMPETENZE

1 LAVORA CON I DATI

Il diagramma di flusso rappresenta un algoritmo (diverso da quello già visto) per la somma degli interi fino a **n**.

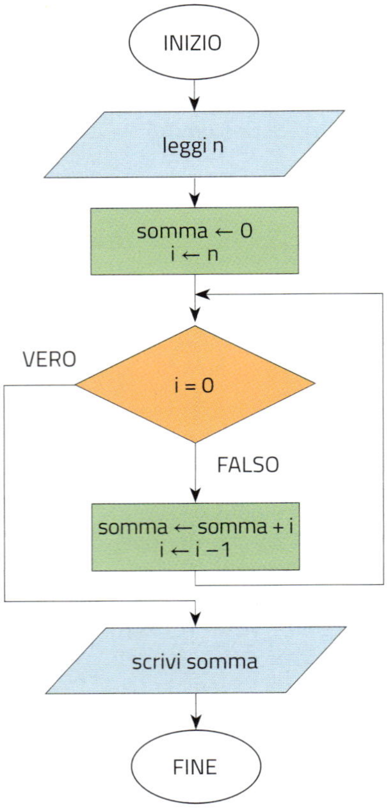

Verifica il funzionamento dell'algoritmo, usando la tabella di traccia, nel caso in cui il valore di input per **n** è 5. Per controllare il valore ottenuto, puoi usare il fatto che la somma degli interi fino a **n** vale sempre **n**·(**n**+1)/2. Verifica poi che l'algoritmo funzioni correttamente anche nel caso in cui **n** vale 0.

n	i	i =0	somma

Scrivi tre differenze tra questo algoritmo e quello equivalente visto in precedenza nel capitolo.

a. ....

b. ....

c. ....

2 L'INFORMATICA E IL CITTADINO

In Italia ogni legge deve essere approvata nel medesimo testo da entrambi i rami del Parlamento, la Camera dei deputati e il Senato della Repubblica.

Se una delle due assemblee vota contro una proposta di legge, cioè non la approva, la proposta è abbandonata e il processo termina.

Se il Senato approva una legge modificata rispetto alla versione votata dalla Camera, la legge deve ritornare alla Camera per essere di nuovo approvata con il testo cambiato.

Il processo legislativo perciò è di tipo iterativo, e lo si può rappresentare con un diagramma di flusso.

Completa il diagramma che segue scrivendo nelle opportune posizioni le seguenti parole:

approvata ▪ modificata ▪ VERO ▪ FALSO

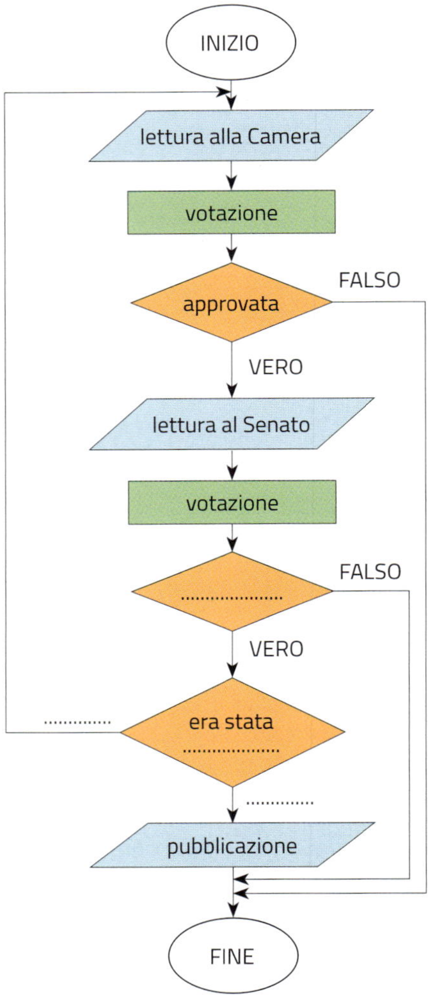

In linea di principio il processo descritto dal diagramma di flusso potrebbe non avere mai termine. Sai dire in quale caso ciò avverrebbe?

....

....

....

CLIL

Learn from the originals | Read it as they wrote it

A flowchart for the scientific method

by Anne Helmenstine in http://chemistry.about.com

The scientific method is a system of exploring the world around us, asking and answering questions, and making predictions. Scientists use the scientific method because it is objective and based on evidence.

A hypothesis is fundamental to the scientific method: it can take the form of an explanation or a prediction.

There are several ways to break down the steps of the scientific method, but it always involves forming a hypothesis, testing the hypothesis, and determining whether or not the hypothesis is correct.

The figure shows the steps of the scientific method in the form of a flowchart.

If a hypothesis is rejected, this does not mean the experiment was a failure.

In fact, if you proposed a null hypothesis (the easiest to test), rejecting the hypothesis may be sufficient to state the results.

Sometimes, if the hypothesis is rejected, you reformulate the hypothesis and then go back to the experimentation stage.

Even when no hypothesis is proven correct, this result may be important and worth reporting.

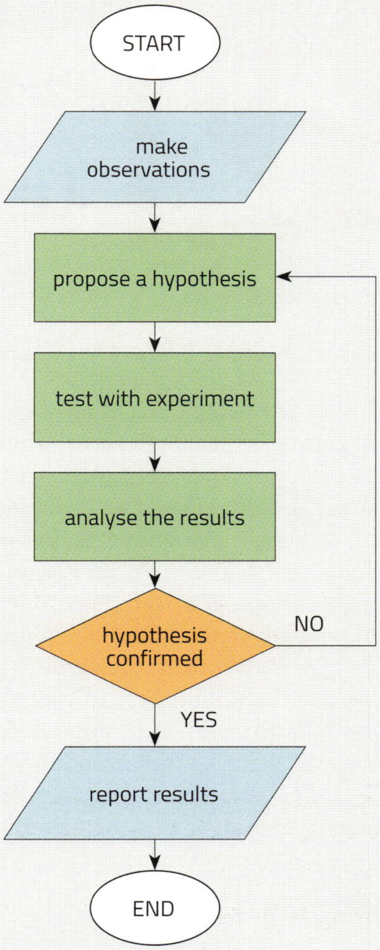

Glossary

evidence = one or more reasons for believing that something is or is not true

failure = the opposite of success

to reject = to refuse, to disprove

null hypothesis = a hypothesis the researcher tries to disprove

worth = important or interesting enough

QUESTIONS

1 Is there a unique way to represent the scientific method with a flowchart?

....

2 What are the input data for all scientific research?

....

3 What is tested in the selection structure of the «scientific algorithm»?

....

4 The procedure in the flowchart could go on forever in an infinite loop. In which case would it do so?

....

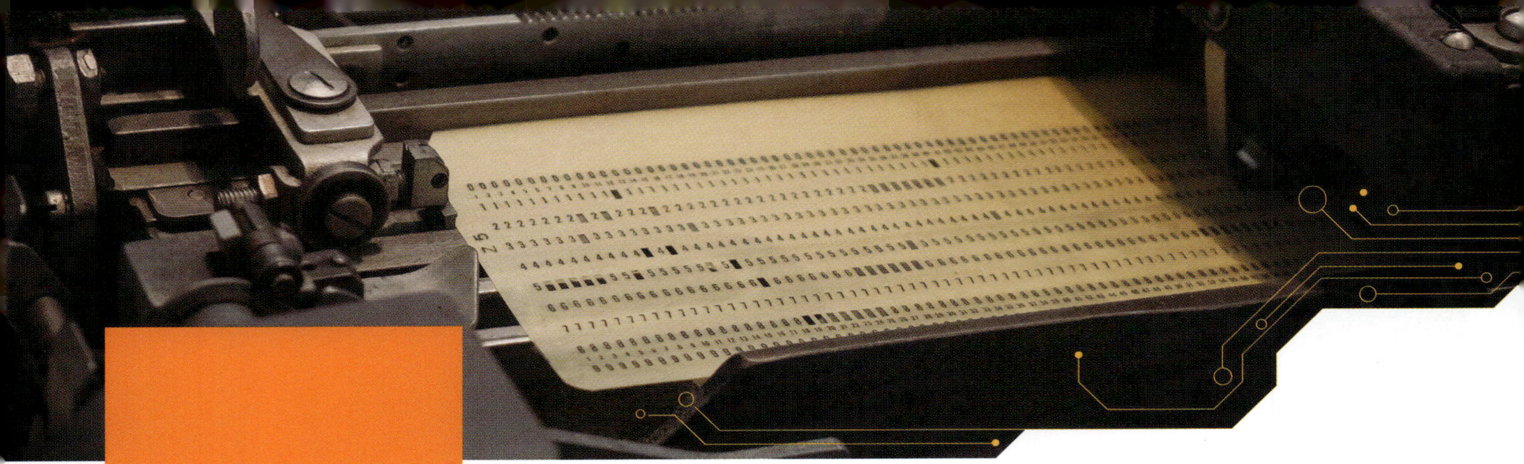

Capitolo 12

Le basi della programmazione in C

12.1 Una breve storia della programmazione

Progettare il futuro, programmando le azioni che servono per raggiungere un obiettivo, è un'abilità caratteristica degli esseri umani, che ci distingue dalle altre specie animali.

Già nella preistoria, per esempio, i nostri antenati scheggiavano selci per farne punte di pietra per le frecce (**figura 12.1**). Ma quelle punte, da sole, non erano sufficienti per raggiungere lo scopo: bisognava preparare anche bastoncini della giusta lunghezza e robustezza su cui fissarle, e occorreva un arco con cui scagliarle.

La complessa serie di azioni da compiere per realizzare i singoli componenti era un esempio di *programmazione* finalizzata a un progetto complessivo: cacciare con l'arco.

Nel linguaggio dell'informatica odierna la caccia con l'arco è un *programma*, che funziona grazie alla disponibilità di numerose *funzioni*: l'arco, la sua corda, le frecce con la loro punta e la faretra con cui trasportarle.

Le selci appuntite e affilate possono servire anche per progetti diversi: oltre che per le frecce, le si può usare come punte di lancia o come lame di coltello. In modo simile una funzione informatica, una volta codificata, si può usare in molti programmi diversi.

Figura 12.1 Le frecce di «Ötzi», il cacciatore di 5000 anni fa trovato mummificato in un ghiacciaio in Alto Adige.

Programmare le macchine

L'invenzione dei dispositivi meccanici, che ci ha permesso di delegare a macchine i lavori più faticosi o ripetitivi, ha anche reso sempre più necessaria la programmazione, che è poi diventata onnipresente con lo sviluppo dell'elettronica.

Oggi infatti non dobbiamo più programmare soltanto le nostre azioni personali, ma anche il comportamento delle tante macchine che lavorano per noi. Basti pensare a quando a casa impostiamo il sistema d'allarme, regoliamo il termostato del riscaldamento o accendiamo il forno.

Non è quindi un caso che l'invenzione del primo linguaggio di programmazione risalga alla rivoluzione industriale, l'epoca a cavallo tra Settecento e Ottocento in cui l'uso delle macchine si è diffuso in modo massiccio.

Il settore tessile è stato all'avanguardia nella meccanizzazione. Nel 1733 l'inglese John Kay inventò la «spoletta volante», che permise di automatizzare la tessitura. Di conseguenza, quella che per millenni era stata un'attività manuale domestica si è gradualmente trasformata in un processo industriale totalmente automatizzato.

Agli inizi dell'Ottocento esistevano già telai industriali, ma per intessere nelle stoffe i motivi ornamentali occorreva ancora il lavoro di due o tre persone, che dovevano leggere un disegno e manovrare di conseguenza la macchina.

Intorno al 1805, per rendere più efficiente il processo, l'ingegnere francese **Joseph-Marie Jacquard** inventò un telaio gestito mediante schede perforate (**figura 12.2**).

Figura 12.2 Un «telaio Jacquard», la prima macchina programmata, e un tessuto con lavorazione Jacquard.

I fori nel cartone corrispondevano al disegno e facevano sì che la trama e l'ordito della stoffa si intrecciassero automaticamente a formare l'ornamento desiderato.

Le schede perforate contenevano dunque il programma per il funzionamento del telaio, che poteva ora essere manovrato da una sola persona.

Le regole seguite per perforare le schede erano il primo esempio di *linguaggio di programmazione*: trasformavano una serie complessa di azioni manuali in un codice eseguibile dalla macchina.

A metà del Novecento, per alcuni decenni, schede di cartoncino perforate simili a quelle di Jacquard sarebbero diventate il supporto standard per memorizzare i programmi destinati ai primi calcolatori elettronici.

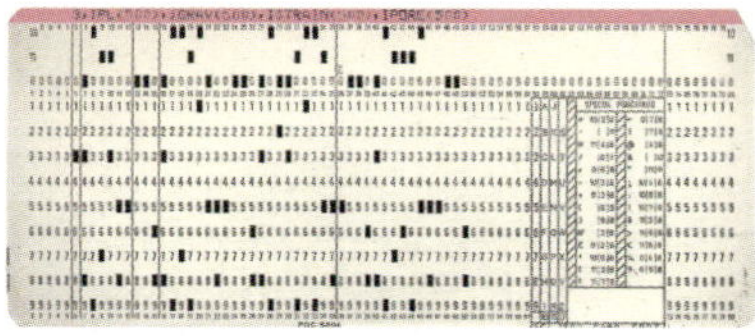

Ada Lovelace, la prima programmatrice

Fin dal Seicento gli scienziati si erano resi conto di quanto sarebbe stato vantaggioso poter automatizzare i calcoli aritmetici.

Isaac Newton, per esempio, poté formulare la sua teoria della gravitazione grazie al fatto che prima di lui Johannes Kepler aveva scoperto le tre celebri leggi che regolano il moto dei pianeti.

Per elaborare le sue leggi, Kepler aveva dovuto analizzare molte migliaia di dati numerici, raccolti dall'astronomo danese Tycho Brahe in decenni di osservazioni del moto dei pianeti nel cielo notturno.

I laboriosi calcoli ripetitivi fatti a mano da Kepler avrebbero richiesto una frazione del tempo se egli avesse avuto a disposizione una macchina calcolatrice automatica.

Questo tipo di macchina fu progettato per la prima volta nel 1833 dal matematico inglese **Charles Babbage**, che non riuscì però a completarne la costruzione (**figura 12.3**).

L'*Analytical Engine* («motore analitico») di Babbage era un dispositivo meccanico alimentato a vapore che comprendeva un'unità logico-aritmetica, un'unità di controllo e una memoria interna, proprio come i computer moderni.

Figura 12.3 Un prototipo parziale dell'Analytical Engine di Babbage, esposto al Science Museum di Londra.

I dati di input erano inseriti mediante schede perforate. Dopo l'elaborazione, per l'output erano previsti una stampante, un plotter per produrre grafici e anche una campanella.

Babbage mostrò un prototipo della macchina alla giovane **Ada Lovelace**, figlia diciottenne del poeta romantico Lord Byron, appassionata di matematica (**figura 12.4**).

Ada fu affascinata dal progetto e nei decenni successivi, dopo aver approfondito gli studi matematici, collaborò allo sviluppo della macchina di Babbage.

Fu proprio Ada a capire che la macchina poteva avere applicazioni generali, che andavano al di là delle semplici operazioni aritmetiche.

Il linguaggio di programmazione per la macchina di Babbage prevedeva istruzioni simili a quelle dei linguaggi moderni, come strutture condizionali e cicli iterativi.

Ada usò questo linguaggio per scrivere la prima trasposizione informatica di un **algoritmo**, un procedimento generale per calcolare i *numeri di Bernoulli*, una particolare successione di numeri razionali.

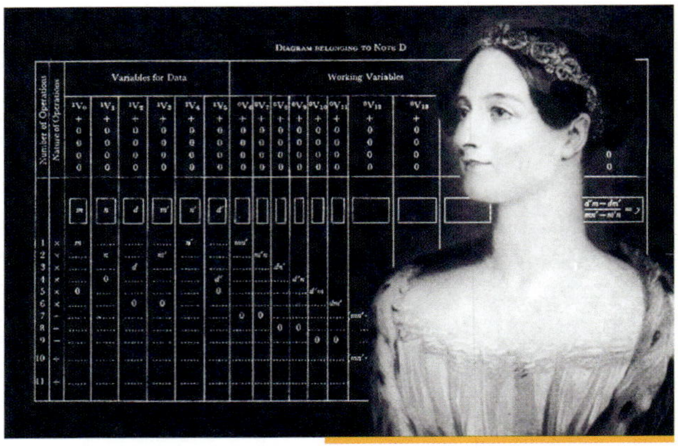

Figura 12.4 Augusta Ada contessa di Lovelace (1815-1852) e il suo algoritmo.

Per questa sua impresa pionieristica, Ada Lovelace è considerata la prima programmatrice della storia.

Doveva però passare un altro secolo prima che venissero gettate le basi teoriche della moderna programmazione e che si costruissero effettivamente computer in grado elaborare dati seguendo le istruzioni di programmi complessi.

Verso i computer moderni

Molte idee fondamentali che hanno aperto la strada all'informatica moderna si devono al matematico inglese **Alan Turing** (**figura 12.5**). Oggi il grande pubblico conosce Turing grazie al film *The Imitation Game*, che racconta il suo ruolo nella scoperta del codice segreto di comunicazione usato dai nazisti nella Seconda guerra mondiale.

Nel 1936 Turing, ispirato anche dalla lettura degli scritti di Ada Lovelace, descrisse il funzionamento di un elaboratore ideale che sarebbe diventato il punto di riferimento per la costruzione dei moderni computer.

Questo modello teorico, detto **macchina di Turing**, prevede un dispositivo che manipola dati registrati su un lungo nastro usando un insieme limitato di istruzioni di base, cioè operazioni elementari che permettono di leggere, cancellare e scrivere dati.

Figura 12.5 La statua di Alan Turing (1912-1954) a Bletchley Park, dove nella Seconda guerra mondiale decrittò il codice segreto usato dai nazisti.

Il modello è semplice, ma potente: dato un qualsiasi algoritmo, infatti, si può costruire una macchina di Turing capace di implementarlo e quindi di risolvere quella classe di problemi.

L'idea di Turing per certi versi ricorda il progetto di Babbage – un elaboratore è una macchina che riceve dati in input, li elabora sulla base di istruzioni e restituisce un output – ma per alcuni aspetti importanti lo supera.

Infatti un computer costruito sul modello della macchina di Turing:

- prevede un insieme (o *set*) limitato di istruzioni per svolgere tutte le operazioni possibili, invece di un programma specifico per ogni operazione;
- usa il processo di elaborazione per eseguire procedure di tipo algoritmico, che consentono di affrontare e risolvere problemi di ordine generale;
- può elaborare non soltanto dati numerici, ma anche simboli astratti: il computer non è più concepito semplicemente come «una calcolatrice più veloce» ma diventa un dispositivo *general-purpose*, cioè adattabile a molti usi diversi.

Dopo la Seconda guerra mondiale, la base teorica offerta dal modello di Turing e il progresso tecnologico nel campo dell'elettronica portarono a uno sviluppo impetuoso del settore informatico.

In meno di vent'anni si passò dalla costruzione nel 1946 di ENIAC, il primo computer per uso generale, che funzionava con valvole termoioniche e pesava decine di tonnellate, alla produzione in serie del primo personal computer, il P101 Olivetti costruito nel 1965 (**figura 12.6**).

Il P101, detto anche «perottina», pesava soltanto 35 kg e funzionava a transistor, componenti elettronici basati sui semiconduttori, molto più piccoli e più affidabili delle vecchie valvole.

Nel 1981 entrò poi in commercio il modello 5150 dell'IBM, il primo personal computer con il sistema operativo MS-DOS della Microsoft, di aspetto simile ai sistemi desktop odierni.

In parallelo allo sviluppo di nuovi tipi di elaboratori, come vedremo nelle prossime pagine, si è verificata una rapida evoluzione dei linguaggi di programmazione.

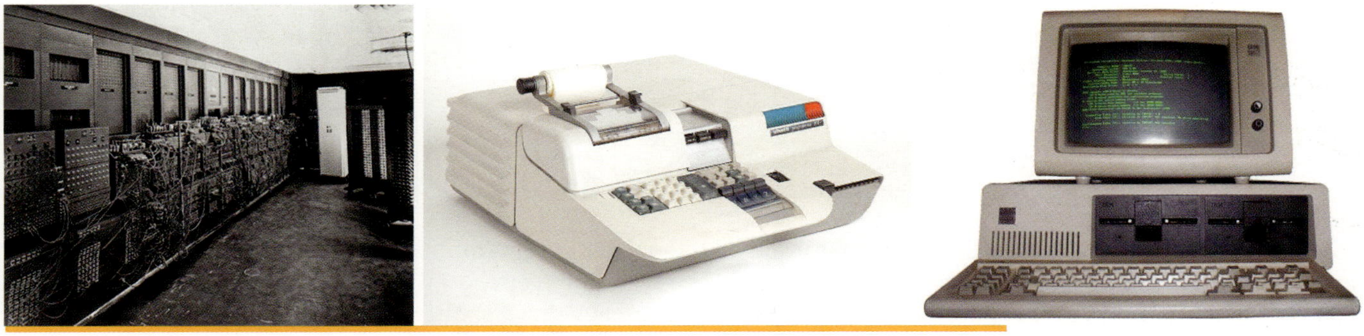

Figura 12.6 A sinistra ENIAC, il primo computer elettronico *general-purpose*, costruito nel 1946 in Pennsylvania. Al centro l'Olivetti Programma 101 (detto anche «perottina» in onore del progettista Pier Giorgio Perotto), il primo computer per uso personale, costruito nel 1965 a Ivrea. A destra l'IBM 5150 del 1981, il primo personal computer da tavolo dell'epoca moderna.

IN SINTESI

- L'attività di **programmazione** del futuro è da sempre una caratteristica degli esseri umani.
- Le prime **macchine programmabili** risalgono alla rivoluzione industriale. A metà dell'Ottocento **Ada Lovelace** programmò il primo algoritmo per la macchina calcolatrice progettata da Charles Babbage.
- I computer moderni sono stati sviluppati sulla base del concetto, proposto da **Alan Turing**, di una macchina ideale capace di risolvere problemi di ordine generale.
- Grazie al progresso tecnico dell'elettronica, in pochi decenni si è passati da calcolatori che occupavano intere stanze, e andavano programmati mediante schede perforate, agli odierni personal computer.

ESERCIZI

1 Qual è stata la prima macchina programmata della storia?

....

2 La *macchina di Turing* è un computer? Motiva la tua risposta.

....

....

3 Perché Ada Lovelace è considerata la prima programmatrice?

....

4 Quando e da chi è stato costruito il primo apparecchio che si può considerare un personal computer?

....

12.2 I linguaggi di programmazione

Ogni algoritmo ben formulato si può eseguire su un calcolatore elettronico. Perché il computer possa svolgere il suo compito, però, occorre dargli le necessarie istruzioni mediante un *programma*.

I **linguaggi di programmazione** sono notazioni formali progettate per descrivere gli algoritmi e quindi per scrivere i programmi per computer.

Per essere eseguiti dal computer, i programmi devono essere espressi in un **linguaggio macchina** costituito da una serie di «parole» formate da sequenze di bit 0 e 1, le cifre del codice binario.

Tuttavia per i programmatori sarebbe difficile e laborioso scrivere i programmi direttamente in linguaggio macchina; perciò sono stati predisposti linguaggi di programmazione detti *di alto livello*, più vicini al linguaggio naturale umano e dunque più semplici e intuitivi.

Il computer stesso poi converte le istruzioni del programmatore in linguaggio macchina mediante specifici software (*compilatori* o *interpreti*).

! Un **programma** per il computer è la traduzione in linguaggio formale di un **algoritmo**.

Una differenza sostanziale tra il linguaggio naturale e i linguaggi di programmazione per computer sta nell'origine e nel numero delle parole che li compongono.

Il linguaggio naturale è il risultato di una lunga evoluzione avvenuta spontaneamente nel tempo, senza seguire regole precise, e non c'è limite al numero dei termini che ne fanno parte. Infatti ogni tanto nascono nuove parole, come «googlare» che non esisteva vent'anni fa; oppure parole già esistenti acquistano nuovi significati, com'è accaduto per il verbo «scaricare» da quando esiste Internet.

I linguaggi di programmazione, invece, sono formati da un numero ben definito e limitato di termini, con l'obiettivo di descrivere gli algoritmi in modo non ambiguo e sintetico. Soltanto linguaggi di questo tipo possono prestarsi a un'elaborazione automatica da parte del computer.

Dal linguaggio macchina ai linguaggi di alto livello

I primi computer si potevano programmare soltanto in linguaggio macchina, ossia con sequenze di 0 e 1 tradotte nella presenza o meno dei fori nelle schede perforate.

Ecco per esempio un'istruzione espressa in linguaggio macchina:

```
000000 00001 00010 00110 00000 100000
```

Nella particolare architettura chiamata MIPS a 32 bit, l'istruzione significa: «somma i valori che si trovano nei registri di memoria 1 e 2 e metti il risultato nel registro 6».

Questo sistema aveva numerosi difetti:

- durante la scrittura del codice era facile commettere errori, ed era poi difficile rileggere il codice per correggerli;
- la programmazione richiedeva tempi lunghi: non esistendo ancora sistemi operativi, ogni programma doveva prevedere anche le istruzioni per il funzionamento di base del computer, come la gestione di input e output;
- ogni programma scritto in linguaggio macchina era strettamente legato all'architettura di un particolare processore, e non poteva essere eseguito su altri.

Le cose migliorarono un poco, ma ancora non in modo significativo, con l'invenzione intorno al 1950 dei primi linguaggi **assembly**, che usavano termini derivati dall'inglese al posto delle sequenze di 0 e 1.

Ecco per esempio un'istruzione assembly per i microprocessori della famiglia 8086:

```
MOV EAX, [EBX]
```

L'istruzione significa: «sposta i 4 bit che si trovano all'indirizzo EBX nel registro EAX».

Per poter essere eseguita dalla macchina, un'istruzione di questo tipo doveva essere tradotta da un apposito programma, chiamato *assembler*.

I programmi diventavano più semplici da scrivere, ma l'assembly era ancora un **linguaggio di basso livello**: manteneva cioè una stretta corrispondenza con l'insieme di istruzioni del linguaggio macchina, e quindi una totale dipendenza dall'architettura hardware per cui si scriveva il programma.

Per superare queste limitazioni, gli informatici iniziarono a sviluppare **linguaggi di programmazione di alto livello**, ossia più vicini alla logica umana che a quella binaria e meno legati all'architettura dei singoli processori, perciò utilizzabili su computer differenti.

Alla fine degli anni Cinquanta ci fu una notevole fioritura di linguaggi di questo tipo: in pochi anni vennero inventati il **Fortran** (*Formula translation*), l'**Algol** (*Algorithmic language*), il **Lisp** (*List processor*) e il **Cobol** (*Common business-oriented language*). L'applicazione di questi linguaggi era però destinata ad ambiti ristretti, scientifici o commerciali.

A metà degli anni Sessanta iniziò a diffondersi l'uso dei **sistemi operativi**, i software di sistema che si occupano della gestione delle componenti hardware del computer. Ciò liberava i programmatori dall'impegno di prevedere in ogni programma le istruzioni per la gestione delle periferiche.

Divenne così possibile una maggiore libertà nell'approccio alla programmazione: l'attenzione del programmatore poteva spostarsi dal *come* scrivere un programma, affinché la macchina lo potesse eseguire, al *perché* scrivere un programma, ossia alla definizione dei problemi da affrontare e delle loro possibili soluzioni informatiche.

Al 1972 risale l'ideazione del **C**, un linguaggio di alto livello che però fornisce anche molti strumenti per interfacciarsi con l'architettura hardware; ne riparleremo in dettaglio più avanti.

Nel 1975 Paul Allen e Bill Gates (**figura 12.7**) idearono l'**Altair BASIC**, il primo linguaggio di programmazione scritto per personal computer.

Questo linguaggio di alto livello, semplice e adatto a un uso generale, si diffuse su numerose piattaforme degli anni Settanta come Altair, Commodore e Atari, sui primi computer Apple e infine su quelli IBM, diventando in seguito il linguaggio più diffuso su tutti i pc basati sul sistema operativo DOS.

Da allora sono nati centinaia di altri linguaggi di programmazione di alto livello; tra i più conosciuti ci sono Pascal, Visual Basic, C++, C#, Java e Python.

Figura 12.7 Paul Allen e Bill Gates, i due fondatori della Microsoft, nel 1981.

Modelli di programmazione: top-down e bottom-up

Sappiamo già che ogni algoritmo si basa su un'**astrazione**: per affrontare un problema complesso, lo si semplifica prendendo in considerazione soltanto gli aspetti più importanti e trascurando quelli non essenziali.

I linguaggi di programmazione sono uno strumento per tradurre i modelli astratti dei problemi in programmi che, una volta eseguiti, possano produrre la soluzione.

Questo processo può avvenire secondo due filosofie diverse:

- il metodo **top-down** («dall'alto verso il basso», cioè dal generale al particolare) analizza il problema nella sua generalità per individuare le parti significative che lo compongono; procede poi per scomposizioni successive, fino ad arrivare a problemi semplici, la cui soluzione è facilmente traducibile in algoritmi e quindi in codice per il computer;
- il metodo **bottom-up** («dal basso verso l'alto») procede nel verso opposto: si concentra inizialmente sulla soluzione di parti specifiche del problema, per poi costruire una connessione tra le parti che sia capace di fornire la soluzione del problema generale.

La **figura 12.8** illustra la differenza tra i due metodi mediante un'analogia.

Lo scultore usa un procedimento top-down: infatti «estrae» dalla pietra una figura seguendo un progetto complessivo iniziale ben definito, e perfeziona i dettagli man mano che avanza con il lavoro.

Invece la costruzione con i blocchi componibili segue un procedimento bottom-up: prima si cercano i pezzi più adatti per l'obiettivo che si ha in mente, poi li si unisce in modo da formare la costruzione complessiva.

Figura 12.8 La scultura segue un metodo top-down, la costruzione con i blocchi un metodo bottom-up.

Dal punto di vista informatico, seguire il metodo top-down significa iniziare studiando il problema generale e progettando in modo dettagliato tutti i programmi necessari per risolvere i suoi diversi aspetti, per poi dedicarsi alla scrittura del relativo software.

Il metodo top-down ha il vantaggio di offrire una chiara visione del problema – nel suo insieme e nelle sue parti – e quindi una guida precisa per il processo di programmazione. Il rischio è che, se si commettono errori concettuali in fase di pianificazione, questi emergano soltanto alla fine del processo, quando la loro individuazione e correzione richiede molto tempo e lavoro.

Se si segue il metodo bottom-up, invece, si inizierà subito a programmare per risolvere aspetti particolari del problema, e alla fine si «cuciranno insieme» i programmi prodotti, così da fornire una soluzione complessiva.

Il metodo bottom-up ha il vantaggio di permettere una verifica immediata dei risultati parziali, eseguendo ogni sottoprogramma man mano che lo si scrive: è quindi più semplice correggere gli eventuali errori in corso d'opera. Il rischio però è di non riuscire, alla fine del processo, a comporre i singoli elementi così da avere una soluzione soddisfacente del problema generale.

In altre parole, può accadere che i programmi creati, pur singolarmente perfetti, presentino difetti di funzionamento quando li si esegue insieme. Ecco perché spesso i produttori di software devono fornire aggiornamenti dei programmi con *patch* («toppe»), per rimediare a errori presenti al momento della commercializzazione.

Linguaggi e paradigmi della programmazione

Oggi esistono centinaia di linguaggi di programmazione di alto livello, ciascuno con un proprio **vocabolario** (l'insieme delle *parole-chiave* usate nel linguaggio) e una propria **sintassi** (l'insieme delle regole da seguire per scrivere correttamente le istruzioni).

I vocabolari e le sintassi dei diversi linguaggi sono spesso simili tra loro. Per esempio, la parola-chiave che identifica un tipo di dato booleano, che può avere cioè valore vero o falso, è **`_Bool`** nel linguaggio C e **`boolean`** in Java; e in entrambi i linguaggi le istruzioni condizionali devono iniziare con **`if`** e terminare con un punto e virgola.

I diversi linguaggi differiscono però per altri aspetti importanti, il che permette a ogni programmatore di scegliere un proprio *stile* di programmazione.

Non è facile classificare in modo univoco i linguaggi di programmazione. Una prima distinzione si può fare in base al loro uso predominante:

- i **linguaggi specializzati** forniscono strumenti avanzati pensati per un'applicazione particolare; Fortran e Matlab, per esempio, sono dedicati al calcolo matematico;
- i **linguaggi settoriali** hanno un uso limitato a un solo settore, come nel caso di Javascript e PHP, che sono impiegati esclusivamente nella programmazione web;
- i **linguaggi di uso generale**, come Pascal, C, C++, Java e Python, si prestano invece ad applicazioni di ogni genere.

I linguaggi di uso generale si possono poi suddividere in base ai **paradigmi di programmazione**, cioè all'insieme di strutture per la definizione e l'elaborazione dei dati offerte da ciascun linguaggio.

Nel *paradigma imperativo* le istruzioni dicono al computer quale azione eseguire: sono quindi comandi che producono un cambiamento dello stato del programma.

Tra i linguaggi di programmazione che rientrano nel paradigma imperativo, due categorie hanno particolare importanza:

- la **programmazione procedurale** segue il modello teorico top-down: i programmi sono formati da procedure dette *funzioni* (o *routine*, o *subroutine*); una funzione principale richiama tutte le altre sottofunzioni di cui ha bisogno, poi il processo si ripete per le sottofunzioni; fanno parte di questo paradigma i linguaggi Pascal e C;
- la **programmazione orientata agli oggetti** segue invece il modello bottom-up: l'elemento di base è un *oggetto* software che può comprendere sia dati, sia le procedure con cui elaborarli; per prima cosa si definiscono in grande dettaglio tutti gli oggetti, poi li si collega tra loro fino a formare il programma completo; fanno parte di questo paradigma i linguaggi C++, Java e Python.

Linguaggi compilati e linguaggi interpretati

L'insieme delle istruzioni che formano un programma scritto in un linguaggio di alto livello si chiama **codice sorgente** (*source code* in inglese), o **file sorgente**, o semplicemente **codice**.

I microprocessori sanno elaborare soltanto istruzioni espresse in formato binario; perciò, qualunque sia il linguaggio di programmazione usato, per poter eseguire il codice di un programma è necessario per prima cosa «tradurlo» in linguaggio macchina.

È il computer stesso a occuparsi di questo passaggio: infatti la traduzione è effettuata in modo automatico da speciali programmi che sono chiamati *compilatori* (se traducono l'intero programma in un colpo solo) oppure *interpreti* (se trasformano le istruzioni una alla volta).

Il processo della **compilazione** avviene in due passi successivi, illustrati schematicamente dalla **figura 12.9** per un codice scritto nel linguaggio C.

I file con il codice sorgente (file di testo non formattato che vanno salvati con estensione **.c**) vengono letti da un programma, il **compilatore**, che ne verifica la correttezza lessicale e sintattica e li trasforma in linguaggio macchina, creando per ognuno un **file oggetto** (*object file*) con estensione **.o** oppure **.obj**.

A quel punto un altro programma, il ***linker***, produce un collegamento tra i file oggetto, includendo anche tutte le funzioni esterne che questi richiamano, e crea il file eseguibile finale, che in Windows ha estensione **.exe**.

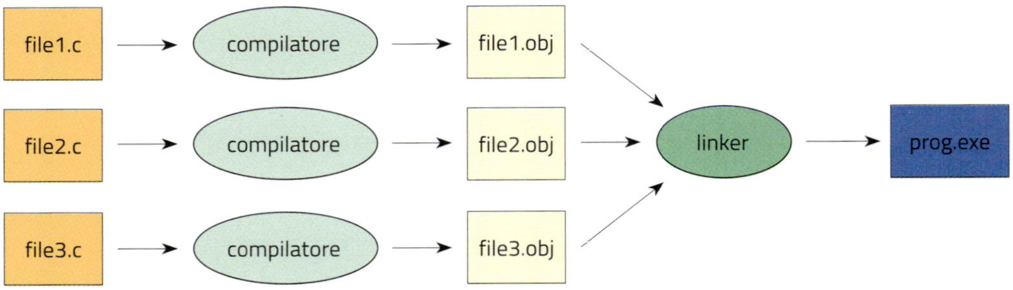

Figura 12.9 Le due fasi del processo di compilazione.

L'**interpretazione** è un modo diverso per eseguire un programma, senza passare per la creazione di un file eseguibile.

Attraverso un programma chiamato **interprete**, le istruzioni del codice sorgente vengono tradotte in linguaggio macchina ed eseguite al momento.

L'interpretazione è più lenta rispetto all'esecuzione di un programma compilato, ma può essere preferibile per applicazioni specifiche, come quelle web (il PHP, per esempio, è un linguaggio interpretato) o per progetti complessi, poiché permette una verifica più immediata del funzionamento del software.

Alcuni linguaggi uniscono il processo di compilazione e quello di interpretazione. Java per esempio compila il codice sorgente così da ottenere il *bytecode*, che si avvicina al linguaggio macchina e può essere eseguito da una «macchina virtuale» JVM (*Java Virtual Machine*) che è replicabile via software su qualsiasi piattaforma.

Questo sistema ha due vantaggi: i file creati possono essere interpretati più velocemente, perché sono scritti in un linguaggio simile al linguaggio macchina; inoltre sono *portabili*, ossia utilizzabili con ogni tipo di computer e sistema operativo, purché questi abbiano installata l'opportuna versione della virtual machine.

Sintassi e semantica

La sintassi di un linguaggio, come abbiamo già ricordato, detta le regole da seguire per costruire frasi corrette in quel linguaggio.

Ma ogni linguaggio ha anche una **semantica**, che è l'insieme dei significati da attribuire alle frasi costruite nel linguaggio.

È importante tenere presente che una frase può essere corretta dal punto di vista sintattico ma non da quello semantico. Per esempio, la frase «ho mangiato un sogno giallo» rispetta le regole della sintassi italiana, però è priva di significato.

Nel caso dei linguaggi di programmazione, il fatto che un codice sia sintatticamente corretto non dice nulla, di per sé, sul significato di quel programma o sui risultati che si otterranno eseguendolo.

È responsabilità del programmatore assicurarsi che un programma sia semanticamente corretto. Per esempio, bisogna sempre ricordarsi di inizializzare una variabile, prima di usarla all'interno di una funzione; in caso contrario si otterranno risultati imprevedibili, perché basati sul valore casualmente presente in quel momento nell'area della memoria RAM corrispondente alla variabile.

Gli errori di programmazione, il testing e il debugging

Ogni fase del processo di programmazione è soggetta a errori, che nel gergo informatico si chiamano ***bug*** (letteralmente «piccoli insetti», tradotto spesso con «bachi»).

Ogni programma, prima di poter essere considerato funzionante, va provato con la procedura chiamata ***testing***, che consiste nell'usarlo molte volte in tutte le condizioni, cioè con la più grande varietà possibile di dati di input.

Per i software commerciali si chiama **versione alfa** quella che viene testata all'interno dell'azienda produttrice, mentre la **versione beta** è quella testata dagli utenti finali.

Il testing normalmente fa emergere problemi di funzionamento del software in certe condizioni. I bachi che determinano questi problemi devono essere allora identificati e risolti con l'attività chiamata ***debugging***.

Il tempo dedicato al debugging, ossia alla ricerca e risoluzione dei bachi del software, è una parte consistente del lavoro di ogni programmatore.

Gli errori di programmazione si possono suddividere in tre categorie:

- **errori di sintassi**: consistono nella scrittura errata di un comando o di una variabile, oppure nell'omissione di eventuali caratteri di fine riga o fine blocco; di solito sono gli errori più semplici da correggere, perché vengono rilevati e segnalati dal computer in fase di compilazione;
- **errori runtime** (ossia che si manifestano soltanto all'atto dell'esecuzione del programma): sono dovuti a situazioni particolari che non sono state previste in fase di progettazione; durante l'esecuzione il programma termina improvvisamente e in modo irrimediabile, per esempio perché incontra una divisione con divisore uguale a zero, o perché si ritrova a eseguire un ciclo senza fine (loop infinito), o ancora perché tenta di accedere a zone di memoria protette;
- **errori di logica o semantica**: sono errori di progettazione e fanno sì che il programma, pur sintatticamente corretto e tecnicamente funzionante, non produca il tipo di risultato che ci si attende; questi spesso sono gli errori più difficili da scoprire.

Anche un codice scritto in maniera formalmente impeccabile può contenere errori che si manifesteranno soltanto durante il funzionamento.

Per individuarli si può lavorare con carta e penna, usando le tabelle di traccia come descritto nel capitolo precedente, oppure si può ricorrere ai programmi chiamati *debugger*: questi permettono di eseguire il programma passo passo, per verificare il funzionamento di ogni istruzione e ottenere un report di ciò che avviene durante l'esecuzione.

I commenti e la leggibilità del codice

Quando si scrive un programma, è sempre bene far sì che il codice risulti comprensibile per altri programmatori, che potrebbero in futuro volerlo aggiornare o modificare.

Nel mondo del lavoro, in particolare, la *manutenzione* del software ha grande importanza. Le aziende investono in un software gestionale che poi – magari dopo anni – devono aggiornare, per esempio in seguito a nuove disposizioni di legge. Spesso questo lavoro è affidato a programmatori diversi dagli autori originari del codice.

Per poter fare manutenzione bisogna leggere il codice sorgente, comprenderne le logiche e integrare in esso le nuove funzionalità richieste, senza che ciò comprometta il funzionamento del programma nel suo insieme.

Quest'attività molto complessa risulta facilitata se già durante la prima stesura del codice sono stati presi opportuni accorgimenti, come seguire le regole della programmazione strutturata e inserire nel codice **commenti** esplicativi.

Ogni linguaggio di programmazione permette infatti di inserire commenti, segnalandoli con simboli particolari, così che non vengano confusi con il codice sorgente.

Nel programma qui a fianco, per esempio, sono commenti tutte le righe di testo in colore azzurro.

I commenti sono di grande aiuto, specialmente quando chiariscono lo scopo e il funzionamento dei costrutti più complessi.

Un altro elemento importante per la leggibilità del codice è l'**indentazione** delle istruzioni, cioè l'assegnazione di rientri diversi alle righe a seconda della struttura di cui fanno parte nel programma.

Nel codice qui a fianco, per esempio, le varie strutture delimitate da parentesi graffe sono indentate in misura diversa.

numeri_primi.c

```c
#include<stdio.h>
#include<math.h>

int main(void)
{
    int n, i, numero;
    printf("\n Inserisci un numero intero > 2: ");
    scanf("%d", &numero);
    printf("\n Ecco tutti i numeri primi fino a %d: ",numero);
/*stampo i primi tre numeri primi*/
    printf("\n  1\n  2\n  3\n");
/*itero su tutti i numeri n che voglio esaminare*/
    for (n=3; n<=numero; n+=2)
    {
/*itero su tutti i possibili divisori del numero n*/
        for (i=3;i<=sqrt(n);i+=2)
        {
            if (n%i == 0)
/*L'istruzione break interrompe il ciclo se n ha un divisore esatto*/
            {break;}
        }
/*verifico se n è primo, e in tal caso lo stampo*/
        if (n%i != 0)
        {printf("  %d\n", n);}
    }
}
```

IN SINTESI

- I computer eseguono istruzioni espresse in **linguaggio macchina**, cioè formate da sequenze di cifre binarie 0 e 1.
- I **linguaggi di programmazione di alto livello** usano invece una terminologia e una logica più vicine a quelle del linguaggio naturale umano. Oggi esistono centinaia di diversi linguaggi di questo tipo.
- La **programmazione procedurale** del linguaggio C è particolarmente adatta per l'approccio **top-down** alla risoluzione dei problemi. La **programmazione orientata agli oggetti**, tipica per esempio di C++, Java e Python, segue invece l'approccio **bottom-up**.
- Il **codice sorgente** scritto in un linguaggio di alto livello, per poter essere eseguito, va tradotto in linguaggio macchina con i programmi chiamati **compilatori** o **interpreti**.
- Gli **errori di sintassi** nel codice sono corretti dal compilatore. Per identificare gli **errori semantici** si può ricorrere a un'applicazione debugger.
- È sempre bene inserire nel codice **commenti** esplicativi e **indentazioni**, così da facilitare la lettura e la manutenzione futura dei programmi.

ESERCIZI

1 Se un programma in linguaggio macchina occupa 10 kB di memoria, quanto è lunga la sequenza di 0 e 1 che forma il programma?

....

2 Che cosa distingue l'assembly dal linguaggio macchina?

....

3 A che cosa serve un *compilatore*?

....

4 «Ieri sono stato albino, sono mi alzato alle 6!». Qual è in questa frase l'errore di sintassi, e quale l'errore di semantica?

....

12.3 Gli elementi del linguaggio C

Il C è tra i linguaggi di maggior successo nella storia della programmazione.

Ancora oggi, a mezzo secolo dalla sua ideazione, è molto usato per realizzare progetti informatici nel mondo del lavoro e come strumento per imparare a programmare.

La storia del C

Cinquant'anni fa il mondo dell'informatica era molto diverso da oggi. L'evoluzione tecnologica era vorticosa e un po' caotica; numerose aziende producevano computer, ma ognuno era basato su una diversa architettura e aveva un sistema operativo dedicato, cioè scritto *ad hoc* per quella macchina.

Da un lato, questa situazione era uno stimolo costante per lo sviluppo di elaboratori con hardware e software sempre più efficienti; d'altra parte, però, l'assenza di standard poneva un grosso ostacolo alla diffusione dei nuovi computer prodotti.

Così, quando nel 1969 Ken Thompson e i suoi colleghi progettarono il sistema operativo Unix, scrissero il codice in un linguaggio assembly strettamente legato alla particolare architettura hardware del computer su cui lavoravano, il PDP-7 della DEC (**figura 12.10**).

Figura 12.10 Il mini-computer PDP-7 della DEC, su cui è stata scritta la prima versione di Unix.

Per poter usare Unix su altri computer si sarebbe dovuto riscrivere il codice per ogni tipo di architettura hardware, un'operazione lunga e complessa.

Divenne perciò pressante l'esigenza di trovare un linguaggio di programmazione di alto livello, più vicino al linguaggio umano e meno strettamente legato a una piattaforma hardware, così da poterlo adattare più facilmente alle diverse architetture.

Per risolvere questo problema Dennis Ritchie, amico e collaboratore di Thompson ai Laboratori Bell (**figura 12.11**), nel 1972 inventò il linguaggio di programmazione C e lo usò per riscrivere Unix.

Questo software di sistema scritto in C negli anni successivi divenne il sistema operativo più diffuso sui *mainframe*, i grandi computer centrali che all'epoca elaboravano i dati, e con cui gli utenti comunicavano tramite *terminali* periferici.

Dall'Unix scritto in C sarebbero in seguito derivati il sistema operativo MacOS della Apple e quello open source Linux.

L'affermazione e la longevità del C sono dovute principalmente ad alcune caratteristiche generali di questo linguaggio:

- il C usa un vocabolario e una sintassi piuttosto ristretti, quindi relativamente facili da imparare;
- pur essendo di alto livello, il C mette a disposizione del programmatore strumenti che consentono una buona gestione dell'architettura hardware e della memoria RAM: si possono così scrivere programmi efficienti, ossia di dimensioni contenute e di rapida esecuzione;
- il C è un linguaggio procedurale e modulare, perciò un programma ben scritto in C è facile da leggere, modificare e riutilizzare.

Figura 12.11 Ken Thompson (seduto) e Dennis Ritchie al lavoro su un PDP-11 nel 1970.

Il successo del C ha presto reso necessaria una sua regolamentazione e standardizzazione, così da fissare regole univoche e universali per il suo uso.

Come i linguaggi umani, infatti, anche quelli di programmazione sono «vivi»: con l'uso quotidiano, il vocabolario e la sintassi nel tempo cambiano e si aggiornano.

Nel caso della lingua italiana, per esempio, al nucleo di termini di derivazione latina si sono aggiunti nel tempo molti anglicismi (come *tram*, *shampoo* e *weekend*) e oggi i vocabolari vengono aggiornati annualmente con neologismi come *cliccare*, *postare* o *twittare*.

Per i prodotti e i processi tecnico-industriali di valenza mondiale, tra cui rientrano i linguaggi di programmazione, ci sono organismi internazionali che definiscono gli standard, sanciscono le loro modifiche nel tempo e ne certificano la corretta applicazione.

Nel 1989 il C è stato standardizzato dall'ANSI (*American National Standard Institute*) e nel 1990 dall'ISO (*International Standardization Organization*). In seguito la vitalità del linguaggio ha fatto sì che l'ISO aggiornasse lo standard per ben tre volte, nel 1995, nel 1999 e nel 2011.

Oltre a essere longevo, il linguaggio C si è dimostrato anche prolifico: è considerato infatti il padre di altri recenti linguaggi di programmazione di successo, come C++ e Java.

Nelle prossime pagine andremo alla scoperta delle caratteristiche del C in modo operativo, partendo dalla costruzione di alcuni programmi. Seguiremo così la filosofia di Dennis Ritchie, l'ideatore del C, secondo il quale «il modo migliore per imparare un linguaggio di programmazione è usarlo».

Il codice sorgente di un programma in linguaggio C si può scrivere con un qualsiasi editor di testi non formattati (*simple text*), come *vi* in Ubuntu o *Blocco Note* in Windows.

Il vocabolario

Ogni linguaggio di programmazione ha un proprio vocabolario costituito da un nucleo di *keyword*, parole chiave, il cui significato è stabilito convenzionalmente ed è univoco.

Attraverso l'uso delle parole-chiave, un linguaggio auto-definisce le basi del proprio funzionamento; sono keyword, infatti, i tipi di dati e i cicli di istruzioni fondamentali.

Il **vocabolario del linguaggio C** usa in tutto **32 parole-chiave**.

Nelle prossime pagine impareremo a usare molte di queste keyword. Per ora ci limitiamo a elencarle:

auto	break	case	char	const	continue	default
do	double	else	enum	extern	float	for
goto	if	int	long	register	return	short
signed	sizeof	static	struct	switch	typedef	union
unsigned	void	volatile	while			

La sintassi del C

Impareremo a usare la **sintassi del C** passo per passo, scrivendo piccoli programmi.

Per iniziare a capire di che cosa si tratta, ecco alcuni esempi di regole sintattiche:

- ogni variabile va introdotta specificando per prima cosa il suo tipo di dati;
- per assegnare un valore a una variabile si usa il simbolo =;
- le istruzioni di ogni funzione devono essere racchiuse tra parentesi graffe { e };
- ogni istruzione di una funzione deve terminare con il punto e virgola.

È importante segnalare fin d'ora che **il C è un linguaggio *case sensitive***, cioè distingue tra le lettere minuscole e maiuscole. Ciò significa, per esempio, che se **somma** rappresenta una variabile, **Somma** rappresenterà una variabile diversa. Occorre quindi prestare attenzione a questo aspetto quando si digitano le istruzioni del codice.

Variabili, costanti e tipi di dati

Come già sappiamo, le **variabili** sono strumenti fondamentali della programmazione.

Durante l'esecuzione di un programma, una variabile corrisponde a uno spazio di memoria RAM contenente un valore che può mutare nel corso dell'elaborazione.

Nel linguaggio C ogni variabile è identificata dalla definizione del **tipo di dato** che contiene e da un **nome** assegnato dal programmatore (attenzione: il nome di una variabile non può iniziare con un numero e non deve contenere spazi bianchi).

Per esempio, scrivere **`int a=1`** significa dichiarare una variabile di tipo **int** (abbreviazione di *integer*, numero intero), di nome **a**, che è *inizializzata* attribuendole il valore 1.

Un codice in C poi potrebbe contenere istruzioni come queste:

```
int a=1;
int b=2;
a=a+b;
```

In tal caso il valore della variabile **a**, che inizialmente era 1, al termine dell'elaborazione sarà 3.

Le **costanti** invece hanno un valore che non cambia nel corso dell'elaborazione, perciò possono risiedere nella memoria di massa anziché nella RAM.

In C anche le costanti vanno dichiarate definendo il tipo di dato che contengono e un nome, ma vanno fatte precedere dalla parola-chiave **`const`**. Per esempio:

```
const float pigreco=3,14;
```

è la dichiarazione di una costante di tipo **`float`** (*floating point*, ossia numero decimale a punto mobile), chiamata **`pigreco`**, il cui valore immutabile è 3,14.

Dichiarare i tipi di dati è importante non soltanto perché l'elaboratore possa processarli correttamente, ma anche per un'efficiente gestione della memoria, giacché ogni tipo di dato ne occupa una porzione definita.

Perciò proprio ai tipi di dato sono dedicate molte tra le parole-chiave del linguaggio C:

- **`char`** (carattere) usa 8 bit di memoria; un dato di tipo char dunque può contenere $2^8 = 256$ valori differenti (i simboli definiti dalla codifica ASCII estesa);
- **`int`** (numero intero) normalmente usa 32 bit di memoria: ogni dato perciò può rappresentare $2^{32} = 4\,294\,967\,296$ diversi numeri interi;
- **`float`** (numero a punto mobile) usa 32 bit di memoria e permette di rappresentare numeri decimali.

A partire da questi tipi fondamentali di dato, il linguaggio C ne definisce altri derivati:

- **`short`**, **`long`** e **`long long`** rappresentano numeri interi usando 16, 32 e 64 bit;
- **`double`** e **`long double`** rappresentano numeri decimali usando 64 bit e 128 bit.

Normalmente i tipi **`char`**, **`int`**, **`short`**, **`long`** e **`long long`** sono tipi di dato **`signed`**, cioè dotati di segno, negativi e positivi.

Così, per esempio, il tipo **`int`** rappresenta i numeri interi compresi tra –2 147 483 648 (cioè -2^{31}) e +2 147 483 647 (cioè $+2^{31} - 1$).

Se le esigenze della programmazione lo impongono, si può premettere alla definizione del dato la parola-chiave **`unsigned`**, così da rappresentare soltanto valori positivi. Un dato **`unsigned int`** quindi rappresenta numeri interi compresi tra 0 e 4 294 967 295.

Le funzioni

Tra le costruzioni sintattiche fondamentali dei linguaggi di programmazione procedurali ci sono le **funzioni** (o *routine*, o *subroutine*): sono blocchi di istruzioni che si possono riutilizzare in programmi diversi, senza doverli riscrivere ogni volta da zero.

Una funzione si può dunque considerare come una *black box* («scatola nera») che risolve un problema particolare, cioè permette di effettuare un'elaborazione senza doverla programmare in dettaglio: occorre unicamente sapere quali sono, e di che tipo, i dati in ingresso e in uscita.

Nel gergo informatico si dice che di una funzione è necessario conoscere l'interfaccia, ma non importa conoscerne l'implementazione.

Molti linguaggi di programmazione per esempio hanno una funzione **`sqrt`** (dall'inglese *square root*) che calcola la radice quadrata del numero dato come input (**figura 12.12**).

Così in C per assegnare alla variabile Y un valore uguale alla radice quadrata di X, basta scrivere l'istruzione **`Y=sqrt(X);`** non è necessario conoscere e programmare l'algoritmo generale per calcolare la radice quadrata di un numero.

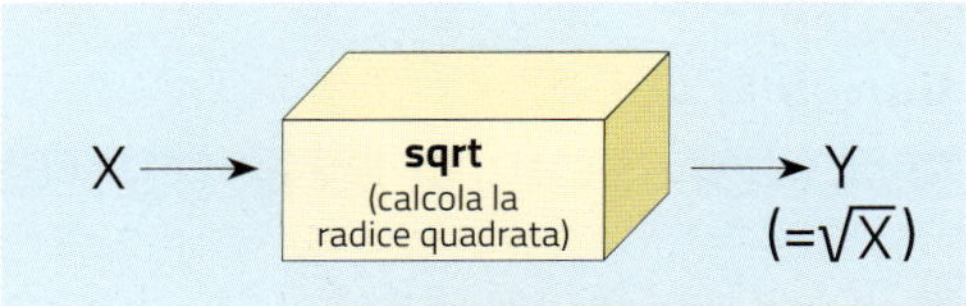

Figura 12.12 La funzione **sqrt** è una black box che calcola la radice quadrata.

Nel linguaggio C gli elementi caratterizzanti di una funzione sono:

- il **tipo di dato** che la funzione restituirà come output;
- il **nome**, attraverso cui può essere richiamata, anche più volte in un programma;
- gli **argomenti**, ossia la quantità e il tipo di dati dei valori di input che verranno elaborati nella funzione, racchiusi tra parentesi tonde `( )`;
- le **istruzioni** che specificano in che modo gli argomenti debbano essere elaborati; l'inizio e la fine del blocco di istruzioni vanno delimitati con parentesi graffe `{` e `}`.

Quando si scrive un programma in C, nel codice si definisce una funzione che deve sempre chiamarsi **`main`** («principale» in inglese); il nome va scritto tutto minuscolo.

Durante l'elaborazione della funzione **`main`** il codice può richiamare altre funzioni; queste possono essere scritte dal programmatore stesso, oppure – ed è il caso più frequente – si trovano in raccolte di funzioni «preconfezionate», chiamate *librerie*.

Le librerie

Il termine **libreria** usato nel gergo informatico italiano traduce l'inglese *library*, che in realtà significa «biblioteca» (di funzioni, in questo caso).

Una libreria è una raccolta di funzioni pronte all'uso e richiamabili all'interno di un programma per risolvere specifici problemi. Nel linguaggio C, per esempio, la funzione **`sqrt`** fa parte della libreria di funzioni matematiche **`math.h`**.

Le librerie scritte per un linguaggio di programmazione offrono due vantaggi:

- le funzioni più comuni e di uso più frequente non vanno riscritte ogni volta, è sufficiente richiamare la libreria che le contiene;
- attraverso una libreria il linguaggio può evolversi e caratterizzarsi, offrendo ai programmatori strumenti già pronti per particolari compiti.

Le librerie di input-output, per esempio, consentono di trasmettere al computer gli input digitati sulla tastiera, o di disegnare una nuova finestra del sistema operativo, senza alcuno sforzo di programmazione: esse infatti contengono già le funzioni che risolvono questi problemi.

In C, come vedremo, un programma che usa funzioni esterne deve iniziare con le cosiddette *direttive*, cioè con istruzioni del tipo **#include**, che specificano le librerie in cui trovare quelle funzioni.

IN SINTESI

- Il **linguaggio C**, che fu ideato circa cinquant'anni fa, è ancora oggi tra i più usati nel mondo per le applicazioni informatiche.
- Il **vocabolario** del C è costituito da **32 parole-chiave**. Il linguaggio è ***case sensitive***, cioè distingue tra le lettere minuscole e maiuscole.
- In C una **variabile** è identificata dalla dichiarazione del **tipo di dato** che contiene e dal **nome** assegnato dal programmatore. Le **costanti** vanno dichiarate iniziando con la parola-chiave **`const`**.
- Ogni programma in C è formato da **funzioni**, cioè sottoprogrammi che ricevono dati in input, li elaborano e restituiscono un output. Le funzioni di uso più comune sono raccolte in **librerie** tematiche.

ESERCIZI

1 Quale anniversario festeggia il linguaggio C nel 2022?

....

2 Se un programma in C funziona su Linux, come bisogna modificarlo se si vuole che funzioni anche su Windows?

....

12.4 La scrittura del codice

Come già sappiamo, il codice sorgente di un programma in C si può scrivere con un qualsiasi editor di testi non formattati. Affinché il testo sia riconosciuto come codice, è sufficiente salvare il file con un nome seguito dall'estensione **.c**. Nei nomi dei file è bene evitare gli spazi bianchi, perché potrebbero causare malfunzionamenti.

Ogni sistema operativo fornisce un compilatore per tradurre il file **.c** in linguaggio macchina e creare il file eseguibile del programma.

È utile però usare un **ambiente di sviluppo** o **IDE** (*integrated development environment*), che è uno strumento informatico dedicato specificamente ai programmatori.

Un IDE normalmente include:

- un editor di testo con funzioni addizionali (come l'uso automatico di colori diversi per i vari costrutti del codice, l'indentazione del testo e suggerimenti contestuali sulla sintassi);
- un compilatore che converte il codice sorgente in linguaggio macchina e fa anche un primo *debug*, segnalando gli eventuali errori formali nella scrittura del codice;
- l'applicazione (*runtime*) che esegue il codice compilato, consente di inserire i dati di input e visualizza l'output del programma.

! I **codici sorgente** in C sono file di testo non formattato con estensione **.c** e nome senza spazi bianchi.

In questo corso useremo **Dev-C++**, un IDE che si scarica gratuitamente da Internet, è disponibile in italiano per ogni sistema operativo e supporta numerosi linguaggi di programmazione. Le figure che mostreremo si riferiscono alla versione 5.11 di Dev-C++ usata in Windows10.

Il principale vantaggio di Dev-C++ sta nella sua semplicità, sia d'installazione sia d'uso. Esistono numerosi altri IDE gratuiti e di buona qualità, tra cui *Microsoft Visual Studio* (gratuito nella versione *Community*), *Eclipse CDT*, *netbeans* e *Code::Blocks*.

In rete inoltre si trovano siti ad accesso gratuito che permettono di scrivere, compilare ed eseguire il codice direttamente in una pagina web aperta con il browser; due esempi sono *CodeChef* e *repl.it*. Naturalmente con queste applicazioni di cloud computing si deve lavorare online, mentre si è collegati a Internet.

Installare e avviare l'ambiente Dev-C++

Per prima cosa, crea sul desktop del tuo computer una nuova cartella, chiamandola **corso_di_C**: salverai qui tutti i file che creerai mentre ti eserciti nella programmazione.

Scarica poi dal sito **sourceforge.net** il file eseguibile di installazione dell'IDE Dev-C++. Quindi lancia il file con un doppio clic: apparirà la finestra di una procedura guidata.

Accetta la licenza GNU General Public, poi accetta le opzioni standard raccomandate per i componenti da installare (**figura 12.13A**) e per la cartella d'installazione.

A questo punto verrà completata l'installazione, che dura pochi minuti, e sul desktop verrà aggiunta un'icona dell'applicazione, su cui fare doppio clic per lanciare l'IDE.

Al primo avvio di Dev-C++ apparirà una finestra di configurazione guidata. Scegli la lingua italiana (**figura 12.13B**), poi accetta le opzioni standard raccomandate per l'aspetto grafico dell'interfaccia, infine conferma con un clic su **OK**.

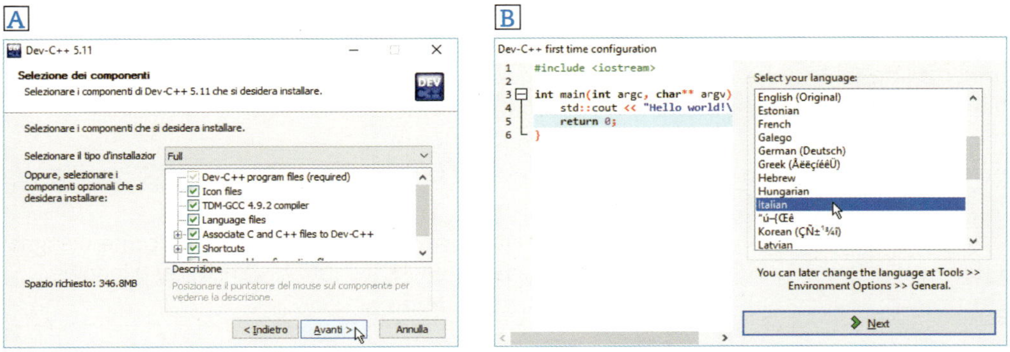

Figura 12.13 La procedura guidata per **A** l'installazione e **B** la configurazione iniziale di Dev-C++.

Terminata la configurazione, apparirà l'interfaccia dell'IDE.

Per creare il primo file, fai clic sul pulsante **Nuovo** in alto a sinistra e scegli l'opzione **File Sorgente**, come nella **figura 12.14**.

Nel riquadro principale apparirà una linguetta con il nome **SenzaTitolo1** e il cursore si posizionerà automaticamente sulla riga 1, che corrisponde alla prima istruzione del codice da scrivere.

A questo punto è consigliabile salvare subito il file, prima ancora di scrivere il codice: apri il menu **File** e scegli **Salva come**.

Nella finestra di salvataggio apri la cartella **corso_di_C**, digita nella casella in basso il nome **Hello_world** (nota l'uso del carattere *underscore* _ per evitare spazi bianchi) e scegli il tipo **C source files**.

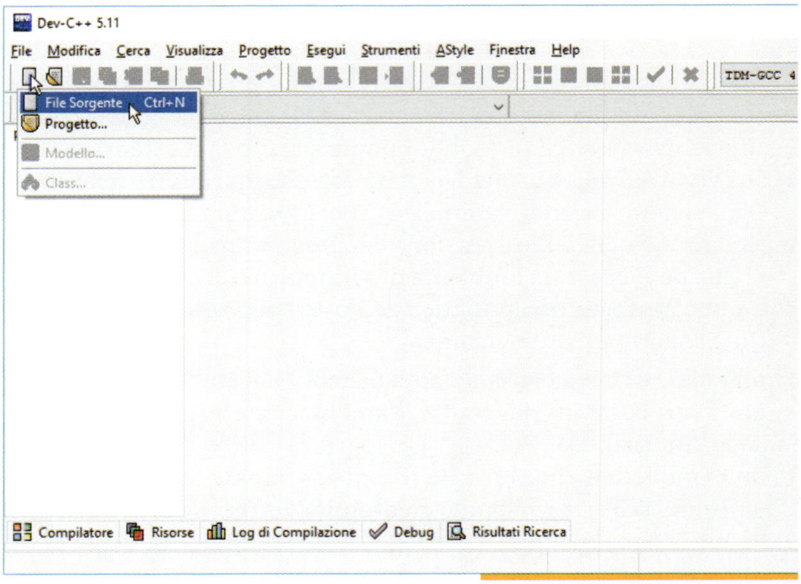

Figura 12.14 L'interfaccia di Dev-C++ all'apertura.

Scrivere il codice

Hai così creato un file sorgente **Hello_world.c** che non contiene ancora codice.

Per tradizione ogni programmatore, per familiarizzarsi con un nuovo linguaggio, scrive un programma che fa apparire sullo schermo un saluto al mondo, con le parole «Hello world!».

Digita nell'editor dell'IDE le cinque righe di testo riprodotte qui sotto, andando a capo come indicato (non preoccuparti per ora del significato delle singole istruzioni; lo esploreremo più avanti).

```
#include <stdio.h>
int main (void)
{
printf ("Hello world!\n");
}
```

Per digitare il «cancelletto» # devi premere il tasto AltGr insieme al tasto che contiene il simbolo #. Per le parentesi graffe, devi premere contemporaneamente il tasto AltGr, il tasto ⇧ e il tasto [o].

Ricorda inoltre che il linguaggio C distingue tra maiuscole e minuscole. Così, per esempio, `#include` è diverso da `#Include`: se scrivi la I maiuscola, il programma non funzionerà.

Quando hai finito di scrivere, salva con il pulsante. Ora il codice sorgente è memorizzato come file di testo non formattato.

Grazie all'estensione **.c**, il compilatore in seguito potrà riconoscere il file come codice e trasformarlo in un file eseguibile.

Nota che, mentre scrivi il codice, Dev-C++ esegue alcune azioni in modo automatico. Per esempio:

- quando digiti un simbolo che nel vocabolario del C è di apertura (come la parentesi angolare **<**, la graffa **{** o le virgolette "), l'applicazione aggiunge il corrispondente simbolo di chiusura (**>**, **}** o ") che è necessario per rispettare le regole sintattiche del C;
- ogni volta che vai a capo, Dev-C++ aggiunge a sinistra il numero che etichetta la nuova istruzione; questa numerazione è un riferimento importante durante la scrittura dei programmi;
- l'IDE colora in modo diverso le diverse strutture sintattiche presenti nelle istruzioni e inoltre *indenta*, cioè mostra rientrate, alcune istruzioni (nel nostro caso, quella che inizia con `printf`); questi due tipi di evidenziazione sono molto utili quando si analizza un codice sorgente.

Compilare ed eseguire il programma

Una volta scritto il codice sorgente e salvata la versione finale del file, è il momento di **compilare** il programma.

In Dev-C++ puoi farlo con un clic sul pulsante , oppure aprendo il menu **Esegui** e scegliendo **Compila**, o semplicemente premendo il tasto F9.

Attenzione: quando compili, il file sorgente viene salvato con tutte le modifiche apportate fino a quel momento. Se vuoi sperimentare cambiamenti ma vuoi preservare anche il codice originario, perciò, dovrai per prima cosa salvare il file con un altro nome e poi fare le modifiche su questa copia.

Se il codice è stato scritto in modo corretto, al termine della compilazione l'IDE creerà un file eseguibile (con estensione **.exe** in Windows) con lo stesso nome e nella stessa cartella del file sorgente. A ogni successiva modifica del codice, poi, la nuova compilazione sovrascriverà automaticamente questo file.

A questo punto puoi eseguire il programma con un clic sul pulsante , o scegliendo **Esegui** nel menu omonimo, oppure premendo il tasto F10.

Apparirà allora la finestra di esecuzione, con la tipica interfaccia a linea di comando, che mostra l'output del programma. Nel caso del nostro **Hello_world**, il risultato sarà quello mostrato dalla **figura 12.15**.

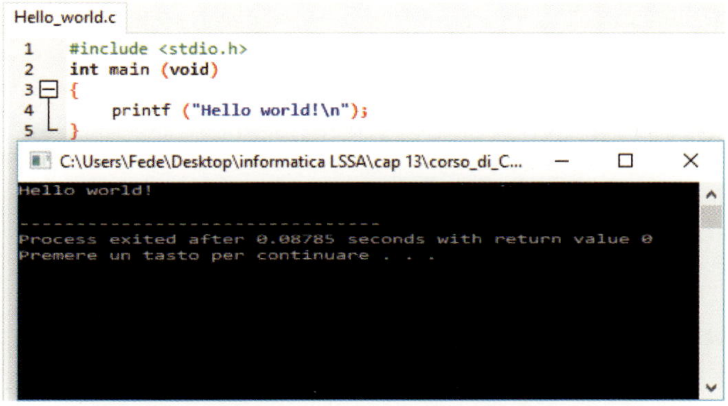

Figura 12.15 Il codice e l'output del programma **Hello_world**.

Quando si lavora su un singolo file, Dev-C++ mette a disposizione un'opzione ancora più comoda e veloce: con un clic sul pulsante , o premendo il tasto F11, compilerà ed eseguirà il programma «in un colpo solo».

Per chiudere la finestra di runtime con l'output del programma puoi usare il pulsante di chiusura in alto a destra oppure premere un qualsiasi tasto della tastiera.

Mantenere aperta la finestra di esecuzione

In Windows si può eseguire un programma creato con Dev-C++ anche facendo doppio clic sul file **.exe**. In tal caso, però, al termine dell'esecuzione la finestra si chiuderà automaticamente dopo una frazione di secondo, impedendo la lettura dell'output del programma.

Il problema si può evitare aggiungendo nel codice, prima della chiusura dell'ultima parentesi graffa, l'istruzione `getchar();`.

In questo modo il programma si fermerà e resterà in attesa di un input da tastiera: la finestra di esecuzione non si chiuderà finché non si preme il tasto Invio.

Identificare gli errori di sintassi

Come già accennato, tra le funzioni utili di un'IDE c'è il riconoscimento automatico degli errori di sintassi nei programmi.

Se il codice contiene un errore, quando cerchiamo di compilare il file il processo si blocca. Dev-C++ segnala l'errore nel codice evidenziando graficamente la riga che lo contiene, o la riga successiva, e descrive l'errore nel riquadro **Compilatore** in basso.

Come già sappiamo, nel linguaggio C ogni istruzione soggetta all'elaborazione (in questo caso l'istruzione **`printf`**) deve terminare con il **punto e virgola**.

Nell'esempio della **figura 12.16** è evidenziato in verde il messaggio del compilatore: ci eravamo dimenticati di mettere il punto e virgola a chiusura dell'istruzione della riga 4 del codice.

Nota che il messaggio di errore si riferisce alla riga 5:, infatti il compilatore si è accorto della mancanza del delimitatore nella riga 4 quando è passato alla riga successiva.

! Dev-C++ segnala gli **errori di sintassi** e li descrive in basso nell'area **Compilatore**.

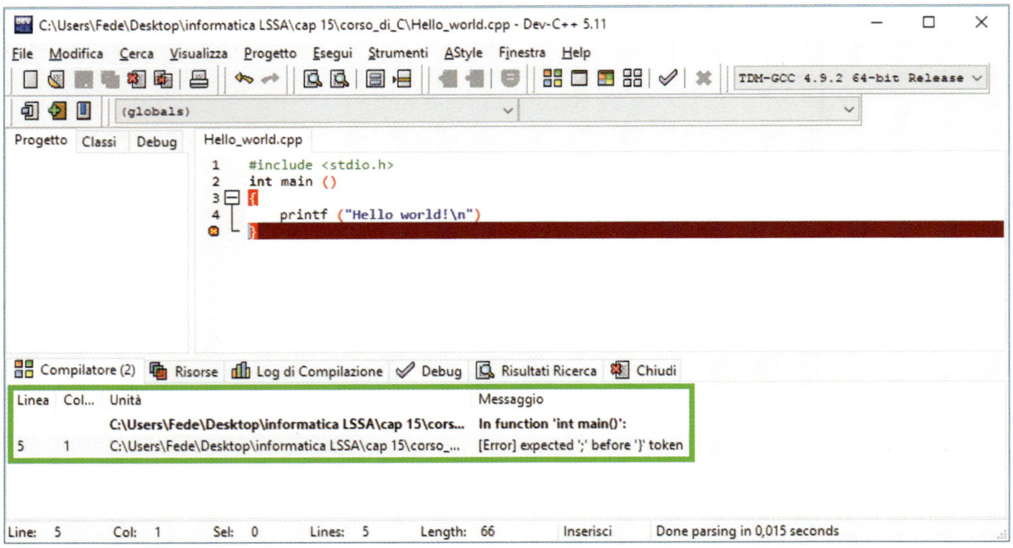

Figura 12.16 Un esempio di messaggio con cui il compilatore segnala un errore di sintassi nel codice.

IN SINTESI

- Il **codice sorgente** si può memorizzare come semplice file di testo (con estensione **.c** in Windows).
- Un utile strumento è l'**ambiente di sviluppo** o **IDE**, un'applicazione che consente di scrivere codice sorgente, compilarlo ed eseguirlo.
- L'editor dell'IDE **numera** le istruzioni e le evidenzia con **colori** e **indentazioni**, rendendo così più facile riconoscere la struttura del codice.
- Il **compilatore** individua e segnala gli eventuali **errori di sintassi** presenti nel codice. Se non trova errori, produce il file eseguibile (con estensione **.exe** in Windows).

ESERCIZI

1 Qual è, e dove si trova nel codice, l'errore segnalato dal messaggio del compilatore riprodotto qui sotto?

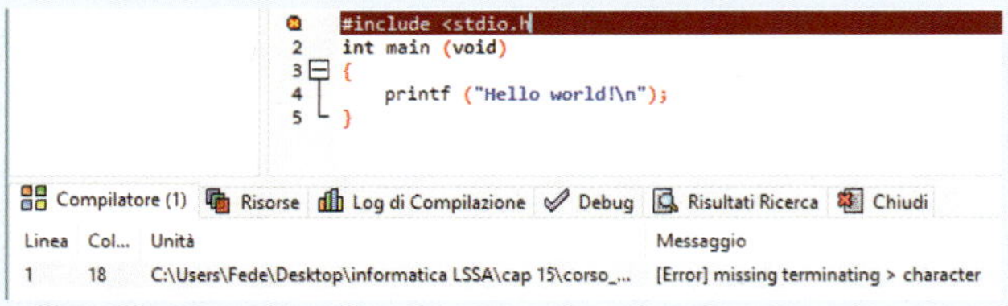

....

....

....

2 Modifica il programma **hello_world** in modo tale che l'output appaia dopo due righe vuote, come nell'esempio della figura qui sotto.
Per ottenere questo risultato, aggiungi una nuova istruzione che chiama la funzione **`printf`**, con il comando **`\n`** ripetuto due volte nell'argomento, tra le virgolette.

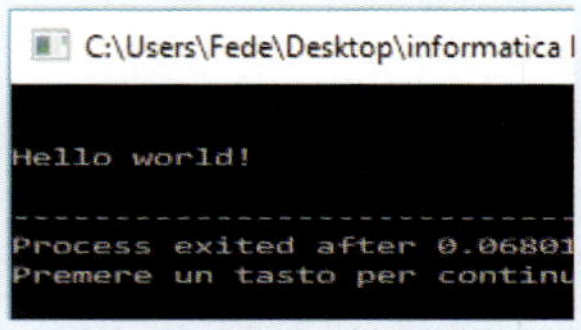

12.5 La struttura di base dei programmi in C

Riprendiamo in esame il codice in C di **Hello_world**, a cui corrisponde il semplicissimo diagramma di flusso della **figura 12.17**: il programma produce un output a schermo e poi termina.

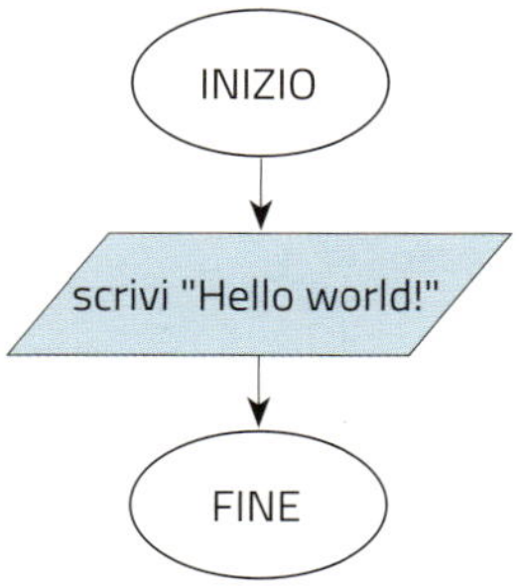

Figura 12.17 Il semplice diagramma di flusso del programma **Hello_world**.

Aggiungeremo ora al programma alcuni **commenti**; nel linguaggio C questi si possono inserire su righe autonome oppure sulla stessa riga di un'istruzione.

Ogni commento deve iniziare con i caratteri `/*` e terminare con i caratteri `*/` (oppure stare a destra di una doppia barra `//`): in questo modo il compilatore riconosce che non si tratta di codice e lo trascura.

La versione commentata che segue aiuta a capire il significato delle singole istruzioni del programma **Hello_world**:

```
    /*versione commentata del programma*/
#include <stdio.h>                // richiama la libreria standard di input-output
int main (void)                   // dichiara main, la funzione principale di C, di tipo integer
{                                 // equivale al blocco Inizio del diagramma di flusso
printf ("Hello world!\n");        // la funzione printf stampa a schermo l'argomento tra parentesi
}                                 // equivale al blocco Fine del diagramma di flusso
```

Queste poche righe di codice sono già rappresentative di un aspetto caratteristico del linguaggio C: ogni programma definisce una funzione, e al proprio interno può richiamare altre funzioni che sono raccolte in librerie tematiche.

Nel codice di **Hello_world**, per esempio:

- l'istruzione **`#include <stdio.h>`** segnala al compilatore che il programma userà una funzione (in questo caso **`printf`**) contenuta nella libreria standard dedicata alle funzioni di input/output, **`stdio.h`**; l'estensione **`.h`** sta per *header*, cioè testata iniziale: il richiamo delle librerie infatti deve precedere sempre l'inizio vero e proprio del programma;
- l'istruzione **`int main(void)`** *dichiara* una funzione che non è di libreria: infatti **`main`** è la funzione principale, che dev'essere presente in ogni programma in C ed è definita dal codice del programma;
- ogni istruzione di dichiarazione deve specificare il tipo di dati trattati (qui **`int`**, perché in C l'output di **`main`** è un numero intero che indica la fine del programma), il nome della funzione (qui **`main`**, scritto minuscolo) e i suoi argomenti, racchiusi tra parentesi tonde (in questo caso la parola **`void`**, «vuoto», indica che la funzione **`main`** non ha argomenti);
- la parentesi graffa aperta **`{`** indica l'avvio dell'elaborazione: corrisponde al blocco d'inizio del diagramma di flusso;
- in questo caso l'elaborazione consiste nel richiamare **`printf`**, funzione della libreria **`stdio.h`**, che visualizzerà a schermo l'argomento contenuto tra le parentesi tonde;
- l'argomento da stampare a schermo, **`Hello world!`**, è una sequenza di caratteri (*string*) e perciò va racchiuso tra virgolette, così come i comandi di **`printf`** per la gestione del testo; qui il comando **`\n`** (*new line*) fa sì che nell'output il cursore vada a capo al termine della frase;
- la parentesi graffa chiusa **`}`** indica il termine dell'elaborazione: corrisponde al blocco finale del diagramma di flusso.

La lettura dei dati di input

Vogliamo ora scrivere un programma che, data come input una cifra in dollari, restituisca come output il valore della cifra in euro, secondo il diagramma di flusso della **figura 12.18**.

Apri Dev-C++ e crea un nuovo file di nome **convertitore_dollaro-euro.c**, poi digita questo codice sorgente:

```
1  #include<stdio.h>
2  int main(void)
3  {
4  /*dichiariamo le variabili come di tipo float, così potranno contenere valori decimali*/
5  float cambio;
6  float dollari;
7  float euro;
8  printf("Inserisci il valore in euro di un dollaro: ");
9  scanf("%f", &cambio); /*La funzione scanf legge l'input da tastiera e lo assegna alla variabile cambio*/
10 printf("Inserisci la cifra in dollari: ");
11 scanf("%f", &dollari); /*La funzione scanf legge l'input da tastiera e lo assegna alla variabile dollari*/
12 euro=dollari*cambio;
13 printf("La cifra equivale a %.2f", euro);
14 printf(" euro");
15 }
```

Compila il programma, verifica che non contenga errori di sintassi e poi eseguilo.

Nella finestra di esecuzione ti verrà chiesto di inserire il valore del cambio del dollaro; per assegnare questo dato di input, digita un numero e poi premi il tasto Invio.

Quando digiti **numeri decimali** devi sempre usare come separatore il **punto**, com'è nella consuetudine anglosassone, non la virgola. Come utile esercizio, prova a inserire dati di input scritti con la virgola: verificherai che in tal caso il programma non funziona correttamente.

Ora ti verrà chiesto di inserire la cifra in dollari di cui vuoi sapere il controvalore in euro; digitala e poi premi Invio. A questo punto il programma esegue il calcolo e scrive a schermo il controvalore in euro.

Nell'esempio della **figura 12.19** abbiamo digitato come input i valori 0.92 (tasso di cambio) e 125.30 (cifra in dollari) ottenendo come output la cifra di 115.28 euro.

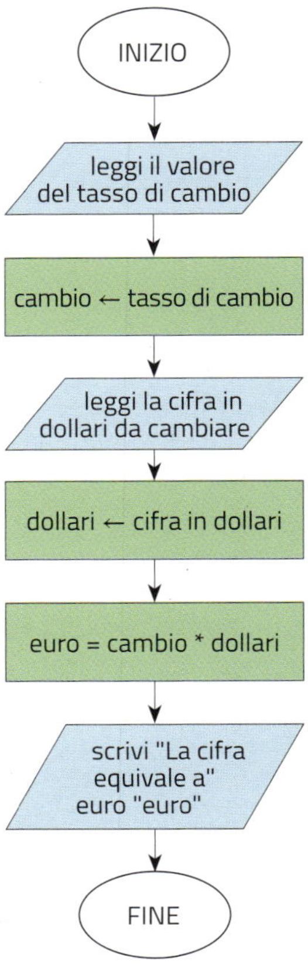

Figura 12.18 Il diagramma di flusso per la conversione da dollari a euro.

Figura 12.19 L'input e l'output del programma per la conversione da dollari a euro.

Esaminiamo ora in dettaglio il codice appena eseguito.

Per far leggere al programma i dati di input, è necessario per prima cosa definire due variabili, cioè due spazi di memoria destinati a contenere i due dati.

Le righe 5-6 del codice dichiarano perciò le due variabili **`cambio`** e **`dollari`** e assegnano loro il tipo **`float`**, così che si possano inserire come input numeri decimali.

La lettura dei dati digitati a schermo è effettuata dalla funzione **`scanf`** chiamata nelle righe 9 e 11 del codice. Questa è un'altra funzione di input-output contenuta nella libreria **`stdio.h`**:

- a ogni chiamata, **`scanf`** scansiona l'area di memoria RAM associata a una variabile, legge i dati che vi sono contenuti e assegna a quell'indirizzo di memoria il valore che abbiamo digitato;
- il primo argomento di **`scanf`**, un carattere preceduto da `%` tra virgolette, definisce il tipo di dato atteso; in questo caso, **`"%f"`** indica un dato di tipo **`float`**, decimale;
- il secondo argomento di **`scanf`**, separato dal primo da una virgola, specifica il nome della variabile facendolo precedere dal carattere **`&`**, che in C è il riferimento all'indirizzo della memoria RAM in cui è contenuto il dato.

Nella riga 12 il programma poi calcola il prodotto dei valori di **`cambio`** e **`dollari`** e assegna il risultato alla variabile **`euro`**, che è stata anch'essa definita all'inizio (riga 7) come di tipo **`float`**.

! Quando si programma, i **numeri decimali** vanno scritti usando il **punto**, non la virgola.

Le righe 13-14 usano la funzione **printf** per scrivere a schermo l'output, che ora non è soltanto un testo ma contiene il valore della variabile **euro**:

- il primo argomento, tra le virgolette, contiene oltre a una stringa di testo i caratteri **%f**; questi istruiscono il programma su come visualizzare nell'output il contenuto della variabile (il simbolo % avverte che il carattere successivo non è testo, ma un comando; la lettera **f** comunica al programma che la variabile che segue è un numero decimale, cioè è di tipo **float**);
- il secondo argomento di **printf**, separato dal primo da una virgola e senza uso delle virgolette, specifica il nome della variabile di cui stampare il valore;
- vogliamo che dopo il dato di output, sulla stessa riga, appaia altro testo; perciò nella riga 13 non andiamo a capo (quindi niente **\n**) e aggiungiamo una nuova chiamata di **printf**, che questa volta ha come argomento soltanto una stringa di testo (che inizia con uno spazio bianco, così che il testo sia staccato dall'output numerico).

I diversi possibili tipi di dato nel primo argomento delle funzioni **printf** e **scanf** sono riassunti nella **tabella 12.1**.

Tabella 12.1 I principali tipi di dati in **printf**.

tipo di dato	descrizione
%d	**int** (numero intero)
%f	**float** (numero a punto decimale mobile)
%c	**char** (singolo carattere)
%s	stringa di caratteri (insieme di dati di tipo char)
%10d	numero intero a cui sono riservati 10 spazi (è utile per incolonnare i numeri)
%10.2f	numero a virgola mobile a cui sono riservati 10 spazi, con 2 cifre dopo il punto decimale
%%	visualizza il carattere %

L'uso delle costanti

Nell'esempio precedente abbiamo definito il valore in euro del dollaro attraverso la variabile **cambio**: l'algoritmo richiede una variabile, perché il tasso di cambio tra le valute correnti cambia in continuazione.

Supponiamo ora invece di avere cifre espresse nelle vecchie lire italiane, e di voler sapere a quanti euro odierni corrispondono.

Nel 2001, al momento dell'entrata in vigore della moneta unica europea, il tasso di cambio è stato fissato a 1936,27 lire per euro.

In un programma che converte le vecchie lire in euro, dunque, per il tasso di cambio non occorre una variabile: si può usare una costante.

Si può allora scrivere il programma in questa forma:

```
1   #include<stdio.h>
2   int main(void)
3   {
4   const float lirexeuro=1936.27;
5   float cifra_lire;
6   float euro;
7   printf("Inserisci la cifra in lire: ");
8   scanf("%f", &cifra_lire);
9   euro=cifra_lire/lirexeuro;
10  printf("La cifra equivale a %.2f", euro);
11  printf(" euro");
12  }
```

L'istruzione alla riga 4 di questo codice inizia con **const**, specifica il tipo di dati (in questo caso un numero decimale) e poi assegna il valore della costante **lirexeuro**, che non cambierà mai durante l'esecuzione del programma.

Gli operatori aritmetici

I programmi appena visti contengono operazioni aritmetiche; la moltiplicazione è indicata dall'operatore *****, la divisione dall'operatore **/**.

Gli **operatori aritmetici** del linguaggio C sono riassunti nella **tabella 12.2**.

Tabella 12.2 Gli operatori aritmetici del linguaggio C.

operatore	significato
+	somma
–	sottrazione
*	moltiplicazione
/	divisione
%	modulo (restituisce il resto di una divisione tra interi)

È importante tenere presente che il risultato delle operazioni può dipendere dal tipo di dato assegnato alle variabili.

La divisione tra interi, per esempio, non restituisce decimali. Così, se **a** e **b** valgono 17 e 4, il rapporto **a/b** varrà 4.25 se le due variabili sono state definite come **float**, mentre varrà 4 se sono state definite come **int**.

L'operatore % restituisce il resto della divisione tra interi, perciò si può calcolare **a%b** soltanto quando entrambe le variabili sono state definite come **int** (se così non è, si avrà un errore in fase di compilazione).

Si usano infine le parentesi tonde per stabilire la priorità delle operazioni.

Per esempio, per trovare il valore medio tra quelli delle variabili intere **a** e **b** si dovrà scrivere **(a+b)/2**, che ha un valore diverso da **a+b/2**.

Quando occorre, si usano parentesi nidificate; per esempio, l'inverso del valore medio appena citato si può scrivere nella forma **1./((a+b)/2).**

IN SINTESI

- In C i **commenti** iniziano con i caratteri **/*** e terminano con ***/**.
- La **lettura dei dati di input** digitati sulla tastiera si effettua usando la funzione **scanf** della libreria **stdio.h**, che ha come argomenti il tipo di dato e il nome della variabile a cui assegnare l'input, preceduto da &.
- Per **scrivere a schermo l'output** si usa la funzione **printf**, specificando il tipo di dato e opzionalmente il formato con cui visualizzarlo.
- In C gli **operatori aritmetici** sono +, –, *, / e %. Il risultato delle operazioni dipende in generale dal tipo di dato usato per le variabili.

ESERCIZI

1 Se **x** e **y** sono variabili intere che valgono rispettivamente 27 e 5, quanto valgono **x/y** e **x%y**?

....

2 Come va scritta l'istruzione in C per leggere il valore di input della variabile **y** dell'esercizio precedente?

....

3 Modifica il programma **convertitore_dollaro-euro** così che ogni riga di testo a schermo inizi con due spazi vuoti e sia preceduta da una riga vuota.

4 Un programma in C calcola la variabile **float Z**, trovando che vale 25. L'istruzione per l'output è:

```
printf("Z vale %10.2f", Z);
```

Quale valore apparirà a schermo?

....

5 In C esiste una funzione **fopen** che permette di aprire un file per scrivervi i dati di output dei programmi. In quale libreria ti aspetti di trovare questa funzione?

....

ATTIVITÀ GUIDATA Una funzione potente

Completa il testo

› In matematica, dati due numeri chiamati base ed esponente, l'operazione di elevamento a potenza produce un numero che è pari alla .... moltiplicata per sé stessa tante volte quanto è il valore numerico dell'...
› In alcuni .... di programmazione il doppio asterisco `**` è l'operatore che indica l'elevamento a potenza: in tal caso la potenza A^x si scrive nella forma **`A**x`**.
› Nel linguaggio C, invece, per calcolare le potenze si usa la funzione **pow**, che fa parte della libreria matematica **`math.h`**.
› Il codice qui a fianco illustra con un esempio la sintassi da usare per richiamare la .... **pow** all'interno di un programma.

funzione pow.c

```c
#include <stdio.h>
#include <math.h>   /* è la libreria che contiene la funzione pow */

int main(void)
{
    /* definizione delle variabili */
    double base, esponente;
    double potenza;

    /* assegnazione dei valori per questo calcolo */
    base = 4.0;
    esponente = 2.5;

    /* calcolo della potenza con la funzione pow */
    potenza = pow(base, esponente);

    /* output del risultato del calcolo */
    printf("\n");
    printf("la potenza di %f elevato a %f vale %f\n", base, esponente, potenza);

}
```

C:\Users\Fede\Desktop\informatica LSSA\cap 13\corso_di_C\funzione pow.exe

```
la potenza di 4.000000 elevato a 2.500000 vale 32.000000

--------------------------------
Process exited after 0.02602 seconds with return value 57
Premere un tasto per continuare . . .
```

› All'inizio, prima di introdurre la funzione principale ...., bisogna includere la .... **`math.h`** (oltre a quella standard di input-output).
› La funzione **pow** ha due argomenti, le variabili corrispondenti alla .... e all'esponente, che vanno scritte in quest'ordine tra .... tonde, separandole con una ....
› Nel caso generale la base, l'esponente e la potenza risultante sono .... di tipo *floating point*. Nel codice di esempio le tre variabili sono state definite in doppia precisione, cioè con il tipo di dati ....

Ora prova tu

1. L'esempio precedente codifica soltanto un particolare calcolo; ora invece userai la funzione **pow** all'interno di un vero e proprio algoritmo. Apri Dev-C++, crea un nuovo file e salvalo con il nome **volume_sfera.c**.
2. Scrivi un codice che, leggendo come input il valore decimale della variabile **`raggio`**, calcoli l'area della superficie e il volume della sfera con quel raggio. L'input e l'output del programma devono essere strutturati come nella figura qui a fianco.
3. L'area della superficie di una sfera di raggio R vale $4\pi R^2$, mentre il volume è $(4/3)\pi R^3$. Nel codice definisci una costante **`pigreco`** e assegnale il valore 3.14.
4. Effettua poi i due calcoli usando la funzione **pow**; il primo argomento sarà la variabile **`raggio`**, mentre per il secondo argomento scriverai il valore numerico. Quando scrivi il fattore 4/3, ricorda che i numeri vanno espressi in forma decimale; se li scrivessi come interi, infatti, il calcolo del loro rapporto darebbe come risultato 1.
5. Infine salva una copia del programma con un altro nome e sostituisci le due chiamate della funzione **pow** con i prodotti **`raggio*raggio`** e **`raggio*raggio*raggio`**. Verifica con almeno due esempi (cioè con due diversi valori per l'input **`raggio`**) che questo secondo programma produca gli stessi risultati del primo.

C:\Users\Fede\Desktop\informatica LSSA\cap 13\corso_di_C\volume_sfera.exe

```
Scrivi la misura del raggio in cm: 3.7

L'area della sfera misura     171.95 centimetri quadrati
Il volume della sfera misura     212.07 centimetri cubi

--------------------------------
Process exited after 14.86 seconds with return value 57
Premere un tasto per continuare . . .
```

ESERCIZI DI RIEPILOGO

ZTE ONLINE

LOSAI? RIPASSA CON LO SMARTPHONE

1 Completa la mappa con le parole:
alto ▪ basso ▪ C ▪ C++ ▪ codice ▪ compilatore ▪ macchina ▪ oggetti

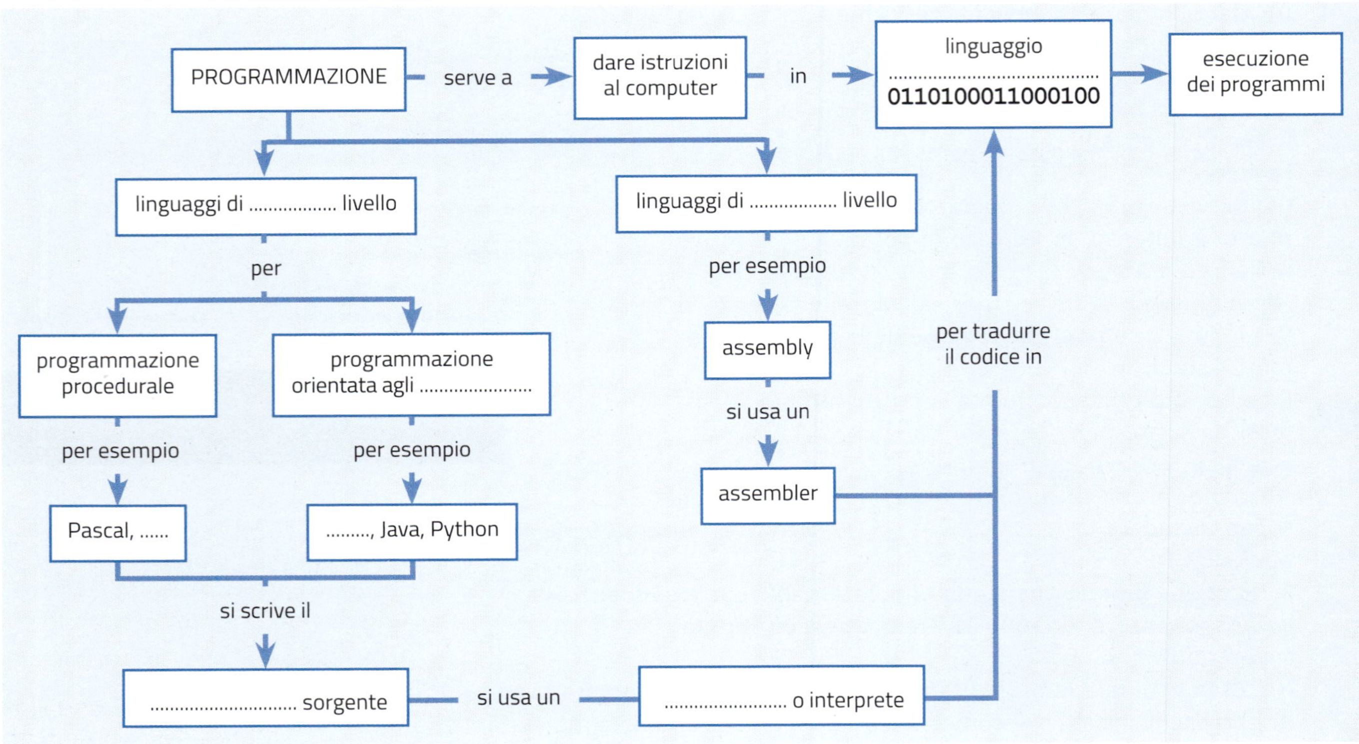

2 Immagina di dover scegliere un nuovo cellulare tra decine di modelli con centinaia di caratteristiche tecniche diverse. A quale astrazione devi fare ricorso per arrivare a una decisione?

....

....

3 Fai due esempi di dispositivi che comunemente programmiamo durante un viaggio in automobile, la «macchina» per eccellenza.

1. ....
2. ....

4 Sai spiegare a che cosa serve il nastro perforato di questo ***player piano***?

....

....

5 A quando risale il più recente aggiornamento dello standard ISO per il linguaggio C?

....

6 Quale legame storico esiste tra il sistema operativo open source Linux e il linguaggio C?

....

....

....

7 Che cosa è sbagliato nella versione del codice in C riprodotta qui sotto?

```
#include <stdio.h>
int Main(void)
{
    printf ("Hello world!\n");
}
```

....

....

8 Quale tra questi file è un programma eseguibile?

- A programma.obj
- B exec.prog
- C prog.exe
- D programma.link

9 Quando si deve scrivere un saggio in una verifica di italiano, di solito si inizia riflettendo sulla tesi generale che si intende sostenere, si individuano i principali argomenti a sostegno della tesi e all'interno di questi le idee-guida, infine si costruiscono le frasi cercando le parole più adatte per rendere chiara e convincente la tesi.

a. Come descriveresti questo approccio metodologico?

....

b. In che modo si potrebbe procedere invece per scrivere un saggio con un approccio bottom-up?

....

....

....

....

....

10 Scrivi tre programmi in C che producano gli output mostrati nella figura seguente. Salva i programmi con i nomi **printf_triangolo1/2/3**.

11 Scrivi un programma in C che assegni i valori 1, 5 e 10 a tre variabili intere e poi produca l'output della figura, usando il tipo di dato per allineare i valori.
Salva il codice con il nome **allineamento.c**.

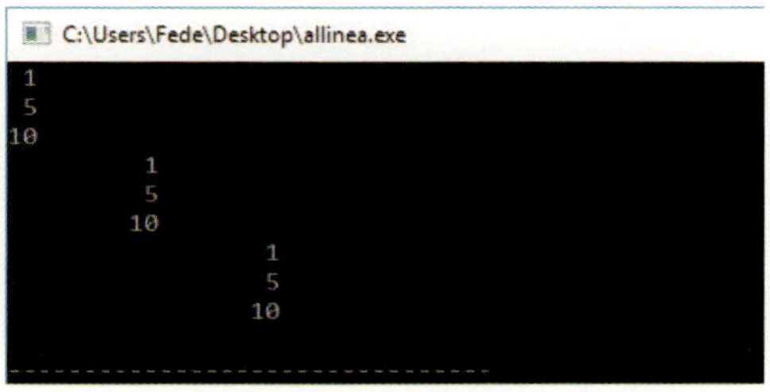

12 Scrivi un programma in C che riceva come input i valori interi di due angoli di un triangolo, misurati in gradi, e mostri come output il valore del terzo angolo del triangolo.
Salva il codice con il nome **terzo_angolo.c**.
Dovrai chiedere all'utente di inserire soltanto dati minori di un certo valore: quale?

....

13 Scrivi un programma in C che riceva come input il valore di una lunghezza misurata in pollici e restituisca, su due righe diverse, due output: il valore della stessa lunghezza in centimetri e in metri. Usa una costante per definire il fattore di conversione delle unità di misura, tenendo conto del fatto che 1 pollice = 2.54 cm. Salva il codice con il nome **pollici.c**.

14 Scrivi in C un programma **area_triangolo.c** che implementi l'algoritmo illustrato dal diagramma di flusso che segue. Il programma deve leggere come input due numeri decimali. Il valore numerico del risultato deve apparire a schermo con due cifre dopo il punto decimale.

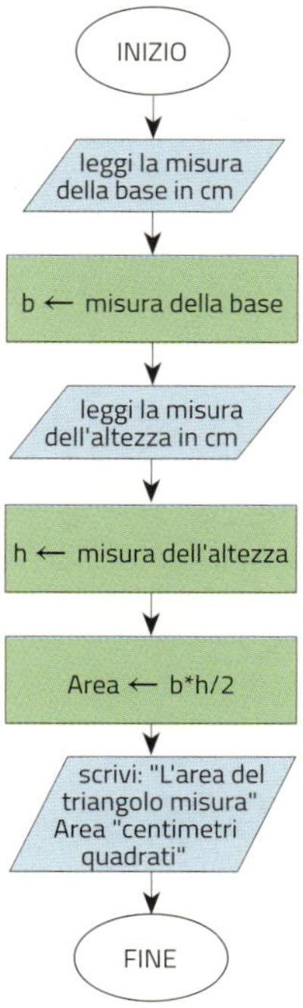

15 Scrivi un programma in C che chieda all'utente di inserire come input due numeri interi, il primo pari e il secondo dispari, e mostri poi a schermo il seguente output, su due righe distinte: su una riga la parte intera del quoziente ottenuto dividendo il primo dato di input per il secondo, poi su un'altra riga il resto della divisione. Salva il codice con il nome **divisione_e_resto.c**.

16 Scrivi un programma in C che, letti come input due numeri decimali che rappresentano le lunghezze dei cateti di un triangolo rettangolo, calcoli e mostri a schermo il valore della lunghezza dell'ipotenusa.
Usa gli operatori matematici e la funzione `sqrt` descritta nel capitolo; all'inizio, oltre all'istruzione `#include` per la libreria di input-output, dovrai inserirne una del tutto simile per la libreria `math.h`.
Il risultato deve apparire a schermo con due cifre dopo il punto decimale. Salva il codice con il nome **ipotenusa.c**.

17 Scrivi un programma in C che richieda l'inserimento dei dati necessari al calcolo dell'area di un trapezio rettangolo e mostri a schermo il valore dell'area con tre cifre decimali. Salva il codice con il nome **trapezio.c**.

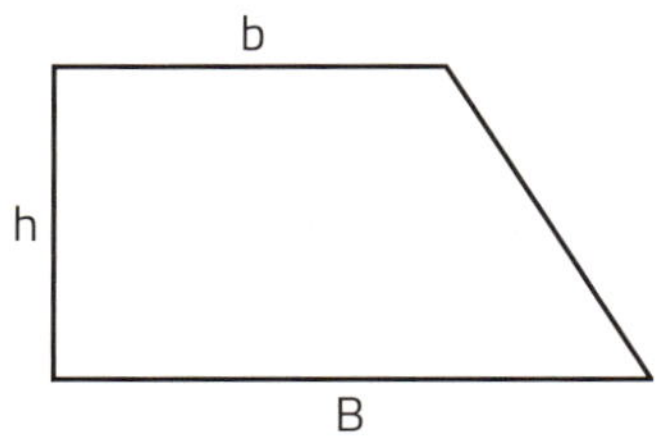

VERIFICA DELLE COMPETENZE

1 LAVORA CON I DATI

a. In C il tipo di dato **`short`** per i numeri interi usa 16 bit di memoria. Qual è il numero negativo di valore assoluto massimo che si può rappresentare con il tipo di dato **`short signed`**?

....

b. Qual è il numero intero più grande rappresentabile con il tipo di dato **`short unsigned`**?

....

c. Supponi che un codice scritto in C usi 100 variabili di tipo **`char`**, 300 variabili di tipo **`long`** e 500 variabili di tipo **`double`**.
Quanti kilobyte di memoria RAM verranno usati per memorizzare le variabili durante l'esecuzione del programma?

....

2 LAVORA SULL'IMMAGINE

Il programma della figura qui sotto non potrebbe funzionare in questa forma, perché contiene quattro errori di sintassi.

Correggi i quattro errori con una penna, lavorando direttamente sulla figura.

```
#include<stdio.h

int main(void)

    /*dichiaro le variabili come di tipo float */
float prezzo;
float sconto;
float dapagare;
    printf("Inserisci il prezzo in euro del prodotto: ");
        /*leggo il primo dato di input */
        scanf("%f", &prezzo);
    printf("Inserisci il valore percentuale dello sconto:  );
        /*leggo il primo dato di input */
        scanf("%f", &sconto);
    dapagare=prezzo-prezzo*sconto/100
    printf("La cifra da pagare e' %.2f", dapagare);
    printf(" euro");
}
```

a. A che cosa serve l'algoritmo del programma che hai appena corretto?

....

....

....

b. Se come input al programma corretto vengono dati i valori 10.00 e 20, quale valore verrà mostrato a schermo come output?

....

c. Se come secondo dato di input si inserisce 0 (zero), che cosa sai dire riguardo all'output del programma?

....

....

....

3 SCOPRILO SU INTERNET

Il *kernel* del sistema operativo open source Linux – derivato da Unix – è scritto per la maggior parte in linguaggio C. Fai una ricerca in Rete e rispondi alle domande che seguono.

a. Che cosa si intende per *kernel* di un sistema operativo?

....

b. Chi ha sviluppato Linux, e quando?

....

c. Qual è stato il primo sistema operativo basato su software libero, chi l'ha scritto e quando?

....

4 INFORMATICA E AMBIENTE

Gli organismi viventi sono, per certi versi, simili a macchine programmate.
Come fa per esempio il seme di una pianta, o l'embrione di un animale, a trasformarsi gradualmente nell'organismo adulto?
Ci riesce perché segue le istruzioni contenute nei geni, che sono il «software» caratteristico di quella specie.

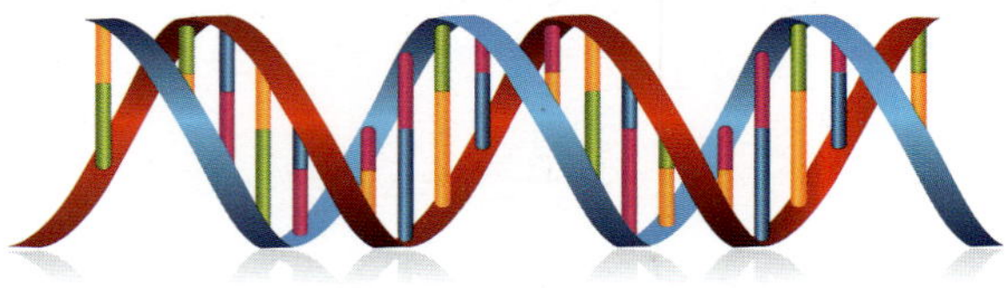

a. Dove risiede il «software» che fa funzionare gli organismi viventi?

....

b. Qual è l'«hardware» al cui interno avviene l'esecuzione del software biologico?

....

c. Si potrebbe dire che, con lo sviluppo delle biotecnologie, gli esseri umani abbiano preso il diploma di «programmatori della vita». Sai spiegare che cosa può giustificare questa affermazione?

....

....

....

CLIL

Learn from the originals | Read it as they wrote it

Grace Hopper and the first compiler

from the web site www.computinghistory.org.uk

In 1952, Grace Hopper completed her first compiler. The A-0 System was a set of instructions that could translate symbolic mathematical code into machine language. She took all the subroutines she had been collecting over the years and put them on tape. Each routine was given a call number, so that the machine could find it on the tape.

«All I had to do was to write down a set of call numbers, let the computer find them on the tape, bring them over and do the additions. This was the first compiler». After the A-0 system, Grace and her staff produced versions A-1 and A-2. The A-2 was the first compiler to be used extensively, paving the way to the development of programming languages.

It took two years for the compiler to become accepted. «I had a running compiler» said Grace «and nobody would touch it because, they carefully told me, computers could only do arithmetic; they could not do programs. I think with any new idea, because people are allergic to change, you have to get out and sell the idea».

Grace also originated the idea that computer programs could be written in English. She viewed letters as simply another kind of symbol that the computer could recognize and convert into machine code. Although dissuaded by the establishment, she followed her philosophy of «Go ahead and do it. You can apologize later».

Grace Hopper (1906-1992) was a pioneer of computer programming. She popularized the idea of machine-independent programming languages, leading to the development of COBOL.

Glossary

tape = long, narrow strip of plastic with a magnetic covering

extensively = over a wide range

to pave the way for something = to make something possible

to apologize = to say that one is sorry

QUESTIONS

1. Before Grace Hopper's work, what did people not believe computers could produce?

....

....

2. Which revolution was made possible by the invention of the first compiler?

....

....

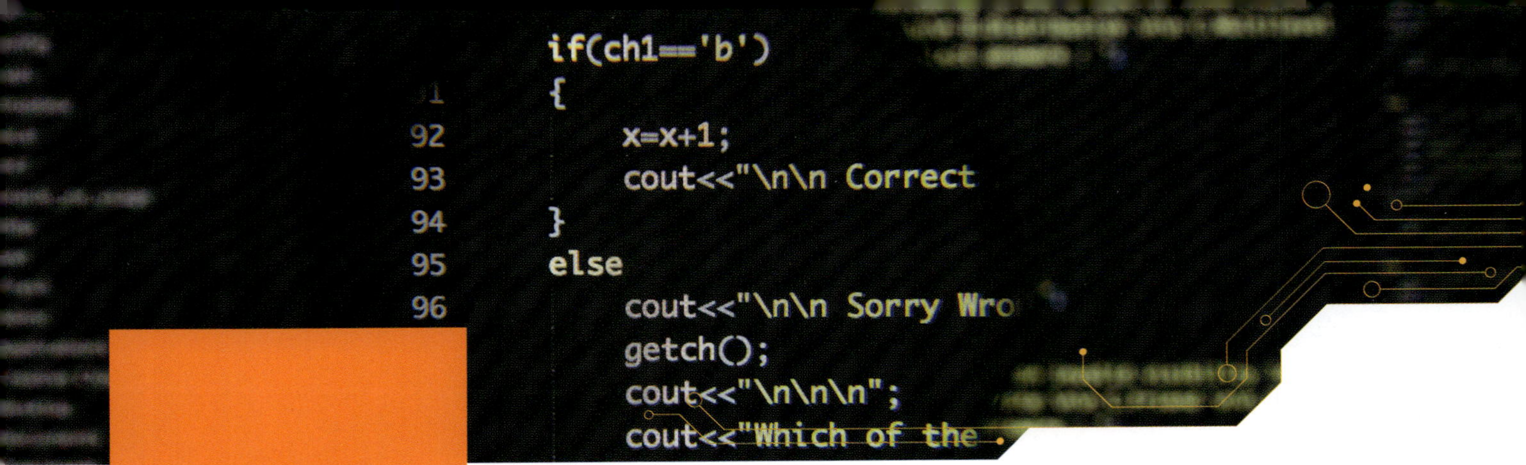

Capitolo 13

Le strutture di selezione

13.1 Le istruzioni condizionali e gli operatori relazionali

Il paradigma della programmazione strutturata prevede tre tipi di strutture: la sequenza, la selezione e il ciclo.

I programmi che abbiamo scritto finora avevano una semplice struttura sequenziale: le istruzioni venivano eseguite tutte, una dopo l'altra, nell'ordine in cui apparivano nel codice sorgente.

In questo capitolo introdurremo invece la **selezione**, o **struttura condizionale**, che nei diagrammi di flusso è rappresentata dai blocchi a forma di rombo.

Questa struttura, come già sappiamo, consente di indicare al computer se eseguire una sequenza di istruzioni oppure un'altra, in base al risultato della verifica di una condizione logica.

! La **selezione** è una delle tre strutture fondamentali della **programmazione strutturata**.

La più semplice istruzione `if`

Nel linguaggio C le strutture di selezione sono caratterizzate da un'istruzione che inizia con la parola-chiave **`if`** (se), che va scritta in caratteri minuscoli.

Nella sua forma più semplice, questa istruzione fa sì che al verificarsi di una data condizione – cioè se la condizione specificata è *vera* – venga eseguito un particolare blocco di istruzioni.

Se la condizione invece è falsa, quel blocco di istruzioni viene semplicemente «saltato» durante l'esecuzione del programma.

Immagina per esempio di voler comprare uno smartphone, una cover e auricolari Bluetooth, e di avere a disposizione un budget massimo di 250 euro.

Sperimenteremo l'uso dell'istruzione condizionale **`if`** scrivendo il programma corrispondente al diagramma di flusso della figura 13.1, che si può descrivere così:

1. assegna i valori di input (prezzi del cellulare, della cover e degli auricolari) alle tre variabili **`cell`**, **`cover`** e **`auric`**;
2. somma i valori delle tre variabili e assegna il risultato alla variabile **`totale`**;
3. se **`totale`** supera 250, avverti con un messaggio;
4. scrivi il valore di **`totale`** e poi termina.

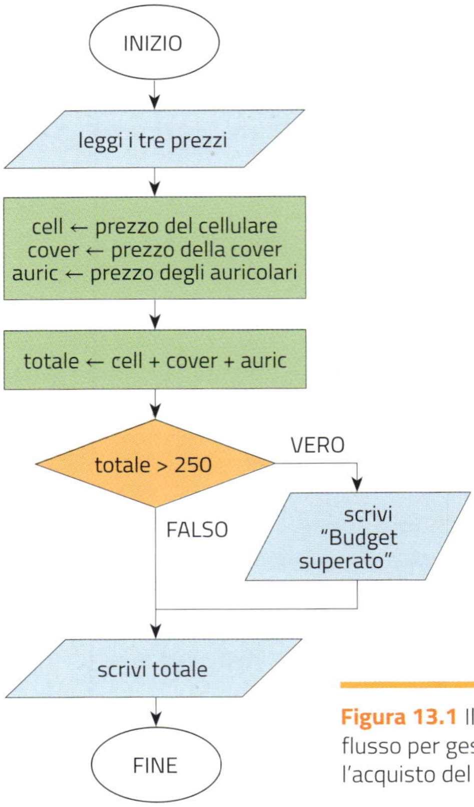

Figura 13.1 Il diagramma di flusso per gestire il budget per l'acquisto del telefonino.

Apri l'ambiente di sviluppo Dev-C++ e crea un nuovo file di nome **preventivo.c**, poi digita il codice sorgente che segue.

Per velocizzare le operazioni, invece di digitare tutte le istruzioni *ex novo*, puoi aprire un file già esistente che contiene un codice simile, salvarlo con il nuovo nome e poi procedere alle opportune modifiche.

Può anche tornare utile la tecnica del copia-e-incolla. Per esempio, dopo aver digitato le istruzioni 8 e 9 puoi copiarle per creare le istruzioni 10 e 11, dove dovrai sostituire soltanto due parole, quindi puoi ripetere la procedura per le istruzioni 12 e 13.

! In C le selezioni si basano su **condizioni** che iniziano con la parola-chiave **`if`**.

preventivo.c

```
1  #include<stdio.h>
2  int main(void)
3  {
4  float cell;
5  float cover;
6  float auric;
7  float prezzo;
8  printf ("\n Inserisci il prezzo del telefono, poi premi invio: ");
9  scanf ("%f", &cell);
10 printf ("\n Inserisci il prezzo della cover, poi premi invio: ");
11 scanf ("%f", &cover);
12 printf ("\n Inserisci il prezzo degli auricolari, poi premi invio: ");
13 scanf ("%f", &auric);
14 prezzo=cell+cover+auric;
15 if (prezzo>250)
16     {
17     printf("\n      ATTENZIONE: budget superato!\n");
18     }
19 printf ("\n Il costo totale e' %0.2f", prezzo);
20 printf(" euro\n");
21 }
```

Alla riga 15 del codice c'è l'istruzione condizionale, che ha la seguente sintassi:

- inizia con la parola-chiave **`if`**;
- prosegue con la condizione da valutare, che va racchiusa tra parentesi *tonde*;
- *non* termina con il punto e virgola, diversamente dalle altre istruzioni;
- se la condizione risulta *vera*, verrà eseguito il blocco di istruzioni che segue, racchiuso tra parentesi *graffe*;
- se la condizione risulta *falsa*, quel blocco di istruzioni verrà invece ignorato.

Nell'esempio molto semplice del codice **preventivo.c**, se la condizione si verifica viene eseguita un'unica istruzione, quella della riga 17.

In questo caso il programma funzionerebbe anche senza le parentesi graffe, ma è sempre consigliabile usarle, poiché migliorano la leggibilità del codice.

Grazie alle graffe e all'indentazione, infatti, si riconosce a colpo d'occhio che l'istruzione della riga 17 dipende dalla condizione di **`if`**, mentre quelle delle righe 19 e 20 verranno eseguite comunque.

Ora compila il codice, verifica che non contenga errori di sintassi e poi eseguilo. Controlla che il programma funzioni nel modo atteso per diversi valori degli input.

La struttura `if...else`

Vogliamo ora scrivere un programma che esegua istruzioni diverse a seconda del fatto che una condizione sia vera oppure falsa. A questo scopo si usa la struttura **`if...else`** (dove anche **`else`**, «altrimenti», va scritto minuscolo), che ha questa sintassi:

`if` (*condizione*)
{*istruzioni da eseguire se la condizione è vera*};
`else`
{*istruzioni da eseguire se la condizione è falsa*};

! La struttura **`else`** consente di eseguire istruzioni quando la condizione controllata risulta falsa.

L'istruzione **`else`**, così come l'istruzione **`if`**, non deve terminare con il punto e virgola, che va invece messo come sempre alla fine delle altre istruzioni.

Per riassumere, nella struttura **`if...else`**:

- se la condizione è vera, il programma eseguirà le istruzioni che vengono dopo **`if`**;
- se la condizione è falsa, invece, eseguirà le istruzioni che vengono dopo **`else`**.

Nel programma che ora scriveremo l'utente potrà votare il preferito tra due attori: digitando come input **1**, l'attore prescelto sarà Chris Evans, mentre digitando **2** sarà Ryan Gosling, come indicato dal diagramma di flusso della **figura 13.2**.

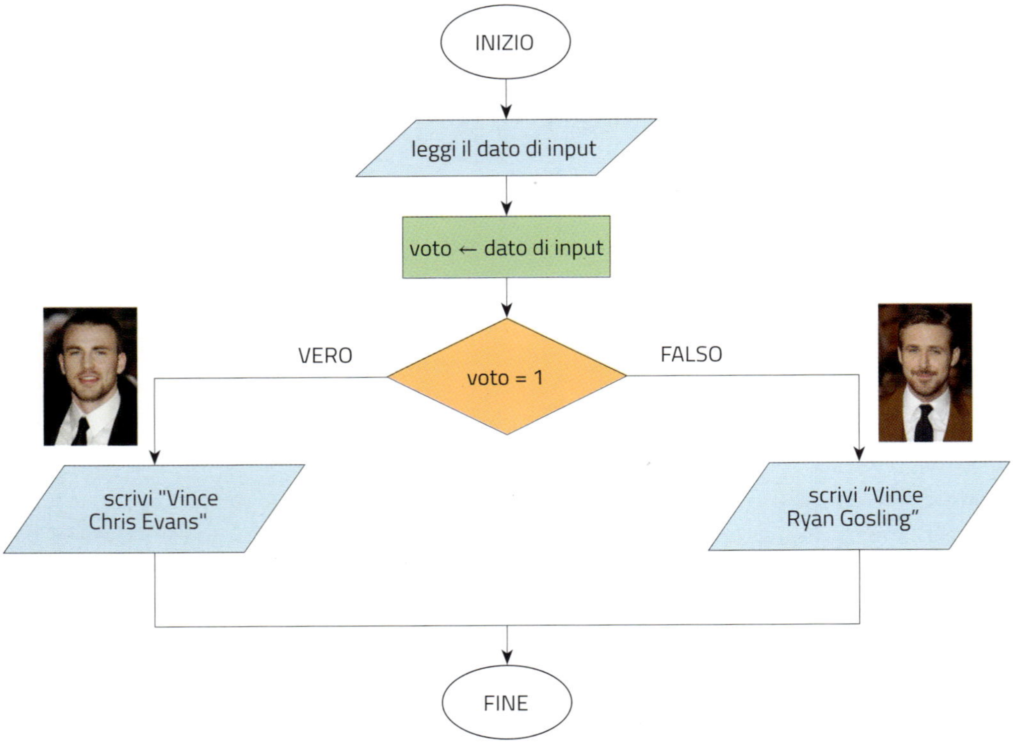

Figura 13.2 Il diagramma di flusso per votare il preferito tra due attori.

Apri Dev-C++ e crea un nuovo file **due_attori.c**, poi scrivi il codice sorgente che vedi qui sotto, in cui il dato di input viene assegnato alla variabile **voto**.

due_attori.c

```
1   #include<stdio.h>
2   int main(void)
3   {
4       int voto;
5       printf("\n Quale attore preferisci?");
6       printf("\n Scrivi 1 per Chris Evans oppure 2 per Ryan Gosling, poi premi invio\n\n   ");
7       scanf("%d", &voto);
8       if (voto==1)
9           {printf("\n Vince Chris Evans\n");}
10      else
11          {printf("\n Vince Ryan Gosling\n");}
12  }
```

Le righe da 8 a 11 contengono il costrutto **if...else**: se la condizione di **if** è vera, ossia se la variabile **voto** vale **1**, il programma eseguirà l'istruzione della riga 9 e scriverà **Vince Chris Evans**, altrimenti eseguirà l'istruzione della riga 11 e scriverà **Vince Ryan Gosling**.

Errori da evitare quando si inizia a programmare in C

Ecco alcuni errori a cui devi fare molta attenzione; sono quelli che più facilmente si tende a commettere scrivendo il codice:

- non dimenticare di mettere il punto e virgola **;** alla fine delle istruzioni;
- se apri una parentesi graffa **{** o tonda **(** , ricordati poi di chiuderla;
- non usare l'operatore di assegnazione **=** al posto di quello di confronto **==**;
- non dimenticare di chiudere il testo di un commento con ***/**;
- non usare per sbaglio le maiuscole o le minuscole: il C è *case sensitive*!

Gli operatori relazionali

Nella riga 8 del codice che hai appena scritto compare il doppio segno «uguale» **==**. Questo è un *operatore relazionale* e ha un significato radicalmente diverso dal segno «uguale» singolo.

Infatti, come sappiamo, in C scrivere **A=B** equivale a dire: «assegna alla variabile **A** il valore della variabile **B**». Invece scrivere **A==B** equivale a dire: «verifica se il valore di **A** è uguale a quello di **B**».

Gli **operatori relazionali** usati in C per il confronto logico tra i dati nelle istruzioni condizionali sono riassunti nella **Tabella 13.1**.

Tabella 13.1 Gli operatori relazionali del linguaggio C.

operatore	significato
==	uguale a
<	minore di
>	maggiore di
<=	minore o uguale a
>=	maggiore o uguale a
!=	diverso da

Gli operatori relazionali hanno priorità *inferiore* rispetto agli operatori aritmetici.

Così, per esempio, la condizione **A>B+C** verifica se **A** è maggiore della somma di **B** e **C**; in altre parole, la condizione è del tutto equivalente ad **A>(B+C)**.

IN SINTESI

- Nella più semplice struttura condizionale del linguaggio C, l'istruzione **if** permette di eseguire un blocco di istruzioni soltanto se una certa condizione è vera.
- La struttura condizionale **if...else** consente di eseguire istruzioni diverse a seconda che la condizione data risulti vera oppure falsa.
- Per esprimere le condizioni da verificare si usano gli **operatori relazionali ==, <, >, <=, >=** e **!=**.

ESERCIZI

1 Nel programma **preventivo** puoi inserire i dati di input indifferentemente in formato intero oppure decimale. Quale sarà in ogni caso il formato dell'output del programma?

....

2 Modifica il codice **preventivo.c** così che, nel caso di budget superato, l'output specifichi di quanti euro è stato superato. Salva il codice modificato con il nome **preventivo-overbudget.c**.

3 Modifica il codice **preventivo.c** in modo tale che, in ciascuno dei due casi possibili, venga prodotto soltanto il messaggio di output appropriato. Come va cambiato il diagramma della **figura 13.1** per rappresentare l'algoritmo modificato?

....

4 Modifica il codice **preventivo-overbudget.c** così che la cifra del budget diventi un dato di input del programma.
Salva il codice con il nome **preventivo-inputbudget.c.**

5 Se nella riga 8 del codice **due_attori.c** sostituisci l'operatore logico **!=** al posto di **==**, che cos'altro dovrai cambiare nell'istruzione affinché il codice continui a funzionare allo stesso modo?

....

6 Scrivi un programma che, dati come input due qualsiasi numeri positivi, non necessariamente interi, dica nell'output quale percentuale del numero maggiore tra i due è rappresentata dal numero minore.
Salva il codice con il nome **percentuale.c**.

13.2 Selezioni annidate e operatori logici

Nella lezione precedente abbiamo scritto il programma **due_attori.c**. Se lo provi con diversi valori dell'input, noterai che Ryan Gosling vince non soltanto se si digita **2**, ma anche se si digita qualsiasi altro numero (anzi, qualsiasi altro carattere) che non sia **1**.

Si tratta di un malfunzionamento, perché in realtà non sappiamo per chi volesse votare l'utente che erroneamente ha digitato un numero o un carattere diverso da **1** o **2**.

Questo è un esempio del tipo di errore che emerge nella fase di *testing* di un programma, cioè quando lo si esegue molte volte con input diversi, per controllare che funzioni correttamente in tutti i casi.

In generale, se si vogliono evitare errori di questo tipo, quando un programma richiede l'input di dati è sempre bene prevedere un controllo dei dati immessi.

Nel nostro caso, dobbiamo assicurarci che il programma:

- se il dato immesso è **1** oppure **2**, prosegua con la valutazione del voto;
- se invece il dato immesso è diverso da **1** e **2**, segnali un errore.

Il diagramma di flusso dell'algoritmo, perciò, diventa quello della **figura 13.3**.

> **!** Una selezione è **annidata** quando si trova all'interno di un'altra selezione.

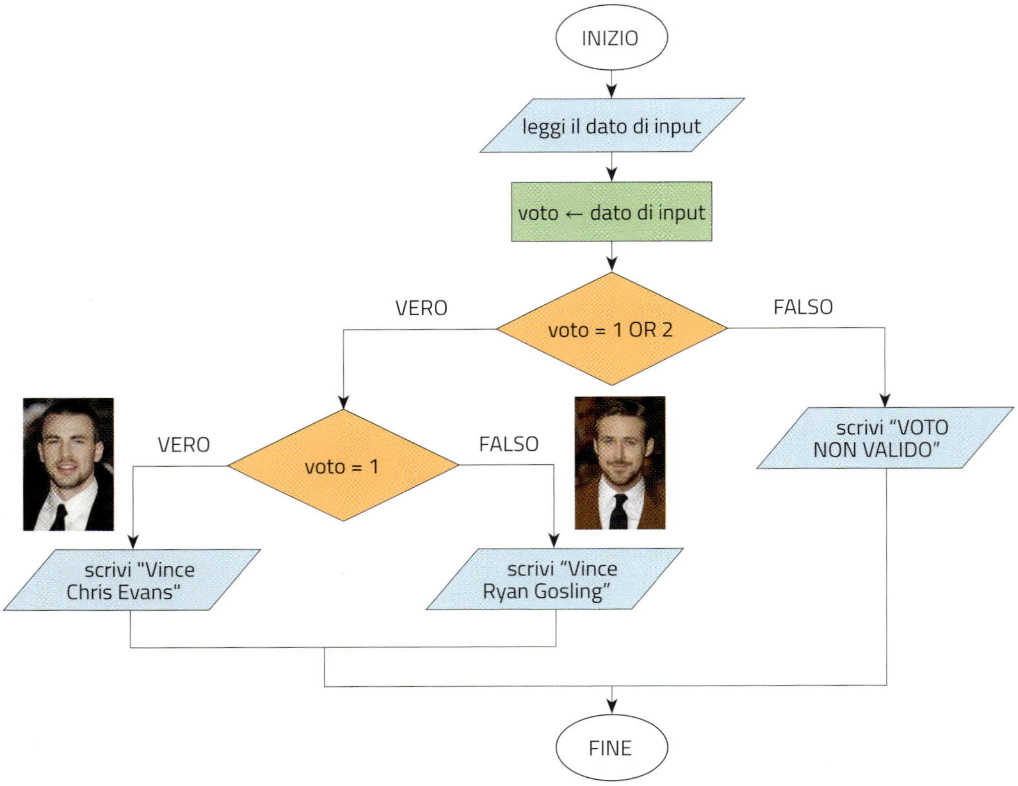

Figura 13.3 Il diagramma di flusso per il voto del preferito con il controllo sull'input.

Per tradurlo in codice si deve introdurre una **struttura annidata**, in cui cioè un costrutto `if...else` si trova all'interno di un altro costrutto `if...else`.

Modifica il programma precedente come segue, salvandolo con il nome **due_attori-input_check.c**, e verifica il suo funzionamento.

due_attori-input_check.c

```
#include<stdio.h>
int main(void)
{
    int voto;
    printf("\n Quale attore preferisci?");
    printf("\n Scrivi 1 per Chris Evans oppure 2 per Ryan Gosling, poi premi invio\n\n   ");
    scanf("%d", &voto);
if (voto==1 || voto==2)
    if (voto==1)
        {printf("\n Vince Chris Evans\n");}
    else
        {printf("\n Vince Ryan Gosling\n");}
else
    {printf("\n VOTO NON VALIDO!\n");}
}
```

Nelle righe 8-14 del codice si riconosce la struttura annidata, anche grazie all'indentazione del codice.

L'istruzione **`if`** della riga 8 dice all'elaboratore: se la variabile **`voto`** è uguale a **`1`** oppure a **`2`**, procedi stabilendo chi vince; altrimenti, passa il controllo alla riga 13 ed esegui l'istruzione determinata dall'**`else`**, scrivendo **`VOTO NON VALIDO`**.

La selezione annidata è dunque la struttura **`if...else`** già presente nel programma precedente; ora siamo certi che verrà eseguita soltanto quando l'utente immette un valore di input corretto.

In modo analogo a quanto appena visto, si possono scrivere codici che contengono numerose strutture **`if...else`** annidate una nell'altra. Questo però va sempre fatto con attenzione, tenendo presente che ogni **`else`** si riferirà all'**`if`** «libero» immediatamente precedente, come nello schema qui a fianco.

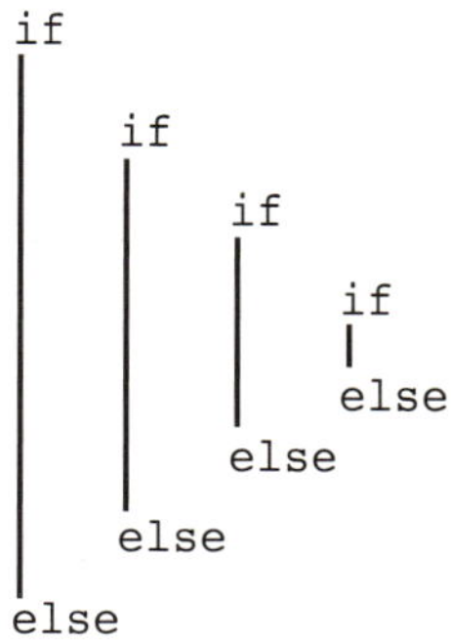

Gli operatori logici

Nella riga 8 del codice appena visto la condizione **`(voto==1 || voto==2)`** contiene la doppia barra verticale **`||`**, che in C rappresenta l'*operatore logico* OR, «oppure».

Nel linguaggio C infatti gli **operatori logici**, che abbiamo già incontrato studiando la programmazione strutturata, si indicano con i seguenti simboli:

`&&`	**AND**
`||`	**OR**
`!`	**NOT**

Dunque:

- la condizione composta **`(condiz1 && condiz2)`** è vera soltanto se sono vere entrambe le condizioni **`condiz1`** e **`condiz2`**, altrimenti è falsa;
- invece la condizione **`(condiz1 || condiz2)`** è vera anche se è vera una sola delle due condizioni, mentre è falsa soltanto quando entrambe le condizioni sono false;
- la condizione **`(!condiz)`** è vera soltanto se **`condiz`** è falsa, e viceversa.

! In C gli **operatori logici** sono **`&&`** (AND), **`||`** (OR) e **`!`** (NOT).

La struttura `else if`

Finora abbiamo esaminato casi in cui le condizioni da valutare prevedevano due sole eventualità, come un input **`1`** oppure **`2`** e un voto valido oppure non valido. Queste situazioni si possono trattare usando la struttura **`if...else`**.

Spesso però si ha a che fare con situazioni in cui gli esiti possibili (e che si escludono l'un l'altro) sono più di due. In questi casi si ricorre al costrutto che usa l'istruzione **`else if`**.

Un lancio alla roulette, per esempio, può avere tre esiti: la pallina può cadere su un numero rosso, su un numero nero oppure sullo zero verde (**figura 13.4**).

Per descrivere il risultato non basterà perciò un costrutto **`if...else`**; bisognerà usare una struttura più articolata, basata su un'istruzione **`else if`**.

Per familiarizzarti con la sintassi di questa nuova struttura, scrivi il seguente codice e salvalo con il nome **roulette.c**.

Figura 13.4 Un lancio alla roulette ha tre possibili esiti.

roulette.c

```
#include<stdio.h>
int main(void)
{
char lancio;
printf("/n Inserisci il risultato del lancio\n\n");
printf(" (R rosso, N nero oppure Z zero)\n\n   ");
scanf("%c", &lancio);
if (lancio=='R')
printf("\n E' uscito il ROSSO");
    else if (lancio=='N')
    printf("\n E' uscito il NERO");
    else
    printf("\n E' uscito lo ZERO");
}
```

Nel codice **roulette.c** la variabile **`lancio`** è di tipo **`char`**, carattere, perché vogliamo che l'input sia una lettera. Nota che, quando si richiama il valore di una variabile **`char`**, come qui nella riga 8, bisogna scriverlo tra apici singoli (**`'R'`**).

Alla riga 8 c'è il primo **`if`**. Se la sua condizione risulta falsa, si esegue l'istruzione della riga 10, che a sua volta contiene un **`if`** annidato nel precedente.

Con questo metodo si possono dunque testare una dopo l'altra tutte le possibili condizioni, fino a che una non risulterà vera.

In linguaggio naturale l'algoritmo si può esprimere così: se non è uscito il rosso, allora verifica se è uscito il nero; se non è uscito neppure il nero, allora dev'essere necessariamente uscito lo zero.

È importante notare che l'istruzione **`else`** finale (riga 12) si riferisce all'ultimo **`if`** che la precede, quello della riga 10 (e *non*, quindi, al precedente **`if`** della riga 8).

Il costrutto **`else if`** si può applicare a problemi che presentano un numero qualsiasi di condizioni mutuamente esclusive.

Nel caso del programma per votare l'attore preferito, per esempio, si può «ampliare l'offerta» e proporre all'utente un numero arbitrario di attori tra cui scegliere, usando il costrutto **`else if`** nel modo seguente:

```
if (voto==1)
{printf("\n Vince Chris Evans\n");}
    else if (voto==2)
    {printf("\n Vince Ryan Gosling\n");}
        else if (voto==3)
        {printf("\n Vince Jared Leto\n");}
            .........................
            .........................
                else
                {printf("\n Vince George Clooney\n");}
```

Crea ora una nuova versione del programma, chiamandola **tre_attori.c**.

Usa il nuovo costrutto per consentire la scelta fra tre attori (aggiungendo Jared Leto come attore corrispondente al voto **3**) e anche per avvertire in caso di voto non valido.

IN SINTESI

- Con le **strutture di selezione**, basate sulla parola-chiave **`if`**, si possono codificare algoritmi in cui certi blocchi di istruzioni saranno eseguiti soltanto al verificarsi di determinate condizioni.
- Le strutture di selezione possono essere **annidate** una dentro l'altra.
- Le **condizioni** da verificare si possono comporre usando gli **operatori logici `&&`** (AND), **`||`** (OR) e **`!`** (NOT).
- Quando si prevedono due sole eventualità, si usa il semplice costrutto **`if...else`**. Quando le eventualità possibili sono molte, si usa **`else if`**.

ESERCIZI

1 Che cosa succede nel programma **roulette** se come input digiti una stringa di più caratteri?

....

2 Modifica il codice **roulette.c** aggiungendo un controllo sull'input, così che il programma avverta se l'utente inserisce un carattere non valido, cioè diverso da **R**, **N** e **Z**. Effettua la modifica in due modi diversi: usando due volte un operatore logico (salva questo codice come **roulette_check1.c**) oppure aggiungendo un'istruzione **`else if`** (salva questo codice come **roulette_check2.c**).

3 Perché nei programmi **roulette_check1** e **roulette_check2** creati nell'esercizio precedente l'input **`n`** è considerato non valido?

....

4 Scrivi un programma che, ricevuto come input un numero qualsiasi, dica nell'output se il numero è positivo, negativo o nullo.
Nel codice fai i necessari controlli codificando due selezioni annidate una dentro un'altra.
Salva il codice con il nome **trova_segno.c**.

13.3 Gli operatori di assegnamento e di incremento

Il programma che abbiamo costruito per scegliere l'attore preferito permette di esprimere un unico voto. Vogliamo estenderlo così che sia possibile far votare numerose persone e poi creare una classifica degli attori che tenga conto di tutte le preferenze espresse.

Per poter fare questo, avremo bisogno di strumenti software che consentano di registrare tutti i voti, sommarli e riordinarli. Ora vedremo come possano aiutarci gli *operatori di assegnamento* e gli *operatori incrementali*.

Gli operatori di assegnamento (o assegnazione)

Gli **operatori di assegnamento**, o **di assegnazione**, permettono di impostare o di modificare il valore memorizzato nella posizione di memoria associata a una variabile.

Abbiamo già incontrato il principale tra questi operatori: è il simbolo **=**, usato per assegnare alla variabile a sinistra del segno «uguale» il valore che si trova a destra.

Ecco qualche semplice esempio di uso dell'operatore **=**, qui con variabili intere:

`a=b;`	il valore di **b** è assegnato anche ad **a**
`b=2;`	a **b** è assegnato il valore 2
`a=b*5;`	ad **a** è assegnato il valore 10
`a=3*a/b;`	ora il valore di **a** è diventato 15
`a=3;`	ad **a** è assegnato il valore 3
`a=a*a;`	ora il valore di **a** è diventato 9

Nel lavoro di programmazione capita spesso di dover ridefinire il valore di una variabile a partire dal valore che essa stessa contiene, come negli esempi **a=a*a** e **a=3*a/b** appena visti.

Quando compriamo un prodotto, per esempio, il prezzo (lordo) che compare sullo scontrino è in realtà il prezzo (netto) a cui è stata aggiunta l'IVA, l'imposta sul valore aggiunto, che è una percentuale del prezzo netto stesso.

Così, se l'IVA è pari al 22%, l'istruzione **prezzo=prezzo*1.22** farà passare dal prezzo netto (valore iniziale della variabile **prezzo**) al prezzo lordo (valore finale della stessa variabile).

Per velocizzare la stesura dei programmi, il linguaggio C consente di scrivere l'istruzione più brevemente, in questa forma: **prezzo*=1.22**.

L'operatore ***=** è un esempio di operatore di assegnamento, composto da un operatore aritmetico aggiunto all'operatore «standard» **=**.

Gli operatori di assegnamento più usati in C sono riassunti nella **Tabella 13.2**.

Tabella 13.2 Gli operatori di assegnamento di uso più comune nel linguaggio C.

operatore	nome	equivale a
a+=b	assegnamento di addizione	a=a+b
a-=b	assegnamento di sottrazione	a=a-b
a*=b	assegnamento di moltiplicazione	a=a*b
a/=b	assegnamento di divisione	a=a/b
a%=b	assegnamento di resto	a=a%b

! Con gli **operatori di assegnamento** si possono scrivere istruzioni più concise per aggiornare i valori delle variabili.

Ogni operatore di assegnamento indica dunque l'operazione da effettuare per aggiornare il valore di una variabile, sottintendendo che la variabile sia ripetuta anche a destra del segno «uguale».

È importante tenere presente che gli operatori di assegnamento hanno una priorità inferiore rispetto agli operatori aritmetici «puri». In altre parole, prima vengono eseguite le operazioni aritmetiche, poi quelle di assegnamento.

Per esempio, **a*=2+5** equivale ad **a=a*(2+5)**, *non* ad **a=a*2+5**. Così in questo esempio, se il valore iniziale di **a** era 3, il suo valore finale sarà 21, non 11.

Un programma per fare un test di geografia

Come esempio di uso degli operatori di assegnamento, scarica dal sito web del libro il file **test_capitali.c** e aprilo con Dev-C++.

Il codice, riprodotto nella **figura 13.5**, serve per fare un test di geografia al computer e produce come output il valore della variabile **`punteggio`**.

Compila il programma, eseguilo e testane il funzionamento provando a dare risposte diverse alle domande.

test_capitali.c

```
1   #include<stdio.h>
2   int main(void)
3   {
4   int risposta1;
5   int risposta2;
6   int risposta3;
7   int punteggio;
8   punteggio=0;
9   printf("\n SAI LA CAPITALE?\n\n");
10  printf(" Digita il numero di quella che ritieni la capitale, poi premi invio\n\n ");
11  printf("GERMANIA\n 1.Amburgo\n 2.Berlino\n 3.Monaco\n\n ");
12  scanf("%d", &risposta1);
13  printf("\n SVIZZERA\n 1.Berna\n 2.Ginevra\n 3.Zurigo\n\n ");
14  scanf("%d", &risposta2);
15  printf("\n ESTONIA\n 1.Riga\n 2.Tallinn\n 3.Vilnius\n\n ");
16  scanf("%d", &risposta3);
17      if(risposta1==2)
18          {punteggio+=1;}
19      if(risposta2==1)
20          {punteggio+=3;}
21      if(risposta3==2)
22          {punteggio+=5;}
23  printf("\n Hai totalizzato %d punti su 9", punteggio);
24  }
```

C:\Users\Fede\Desktop\test_capitali.exe

```
SAI LA CAPITALE?

Digita il numero di quella che ritieni la capitale, poi premi invio

GERMANIA
1.Amburgo
2.Berlino
2.Monaco

2

SVIZZERA
1.Berna
2.Ginevra
3.Zurigo

1

ESTONIA
1.Riga
2.Tallinn
3.Vilnius

1

Hai totalizzato 4 punti su 9
```

Figura 13.5 Il codice per il test sulle capitali e la sua finestra di esecuzione.

Analizziamo gli aspetti principali di questo codice:

- all'inizio (riga 8) la variabile **`punteggio`** è posta uguale a 0; poi nel seguito del codice viene aggiornata, usando l'operatore di assegnamento **`+=`**, ogni volta che l'utente dà una risposta corretta;
- il primo quesito è facile e vale 1 punto; perciò alla riga 18 l'istruzione che aggiorna il punteggio è **`punteggio+=1`**;
- il secondo quesito è più difficile e vale 3 punti: alla riga 20 l'istruzione perciò è diventata **`punteggio+=3`**;
- il terzo quesito, ancora più difficile, vale 5 punti: così alla riga 22 si usa l'istruzione **`punteggio+=5`**.

In questo programma è sufficiente usare tre istruzioni **`if`** semplici, perché la variabile **`punteggio`** va aggiornata soltanto in caso di risposta esatta; se la risposta è errata, si procede sequenzialmente con le istruzioni successive.

L'output riprodotto nella **figura 13.5** corrisponde a un caso in cui l'utente ha risposto correttamente alle prime due domande, ma ha dato una risposta sbagliata alla terza (la capitale dell'Estonia infatti è Tallinn, non Riga).

Gli operatori di incremento e decremento

Aumentare o diminuire di 1 il valore di una variabile è tra le operazioni che un programmatore fa più di frequente, come vedremo meglio studiando le strutture iterative.

Il linguaggio C perciò fornisce strumenti per farlo in maniera molto sintetica, mediante l'operatore di incremento **++** e l'operatore di decremento **--** .

Questi operatori non usano il segno **=** e si possono scrivere prima oppure dopo la variabile di cui modificano il valore.

Per esempio, se la variabile **a** vale 10 e vogliamo assegnarle il valore 11, possiamo scrivere indifferentemente:

a=a+1 oppure **a+=1** oppure **a++** oppure **++a.**

In generale, però, l'operatore **++** (o **--**) ha un significato diverso se è scritto prima o dopo la variabile, perché determina *quando* viene assegnato il valore incrementato.

La distinzione è importante nel caso di espressioni che coinvolgono più variabili, come illustrato da questo esempio:

stato iniziale	operazione che segue	stato finale	che cosa è successo?
`int a=1;` `int b=3;`	`a=b++;`	**a** vale 3 **b** vale 4	alla variabile **a** è stato assegnato il valore iniziale di **b**, *poi* il valore di **b** è stato incrementato di 1
`int a=1;` `int b=3;`	`a=++b;`	**a** vale 4 **b** vale 4	il valore iniziale di **b** è stato prima incrementato di 1, *poi* è stato assegnato alla variabile **a**

L'operatore di incremento **++** tornerà utile nel programma per la classifica degli attori preferiti. Per contare i voti ricevuti da un certo attore, infatti, sarà sufficiente inizializzare la corrispondente variabile **attore** al valore 0 e in seguito scrivere **attore++** ogni volta che l'attore riceve un voto.

! L'istruzione **a++;** significa: «aggiorna il valore della variabile **a** incrementandolo di un'unità».

IN SINTESI

- Gli **operatori di assegnamento**, formati da operatori aritmetici seguiti dal segno **=**, sono uno strumento sintetico del linguaggio C per attribuire un nuovo valore a una variabile.
- Di particolare utilità sono gli **operatori di incremento o decremento, ++** e **--**, che fanno aumentare o diminuire di 1 il valore della variabile.
- Se in un'espressione appare **a++**, il computer prima calcola l'espressione e poi incrementa di 1 il valore di **a**. Se invece appare **++a**, prima incrementa **a** e poi calcola l'espressione.

ESERCIZI

1 Quale istruzione scriveresti per raddoppiare il valore della variabile **somma** usando un operatore di assegnamento?

....

2 In un codice sono presenti le istruzioni:

```
int alfa=3, beta=3;
alfa* = 2;
beta+ = 2;
```

Dopo queste istruzioni, quale tra le due variabili **alfa** e **beta** ha il valore maggiore, e perché?

....

3 Scrivi i valori della variabile **N** dopo l'esecuzione di queste istruzioni.

(a)
```
int y=1;
N=3+5*y++;
```
....

(b)
```
int y=1;
N=3+5*++y;
```
....

4 Modifica il programma **test_capitali** aggiungendo all'inizio un quarto quiz sulla capitale della Francia e facendo in modo che il punteggio massimo possibile sia 10.
Salva il codice con il nome **test_capitali10.c**.

13.4 L'istruzione switch

L'istruzione **switch** del linguaggio C permette di controllare se una variabile abbia uno tra i valori di un elenco, e in tal caso esegue le istruzioni corrispondenti a quel valore.

Per molti aspetti il funzionamento è simile a quello della struttura **if...else**, che abbiamo già sperimentato.

I vantaggi offerti dall'istruzione **switch** sono una scrittura «compatta» del codice, che risulta perciò più facile da leggere, e un'opzione predefinita (**default**) che permette di specificare le istruzioni da eseguire nel caso in cui il valore della variabile non faccia parte dell'elenco.

> ! La struttura **switch** permette di eseguire istruzioni diverse in corrispondenza dei valori di un elenco.

La costruzione tipica dell'istruzione **switch** è la seguente:

```
switch (valore)
{
case valore_elenco1:
istruzioni da eseguire se valore==valore_elenco1;
break;
case valore_elenco2:
istruzioni da eseguire se valore==valore_elenco2;
break;
........................
........................
default:
istruzioni da eseguire se valore è diverso da tutti i valore_elenco;
}
```

La parola-chiave **case** significa «nel caso in cui il valore (della variabile o dell'espressione data come argomento di **switch**) sia uguale a».

Ciascun blocco di istruzioni associato a un valore **case** termina con l'istruzione **break**. Le istruzioni **case** devono terminare con i due punti, le istruzioni **break** con il punto e virgola.

Per sperimentare l'uso di **switch**, scrivi ora il seguente codice – che dà le soluzioni del test di geografia già creato – e salvalo con il nome **test_capitali_soluzioni.c**.

test_capitali_soluzioni.c

```
1  #include<stdio.h>
2  int main(void)
3  {
4  int capitale;
5  printf("\n Per vedere la capitale, digita il numero dello Stato:\n");
6  printf(" 1. Germania\n 2. Svizzera\n 3. Estonia\n\n   ");
7  scanf("%d", &capitale);
8  switch(capitale)
9      {
10     case 1:
11     printf("\n Berlino");
12     break;
13     case 2:
14     printf("\n Berna");
15     break;
16     case 3:
17     printf("\n Tallinn");
18     break;
19         default:
20         printf("\n ATTENZIONE: dato immesso non valido!");
21     }
22 }
```

- La riga 4 dichiara la variabile **capitale**, che verrà inizializzata nella riga 6 dall'input dell'utente;
- i valori di input «legittimi» sono 1, 2 e 3; questo è l'elenco che l'istruzione **switch** confronterà con il valore di **capitale**;
- nella riga 8 inizia l'istruzione **switch**, con la variabile tra parentesi tonde; nota che, come **if**, anche **switch** non richiede il punto e virgola;
- le operazioni svolte da **switch** vanno racchiuse tra parentesi graffe (righe 9 e 21);
- le righe 10, 13 e 16 sono le istruzioni di confronto: la parola-chiave **case** è seguita da un valore dell'elenco e dai due punti.

L'istruzione **switch** confronterà il valore di **capitale** con quello di ciascun **case**.

Se trova valori uguali, eseguirà il gruppo di istruzioni associato al **case** (nel nostro caso, l'istruzione della riga 11 o 14 oppure 17), fino all'istruzione **break** che fa uscire dalla struttura **switch**.

Nella riga 19 la parola-chiave **default**, seguita dai due punti, apre la parte finale della struttura **switch** (che non richiede il **break**); l'istruzione della riga 20 verrà eseguita se in precedenza non si è trovata nessuna corrispondenza tra il valore di **capitale** e l'elenco di valori 1, 2 e 3.

Se per esempio esegui il programma e come input digiti il numero 9 o la lettera F, che non corrispondono ad alcun **case**, verrà eseguita l'istruzione **default** e apparirà il messaggio impostato nella riga 20.

È utile tenere presente che nella struttura **switch** si possono associare le stesse istruzioni a più valori dell'elenco di confronto, riunendo insieme i relativi **case**.

Supponiamo per esempio di voler scrivere un programma che, quando l'utente dà come input un numero da 1 a 10, dica se il numero è primo oppure no.

Non serve allora un **case** separato per ogni valore dell'input: infatti l'output sarà identico per gli input 1, 3, 5 e 7, e per tutti gli altri valori basterà un altro singolo output.

Si può perciò scrivere la struttura **switch** mostrata qui a fianco.

```
switch(numero)
   {
   case 1:
   case 3:
   case 5:
   case 7:
   printf("\n     Il numero e' primo \n");
   break;
      default:
      printf("\n     Il numero non e' primo \n");
   }
```

Una graduatoria degli attori

Possiamo ora usare ciò che abbiamo imparato sugli operatori incrementali e sull'istruzione **switch** per migliorare il programma di scelta dell'attore preferito.

Studia attentamente il codice della **figura 13.6**. Puoi anche trovare questo programma chiamato **tre_attori-switch.c** nel sito web del libro; scaricalo e testane il funzionamento.

Il programma consente a tre diversi utenti di votare e mostra come output il conteggio dei voti per ciascuno dei tre attori, seguito dal conteggio dei voti non validi:

- le righe 13-18 del codice servono per raccogliere i tre dati di input e assegnarli alle variabili **voto1**, **voto2** e **voto3**;
- le righe 19-32 contengono la prima struttura **switch**, che ha come argomento **voto1**: nei tre diversi casi di voti validi, viene incrementato di un'unità il punteggio di uno dei tre attori; in caso di voto non valido, viene incrementato il valore della variabile **nonvalido**;
- le righe 33-46 contengono una struttura **switch** del tutto analoga alla precedente, ma qui per la variabile **voto2**;
- le righe 47-60 contengono la terza struttura **switch**, analoga alle precedenti, ma ora per la variabile **voto3**;
- le righe 61-64, infine, stampano i voti per gli attori, e per le preferenze non valide, che sono stati accumulati dalle tre strutture **switch**.

Come utile esercizio, estendi il codice aggiungendo un quarto attore «candidato» a tua scelta e facendo sì che possano votare 5 persone diverse. Salva il tuo programma con il nome **quattro_attori-switch.c**.

Nei prossimi capitoli impareremo a usare nuovi strumenti che ci permetteranno di migliorare ancora questo codice per la scelta dell'attore preferito: lo renderemo più compatto, amplieremo il numero dei votanti e faremo in modo che si possa cambiare a piacere l'elenco dei candidati.

tre_attori-switch.c

```
1  #include<stdio.h>
2  int main(void)
3  {
4      int voto1;
5      int voto2;
6      int voto3;
7          int Evans=0;
8          int Gosling=0;
9          int Leto=0;
10         int nonvalido=0;
11     printf("\n Quale attore preferisci?");
12     printf("\n 1 Chris Evans, 2 Ryan Gosling o 3 Jared Leto\n\n   ");
13         printf("\n Primo votante:  ");
14         scanf("%d", &voto1);
15         printf("\n Secondo votante:  ");
16         scanf("%d", &voto2);
17         printf("\n Terzo votante:  ");
18         scanf("%d", &voto3);
19     switch (voto1)
20     {
21         case 1:
22         Evans++;
23         break;
24         case 2:
25         Gosling++;
26         break;
27         case 3:
28         Leto++;
29         break;
30         default:
31         nonvalido++;
32     }
33     switch (voto2)
34     {
35         case 1:
36         Evans++;
37         break;
38         case 2:
39         Gosling++;
40         break;
41         case 3:
42         Leto++;
43         break;
44         default:
45         nonvalido++;
46     }
47     switch (voto3)
48     {
49         case 1:
50         Evans++;
51         break;
52         case 2:
53         Gosling++;
54         break;
55         case 3:
56         Leto++;
57         break;
58         default:
59         nonvalido++;
60     }
61     printf("\n Voti per Chris Evans: %d\n", Evans);
62     printf("\n Voti per Ryan Gosling: %d\n", Gosling);
63     printf("\n Voti per Jared Leto: %d\n", Leto);
64     printf("\n Voti non validi: %d\n", nonvalido);
65 }
```

Figura 13.6 Un codice che raccoglie e conta le preferenze di tre utenti.

IN SINTESI

- Il costrutto basato sull'istruzione **`switch`** (che ha come argomento una variabile o un'espressione) è simile alla struttura **`if...else`**, ma permette di scrivere il codice in una forma più leggibile.
- La struttura **`switch`** consente di specificare azioni diverse per una serie di **`case`** corrispondenti a un elenco di valori assunti dalla variabile che è argomento di **`switch`**.
- Le istruzioni dei **`case`** devono chiudersi con un'istruzione **`break`**.
- Con l'opzione **`default`** si indicano le azioni da eseguire se il valore della variabile o dell'espressione non fa parte dell'elenco.

Leggibilità e compattezza del codice: un compromesso delicato

Per chiarezza espositiva, finora abbiamo sempre suddiviso i codici dei programmi nel maggior numero di righe possibili. Il linguaggio C in realtà permette di usare un numero molto minore di istruzioni.

Per esempio, variabili dello stesso tipo si possono dichiarare e inizializzare tutte su una stessa riga, separandole con virgole. Così le righe da 4 a 10 del codice della **figura 13.6** equivalgono a questa singola istruzione:

```
int voto1, voto2, voto3, Evans=0, Gosling=0, Leto=0, nonvalido=0;
```

Accorpando al massimo, potremmo scrivere molti codici sorgente usando un terzo delle righe. Tuttavia, così facendo, anche programmi semplici come quelli che stiamo descrivendo diventerebbero di difficile lettura.

Una stesura più compatta del codice è utile, come vedremo nei prossimi capitoli, ma non deve andare a scapito della leggibilità.

Un codice ben scritto dev'essere sintetico ma allo stesso tempo facile da leggere e capire, così da semplificare le future attività di correzione e di manutenzione del software.

La leggibilità del codice perciò è una caratteristica apprezzata non soltanto dai principianti, ma anche dai programmatori professionisti.

ESERCIZI

1 Apri il codice **roulette.c** e riscrivilo usando la struttura **`switch`** invece dell' **`if...else`**. Salva il nuovo programma con il nome **roulette_switch.c**.

2 Completa le seguenti istruzioni per un codice in cui alla variabile **N** è stato assegnato un valore intero compreso tra 1 e 15.

```
switch (N)
{
..................
..................
..................
printf("N è un quadrato perfetto");
.................
default:
printf("N non è un quadrato");
}
```

3 Qual è il numero minimo dei **`break`** che devono essere presenti in una struttura **`switch`**?

....

4 Modifica il codice **test_capitali_soluzioni** così che funzioni adeguatamente per il programma **test_capitali10** creato per un precedente esercizio.
Salva il codice modificato con il nome **test_capitali10_soluzioni.c**.

5 Scrivi un programma che, usando l'operatore matematico `%` e l'istruzione **`switch`**, dica se un numero intero dato come input è multiplo dei numeri dispari compresi tra 7 e 11 (inclusi), oppure no.
Salva il codice con il nome **check_multipli.c**.

ATTIVITÀ GUIDATA Trovare il massimo tra N numeri

Completa il testo

- Il .... sorgente qui a fianco è quello di un programma che, dati tre numeri come input, restituisce come .... il valore numerico massimo fra i tre.
- Ciascuno dei tre input può essere un qualsiasi numero .... Infatti le tre .... **A**, **B** e **C**, a cui vengono .... i tre valori di input, sono definite come di .... **float**.
- L'algoritmo prevede l'uso di una variabile addizionale. Nel codice questa è chiamata ...., viene inizializzata assegnandole il valore di uno dei tre numeri di .... e nell'output viene mostrato il suo ....

max_tre_numeri.c

```
1  #include<stdio.h>
2  int main(void)
3  {
4      float A;
5      float B;
6      float C;
7      float MAX;
8      printf("\n Scrivi il primo dei tre numeri: ");
9      scanf("%f", &A);
10     printf("\n Scrivi il secondo dei tre numeri: ");
11     scanf("%f", &B);
12     printf("\n Scrivi il terzo dei tre numeri: ");
13     scanf("%f", &C);
14     if (A>B) {MAX=A;}
15     else {MAX=B;}
16     if (C>MAX) {MAX=C;}
17         {printf("\n Il massimo fra i tre numeri e' %0.2f\n", MAX);}
18 }
```

- L'output del programma è un numero mostrato con .... cifre dopo il .... decimale.
- Il codice è scritto in forma compatta, nel senso che le istruzioni tra parentesi .... sono sulla stessa riga delle istruzioni .... o **else** da cui dipendono.
- Nel codice tutti gli .... relazionali **>** potrebbero essere sostituiti da **>=**, cioè da «.................................. o uguale», e il programma funzionerebbe ugualmente bene.
- Si potrebbe estendere il programma aggiungendo una variabile **D** e un'istruzione .... che legga un quarto dato di input da assegnare a **D**.
- Per trovare il massimo tra i quattro numeri, poi, basterebbe aggiungere prima del .... finale un'istruzione analoga a quella della riga ...., ma con la variabile .... al posto di **C**.
- Replicando questa stessa procedura si potrebbe poi estendere il codice così da trovare il massimo tra un .... N qualsiasi di valori di input.

Ora prova tu

1. Scarica dal sito web del libro il codice **max_tre_numeri.c** descritto qui sopra.
2. Apri il file con Dev-C++ e salva con il nome **max_tre_numeri-vers2** la copia su cui lavorerai.
3. Modifica il codice così che corrisponda all'algoritmo rappresentato dal diagramma di flusso qui a fianco e accetti come input tre qualsiasi numeri decimali.
4. Verifica che il programma funzioni correttamente anche quando si inseriscono come input numeri negativi.

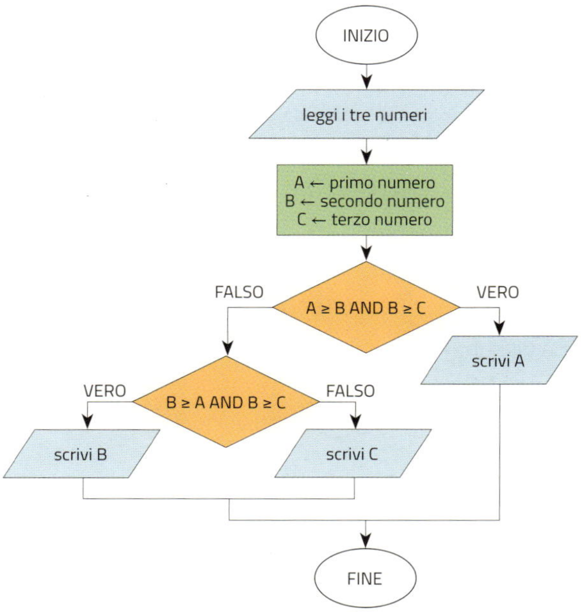

ESERCIZI DI RIEPILOGO

ZTE ONLINE

LOSAI? RIPASSA CON LO SMARTPHONE

1 Completa la mappa con le parole:
case ▪ default ▪ else ▪ if ▪ istruzioni ▪ logici ▪ relazionali

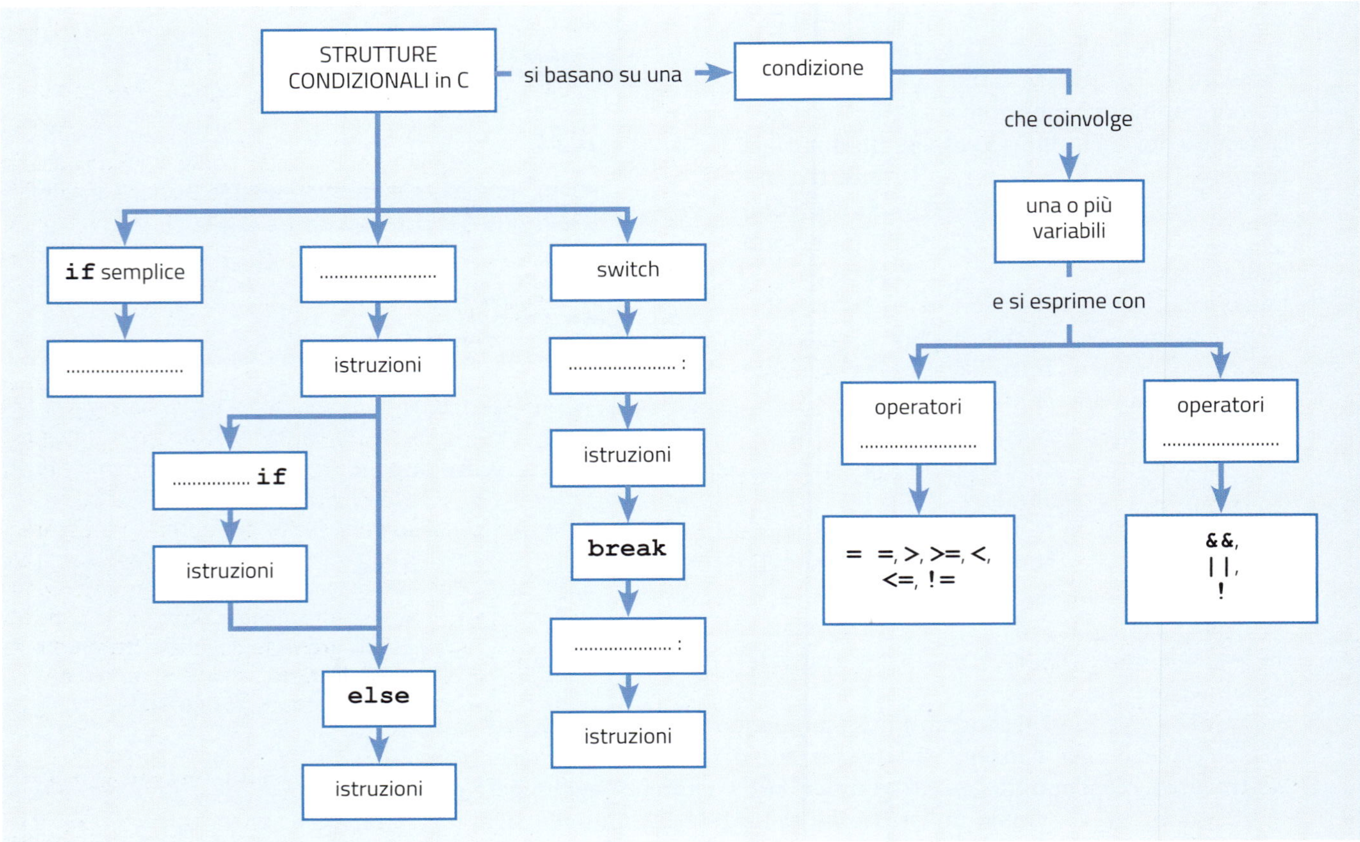

2 Se scrivi un programma che calcola l'inverso del numero dato come input, quale controllo logico sull'input dovrai ricordarti di inserire?

....

....

3 Indica se queste condizioni espresse con gli operatori logici del linguaggio C sono vere (V) oppure false (F).

2 è pari && 3 è dispari. V F

2 è pari && 4 è dispari. V F

2 è pari | | 4 è dispari. V F

3 è pari | | 4 è dispari. V F

! 2 è pari. V F

! 4 è dispari. V F

4 Se la condizione (**a>b || a<b**) è falsa, quale tra le seguenti sarà vera?

A **(a>b && a<=b)**

B **a=b**

C **(a>=b && a<b)**

D **a!=b**

5 Se in un codice c'è una condizione **if** da cui dipende l'esecuzione di più istruzioni, che cosa succederà se dimentichi di racchiudere quelle istruzioni tra parentesi graffe?

....

....

....

6 Nel codice qui a fianco ci sono due errori di sintassi. Riscrivi qui sotto le due istruzioni in modo corretto.

```
#include <stdio.h>
int main (void)
{
char = a;
int n;
printf("\nInserisci un numero intero: ");
scanf("%d", &&n);
```

....

....

7 Generalizza il programma **terzo_angolo** creato nel capitolo precedente, mostrando a schermo un messaggio di errore nel caso in cui uno degli input è negativo, oppure se la somma dei dati di input risulta essere maggiore o uguale a 180 gradi. Salva il codice modificato con il nome **terzo_angolo_check.c**.

8 Scrivi un programma per controllare la validità di un PIN. Il codice deve memorizzare come costante un PIN che vale 1234 e deve chiedere all'utente di inserire il PIN.
Se il dato inserito è corretto, il programma deve mostrare il messaggio: «PIN valido, accesso consentito». In caso contrario il messaggio deve essere: «PIN errato, accesso rifiutato». Salva il codice con il nome **check_pin.c**.

9 Scrivi un programma che consenta all'utente autorizzato di cambiare il proprio PIN.

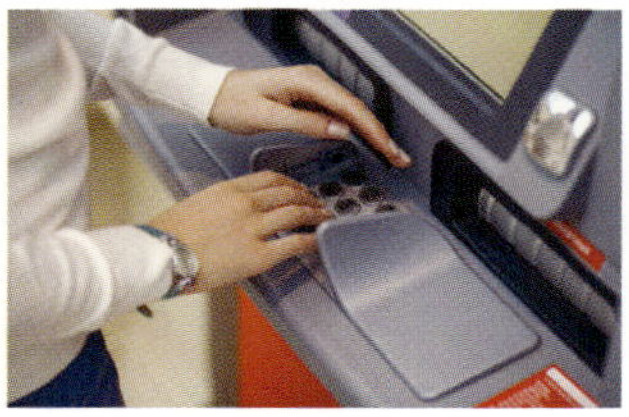

Riparti dal programma **check_pin** dell'esercizio precedente e modificalo in questo modo:

- se il PIN è digitato correttamente, il programma mostra il messaggio: «PIN valido. Digita un nuovo PIN:»;
- acquisisce il nuovo valore del PIN digitato dall'utente e lo memorizza;
- chiede all'utente di confermare il nuovo PIN, inserendone nuovamente il valore.

Se la conferma è corretta, il programma mostrerà il messaggio: «Bene, ora puoi usare il tuo nuovo PIN».
In caso contrario il messaggio deve essere: «Conferma fallita: resta valido il vecchio PIN».
Salva il codice con il nome **check_pin_e_cambia.c**.

```
C:\Users
Inserisci il PIN:
1234
PIN valido
Digita un nuovo PIN:
7514
Conferma il nuovo PIN:
7514
Bene, ora puoi usare il tuo nuovo PIN
--------------------------------
```

10 Riscrivi il programma **tre_attori_switch** usando la struttura **if...else** invece della struttura **switch**.
Salva il codice con il nome **tre_attori_if.c**.

11 Scrivi un programma che, dati come input tre numeri qualsiasi, restituisca nell'output il valore minimo tra i tre. Codifica due selezioni annidate una dentro un'altra e usa l'operatore logico **&&** in entrambe le condizioni.
Salva il codice con il nome **minimo_di_tre.c**.

12 Scrivi un programma che chieda all'utente di inserire due numeri qualsiasi e fornisca come output il quoziente ottenuto dividendo il maggiore tra i due numeri per il minore. Il risultato va mostrato con due cifre decimali. Tieni conto di tutte le possibili eventualità.
Salva il codice con il nome **divisione.c**.

```
C:\Users

Inserisci il numero A: 4.4

Inserisci il numero B: 5.3

B:A = 1.20
```

13 Riscrivi il programma **test_capitali** inizializzando la variabile **punteggio** con il valore 10 e poi riducendone il valore per ogni risposta errata. Togli 5 punti per l'errore sul primo quesito, 3 punti per l'errore sul secondo e 2 punti per l'errore sul terzo. Alla fine mostra i punti totalizzati su 10. Fai inoltre sì che le risposte errate vengano immediatamente segnalate a schermo, non appena l'utente ha dato la risposta.
Salva il codice con il nome **test_capitali_aritroso.c**.

14 Scrivi un programma che accetti come input un qualsiasi numero e restituisca come output il valore della radice quadrata del numero, qualora sia calcolabile, oppure un messaggio che segnala un problema con il dato di input. Usa la funzione **sqrt** che si trova nella libreria di sistema **math.h**. Salva il codice con il nome **radiceq.c**.

15 Scrivi un programma che, usando la struttura **switch**, sia in grado di calcolare le aree di quattro diversi tipi di figure geometriche. Il programma deve iniziare chiedendo all'utente di scegliere tra quattro opzioni, come nell'esempio di output che vedi sotto.
A seconda del numero scelto dall'utente, il programma procederà chiedendo di inserire i dati necessari al calcolo dell'area. L'area verrà poi mostrata come output con 3 cifre decimali. Se l'utente digita come primo input un dato non valido, il programma deve mostrare un messaggio che avverte dell'errore e poi deve terminare.
Salva il codice con il nome **area_4figure.c**.

```
C:\Users

CALCOLA L'AREA

Digita il numero corrispondente alla figura geometrica:
1. triangolo
2. quadrato
3. rettangolo
4. cerchio

3

Inserisci la misura della base in cm: 4.7

Inserisci la misura dell'altezza in cm: 3.4

L'area e' 15.980 centimetri quadrati
```

16 Scrivi un programma che, memorizzate due costanti, pari rispettivamente a 25 e a 9, permetta all'utente di scegliere se calcolarne la somma, la differenza, il prodotto, il quoziente oppure il resto della divisione di una costante per l'altra, e mostri il risultato dell'operazione come nell'esempio di output che vedi sotto.
Usa la struttura **switch** e approfitta del fatto che i simboli delle operazioni sono anche caratteri ASCII.
Avverti con un messaggio qualora l'utente digiti un simbolo non valido. Salva il codice con il nome **operazioni.c**.

```
C:\Users

Che operazione vuoi fare?

Digita +, -, *, /, oppure %:   *

Il risultato di 25 * 9 e' 225

--------------------------------
```

VERIFICA DELLE COMPETENZE

1 LAVORA SULL'IMMAGINE

Completa il diagramma di flusso con le tre scritte che mancano. Nel blocco di test scrivi usando la sintassi del C; la condizione dev'essere un'espressione che contiene l'operatore relazionale %.

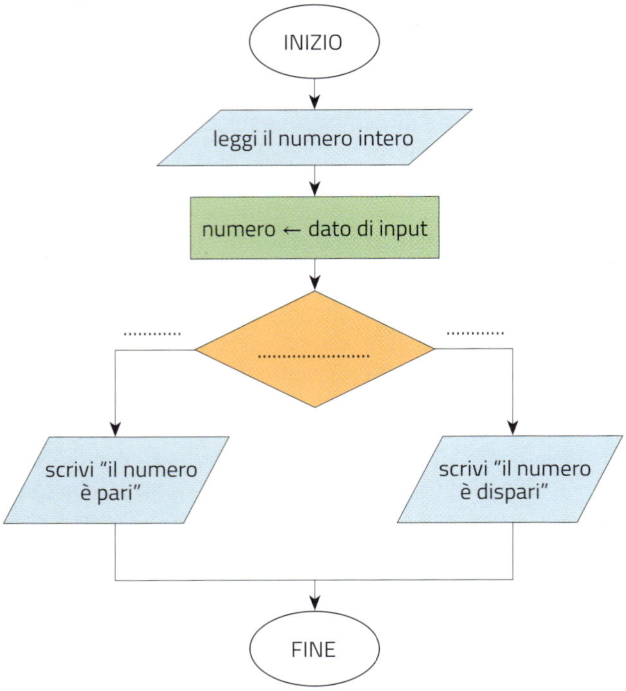

2 LAVORA CON I DATI

Il sistema operativo Windows 10 della Microsoft occupa circa 20 GB di memoria sul disco rigido del computer che fa funzionare.
Immagina di stampare il programma del sistema operativo espresso in linguaggio macchina, cioè come sequenza di bit 0 e 1, su fogli di carta A4.
Supponi che un foglio A4 sia spesso un decimo di millimetro e possa contenere 4000 caratteri stampati.
Se i fogli A4 con la stampa di Microsoft Windows 10 fossero impilati a formare una colonna sulla piazza di Courmayeur, in Valle d'Aosta, a quale altezza arriverebbe la colonna rispetto alla cima del Monte Bianco?

Tieni conto del fatto che la cittadina di Courmayeur si trova a 1220 m di quota, ai piedi del massiccio del Monte Bianco, la cui cima è alta 4810 m.

....

....

3 L'INFORMATICA E IL CITTADINO

Il **codice fiscale** è un codice alfanumerico che serve per identificare in modo univoco le persone residenti in Italia nei loro rapporti con le amministrazioni pubbliche.
Il codice è formato da 16 caratteri alfanumerici:

- il primo gruppo di 3 lettere è generato da un algoritmo a partire dalle lettere del cognome della persona;
- il secondo gruppo di 3 lettere è generato in modo analogo a partire dalle lettere del nome proprio;
- i successivi 5 caratteri rappresentano la data di nascita e il sesso della persona;
- poi 4 caratteri rappresentano il Comune di nascita;
- infine l'ultimo carattere è generato con un algoritmo a partire dai caratteri precedenti: serve per consentire di controllare che il codice nel suo complesso sia corretto.

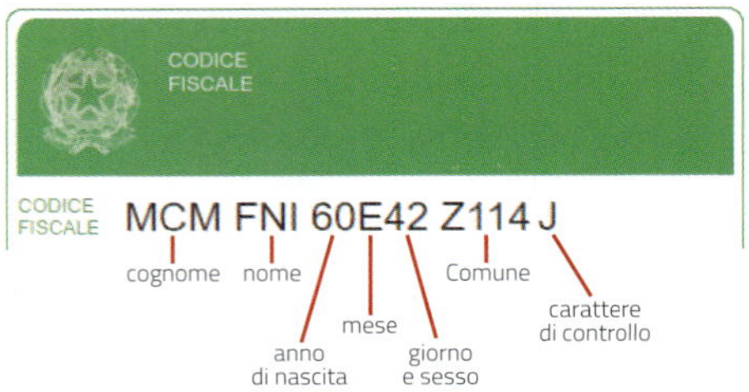

Qui ci concentriamo sugli algoritmi usati per codificare la data di nascita e il sesso:

- il settimo e l'ottavo carattere sono le ultime due cifre dell'anno di nascita;
- il nono carattere è una lettera che rappresenta il mese di nascita, secondo la corrispondenza di questa tabella:

Lettera	Mese	Lettera	Mese	Lettera	Mese
A	gennaio	E	maggio	P	settembre
B	febbraio	H	giugno	R	ottobre
C	marzo	L	luglio	S	novembre
D	aprile	M	agosto	T	dicembre

Il decimo e l'undicesimo carattere sono, per i maschi, le due cifre del giorno di nascita (la prima cifra è 0 se il giorno è compreso tra il 1° e il 9 del mese); per le femmine, al risultato viene aggiunto 40.

a. Che cosa sai dire della persona che ha il codice fiscale MRRFRC59E15L219D?

....

b. Che cosa sai dire della persona che ha il codice fiscale CTLMDL03D44H325W?

....

c. Per quale ragione nel caso delle femmine non sarebbe sufficiente aggiungere 30 e si deve aggiungere 40?

....

....

d. Scrivi un programma in C che richieda 3 input estratti dal codice fiscale e restituisca come output la data di nascita e il sesso dell'utente. Salvalo come **codice fiscale.c**.

CLIL

Learn from the originals | Read it as they wrote it

The ternary operator in C

from the web site www.sitesbay.com

A ternary operator is an operator that operates on three operands and manipulates them to return a result.

In C there is a ternary operator called a *conditional operator*, which can be represented with `?:`.

The main advantage of the ternary operator `?:` is that it reduces the number of code lines.

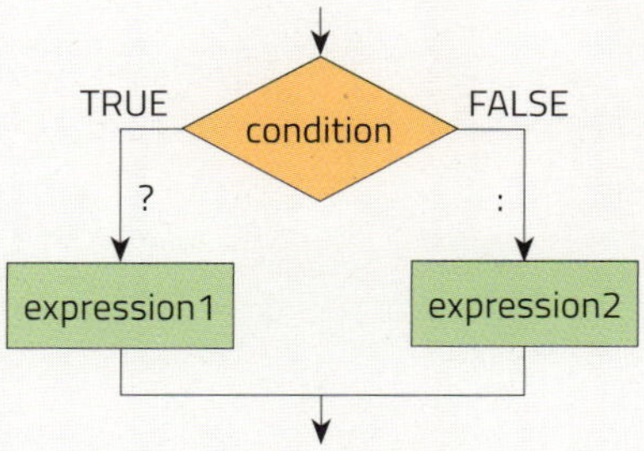

The syntax of the ternary operator is:

`condition ? expression1 : expression2`

In the above, **`expression1`** and **`expression2`** can be either values or variables or statements or any mathematical expression.

If **`condition`** is true, **`expression1`** will be executed, otherwise **`expression2`** will be executed, as in the flow diagram depicted on the right.

Here is a simple example:

```
a<b ? printf("a is smaller") : printf("a
          is greater");
```

ternary.c

```
#include<stdio.h>

void main()
{
int a, b, c, large;
printf("Enter any three numbers: ");
scanf("%d%d%d",&a,&b,&c);
large=a>b ? (a>c?a:c) : (b>c?b:c);
printf("The largest number is: %d",large);
}
```

This compact code enables the largest among 3 numbers to be found by using nested conditional operators.

Functionally, the conditional operator is equivalent to an `if...else` construct.

Its utility lays in the fact that it is not a statement but an *expression* which returns a value, thus behaving like a function.

You can therefore have it on the right-hand side of a statement, so you can write certain things more concisely.

Glossary

operand = a number or quantity that has something done to it in a calculation

to return = to give something after something similar has been given to you

to depict = to represent something in a picture

statement (*computer programming*) = an instruction, the smallest standalone element of an imperative programming language that expresses some action to be carried out

to behave = to act in a particular way

nested = that fit inside each other

QUESTIONS

1 Why can logical AND (`&&`) and logical OR (`||`) be called *binary* operators?

....

2 What value will be assigned to the variable c, based on the following statement?

`c = a!=b ? 10 : 20`

....

....

3 How many lines would you need to code the simple example quoted in the text if you were to use an `if...else` construct?

....

4 Would the code ternary.c displayed on the above right also work if the variables were declared as floating point instead of integer?

....

Capitolo 14

I cicli iterativi

14.1 Il ciclo `for`

Le **strutture iterative**, o **cicli iterativi**, sono il terzo elemento caratteristico della programmazione strutturata.

Iterare significa «ripetere»; infatti una struttura iterativa consente di eseguire più volte, ciclicamente, un'istruzione o un gruppo di istruzioni, fintantoché una data condizione è vera; quando la condizione diviene falsa, il ciclo termina e il programma prosegue con l'esecuzione delle istruzioni successive.

! Con le **strutture iterative**, o **cicli**, si ripete un gruppo di istruzioni fintantoché una condizione è vera.

Le strutture iterative sono importanti perché permettono di scrivere codici sorgente semplici e chiari, evitando il ricorso ai salti incondizionati dell'istruzione **`goto`**. Inoltre, come vedremo, i cicli sono uno strumento-chiave per rappresentare gli algoritmi di tipo matematico.

Anche nella vita quotidiana spesso ci comportiamo in maniera iterativa, ossia ripetiamo certe azioni fino a quando una data condizione smette di verificarsi, in modo analogo alle strutture iterative dei linguaggi di programmazione.

Per esempio:

- per cuocere la pasta, leggiamo sulla confezione che la cottura deve durare N minuti (input); poi, mentre la pasta è nell'acqua bollente, ogni minuto controlliamo l'ora; questo ciclo si ripete finché rimane vera la condizione «i minuti trascorsi sono meno di N»; quando la condizione non è più vera, e si è raggiunto il tempo di cottura previsto, interrompiamo il ciclo e togliamo la pasta dal fuoco (output);

- quando impariamo un nuovo ballo, ci facciamo mostrare i passi (input), poi proviamo più volte le diverse figure; questo ciclo si ripete finché la condizione «i nostri movimenti non sono ancora precisi e fluidi» rimane vera; quando non è più vera, significa che ci muoviamo con scioltezza: ora possiamo uscire dal ciclo e ballare in pubblico (output).

I due comportamenti appena descritti hanno un'identica forma iterativa, ma differiscono per un aspetto importante della condizione da verificare:

- nel caso della pasta la condizione è indipendente dall'esecuzione delle azioni del ciclo, perché il tempo di cottura è fisso e predeterminato; nel linguaggio C questo tipo di struttura iterativa si esegue usando l'istruzione **`for`**;
- nel caso del ballo, invece, la condizione non è nota *a priori*, ma è determinata dall'esecuzione stessa del ciclo; per imparare i passi potrebbero bastare due ripetizioni, oppure potrebbero volercene venti; il raggiungimento del risultato andrà verificato strada facendo; in C questo tipo di struttura iterativa si esegue con le istruzioni **`while`** e **`do`**.

L'istruzione **for** dunque si usa per ripetere un dato insieme di istruzioni fino a quando una condizione (indipendente dall'esecuzione delle istruzioni stesse) è vera.

Si possono usare cicli basati sul **for** quando il numero delle iterazioni è prefissato, cioè è noto prima di entrare nel ciclo.

La sintassi di un ciclo **for** è la seguente:

> **for** *(inizializzazione di* **var***; condizione; aggiornamento di* **var***)*
> *{istruzioni da eseguire finché la condizione è vera ; }*

> **!** Il **ciclo di tipo for** si usa quando il numero delle iterazioni da fare è noto prima di dare inizio al ciclo.

Qui **var** è una variabile (può avere un nome qualsiasi) che viene aggiornata durante il ciclo per conteggiare le iterazioni già fatte. Le istruzioni da eseguire durante il ciclo vanno racchiuse tra parentesi graffe.

Alla fine dell'istruzione **for** non si mette il punto e virgola. Invece è importante ricordare che devono essere separati da punti e virgola i tre argomenti di **for** racchiusi tra le parentesi tonde:

- il primo argomento assegna il valore iniziale alla variabile-contatore;
- il secondo argomento contiene la condizione da soddisfare perché il ciclo si ripeta;
- il terzo argomento aggiorna il valore del contatore **var** alla fine di ogni iterazione.

Ecco che cosa succede quando nel codice è presente un'istruzione **for**:

1. per prima cosa viene assegnato il valore iniziale a **var**, poi inizia il ciclo;
2. viene controllata la condizione;
3. se la condizione è vera, vengono eseguite le istruzioni interne al ciclo, poi viene aggiornato il valore di **var** e si torna al punto 2;
4. altrimenti, cioè se la condizione è falsa, si esce dal ciclo.

Di solito l'aggiornamento della variabile è un incremento, cioè si fa aumentare a ogni iterazione il suo valore di una data quantità; come vedremo, però, sono possibili anche altre scelte.

Come primo semplice esempio, pensiamo a un conteggio fatto con le dita delle mani. L'algoritmo è rappresentato dal diagramma di flusso della **figura 14.1**:

1. si inizia con i due pugni chiusi, che rappresentano il valore iniziale 0;
2. se il conteggio non supera 10 (questa è la condizione) si alza un dito, aggiungendo così un'unità al conteggio;
3. si ripete il passo 2 finché la condizione non diventa falsa; a quel punto si esce dal ciclo.

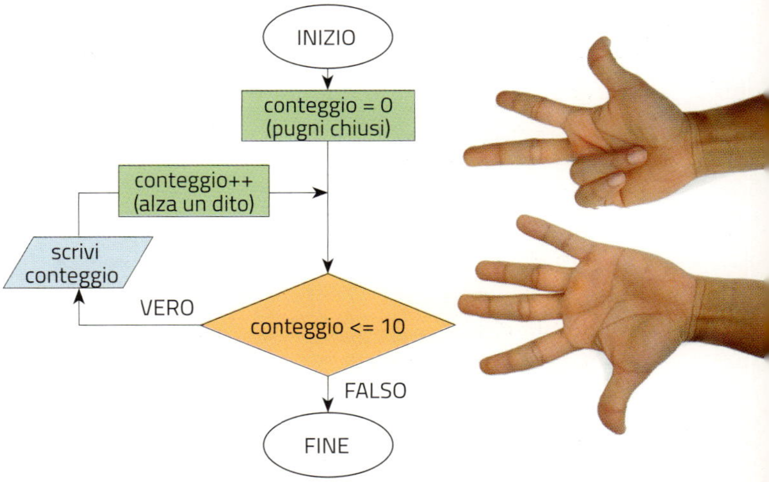

Figura 14.1 L'algoritmo per contare fino a 10 sollevando un dito alla volta.

Quando si arriva a 10 non ci sono in realtà più dita da alzare, ma si aumenta comunque il valore del conteggio, che diventa 11; così al controllo successivo la condizione risulta falsa e il ciclo ha termine.

Scrivi il codice seguente, che traduce in linguaggio C l'algoritmo, e salvalo con il nome **conteggio_dita.c**.

conteggio_dita.c

```
1   #include<stdio.h>
2   int main(void)
3   {
4       int conteggio;
5   /* qui si avvia il ciclo for; notare che la variabile conteggio
6      viene inizializzata a 0 direttamente nell'istruzione for */
7       for (conteggio=0; conteggio<=10; conteggio++)
8       {
9   /* a ogni iterazione si chiama printf: l'output sarà un elenco di valori*/
10      printf("\n   %d\n", conteggio);
11      }
12  }
```

Nella riga 7 del codice c'è l'istruzione **for**, che ha questo significato:

- si inizia assegnando il valore 0 alla variabile **conteggio**;
- siccome la condizione **conteggio<=10** è soddisfatta, si esegue l'istruzione della riga 10, producendo come output il valore 0;

- poi si incrementa di un'unità il valore di **`conteggio`**, che diventa 1;
- la condizione **`conteggio<=10`** è ancora vera, perciò si stampa il valore 1, poi si incrementa il valore di **`conteggio`**, che diventa 2;
- e così via, ripetendo il ciclo altre 8 volte;
- infine, dopo aver stampato il valore 10, il valore di **`conteggio`** diventa 11 e la condizione diventa falsa, perciò si esce dal ciclo.

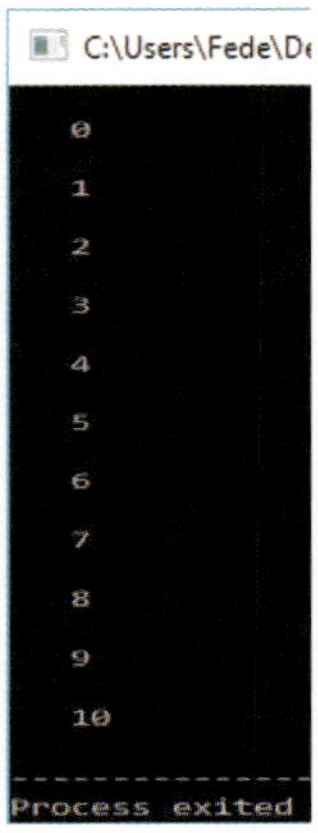

L'output a schermo, riprodotto qui a fianco, consiste di un elenco di undici numeri. Infatti l'istruzione **`for`** fa ripetere il ciclo per i valori di **`conteggio`** che vanno da 0 a 10 *compresi*; quindi l'istruzione **`printf`** viene eseguita 11 volte.

Nell'istruzione **`for`** l'argomento **`conteggio++`** fa sì che a ogni iterazione la variabile sia incrementata di un'unità. Se volessimo stampare soltanto i numeri pari, basterebbe sostituire quell'argomento con **`conteggio+=2`**.

In questo programma abbiamo usato il ciclo iterativo come un semplice contatore. Ora, per iniziare ad apprezzare la vera utilità di questa struttura, passeremo a un esempio in cui il ciclo contiene anche altre istruzioni.

Stampare la tabella del codice ASCII

Con il tipo di dato **`char`**, che abbiamo già incontrato, il linguaggio C rappresenta i 256 simboli e caratteri alfanumerici della tabella ASCII (capitolo 2), riprodotta parzialmente nella **figura 14.2**.

Ma in realtà c'è di più: in C ciascun carattere ASCII equivale al valore numerico che lo etichetta nella tabella; così il tipo **`char`** può essere trattato alla stregua di un sottoinsieme del tipo **`int`**.

Si può sfruttare questo fatto per creare un programma che, usando numeri interi, produce un elenco dei caratteri ASCII corrispondenti, attribuendo a una variabile di tipo **`char`** i valori contenuti in una variabile di tipo **`int`**.

Scrivi il codice seguente, salvalo con il nome **codice_ASCII.c** e verificane il funzionamento.

32	space	64	@	96	`	128	Ç
33	!	65	A	97	a	129	ü
34	"	66	B	98	b	130	é
35	#	67	C	99	c	131	â
36	$	68	D	100	d	132	ä
37	%	69	E	101	e	133	à
38	&	70	F	102	f	134	å
39	'	71	G	103	g	135	ç
40	(	72	H	104	h	136	ê
41	)	73	I	105	i	137	ë
42	*	74	J	106	j	138	è
43	+	75	K	107	k	139	ï
44	,	76	L	108	l	140	î
45	-	77	M	109	m	141	ì
46	.	78	N	110	n	142	Ä
47	/	79	O	111	o	143	Å
48	0	80	P	112	p	144	É
49	1	81	Q	113	q	145	æ

Figura 14.2 Nel codice ASCII ogni carattere corrisponde a un numero compreso tra 0 e 255.

codice_ASCII.c

```
1  #include<stdio.h>
2  int main(void)
3  {
4  /*dichiaro la variabile carattere char e la variabile numero int*/
5  int numero;
6  char carattere;
7  /*inizializzo numero a 0 e imposto la condizione in modo da
8  ciclare fino a 255, coprendo cosi' tutti i 256 caratteri ASCII"*/
9      for (numero=0; numero<=255; numero++)
10     {
11     /* assegno a carattere il valore intero di numero;
12     a ogni valore int corrisponde un valore char*/
13     carattere=numero;
14     printf("\n  il carattere ASCII numero %d e' %c", numero, carattere);
15     }
16 }
```

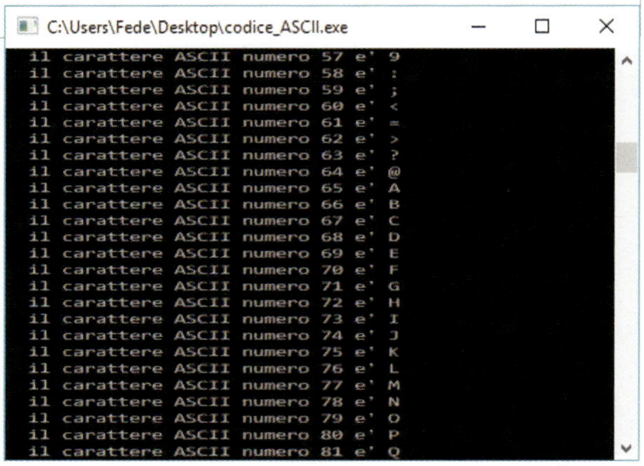

Grazie al ciclo basato sull'istruzione **`for`** della riga 9, bastano poche linee di codice per produrre iterativamente un output formato da centinaia di dati.

Un altro effetto interessante della natura del tipo di dati **`char`** è che, se si inizializza una variabile come **`carattere='a'`** e poi si applica l'operatore incrementale **`'a'++`**, il risultato sarà **`'b'`** (ricorda che i valori delle variabili **`char`** vanno sempre scritti tra singoli apici).

Infatti il valore **`'a'`** di **`carattere`** sarà interpretato dal C come il numero intero 97, che nel codice ASCII corrisponde alla lettera a; quindi **`'a'++`** lo aumenterà a 98, che corrisponde alla lettera b.

Calcolare il fattoriale di un numero

Negli esempi precedenti le variabili erano inizializzate nel codice e l'output era un elenco di dati generati dall'iterazione controllata dall'istruzione **`for`**.

Ora invece useremo la struttura ciclica in un programma che riceve l'input dall'utente e produce come output un singolo dato. Calcoleremo il *fattoriale* del numero dato come input.

Il **fattoriale** di un numero intero positivo n – che si indica con il simbolo $n!$ – è definito come il prodotto di tutti i numeri interi che vanno da 1 a n:

$$n! = 1 \times 2 \times 3 \times \ldots\ldots \times (n-2) \times (n-1) \times n$$

Così, per esempio, il fattoriale di 3 vale $3! = 1 \times 2 \times 3 = 6$.

I fattoriali hanno un ruolo essenziale nel *calcolo combinatorio*. In particolare, $n!$ è il numero di tutte le possibili *permutazioni* di un insieme di n elementi.

Per esempio, i tre colori **rosso**, **giallo** e **verde** si possono ordinare in $3! = 6$ modi diversi, come mostra la **figura 14.3**.

Il valore di $n!$ cresce in modo estremamente rapido al crescere di n, come si nota a colpo d'occhio osservando la **tabella 14.1**. La prima riga della tabella mostra anche che si ha, per definizione, $0! = 1$.

L'aumento impressionante del valore di $n!$ quando si scende nella tabella è conseguenza del modo in cui è definito il fattoriale: a ogni riga, infatti, un nuovo e più grande valore di n moltiplica il numero della riga precedente.

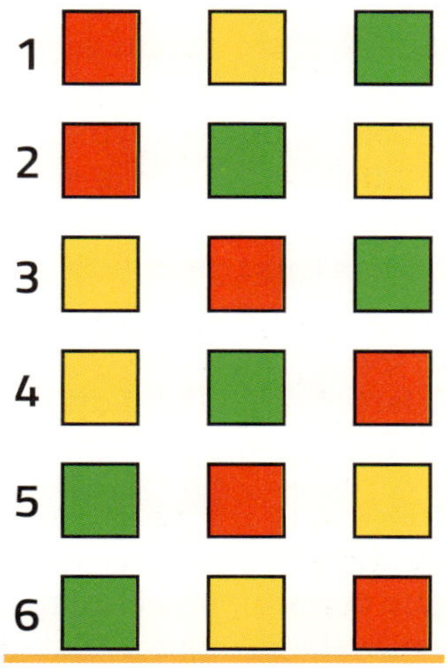

Figura 14.3 Ci sono $3! = 6$ possibili modi diversi per ordinare 3 colori.

Tabella 14.1 I fattoriali dei primi 20 numeri interi.

n	$n!$
0	1
1	1
2	2
3	6
4	24
5	120
6	720
7	5040
8	40 320
9	362 880
10	3 628 800
11	39 916 800
12	479 001 600
13	6 227 020 800
14	87 178 291 200
15	1 307 674 368 000
16	20 922 789 888 000
17	355 687 428 096 000
18	6 402 373 705 728 000
19	121 645 100 408 832 000
20	2 432 902 008 176 640 000

La rapida crescita di $n!$ al crescere di n ha conseguenze interessanti e curiose. Per esempio, se si mescola un mazzo di 52 carte (**figura 14.4**), si possono ottenere 52! permutazioni caratterizzate da un diverso ordine delle carte.

Infatti la prima carta si può scegliere in 52 modi diversi, mentre per la seconda carta restano 51 possibilità. Dunque esistono 52 x 51 possibili versioni della prima coppia di carte.

Per la terza carta restano 50 possibili scelte, quindi esistono 52 x 51 x 50 possibili versioni della prima terna di carte. E così via.

Quando si arriva alla penultima carta rimangono soltanto 2 possibili scelte, e infine resta un'unica carta come ultima.

Dunque il numero totale degli ordinamenti è proprio 52 x 51 x 50 x ... x 2 x 1 = 52!.

Ebbene, 52! è un numero così incredibilmente gigantesco da superare (e di gran lunga) il numero di tutti gli atomi presenti nell'universo!

Figura 14.4 Un mazzo di 52 carte si può ordinare in 52! modi diversi.

Al di là delle curiosità cosmiche, la rapida crescita di $n!$ al crescere di n pone un problema pratico quando si vuole scrivere un programma per il calcolo dei fattoriali.

Infatti in C il tipo di dato più «capiente» per i numeri interi è `long long`, che alloca per una variabile intera uno spazio di memoria di 64 bit. Perciò, anche usando il tipo di dato **`unsigned`** (cioè considerando soltanto numeri positivi), il massimo numero intero rappresentabile è $2^{64} - 1$ = 18 446 744 073 709 551 615.

Questo significa che il numero più grande di cui possiamo calcolare con un codice il fattoriale è 20. Infatti, se nella **tabella 14.1** conti attentamente il numero delle cifre nell'ultima riga, ti convincerai che:

$$2^{64} - 1 < 21! = 21 \times 20!$$

Dunque, se vogliamo scrivere un programma che calcoli il fattoriale di un numero fornito come input, per non andare oltre le capacità di memoria delle variabili dovremo controllare l'input dell'utente e rifiutarlo quando è maggiore di 20.

Scrivi ora il codice seguente e salvalo con il nome **fattoriale_longlong.c**.

fattoriale_longlong.c

```
1   #include<stdio.h>
2   int main(void)
3   {
4       int i, numero;
5       unsigned long long fattoriale;
6       printf("\n Inserisci un numero intero [max 20]: ");
7       scanf("%d", &numero);
8   /*inizializzo la variabile fattoriale a 1 (che è anche il fattoriale di 0)*/
9       fattoriale=1;
10  /*controllo il dato di input*/
11      if (numero>=0 && numero<21)
12          {
13  /*se l'input e' valido, eseguo il ciclo for*/
14              for (i=1; i<=numero; i++)
15              {   fattoriale=fattoriale*i;    }
16              printf("\n Il fattoriale di %d vale %llu\n",numero, fattoriale);
17          }
18  /*altrimenti, se l'input era negativo o maggiore di 20...*/
19      else
20      printf("\n Attenzione: numero di input non valido!");
21  }
```

Analizziamo alcuni aspetti importanti delle strutture presenti nel codice:

- la riga 4 dichiara, oltre alla variabile di input **`numero`**, la variabile intera che nel ciclo fungerà da contatore; per convenzione, gli informatici di solito chiamano questa variabile **`i`** (equivale all'«indice intero» i usato comunemente in matematica);
- la riga 5 dichiara la variabile **`fattoriale`** riservandole, come già discusso, il più grande spazio di memoria possibile;
- la riga 11 controlla se l'input è valido, nel qual caso il programma esegue il ciclo **`for`**; nota che le graffe delle righe 12 e 17 si riferiscono all'**`if`** che contiene il **`for`**;
- la struttura iterativa, annidata all'interno dell'**`if`**, è alle righe 14 e 15; il contatore **`i`** è inizializzato con il valore 1 e poi a ogni iterazione è incrementato di 1, fino a quando raggiunge il valore di **`numero`**;
- nella riga 15 per compattezza abbiamo scritto le graffe nella stessa riga che contiene l'istruzione da iterare, **`fattoriale=fattoriale*i`**; questa fa sì che a ogni iterazione la variabile **`fattoriale`** sia aggiornata moltiplicandola per il contatore;

› così, se per esempio l'input **`numero`** vale 4, il ciclo evolve come riassunto da questa tabella di traccia:

iterazione e valore di `i`	**valore iniziale di `fattoriale`**	**calcolo**	**valore finale di `fattoriale`**
1	1	1*1	1
2	1	1*2	2
3	2	2*3	6
4	6	6*4	24

Va sottolineato che l'istruzione di stampa dell'output (riga 16) è *al di fuori* del ciclo: a schermo verrà quindi mostrato il solo risultato finale, ottenuto al termine delle iterazioni. Nei programmi scritti in precedenza, invece, **`printf`** serviva per visualizzare i risultati di ogni singola iterazione e quindi faceva parte delle istruzioni del ciclo, cioè era scritta dentro le parentesi graffe di **`for`**.

Nota infine che nella riga 16 la funzione **`printf`** specifica per **`fattoriale`** il formato **`%llu`**, che corrisponde al tipo di dato **`long long unsigned`**.

Esegui adesso il codice con diversi valori dell'input e verifica che il programma produca effettivamente i risultati della **tabella 14.1**.

IN SINTESI

› L'**istruzione `for`** permette di eseguire iterativamente una serie di istruzioni fino a quando una condizione è vera.

› La **condizione** dev'essere predefinita, cioè indipendente dai risultati ottenuti eseguendo le istruzioni del ciclo.

› L'istruzione **`for`** non richiede alla fine il punto e virgola, che va invece messo per separare i tre argomenti tra le parentesi tonde.

› Il primo argomento di **`for`** assegna il valore iniziale alla variabile che è usata nel secondo argomento per esprimere la condizione; il terzo argomento aggiorna il valore della variabile alla fine di ogni iterazione.

ESERCIZI

1 Se volessi stampare soltanto i numeri dispari, come dovresti cambiare l'istruzione **`for`** di **conteggio_dita**?

....

2 Modifica il codice di **conteggio_dita** in modo tale che si possa assegnare come input il numero fino a cui contare. Salva il codice modificato con il nome **conteggio_da_input.c**. Che cosa è cambiato in questo nuovo codice nell'istruzione **`for`**?

....

3 Come dovresti cambiare l'istruzione **`for`** di **codice_ASCII** se volessi stampare soltanto le lettere maiuscole dell'alfabeto inglese, che sono i caratteri numerati da 65 a 90?

....

4 Perché nell'output di **codice_ASCII.c** dopo la riga 10 appare una riga vuota?

....

5 Il codice **fattoriale_longlong.c** funzionerebbe ugualmente bene se nell'istruzione **`for`** il contatore venisse inizializzato scrivendo **`i=2;`**? Per quale ragione?

....

6 Il programma **fattoriale_longlong** funziona, e produce l'output corretto, anche nel caso in cui l'input **`numero`** vale 0. Ciò è dovuto a due ragioni; sai dire quali sono?

A ....

B ....

7 Perché nel programma **fattoriale_longlong** c'è un controllo sul numero intero di input?

....

8 Scrivi un programma che, dato come input un intero positivo, usa il ciclo **`for`** per calcolare la somma di tutti gli interi da 1 fino al numero di input.
Salva il codice con il nome **numeri_triangolari.c**.

14.2 Strutture iterative annidate

Anche i cicli iterativi, come le strutture di selezione, possono essere *annidati* uno dentro l'altro.

Quando ciò avviene, la prima struttura che si dichiara assume il ruolo di contatore, mentre la seconda struttura fa parte delle istruzioni della prima.

La struttura dell'istruzione **for** annidata, per esempio, è la seguente:

```
for (inizializzazione di var1 ; condizione1 ; incremento di var1)
{
    eventuali istruzioni da eseguire finché condizione1 è vera ;
        for (inizializzazione di var2; condizione2; incremento di var2)
        {
            istruzioni da eseguire finché condizione2 è vera ;
        }
    eventuali altre istruzioni da eseguire finché condizione1 è vera ;
}
```

> ! Un ciclo può essere **annidato** dentro un altro ciclo: in tal caso si ha l'iterazione di un'iterazione.

Nota come qui sopra l'annidamento sia reso evidente dalle indentazioni delle istruzioni e dalla loro delimitazione con le parentesi graffe.

Vediamo ora qualche esempio di programmi basati su strutture iterative annidate.

Produrre un output triangolare

Nel capitolo 11 abbiamo già incontrato i particolari numeri che si ottengono sommando gli interi da 1 fino a n, così: $1 + 2 + 3 + \ldots + (n-1) + n$.

Al crescere di n questi numeri formano una successione infinita, che incomincia così: 1, 3, 6, 10, 15, 21, 28, 36, 45, …

I numeri di questa successione sono chiamati **numeri triangolari**, per la ragione illustrata dalla **figura 14.5**, dove abbiamo applicato un semplice algoritmo:

1. il numero n rappresenta il numero delle righe da considerare;
2. sulla prima riga si disegna 1 pallino, sulla seconda 2 pallini, e così via fino alla riga n, dove si disegnano n pallini.

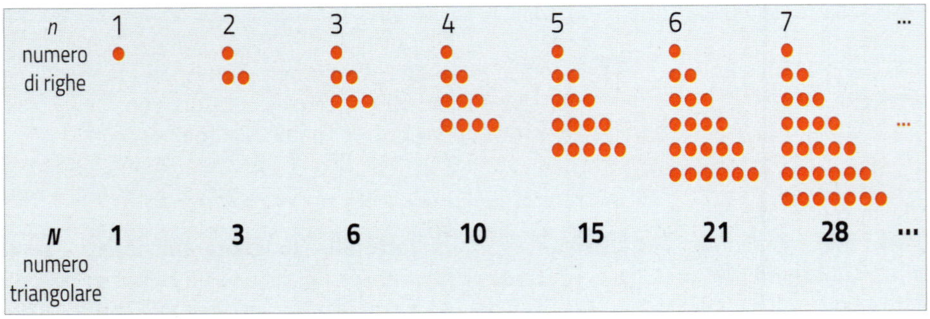

Figura 14.5 I primi 7 numeri triangolari.

Per ciascun valore di n i pallini disegnati formano un triangolo; il numero totale N dei pallini nel triangolo è l'n-esimo numero della successione dei numeri triangolari.

Così, per esempio, il quinto numero triangolare è 15, che è anche il numero dei pallini nel triangolo con $n = 5$.

L'algoritmo con cui abbiamo definito la rappresentazione grafica dei numeri triangolari si basa su un procedimento iterativo, che possiamo tradurre in un programma usando due cicli **for** annidati uno dentro l'altro.

Per rappresentare i pallini, il programma userà nell'output il simbolo dell'asterisco, cioè `*`.

Le variabili del programma saranno il numero intero **righe**, immesso dall'utente, un contatore **i** (con la funzione che già conosciamo) e l'intero **asterischi**, una variabile ausiliaria interna al programma, che servirà a disegnare il triangolo.

Scrivi il codice che segue e salvalo con il nome **triangoli_di_asterischi.c**.

triangoli_di_asterischi.c

```
1   #include <stdio.h>
2
3   int main(void)
4   {
5   /*dichiaro le variabili righe ed asterischi, oltre alla variabile contatore i*/
6       int i, righe, asterischi;
7       printf("\n Inserisci il numero (intero) delle righe:  ");
8       scanf("%d", &righe);
9   /*il primo for ha la funzione di contatore, in questo caso delle righe*/
10      for(i=1; i<=righe; i++)
11      {
12  /*a ogni riga si va a capo come parte del ciclo contatore esterno*/
13      printf("\n");
14  /*il ciclo annidato riempirà ogni riga con un numero crescente di asterischi*/
15          for(asterischi=1; asterischi<=i; asterischi++)
16          {printf(" *");}
17      }
18  }
```

C:\Users\Fede\Desktop\triangoli_di_asterischi.exe

```
Inserisci il numero (intero) delle righe:  12

 *
 * *
 * * *
 * * * *
 * * * * *
 * * * * * *
 * * * * * * *
 * * * * * * * *
 * * * * * * * * *
 * * * * * * * * * *
 * * * * * * * * * * *
 * * * * * * * * * * * *
--------------------------------
Process exited after 1.959 seconds with return value 12
Premere un tasto per continuare . . .
```

Esaminiamo alcuni aspetti del codice:

- nella riga 6, per compattezza, abbiamo dichiarato insieme il tipo di dato di tutte e tre le variabili intere, separando i loro nomi con virgole;
- nella riga 10 la prima istruzione **`for`** predispone l'iterazione del contatore delle righe, la variabile **`i`**, il cui valore andrà da 1 al valore **`righe`** immesso dall'utente;
- la riga 13 fa parte di questo ciclo **`for`** «esterno»: serve a far andare a capo prima della prima riga, e poi ogni volta che si passa da una riga alla successiva;
- nella riga 15 inizia il ciclo **`for`** annidato, che infatti è inserito tra le parentesi graffe del **`for`** precedente; questo ciclo ha la funzione di stampare asterischi separati da spazi bianchi, con l'istruzione **`printf`** della riga 16;
- la condizione **`asterischi<=i`** fa sì che a ogni iterazione del ciclo annidato venga stampato un numero di asterischi pari al numero **`i`** della riga su cui ci si trova (questo numero è determinato dal ciclo **`for`** «esterno»);
- per compattezza, le graffe relative al ciclo annidato sono state messe nella stessa riga 16 che contiene l'unica istruzione da eseguire in quel ciclo.

Si può descrivere l'interazione tra i due cicli del programma in questo modo:

primo ciclo `for`: andiamo a capo e poi partiamo con la riga 1
ciclo annidato: ok, stampo un asterisco e poi esco dal ciclo
primo ciclo `for`: andiamo a capo e passiamo alla riga 2
ciclo annidato: ok, itero 2 volte la stampa di un asterisco, poi esco dal ciclo
primo ciclo `for`: andiamo a capo e passiamo alla riga 3
ciclo annidato: ok, itero 3 volte la stampa di un asterisco, poi esco dal ciclo
... e così via, fino a quando si arriva alla riga definita dal valore di input di `righe`.

Trovare i numeri primi

Ora vogliamo scrivere un programma che, dato come input un qualsiasi numero intero, stampi tutti i **numeri primi** inferiori a quel numero.

Un numero primo è un intero che può essere diviso esattamente soltanto per 1 o per se stesso. Se un numero n è primo, perciò, lo si può identificare verificando che tra 2 e $n-1$ non vi siano suoi divisori esatti.

Si può perciò pensare a una struttura iterativa che, dato l'input *n*, operi come segue:

1. si inizializza un contatore intero *i* con il valore 1;
2. si divide *n* per *i*;
3. se la divisione *n*/*i* dà un resto diverso da 0, *n* potrebbe essere primo; allora si incrementa il contatore *i* e poi si itera tornando al passo **2**;
4. altrimenti, cioè se la divisione *n*/*i* non dà resto, significa che *n* è multiplo di *i*: quindi il numero di input non è primo e il controllo termina.

Per controllare l'esistenza di divisori è ideale usare l'operatore aritmetico *modulo*, rappresentato in C dal simbolo `%`: dati due interi **a** e **b** qualsiasi, **a%b** («**a** mod **b**») produce il resto della divisione di **a** per **b**.

L'algoritmo iterativo descritto sopra si può ottimizzare escludendo *a priori* alcuni calcoli che sarebbero inutili:

- sappiamo che 1, 2 e 3 sono numeri primi, quindi possiamo stampare questi numeri e poi far iniziare l'iterazione dal numero 3;
- tutti i numeri pari sono multipli di 2, quindi non primi; sarà perciò sufficiente controllare soltanto i numeri dispari (i cui divisori, se esistono, saranno tutti dispari);
- per trovare gli eventuali divisori di un numero dispari *n*, non occorre iterare fino a $n-1$; è sufficiente controllare gli interi dispari che non superano la radice quadrata di *n*, cioè $\sqrt{n}$.

Quest'ultima affermazione è importante, perché riduce moltissimo il numero delle iterazioni necessarie: per esempio, per trovare gli eventuali divisori di 101 basterà cercare tra i numeri dispari minori di 10 (perché $11 > \sqrt{101}$).

Vediamo perché l'affermazione è vera: se un numero *n* non è primo, lo si può sempre scrivere come $n = p \cdot q$, dove *p* e *q* sono due divisori.

Esistono allora due possibilità: o *p* e *q* sono uguali tra loro, e quindi entrambi valgono $\sqrt{n}$ (cioè *n* è un quadrato perfetto); oppure *p* e *q* sono diversi, nel qual caso uno dei due dev'essere maggiore di $\sqrt{n}$, mentre l'altro è minore di $\sqrt{n}$; è sufficiente dunque trovare quest'ultimo per scoprire che *n* non è primo.

Ora scrivi il codice che segue e salvalo con il nome **numeri_primi.c**. Compila il programma, eseguilo e verifica che funzioni correttamente.

numeri_primi.c

```c
#include<stdio.h>
#include<math.h>

int main(void)
{
    int n, i, numero;
    printf("\n Inserisci un numero intero > 2: ");
    scanf("%d", &numero);
    printf("\n Ecco tutti i numeri primi fino a %d: ",numero);
/*stampo i primi tre numeri primi*/
    printf("\n  1\n  2\n  3\n");
/*itero su tutti i numeri n che voglio esaminare*/
    for (n=3; n<=numero; n+=2)
    {
/*itero su tutti i possibili divisori del numero n*/
        for (i=3;i<=sqrt(n);i+=2)
        {
            if (n%i == 0)
/*L'istruzione break interrompe il ciclo se n ha un divisore esatto*/
            {break;}
        }
/*verifico se n è primo, e in tal caso lo stampo*/
        if (n%i != 0)
        {printf("  %d\n", n);}
    }
}
```

C:\Users\Fede\Desktop\numeri_primi.exe

```
Inserisci un numero intero > 2: 30

Ecco tutti i numeri primi fino a 30:
  1
  2
  3
  5
  7
  11
  13
  17
  19
  23
  29
```

Nota che il codice inizia richiamando, oltre alla libreria standard di input-output, anche la libreria **math.h**; qui infatti si trova la funzione **sqrt** che serve alla riga 16 per calcolare la radice quadrata.

Analizziamo ora la logica dei due cicli iterativi che sono al cuore del programma:

- alla riga 13 inizia il ciclo **for** «esterno», che stabilisce quali numeri **n** (minori o uguali al valore di input **numero**) vadano esaminati per vedere se hanno divisori; come già spiegato, facciamo iniziare le iterazioni da **n=3** e l'incremento **n+=2** fa sì che vengano poi esaminati soltanto i numeri dispari;
- il ciclo esterno passa al ciclo annidato il valore di **n**;
- alla riga 16 il **for** specifica che il ciclo annidato itererà sulla variabile **i**, che rappresenta i possibili divisori e va dal valore 3 alla radice quadrata di **n**, con incremento pari a 2, perché è sufficiente controllare i divisori dispari;
- alla riga 18 l'istruzione **if** controlla se **i** è un divisore di **n**;
- se iterando si trova un valore di **i** tale che **n%i** vale 0, significa che quell'**i** è un divisore di **n**; quindi **n** non è primo ed è inutile continuare a cercare altri divisori; in tal caso l'istruzione **break** alla riga 20 interrompe il ciclo annidato e ripassa il controllo al ciclo esterno; è importante notare che, se ciò avviene, il valore di **i** rimane uguale a quello del divisore esatto appena trovato;
- se invece il ciclo annidato non trova divisori, non attiverà mai l'istruzione **break** e terminerà, ripassando il controllo al ciclo esterno, con un valore di **i** (minore o uguale alla radice quadrata di **n**) che *non è* un divisore di **n**;
- il punto-chiave è alla riga 23, dove il ciclo esterno riprende il controllo: se **i** è un divisore di **n** significa che **n** non è primo, mentre se **i** *non è* un divisore di **n**, allora significa che **n** è primo; perciò, se **n%i** risulta diverso da 0, **n** è primo e viene stampato con il **printf** della riga 24.

Va sottolineato che l'istruzione **break** (che avevamo già incontrato sperimentando l'uso di **switch**) fa terminare soltanto l'esecuzione della struttura in cui si trova. Se questa struttura è annidata in un'altra, il controllo passa all'istruzione successiva della struttura-contenitore.

Se si volesse invece trasferire il controllo a un punto diverso della struttura annidata, invece di **break** bisognerebbe usare altre istruzioni del linguaggio C, come **goto** o **return**.

Questo però non è consigliabile, perché introdurrebbe salti incondizionati che violano le regole della programmazione strutturata e rendono più oscuro il codice.

Usare stampe temporanee come diagnostica

Quando un programma non si comporta come dovrebbe, ma non è ovvia la ragione del malfunzionamento, per il debugging può essere utile inserire istruzioni temporanee di stampa in punti-chiave del codice.

In questo modo è possibile vedere i valori che certe variabili assumono durante l'elaborazione, valori che non apparirebbero nell'output finale.

Questa tecnica di solito ha funzione *diagnostica* (cioè aiuta a capire di quali bachi soffra il software, così da poterli curare), ma può anche essere usata per comprendere meglio il funzionamento di un codice che non presenta problemi.

Nel caso del programma **numeri_primi**, per esempio, un utile esercizio può essere aggiungere, dopo l'istruzione **break** della riga 20, un'istruzione **printf** che stampi i valori di **n** e di **i**.

Compilando ed eseguendo il programma così modificato, l'output mostrerà, come in una tabella di traccia, l'evolversi dei valori delle variabili durante le iterazioni del ciclo annidato.

Alla fine dell'analisi bisogna naturalmente ricordarsi di cancellare o commentare le istruzioni temporanee, così da «ripulire» l'output del programma.

Costruzioni particolari di `for`

Nei codici sorgente può capitare di incontrare sintassi del ciclo **for** che differiscono da quelle viste finora, ed è bene saperle riconoscere e interpretare.

Ecco alcuni possibili casi:

- la variabile-contatore può essere dichiarata per la prima volta direttamente all'interno del ciclo, come in questo esempio:

```
for (int i=1; i<=10; i++)
```

- il primo argomento di **for** può essere omesso, se è stato dichiarato prima; in tal caso bisogna comunque scrivere il relativo punto e virgola, come qui sotto:

```
i=1;
......
......
for ( ; i<=10; i++)
```

- la variabile-contatore all'occorrenza si può *decrementare* anziché incrementare; se si vuole effettuare un *conto alla rovescia*, per esempio, si scriverà l'istruzione:

```
for (i=10; i>=0; i--)
```

IN SINTESI

- Una struttura iterativa può essere **annidata** dentro un'altra: in tal caso si ha l'iterazione di un'iterazione. Il ciclo più interno allora fa parte delle istruzioni del ciclo più esterno, che gli fa da contatore.
- I cicli iterativi possono anche essere annidati dentro strutture condizionali, e viceversa una struttura **if**...**else** può essere annidata dentro un ciclo iterativo.
- La variabile-contatore si può dichiarare direttamente nell'istruzione **for**, oppure può mancarvi del tutto se è stata inizializzata fuori del ciclo; in quest'ultimo caso, anche se manca il primo argomento, tra le parentesi tonde va sempre messo il relativo punto e virgola.

ESERCIZI

1 Che cosa cambierebbe nel programma **triangoli_di_asterischi** se alla riga 15 si sostituisse la condizione **asterischi<=i** con **asterischi<=righe**?

....

2 Che cosa cambierebbe nel tempo di esecuzione e nell'output del programma **numeri_primi**, se alla riga 16 si scrivesse **i++** al posto di **i+=2**?

....

3 Scrivi un programma che, dato come input un intero positivo **N**, scriva a schermo l'elenco dei numeri da **N** a zero.
Salva il codice con il nome **conto_rovescia.c**.

4 Scrivi un programma che, dato come input un intero positivo **N**, scriva a schermo l'elenco dei numeri pari fino a **N** compreso. Salva il codice con il nome **numeri_pari.c**.

5 Modifica il programma **triangoli_di_asterischi** aggiungendo il calcolo del numero triangolare corrispondente al numero **righe** immesso dall'utente, e stampando il numero triangolare *dopo* che è stato disegnato il triangolo.
Salva il programma con il nome **numeri_triangolari**.
In quale dei due cicli dovrai inserite le istruzioni addizionali?

....

6 Disegna un diagramma di flusso che rappresenti l'algoritmo usato nel programma **numeri_primi**.

7 Scrivi un programma che, dati come input due numeri interi positivi qualsiasi, scriva a schermo l'elenco di tutti i multipli del minore tra i due numeri che sono compresi tra 1 e il maggiore tra i due numeri.
Determina per prima cosa quale numero è il maggiore, poi usa quel numero nella condizione del ciclo **for**.
Salva il codice con il nome **elenca_multipli.c**.

14.3 Il ciclo while

Il ciclo basato sull'istruzione **while** è per molti versi analogo al ciclo **for**: anche **while** permette di eseguire più volte una o più istruzioni fintantoché una certa condizione è vera, poi passa il controllo al codice successivo quando la condizione diviene falsa.

Tutti i programmi basati su **for** si possono riscrivere usando **while**. Con **while** però si possono codificare anche situazioni in cui il numero delle iterazioni del ciclo non è definibile *a priori*, perché dipende dal risultato dell'elaborazione stessa del programma.

La struttura del ciclo **while**, schematizzata in forma di flowchart nella **figura 14.6**, ha questa sintassi:

> *inizializzazione di* **var**;
> **while (***condizione su* **var)**
> **{***istruzioni da eseguire finché la condizione è vera;***}**.

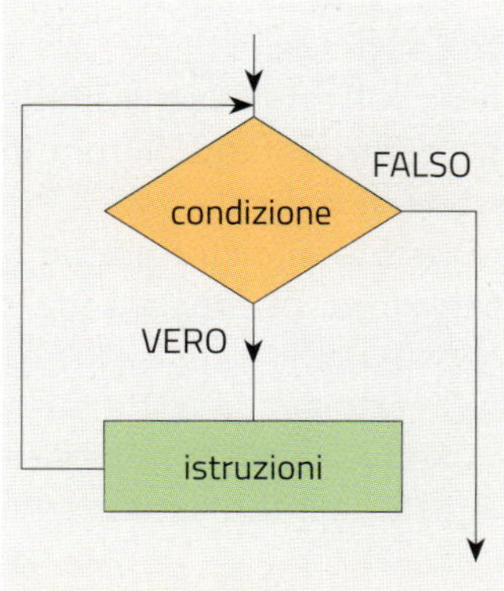

Figura 14.6 La struttura del ciclo **while**.

La congiunzione inglese *while* significa «mentre, fintantoché». Quindi l'istruzione **while** del C significa: «fintantoché è vera la condizione scritta tra parentesi tonde, continua a ripetere l'esecuzione delle istruzioni che seguono tra parentesi graffe».

La struttura di **while** differisce da quella di **for** per due aspetti:

- l'istruzione che inizializza **var**, la variabile usata per esprimere la condizione, è sempre esterna al ciclo: il valore di **var** viene acquisito da un input dell'utente oppure è determinato dall'elaborazione del programma;
- la regola per l'aggiornamento del valore di **var** non è specificata nell'istruzione **while**, come avviene per **for**, bensì in una delle istruzioni del ciclo.

Come primo esempio, riesaminiamo il programma **conteggio_dita** che conta da 0 a 10. Lo avevamo scritto usando il ciclo **for** riprodotto qui sotto a sinistra. A destra puoi vedere il ciclo **while** equivalente, che produrrà un output identico:

ciclo **for**

```
int conteggio;
for (conteggio=0; conteggio<=10; conteggio++)
{
printf("\n   %d\n", conteggio);
}
```

ciclo **while**

```
int conteggio=0;
while (conteggio<=10)
{
printf("\n   %d\n", conteggio);
conteggio++;
}
```

! Il **ciclo di tipo while** si usa se il numero delle iterazioni da fare non è prestabilito.

Gli «ingredienti» delle istruzioni nei due cicli sono gli stessi, ma organizzati in maniera diversa. Infatti nel ciclo **while**:

- la variabile **conteggio** è inizializzata prima dell'inizio del ciclo;
- il ciclo inizia con la parola-chiave **while** seguita dalla condizione tra parentesi tonde; nota che questa istruzione si scrive *senza* il punto e virgola;
- l'incremento della variabile **conteggio** fa parte delle istruzioni che vengono ripetute a ogni iterazione del ciclo.

È importante fare attenzione all'*ordine* delle istruzioni nel ciclo **while**: nel caso del conteggio, dopo aver inizializzato la variabile **conteggio** a 0, il codice prima la stampa a schermo con l'istruzione **printf**, poi la incrementa di una unità con l'istruzione **conteggio++**. L'output perciò sarà 0, 1, 2, ..., 10.

Se si invertisse l'ordine delle due istruzioni, scrivendo prima **conteggio++** e poi l'istruzione **printf**, l'output diventerebbe 1, 2, 3, ..., 11. Infatti il valore di **conteggio** sarebbe incrementato *prima* della stampa, «saltando» così il valore iniziale 0. L'output arriverebbe fino a 11, sebbene la condizione sia **conteggio<=10**, perché anche nell'ultima iterazione ci sarebbe un incremento prima di **printf**.

Calcolare la media dei voti

Nei programmi che abbiamo scritto finora il numero dei dati di input che l'utente poteva inserire era predeterminato, cioè specificato all'interno del codice.

Per certi programmi questa scelta è naturale: se si vuole calcolare l'area del triangolo, per esempio, l'input sarà limitato a due valori, le misure della base e dell'altezza.

In molti casi però il vincolo sull'input è una limitazione sgradevole. Nel programma **tre_attori** della **figura 13.6** alla fine del capitolo precedente, per esempio, abbiamo dato a tre soli amici la possibilità di votare per l'attore preferito. Se avessimo voluto aggiungere altri votanti, avremmo dovuto rimettere mano al programma e aggiungere altre righe di codice.

Grazie ai cicli iterativi questa limitazione si può superare. Per dimostrarlo, scriveremo ora un programma che calcola la media dei voti ottenuti da uno studente, ma senza che il codice dica quanti sono i voti di cui fare la media: sarà l'utente stesso a indicarlo, poi inserirà tanti valori di input quant'è il numero di voti che ha specificato.

Scrivi il codice seguente e salvalo con il nome **media_voti.c**, poi compilalo, eseguilo e testane il funzionamento con diversi valori di input.

media_voti.c

```
1   #include<stdio.h>
2   int main(void)
3   {
4       int i, numero;
5       float voto, somma, media;
6   /*inizializzo a zero la variabile i che fungerà da contatore
7   e la variabile somma che conterrà il totale dei voti inseriti*/
8       i=1;
9       somma=0;
10      printf("\n  Tra quanti voti vuoi fare la media?  ");
11      scanf("%d",&numero);
12  /*il ciclo while itererà tante volte quanto è il numero dei voti */
13          while(i<=numero)
14          {
15  /*queste istruzioni si ripeteranno per ciascuno dei voti di input*/
16          printf("       Inserisci un voto: ");
17          scanf("%f",&voto);
18          somma=somma+voto;
19          i++;
20          }
21  /* dopo che il ciclo si è concluso, calcolo la media e la stampo */
22      media=somma/numero;
23      printf("\n  La media dei voti e' %.2f",media);
24  }
```

C:\Users\Fede\Desktop\media_voti.exe

```
 Tra quanti voti vuoi fare la media?  5
      Inserisci un voto: 7
      Inserisci un voto: 5.5
      Inserisci un voto: 6
      Inserisci un voto: 8
      Inserisci un voto: 5

 La media dei voti e' 6.30
--------------------------------
Process exited after 60.05 seconds
Premere un tasto per continuare . . .
```

Esaminiamo gli aspetti salienti del codice:

- la riga 4 dichiara due variabili di tipo intero: `i` sarà il contatore del ciclo `while`; `numero` invece rappresenterà il numero dei voti di cui l'utente vuol fare la media;
- la riga 5 dichiara tre variabili di tipo `float`: `voto` memorizzerà ciclicamente i diversi voti inseriti dall'utente (che possono essere decimali, come 7.5); i valori di `somma` e `media` saranno calcolati durante l'elaborazione;
- la riga 8 inizializza `i` a 1, perché vogliamo che l'inizio del ciclo corrisponda all'inserimento del primo valore di `voto`, cioè del voto numero 1;
- la riga 9 inizializza `somma`: questa variabile temporanea accumulerà via via il totale dei voti immessi, perciò deve avere valore iniziale zero;
- la riga 10 chiede all'utente quanti voti intende inserire e la riga 11 memorizza il dato nella variabile `numero`, che viene così inizializzata dall'input dell'utente;
- le righe 13-20 contengono il ciclo `while`, che iterativamente chiede di inserire un nuovo voto, lo memorizza in `voto` e ne aggiunge il valore a `somma`;
- la riga 22, dopo l'uscita dal ciclo `while`, calcola il rapporto tra la somma dei voti e il numero di voti e assegna il risultato alla variabile `media`, che poi verrà mostrata a schermo dall'istruzione `printf` della riga 23 (con due sole cifre decimali, poiché è specificato il formato di output `%.2f`).

Le istruzioni delle righe 16-19 saranno ripetute tante volte quanto è il numero dei voti specificato dal primo input dell'utente (quindi con **`i`** che va da **`i=1`** a **`i<=numero`**; il contatore è incrementato a ogni iterazione dall'istruzione **`i++`** della riga 19).

La variabile **`numero`** usata nella condizione del ciclo è inizializzata al di fuori del ciclo stesso, perciò si potrebbe scrivere un programma del tutto analogo usando la struttura **`for`** al posto della struttura **`while`**.

Trovare il minimo comune multiplo di due numeri

Vediamo ora invece un esempio di algoritmo che *non* si potrebbe codificare usando la struttura **`for`**, perché la condizione per iterare dipende da una variabile che può cambiare valore durante il ciclo.

Dati due qualsiasi numeri interi positivi, vogliamo determinare il loro **minimo comune multiplo** (mcm), cioè il più piccolo numero che è divisibile da entrambi senza che la divisione produca un resto.

Per trovare il minimo comune multiplo, cercheremo il più piccolo multiplo del maggiore tra i due numeri che sia divisibile esattamente anche dall'altro numero.

Il programma dovrà perciò eseguire il seguente algoritmo, che corrisponde al diagramma di flusso della **figura 14.7**:

1. leggi due numeri interi positivi;
2. determina quale tra i due numeri è il maggiore, chiamalo *max* e chiama l'altro *min*;
3. assegna il valore 1 a *contatore* e il valore di *max* a *mcm*;
4. se *mcm* non è divisibile esattamente da *min*, incrementa *contatore* di un'unità, ricalcola *mcm* moltiplicando *max* per *contatore*, poi ripeti da capo questo passo;
5. altrimenti, cioè se *mcm* è invece divisibile esattamente da *min*, stampa a schermo il valore di *mcm* ed esci.

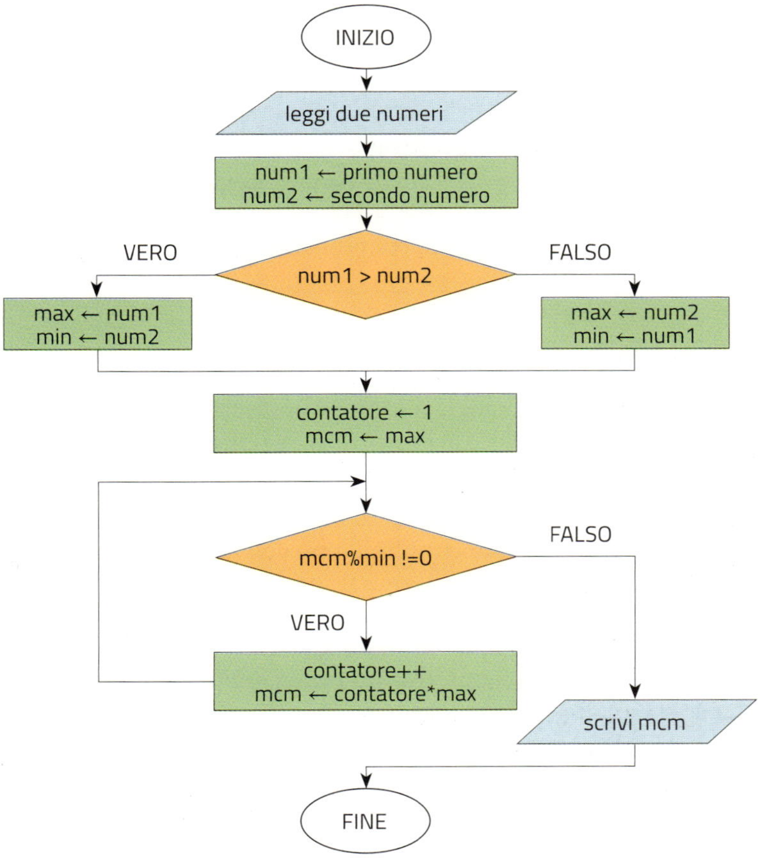

Figura 14.7 Il calcolo del minimo comune multiplo con un ciclo **`while`**.

Ora implementa il codice seguente e salvalo con il nome **mcm_while.c**.

Compila il programma, eseguilo e testane il funzionamento con diverse coppie di valori di input.

mcm-while.c

```
1   #include<stdio.h>
2   int main(void)
3   {
4       int numero1, numero2, max, min, contatore, mcm;
5   /*la variabile contatore servirà per iterare nel ciclo; la inizializziamo a 1*/
6       contatore=1;
7       printf("\n  Inserisci il primo numero: ");
8       scanf("%d", &numero1);
9       printf("\n  Inserisci il secondo numero: ");
10      scanf("%d", &numero2);
11  /*scopriamo quale tra i due numeri di input è più grande*/
12          if (numero1 > numero2)
13              {max = numero1;
14              min = numero2;}
15          else
16              {max = numero2;
17              min = numero1;}
18  /*inizializziamo la variabile mcm*/
19      mcm =contatore*max;
20  /*si itera se (e poi fintantoché) mcm non risulta divisibile per min*/
21      while (mcm%min != 0)
22      {
23          contatore++;
24          mcm =contatore*max;
25      }
26      printf("\n  Il minimo comune multiplo tra %d e %d e' %d\n", numero1, numero2, mcm);
27  }
```

C:\Users\Fede\Desktop\mcm-while.exe

```
 Inserisci il primo numero: 6

 Inserisci il secondo numero: 34

 Il minimo comune multiplo tra 6 e 34 e' 102

--------------------------------
Process exited after 10.69 seconds with return value 47
Premere un tasto per continuare . . .
```

Analizziamo gli aspetti più importanti del codice:

- alle righe 12-17, la struttura `if...else` serve per identificare il maggiore e il minore tra i due dati di input, così da poter assegnare i loro valori alle variabili **max** e **min**;
- la riga 19 inizializza la variabile **mcm** assegnandole il valore di **max** (infatti alla riga 6 **contatore** era stato inizializzato con il valore 1);
- il ciclo **while** delle righe 21-25 si basa sulla condizione **mcm%min!=0**, che è vera soltanto se la divisione di **mcm** per **min** dà resto, cioè se **min** *non è* un divisore di **mcm**;
- nota che le istruzioni del ciclo potrebbero non essere mai attivate: infatti al primo ingresso **mcm** ha il valore di **max**, che potrebbe già essere il minimo comune multiplo (per esempio, se i numeri immessi fossero 3 e 15);
- se **min** *non è* un divisore di **mcm**, si entra nel ciclo dove la riga 23 fa aumentare **contatore** di un'unità e poi la riga 24 assegna a **mcm** il valore del multiplo successivo di **max**;
- il ciclo si ripete fino a quando non si trova un multiplo di **max** che è anche multiplo di **min**; a quel punto la condizione della riga 21 diventa falsa e si passa all'istruzione della riga 26, che stampa il valore di **mcm**, poi il programma termina.

Va sottolineato che è impossibile prevedere quante iterazioni avverranno durante l'esecuzione del programma. Per esempio, se i numeri immessi sono multipli uno dell'altro, come 3 e 15, non ci sarà nessuna iterazione. Se invece i numeri immessi sono primi tra loro, come 19 e 11, il numero di iterazioni sarà pari al minore tra i due numeri.

La condizione del ciclo, in altre parole, sarà soddisfatta dopo un numero di iterazioni che dipende in modo imprevedibile dai valori dei dati di input. Questo ciclo perciò non si potrebbe codificare usando l'istruzione **for**, ma richiede una struttura come quella del **while**.

Come utile esercizio, prova a seguire il flusso di controllo del flowchart della **figura 14.7** nell'ipotesi che i due numeri inseriti come input siano uguali tra loro. Ripeti poi l'esercizio seguendo il flusso di controllo nel codice in quella stessa situazione.

Miglioriamo il programma per la graduatoria degli attori

Con gli strumenti che abbiamo imparato a usare, siamo ora in grado di migliorare il programma **tre_attori** scritto nel capitolo precedente.

Apri il codice **tre_attori.c** e modificalo come vedi qui a fianco, salvandolo con il nome **tre_attori-while**.

Rispetto al vecchio codice della **figura 13.6**, la struttura **`while`** offre diversi vantaggi:

- si può consentire a un numero qualsiasi di amici di votare, senza doverli inserire nel codice uno a uno;
- si usa un'unica variabile **`voto`**, al posto delle tre variabili **`voto1`**, **`voto2`** e **`voto3`**;
- i tre vecchi costrutti **`switch`** sono sostituiti da un unico costrutto, che è annidato all'interno del ciclo iterativo.

Il codice ora è più conciso e leggibile, ed è anche più facile da aggiornare.

Se per esempio si vuole aggiungere un attore all'elenco dei candidati, basterà dichiarare all'inizio una variabile, diciamo **`int Bloom=0`**, e aggiungere nello **`switch`** un **`case 4: Bloom++;`**.

tre_attori-while.c

```c
#include<stdio.h>
int main(void)
{
    int voto, votanti, i=1;
    int Evans=0, Gosling=0, Leto=0, nonvalido=0;
    printf("\n  Quanti sono i votanti?  ");
    scanf("%d",&votanti);
    printf("\n 1 Chris Evans, 2 Ryan Gosling o 3 Jared Leto\n\n   ");
    while(i<=votanti)
    {
        printf("\n Quale attore preferisci?  ");
        scanf("%d",&voto);
            switch (voto)
            {
                case 1:
                Evans++;
                break;
                case 2:
                Gosling++;
                break;
                case 3:
                Leto++;
                break;
                default:
                nonvalido++;
            }
        i++;
    }
    printf("\n\n\n Voti per Chris Evans: %d\n", Evans);
    printf("\n Voti per Ryan Gosling: %d\n", Gosling);
    printf("\n Voti per Jared Leto: %d\n", Leto);
    printf("\n Voti non validi: %d\n", nonvalido);
}
```

IN SINTESI

- Il **ciclo iterativo di tipo `while`** permette di eseguire ripetutamente una serie di istruzioni, fino quando una condizione rimane vera.
- L'istruzione iniziale ha la parola-chiave **`while`** con la condizione tra parentesi tonde, senza punto e virgola alla fine; le istruzioni del ciclo, che invece hanno il punto e virgola, vanno racchiuse tra parentesi graffe.
- La struttura **`while`** differisce da quella **`for`** perché la variabile usata per esprimere la condizione è inizializzata fuori dal ciclo ed è poi aggiornata da un'istruzione del ciclo.
- Tutti i programmi basati su **`for`** si possono riscrivere usando **`while`**, che in più permette di trattare casi in cui il numero delle iterazioni non è noto *a priori*, perché dipende dell'elaborazione stessa del programma.

ESERCIZI

1 Apri il codice **conteggio_dita** e modificalo sostituendo il ciclo **`for`** con un ciclo **`while`**, verificando che l'output rimanga immutato. Salva la nuova versione del codice con il nome **conteggio_dita-while**.

2 Scrivi un programma che calcola la somma dei valori dati come input, lasciando che sia l'utente a decidere quanti valori inserire. Dopo la lettura di ciascun valore, chiedi all'utente di dire se vuole inserirne un altro: se la risposta è **Y** prosegui, se è **N** fai terminare il programma mostrando la somma dei dati inseriti fino a quel momento.
Salva il codice con il nome **sommaYN.c**.

3 Che cosa succede se esegui il programma **mcm_while** inserendo come valore di input 0, e perché?

....

Come modificheresti il codice per evitare il problema?

....

4 Scrivi un programma che calcola il valore medio dei dati inseriti come input e che termina quando l'utente inserisce il valore zero, mostrando il valore medio dei dati inseriti fino a quel momento (zero finale escluso).
Salva il codice con il nome **media0.c**.

14.4 Il ciclo do

I due cicli **for** e **while** visti finora hanno una caratteristica comune: controllano che la condizione sia vera *prima* di eseguire le istruzioni iterative.

La struttura iterativa basata sull'istruzione **do**, invece, pone il controllo della condizione alla fine del ciclo, come mostra lo schema della **figura 14.8**.

La sintassi del **ciclo do** è la seguente:

do
{*istruzioni da eseguire finché la condizione è vera* ; }
while (*condizione*) ;

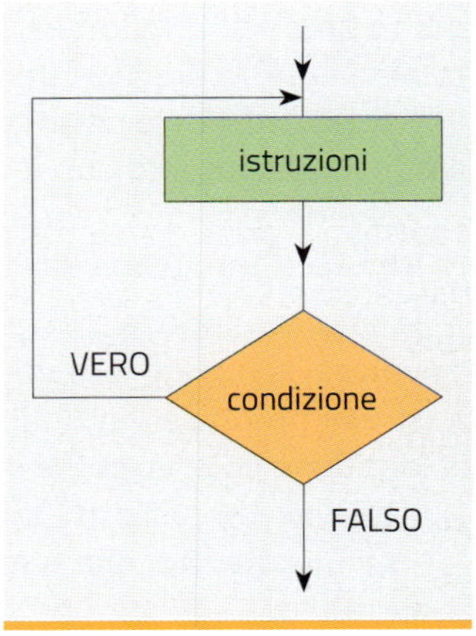

Figura 14.8 La struttura del ciclo **do**.

Le istruzioni che seguono il **do** vengono eseguite una prima volta, poi l'istruzione **while** (che sta fuori dalle parentesi graffe) verifica la condizione: se è vera il controllo ritorna a **do**, mentre se è falsa il ciclo termina.

Questa struttura è anche chiamata **ciclo do while**, perché coinvolge entrambe le parole-chiave.

È importante però notare che l'istruzione **while**, quando fa parte del ciclo **do**, deve terminare con il punto e virgola, diversamente da ciò che accade nel ciclo **while**.

In termini generali, le strutture iterative **while** e **do** si equivalgono: la scelta tra un tipo di ciclo e l'altro riflette per lo più lo stile di scrittura del programmatore.

Per esempio, nell'ultima versione del programma **tre_attori** abbiamo usato il ciclo **while** qui sotto a sinistra, che è del tutto equivalente al ciclo **do** a destra:

ciclo **while**

```
while(i<=votanti)
{
    printf("\n Quale attore preferisci?  ");
    scanf("%d",&voto);
        switch (voto)
        {
            case 1:
            Evans++;
            break;
            case 2:
            Gosling++;
            break;
            case 3:
            Leto++;
            break;
            default:
            nonvalido++;
        }
    i++;
}
```

ciclo **do**

```
do
{
    printf("\n Quale attore preferisci?  ");
    scanf("%d",&voto);
        switch (voto)
        {
            case 1:
            Evans++;
            break;
            case 2:
            Gosling++;
            break;
            case 3:
            Leto++;
            break;
            default:
            nonvalido++;
        }
    i++;
}
while(i<=votanti);
```

! Il **ciclo di tipo do** equivale a quello di tipo **while**, ma ha la condizione posizionata dopo le istruzioni.

L'unica differenza significativa tra i cicli **while** e **do** è che in quest'ultimo, come già accennato, le istruzioni del ciclo vengono sempre eseguite almeno una volta, anche qualora fin dall'inizio la condizione per l'esecuzione del ciclo (che è posta *dopo* le istruzioni) sia falsa.

Vediamo un caso che esemplifica di questa caratteristica del ciclo **do**.

Nel programma **mcm_while** per il calcolo del minimo comune multiplo abbiamo usato il ciclo **while** qui sotto a sinistra, che si potrebbe sostituire con il ciclo **do** riprodotto a destra:

ciclo **while**

```
mcm =contatore*max;
while (mcm%min != 0)
{
    contatore++;
    mcm =contatore*max;
}
```

ciclo **do**

```
do
{
    mcm =contatore*max;
    contatore++;
}
while (mcm%min != 0);
```

I due codici danno lo stesso output, ma nel ciclo **while** occorre inizializzare **mcm** con un'istruzione esterna al ciclo.

Nel ciclo **do** si può «risparmiare» evitando quell'istruzione: la prima volta che si entrerà nella struttura iterativa **do**, infatti, le istruzioni del ciclo verranno sicuramente eseguite e quindi **mcm** sarà inizializzata.

Ne consegue anche, però, che nel ciclo **do** l'incremento **contatore++** va spostato *dopo* l'assegnazione del valore a **mcm**.

Vogliamo infatti essere certi che alla prima iterazione **mcm** assuma il valore di **max** (**contatore** deve quindi valere 1), così che il programma controlli anche l'eventualità che il numero maggiore sia multiplo del minore.

Trovare il massimo comune divisore di due numeri

Useremo ora il ciclo **do** per codificare un algoritmo che trova il massimo comune divisore di due numeri dati come input.

Dati due numeri interi qualsiasi, il loro **massimo comune divisore** (MCD) è il numero più grande che divide entrambi i numeri senza produrre resto.

Siccome ogni numero è sicuramente divisibile per 1 e per se stesso, il MCD di due numeri può avere come valore minimo 1 (se i due numeri sono primi tra loro) e come valore massimo quello del minore tra i due numeri.

Sfrutteremo queste due proprietà per codificare il seguente algoritmo, che corrisponde al diagramma di flusso della **figura 14.9**:

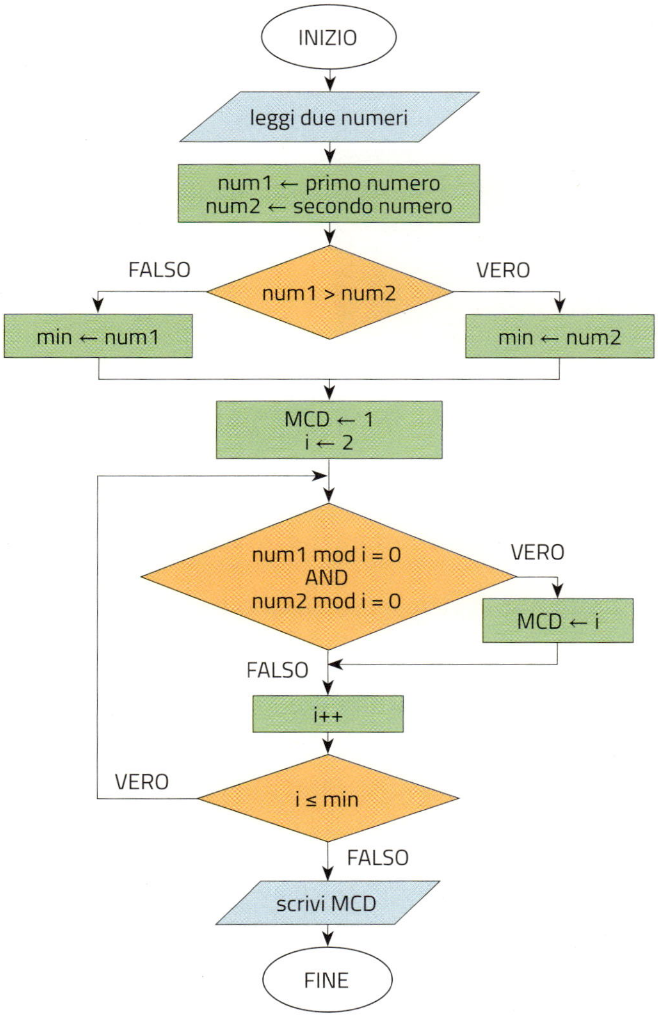

Figura 14.9 Il calcolo del massimo comune divisore con un ciclo **do**.

1. leggi due numeri interi positivi;
2. determina quale tra i due numeri è il minore e chiamalo *min*;
3. assegna il valore 1 a *MCD* e il valore 2 a un contatore *i*;
4. se entrambi i numeri sono divisibili esattamente per *i*, assegna a *MCD* il valore di *i*;
5. aumenta *i* di un'unità e poi, se *i* non supera *min*, ripeti il passo **4**;
6. altrimenti, se *i* supera *min*, stampa a schermo il valore di *MCD* ed esci.

Per implementare l'algoritmo, scrivi il codice seguente e salvalo con il nome **MCD_do.c**. Ricorda che il C è un linguaggio *case sensitive*, perciò fai attenzione a scrivere sempre tutto maiuscolo il nome della variabile **MCD**. Poi compila il programma, eseguilo e testane il funzionamento con diverse coppie di valori di input.

MCD-do.c

```
1  #include<stdio.h>
2  int main(void)
3  {
4      int numero1, numero2, min, i, MCD;
5  /*inizializziamo MCD a 1, che sicuramente è divisore di entrambi i numeri*/
6      MCD=1;
7      i=2;
8      printf("\n  Inserisci il primo numero: ");
9      scanf("%d", &numero1);
10     printf("\n  Inserisci il secondo numero: ");
11     scanf("%d", &numero2);
12 /*scopriamo quale tra i due numeri di input è più piccolo*/
13         if (numero1 > numero2)
14             {min = numero2;}
15         else
16             {min = numero1;}
17     do
18     {
19         if (numero1%i == 0 && numero2%i == 0)
20             {MCD=i;}
21         i++;
22     }
23     while (i<=min);
24 /*si itera fino a quando i diventa uguale al minore tra i due numeri*/
25 /*(che è il massimo valore possibile per il massimo comun divisore)*/
26     printf("\n  Il massimo comun divisore di %d e %d e' %d\n", numero1, numero2, MCD);
27 }
```

C:\Users\Fede\Desktop\MCD-do.exe

```
 Inserisci il primo numero: 121

 Inserisci il secondo numero: 77

 Il massimo comun divisore di 121 e 77 e' 11

--------------------------------
Process exited after 44.54 seconds with return value 47
Premere un tasto per continuare . . .
```

La struttura **`if...else`** delle righe 13-16 è esterna al ciclo iterativo **do**, che si trova alle righe 17-23 del codice.

C'è però anche una struttura condizionale **`if`** annidata dentro il ciclo **do**. Le parentesi graffe alla riga 20 segnalano che questa è l'unica istruzione dipendente dall'**`if`** annidato; il successivo incremento del contatore fa parte della struttura iterativa, ma non di quella condizionale.

La prima iterazione avviene con **`i`** che vale 2; infatti non occorre testare il caso **`i=1`**, in quanto **MCD** è già inizializzato con il valore 1.

Se uno dei due numeri di input vale 1, il codice eseguirà comunque la prima iterazione (anche se in quel caso è inutile) perché stiamo usando la struttura **do**.

Testare un programma disattivando istruzioni

Quando si familiarizza con un nuovo programma, spesso è utile e istruttivo vedere come il programma funzionerebbe se lo si privasse di alcune istruzioni-chiave.
La tecnica è detta *reverse engineering*: per capire il funzionamento di un meccanismo, si può analizzare come si comporta se lo si smonta e si rimuovono singole parti.
Per fare queste prove non occorre cancellare le istruzioni: è sufficiente trasformarle in commenti, aggiungendo **`/*`** prima e **`*/`** dopo la parte di codice che si vuole disattivare.
In questo modo il compilatore ignorerà quelle istruzioni, ma una volta terminate le prove sarà facile ripristinarle, cancellando i simboli **`/*`** e **`*/`** (ricorda anche che puoi annullare le ultime azioni fatte premendo insieme i tasti Ctrl e Z).
Naturalmente, dopo ogni modifica il codice va ri-compilato prima di eseguirlo.

Giocare con i numeri

A conclusione di questo capitolo vogliamo costruire un programma che sappia riconoscere se un numero dato come input è *palindromo*, ossia ha la stessa sequenza di cifre se letto da sinistra verso destra oppure da destra verso sinistra, come 34543 (ANNA, per esempio, è un nome palindromo).

Per progettare un algoritmo che risolva questo particolare problema, sfrutteremo due caratteristiche degli operatori aritmetici in C:

- l'operazione *modulo*, indicata dall'operatore `%`, restituisce il resto di una divisione tra interi; perciò, se vogliamo identificare l'ultima cifra di un intero, basterà calcolare il suo mod 10; per esempio, **`2019%10`** restituisce il valore 9;
- la divisione di un dato di tipo **`int`** restituisce soltanto la parte intera, trascurando i decimali e senza arrotondare il risultato; quindi, per esempio, **`2019/10`** restituisce il valore 201;
- per conoscere la *penultima* cifra dell'intero 2019, dunque, basterà dividerlo per 10 (così da avere 201) e poi calcolare il suo mod 10;
- iterando la procedura appena descritta, si possono identificare una alla volta, da destra verso sinistra, tutte le cifre che compongono il numero dato come input.

Scrivi ora il codice che segue e salvalo con il nome **numeri_palindromi.c**. Compila il programma, eseguilo e testane il funzionamento con numeri di input palindromi e non.

numeri_palindromi.c

```
1   #include<stdio.h>
2   int main(void)
3   {
4       int numero, copianumero, cifra, capovolto=0;
5       printf("\n  Scrivi un numero intero con almeno 2 cifre:  ");
6       scanf("%d", &numero);
7   /*vogliamo mantenere in memoria il numero di input, perciò ne facciamo
8   una copia, ed è questa che verrà modificata nel corso dell'elaborazione*/
9           copianumero=numero;
10          printf("\n  Il numero 'capovolto' e'  ");
11          do
12          {
13  /*il modulo di una divisione per 10 individua l'ultima cifra del numero*/
14              cifra=copianumero%10;
15  /*l'istruzione printf è interna al ciclo e scrive sempre sulla stessa riga*/
16              printf("%d", cifra);
17  /*nb: la divisione per 10 di una variabile di tipo int trascura i decimali*/
18              copianumero=copianumero/10;
19              capovolto*=10;
20              capovolto+=cifra;
21          }
22          while (copianumero!=0);
23          if (numero==capovolto)
24              printf("\n\n  dunque il numero e' PALINDROMO \n");
25  }
```

C:\Users\Fede\Desktop\numeri_palindromi.exe

```
  Scrivi un numero intero con almeno 2 cifre:  7324237

  Il numero 'capovolto' e'  7324237

  dunque il numero e' PALINDROMO

--------------------------------
Process exited after 12.38 seconds with return value 0
Premere un tasto per continuare . . .
```

Il programma in realtà esegue simultaneamente due diversi algoritmi, collegati tra loro; ciascun algoritmo produce una delle due righe dell'output. Esaminiamo separatamente la logica di queste due parti dell'elaborazione.

La prima riga dell'output mostra (sempre) il numero di input «capovolto». Per ottenere questo primo risultato, il codice sfrutta le proprietà già discusse degli operatori aritmetici, come segue:

- la riga 4 introduce una variabile ausiliaria **`copianumero`** e la riga 9 la inizializza con lo stesso valore di **`numero`**; così **`copianumero`** potrà essere modificata durante il ciclo, senza che si alteri il valore di **`numero`**;
- sempre la riga 4 introduce un'altra variabile ausiliaria **`cifra`**, che servirà per memorizzare temporaneamente le singole cifre, man mano che le si calcola;

- al primo ingresso nel ciclo, l'operazione `%` della riga 14 assegna a **`cifra`** – come spiegato sopra – l'ultima cifra del numero di input (o meglio, della sua copia **`copianumero`**); questa cifra viene subito stampata alla riga 16: sarà infatti la prima cifra del numero «capovolto»;
- poi, sempre nella prima iterazione, il valore di **`copianumero`** viene diviso per 10 per fargli perdere l'ultima cifra originaria (che sarebbe un decimale, quindi scompare): così nell'iterazione successiva si estrarrà la nuova ultima cifra, che era la *penultima* cifra originaria;
- ripetendo ciclicamente questo procedimento, a **`cifra`** vengono via via assegnati i valori delle singole cifre di **`numero`**, ma in ordine inverso;
- l'istruzione **`printf`** della riga 16, che fa parte del ciclo, stampa senza andare a capo; quindi produce sulla prima riga dell'output il numero «capovolto», che è in realtà una sequenza di singole cifre stampate individualmente, una a ogni iterazione.

Per poter produrre la *seconda* riga dell'output abbiamo però bisogno di qualcosa di più: non ci bastano le singole cifre in ordine inverso, ma abbiamo bisogno di un vero e proprio *numero* «capovolto», da confrontare con **`numero`** alla riga 23.

A questo serve la variabile **`capovolto`**, che è elaborata come segue:

- alla riga 4 **`capovolto`** è inizializzata con il valore 0, poi alla riga 19 il suo valore è moltiplicato per 10, quindi alla riga 20 gli si aggiunge il valore di **`cifra`**;
- al primo ingresso nel ciclo, perciò, il valore di **`capovolto`** resterà 0 alla riga 19, poi alle riga 20 diventerà quello dell'ultima cifra di **`numero`**;
- dopo la seconda iterazione, il valore di **`capovolto`** diventerà un numero di due cifre: la prima è l'ultima cifra di **`numero`**, la seconda è la penultima cifra di **`numero`**;
- ripetendo più volte questa procedura, alla fine del ciclo il valore di **`capovolto`** è un numero che ha le stesse cifre di **`numero`**, ma in ordine invertito;
- l'istruzione **`if`** della riga 23, che sta fuori dal ciclo, consente poi di stampare il messaggio della seconda riga dell'output, qualora il numero di input risulti palindromo.

Nel prossimo capitolo vedremo come le strutture iterative possano essere utili per manipolare, oltre alle cifre dei numeri, anche le stringhe di caratteri e i file.

IN SINTESI

- Il **ciclo iterativo di tipo do**, detto anche **`do while`**, è equivalente al ciclo **`while`** ma controlla la condizione alla fine del ciclo, anziché all'inizio.
- L'istruzione iniziale **do**, senza punto e virgola, è seguita dalle istruzioni del ciclo racchiuse tra parentesi graffe e poi dall'istruzione finale **`while`**, che sta fuori dalle parentesi graffe e richiede il punto e virgola.
- Nel ciclo **do** le istruzioni vengono sempre eseguite almeno una volta, anche se la condizione nell'istruzione **`while`** è falsa fin dall'inizio.

ESERCIZI

1 Se i due numeri di input sono pari ma non hanno altri fattori comuni oltre al 2, quante volte sarà eseguita l'istruzione della riga 20 del programma **MCD_ do**?

....

2 Che cosa cambierebbe nel programma **MCD_do** se l'istruzione della riga 21 fosse dentro le stesse graffe della riga 20?

....

3 Che cosa cambierebbe nel funzionamento del programma **MCD_do** se inizializzassimo il contatore con **`i=1;`** invece che con **`i=2;`**?

....

4 Riscrivi il programma per identificare i numeri palindromi usando il ciclo **`while`** invece del ciclo **do**. Salvalo con il nome **numeri_palindromi_while.c**.

....

ATTIVITÀ GUIDATA Un programma per calcolare potenze

Completa il testo

potenze-while.c

```c
1   #include<stdio.h>
2   int main(void)
3   {
4       float base, potenza;
5       int esponente, contatore;
6       printf("\n  Inserisci la base: ");
7       scanf("%f", &base);
8       printf("\n  Inserisci l'esponente INTERO: ");
9       scanf("%d", &esponente);
10      if (esponente < 0)
11          {esponente = -esponente;
12          base = 1./base;}
13      potenza = 1.;
14      contatore=0;
15      while (contatore < esponente)
16      {
17          potenza *= base;
18          contatore++;
19      }
20      printf("\n  La potenza vale %f \n", potenza);
21  }
```

- Sappiamo già che in C si possono calcolare le potenze usando la .... **pow**, che fa parte della .... matematica **math.h**. Nulla vieta però di scrivere *ex novo* un programma per farlo.
- Il .... sorgente riprodotto qui a fianco, basato su un ciclo di tipo ...., permette di calcolare le potenze a esponente intero.
- I dati di input sono la base, che può essere un numero .... (infatti la variabile **base** è di tipo **float**), e l'esponente, che è invece assegnato a una .... **esponente** dichiarata come di tipo **int**.
- L'output del programma è la variabile di tipo decimale ...., mentre la variabile ausiliaria intera .... è quella che viene incrementata durante il ciclo.
- La struttura condizionale alle righe ....-.......... del codice serve per trattare il caso di potenze con esponente negativo. In tal caso l'algoritmo usa la proprietà per cui **A**$^{-N}$ **= (1/A)**^{N}; perciò il valore di .... viene cambiato di segno, mentre il valore di .... viene sostituito dal suo inverso.
- La struttura iterativa inizia alla riga .... del codice. Il numero delle iterazioni è determinato dal valore di ....
- La potenza è calcolata iterativamente usando l'operatore di assegnamento .... : a ogni .... si moltiplica il dato precedente per il valore di ....
- Siccome **potenza** è inizializzata con il valore **1.**, il programma produce il corretto risultato anche quando il valore di input di **esponente** è .... , nel qual caso il ciclo non viene eseguito.
- Il ...., che aumenta di un'unità a ogni iterazione, è inizializzato prima del ciclo con il valore .... Se invece lo si inizializzasse con il valore 1, nella condizione bisognerebbe sostituire l'operatore condizionale «minore» con l'operatore «..............................».

Ora prova tu

1. Scrivi il codice descritto sopra e salvalo con il nome **potenze_while.c**.
2. Compila il codice ed esegui il programma, testandolo in alcuni casi significativi di cui conosci già il risultato, per esempio le potenze positive di 2 e quelle negative di 10.
3. Disegna il diagramma di flusso dell'algoritmo su cui è basato il programma.
4. Riscrivi il codice usando un ciclo **for** al posto del **while** e salvalo con il nome **potenze_for.c**.
5. Riscrivi poi ancora una volta il codice usando un ciclo **do** al posto del ciclo **while** e salvalo con il nome **potenze_do.c**.

Quale controllo andrebbe inserito nel codice, per evitare che durante l'elaborazione possano avvenire divisioni per zero?

....

....

....

ESERCIZI DI RIEPILOGO

ZTE ONLINE

LOSAI? RIPASSA CON LO SMARTPHONE

1 Completa la mappa con le parole:

condizione ▪ FALSA ▪ incremento ▪ istruzioni ▪ uscita ▪ variabile ▪ VERA ▪ while

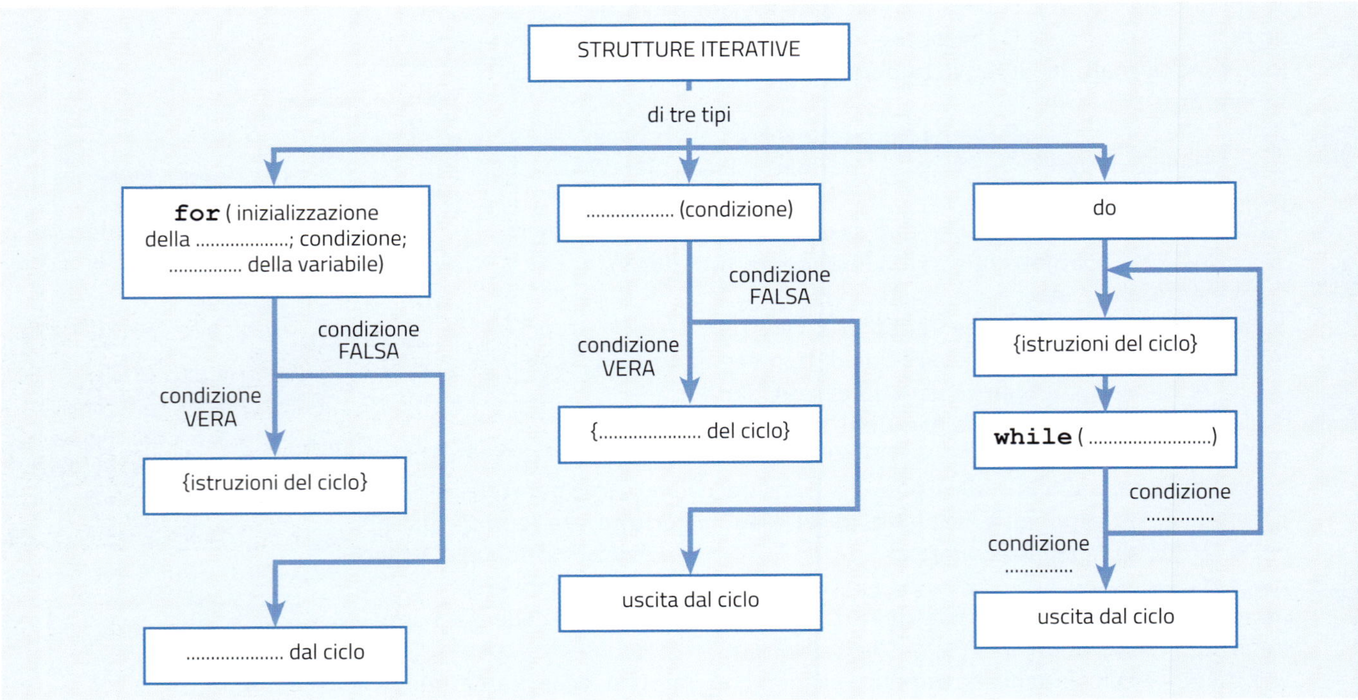

2 In un ciclo di tipo **do**:

A a fine istruzioni non si mette il punto e virgola.

B la condizione segue le istruzioni da eseguire.

C il numero delle iterazioni dev'essere prestabilito.

D le istruzioni potrebbero non essere mai eseguite.

3 Quante iterazioni di un ciclo sono necessarie per stampare l'intera tabella del codice ASCII?

....

4 È possibile scrivere un programma in C che calcoli e stampi il numero dei modi diversi in cui si può ordinare un mazzo di 40 carte? Motiva la risposta.

....

....

5 Come scriveresti l'istruzione **for** per un programma che, dato un numero **N** come input, deve stampare tutti i numeri da 1 fino a **N**? Chiama **k** la variabile contatore.

....

6 Come scriveresti l'istruzione **for** per un programma che, dato **N** come input, deve stampare a ritroso tutti i numeri da **N** fino a 0? Chiama **i** la variabile contatore.

....

7 In un codice un ciclo che fa 7 iterazioni è annidato all'interno di un ciclo che fa 5 iterazioni. Quante iterazioni farà in tutto il programma durante la sua esecuzione?

....

8 In laboratorio tu e i compagni avete misurato una stessa grandezza fisica; ognuno ha fatto una misurazione, ottenendo un dato sperimentale. Quale tra i programmi in C creati in questo capitolo useresti per «mettere insieme» i diversi risultati e calcolare la misura della grandezza ottenuta dalla tua classe? Motiva la risposta.

....

....

....

9 Quali sono i numeri primi compresi tra 200 e 230? Elencali dopo aver usato il programma **numeri_primi** per trovare la risposta.

....

10 Che cosa succede se nel codice **triangoli_di_asterischi** commenti la riga 13 e poi compili ed esegui il programma, e perché?

....

....

....

11 Che cosa succede se nello stesso codice **triangoli_di_asterischi** commenti la riga 15 invece della 13, e perché?

12 Disegna su un foglio il diagramma di flusso per il programma **codice_ASCII** creato all'inizio del capitolo.

13 Disegna su un foglio il diagramma di flusso che equivale a quello della **figura 14.1** se si usa un ciclo di tipo `do` invece del ciclo di tipo `for`.

14 Scrivi un programma per il calcolo del minimo comune multiplo usando un ciclo `do`. Salva il codice con il nome **mcm_do.c**.

15 Riscrivi il programma per trovare il massimo comune divisore usando il ciclo `while` invece del ciclo `do`. Salvalo con il nome **MCD_while.c**.

16 Scrivi un programma che, dato come input un numero intero positivo qualsiasi, dica se il numero è un quadrato perfetto. Progetta l'algoritmo così da ridurre al minimo il numero delle iterazioni.
Salva il codice con il nome **trova_quadrati.c**.

```
C:\Users\

Inserisci un numero intero positivo: 3025

3025 e' il quadrato di 55

--------------------------------
```

17 Scrivi un programma che, dati come input due numeri interi qualsiasi A e B, verifichi che non siano uguali e restituisca come output la serie in colonna degli interi compresi tra A e B (esclusi). Usa il ciclo di tipo `for` e salva il codice con il nome **serie_AB.c**.

18 Scrivi un programma analogo a quello dell'esercizio precedente, ma che stampi su una riga soltanto i numeri pari compresi tra A e B (inclusi) e usi il ciclo di tipo `while`. Salva il codice con il nome **serie_AB_pari.c**.

19 Scrivi un programma che, dato come input un numero intero N compreso tra 1 e 10, produca un output di 10 righe con la «tabellina» di N in questa forma (ma con valori numerici al posto dei simboli):

1 x N = N
2 x N = 2N
⋮
10 x N = 10N

Salva il codice con il nome **tabellinaN.c**.

20 Nel programma dell'esercizio precedente, l'utente potrebbe inserire un input diverso da quelli validi. Modifica il codice così da controllare la validità dell'input, e se non è valido chiedi all'utente di reinserirlo. Ripeti la richiesta finché non risulta che l'input è valido. Salva il codice modificato con il nome **tabellinaN_check.c**.
Nell'aggiunta al programma puoi usare un ciclo di tipo `for`, e perché?

21 Scrivi un programma che, usando un ciclo `for` annidato, produca come output la tabella della figura. Salva il codice con il nome **tavola_pitagorica.c**.

```
 1  2  3  4  5  6  7  8  9  10
 2  4  6  8 10 12 14 16 18  20
 3  6  9 12 15 18 21 24 27  30
 4  8 12 16 20 24 28 32 36  40
 5 10 15 20 25 30 35 40 45  50
 6 12 18 24 30 36 42 48 54  60
 7 14 21 28 35 42 49 56 63  70
 8 16 24 32 40 48 56 64 72  80
 9 18 27 36 45 54 63 72 81  90
10 20 30 40 50 60 70 80 90 100
```

22 Scrivi un programma che, dato come input un numero intero, restituisca come output il numero di cifre che compongono quel numero.
Salva il codice con il nome **cifre.c**.

23 Scrivi un programma che, dato come input un qualsiasi numero intero positivo, restituisca come output l'elenco di tutti i suoi sottomultipli, cioè dei numeri per cui esso è divisibile in modo esatto, senza resto. Usa il ciclo di tipo `do` e allinea i numeri nell'output.
Salva il codice con il nome **sottomultipli.c**.

24 Scrivi un programma che, data come input una lettera digitata sulla tastiera, dica nell'output se la lettera è maiuscola oppure minuscola. Sfrutta il fatto che in C i caratteri ASCII equivalgono al loro codice numerico. Dopo l'inserimento di ogni lettera, il programma dovrà dare la scelta se inserirne un'altra o terminare.
Salva il codice con il nome **maiuscole_minuscole.c**.

25 Scrivi un programma che richieda l'inserimento ripetuto di numeri qualsiasi e si interrompa quando la somma dei numeri inseriti supera 1000, fornendo come output il valore della somma calcolata.
Salva il codice con il nome **mille.c**.

```
C:\Users\

Inserisci un numero da sommare: 900.54

Inserisci un numero da sommare: -254.32

Inserisci un numero da sommare: 355.01

La somma dei numeri inseriti e' 1001.23
```

VERIFICA DELLE COMPETENZE

1 LAVORA CON I DATI

Quanti secondi sono trascorsi da quando l'universo si è formato? Supponi che il Big Bang sia avvenuto 14 miliardi di anni fa.

....

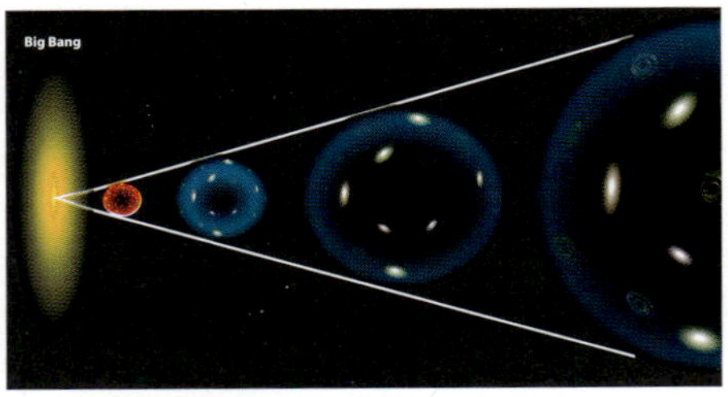

Qual è il minimo valore del fattoriale di un numero intero che supera il numero dei secondi trascorsi da quando esiste l'universo? Per trovare la risposta, consulta la **tabella 14.1**.

....

Quanti bit sarebbero necessari per memorizzare il numero intero dei secondi trascorsi da quando esiste l'universo? Usa il fatto che, con buona approssimazione, $10 = 2^{3,33}$.

....

2 LAVORA SULL'IMMAGINE

Il diagramma di flusso qui sotto rappresenta un algoritmo che calcola il minimo comune multiplo di due numeri usando un ciclo di tipo `do`.

Completa il diagramma con i tre testi mancanti, così che l'algoritmo risulti equivalente a quello della **figura 14.7**, che usa un ciclo di tipo `while`.

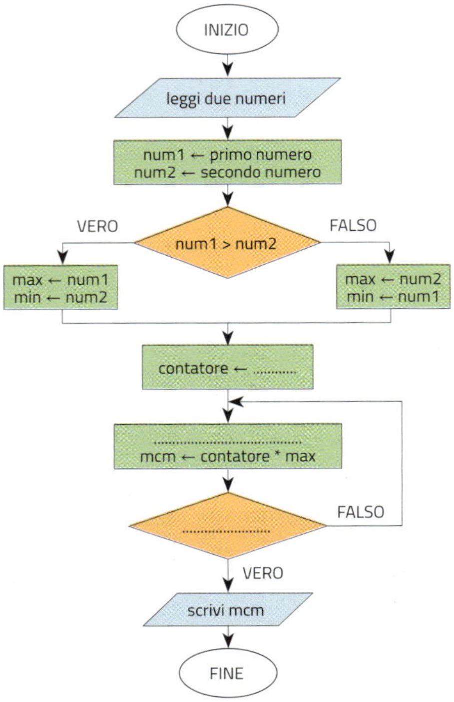

3 SCOPRILO SU INTERNET

Fai una ricerca in Rete e scopri in che cosa consista il cosiddetto «metodo babilonese» per il calcolo della radice quadrata di un numero.

Scrivi poi un programma in C che usi questo metodo per calcolare la radice quadrata; chiama il codice **radice_babi.c**. L'input sarà costituito da due numeri positivi: il numero di cui si vuole calcolare la radice e il numero da usare come valore di partenza dell'algoritmo.

Verifica il funzionamento del programma applicandolo a casi a te noti e stampando a schermo le approssimazioni successive ottenute in ciascuna iterazione.

Infine verifica e scrivi quante iterazioni sono necessarie, se si parte dal valore 1, per ottenere le radici quadrate di 2 e di 3 con la precisione mostrata qui sotto:

$\sqrt{2} = 1{,}414214 \rightarrow$ dopo .... iterazioni

$\sqrt{3} = 1{,}732051 \rightarrow$ dopo .... iterazioni

4 L'ESPERTO SEI TU

Un signore di una certa età dice: «Ho messo da parte un gruzzolo di 100 000 euro per quando sarò vecchio. Mi hanno proposto di investirlo, offrendomi un interesse garantito del 2% all'anno. Tra 10 anni andrò in pensione e inizierò a usare il denaro: all'inizio di ogni anno ritirerò dal capitale 10 000 euro. Se investo i soldi che ho da parte, per quanti anni poi mi basteranno, a partire dal momento in cui andrò in pensione?».

Scrivi un programma in C che faccia i calcoli necessari per rispondere e salva il codice con il nome **gruzzolo.c**.

Quale risposta hai ottenuto?

....

Quale somma dovrebbe investire oggi, se desidera che il denaro sia sufficiente per 30 anni dopo che sarà andato in pensione?

....

CLIL

Learn from the originals | Read it as they wrote it

Iterative design

from the web site en.wikipedia.org

Iterative design is based on a cyclic process of prototyping, testing, analyzing, and refining a product or process. Based on the results of testing the most recent iteration of a design, changes and refinements are made. This process is intended to ultimately improve the quality and functionality of a design.

Iterative design is commonly used in the development of human computer interfaces. This allows designers to identify any usability issues that may arise before the interface is put into wide use.

The typical steps of iterative design in user interfaces are as follows:

1. Complete an initial interface design.
2. Present the design to several test users.
3. Note any problems had by the test user.
4. Refine interface to account for/fix the problems.
5. Repeat steps 2-4 until problems are resolved.

Often websites use their users as test subjects for interface design, making modifications based on recommendations from visitors to their sites.

Iterative design is a way of confronting the reality of unpredictable user needs and behaviors that can lead to sweeping and fundamental changes in a design. User testing will often show that even carefully evaluated ideas will be inadequate when confronted with a user test.

Glossary

prototyping = creating the first example of something
refinement = a small change that improves something
to improve = to make something get better
development = the process in which someone or something grows or changes and becomes more advanced
usability = the degree to which something is easy to use
issue = a problem that people are thinking and talking about
to fix = to repair something
sweeping = large, affecting many things

QUESTIONS

1 When designing something, how many prototypes does one normally make?

....

2 Which steps in the iterative design process are repeated more than once?

....

3 How can you contribute to the iterative design of a web site you visit?

....

4 What is the ideal outcome of an iterative design process?

....

Capitolo 15

Gli array e le stringhe: un'introduzione

15.1 Gli array

I programmi informatici, man mano che crescono di complessità, usano un numero sempre maggiore di variabili.

Quando in un codice sorgente intervengono molte variabili che sono dello stesso tipo e vanno elaborate collettivamente, è utile fare ricorso agli *array*.

Un **array**, talvolta detto anche **vettore**, è un insieme di n variabili dello stesso tipo organizzate mediante un'indicizzazione univoca, come schematizzato nella **figura 15.1**.

> ! Un **array**, o **vettore**, è un insieme di variabili dello stesso tipo associate ai valori di un indice numerico.

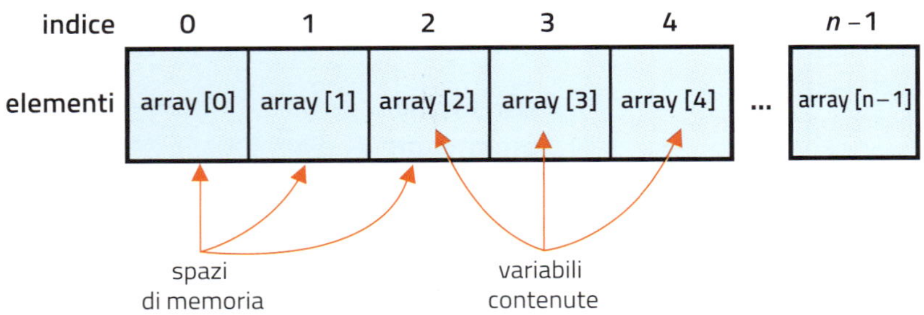

Figura 15.1 La struttura generale di un array di dimensione *n*.

Un array è dunque caratterizzato da:

- un numero specificato di **elementi**, che sono **variabili** del medesimo tipo;
- un **indice** numerico progressivo in base a cui le variabili sono ordinate;
- uno **spazio di memoria RAM** riservato per l'insieme delle variabili.

Il citofono di un palazzo in cui a ogni piano vive una famiglia (**figura 15.2**) ha una struttura simile a quella di un array:

- il cognome di ciascuna famiglia è l'analogo di un elemento dell'array;
- il numero del piano a cui abita ciascuna famiglia è l'indice dell'array;
- sul citofono a ogni famiglia corrisponde una targhetta, così come ogni variabile di un array ha un proprio spazio memoria nella RAM.

È importante notare che l'indice di un array inizia sempre dal numero 0, non dal numero 1. In un array composto da 5 elementi, perciò, alla prima variabile corrisponderà l'indice 0 e all'ultima l'indice 4.

In modo analogo, nel palazzo della **figura 15.2** ci sono 5 piani, ma il piano terreno può essere considerato «piano 0»; quindi l'ultima delle 5 famiglie abita al piano 4.

Nel linguaggio C, come avviene per le variabili singole, anche ogni array deve essere dichiarato. La dichiarazione avviene con un'istruzione che ha questa sintassi:

tipo di dato   nome dell'array   [dimensione] ;

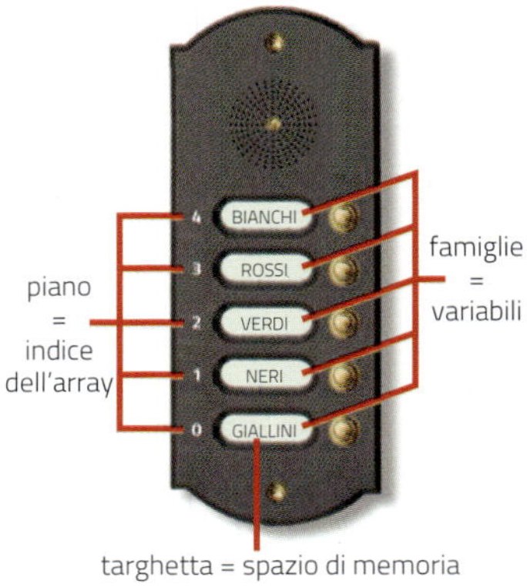

Figura 15.2 L'organizzazione dei dati in un array è analoga a quella dei cognomi nel citofono di un condominio.

- I **tipi di dato** che un array può contenere sono identici a quelli delle variabili singole: **`char`**, **`int`**, **`float`** e così via;
- per il **nome** di un array valgono le stesse regole delle variabili: il C distingue tra minuscole e maiuscole e un nome non può contenere spazi bianchi;
- la **dimensione** di un array è il numero massimo di elementi che può contenere.

È importante ricordare che la dimensione degli array va sempre dichiarata all'inizio di ogni codice, o prima della dichiarazione oppure nella dichiarazione stessa dell'array.

Infatti a ogni array viene riservata un'area di memoria RAM in base al tipo di dati e al numero degli elementi che contiene: così a un array di 10 elementi di tipo **`int`** verranno riservati 320 bit di memoria, mentre a un array di 10 elementi di tipo **`char`** verranno riservati 80 bit, giacché ogni elemento occupa 1 byte.

Nel codice non è obbligatorio usare tutti gli elementi disponibili in un array, ma non se ne possono usare più di quanti sono stati dichiarati nella dimensione. All'occorrenza perciò conviene «abbondare», dichiarando dimensioni superiori a quelle di cui si pensa di aver bisogno.

Come le singole variabili, anche gli array usati in un codice devono essere inizializzati. Lo si può fare in più modi diversi, che ora esemplificheremo.

Inizializzare un array con la dichiarazione

Il primo modo per inizializzare un array consiste nel digitare i valori degli elementi nella stessa istruzione che dichiara l'array.

In tal caso i valori andranno inseriti tra parentesi graffe e separati da virgole, come nell'esempio seguente. Scrivi questo codice e salvalo con il nome **iniz_array_1.c**:

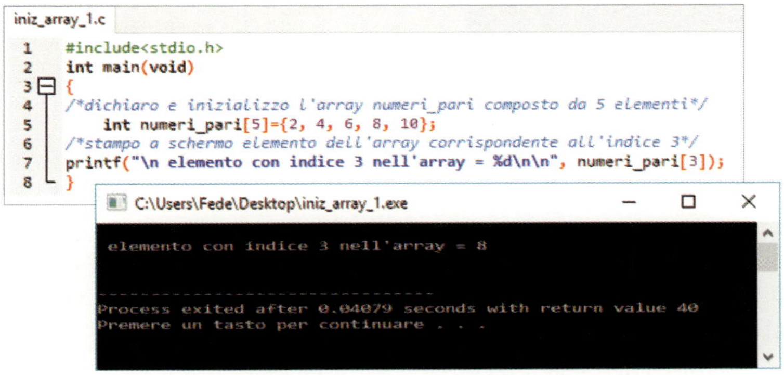

Figura 15.3 Inizializzare un array al momento della sua dichiarazione.

Alla riga 5 abbiamo dichiarato un array di nome **`numeri_pari`** che contiene 5 elementi di tipo **`int`** e l'abbiamo inizializzato con i valori 2, 4, 6, 8, 10, inseriti tra parentesi graffe. La dichiarazione e la struttura interna dell'array sono perciò le seguenti:

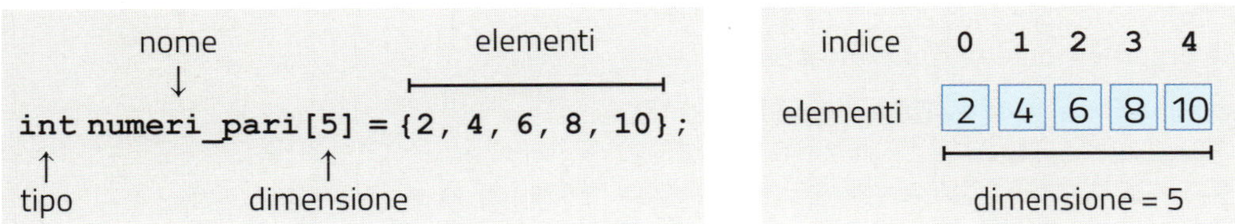

Alla riga 7 abbiamo poi richiamato nella funzione **`printf`** il valore dell'elemento dell'array che ha indice 3 e lo abbiamo stampato a schermo.

Il codice della **figura 15.3** illustra una caratteristica importante del C, a cui bisogna prestare attenzione, riguardo all'uso delle parentesi quadre per gli array:

- quando si *dichiara* un array (come alla riga 5) il numero tra parentesi quadre indica la *dimensione*, cioè il numero degli elementi che l'array può contenere;
- in tutte le altre istruzioni (come alla riga 7) il numero tra parentesi quadre è invece l'*indice* dello specifico elemento dell'array che si sta considerando.

L'output del programma permette di notare un altro aspetto importante: siccome l'indice di un array inizia sempre da zero, l'espressione **`numeri_pari [3]`** alla riga 7 del codice indica il valore 8, cioè il valore del *quarto* (non del terzo) elemento dell'array.

Inizializzare un array dopo la dichiarazione con espressioni

Si può inizializzare un array anche inserendo singolarmente i valori degli elementi *dopo* aver dichiarato l'array. In tal caso bisogna sempre specificare tra parentesi quadre il numero del particolare elemento che si sta inizializzando.

Come esempio, scrivi questo codice e salvalo con il nome **iniz_array_2.c**:

iniz_array_2.c

```
1   #include<stdio.h>
2   int main(void)
3   {
4   /*dichiaro l'array numeri_pari composto da 5 elementi*/
5       int numeri_pari[5];
6   /*inizializzo il primo elemento 'direttamente'*/
7       numeri_pari[0]=2;
8   /*inizializzo due elementi usando il valore di altri elementi*/
9       numeri_pari[1]=numeri_pari[0]+2;
10      numeri_pari[2]=numeri_pari[0]+numeri_pari[1];
11  /*inizializzo due elementi con l'input dell'utente*/
12      printf("\n  scrivi il cubo di 2:  ");
13      scanf("%d", &numeri_pari[3]);
14      printf("\n  scrivi la base del sistema decimale:  ");
15      scanf("%d", &numeri_pari[4]);
16  /*mostro a video i numeri*/
17      printf("\n  Gli elementi dell'array numeri_pari sono:  ");
18      printf("%d %d %d %d %d \n", numeri_pari[0], numeri_pari[1], numeri_pari[2], numeri_pari[3],numeri_pari[4]);
19  }
```

C:\Users\Fede\Desktop\iniz_array_2.exe

```
 scrivi il cubo di 2:  8

 scrivi la base del sistema decimale:  10

 Gli elementi dell'array numeri_pari sono:  2 4 6 8 10

--------------------------------
Process exited after 2.68 seconds with return value 12
Premere un tasto per continuare . . .
```

Figura 15.4 Inizializzare gli elementi di un array singolarmente.

Merita sottolineare di nuovo che il numero tra parentesi quadre ha un significato alla riga 5 (dove indica la dimensione dell'array) ma ha un significato diverso nelle righe successive, dove rappresenta invece l'indice dell'elemento dell'array considerato.

Il codice della **figura 15.4** mostra tre modi diversi per inizializzare singoli elementi dell'array **`numeri_pari`**, dopo che questo è stato dichiarato:

- si può digitare direttamente il valore nel codice, come alla riga 7;
- si può assegnare il valore calcolando espressioni, che possono coinvolgere altri elementi dell'array stesso, come alle righe 9 e 10;
- si può assegnare il valore facendolo inserire all'utente, come alle righe 12-15.

Nei primi due casi la sintassi dell'assegnazione del valore è:

`nome_array` `[`*indice dell'elemento*`]` `=` *valore o espressione* `;`

Nell'ultimo caso, invece, l'array è argomento della funzione **`scanf`**:

`scanf` `("`*tipo di dato*`",` **`&nome_array`**`[`*indice dell'elemento*`]);`

Inizializzare un array con un ciclo iterativo

Come vedremo, l'uso degli array è intimamente legato a quello dei cicli iterativi. Un primo esempio di questo legame sta nel fatto che uno dei modi più comuni per inizializzare un array è proprio mediante un ciclo iterativo.

Questa è certamente la maniera più rapida per assegnare i valori agli array di grandi dimensioni, anche se il codice da scrivere è leggermente più complesso rispetto ai casi visti finora.

Con questa tecnica diventa anche possibile lasciare che sia l'input dell'utente a determinare la dimensione dell'array da inizializzare.

Come esempio, studia con molta attenzione il seguente codice **iniz_array_3**, che puoi anche scaricare dal sito web del libro:

iniz_array_3.c

```
1  #include<stdio.h>
2  int main(void)
3  {
4  /*la costante Nmax stabilisce la massima dimensione possibile per l'array
5    perché determina lo spazio di memoria che sarà riservato all'array stesso*/
6      const int Nmax=30;
7      int numeri_pari[Nmax];
8  /*i servirà come contatore degli indici dell'array, N sarà la dimensione effettiva*/
9      int i, N;
10 /*la variabile ausiliaria aux servirà ad assegnare i valori agli elementi dell'array*/
11     int aux=0;
12     printf("\n  Inserisci la dimensione dell'array (max 30): ");
13     scanf("%d", &N);
14 /*if...else verifica che il numero immesso dall'utente rientri tra quelli ammessi*/
15     if (N<=0 || N>Nmax)
16         printf("\n  Attenzione: hai immesso un numero non consentito \n");
17     else
18         {printf("\n  I valori degli elementi dell'array sono: \n");
19 /*il ciclo crea gli indici da 0 a N e assegna ai relativi elementi il valore di aux*/
20         for (i=0; i<N; i++)
21             {aux=aux+2;
22             numeri_pari[i]=aux;
23             printf("          %d\n", numeri_pari[i]);
24             }
25         }
26 }
```

C:\Users\Fede\Desktop\iniz_array_3.exe

```
  Inserisci la dimensione dell'array (max 30): 8

  I valori degli elementi dell'array sono:
          2
          4
          6
          8
          10
          12
          14
          16
--------------------------------
Process exited after 3.112 seconds with return value 13
Premere un tasto per continuare . . .
```

Figura 15.5 Inizializzare gli elementi di un array con un ciclo **for**.

Questo programma, come i due precedenti, costruisce un array che ha come elementi numeri pari; qui però la dimensione dell'array è variabile.

Analizziamo alcuni aspetti del codice:

- la riga 6 dichiara e inizializza la costante **Nmax**, usata poi nella riga 7 per dichiarare la massima dimensione possibile dell'array (che negli esempi precedenti era stata definita invece da un valore numerico esplicito);
- la riga 9 dichiara la variabile **N**, che sarà la dimensione effettiva dell'array inserita dall'utente alle righe 12-13, e la variabile **i** che, oltre a fungere da contatore per il ciclo, rappresenterà anche nelle iterazioni l'indice dell'array **numeri_pari**;
- la riga 11 dichiara la variabile ausiliaria **aux**, che nel ciclo servirà per assegnare i valori agli elementi dell'array;
- le righe 15-17 controllano che l'input dell'utente sia un numero accettabile, in particolare che non superi 30, cioè la dimensione dichiarata come massima possibile per l'array; nota che l'output della **figura 15.5** si riferisce a un caso in cui si è usato meno della metà dello spazio di memoria RAM riservato per l'array;
- alla riga 20 inizia il ciclo; abbiamo potuto usare l'istruzione **for**, perché il numero delle iterazioni è stato definito dall'input dell'utente;
- l'istruzione **for** stabilisce che a ogni iterazione **i** aumenta di un'unità, crescendo da 0 fino a N–1: il contatore assume così tutti i valori possibili dell'indice dell'array;
- le righe 22-23 assegnano a ciascun elemento dell'array un numero pari al valore dell'elemento precedente aumentato di 2;
- la riga 24 stampa a schermo il valore dell'elemento dell'array appena inizializzato.

Il codice della **figura 15.5** permette di inizializzare un array fatto di ben 30 variabili, che potrebbero diventare molte di più se si aumentasse il valore assegnato a **Nmax**.

Da questo esempio si comincia a riconoscere l'utilità degli array, che consentono di scrivere codici più compatti, e anche l'importante relazione che esiste tra l'uso degli array e quello dei cicli iterativi.

! Per elaborare dati contenuti in **array** è comodo ed efficiente usare i **cicli iterativi**.

Trabocchetti e astuzie

Il linguaggio C non dispone di un controllo sulle dimensioni degli array. Ne consegue che, se si richiama un valore con indice non contenuto nell'array, il compilatore non segnalerà alcun errore ma l'output del programma sarà imprevedibile.

Supponiamo per esempio di dichiarare un array di tre elementi e poi di chiedere la stampa dell'elemento numero 5, come nell'esempio seguente:

```
int mio_array[3]={10, 20, 30};
printf("%d", mio_array[5]);
```

L'elemento numero 5 non esiste, perciò la funzione **printf** produrrà un output del tutto casuale (spesso, ma non sempre, uguale a zero).

In questo caso l'output ci dice subito che qualcosa non va, ma ben peggio sarebbe se il dato «fasullo» venisse usato all'interno di un'elaborazione complessa: otterremmo risultati incomprensibili e sarebbe difficile capirne la ragione.

Occorre perciò fare sempre attenzione a non scrivere istruzioni che possano assegnare all'indice di un array valori non consentiti.

Va anche tenuto presente che è possibile assegnare valori soltanto ad alcuni, ma non a tutti gli elementi di un array. Se per esempio si scrive:

```
int mio_array[5]={10, 20, 30};
```

gli ultimi due elementi non sono inizializzati, e il programma li considererà uguali a zero.

Infine, può creare confusione il fatto che il primo elemento di un array è indicizzato come 0.

Se per esempio un array contiene dati numerici relativi ai mesi dell'anno, verrebbe spontaneo usare la dimensione 12; ma in tal caso gennaio (mese 1) avrebbe come indice 0, mentre dicembre (mese 12) avrebbe come indice 11, il che risulterebbe innaturale.

Nulla però vieta di inizializzare a 0 il primo elemento di un array e poi di non usarlo. Si può allora dare all'array dimensione 13 e far sì che al primo mese, gennaio, sia associato il valore corrispondente all'indice 1 dell'array.

IN SINTESI

- Un **array**, o **vettore**, è un insieme di **elementi** che sono variabili dello stesso tipo, organizzate mediante un **indice** che in C inizia dal valore 0.
- A ogni array è riservato uno **spazio di memoria RAM** che corrisponde alla sua **dimensione**, il numero massimo di elementi che può contenere.
- Ogni array va dichiarato all'inizio del codice specificando il **tipo di dato**, il **nome** dell'array e la sua **dimensione tra parentesi quadre**. All'interno del codice, invece, il numero tra parentesi quadre rappresenta l'indice dell'elemento dell'array che si sta considerando.
- Si può **inizializzare un array** scrivendo nella dichiarazione i valori degli elementi tra parentesi graffe, o assegnando nel codice valori ai singoli elementi mediante espressioni, o ancora mediante un ciclo iterativo.

ESERCIZI

1 Nel programma **iniz_array_3**, quale input dell'utente fa usare tutto lo spazio di memoria RAM riservato per l'array?

....

2 Come si può scrivere in modo più conciso l'istruzione alla riga 22 del codice **iniz_array_3**?

....

3 Se si disattivano, trasformandole in commenti, le righe da 15 a 17 del codice **iniz_array_3** e si dà come input 40, che cosa accadrà eseguendo il programma, e perché?

....

....

....

....

15.2 Lavorare con gli array

Raccogliere in un array più variabili dello stesso tipo semplifica molte operazioni che possono tornare utili.

Supponiamo per esempio di voler visualizzare in ordine inverso i valori che sono stati dati come input a un programma.

Questo risultato si può ottenere anche senza usare gli array, ma il codice andrà cambiato, in modo macchinoso e poco elegante, ogni volta che cambia il numero dei dati di input da mostrare a ritroso.

Se invece si usa un array, è sufficiente assegnare i valori di input agli elementi dell'array e poi stamparli in ordine di indice decrescente.

Come esempio, scrivi il codice della **figura 15.6** e salvalo con il nome **numeri_a_ritroso.c**.

numeri_a_ritroso.c

```
1   #include <stdio.h>
2   int main (void)
3   {
4   /* come input verrà chiesto un numero Nprova di valori numerici */
5       int i, Nprova=4;
6       int numeri[10];
7       int check=0;
8       printf("\n  Programma che restituisce l'input in ordine inverso \n");
9   /* uso un ciclo for per inizializzare l'array con numeri dati come input */
10      for (i=0; i<Nprova; i++)
11      {
12          printf("  Inserisci un numero: ");
13          scanf("%d", &numeri[i]);
14      }
15  /* mostro i valori accumulati nell'array */
16      printf("\n  L'array contiene i valori: ");
17      for (i=0; i<Nprova; i++)
18      {   printf("  %d  ", numeri[i]);    }
19  /* mostro i valori dell'array in ordine inverso */
20      printf("\n\n  Ecco i dati di input in ordine inverso: ");
21      for (i=Nprova-1; i>=0; i--)
22      {   printf("\n\t\t\t  %d  ", numeri[i]);    }
23  }
```

C:\Users\

```
Programma che restituisce l'input in ordine inverso
Inserisci un numero: 12
Inserisci un numero: -4
Inserisci un numero: 0
Inserisci un numero: 77

L'array contiene i valori:   12    -4    0    77

Ecco i dati di input in ordine inverso:
                         77
                         0
                         -4
                         12
```

Figura 15.6 Un codice che mostra in output la serie dei dati di input in ordine inverso.

- Alla riga 5 il codice specifica che la prova verrà fatta per **Nprova**=4 valori di input;
- alla riga 6 dichiara l'array **numeri** con dimensione 10;
- il ciclo **for** delle righe 10-14 legge i valori di input e li assegna ai primi **Nprova** elementi dell'array **numeri**;
- il ciclo delle righe 17-18 è diagnostico: serve per controllare l'effettivo contenuto dell'array dopo la lettura dei dati;
- il ciclo delle righe 21-22 stampa gli elementi dell'array in ordine decrescente dell'indice **i** (partendo dal suo valore massimo, che è **Nprova-1**); si ottiene così il risultato desiderato.

Nota che la prova qui sopra è fatta con soli 4 dati, per velocizzare l'input, ma lo stesso codice può funzionare per 10 dati, cambiando soltanto il valore di **Nprova**, o anche per un numero di dati a piacere, se si cambia la dimensione dell'array.

Trovare e confrontare valori

Un'operazione che si ha spesso bisogno di fare, e per cui sono utili gli array, è la ricerca di un valore all'interno di una serie di dati.

Come esempio, esamina attentamente il codice della **figura 15.7**. Questo programma controlla se un valore specificato dall'utente sia presente in una serie di 10 numeri e, in caso positivo, ne identifica la posizione nella serie.

- La riga 6 dichiara l'array **numeri** e lo inizializza con 10 valori interi (che in questo esempio sono i primi numeri di Fibonacci);
- alla riga 10 l'utente può inserire un valore qualsiasi da cercare nell'array;
- il ciclo **for** delle righe 13-18 controlla se il valore cercato è presente nell'array; in caso positivo, cambia il valore della variabile di controllo **check** e memorizza in **itrovato** l'indice dell'elemento dell'array che ha il valore cercato;
- la struttura **if...else** delle righe 19-22 usa queste informazioni per stampare l'opportuno messaggio di output.

trova_valore.c

```
1   #include <stdio.h>
2   int main (void)
3   {
4   int i, valore, itrovato;
5   /* inizializzo l'array con la serie di valori tra cui poi si cercherà */
6   int numeri[10] = {1,1,2,3,5,8,13,21,34,55};
7   /* check è la variabile di controllo, indicherà l'esito della ricerca */
8   int check=0;
9   printf("\n  Inserisci un numero per sapere se e' presente: ");
10  scanf("%d", &valore);
11  /*il ciclo for scansiona l'intero array: se trova il valore cercato, pone check==1 e
12  stampa il messaggio dipendente da if; altrimenti stamperà quello dipendente da else*/
13  for (i=0; i<=9; i++)
14  {
15      if (numeri[i]==valore)
16      {check=1;
17      itrovato=i;}
18  }
19  if (check==1)
20      {printf ("\n  Il valore %d e' presente nell'array, all'indice %d \n", valore, itrovato);}
21  else
22      {printf ("\n  Il valore %d non e' presente nell'array\n", valore);}
23  }
```

C:\Users\

```
Inserisci un numero per sapere se e' presente: 13

Il valore 13 e' presente nell'array, all'indice 6
```

Figura 15.7 Un codice per cercare un valore all'interno di un array.

Nota che, se il valore cercato è ripetuto più volte nell'array, questo programma restituisce nell'output l'indice *massimo* trovato, perché il ciclo **for** itera sull'intero array. Così se cerchi il valore 1, che nell'array è presente sia all'indice 0 sia all'indice 1, l'indice restituito dal programma sarà 1.

Se si volesse trovare il *primo* indice dell'array che corrisponde al valore cercato, si dovrebbe usare un ciclo di tipo **while** o **do**, interrompendo l'iterazione non appena si trova la prima corrispondenza.

Un'altra utile applicazione degli array si ha quando occorre confrontare una serie di dati con un particolare valore assegnato, come nel programma della **figura 15.8**.

- La riga 6 dichiara l'array **temperatura** e lo inizializza con valori che rappresentano temperature misurate nei diversi giorni di un settimana;
- alla riga 10 l'utente può inserire un valore qualsiasi **Tinput** della temperatura;
- il ciclo **for** delle righe 13-20 verifica quanti e quali elementi dell'array superino il valore di input;
- la struttura **if** delle righe 17-19 stampa l'indice degli elementi il cui valore supera **Tinput** e accumula nella variabile **conta** il numero dei casi in cui ciò avviene.

temperature.c

```
1   #include <stdio.h>
2   int main (void)
3   {
4   /* inzializziamo un array di dimensione 8 con i dati a partire dall'indice 1,
5   così che i giorni della settimana corrispondano al valore dell'indice */
6   float temperatura[8]={0,21.5,20.7,20.1,19.7,22.3,20.5,19.9};
7   int i, conta=0;
8   float Tinput;
9   printf("\n  Inserisci un valore della temperatura: ");
10  scanf("%f", &Tinput);
11  /* il ciclo for valorizza l'array con le temperature inserite dall'utente*/
12  printf("\n   La temperatura %.1f e' stata superata nei giorni ", Tinput);
13  for (i=1; i<=8; i++)
14      {
15      /* per ogni valore inserito nell'array verifichiamo se è superiore a Tmedia
16  e in caso affermativo aumentiamo di un'unità la variabile conta */
17      if (temperatura[i]>Tinput)
18          {printf(" %d ",i);
19          conta++;}
20      }
21  printf("\n\n   %d giorni hanno avuto una temperatura superiore a %.1f ", conta, Tinput);
22  }
```

C:\Users\Fede\Desktop\temperature.exe

```
Inserisci un valore della temperatura: 20.5

 La temperatura 20.5 e' stata superata nei giorni  1  2  5

 3 giorni hanno avuto una temperatura superiore a 20.5
--------------------------------
Process exited after 2.468 seconds with return value 59
Premere un tasto per continuare . . .
```

Figura 15.8 Un codice per confrontare i valori di un array con un valore dato.

Se le temperature dei singoli giorni fossero memorizzate in singole variabili, servirebbero molte più istruzioni per fare le operazioni di confronto e, di nuovo, il codice andrebbe modificato a ogni cambiamento del numero dei dati nella serie.

Negli esempi appena visti gli array erano inizializzati direttamente nel codice. Naturalmente è possibile scegliere invece di riempirli con dati inseriti dall'utente, come nel prossimo esempio.

Un'elaborazione di dati sperimentali

Quando si fanno numerose misurazioni diverse di uno stesso fenomeno, l'insieme dei dati sperimentali si può riassumere con una singola misura espressa nella forma:

valore medio delle misure ± errore massimo

dove il **valore medio** è la somma delle misure divisa per il loro numero, mentre l'**errore massimo** (o **semidispersione massima**) è uguale alla semidifferenza tra il valore della misura massima e quello della misura minima.

Supponiamo per esempio che 8 ragazzi abbiano misurato, ognuno con un cronometro, la durata della corsa di 50 metri di un loro compagno, trovando i seguenti valori:

6.8 s	7.1 s	6.7 s	7.2 s	6.8 s	6.7 s	6.9 s	7.1 s

Un modo per calcolare il valore medio e l'errore massimo è assegnare i dati sperimentali agli elementi di un array e poi usare un ciclo iterativo per fare i calcoli necessari.

Scrivi il codice seguente, salvalo con il nome **valore_medio.c**, poi compilalo e provalo con diversi valori degli input.

valore_medio.c

```
1  #include<stdio.h>
2  int main (void)
3  {
4      float datisper[30], valormedio, datomax, datomin, errore;
5      int i, N;
6  /*acquisiamo i dati sperimentali e li organizziamo nell'array datisper*/
7      printf("\n  Quanti sono i dati sperimentali (max 30)? ");
8      scanf("%d", &N);
9      printf("\n  Inserisci le misure in s, separandole con spazi, poi premi Invio: \n   ");
10     for (i=0; i<N; i++)
11         {scanf("%f", &datisper[i]);}
12 /*inizializzo le variabili usando il primo elemento dell'array*/
13     valormedio=datisper[0];
14     datomin=datisper[0];
15     datomax=datisper[0];
16 /*ciclo su tutti gli altri elementi dell'array*/
17     for (i=1; i<N; i++)
18         {
19         valormedio+=datisper[i];
20         if (datisper[i] < datomin) datomin=datisper[i];
21         if (datisper[i] > datomax) datomax=datisper[i];
22         }
23 /*faccio i calcoli finali*/
24     valormedio /= N;
25     errore=0.5*(datomax-datomin);
26     printf("\n  Il risultato della misurazione e': %.2f %c %.2f s\n", valormedio, 241, errore);
27 }
```

C:\Users\Fede\Desktop\valore_medio.exe

```
Quanti sono i dati sperimentali (max 30)? 8

Inserisci le misure, separandole con spazi, poi premi Invio:
 6.8 7.1 6.7 7.2 6.8 6.7 6.9 7.1

Il risultato della misurazione e': 6.91 ± 0.25 s

--------------------------------
Process exited after 8.55 seconds with return value 51
Premere un tasto per continuare . . .
```

Figura 15.9 L'uso di un array e di un ciclo iterativo per elaborare dati sperimentali.

In questo codice:

- la riga 4 dichiara, insieme alle altre variabili decimali, l'array **`datisper`**, specificando che la sua massima dimensione possibile è 30;
- la dimensione **`N`** dell'array effettivamente usata nel programma è stabilita dall'utente con l'input della riga 8;
- il ciclo **`for`** delle righe 10-11 assegna le misure inserite come input agli elementi dell'array **`datisper`**;
- le righe 13-15 inizializzano le variabili usando il valore del primo elemento dell'array, che corrisponde all'indice 0;
- il ciclo **`for`** delle righe 17-21 itera sugli elementi dell'array successivi al primo (il contatore **`i`** infatti parte da 1) e ha tre funzioni: accumula in **`valormedio`** la somma dei valori degli elementi e determina i valori di **`datomin`** e **`datomax`**;

- alle righe 20 e 21 **`datomin`** e **`datomax`**, che all'ingresso nel ciclo hanno il valore di **`datisper[0]`**, vengono aggiornati ogni volta che si trova un elemento dell'array con valore rispettivamente minore o maggiore del loro valore attuale;
- infine, fuori dal ciclo, alle righe 24-25, **`valormedio`** viene diviso per il numero delle misure e i valori di **`datomin`** e **`datomax`** sono usati per calcolare **`errore`**;
- la riga 26 stampa i risultati dell'elaborazione, e qui c'è una curiosità: il simbolo matematico ± è il carattere 241 della tabella ASCII; come già sappiamo, lo si può visualizzare stampando in formato **`char`** proprio il numero 241.

Le istruzioni del ciclo **`for`** ora visto mostrano come sommare i valori di tutti gli elementi di un array e come identificare il suo valore minimo e il suo valore massimo; si tratta di elaborazioni importanti, che possono tornare utili in molti algoritmi diversi.

Nelle righe 20-21 per compattezza abbiamo scritto ciascuna struttura condizionale su un'unica riga: quando un **`if`** controlla una singola istruzione, infatti, questa si può scrivere di seguito (e senza le graffe, giacché non c'è ambiguità su dove termini la struttura).

Il codice della **figura 15.9**, senza alcuna modifica, funziona per un numero di dati sperimentali fino a 30, la dimensione dell'array. Ma se il numero dei dati fosse maggiore, anche di molto, basterebbe modificare la dimensione dell'array nella riga 4 e il codice funzionerebbe ugualmente. Questo dà un'idea della potenza degli array come strumento per l'elaborazione di grandi quantità di dati omogenei.

Un algoritmo di ordinamento: *bubble sort*

Tra i compiti che un programmatore deve affrontare più di frequente c'è quello di ordinare (*sort* in inglese) una serie di valori.

Il codice che fa funzionare un sito web di *e-commerce*, per esempio, dev'essere in grado di elencare i prodotti ordinandoli in base al loro prezzo, oppure ai dati delle loro vendite, o al numero delle recensioni positive ricevute dai clienti.

Il problema generale da risolvere è illustrato dalla **figura 15.10**: dato un array di valori non ordinati, come si deve procedere per ordinare i valori in senso crescente, dal più piccolo al più grande?

Questo è un esempio di problema che si può risolvere con tanti algoritmi diversi, tutti di tipo iterativo. La velocità con cui un dato algoritmo risolve il problema dipenderà, in generale, sia dal numero degli elementi da ordinare, sia da quanto è disordinata la sequenza iniziale degli elementi.

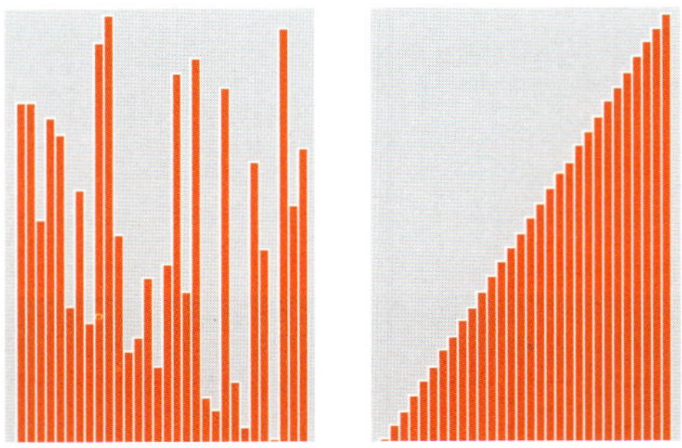

Figura 15.10 L'obiettivo degli algoritmi di ordinamento è disporre gli elementi di un array in ordine crescente.

Nelle prossime pagine esamineremo due tra i più semplici algoritmi per ordinare in senso crescente gli elementi di un array di dimensione *n*.

Il primo algoritmo, chiamato **bubble sort**, procede attraverso la comparazione e l'ordinamento di coppie di valori adiacenti nell'array, secondo questa logica:

1. si controlla se array[i] > array[i+1], cominciando da i = 0; se la condizione è vera, si scambiano di posto i due valori, altrimenti si aumenta i di un'unità e si ripete il controllo per i due valori adiacenti successivi;
2. fatta l'ultima iterazione (che corrisponde a i = *n*–2, giacché l'indice dell'ultimo elemento dell'array vale *n*–1), si controlla se nel passo **1** è avvenuto almeno uno scambio; in tal caso si ricomincia da capo con l'iterazione del passo **1**;
3. altrimenti, se nella più recente iterazione del passo **1** non è avvenuto alcuno scambio, significa che tutti i valori sono ordinati e l'algoritmo termina.

A prima vista questa descrizione formale può risultare oscura. Per chiarirne il significato, vediamo che cosa succede quando si applica l'algoritmo a un caso concreto: metteremo in ordine crescente la sequenza {5, 1, 4, 8, 2}.

In blu sottolineato indichiamo gli elementi dell'array di cui l'algoritmo confronta i valori, mentre in rosso evidenziamo gli scambi di elementi effettuati dall'algoritmo.

bubble sort - sequenza da riordinare: {5, 1, 4, 8, 2}

prima iterazione:

i = 0 {5, 1, 4, 8, 2} → {1, 5, 4, 8, 2}	siccome 5>1, scambio i due elementi
i = 1 {1, 5, 4, 8, 2} → {1, 4, 5, 8, 2}	siccome 5>4, scambio i due elementi
i = 2 {1, 4, 5, 8, 2} → {1, 4, 5, 8, 2}	5<8, perciò non cambio l'ordine
i = 3 {1, 4, 5, 8, 2} → {1, 4, 5, 2, 8}	siccome 8>2, scambio i due elementi

seconda iterazione:

i = 0 {1, 4, 5, 2, 8} → {1, 4, 5, 2, 8}	l'ordine è quello giusto, non scambio
i = 1 {1, 4, 5, 2, 8} → {1, 4, 5, 2, 8}	l'ordine è quello giusto, non scambio
i = 2 {1, 4, 5, 2, 8} → {1, 4, 2, 5, 8}	siccome 5>2, scambio i due elementi
i = 3 {1, 4, 2, 5, 8} → {1, 4, 2, 5, 8}	l'ordine è quello giusto, non scambio

terza iterazione:

i = 0 {1, 4, 2, 5, 8} → {1, 4, 2, 5, 8}	l'ordine è quello giusto, non scambio
i = 1 {1, 4, 2, 5, 8} → {1, 2, 4, 5, 8}	siccome 4>2, scambio i due elementi
i = 2 {1, 2, 4, 5, 8} → {1, 2, 4, 5, 8}	l'ordine è quello giusto, non scambio
i = 3 {1, 2, 4, 5, 8} → {1, 2, 4, 5, 8}	l'ordine è quello giusto, non scambio

quarta iterazione:

i = 0 {1, 2, 4, 5, 8} → {1, 2, 4, 5, 8}
i = 1 {1, 2, 4, 5, 8} → {1, 2, 4, 5, 8}
i = 2 {1, 2, 4, 5, 8} → {1, 2, 4, 5, 8}
i = 3 {1, 2, 4, 5, 8} → {1, 2, 4, 5, 8}

ora la sequenza è già riordinata, ma l'algoritmo non lo sa ancora; lo capirà soltanto dopo aver completato questa iterazione in cui non avvengono scambi

Il nome *bubble* («bollicine») deriva dal fatto che con questo algoritmo i valori più grandi dell'array si spostano gradualmente da sinistra verso destra, cioè verso valori crescenti dell'indice, come bollicine che salgono a galla in un bicchiere di spumante.

Il programma della **figura 15.11** implementa l'algoritmo *bubble sort* per ordinare un array di interi, chiamato **numeri**, di cui l'utente inserisce da tastiera la dimensione e i valori.

Scrivi il codice, salvalo con il nome **ordinamento_bubble**, poi compilalo e testalo con diversi input.

Nel codice riprodotto a fianco si riconosce una struttura iterativa (il ciclo **for**, che agisce sugli elementi dell'array) annidata dentro un'altra (il ciclo **while**, che ha la funzione di controllare se il ciclo **for** vada eseguito o meno).

All'interno del ciclo **for**, poi, la struttura condizionale **if** identifica le coppie di valori adiacenti che vanno scambiate.

Come già sappiamo, questo *swapping* dei valori di due variabili richiede una terza variabile ausiliaria, qui chiamata **scambio**: il suo compito è memorizzare temporaneamente il valore della variabile **numeri[i]**, prima che venga sovrascritta dalla variabile **numeri[i+1]**, così da poter poi assegnare il suo valore proprio a **numeri[i+1]**.

Figura 15.11 Il codice per l'ordinamento di un array con l'algoritmo *bubble sort*.

ordinamento_bubble.c

```c
#include<stdio.h>
int main (void)
{
    int i, n;
    int N=30;
    int numeri[N];
/*la variabile controllo servirà a interrompere il ciclo a ordinamento completato*/
    int controllo=1;
/*la variabile scambio servirà per lo swapping dei valori degli elementi*/
    int scambio;
    printf("\n  Quanti numeri vuoi ordinare (min 2, max 30)? ");
    scanf("%d", &N);
    printf("\n  Inserisci i numeri: \n     ");
    for (i=0; i<N; i++)
        scanf("%d", &numeri[i]);
/*il ciclo va ripetuto solo se all'ultima iterazione c'è stato scambio di valori*/
    while (controllo==1)
    {
        controllo=0;
/*for itera dal primo indice dell'array all'ultimo*/
        for (i=0; i<N-1; i++)
        {
/*if controlla i valori adiacenti ed eventualmente li scambia*/
            if (numeri[i]>numeri[i+1])
            {
                scambio=numeri[i];
                numeri[i]= numeri[i+1];
                numeri[i+1]=scambio;
                controllo=1;
            }
        }
    }
    for (i=0; i<N; i++)
    printf("\n          %d", numeri[i]);
}
```

C:\Users\Fede\Desktop\ordinamento_bubble.exe

```
  Quanti numeri vuoi ordinare (min 2, max 30)? 8

  Inserisci i numeri:
     15 4 23 0 75 -5 100 -20

          -20
          -5
          0
          4
          15
          23
          75
          100
--------------------------------
Process exited after 3.814 seconds with return value 12
Premere un tasto per continuare . . .
```

La variabile **`controllo`** ha l'importante ruolo di «interruttore» che dice al programma se eseguire o meno il ciclo **`while`**:

- il ciclo **`while`** è «acceso» quando **`controllo`** vale 1 e la condizione alla riga 17 è vera;
- la riga 8 inizializza **`controllo`** con il valore 1, così che al primo accesso si entri sicuramente nel ciclo **`while`**;
- la riga 19 «spegne» l'interruttore prima di iniziare il ciclo **`for`**: così, se il valore di **`controllo`** non sarà più modificato, alla prossima iterazione l'istruzione **`while`** farà uscire dalle strutture iterative;
- la riga 29 «riaccende» l'interruttore **`controllo`** nel caso in cui, come parte del ciclo **`for`**, ci sia qualche scambio di valori tra elementi; se questo accade, quando si torna all'istruzione **`while`** la condizione sarà ancora vera e inizierà un'altra iterazione;
- quando invece si ha un'iterazione del ciclo **`for`** in cui non ci sono scambi (cioè, quando l'array è ordinato), la condizione della riga 24 è sempre falsa e non si arriva mai all'istruzione della riga 29: **`controllo`** rimane uguale a 0 e al successivo passaggio dal **`while`** della riga 17 il programma uscirà dal ciclo **`while`** e quindi – dopo la stampa dell'output – terminerà l'esecuzione.

Un diverso algoritmo di ordinamento: *insertion sort*

Il secondo algoritmo che esamineremo è detto ***insertion sort***, cioè «ordinamento per inserimento», e segue una logica diversa rispetto al *bubble sort*.

Nell'*insertion sort* si passano in rassegna i valori dell'array in ordine crescente di indice; quando si trova un valore minore del precedente, lo si estrae e si va a inserirlo, a ritroso, prima dei valori maggiori che lo precedevano.

Questa è la procedura che molti giocatori di carte usano per mettere in ordine crescente (o «in scala») le carte che hanno in mano. Per come è definita, la procedura garantisce che un elemento fuori ordine, una volta estratto e reinserito nella giusta posizione, sarà nel giusto ordine e non richiederà ulteriori interventi.

Vediamo un esempio concreto. Riordineremo la stessa sequenza che avevamo considerato per il *bubble sort*, usando le stesse convenzioni: in blu sottolineato gli elementi di cui l'algoritmo confronta i valori, in rosso gli scambi effettuati dall'algoritmo.

insertion sort - sequenza da riordinare: {5, 1, 4, 8, 2}

i = 1

j = 0	{5, 1, 4, 8, 2} → {1, 5, 4, 8, 2}	siccome 5>1, scambio i due elementi

i = 2

j = 1	{1, 5, 4, 8, 2} → {1, 4, 5, 8, 2}	siccome 5>4, scambio i due elementi
j = 0	{1, 4, 5, 8, 2} → {1, 4, 5, 8, 2}	1<4, perciò non cambio l'ordine

i = 3

j = 2	{1, 4, 5, 8, 2} → {1, 4, 5, 8, 2}	l'ordine è già quello giusto, non scambio
j = 1	{1, 4, 5, 8, 2} → {1, 4, 5, 8, 2}	l'ordine è già quello giusto, non scambio
j = 0	{1, 4, 5, 8, 2} → {1, 4, 5, 8, 2}	l'ordine è già quello giusto, non scambio

i = 4

j = 3	{1, 4, 5, 8, 2} → {1, 4, 5, 2, 8}	siccome 8>2, scambio i due elementi
j = 2	{1, 4, 5, 2, 8} → {1, 4, 2, 5, 8}	siccome 5>2, scambio i due elementi
j = 1	{1, 4, 2, 5, 8} → {1, 2, 4, 5, 8}	siccome 4>2, scambio i due elementi
j = 0	{1, 2, 4, 5, 8} → {1, 2, 4, 5, 8}	l'ordine è già quello giusto, non scambio

abbiamo così completato le iterazioni: la sequenza è riordinata

L'iterazione finale con i = 4 mostra chiaramente, nelle parti in colore rosso, che gli scambi di elementi avvengono andando *a ritroso* nell'array, da destra verso sinistra. Questo fatto permette anche di capire l'origine del nome dell'algoritmo.

Infatti all'inizio dell'iterazione finale l'array è già quasi ordinato, c'è soltanto «fuori posto» l'ultimo elemento, il 2.

Gli scambi di elementi che avvengono quando $i = 4$ andando a ritroso nell'array (cioè facendo diminuire j da 3 a 0) equivalgono a:

- estrarre il valore 2 dall'array e tenerlo da parte;
- spostare di una posizione verso destra i tre elementi precedenti («liberando» così l'elemento di indice 1);
- inserire il valore 2, che si era tenuto da parte, nell'elemento di indice 1.

Questa analogia con l'estrazione e il reinserimento degli elementi dell'array è la ragione per cui l'algoritmo è chiamato *insertion sort*.

Possiamo descrivere schematicamente l'algoritmo come segue:

1. si inizia da $i = 1$, cioè dal secondo elemento dell'array, e si esegue il passo **2**, che poi si ripeterà aumentando ogni volta i di un'unità;
2. si controlla se array[i] < array[i–1]; se la condizione è vera, si va a ritroso negli indici $j<i$ fino a trovare il primo elemento tale che array[j] ≤ array[i]; a quel punto si fa slittare di un'unità l'indice di tutti gli elementi da array[j+1] fino ad array[i–1]; infine si inserisce array[i] come nuovo valore di array[j+1];
3. fatta l'ultima iterazione, che corrisponde a $i = n$, tutti i valori sono ordinati e l'algoritmo termina.

Va notato che l'algoritmo è assai diverso dal *bubble sort*, da parecchi punti di vista. In termini strutturali la differenza principale è che, una volta specificata la dimensione dell'array, l'*insertion sort* esegue un numero di iterazioni prefissato. Il numero di iterazioni richiesto dal *bubble sort*, invece, dipende dal contenuto dell'array da riordinare.

Se, come caso-limite, l'input è un array già ordinato, il *bubble sort* se la caverà con un'unica iterazione, mentre l'*insertion sort* eseguirà comunque il suo numero standard di iterazioni (senza mai effettuare scambi di elementi).

Nel caso-limite opposto, in cui l'input è un array con valori decrescenti al crescere dell'indice, il *bubble sort* richiederà molte più iterazioni rispetto all'*insertion sort*.

Nella media dei casi, cioè per array disordinati in modo casuale, l'*insertion sort* è più efficiente del *bubble sort*, cioè arriva al risultato in un tempo minore (come avviene nel caso dell'array di 5 elementi che abbiamo usato come esempio).

Scrivi ora il codice qui sotto e salvalo con il nome **ordinamento_insertion**.

Compila il programma e testalo, verificando che, a parità di input, l'output sia identico a quello di **ordinamento_bubble**.

Anche il codice della **figura 15.12** ha, alle righe 16-26, una struttura iterativa annidata dentro un'altra. Qui per entrambe abbiamo usato un ciclo di tipo **`for`** perché, come detto, in questo algoritmo il numero delle iterazioni è predefinito.

Il ciclo annidato, che agisce sugli elementi dell'array, inizia alla riga 20 con un'istruzione **`for`** in cui:

- il primo argomento è un contatore ausiliario **`j`** che all'inizio ha il valore dell'indice **`i`** dell'elemento che si sta considerando;
- il terzo argomento è un *decremento* **`j--`**: a ogni iterazione riduce di un'unità il contatore ausiliario e quindi, come già detto, fa muovere a ritroso verso gli elementi precedenti dell'array;
- la condizione composta **`j>0 && numeri[j-1]>numeri[j]`** ha una duplice funzione: interrompe le iterazioni quando a ritroso si arriva al primo elemento dell'array (nel qual caso **`j>0`** diventa falsa) ed evita di scambiare gli elementi quando sono già nell'ordine giusto (nel qual caso **`numeri[j-1]>numeri[j]`** è falsa).

ordinamento_insertion.c

```
1   #include<stdio.h>
2   int main (void)
3   {
4       int i, n, j;
5       int N=30;
6       int numeri[N];
7   /*la variabile scambio servirà per lo swapping degli elementi dell'array*/
8       int scambio;
9       printf("\n  Quanti numeri vuoi ordinare (min 2, max 30)? ");
10      scanf("%d", &N);
11  /*inizializzo l'array con i valori specificati dall'utente*/
12      printf("\n  Inserisci i numeri: \n     ");
13      for (i=0; i<N; i++)
14      scanf("%d", &numeri[i]);
15  /*ciclo con for su tutti gli elementi dell'array, ma saltando il primo*/
16      for (i=1; i<N; i++)
17      {
18  /*quando incontro un elemento che è maggiore dell'elemento precedente,
19  lo scambio di posto con tutti gli elementi precedenti di cui è maggiore*/
20          for (j=i; j>0 && numeri[j-1]>numeri[j]; j--)
21          {
22              scambio=numeri[j];
23              numeri[j]= numeri[j-1];
24              numeri[j-1]=scambio;
25          }
26      }
27  /*stampo i valori degli elementi dell'array dopo l'ordinamento*/
28      for (i=0; i<N; i++)
29          printf("\n            %d", numeri[i]);
30   }
```

Figura 15.12 Il codice per l'ordinamento di un array con l'algoritmo *insertion sort*.

Come nel codice per il *bubble sort*, anche qui lo swapping degli elementi – quando viene fatto – richiede la variabile addizionale **scambio**.

Non è invece necessario introdurre la variabile **controllo** usata nel *bubble sort*, perché il numero delle iterazioni qui è noto fin dall'inizio e non dipende dai risultati dell'elaborazione.

In altre parole, mentre nel *bubble sort* è necessaria una «passata» finale dell'array per accertare che sia stato riordinato, nell'*insertion sort* il risultato è garantito: al termine delle iterazioni prescritte, lo si ottiene automaticamente.

IN SINTESI

- L'uso degli **array** nei programmi è strettamente legato a quello dei **cicli iterativi**: insieme consentono di elaborare in modo compatto ed efficiente grandi quantità di dati omogenei tra loro.
- Con gli array in particolare si velocizzano molte **operazioni sulle serie di dati**, come trovare o confrontare valori e fare elaborazioni statistiche.
- Tra i problemi tipici della programmazione c'è l'**ordinamento degli elementi di un array** per valori crescenti; tra i più semplici algoritmi per risolverlo ci sono il *bubble sort* e il più efficiente *insertion sort*.
- Gli algoritmi di ordinamento comportano sempre lo **scambio dei valori** di due variabili, o *swapping*, operazione che richiede l'uso di una terza variabile ausiliaria.

ESERCIZI

1 Quale costrutto di programmazione si userà se si vogliono stampare uno per uno tutti gli elementi di un array?

....

2 Quando si agisce su un intero array con un ciclo, quale parametro dell'array apparirà sicuramente nell'istruzione **for**?

....

3 Se vuoi trovare l'indice del primo elemento che in un array ha valore minore di un valore dato, che tipo di ciclo ti converrà usare? Motiva la tua risposta.

....

....

4 Il programma **valore_medio** funzionerebbe correttamente se si inizializzassero **datomin** e **datomax** a 0 e poi si iterasse a partire da **i=0**? Motiva la tua risposta.

....

....

5 Scrivi una versione del codice **ordinamento_insertion** che ordini array contenenti valori decimali anziché soltanto interi. Salva il programma con il nome **ordinamento_insertion-float**. Che cosa succede se esegui questo programma dando come input valori interi per gli elementi dell'array?

....

....

6 Modifica il codice **ordinamento_insertion** sostituendo il ciclo **for** annidato con un ciclo **while**. Salva il programma con il nome **ordinamento_insertion-while**.

7 Tra *bubble sort* e *insertion sort*, qual è l'algoritmo giusto per ordinare gli elementi di un array? Motiva la tua risposta.

....

....

8 Quante volte viene eseguito il ciclo **for** di **ordinamento_bubble**, se l'array dato come input è già ordinato?

....

9 Scrivi un programma che inizializza un array intero **numeri** di dimensione 10, al momento della sua dichiarazione, assegnando a ciascun elemento un valore pari a quello del suo indice, poi calcola e stampa la somma dei quadrati di tutti gli elementi dell'array.
Salva il codice con il nome **quadrati1.c**.

10 Scrivi un programma in cui dichiari un array intero **numeri** di dimensione 10, poi lo inizializzi con un ciclo che assegna a ciascun elemento un valore pari a quello del quadrato del suo indice, e infine calcoli e stampi la somma di tutti gli elementi dell'array.
Salva il codice con il nome **quadrati2.c** e verifica che l'output sia uguale a quello dell'esercizio precedente.

15.3 Le stringhe di caratteri

La gestione dei caratteri, che in C sono i dati di tipo **char**, richiede una particolare attenzione. Per «gestione» intendiamo la possibilità di acquisire caratteri in memoria e di elaborarli durante l'esecuzione di un programma, senza limitarsi semplicemente a visualizzarli a schermo.

Il linguaggio C, come già sappiamo, assegna al tipo di dati **char** uno spazio di memoria di 1 byte, sufficiente per immagazzinare un solo carattere ASCII.

Questo fatto costituisce una seria limitazione per la gestione dei testi, come si può evidenziare facendo una semplice prova con le funzioni **printf** e **scanf**.

Scrivi il codice della **figura 15.13**, con il tuo nome alla riga 5; salvalo con il nome **char_prova1.c**, poi compilalo ed eseguilo.

char_prova1.c

```
1   #include<stdio.h>
2   int main(void)
3   {
4   /*questa istruzione visualizza ma NON memorizza*/
5       printf("\n  Federico\n");
6   /*leggo il dato e lo memorizzo in una variabile char*/
7       char nome;
8       printf("\n  Scrivi il tuo nome: ");
9       scanf("%c", &nome);
10  /*ora stampo il dato memorizzato*/
11      printf("\n  %c\n", nome);
12  }
```

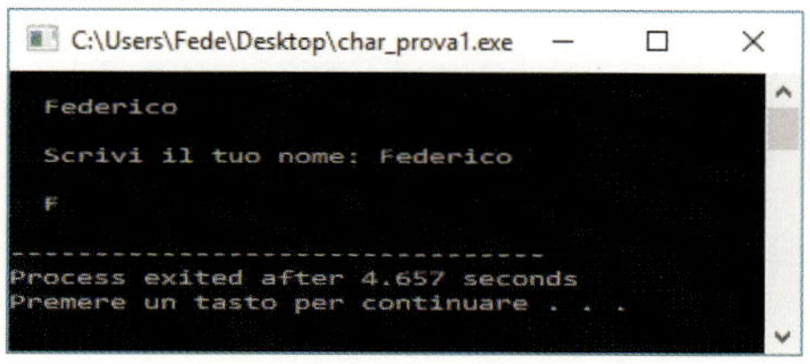

Figura 15.13 Il tipo di dato char memorizza un solo carattere.

Alla riga 5 la funzione **printf** permette di stampare a schermo il tuo nome (o una qualsiasi altra sequenza di caratteri); basta che nell'argomento il nome sia inserito tra le virgolette alte, dette anche *doppi apici*.

Se però provi a memorizzare il nome in una variabile di tipo **char**, come alla riga 9, e poi stampi a schermo il contenuto della variabile, scoprirai che è stato memorizzato soltanto il primo carattere.

Una sequenza di caratteri alfanumerici è chiamata nel gergo informatico **stringa di caratteri**. Il termine deriva dall'inglese *string*, che significa «cordino» e, in senso figurato, un insieme di oggetti collegati tra loro.

Come sappiamo, lo strumento che il linguaggio C mette a disposizione per memorizzare variabili dello stesso tipo è l'array.

Così in C una stringa di caratteri si può rappresentare con un array di tipo **char**: ogni singolo carattere è un elemento dell'array.

> **!** Una **stringa** è una sequenza di caratteri; in C la si può rappresentare con un **array di tipo char**.

In questo modo si può semplificare il trattamento delle stringhe, come mostra la **figura 15.14**. Scrivi questo codice di poche righe e salvalo con il nome **char_prova2.c**; compilalo, eseguilo e prova a interpretare il significato dell'output.

char_prova2.c

```
1   #include<stdio.h>
2   int main(void)
3   {
4   /*dichiaro e inizializzo l'array di caratteri*/
5       char nome[]="Zac Efron";
6   /*stampo a schermo l'intero array come stringa*/
7       printf("\n  %s \n", nome);
8   /*visualizzo singoli caratteri all'interno della stringa*/
9       printf("\n  %c %c \n", nome[0], nome[4]);
10  }
```

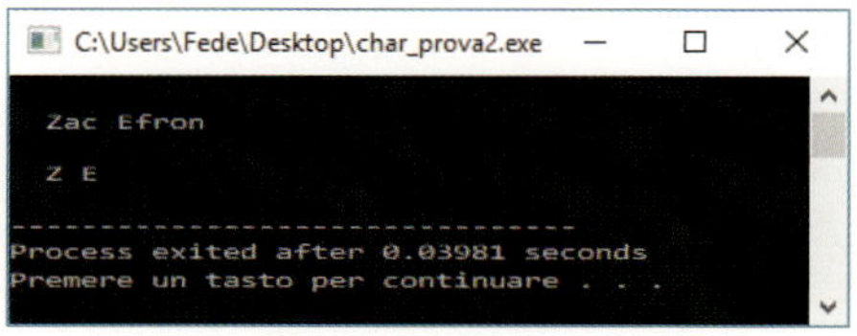

Figura 15.14 La gestione di un testo come array di caratteri.

Alla riga 5 il codice dichiara l'array **nome** come di tipo **char** e la inizializza così:

```
char nome[]= "Zac Efron";
```

Tra le parentesi quadre non appare alcun numero: infatti, giacché l'array viene inizializzato contestualmente alla sua dichiarazione, non è necessario specificare il numero degli elementi; il compilatore lo dedurrà dall'istruzione stessa.

Nota che *non* sarebbe possibile invece inizializzare l'array in quest'altro modo:

```
char nome[];
nome[]= "Zac Efron";
```

Queste istruzioni infatti violerebbero le regole sintattiche del C e il compilatore darebbe un messaggio di errore.

La riga 5 della **figura 15.14** dimostra anche che per inizializzare un array di caratteri non è necessario usare le parentesi graffe, né le virgole tra un elemento e l'altro: è sufficiente inserire il testo tra doppi apici.

In alternativa si potrebbe scrivere **`char nome[]={'Z','a','c',...};`** ma seppur sintatticamente corretto, questo metodo è molto scomodo e non necessario.

Dopo che alla riga 5 si è memorizzata la stringa di caratteri, le altre due istruzioni del codice la elaborano:

- alla riga 7 la funzione **`printf`** stampa a schermo l'intero array;
- la riga 9 invece visualizza soltanto gli elementi dell'array che hanno indice 0 e 4.

Queste due istruzioni contengono alcuni dettagli a cui è importante fare attenzione:

- alla riga 7, nell'argomento dalla funzione **`printf`**, il tipo di dato dell'output è **`s`**: questo indica al programma che va visualizzata un'intera stringa di caratteri;
- alla riga 9 invece l'argomento cita due volte il tipo di dato **`c`**, perché vogliamo visualizzare due singoli caratteri contenuti nell'array;
- va ricordato che in C gli elementi di un array sono sempre indicizzati a partire da zero: perciò **`nome[0]`** indica il primo carattere, l'iniziale Z;
- anche lo spazio bianco tra le parole è un carattere: così l'elemento **`nome[4]`** è la E, perché l'elemento con indice 3 è lo spazio tra nome e cognome.

! Ricorda che:
`a` = variabile generica;
`'a'` = carattere ASCII;
`"a"` = stringa di caratteri.

Le sequenze di escape e il terminatore delle stringhe

Prima di procedere nella discussione della gestione delle stringhe, dobbiamo fare una breve parentesi per discutere quelle che nel linguaggio C sono chiamate **sequenze di escape**.

Ne abbiamo già visto in azione un esempio, perché siamo ormai abituati a scrivere **`\n`** nell'argomento della funzione **`printf`**, quando vogliamo che il testo vada a capo.

Il carattere *backslash* \ (barra rovesciata) in C è un *carattere di escape*, cioè «di fuga»: serve per indicare che il carattere successivo va interpretato in modo diverso dal solito.

Così il compilatore, quando incontra la sequenza **`\n`**, sa che **`n`** non va interpretato come lettera «enne» bensì come *new line*, il comando di passaggio alla riga successiva.

In C esistono numerose sequenze di escape. La **figura 15.15** mostra alcuni esempi del loro uso, con un semplice codice e il relativo output.

```c
#include <stdio.h>
int main (void)
{
printf ("\n\n");
printf ("  Hello world!\n \a");
}
```

```c
#include <stdio.h>
int main (void)
{
printf ("\n\n");
printf ("  \tHello \t\tworld!\n \a");
}
```

```c
#include <stdio.h>
int main (void)
{
printf ("\n\n");
printf ("  \tHello \0\tworld!\n \a");
}
```

Figura 15.15 L'uso di alcune sequenze di escape nel linguaggio C.

A sinistra nella **figura 15.15** c'è il codice standard che stampa a schermo «Hello world!», andando a capo prima e dopo la frase.

Nell'esempio centrale abbiamo aggiunto nell'argomento di altre sequenze di escape:

- la sequenza **`\t`** (*tab*) aggiunge una tabulazione, o rientro, prima del testo che segue;
- la sequenza **`\a`** (*alarm*) fa emettere un suono al computer nel momento in cui arriva a quel comando.

Infine, l'esempio a destra nella **figura 15.15** mostra che cosa succede se al posto di una sequenza **`\t`** si sostituisce la sequenza **`\0`**: la stampa si interrompe e il programma termina senza mostrare a schermo **`world!`**, cioè il testo successivo.

In C, infatti, la sequenza di escape **`\0`** significa «qui termina la stringa di caratteri»; perciò questa sequenza è anche chiamata **terminatore** delle stringhe.

Nell'esempio appena visto la sequenza **`\0`** è usata per interrompere la stampa di una stringa di testo, ma la sua importanza è più generale: ha infatti un ruolo fondamentale in tutte le operazioni che riguardano le stringhe di caratteri, come la loro memorizzazione e la gestione dell'input da tastiera.

Due sono le cose importanti da ricordare riguardo al terminatore `\0`:

› come ogni sequenza di escape, occupa in memoria lo spazio di un singolo carattere;
› il C lo inserisce automaticamente alla fine di ogni stringa di caratteri; in C, anzi, una stringa di caratteri è riconosciuta come tale proprio perché termina con `\0`.

Perciò, quando fissiamo esplicitamente la dimensione di un array di caratteri, è importante lasciare un elemento vuoto affinché il linguaggio possa inserire alla fine `'\0'`; in caso contrario possono generarsi errori.

Dunque:

`char saluto[5]="ciao";` è corretto (riserva un elemento dell'array a `'\0'`);
`char saluto[4]="ciao";` non è corretto.

Il programmatore, inoltre, ha anche l'opzione di scrivere `'\0'` se vuole forzare l'interruzione della lettura di una stringa.

Come esempio di uso del terminatore, scrivi il codice della **figura 15.16**, salvandolo con il nome **conteggio_escape.c**.

Prova poi il programma, anche sostituendo il tuo nome a quello dell'attore.

! Alla fine di ogni stringa va riservato un carattere per la sequenza di escape `\0`.

conteggio_escape.c

```
1   #include<stdio.h>
2   int main(void)
3   {
4       char nome[]="Orlando Bloom";
5       int i=0;
6   /*conteggio dei caratteri con while*/
7       while (nome[i] != '\0')
8           {i++;}
9       printf("\n  Il nome %s contiene %d caratteri\n", nome, i);
10  }
```

C:\Users\Fede\Desktop\conteggio_escape.exe

```
 Il nome Orlando Bloom contiene 13 caratteri

--------------------------------
Process exited after 0.03367 seconds with return
Premere un tasto per continuare . . .
```

Figura 15.16 L'uso del terminatore `'\0'` per contare i caratteri presenti in un testo.

In questo codice il ciclo **`while`** (righe 7 e 8) ordina di aumentare di 1 la variabile **`i`**, che rappresenta l'indice dell'array, fintantoché il valore contenuto nell'elemento trovato è diverso da `'\0'`.

Il nome «Orlando Bloom» è formato da 13 caratteri (compreso lo spazio). Dopo il tredicesimo carattere il programma trova il terminatore `'\0'`, sebbene questo non sia visibile nel codice, perciò esce dal ciclo.

La dimensione dell'array **`nome`** in questo caso deve dunque essere 14, pari ai 13 caratteri del nome più il `'\0'` finale.

La gestione degli input con `scanf`

Abbiamo già usato tante volte la funzione **`scanf`** per leggere e memorizzare gli input immessi da tastiera. Vediamo ora quali opportunità offre questa funzione per la gestione delle stringhe di caratteri.

In primo luogo, come per **`printf`**, anche nell'argomento di **`scanf`** si può usare il tipo di dato **`s`** (stringa) per memorizzare stringhe di testo.

Il limite di questa tecnica sta nel fatto che **`scanf`** interrompe la lettura non appena incontra una spaziatura, ossia un simbolo ASCII come lo spazio o la tabulazione.

Per esempio, nel codice della **figura 15.17**, anche se la dimensione dell'array è impostata a 50 caratteri, **`scanf`** memorizza soltanto i 5 caratteri del nome, trascurando il cognome, perché le due parole sono separate da uno spazio.

scanf1.c

```
#include<stdio.h>
int main(void)
{
    char nome[50];
    printf("\n  Scrivi nome e cognome: ");
    scanf("%s", nome);
    printf("\n  Stringa memorizzata: %s \n", nome);
}
```

C:\Users\Fede\Desktop\scanf1.exe

```
 Scrivi nome e cognome: Maria Rossi

 Stringa memorizzata: Maria

--------------------------------
Process exited after 8.553 seconds with return
Premere un tasto per continuare . . .
```

Figura 15.17 La lettura di un array di caratteri con **`scanf`**.

Per risolvere il problema si potrebbe pensare di dichiarare due array di caratteri, uno per il nome e uno per il cognome, e di invocare poi due volte la funzione **`scanf`**.

Questa tecnica permetterebbe di leggere «Maria Rossi», ma funzionerebbe soltanto quando si conosce con certezza il numero delle parole che verranno inserite come input.

Come mostra la **figura 15.18**, infatti, la tecnica non funziona nel caso di nomi o cognomi composti come «Maria Grazia» o «De Francesco», perché al secondo spazio bianco la lettura dei dati si interrompe.

scanf2.c

```c
#include<stdio.h>
int main(void)
{
/*raddoppiamo gli array*/
    char nome[50];
    char cognome [50];
    printf("\n  Scrivi nome e cognome: ");
/*impostiamo scanf per memorizzare due stringhe*/
    scanf("%s %s", nome, cognome);
    printf("\n  Nome memorizzato: %s %s \n", nome, cognome);
}
```

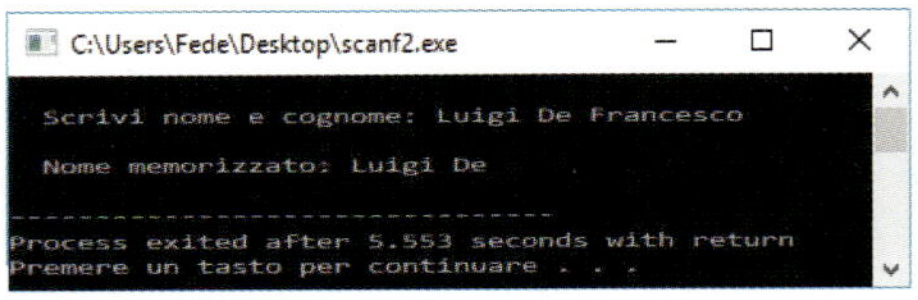

Figura 15.18 La lettura di un doppio array di caratteri con **`scanf`**.

Una soluzione può essere la modalità di lettura illustrata dalla **figura 15.19**: qui si è digitato, come argomento della funzione **`scanf`**, il comando costituito dalla sequenza `"%['^'\n']s"`, dove la parte tra parentesi quadre dice al computer di leggere e memorizzare la stringa «finché non va a capo».

Questa tecnica permette di leggere e memorizzare una stringa – spazi bianchi compresi – fino a quando non si preme il tasto [Invio] (che nel codice equivale alla sequenza di escape per l'a capo, **`'\n'`**).

scanf3.c

```c
#include<stdio.h>
int main(void)
{
    char nome[50];
    printf("\n  Scrivi nome e cognome: ");
/*nota il parametro speciale della funzione scanf*/
    scanf("%[^'\n']s", nome);
    printf("\n  Nome memorizzato: %s \n", nome);
}
```

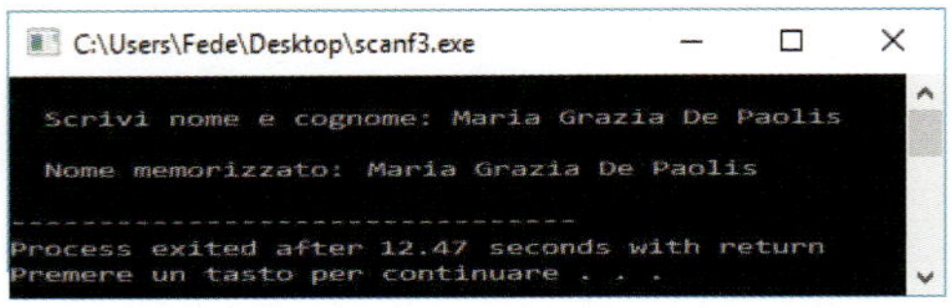

Figura 15.19 La lettura di un'intera riga con **`scanf`**.

È importante notare due caratteristiche dei codici esemplificati nelle figure precedenti:

- finora eravamo abituati a vedere, prima dei nomi delle variabili in cui **`scanf`** memorizza gli input da tastiera, il carattere **`&`** che «punta» all'indirizzo di memoria del dato; quando si tratta di array di caratteri, invece, il carattere **`&`** non si usa: è il nome stesso dell'array a puntare allo spazio di memoria;
- se come input digitiamo più caratteri di quanti l'array ne possa contenere (negli esempi appena visti, più di 50 caratteri), provocheremo un errore detto *buffer overflow*: infatti stiamo chiedendo di memorizzare più dati di quanti la RAM riservata per l'array possa ospitarne.

Il *buffer* (o *memoria tampone*, o *memoria di transito*) è uno spazio di memoria usato per velocizzare l'esecuzione di alcune operazioni, in particolare sulle stringhe di caratteri.

Se in un buffer di date dimensioni si cerca di scrivere una quantità di dati di dimensioni maggiori, si ha un *overflow* (detto anche *overrun*), cioè un «traboccamento»: i dati in eccesso possono allora andare a sovrascrivere le variabili interne del programma, con conseguenze imprevedibili sui risultati dell'elaborazione, fino al blocco totale del programma.

Per evitare con certezza l'overflow del buffer, assicurandosi che i caratteri immessi dall'utente non superino un certo numero prestabilito, bisogna ricorrere alla funzione **`getchar`** che ora esamineremo.

La gestione degli input con `getchar`

La funzione **`getchar()`**, che come **`scanf`** fa parte della libreria standard **`stdio.h`**, legge un singolo carattere dell'input dell'utente. Quando la si richiama non occorre passarle alcun argomento: perciò si scrive il nome seguito dalle parentesi tonde vuote.

Se l'input è un'intera stringa di caratteri, **`getchar`** va inserita all'interno di un ciclo iterativo, così che legga uno dopo l'altro tutti i caratteri della stringa.

La memorizzazione dei caratteri nell'array si può gestire interrompendo il ciclo una volta raggiunta la dimensione dell'array stesso.

Scrivi il codice della **figura 15.20** e salvalo con il nome **getchar.c**. Compila il programma, eseguilo e testalo con input di diversa lunghezza.

getchar.c

```c
1   #include <stdio.h>
2
3   int main (void)
4   {
5       int dimensmax=31;
6       char nome[dimensmax];
7       char lettera='x';
8       int  i=0;
9       printf("\n  Scrivi nome e cognome:  " );
10  /* il ciclo legge uno a uno i caratteri e riempie l'array nome*/
11          while (lettera!='\n' && i<dimensmax)
12          {lettera = getchar();
13          nome[i] = lettera;
14          i++;}
15      nome[i-1] = '\0';
16
17  /* infine mostriamo a schermo il contenuto dell'array nome*/
18      printf ("\n  Nome memorizzato: %s \n", nome);
19  }
20
```

C:\Users\Fede\Desktop\getchar.exe

```
 Scrivi nome e cognome:  Antonella Di Renzo

 Nome memorizzato: Antonella Di Renzo

--------------------------------
Process exited after 24.63 seconds with return value 41
Premere un tasto per continuare . . .
```

Figura 15.20 La gestione di un input di stringhe con `getchar`.

Analizziamo il codice:

- la riga 5 stabilisce la dimensione massima dell'array: ci aspettiamo un input lungo non più di 30 caratteri, perciò il valore della variabile **`dimensmax`** è fissato a 31 per lasciare spazio per il terminatore `'\0'`;
- la riga 6 dichiara l'array di caratteri **`nome`** che useremo per memorizzare la stringa;
- la riga 7 dichiara la variabile **`lettera`** di tipo **`char`**, assegnandole un valore fittizio **`'x'`**; questa variabile servirà per memorizzare temporaneamente i singoli caratteri letti dalla funzione **`getchar`**;
- la riga 8 dichiara la variabile intera **`i`**, che sarà il contatore del ciclo e rappresenterà anche l'indice crescente dell'array;
- alla riga 11 inizia il ciclo **`while`**, che itera la lettura dei singoli caratteri: la riga 12 assegna a **`lettera`** un carattere letto da **`getchar`**, la riga 13 assegna il carattere a un elemento di **`nome`**, poi la riga 14 fa passare all'elemento successivo;
- la riga 15 infine assegna il terminatore `'\0'` all'ultimo carattere dell'array che la funzione ha costruito leggendo i caratteri; nota che in generale questo array avrà dimensione *minore* di **`dimensmax`**.

La condizione nell'istruzione **`while`** della riga 11 fa proseguire il ciclo finché **`getchar`** non ha letto la sequenza di escape `'\n'`, cioè il ritorno a capo, oppure finché l'indice dell'array non ha raggiunto il valore della dimensione massima **`dimensmax`**.

La condizione **`i<dimensmax`** ha un duplice scopo: evitare l'overflow del buffer, perché gli eventuali caratteri che superano la dimensione dell'array successivi non saranno nemmeno letti da **`getchar`**, e lasciare lo spazio per il terminatore `'\0'`, assegnato poi fuori dal ciclo con l'istruzione della riga 15.

Se avessimo scritto **`i<=dimensmax`** avremmo evitato l'overflow, ma il testo non sarebbe stato riconosciuto come stringa di caratteri – in eventuali elaborazioni successive – poiché privo del terminatore `'\0'`.

La scelta **`dimensmax=31`** (riga 5) significa dunque che la stringa di testo memorizzata può contenere al massimo 30 caratteri; e siccome l'indice degli array in C parte da 0, il trentunesimo elemento avrà indice 30, rappresentato nella riga 15 da **`i-1`**.

In conclusione, **`getchar()`** gestisce l'input dell'utente ma, diversamente da **`scanf`**, tratta un singolo carattere alla volta.

Nella libreria **`stdio.h`** esiste anche una funzione **`putchar()`** che produce un output, come **`printf`**, ma stampando un singolo carattere alla volta.

La libreria `string.h`

La gestione delle stringhe di caratteri è così importante per la programmazione, e viene svolta in maniera così peculiare dal linguaggio C, che ha meritato una libreria standard dedicata: **`string.h`**.

Questa libreria contiene tutte le funzioni necessarie per la manipolazione delle stringhe; le principali sono elencate nella **tabella 15.1**.

Per poter invocare queste funzioni, è sufficiente aggiungere all'inizio del codice una direttiva **`#include <string.h>`** e passare poi a ciascuna funzione gli opportuni parametri, come indicato dalla tabella.

Tabella 15.1 Le principali funzioni della libreria standard **`string.h`** del linguaggio C.

dichiarazione	effetto della funzione
`int strlen (char stringa)`	restituisce la lunghezza di **`stringa`**, escluso il terminatore `'\0'`
`char strcpy (char stringa1, char stringa2)`	copia **`stringa2`** in **`stringa1`**, incluso il terminatore `'\0''`
`char strcat (char stringa1, char stringa2)`	accoda **`stringa2`** a **`stringa1`**
`char strstr (char stringa1, char stringa2)`	verifica se **`stringa2`** è contenuta in **`stringa1`**
`int strcmp (char stringa1, char stringa2)`	confronta **`stringa1`** e **`stringa2`** e restituisce 0 se sono uguali, oppure un intero diverso da 0 se sono diverse

Un esempio: unire più stringhe

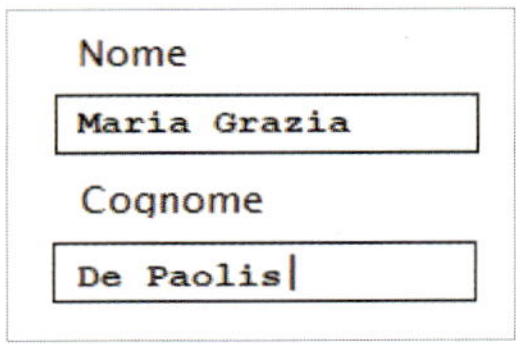

Spesso nelle applicazioni l'utente è invitato a compilare moduli scrivendo stringhe di caratteri, come lo *username* o nome utente.

Nei codici che gestiscono le applicazioni può essere utile unire in un'unica stringa informazioni inserite in diversi campi, per esempio per avere in un solo array le stringhe di caratteri che contengono il nome e il cognome.

Il C però non prevede la possibilità di sommare tra loro le stringhe come si fa con le variabili: in altre parole, un'istruzione come **`c=a+b`**; si può scrivere se **`a`**, **`b`** e **`c`** sono variabili numeriche, ma non se sono array di caratteri.

Per unire i contenuti di più array di caratteri, perciò, bisogna creare un ulteriore array che contenga l'insieme dei caratteri degli array di partenza.

Il codice della **figura 15.21** usa le funzioni della libreria **`string.h`** per costruire, a partire dagli array **`nome`** e **`cognome`**, un array **`nome_cognome`** che riunisce le stringhe contenute in quei due array, separandole con uno spazio.

Dati come input la stringa del nome «Maria Grazia» e quella del cognome «De Paolis», il programma restituisce la stringa «Maria Grazia De Paolis»:

unisci_array-libreria.c

```
#include <stdio.h>
/*includiamo la libreria string.h*/
#include <string.h>

int main (void)
{
    char nome[] = "Maria Grazia";
    char cognome[] = "De Paolis";
    char nome_cognome[31];
    char spazio[]=" ";
/*invochiamo la funzione di libreria strcpy*/
    strcpy (nome_cognome, nome);
/*invochiamo la funzione di libreria strcat*/
    strcat (nome_cognome, spazio);
    strcat (nome_cognome, cognome);
    printf ("\n  %s \n", nome_cognome);
}
```

Figura 15.21 Il codice per unire i contenuti di due stringhe.

La riga 12 del codice invoca la funzione di libreria **strcpy** per copiare la stringa di caratteri **nome** nell'array **nome_cognome**.

Poi le righe 14 e 15 invocano la funzione **strcat** per accodare a **nome_cognome**, una di seguito all'altra, le stringhe di caratteri **spazio** e poi **cognome**.

La stringa **spazio**, creata dall'istruzione alla riga 10, contiene lo spazio bianco da inserire tra le stringhe **nome** e **cognome**; senza questa precauzione, l'output sarebbe «Maria GraziaDe Paolis». Nota che per il compilatore questa stringa è formata da due elementi: lo spazio bianco e il terminatore `'\0'`.

Va anche notato che le funzioni di libreria hanno una dichiarazione inflessibile: **strcat** per esempio accetta come argomenti soltanto due array di caratteri, perciò abbiamo dovuto invocarla due volte.

Infine, è importante tener conto del fatto che le funzioni della libreria **string.h** non gestiscono la dimensione degli array: per evitare il rischio di overflow del buffer, perciò, bisogna fare attenzione a dimensionare in modo corretto i dati passati a queste funzioni.

IN SINTESI

- Una **stringa di caratteri**, cioè un testo formato da una sequenza di caratteri alfanumerici, si può memorizzare in C in un **array di tipo char**.
- Per **inizializzare** un array di caratteri è sufficiente inserire il testo tra doppi apici, senza specificare la dimensione dell'array.
- Il C aggiunge automaticamente il **terminatore** `'\0'`, che nell'array occupa lo spazio di un carattere, alla fine di ogni stringa.
- Nella funzione **scanf** l'argomento `"%[^'\n']s"` permette di leggere e memorizzare una stringa di caratteri finché non va a capo.
- La funzione **getchar()** legge l'input un carattere alla volta; usata all'interno di un ciclo iterativo, permette di memorizzare stringhe senza eccedere la dimensione dell'array, evitando così il *buffer overflow*.
- In C esiste una **libreria standard string.h** che contiene tutte le funzioni necessarie per la manipolazione delle stringhe di caratteri.

ESERCIZI

1 A quale condizione un array può contenere una stringa di caratteri?

....

2 Come si scrive l'istruzione che dichiara e inizializza un array **saluto** contenente la stringa di caratteri «Arrivederci»?

....

3 Qual è la dimensione dell'array dichiarato e inizializzato nell'esercizio precedente, e quanto spazio di memoria occuperà nella RAM?

....

4 Se nel programma **conteggio_escape.c** si volesse esplicitare un numero tra le parentesi quadre alla riga 4, che numero si dovrebbe scrivere?

....

5 Se un array **testo** è di tipo **char**, quale istruzione farà sì che la stringa contenuta nell'array inizi con la lettera B?

....

6 Se l'array dell'esercizio precedente ha dimensione 10, quale istruzione farà sì che la stringa termini con un punto esclamativo?

....

7 Scrivi l'istruzione che fa emettere al computer un suono quando nell'esecuzione arriva a quel punto del codice.

....

8 Modifica il programma **getchar** sostituendo il ciclo **while** con un ciclo di tipo **for**.
Salva il codice con il nome **getchar_for.c**, poi compilalo, eseguilo e verifica che funzioni correttamente.

15.4 Lavorare con i file

I programmi che abbiamo scritto finora ricevevano un input digitato dall'utente sulla tastiera e visualizzavano l'output sullo schermo del computer, usando la memoria RAM.

Questo non è però l'unico modo in cui i programmatori gestiscono input ed output. Il linguaggio C infatti offre molte funzioni che permettono di operare direttamente sui file del proprio computer.

I file, come sappiamo, contengono dati che sono registrati in modo permanente nella memoria di massa e possono anche provenire da altre applicazioni.

Per chi scrive un codice in C, un file può essere la sorgente dell'input o la destinazione dell'output del programma; inoltre il programma può anche agire sui file modificandone il contenuto, rinominandoli o cancellandoli.

Nelle prossime pagine esploreremo alcune funzioni del C che aiutano a lavorare con i file. Sono funzioni contenute nella libreria standard **`stdio.h`**, già inclusa nei nostri codici.

Per prima cosa però impareremo a eseguire i programmi in C usando il *terminale* fornito dal sistema operativo.

Usare il terminale

Tra i programmi che ogni sistema operativo installa sul personal computer vi è sempre un **terminale**, ossia un'applicazione con la cosiddetta *interfaccia a riga* (o *linea*) *di comando*, talvolta detta anche *console*, che permette di eseguire programmi e di interagire con il file system digitando comandi da tastiera.

Per tutti i programmi che abbiamo creato finora, Dev-C++ ha usato come interfaccia, al momento dell'esecuzione, proprio la finestra del terminale. Ora vedremo come usarla per comunicare direttamente con il sistema operativo.

In Ubuntu, dove l'applicazione è chiamata anche **shell**, la si apre facendo clic su **Applicazioni**, quindi su **Accessori** e infine su **Terminale**.

In Windows il terminale si chiama **Prompt dei comandi** e lo si può trovare facendo clic sul pulsante **Start** e poi aprendo il menu delle applicazioni **Sistema Windows**, come mostra la **figura 15.22**.

Per avere il programma sempre a portata di mano sulla barra delle applicazioni, basta fare clic con il tasto destro del mouse sul suo nome e scegliere l'opzione **Altro** e poi **Aggiungi alla barra delle applicazioni**.

Lanciando il *Prompt dei comandi* in Windows, nella finestra del terminale appare per default il percorso della directory (o cartella) **`C:\Users\nomeutente`** seguito dal simbolo **>**, che segnala la fine del messaggio di sistema. Subito a destra lampeggia un cursore: qui appariranno i comandi che digitiamo sulla tastiera.

Per poter agire su un file, in primo luogo bisogna indicare al terminale in quale directory si trova quel file.

Digita il comando **`cd desktop\corso_di_C`**, dove **`cd`** sta per *change directory*, poi premi il tasto [Invio]: in questo modo ti sposterai nella cartella **corso_di_C**.

Ora digita **`dir /p`** e premi [Invio]: il comando visualizza l'elenco dei file contenuti nella directory, come mostra la **figura 15.23**. Se l'elenco dei file è lungo, potrai scorrerlo premendo un tasto qualsiasi.

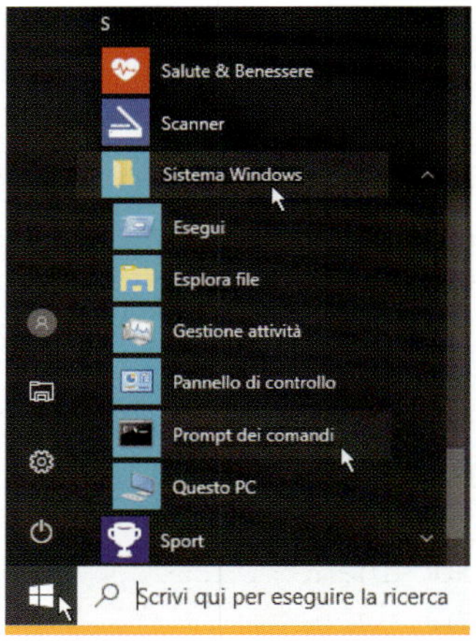

Figura 15.22 L'accesso al *Prompt dei comandi* in Windows10.

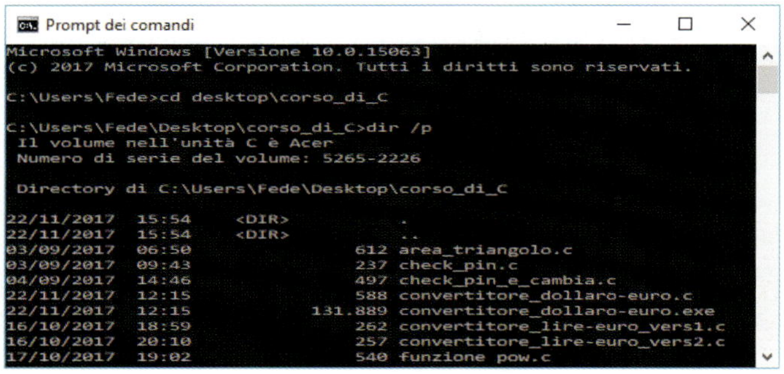

Figura 15.23 Visualizzare i contenuti di una directory nel terminale.

Indirizzare l'output a un file

La directory **corso_di_C** dovrebbe già contenere il file eseguibile del primo programma scritto in questo corso, **Hello_world.exe** (se così non fosse, copia il codice nella cartella **corso_di_C**, poi apri Dev-C++ e compilalo).

Quando l'abbiamo creato, il programma **Hello_world** produceva semplicemente una scritta sul monitor del computer. Ora invece possiamo imparare a salvare quel testo in un file: basta digitare nel terminale il comando **`Hello_world > hello.txt`** e premere il tasto Invio.

Dopo che hai inviato il comando, nel terminale non apparirà alcun output; ricomparirà soltanto il messaggio di attesa di un nuovo comando. In realtà, però, nel frattempo qualcosa è successo.

Se apri la cartella **corso_di_C**, troverai che vi è stato creato un nuovo file **hello.txt**. Apri questo file e vedrai che – come mostra l'immagine qui a fianco – il file contiene la frase che in Dev-C++ appariva a schermo.

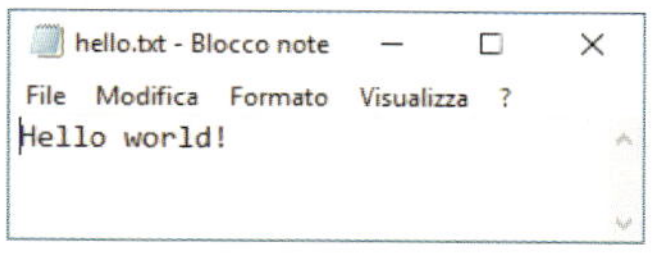

Dunque il simbolo **>** del comando digitato nel terminale ha avuto l'effetto di creare il file **hello.txt** e di indirizzarvi l'output originariamente destinato allo schermo.

È importante sottolineare che nel file creato re-indirizzando l'output i testi mantengono le impostazioni specificate dal codice sorgente.

Per esempio, scarica dal sito web del libro il codice **Divina_Commedia.c** che puoi vedere nella **figura 15.24**, salvalo in **corso_di_C** e poi compilalo con Dev-C++.

Se nel terminale invii il comando **`divina_commedia > Divina_Commedia.txt`** e poi apri il file **Divina_Commedia.txt** che viene creato in **corso_di_C**, vedrai il contenuto mostrato a destra nella figura: il testo va a capo alla fine di ogni verso, proprio come prescritto dalle sequenze di escape **`\n`** delle funzioni **`printf`** del codice.

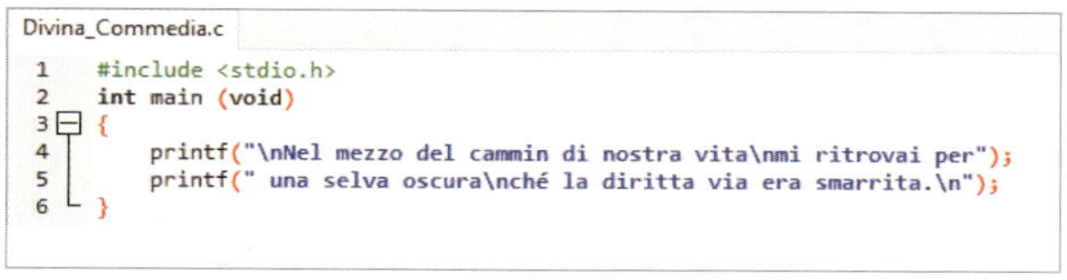

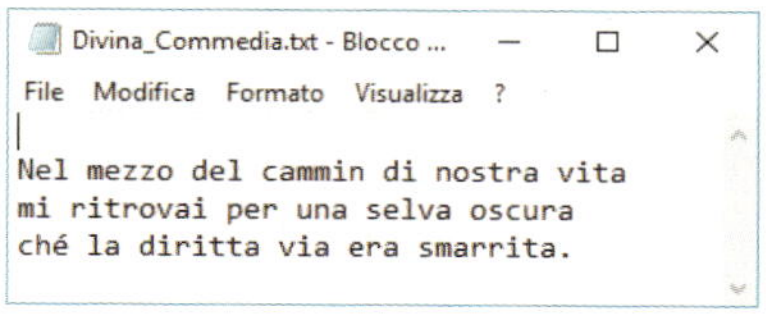

Figura 15.24 Il file creato indirizzando da terminale l'output del programma in C.

Acquisire l'input da un file

Così come è possibile indirizzare l'output di un programma a un file, si può anche usare un file come fonte dei dati di input richiesti da un programma.

Useremo come esempio il programma **convertitore_dollaro-euro** che abbiamo creato nei capitoli precedenti.

Questo codice richiede due dati di input di tipo decimale: il tasso di cambio tra dollaro ed euro e la cifra in dollari da convertire.

Con il programma *Blocco Note* (o con *vi* in Ubuntu) crea nella cartella **corso_di_C** un documento di testo non formattato **dati_dollaro-euro.txt**, scrivi due valori sulle prime due righe, come nella **figura 15.25**, poi salva il file.

Passa al terminale, accertati di essere nella directory **corso_di_C** e digita il seguente comando: **`convertitore_dollaro-euro < dati_dollaro-euro.txt`**.

Il programma ora verrà eseguito all'interno del terminale. Vedrai apparire le frasi con cui il codice richiede i dati in input, ma non occorrerà digitarli: come conseguenza del simbolo **<** usato nel comando, i dati saranno acquisiti dal file **.txt**.

Il risultato dell'elaborazione poi apparirà nel terminale, come illustrato a destra nella **figura 15.25**.

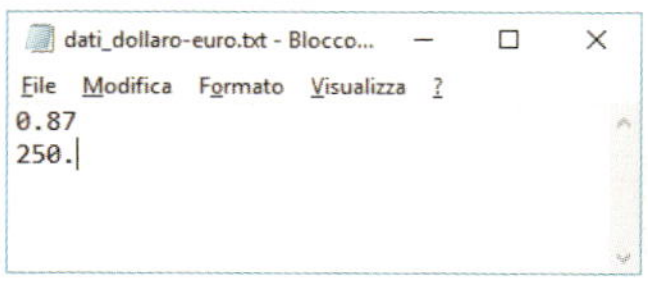

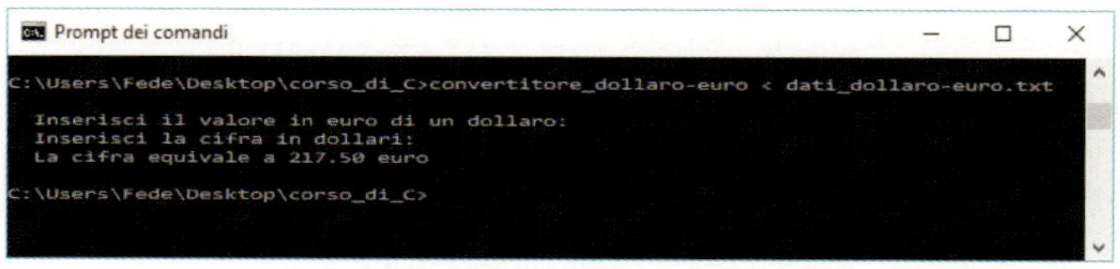

Figura 15.25 Un programma in C eseguito da terminale acquisendo l'input da un file.

Aprire un file con la funzione `fopen`

Ritorniamo ora all'ambiente di sviluppo Dev-C++; vedremo come il linguaggio C consenta di lavorare aprendo file esterni a quello del codice.

Per far interagire un codice con file esterni, è necessario dire al programma di volta in volta quale file aprire o chiudere, o su quale file intendiamo effettuare operazioni.

A questo scopo il C definisce un tipo di dato chiamato **`FILE`** (da scrivere tutto maiuscolo), che permette di «puntare» a un file specifico. Nella libreria standard **`stdio.h`** poi ci sono funzioni che consentono di agire sul file a cui si punta.

Vediamo per esempio il funzionamento della funzione **`fopen`**, con cui si può aprire un file. Scrivi il codice della **figura 15.26**, salvalo con il nome **apertura_file-fopen.c**, poi compilalo ed eseguilo.

apertura_file-fopen.c

```
1   #include <stdio.h>
2   int main (void)
3   {
4   /*un esempio di uso del tipo di dato FILE*/
5   FILE *apertura;
6   apertura=fopen("Divina_Commedia.txt", "r");
7   /*controllo la corretta esecuzione dell'istruzione precedente*/
8   if(apertura==NULL)
9       printf("\n  Operazione non riuscita \n");
10  else
11      printf("\n  File aperto correttamente \n");
12  }
```

Figura 15.26 L'apertura di un file con la funzione **`fopen`** del C.

In questo codice:

- la riga 5 dichiara la variabile **`apertura`** di tipo **`FILE`**; la dichiarazione ha una sintassi simile a quella che siamo abituati a usare per le variabili, ma c'è una differenza importante: il nome della variabile è preceduto da un asterisco **`*`**, che la identifica come un **puntatore** (in inglese *pointer*); qui non approfondiremo il tema dei puntatori, se non per dire che un puntatore è una variabile che contiene l'indirizzo di memoria di un altro oggetto, a cui perciò «punta»;
- la riga 6 definisce il significato della variabile-puntatore **`apertura`** attraverso la funzione **`fopen`**, che ha due argomenti scritti tra doppi apici e separati da una virgola: il nome del file da aprire e la modalità della sua apertura;
- le modalità di apertura di un file possono essere **`"r"`** come in quest'esempio (*read*, sola lettura) oppure, come vedremo tra poco, **`"w"`** (*write*, scrittura sul file) o **`"a"`** (*append*, cioè aggiunta di dati a quelli già contenuti nel file).

L'esecuzione della funzione **`fopen`** non produce un output visibile, sia che riesca ad aprire il file, sia che fallisca (può fallire per esempio perché il file non esiste, o ne abbiamo digitato male il nome, o si trova in una directory diversa da quella del codice).

In caso di fallimento però, la variabile-puntatore assume il valore speciale **NULL** (a indicare che non punta a nessun oggetto). La struttura **`if`**...**`else`** delle righe 8-11 approfitta di questo fatto per comunicare a schermo l'esito del tentativo di apertura.

Per verificare il funzionamento di questo meccanismo, prova a eseguire il codice dopo aver modificato la riga 6, scrivendo il nome di un file che *non è* presente nella directory: riceverai il messaggio «Operazione non riuscita». Copia poi quel file nella cartella **corso_di_C** e ripeti la prova: ora l'apertura avrà successo.

L'aggiunta di dati a un file

Adesso che sappiamo aprire il file **Divina_Commedia.txt**, possiamo usare un'altra funzione di **`stdio.h`** per aggiungere dati al suo interno.

Per esempio, scarica dal sito web del libro il codice **aggiunta_a_file-fprintf.c** della **figura 15.27**, salvalo in **corso_di_C**, poi compilalo con Dev-C++ ed eseguilo.

Come mostra l'immagine a destra, il programma aggiungerà al file la seconda terzina del primo Canto dell'*Inferno* di Dante, come puoi verificare aprendo il documento **Divina_Commedia**.

aggiunta_a_file-fprintf.c

```c
1  #include <stdio.h>
2  int main (void)
3  {
4  FILE *aggiunta;
5  /*apriamo il file in modalità "append", per aggiungere testo*/
6  aggiunta=fopen("Divina_Commedia.txt", "a");
7  /*fpritnf e' l'equivalente di printf*/
8  fprintf(aggiunta, "\n\nAhi quanto a dir qual era è cosa dura\n");
9  fprintf(aggiunta, "esta selva selvaggia e aspra e forte\n");
10 fprintf(aggiunta, "che nel pensier rinova la paura!");
11 fclose(aggiunta);
12 }
```

Divina_Commedia.txt - Blocco n...

File Modifica Formato Visualizza ?

```
Nel mezzo del cammin di nostra vita
mi ritrovai per una selva oscura
ché la diritta via era smarrita.


Ahi quanto a dir qual era è cosa dura
esta selva selvaggia e aspra e forte
che nel pensier rinova la paura!
```

Figura 15.27 L'aggiunta di dati a un file con **fopen** e **fprintf**.

In questo codice la variabile-puntatore si chiama **aggiunta** e la funzione **fopen** è invocata con **"a"** (*append*) come secondo argomento, perché vogliamo aggiungere testo a quello già contenuto nel file **Divina_Commedia**. In questa modalità di apertura **fopen** non restituisce mai **NULL**: se non trova il file dato come argomento, infatti, lo crea.

La funzione **fprintf** si comporta esattamente come **printf**, però scrive su file anziché a schermo. A questa funzione perciò si deve indicare su quale file operare, infatti nelle righe 8-10 del codice il suo primo argomento è proprio il puntatore al file.

Nota che il codice termina invocando la funzione **fclose**, che ha come unico argomento il puntatore e serve per chiudere il file che si era aperto; è buona norma farlo sempre, così da «liberare» il file per eventuali elaborazioni successive o di altri utenti.

! Alla fine del codice è sempre bene chiudere con **fclose** i file che si sono aperti con **fopen**.

La lettura dei dati contenuti in un file

Come ormai sappiamo, il linguaggio C identifica le stringhe di caratteri ponendo al loro termine la sequenza di escape **'\0'**.

In modo analogo, la fine di un file è indicata dal carattere speciale chiamato **EOF** (*end of file*). Questo fatto si può sfruttare per visualizzare a schermo il contenuto di un file di testo, come mostra l'esempio della **figura 15.28**.

La funzione **fscanf** è l'equivalente per la lettura da file della funzione **scanf** che già conosciamo bene.

Alla riga 12 **fscanf** legge il file **Divina_Commedia** indicato dal puntatore **apertura**, che è definito alla riga 7 da **fopen** usata in modalità di sola lettura.

Il secondo argomento, **"%[^EOF]s"**, fa sì che **fscanf** legga la stringa contenuta nel file finché non incontra il carattere **EOF**.

Il terzo argomento di **fscanf** memorizza il contenuto del file nell'array **testo**, che alla riga 13 viene poi visualizzato a schermo dalla classica funzione **printf**.

lettura_da_file-fscanf.c

```c
1  #include <stdio.h>
2  int main (void)
3  {
4  FILE *apertura;
5  /*dichiariamo l'array di caratteri "testo"*/
6  char testo[300];
7  apertura=fopen("Divina_Commedia.txt", "r");
8  if(apertura==NULL)
9      {printf("Operazione non riuscita");}
10 else
11 /*fscanf leggerà il testo fino al termine EOF*/
12     {fscanf(apertura, "%[^EOF]s", testo);}
13 printf(" %s", testo);
14 /*la funzione fclose chiude il file*/
15 fclose(apertura);
16 }
```

Figura 15.28 La lettura del testo da un file con **fscanf**.

Copiare da un file a un altro

Un file, o parte di esso, può essere copiato in un altro file. Per imparare a farlo, scrivi il codice della **figura 15.29**, salvalo con il nome **copia_file.c**, poi compilalo ed eseguilo.

copia_file.c

```c
#include <stdio.h>
int main (void) {
FILE *originale, *copia;
char testo[300];
/*apre il file da copiare*/
originale=fopen("Divina_Commedia.txt", "r");
if(originale==NULL)
{
printf(" Operazione non riuscita");
}
/*crea e apre il file destinazione"*/
copia=fopen("nuovo_file.txt", "w");
if(copia==NULL)
{
printf(" Operazione non riuscita");
}
/*fscanf copia il testo, fprintf lo incolla*/
fscanf(originale, "%[^EOF]s", testo);
fprintf(copia, "%s", testo);
fclose(originale);
fclose(copia);
}
```

Figura 15.29 Copiare il testo contenuto in un file all'interno di un altro file.

Dopo l'esecuzione del programma, verifica che nella cartella compaia un nuovo file di testo di nome **nuovo_file**, aprilo e controllane il contenuto.

Il codice della **figura 15.29** usa due diversi puntatori: **`originale`** per il file esistente, di cui vogliamo copiare il contenuto, e **`copia`** per il nuovo file che vogliamo creare.

- La riga 6 definisce il puntatore **`originale`** aprendo con **`fopen`** il file **Divina_Commedia.txt** in sola lettura;
- la riga 12 definisce **`copia`** usando **`fopen`** in modalità scrittura per creare nella cartella **corso_di_C** il file-destinazione **nuovo_file.txt**, che ancora non esisteva, e per aprirlo;
- alla riga 18 **`fscanf`** legge il contenuto del primo file e lo memorizza nell'array di carattere **`testo`**;
- la riga 19 usa **`fprintf`** per copiare la stringa nel nuovo file indicato dal puntatore **`copia`**; ora le prime due terzine della *Divina Commedia* appaiono anche all'interno di **nuovo_file**;
- le righe 20 e 21 chiudono i due file dopo l'uso.

Rinominare ed eliminare i file

Le ultime due funzioni di **`stdio.h`** che esamineremo, chiamate **`rename`** e **`remove`**, permettono di effettuare con un programma in C due operazioni tipiche dei sistemi operativi: l'attribuzione di un nuovo nome a un file e la sua eliminazione.

Il codice è molto semplice, come puoi vedere qui a fianco.

Le funzioni **`remove`** (rimuovi, elimina) e **`rename`** (rinomina) restituiscono come output un numero intero, come mostrano le loro dichiarazioni: il valore restituito è 0 se l'operazione è riuscita, altrimenti è un numero diverso da zero.

Scrivi ed esegui questo programma, poi controlla il risultato nella directory **corso_di_C**: il file **nuovo_file** creato nell'esempio precedente ora è sparito (puoi rintracciarlo nel **Cestino**) e anche il file **Divina_Commedia** non c'è più: è stato sostituito da **DivCom.txt**.

elimina_rinomina.c

```c
#include <stdio.h>
int main (void)
{
/*La funzione remove elimina un file*/
int elimina;
elimina=remove("nuovo_file.txt");
/*La funzione rename cambia il nome di un file*/
int rinomina;
rinomina=rename("Divina_Commedia.txt", "DivCom.txt");
}
```

IN SINTESI

- Esistono diversi modi per far interagire i programmi in C con file esterni. Con il **terminale** (*Prompt dei comandi* in Windows) si può acquisire l'input da un file e indirizzare l'output a un altro file.
- Nei codici sorgente si possono usare funzioni della libreria standard **`stdio.h`** tramite **puntatori** che sono variabili con tipo di dato **`FILE`**.
- Le **funzioni `fopen`** e **`fclose`** permettono di creare, aprire e chiudere file esterni. Con le **funzioni `fscanf`** e **`fprintf`** si possono leggere e scrivere dati da e in file esterni.
- Le **funzioni `rename`** e **`remove`** permettono di rinominare un file e di eliminarlo spostandolo nel Cestino.

ESERCIZI

1 Diversamente dal linguaggio C, l'interfaccia del terminale non è *case sensitive*, cioè non distingue tra maiuscole e minuscole. Verifica questo fatto e scrivi qui sotto un esempio di comando a terminale che lo dimostra.

....

2 In quali casi la funzione **`fopen`**, se non trova il file che le diamo come argomento, lo crea?

....

....

ATTIVITÀ GUIDATA Unire stringhe senza usare funzioni

Completa il testo

› Nel capitolo abbiamo visto (**figura 15.21**) come unire insieme più stringhe usando le funzioni della libreria .... Come esercizio, vediamo ora come si possa ottenere lo stesso risultato scrivendo il codice qui a fianco, che non fa ricorso a .... predefinite.

› Vogliamo che il nostro programma, a partire dalle .... **nome** «Maria Grazia» e **cognome** «De Paolis», restituisca la stringa **nome_cognome** «Maria Grazia De Paolis» (compreso lo .... tra nome e cognome).

› Il codice qui a fianco costruisce la stringa **nome_cognome** come unione di .... stringhe, usando allo scopo tre cicli di tipo .... che usano tre diversi contatori **i**, ... e **k**.

› La riga 9 del codice .... e inizializza la stringa **spazio**: usarla è necessario per evitare che il programma produca come .... «Maria GraziaDe Paolis».

```c
unisci_array.c
1   #include <stdio.h>
2
3   int main (void)
4   {
5       int i, j, k;
6       char nome[] = "Maria Grazia";
7       char cognome[] = "De Paolis";
8       char nome_cognome[31];
9       char spazio[]=" ";
10  /*copio la stringa nome, escluso il carattere '\0', in nome_cognome */
11      for (i = 0; nome[i] != '\0'; i++)
12          {nome_cognome[i] = nome[i];}
13  /*copio la stringa spazio, escluso il carattere '\0', in nome_cognome
14  aggiungendola dopo la stringa nome*/
15      for (j = 0; spazio[j] != '\0'; j++)
16          {nome_cognome[i+j] = spazio[j];}
17  /*copio la stringa cognome, escluso il carattere '\0', in nome_cognome
18  aggiungendola dopo la stringa spazio*/
19      for (k = 0; cognome[k] != '\0'; k++)
20          {nome_cognome[i+j+k] = cognome[k];}
21  /*aggiungo il terminatore alla fine della stringa prodotta dall'unione*/
22      nome_cognome [i+j+k] = '\0';
23  /*stampo a schermo la stringa risultante */
24      printf ("\n  %s \n", nome_cognome);
25  }
```

```
C:\Users\unisci_array.exe

 Maria Grazia De Paolis

--------------------------------
Process exited after 0.1321 seconds
```

› Il primo ciclo copia la stringa .... nei primi elementi di **nome_cognome**. Il secondo ciclo copia (e aggiunge di seguito, grazie al contatore composto .... usato nella riga 16) la stringa .... Infine il terzo ciclo copia (e aggiunge di seguito, grazie al contatore .... della riga 20) la stringa ....

› Nei tre cicli l'istruzione **for** copia sempre le stringhe soltanto fino al terminatore .... escluso, per evitare che il programma riceva il messaggio di fine ....

› Una volta copiata l'ultima stringa, perciò, è necessaria un'istruzione che inserisca il .... alla fine di **nome_cognome**: questo avviene alla riga .... del codice.

Ora prova tu

1. Scrivi il codice **unisci_array** mostrato sopra, verifica che funzioni e poi salvane una copia con il nome **unisci_array-provatu.c**. Apporta poi alla copia del codice le modifiche descritte di seguito.
2. Aggiungi nel codice un nuovo array **professione** che contenga la stringa **"insegnante"**. Immagina per esempio che anche questa informazione sia stata acquisita tramite il modulo di un sito web, insieme a **nome** e **cognome**.
3. Modifica il testo del codice in modo tale che l'output diventi quello mostrato qui sotto.
4. Accertati in particolare che nell'output, dopo il cognome, la professione sia preceduta da una virgola seguita da uno spazio bianco.

```
C:\Users\unisci_array-provatu.exe

 Maria Grazia De Paolis, insegnante

--------------------------------
Process exited after 0.05386 seconds
```

ESERCIZI DI RIEPILOGO

ZTE ONLINE

LOSAI? RIPASSA CON LO SMARTPHONE

1 Completa la mappa con le parole:
carattere ▪ ciclo ▪ dichiarazione ▪ dimensione ▪ indice ▪ memoria ▪ stringa

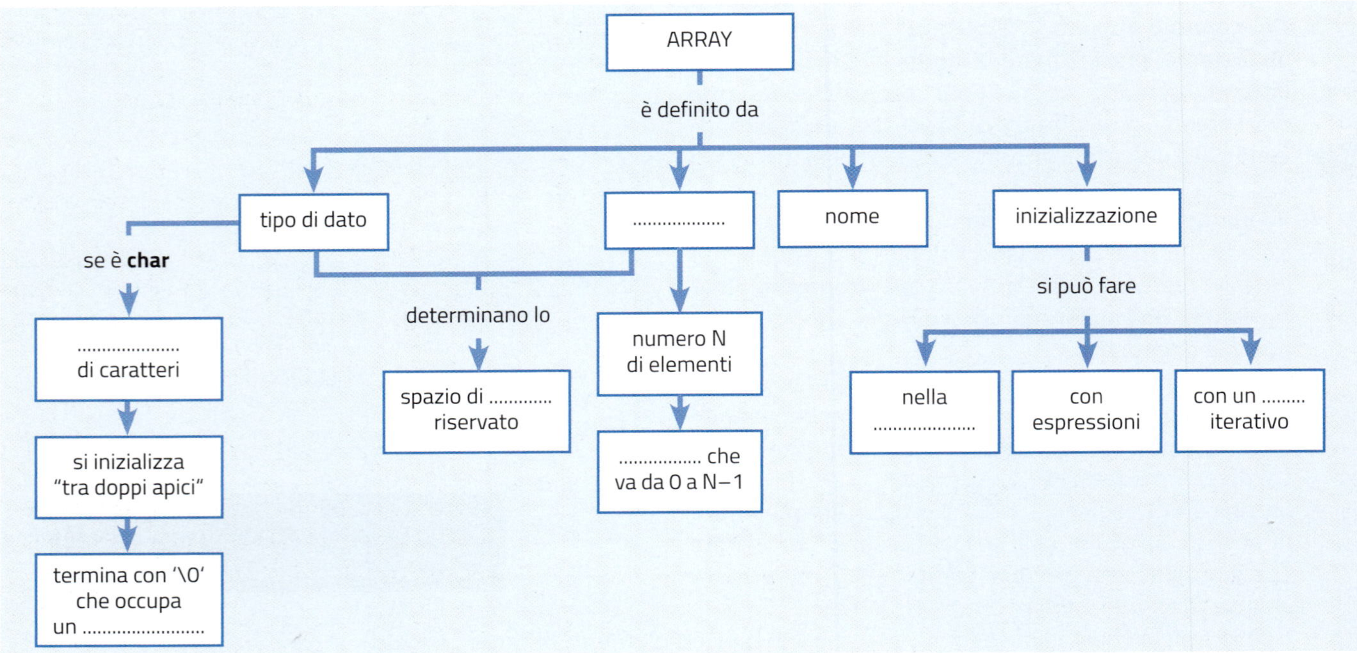

2 Un codice sorgente in C inizia con queste istruzioni:

```
int a, n=17, Nmax= 30;
float vettore[n];
```

Quanti elementi può avere al massimo l'array **vettore**, e che tipo di valori contiene?

....

3 Un programma in C funziona correttamente e contiene questa istruzione:

```
raggio = 2 * vettore[17];
```

Che cosa sai dire sulla dimensione dell'array **vettore**?

....

4 Come si scrive su terminale il comando per inviare l'output di un programma chiamato **prova** al documento di testo **prova_output**?

....

5 Che cosa si può fare con la funzione **fscanf** che non si potrebbe fare con **scanf**?

....

....

6 Scrivi la dichiarazione di un array **stringa** destinato a contenere la stringa «A presto!».

....

7 Nell'istruzione del codice in C che legge una stringa digitata dall'utente, quale sequenza di escape si usa per terminare la lettura quando l'utente preme il tasto Invio?

....

8 Un array **quesito** è di tipo **char** e ha dimensione 20. Scrivi un'istruzione che faccia sì che l'ultimo carattere visualizzabile della stringa memorizzata nell'array sia un punto interrogativo.

....

9 Vogliamo inizializzare l'array di tipo intero **numeri_dispari** con la successione dei numeri dispari minori di 100. Quale istruzione va scritta in questo ciclo di tipo **for**?

```
for (i=0; i<50; i++)
```

....

10 La successione dei *numeri di Fibonacci* è definita così: i primi due sono uguali a 1, poi ogni numero successivo è la somma dei due numeri che lo precedono. Scrivi un programma che, letto come input un intero positivo *n*, costruisca un array di nome **Fibonacci** contenente i primi *n* numeri di Fibonacci e li stampi a schermo.
Salva il codice con il nome **Fibonacci.c**.

11 Quanto vale l'elemento **numeri_pari[0]** calcolato dal programma **iniz_array_3** della **figura 15.5** del capitolo?

....

12 Che cosa va cambiato nel codice **`iniz_array_3`** se si vuole che l'output inizi da 0, anziché da 2?

13 Quale istruzione **`for`** scriverai se vuoi scorrere a ritroso, dall'ultimo al primo, tutti gli elementi di un array di dimensione **`N`**? Usa **`k`** come variabile contatore.

14 Scrivi un ciclo che ti permetta di sommare tutti i valori presenti in un array di dimensione **`D`**. Supponi che una variabile **`somma`** sia già stata inizializzata con il valore zero.

15 Un array è dichiarato e inizializzato così:

```
char array[]="testo di prova";
```

a. Qual è la dimensione dell'array?

b. Che cosa contengono gli elementi **`array[1]`**, **`array[8]`** e **`array[14]`**?

16 Se si scrive a schermo «testo di prova» e lo si legge con l'istruzione **`scanf ("%s", stringa);`** dove **`stringa`** è stato dichiarato come array di caratteri, che cosa conterrà dopo la lettura l'elemento **`stringa[5]`**?

17 L'array di tipo intero **`power2`** ha elementi il cui valore è definito iterativamente così:

```
power2[0]=1;
for (i=1; i<=N; i++)
power2[i]=2*power2[i-1];
```

a. Qual è la massima dimensione possibile per **`power2`** in C, se l'array è dichiarato come **`int power2[N]`**?

b. Che cosa si potrebbe fare per aumentare di un'unità questa dimensione massima?

c. Che cosa si dovrebbe fare invece per poter raddoppiare questa dimensione massima?

18 Scrivi un programma in C che richieda l'inserimento di **N** numeri interi, dove **N** è un numero scelto dall'utente, memorizzi i dati di input in un array e poi mostri a schermo soltanto i numeri corrispondenti agli indici pari dell'array. Salva il file con il nome **indici_pari.c**.

19 Scrivi un programma in cui dichiari un array **`dati`** di dimensione 10 e poi chiedi all'utente di inizializzare l'array digitando 10 numeri (anche con il punto decimale) su una stessa riga, separati da uno spazio bianco.
Il programma poi deve calcolare, e mostrare su tre righe separate: la somma di tutti i dati di input positivi, la somma di tutti quelli negativi e la somma totale di tutti i dati di input.
Salva il codice con il nome **tre_somme.c**.

20 Scrivi un programma in C che chieda all'utente di digitare fino a un massimo di 10 numeri interi, digitando 0 (zero) quando vuole terminare la serie.
Il programma poi deve mostrare a schermo, su una sola riga e separati da spazi bianchi, i numeri inseriti come input, e su una riga separata, nello stesso formato, i numeri di input elencati in ordine inverso.
Salva il codice con il nome **inversione.c**.

21 Scrivi un programma in C che all'interno del codice scriva la classifica dei tuoi primi 3 attori preferiti, andando a capo per ogni attore, e salvalo con il nome **classifica.c**.
Poi crea da terminale un file **classifica.txt** che contenga l'output del programma.

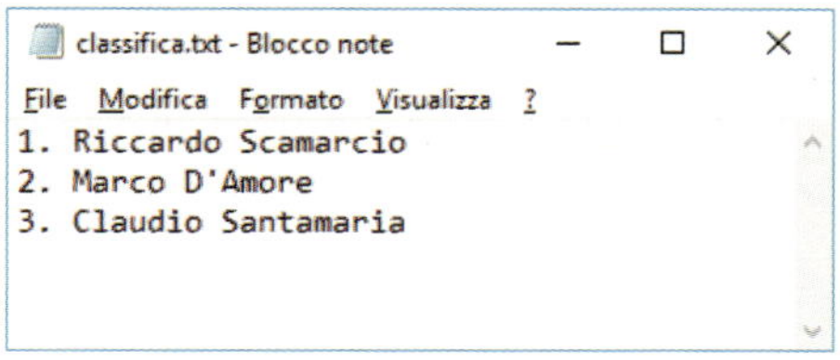

22 Scrivi un programma in C che legga prima la stringa di una domanda digitata dall'utente (per un massimo di 20 caratteri), poi la stringa della risposta, sempre digitata dall'utente (massimo 10 caratteri), e infine scriva a schermo un'unica stringa che abbia la seguente forma:

D: testo della domanda R: testo della risposta

Salva il codice con il nome **domanda_risposta.c**.

23 Scrivi un programma che fa quanto segue:

- inizializza nel codice gli array **`serie1`** e **`serie2`**, in questo modo:

```
int serie1 []={0, 1, 2, 3, 4, 5, 6, 7, 8, 9};
int serie2 [10]={5, 5};
```

- chiede all'utente di inserire 8 numeri interi qualsiasi, anche ripetuti, e li memorizza nell'array **`serie2`** aggiungendoli a quelli già presenti;
- visualizza a schermo i valori contenuti negli array **`serie1`** e **`serie2`**, ciascuno su una riga;
- confronta i valori contenuti nei due array;
- crea un terzo array che contiene soltanto i valori presenti in entrambi gli array;
- visualizza a schermo, su una riga, il contenuto del terzo array.
Salva il codice con il nome **confronta_array.c**.

VERIFICA DELLE COMPETENZE

1 LAVORA CON I DATI

Le password, come sai, sono un elemento molto importante della nostra sicurezza informatica.

Una password sicura deve essere una stringa formata da almeno 8 caratteri alfanumerici.

a. Qual è il numero di password diverse di 8 caratteri che si possono scrivere usando soltanto le 26 lettere minuscole dell'alfabeto inglese? Scrivi la risposta in notazione scientifica con una cifra significativa, cioè come prodotto di un numero intero per una potenza di 10. Aiutati usando la calcolatrice scientifica.

....

b. Qual è invece il numero di possibili password diverse di 8 caratteri se si usa una combinazione di lettere minuscole, lettere maiuscole, le cifre decimali da 0 a 9 e 10 simboli speciali come &, $ o £?

....

c. Di quante volte è più sicura una password come quella del tipo **b** rispetto a una del tipo **a**? Come stima del grado di sicurezza, usa il numero delle possibili combinazioni diverse nei due casi.

....

d. Supponi che un cracker abbia sviluppato un software capace di provare ogni secondo un miliardo di combinazioni diverse per la password. Quanto tempo impiegherà al massimo per scoprire una password fatta solo di lettere minuscole come quella del caso **a**?

....

e. Quanto tempo impiegherà invece, come massimo, per scoprire la password più sicura del caso **b**?

....

2 LAVORA SULL'IMMAGINE

Osserva attentamente questo semplicissimo programma in C, da cui abbiamo rimosso alcuni elementi, sostituendoli con puntini.

stringa_ASCII.c

```c
#include <stdio.h>

int main (void)
{
char ASCII[] =  {....,....,....,....,....,....,....,....,....,....};

   printf ("\n  %s \n", ASCII);
}
```

C:\Users\Fede\Desktop\stringa_ASCII.exe

```
ciao ä-Ç-#

--------------------------------
Process exited after 0.09606 seconds
```

Completa la prima figura aggiungendo ciò che è stato scritto nel codice al posto dei puntini per ottenere, eseguendo il programma, l'output che vedi qui sopra.
In questa tabella puoi trovare i 10 dati che ti servono.

32	space	64	@	96	`	128	Ç
33	!	65	A	97	a	129	ü
34	"	66	B	98	b	130	é
35	#	67	C	99	c	131	â
36	$	68	D	100	d	132	ä
37	%	69	E	101	e	133	à
38	&	70	F	102	f	134	å
39	'	71	G	103	g	135	ç
40	(	72	H	104	h	136	ê
41	)	73	I	105	i	137	ë
42	*	74	J	106	j	138	è
43	+	75	K	107	k	139	ï
44	,	76	L	108	l	140	î
45	-	77	M	109	m	141	ì
46	.	78	N	110	n	142	Ä
47	/	79	O	111	o	143	Å
48	0	80	P	112	p	144	É
49	1	81	Q	113	q	145	æ

3 SCOPRILO SU INTERNET

Fai una ricerca in Rete per scoprire che cosa si intende nel linguaggio C per «puntatore a una variabile», poi rispondi alle domande.

a. Che cosa rappresenta in C il tipo di dato chiamato puntatore?

....

....

b. Quale carattere nella dichiarazione di una variabile indica che si tratta di un puntatore?

....

c. In che senso si può dire che l'uso dei puntatori è una caratteristica *di basso livello* del linguaggio C?

....

d. Se un puntatore `p` definito come intero punta al primo elemento di un array di numeri interi, a che cosa punterà `p++`?

....

CLIL

Learn from the originals | **Read it as they wrote it**

C-Pointers

from the web site www.tutorialspoint.com

Pointers in C are easy and fun to learn. Some C programming tasks are performed more easily with pointers, and other tasks, such as dynamic memory allocation, cannot be performed without using pointers. So it becomes necessary to learn pointers to become a perfect C programmer.

As you know, every variable is a memory location and every memory location has its address defined which can be accessed using the ampersand (&) operator, which denotes an address in memory.

A pointer is a variable whose value is the address of another variable, i.e., direct address of the memory location. Like any variable or constant, you must declare a pointer before using it to store any variable address.

There are a few important operations, which we will do with the help of pointers very frequently. (a) We define a pointer variable, (b) assign the address of a variable to a pointer and (c) finally access the value at the address available in the pointer variable. This is done by using the unary operator * that returns the value of the variable located at the address specified by its operand. The example shown on the right makes use of these operations.

variable_address.c

```c
#include <stdio.h>

int main () {

    int  var = 20;   /* actual variable declaration */
    int  *ip;        /* pointer variable declaration */

    ip = &var;  /* store address of var in pointer variable*/

    printf("\n Address of var variable: %x\n", &var  );

    /* address stored in pointer variable */
    printf("\n Address stored in ip variable: %x\n", ip );

    /* access the value using the pointer */
    printf("\n Value of *ip variable: %d\n", *ip );

    return 0;
}
```

When the above code is compiled and executed, it produces the following result:

C:\Users\variable_address.exe

```
Address of var variable: 62fe44
Address stored in ip variable: 62fe44
Value of *ip variable: 20
```

Glossary

task = a piece of work to be done
allocation = the act of giving out parts of a whole
to store = to keep things in a special place for use in the future
unary = that acts on a single element

QUESTIONS

1 **What is the English name of the & character?**

....

2 **What data type is used in C to print off the address of a variable?**

....

3 **Each variable address in the code output is the number of a memory register. In what numeral system is this number expressed?**

....

4 **Why are the two addresses in the output identical?**

....

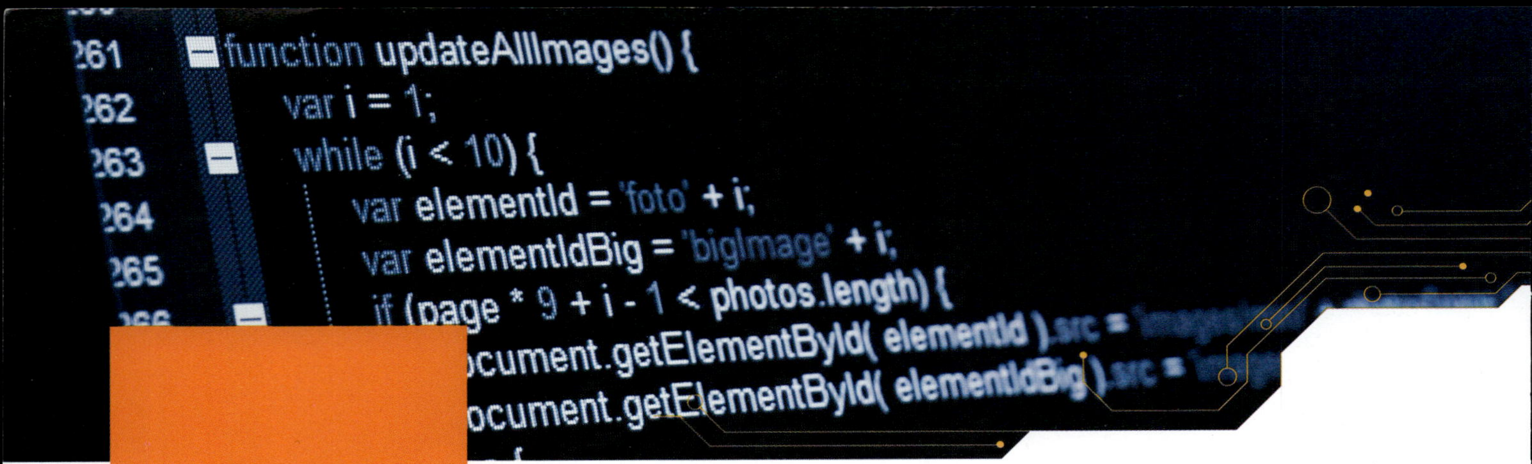

Capitolo 16

Funzioni e librerie: un'introduzione

16.1 Che cos'è una funzione

Le *funzioni* – dette anche *routine* o *subroutine* – sono lo strumento fondamentale che il linguaggio C mette a disposizione del programmatore per velocizzare la scrittura dei programmi e facilitare la leggibilità e la manutenzione del codice sorgente.

Una **funzione** è un sottoprogramma autonomo che viene eseguito quando è *invocato* (o *richiamato*) da **`main`**, che è la funzione principale di ogni programma in C.

Grazie all'uso delle funzioni, interi blocchi di istruzioni si possono riutilizzare in programmi diversi, senza doverli riscrivere ogni volta da zero.

! Una **funzione** è un sottoprogramma che si può richiamare da altri programmi, senza doverne riscrivere ogni volta le istruzioni.

Un'analogia matematica

Supponiamo che il simbolo a rappresenti un numero reale e n rappresenti un intero positivo. Sappiamo allora che in matematica il simbolo a^n rappresenta la *potenza* «a elevato a n».

Questo in realtà vuol dire che a^n rappresenta un *numero*, che si ottiene applicando un semplice algoritmo: «Moltiplica a per sé stesso tante volte quant'è il valore di n».

Quando leggiamo il simbolo a^n, non sappiamo quanto valga il numero rappresentato. Ma se conosciamo i valori numerici di a e n, allora con l'algoritmo sappiamo calcolare il valore di a^n. Se per esempio $a = 1.2$ e $n = 2$, allora $a^n = 1.2 \times 1.2 = 1.44$.

Il simbolo a^n è convenzionale, cioè usato per abitudine e tradizione. Al suo posto si potrebbe scegliere di usare, in modo equivalente, questa espressione:

`potenza(a,n)`

stabilendo che essa indica il numero ottenuto applicando lo stesso algoritmo usato per calcolare il valore di a^n.

Con questa nuova convenzione, l'esempio numerico precedente si scriverebbe nella forma: **`potenza(1.2,2)`** = 1.44.

La convenzione appena vista ha parecchie somiglianze con quella che si usa per le funzioni in informatica:

- **`potenza`** è il nome di una *funzione*;
- le variabili che «passiamo» alla funzione, cioè i suoi *argomenti* (qui **a** e **n**), si indicano tra parentesi dopo il nome della funzione;
- quando specifichiamo i valori degli argomenti, la funzione *restituisce* un valore numerico, in questo caso decimale;
- il valore restituito è l'output dell'algoritmo caratteristico della funzione, che essa applica per elaborare i valori degli argomenti dati come input.

Le funzioni in C

Nel linguaggio C ogni **funzione** consiste in una serie di istruzioni che formano il suo codice sorgente.

Il codice deve iniziare con una **dichiarazione** che descrive la funzione attraverso il suo cosiddetto **prototipo**, che contiene nell'ordine:

- il tipo di dato restituito;
- il nome della funzione;
- il tipo di dato degli *argomenti* (o *parametri*) che vengono passati come input alla funzione dalla **main**.

Per esempio:

float	**potenza**	**(float base, int esponente)**
tipo di dato restituito	*nome della funzione*	*tipi di dati e nomi degli argomenti (tra parentesi tonde, separati da virgole)*

è il prototipo di una funzione chiamata **potenza** che, ricevuti come input un valore decimale (che la funzione, al proprio interno, assegnerà alla variabile chiamata **base**) e un valore intero (che assegnerà alla variabile **esponente**), restituisce un valore decimale, cioè di tipo **float**. Le variabili **base** ed **esponente** sono i *parametri formali* della funzione.

Grazie alla dichiarazione, il compilatore del C potrà controllare il tipo e il numero degli argomenti che verranno passati alla funzione quando sarà invocata, nonché il tipo di dato che restituirà come output.

Nel codice la dichiarazione iniziale è seguita dalle istruzioni che saranno eseguite quando la funzione viene invocata, racchiuse tra parentesi graffe.

Nel nostro esempio, il codice potrebbe essere questo:

```
float potenza (float base, int esponente)
{
        float risultato=1.;
        int conta;
        for (conta=1, conta<=esponente, conta++)
              { risultato *= base; }
        return risultato;
}
```

Le istruzioni di una funzione terminano sempre con un'istruzione **return** che restituisce al programma principale il valore di output della funzione.

Il codice della funzione contiene **variabili locali**, cioè definite e valide soltanto all'interno della funzione stessa. Nel nostro esempio sono locali la variabile **risultato**, che la funzione usa per memorizzare il valore calcolato dall'algoritmo, e la variabile **conta**, che la funzione usa come contatore per il ciclo **for**.

> ! Ogni **funzione** va dichiarata scrivendo il suo **prototipo**: tipo di dato restituito, nome e (tra parentesi) tipi di dato degli argomenti.

> ! Il codice delle funzioni si scrive tra parentesi graffe e termina con l'istruzione **return**.

L'utilità delle funzioni

Se un algoritmo usa più volte uno stesso gruppo di istruzioni, si è costretti a riscrivere o a ricopiare più volte lo stesso codice: in questo modo si producono programmi lunghi e poco leggibili, con il rischio di commettere errori.

In tal caso è utile costruire invece una funzione che esegua quel gruppo di istruzioni, per poi invocarla, ogni volta che serve, dalla funzione principale **main**.

Così, se per esempio in un programma si devono calcolare molte diverse potenze a esponente intero, conviene – invece di ripetere nel codice di **main** tanti cicli **for** – costruire la funzione **potenza** del nostro esempio e richiamarla poi più volte da **main**.

Esistono inoltre molte funzioni predefinite, già scritte da altri, che si possono usare come *black box* («scatole nere») senza doverle programmare in dettaglio: occorre unicamente sapere quali sono, e di che tipo, i dati in ingresso e in uscita.

Invocare una funzione

Quando si vuole eseguire una funzione, la si **invoca** o **richiama** in questo modo:

- si scrive il nome della funzione, trattandolo come se fosse il nome di una variabile;
- si scrivono tra le parentesi tonde, al posto dei parametri formali, i *parametri reali*, cioè gli effettivi valori di input che la funzione deve elaborare;
- si assegna a una variabile del programma principale il valore restituito dalla funzione.

Ecco per esempio tre modi diversi, tutti validi, di invocare la funzione **potenza**:

```
int main (void)
{
  float R;
  R=potenza(3.,4);
}
```

```
int main (void)
{
  float R;
  int A=4;
  R=potenza(3.,A);
}
```

```
int main (void)
{
  float R;
  int A=4;
  const float B=3.;
  R=potenza(B,A);
}
```

In tutti e tre i casi alla funzione vengono «passati» gli stessi valori di input, cioè i due parametri reali 3. e 4; nel secondo e nel terzo caso, ciò avviene tramite variabili o costanti definite all'interno del programma principale.

In tutti e tre i casi la variabile **R**, all'interno del programma principale, assumerà il valore di output «ritornato» dalla funzione, che in questo esempio è $3.^4 = 81$. Nel codice **R** va dichiarata come **float**, perché questo è il tipo di dati restituito dalla funzione.

Dal punto di vista del programma principale, dunque, la funzione invocata è il valore che restituisce, proprio come una variabile è il valore registrato in uno spazio di memoria.

Le librerie

Nel linguaggio C una funzione può essere scritta nello stesso file (o *modulo*) **.c** che ospita la funzione principale **main**; in tal caso il codice della funzione va posizionato *prima* del codice di **main**.

Di solito però le funzioni si memorizzano in file separati da quello di **main** e sono raccolte in «contenitori» chiamati **librerie**, i moduli che in C sono caratterizzati dall'estensione **.h** (che sta per *header*, «intestazione»).

Ciascun programmatore può scrivere le proprie funzioni e creare le proprie librerie in cui raccoglierle.

La grande ricchezza del linguaggio C sta però nelle **librerie standard** messe a disposizione di tutti i programmatori: queste librerie «di sistema» contengono una gran varietà di funzioni pronte per l'uso, che risolvono i problemi incontrati più di frequente quando si programma.

Basti pensare per esempio alle funzioni **printf** e **scanf** contenute nella libreria standard **stdio.h**, a cui abbiamo fatto regolarmente ricorso per gestire le istruzioni di input e output.

Un altro esempio è la libreria standard matematica **math.h** che contiene funzioni indispensabili come **sqrt**, per calcolare le radici quadrate, o **pow**, per calcolare potenze con esponente qualsiasi, non soltanto intero.

> **!** Le **librerie** in C sono raccolte di funzioni in moduli caratterizzati dall'estensione **.h**.

Diversi possibili tipi di funzioni

La funzione **potenza** che abbiamo usato come esempio riceve in ingresso due argomenti e restituisce in uscita un valore decimale.

In generale però si possono scrivere funzioni con un numero di argomenti qualsiasi e con qualsiasi combinazione di tipi di dati. Così, per esempio, questa dichiarazione:

```
int nome_funzione (float argomento)
```

si può usare per dichiarare una funzione che riceve in ingresso un solo dato di tipo decimale e restituisce un valore intero.

Invece quest'altra dichiarazione:

```
float nome_funzione (float arg1, float arg2, int arg3)
```

è per una funzione che restituisce un valore decimale e ha in ingresso tre parametri, due di tipo decimale e il terzo di tipo intero.

È anche possibile dichiarare una funzione priva di argomenti, come avviene con **main**, la funzione principale del C. In tal caso tra le parentesi si scrive **void** (se si seguono gli standard ISO del 2011) ma può anche capitare di non trovare scritto nulla:

float nome_funzione (void) oppure **float nome_funzione ()**

Può succedere, infine, che una funzione non restituisca alcun valore alla **main**, perché il risultato dell'elaborazione è destinato alla sola stampa, e l'output viene prodotto direttamente dall'interno della funzione. In tal caso il tipo di dato sarà **void**:

```
void nome_funzione (int argomento)
```

Una funzione di tipo **void** si invoca con un'istruzione che semplicemente richiama il suo nome, seguito tra parentesi dai parametri reali degli argomenti, e termina con il punto e virgola.

IN SINTESI

- Una **funzione** è un sottoprogramma autonomo che viene eseguito quando è invocato dal programma principale **main**. Creare funzioni è utile quando programmi diversi usano uno stesso gruppo di istruzioni: si evita così di riscrivere molte volte lo stesso codice.
- Una funzione, quando è invocata, riceve da **main** alcuni dati di input (gli **argomenti** della funzione), li elabora con le proprie istruzioni e infine **restituisce a main un valore** come output.
- Il **prototipo** di una funzione contiene nell'ordine il tipo di dato restituito, il nome della funzione e (tra parentesi tonde) il tipo di dato degli argomenti passati come input alla funzione.
- In C le funzioni sono raccolte in **librerie** caratterizzate dall'estensione **.h**.

La visibilità delle variabili

A seconda di dove viene dichiarata, una variabile ha un dato livello di **visibilità**, cioè un ambito in cui la variabile può essere inizializzata e usata assegnandole valori.
Una variabile può essere *locale* oppure *globale*. Le **variabili locali** sono visibili soltanto da una parte determinata del codice, tipicamente la funzione o il blocco di codice – cioè il codice contenuto tra le parentesi graffe { } – in cui è stata dichiarata.
Le **variabili globali** invece sono dichiarate al di fuori di ogni funzione, all'inizio del file oppure in un file a sé stante, e sono visibili da tutte le funzioni del file o dell'intero programma formato da più file.

ESERCIZI

1 Quanti valori può restituire una funzione che nel proprio prototipo ha 3 argomenti?

....

2 Una funzione di tipo **int** si comporta in **main** come:

A una variabile di tipo **int** B una costante di tipo **int**
C un array di tipo **int** D una libreria

3 Che cosa va passato alla funzione dichiarata qui sotto, quando la si invoca, e che cosa restituisce la funzione come output?

```
int nome_funzione (int arg1, float arg2)
```

....
....
....
....

16.2 Creare funzioni

Vediamo con un esempio come si possa creare una funzione scrivendola nello stesso modulo che contiene la funzione principale **main**.

Nei programmi che abbiamo scritto per imparare a usare il C, abbiamo spesso avuto l'esigenza di gestire l'input dei dati con istruzioni **printf** e **scanf** accompagnate da un controllo sui valori inseriti dall'utente.

Riesaminiamo per esempio il codice **fattoriale_longlong** scritto nel capitolo 14 per il calcolo del fattoriale di un numero dato come input:

fattoriale_longlong.c

```
1    #include<stdio.h>
2    int main(void)
3    {
4        int i, numero;
5        unsigned long long fattoriale;
6        printf("\n Inserisci un numero intero [max 20]: ");
7        scanf("%d", &numero);
8    /*inizializzo la variabile fattoriale a 1 (che è anche il fattoriale di 0)*/
9        fattoriale=1;
10   /*controllo il dato di input*/
11       if (numero>=0 && numero<21)
12           {
13   /*se l'input e' valido, eseguo il ciclo for*/
14               for (i=1; i<=numero; i++)
15               {   fattoriale=fattoriale*i;    }
16               printf("\n Il fattoriale di %d vale %llu\n",numero, fattoriale);
17           }
18   /*altrimenti, se l'input era negativo o maggiore di 20...*/
19       else
20       printf("\n Attenzione: numero di input non valido!");
21   }
```

In questo codice le righe 6, 7, 11, 19 e 20 sono dedicate ad acquisire l'input e a controllare che sia valido, cioè maggiore di 0 e non superiore a 20 (questo per evitare l'*overflow*, cioè il calcolo di numeri così grandi da superare la memoria disponibile).

Per chi legge il codice, tutte queste istruzioni rischiano di «oscurare» il cuore del programma, cioè il calcolo del fattoriale, che avviene alle righe 9 e 14-16.

Inoltre anche in altri programmi c'è bisogno di elaborare l'input in modo simile: per esempio, al momento di inizializzare un array si deve controllare che la dimensione inserita dall'utente sia un numero intero maggiore di 1 e non ecceda la massima dimensione possibile.

Può quindi essere utile creare una funzione che in tutti questi casi si occupi dell'acquisizione e del controllo dell'input, «alleggerendo» di questo compito la funzione principale **main**.

In questo modo nella **main** per trattare l'input basterà richiamare la funzione, mentre il resto del codice potrà concentrarsi sull'algoritmo specifico del programma che si sta scrivendo.

> **!** Le funzioni si possono scrivere nel file della **main**; in tal caso il loro codice deve precedere quello di **main**.

Una funzione per la gestione dell'input

Come esempio creeremo una funzione chiamata **inputcheck**, che avrà il compito di:

- acquisire un numero intero inserito come input dall'utente;
- controllare che il numero inserito dall'utente sia valido, cioè maggiore o uguale a un valore minimo specificato (lo chiameremo **min**) e minore o uguale a un valore massimo specificato (lo chiameremo **max**); i valori di **min** e di **max** verranno passati alla funzione dal programma principale **main**;
- restituire al programma **main** un numero intero uguale all'input inserito dall'utente, se valido, oppure uguale a –1, se l'input risulta non valido.

Quando **main** invocherà la funzione **inputcheck**, dunque, le passerà due valori che sono il minimo e il massimo accettabile per l'input.

Se **main** si vedrà restituire dalla funzione il valore negativo –1, saprà che l'utente ha dato un input non valido; altrimenti, saprà che l'input dell'utente era valido e che è il valore restituito da **inputcheck**.

Riepiloghiamo ora ciò che bisogna fare per scrivere in C una funzione all'interno dello stesso file della **main**:

- il codice della funzione va posizionato prima della funzione **main**;
- per prima cosa bisogna scrivere la dichiarazione che specifica il prototipo della funzione; nel nostro caso la dichiareremo in questo modo:

```
           nome
            ↓
int inputcheck   (int min, int max)
 ↑                         ↑
tipo di dato           tipo di dato
restituito             degli argomenti
```

- negli argomenti, **min** e **max** sono i nomi di due variabili locali che la funzione userà al proprio interno;
- dopo la dichiarazione, le istruzioni che costituiscono la funzione vanno scritte tra parentesi graffe, esattamente come accade nella funzione principale **main**;
- le istruzioni della funzione devono terminare con un'istruzione **return** che restituisce al programma principale il valore di output della funzione.

Vediamo allora come si può modificare il codice per il calcolo del fattoriale così che l'input sia gestito da una funzione **inputcheck** esterna al programma principale.

Apri Dev-C++ e scrivi il codice della **figura 16.1**, salvandolo con il nome **fattoriale_inputcheck.c**.

Puoi velocizzare il lavoro riaprendo il vecchio codice **fattoriale_longlong** e copiando da lì i gruppi di istruzioni che ti servono.

Compila il programma, poi eseguilo più volte testando il suo funzionamento sia per input validi sia per input non validi.

Nel codice le righe da 3 a 16 definiscono la funzione **inputcheck**, mentre le righe da 18 a 33 definiscono la funzione principale **main**.

fattoriale_inputcheck.c

```
1   #include<stdio.h>
2   /*dichiaro la funzione chiamata inputcheck*/
3   int inputcheck (int min, int max)
4   {
5       int input, check=-1;
6   /*acquisisco il dato di input*/
7       printf("\n Inserisci un numero intero [min %d, max %d]: ", min, max);
8       scanf("%d", &input);
9   /*controllo il dato di input*/
10      if (input>=min && input<=max)
11          {check=input;}
12      else
13          {printf("\n Attenzione: numero di input non valido! \n");}
14  /*se il dato di input non è valido, la funzione restituirà check=-1*/
15      return check;
16  }
17
18  int main(void)
19  {
20      int i, numero, Nmin=0, Nmax=20;
21      unsigned long long fattoriale;
22  /*inizializzo la variabile fattoriale a 1 (che è anche il fattoriale di 0)*/
23      fattoriale=1;
24  /*invoco la funzione che acquisisce e controlla il dato di input*/
25      numero=inputcheck(Nmin, Nmax);
26  /*procedo con il ciclo soltanto se il dato di input è valido*/
27      if (numero>=0)
28          {
29              for (i=1; i<=numero; i++)
30              {   fattoriale=fattoriale*i;    }
31              printf("\n Il fattoriale di %d vale %llu\n", numero, fattoriale);
32          }
33  }
```

C:\Users\Fede\Desktop\fattoriale_inputcheck.exe

```
 Inserisci un numero intero [min 0, max 20]: 7

 Il fattoriale di 7 vale 5040

--------------------------------
Process exited after 12.99 seconds with return value 31
Premere un tasto per continuare . . .
```

Figura 16.1 Il codice per il calcolo del fattoriale con la funzione **inputcheck** che gestisce l'input.

Esaminiamo in dettaglio separatamente le due parti del codice, iniziando dalla funzione **inputcheck**:

fattoriale_inputcheck.c

```c
1  #include<stdio.h>
2  /*dichiaro la funzione chiamata inputcheck*/
3  int inputcheck (int min, int max)
4  {
5      int input, check=-1;
6  /*acquisisco il dato di input*/
7      printf("\n Inserisci un numero intero [min %d, max %d]: ", min, max);
8      scanf("%d", &input);
9  /*controllo il dato di input*/
10     if (input>=min && input<=max)
11         {check=input;}
12     else
13         {printf("\n Attenzione: numero di input non valido! \n");}
14 /*se il dato di input non è valido, la funzione restituirà check=-1*/
15     return check;
16 }
```

- la riga 3 dichiara la funzione, con la sintassi già descritta: in particolare, gli argomenti tra le parentesi tonde indicano che, quando verrà invocata, la funzione riceverà due valori interi e li assegnerà alle proprie variabili interne **min** e **max**; queste sono **variabili locali**, usate cioè dentro la funzione ma non nel programma principale;
- la riga 5 dichiara altre due variabili locali intere: **input** conterrà il valore inserito dall'utente, mentre **check** conterrà il valore da restituire al programma principale; la variabile **check** viene inizializzata con il valore –1: se questo valore non cambierà durante l'esecuzione della funzione, vorrà dire che l'input non è valido;
- le righe 7 e 8 servono per acquisire il dato immesso dall'utente; l'istruzione **printf** usa i due valori di **min** e **max**, ricevuti dal programma principale, per dire all'utente quali sono i limiti entro cui scegliere l'input;
- alle righe 10-13 la struttura **if**...**else** controlla la validità del dato di input: se questo è valido viene assegnato a **check**, altrimenti il valore di **check** non cambia e l'utente viene avvertito da un messaggio stampato a schermo;
- infine alla riga 15 l'istruzione **return** segna il termine della funzione e specifica che il valore da restituire come output è quello della variabile interna **check**.

Esaminiamo ora la seconda parte del codice, quella che contiene la funzione principale **main**. Qui, rispetto alla precedente versione **fattoriale_longlong**:

```c
17
18 int main(void)
19 {
20     int i, numero, Nmin=0, Nmax=20;
21     unsigned long long fattoriale;
22 /*inizializzo la variabile fattoriale a 1 (che è anche il fattoriale di 0)*/
23     fattoriale=1;
24 /*invoco la funzione che acquisisce e controlla il dato di input*/
25     numero=inputcheck(Nmin, Nmax);
26 /*procedo con il ciclo soltanto se il dato di input è valido*/
27     if (numero>=0)
28         {
29             for (i=1; i<=numero; i++)
30             {   fattoriale=fattoriale*i;    }
31             printf("\n Il fattoriale di %d vale %llu\n", numero, fattoriale);
32         }
33 }
```

- non appaiono più le istruzioni relative all'input dell'utente, che sono state trasferite nella funzione **inputcheck**;
- rimangono le istruzioni per il calcolo della variabile **fattoriale** (l'inizializzazione alla riga 23 e il ciclo alle righe 29-30);
- alla riga 20 si è aggiunta la dichiarazione delle due variabili **Nmin** e **Nmax**: questi sono i due argomenti che verranno passati alla funzione **inputcheck** quando la si richiama;
- si è aggiunta l'istruzione della riga 25, che fa due cose: invoca la funzione **inputcheck** e assegna il valore restituito dalla funzione alla variabile **numero**;
- si è aggiunta anche la riga 27, dove l'**if** controlla il valore ricevuto dalla funzione **inputcheck**: se è maggiore o uguale a zero, cioè valido, **main** procede con il calcolo del fattoriale; altrimenti, cioè se **inputcheck** ha restituito il valore –1, significa che l'input dell'utente non è valido, e in tal caso la **main** termina.

Analizziamo più in dettaglio l'istruzione che richiama la funzione **inputcheck**:

```c
numero=inputcheck(Nmin, Nmax);
```

- per invocare la funzione **inputcheck**, cioè per eseguire il suo codice, si scrive il suo nome seguito, tra parentesi tonde, dai valori dei due argomenti (qui sono i due valori interi di **Nmin** e **Nmax**) separati da una virgola;
- a tutti gli effetti pratici, ciò che sta scritto a destra del segno **=** di assegnazione è *un numero intero*: è il valore restituito dalla funzione che si è eseguita invocandola (e che era stata dichiarata come di tipo **int**);
- il numero intero restituito dalla funzione **inputcheck** invocata viene assegnato alla variabile **numero**, proprio come avverrebbe se a destra del segno **=** ci fosse una variabile intera, o una qualsiasi espressione che dà come risultato un valore intero.

È importante capire bene che **main**, quando invoca la funzione **inputcheck**, passa alla funzione parametri reali che sono due valori numerici, *non* i nomi delle variabili **Nmin** e **Nmax**.

In altre parole, il codice della **figura 16.1** funzionerebbe in modo identico se alla riga 25 come argomenti scrivessimo esplicitamente i valori numerici di **Nmin** e **Nmax**, in questo modo: **numero=inputcheck(0, 20);**.

Analogamente, ciò che la funzione **inputcheck** restituisce a **main** è un singolo valore numerico, *non* il nome della variabile **check** (che infatti non appare in **main**: è usato soltanto internamente alla funzione).

In altre parole, il dato restituito da **inputcheck** è il *valore* che la variabile locale **check**, definita soltanto internamente alla funzione, ha quando termina l'esecuzione della funzione stessa.

Prova infine a fare clic in Dev-C++ sull'etichetta **Classi** a sinistra del codice. Come mostra l'immagine qui sotto, vedrai che ora l'IDE riconosce la presenza di *due* funzioni, **inputcheck** e **main**; al clic sul nome di una funzione, il cursore andrà a posizionarsi sulla dichiarazione che dà inizio al suo codice.

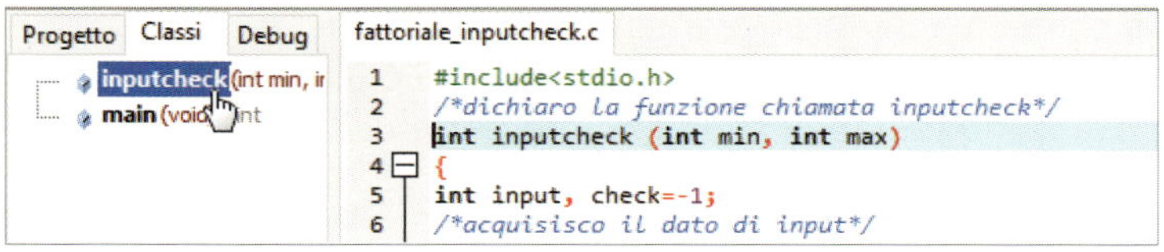

IN SINTESI

- Per creare una **funzione** in C bisogna per prima cosa scrivere la sua **dichiarazione**, che ne specifica il **prototipo** (il tipo di dato restituito, il nome della funzione e il tipo di dato degli argomenti); poi si scrivono tra parentesi graffe le istruzioni della funzione, che terminano con un'istruzione **return**.
- Se si descrive una funzione nello stesso file che contiene il programma principale, la funzione va scritta *prima* della funzione **main**.
- Quando la **main** invoca una funzione, le passa come argomenti i valori di input per l'elaborazione da parte della funzione. Nel codice di **main** la funzione invocata equivale a una variabile che ha come valore quello restituito dalla funzione.

ESERCIZI

1 Una funzione **funz**, invocata come **funz(var)** in un momento in cui la variabile **var** ha il valore 1, restituisce il valore 5. Scrivi un'altra invocazione di **funz** che restituisce 5.

2 Che cosa restituirà la funzione **inputcheck** se la si invoca scrivendo **inputcheck(2,30)** e l'utente inserisce da tastiera il valore 1?

E se invece l'utente inserisce da tastiera il valore 30?

3 Se nel codice **fattoriale_inputcheck** si dichiarasse la variabile **fattoriale** scrivendo **int** invece di **long long**, il massimo valore rappresentabile sarebbe 13!.

a. Quale altra istruzione della funzione **main** andrebbe allora cambiata, e come, per garantire il corretto funzionamento del programma?

b. Che cosa bisognerebbe cambiare nella funzione **inputcheck**, per garantire il corretto funzionamento del programma?

16.3 Creare un progetto

Nell'esempio appena visto abbiamo definito la funzione **inputcheck** all'inizio dello stesso file che ospita il codice della funzione principale **main**.

Come ora vedremo, si può anche scrivere il codice sorgente delle funzioni in un file diverso da quello di **main**, costruendo un *progetto*; questa è anzi la prassi più comune, perché rende più agile e chiara la struttura dei programmi.

Un **progetto** consiste di più file, o *moduli*:

- in un file con estensione **.c** si scrivono le definizioni delle funzioni;
- in un file con estensione **.h** (*header*) si scrivono i soli prototipi delle funzioni;
- un file con estensione **.c** conterrà la funzione principale **main**, che è l'elemento centrale di ogni programma in C.

! Un **progetto** è un programma formato da più file: un file per le funzioni, un file-libreria e il file della **main**.

Il compilatore analizzerà questi diversi moduli del progetto e creerà il singolo file **.exe** che permetterà di eseguire l'intero programma.

I moduli con estensione **.h** sono le **librerie**, ossia raccolte di funzioni.

Per comprendere l'importanza dei progetti e delle librerie, basta pensare che un software di medie dimensioni, come quello che serve per gestire una piccola attività commerciale o una biblioteca, può richiedere migliaia di righe di codice e spesso è il frutto del lavoro di diversi programmatori, ciascuno dei quali sviluppa una parte diversa del programma.

Questo fa sorgere due esigenze operative:

- poter lavorare separatamente e in parallelo su più moduli, che andranno poi a costituire l'unico eseguibile finale;
- condividere le risorse, *in primis* le funzioni, per evitare di riscrivere inutilmente parti del codice già realizzate da altri.

Per questa seconda esigenza, uno strumento indispensabile offerto dal linguaggio C sono le *librerie standard*.

Le librerie standard

Le **librerie standard** del linguaggio C sono raccolte di funzioni che permettono di affrontare i problemi di programmazione più comuni e ricorrenti.

Per usare le funzioni contenute in una libreria bisogna *includere* la libreria con una direttiva **#include** posta all'inizio del programma, prima della funzione **main**; è quello che siamo già abituati a fare con la libreria di input-output **stdio.h**.

In seguito, nel corso del programma, per poter eseguire una funzione contenuta nella libreria – come **printf** o **scanf** della libreria **stdio.h** – basterà invocare il nome della funzione e passarle gli argomenti che il suo uso richiede.

Un buon programmatore, oltre a saper individuare i problemi, immaginare soluzioni e tradurle in algoritmi, deve avere nel proprio bagaglio tecnico una buona conoscenza delle librerie di un linguaggio: queste infatti costituiscono uno strumento sicuro per risolvere molti problemi e risparmiare tempo e fatica.

Le librerie standard di uso più comune in C sono elencate nella **tabella 16.1**.

Tabella 16.1 Le principali librerie standard del linguaggio C.

libreria	contiene
`stdio.h`	funzioni di input/output
`math.h`	funzioni matematiche
`ctype.h`	funzioni utili per operare sui caratteri
`string.h`	funzioni per la gestione delle stringhe di caratteri
`stdlib.h`	funzioni di vario uso, tra cui quelle per la gestione della memoria e il controllo dei processi di sistema

Per fare un esempio concreto, abbiamo già visto come si possa scrivere, usando un ciclo iterativo, una funzione che calcola le potenze quando si danno come input i valori della base e dell'esponente.

In base alle nostre conoscenze matematiche, però, abbiamo dovuto restringere il calcolo al caso in cui l'esponente è un numero intero.

Come si può calcolare una potenza in cui l'esponente, come la base, è un numero non intero ma qualsiasi? Per esempio, quanto vale $7^{2.5}$?

Trovare un algoritmo per il calcolo delle potenze con esponente decimale non sarebbe semplice, né sarebbe poi rapido programmarlo.

Per fortuna il problema si risolve in un attimo facendo ricorso alla libreria standard **math.h** del C, che contiene una funzione **pow** capace di calcolare potenze con base ed esponente qualsiasi.

Qui a fianco è riprodotto un esempio di codice che usa questa funzione.

Alla riga 4 del codice abbiamo incluso la libreria **math.h**, poi alla riga 14 abbiamo invocato la funzione **pow**, passandole come argomenti i valori della base e dell'esponente inseriti dall'utente.

Il numero decimale restituito dalla funzione viene assegnato alla variabile **potenza**, che è poi stampata a schermo come output.

Nota che in questo esempio si potrebbe anche fare a meno della variabile **potenza**. Le righe 14 e 15 del codice infatti si possono sostituire – a parità di risultato – con un'unica istruzione che invoca la funzione **pow** direttamente al momento della stampa:

potenze_math.c

```c
1   #include<stdio.h>
2   /*includo anche la libreria standard math.h,
3   che contiene la funzione pow (power, potenza)*/
4   #include<math.h>
5
6   int main(void)
7   {
8       float base, esponente, potenza;
9       printf("\n  Inserisci la base: ");
10      scanf("%f", &base);
11      printf("\n  Inserisci l'esponente: ");
12      scanf("%f", &esponente);
13  /*invoco la funzione pow passandole i due argomenti*/
14      potenza=pow(base, esponente);
15      printf("\n  La potenza vale %.4f \n", potenza);
16  }
```

C:\Users\Fede\Desktop\potenza_math.exe

```
 Inserisci la base: 16.

 Inserisci l'esponente: -0.5

 La potenza vale 0.2500

--------------------------------
Process exited after 40.82 seconds with return value 27
Premere un tasto per continuare . . .
```

```c
printf("\n  La potenza vale %.4f \n", pow(base, esponente) );
```

Richiamando la funzione **pow** in questo modo, cioè come argomento di **printf**, verrà stampato proprio il valore restituito da **pow**.

Un progetto per calcolare il coefficiente binomiale

Il **coefficiente binomiale** $C(n,k)$ di indici n e k, che sono due interi tali che $n \geq k \geq 0$, è un numero intero definito da questa espressione:

$$C(n,k) = \frac{n!}{k!\,(n-k)!}$$

I coefficienti binomiali appaiono in molti diversi campi della matematica. Il loro nome è dovuto al fatto che, quando si sviluppa la potenza di un binomio, $(x + y)^n$, i coefficienti numerici dei singoli termini hanno proprio la forma di coefficienti binomiali.

Ecco per esempio i coefficienti binomiali che corrispondono ai coefficienti dello sviluppo della quinta potenza del binomio:

$$(x + y)^5 = \underset{\substack{\uparrow \\ C(5,0)}}{\mathbf{1}}\, x^5 + \underset{\substack{\uparrow \\ C(5,1)}}{\mathbf{5}}\, x^4y + \underset{\substack{\uparrow \\ C(5,2)}}{\mathbf{10}}\, x^3y^2 + \underset{\substack{\uparrow \\ C(5,3)}}{\mathbf{10}}\, x^2y^3 + \underset{\substack{\uparrow \\ C(5,4)}}{\mathbf{5}}\, x\, y^4 + \underset{\substack{\uparrow \\ C(5,5)}}{\mathbf{1}}\, y^5$$

Controllare l'effettiva correttezza di questa corrispondenza è un utile esercizio di algebra. Applica la formula generale data sopra per il coefficiente generico $C(n,k)$ e verifica, per esempio, che $C(5,0) = C(5,5) = 1$ e che $C(5,2) = C(5,3) = 10$.

Quando si generalizza al caso di una potenza qualsiasi del binomio, nello sviluppo di $(x + y)^n$ si trova che $C(n,k)$ è il coefficiente che moltiplica il termine $x^{n-k}y^k$.

Un altro campo della matematica in cui trovano utile applicazione i coefficienti binomiali è il cosiddetto *calcolo combinatorio*. Infatti $C(n,k)$ è anche il numero di modi in cui si possono scegliere k elementi da un insieme di n elementi.

Per esempio, date le 4 regine di un mazzo di carte, quante coppie diverse e quanti tris diversi si possono fare? La risposta è illustrata dalla **figura 16.2**.

Le coppie sono formate da 2 carte, perciò si possono fare C(4,2) = 6 coppie diverse di regine. Invece i tris sono formati da 3 carte, perciò si possono fare C(4,3) = 4 tris diversi.

Figura 16.2 Il coefficiente binomiale C(*n*,*k*) è il numero di modi in cui si possono scegliere *k* elementi diversi da un insieme di *n* elementi.

Ritornando ora alla programmazione in C, notiamo che il calcolo dei coefficienti binomiali è un altro caso in cui possiamo utilmente applicare il concetto di funzione.

Infatti abbiamo già un codice che calcola il fattoriale *n*! di un intero *n* dato come input, e ora abbiamo visto che ogni coefficiente binomiale è uguale a un fattoriale diviso per il prodotto di due fattoriali.

Se trasformiamo il codice che calcola il fattoriale in una funzione, perciò, sarà molto semplice scrivere poi un programma **`main`** che calcola il coefficiente binomiale: basterà invocare tre volte quella funzione.

Questo problema ci dà l'occasione per sviluppare un vero e proprio *progetto* in C, creando più moduli e una nostra libreria di funzioni, analoga a quelle standard del linguaggio. Imposteremo il progetto chiamato **binomiale** in questo modo:

- un file **mie_funzioni.c** conterrà le definizioni di due funzioni: la già vista **`inputcheck`** e una funzione **`fattoriale`** per il calcolo dei fattoriali;
- in un file di libreria **funzioni.h** scriveremo il prototipo delle due funzioni, ossia la loro dichiarazione;
- un file **main.c** conterrà la funzione principale **`main`**, che eseguirà il calcolo del coefficiente binomiale invocando le altre due funzioni.

Creare il progetto

Per iniziare, lancia Dev-C++ e dal menu **File** scegli **Nuovo** e quindi **Progetto**.

Apparirà la finestra della **figura 16.3**: scrivi «binomiale» come nome del progetto, spunta l'opzione **C**, fai clic sull'icona **Console Application** e quindi conferma con **OK**.

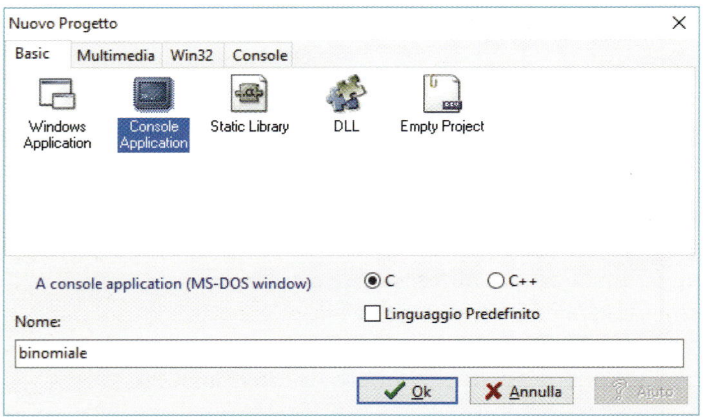

Figura 16.3 La creazione di un nuovo progetto in Dev-C++.

Al clic su **OK** ti verrà chiesto dove vuoi salvare il progetto; usa la solita cartella **corso_di_C**. L'applicazione allora creerà automaticamente un file **binomiale.dev** (da *development*, cioè sviluppo del progetto) che conterrà tutte le informazioni di cui Dev-C++ avrà bisogno al momento della compilazione del nostro programma.

Sempre automaticamente si aprirà ora un nuovo file di nome **main.c**, che contiene già alcune istruzioni. Queste istruzioni di default a noi non serviranno, perciò in seguito le sovrascriveremo con il nostro codice abituale. Per il momento, comunque, salva il file così com'è, accettando il nome di default **main.c**.

Come prossimo passo bisogna creare i due file relativi alle funzioni.

Scegli **Nuovo** e quindi **File sorgente**. Ti verrà chiesto se vuoi aggiungere il nuovo file al progetto corrente: accetta con un clic su **Yes**. Crea il file e salvalo, per ora vuoto, con il nome **mie_funzioni.c**; questo è il file in cui scriverai il codice delle funzioni.

Ripeti poi una seconda volta la stessa procedura, ma ora al momento di salvare scegli nel menu **Salva come** l'opzione **Header files**: creerai così un file vuoto di nome **mie_funzioni.h**, che sarà la tua libreria.

Se ora sulla sinistra dell'interfaccia di Dev-C++ fai clic sull'etichetta **Progetto**, apparirà la struttura riprodotta qui a fianco: grazie alle informazioni raccolte nel suo file **binomiale.dev**, l'applicazione riconosce che i tre file appena creati fanno parte del progetto **binomiale**. Se fai clic sui nomi dei file in questa struttura ad albero, passerai sulla destra dell'interfaccia da un modulo all'altro del progetto.

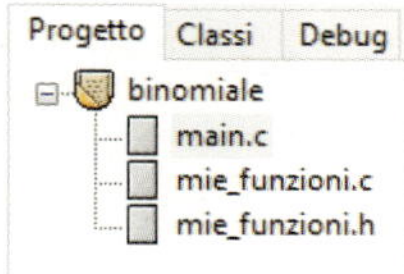

Ora che abbiamo predisposto i moduli necessari per il progetto, è il momento di scrivere in ciascun file il codice sorgente.

Scrivere i tre file del progetto

Iniziamo dal codice delle funzioni, cioè dal modulo **mie_funzioni.c**.

All'inizio di questo file, oltre a includere la libreria standard **`stdio.h`**, bisogna aggiungere una direttiva che includa la libreria **`mie_funzioni.h`**, come nella **figura 16.4**.

Nota che, siccome **`mie_funzioni.h`** è una libreria nostra, non standard, nella direttiva **`#include`** il suo nome va racchiuso tra virgolette `""` anziché tra le parentesi angolari **<>**.

Per scrivere la funzione **`inputcheck`**, copia semplicemente qui il codice già scritto e usato in precedenza nel programma **fattoriale_inputcheck**.

Da quello stesso programma puoi estrarre il ciclo che serve per la funzione **`fattoriale`**.

Per dichiarare questa funzione, nota che essa deve avere un singolo argomento (il numero intero di cui si deve calcolare il fattoriale, che nella funzione è rappresentato dal parametro formale **n**) e deve restituire un valore intero (quello del fattoriale calcolato, che internamente alla funzione assegniamo alla variabile locale **`fatt`**).

main.c | mie_funzioni.c | mie_funzioni.h

```
#include<stdio.h>
/*includo anche la libreria creata per il progetto*/
#include "mie_funzioni.h"

/*definisco la funzione inputcheck*/
int inputcheck (int min, int max)
{
    int input, check=-1;
    printf("\n Inserisci un numero intero [min %d, max %d]: ", min, max);
    scanf("%d", &input);
    if (input>=min && input<=max)
        {check=input;}
    else
        {printf("\n Attenzione: numero di input non valido! \n");}
    return check;
}

/*definisco la funzione fattoriale*/
int fattoriale (int n)
{
    int i, fatt;
    fatt=1;
    for (i=1; i<=n; i++)
        {   fatt=fatt*i;    }
    return fatt;
}
```

Figura 16.4 Il codice delle due funzioni **`inputcheck`** e **`fattoriale`**.

Nota che il file **.c** delle funzioni non comprende una funzione **`main`**: infatti in ogni programma in C esiste una sola funzione **`main`**, che nel progetto è quella che scriveremo nel file **main.c**.

Ora scrivi il codice del file-libreria, cioè del modulo **mie_funzioni.h**, come indicato dalla **figura 16.5**.

Qui devi iniziare con una direttiva **`#ifndef`** («se le funzioni non sono ancora definite») seguita da un nome convenzionale: questa serve a far sì che il compilatore cerchi le funzioni nella nostra cartella, anziché tra le librerie standard.

Dopo le dichiarazioni delle nostre due funzioni va inserita la direttiva **`#endif`**, che chiude la struttura condizionale.

main.c | mie_funzioni.c | mie_funzioni.h

```
#ifndef mie_funzioni
int inputcheck (int min, int max);
int fattoriale (int n);
#endif
```

Figura 16.5 Il file-libreria per le due funzioni **`inputcheck`** e **`fattoriale`**.

Nota che nelle librerie, diversamente che nei file **.c**, le dichiarazioni delle funzioni devono terminare con il punto e virgola.

Infine è il momento di scrivere il codice della funzione **`main`** nel modulo **main.c**, che poi compileremo per eseguire il progetto. Usa come modello la **figura 16.6**.

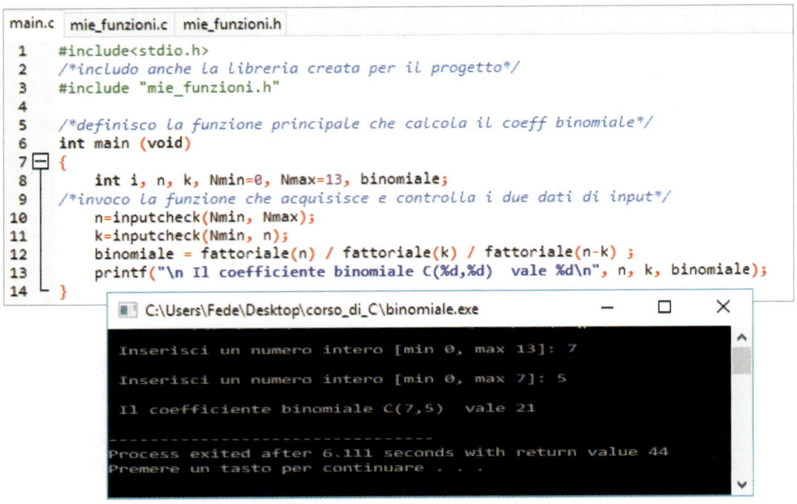

Figura 16.6 Il codice della funzione **`main`** e l'output del progetto eseguito.

Anche qui all'inizio va inclusa la libreria **`mie_funzioni.h`**: questo ci permetterà di invocare le due funzioni nel codice della funzione principale.

Nel codice della funzione **`main`**:

- la riga 10 invoca **`inputcheck`** per acquisire il primo dato di input, cioè il valore della variabile **`n`**, e controllare che sia valido;
- la riga 11 fa lo stesso per il secondo dato di input (ma ora come secondo argomento di **`inputcheck`** si usa **`n`**, perché dobbiamo accertarci che **`k`** non superi **`n`**);
- la riga 12 controlla che i due dati di input siano validi;
- la riga 14, se gli input sono validi, calcola il coefficiente binomiale invocando tre volte la funzione **`fattoriale`** (in applicazione della formula generale da cui siamo partiti) e infine lo stampa alla riga 15.

La chiarezza e concisione di questo codice, resa possibile dall'uso delle funzioni, fa capire l'utilità di funzioni, librerie e progetti nella programmazione in C.

IN SINTESI

- Le **librerie standard** del C sono raccolte di funzioni che risolvono i più comuni problemi incontrati dai programmatori.
- Quando si vogliono usare funzioni non presenti nelle librerie standard, bisogna creare un nuovo progetto.
- Un **progetto** è formato da più moduli: un file **.c** con le definizioni delle funzioni, un file **.h** con i loro prototipi e un file **.c** con la funzione **`main`**.
- Dev-C++ gestisce il progetto attraverso un file **.dev**, che coordina la compilazione dei vari moduli così da produrre un singolo file eseguibile per l'intero programma.

ESERCIZI

1 La funzione **`pow`** del C lavora in doppia precisione. Quale potrebbe essere allora il suo prototipo nell'header **`math.h`**?

....

2 Quanti diversi poker d'assi si possono fare con un mazzo di carte? Quale coefficiente binomiale rappresenta la risposta?

....

ATTIVITÀ GUIDATA Un'analisi del progetto binomiale

Completa il testo

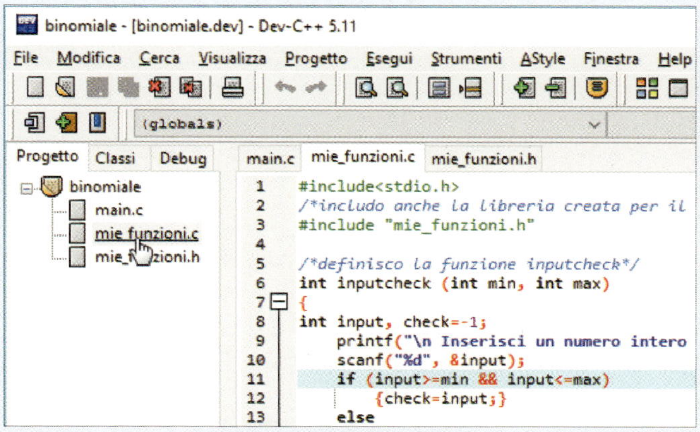

- Quando in Dev-C++ abbiamo chiesto di creare un nuovo .... di nome **binomiale**, l'applicazione per prima cosa ha creato un file con quel nome e con estensione ....
- Abbiamo poi scritto codice sorgente in tre diversi file, o ....: la funzione **`main`** in un modulo di nome ...., le altre funzioni in un modulo separato di nome **mie_funzioni**, anch'esso con estensione **.c**, e infine un modulo **mie_funzioni.h**, dove **h** sta per ....
- L'insieme dei due file **mie_funzioni** forma la .... (non standard) che contiene le funzioni **`inputcheck`** e ....
- Il file header contiene soltanto le dichiarazioni delle ....: è l'interfaccia che dice come richiamarle. Grazie a queste informazioni, il .... potrà collegare le funzioni al resto del programma per creare il file eseguibile.
- Nel modulo **mie_funzioni.c** ciascuna funzione inizia con la sua .... Entrambe le funzioni restituiscono come output un numero intero; la prima funzione ha due ...., anch'essi interi, la seconda ne ha uno solo.
- Ciascuna funzione termina con un'istruzione in cui la parola-chiave .... è seguita dal nome della .... locale di cui viene restituito il valore.
- Il codice della funzione **`main`** inizia con due direttive che includono la libreria standard **`stdio.h`** e la libreria con le nostre due funzioni. Nel codice la funzione **`inputcheck`** è invocata due volte, per acquisire i dati di .... e controllarne la validità, mentre **`fattoriale`** è invocata tre volte, nell'istruzione che calcola il .... binomiale.
- Nel codice **`main`** la variabile **`Nmax`** è inizializzata con il valore .... perché nella funzione **`fattoriale`** si usa il tipo di dati **`int`**, che riserva uno spazio di memoria di .... bit: questi sono sufficienti per memorizzare il valore di 13!, ma per 14! non basterebbero e si avrebbe un overflow.

Ora prova tu

1. Come avevamo visto scrivendo il programma **fattoriale_longlong**, se si usa il tipo di dato **`unsigned long long`** del C si possono calcolare fattoriali fino a 20!.
2. Apri Dev-C++ e crea un nuovo progetto, chiamandolo **binomiale_longlong**.
3. Crea moduli analoghi a quelli del progetto **binomiale**, ma aggiungi **_longlong** al loro nome.
4. Copia in **main_longlong.c** il contenuto di **main.c**, poi fai lo stesso per gli altri due moduli.
5. Aggiungi **_longlong** al nome delle librerie nelle direttive **`#include`** dei due moduli **.c**.
6. Ora modifica **main_longlong.c** assegnando a **`Nmax`** il valore 20 al posto di 13.
7. Quando adesso compili il progetto, non riceverai messaggi di errore. Se però esegui il programma inserendo un input superiore a 13, ci sarà un overflow e il risultato sarà 0 o un numero casuale.
8. Modifica i moduli del progetto specificando ove opportuno, per la funzione **`fattoriale`**, il tipo di dati **`unsigned long long`**. Dovrai apportare almeno una modifica in ciascuno dei tre file.
9. Ricompia ed esegui il progetto, verificando che ora esso calcoli correttamente i coefficienti binomiali C(n, k) con n fino a 20.

Perché invece è importante che nella funzione **`inputcheck`** il tipo di dati di **`check`** rimanga **`signed`**?

....

ESERCIZI DI RIEPILOGO

ZTE ONLINE

LOSAI? RIPASSA CON LO SMARTPHONE

1 Completa la mappa con le parole:
argomenti ▪ header ▪ librerie ▪ main ▪ progetto ▪ restituito

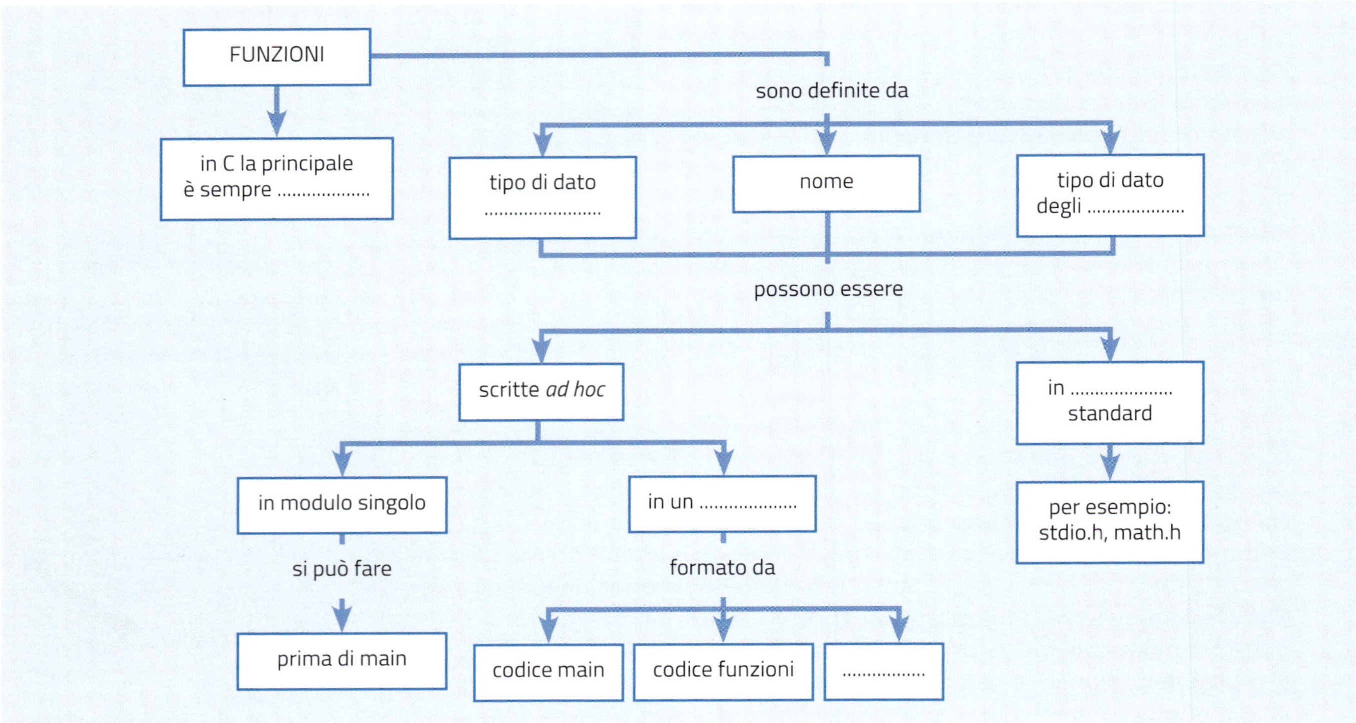

2 Le funzioni in C:
- A si devono scrivere in un file separato da quello di **`main`**.
- B devono far parte delle librerie di sistema.
- C vanno dichiarate dopo aver dichiarato **`main`**.
- D terminano sempre con un'istruzione **`return`**.

3 Il prototipo di una funzione deve specificare:
- A i nomi delle variabili locali usate dentro la funzione.
- B il nome della libreria di cui la funzione fa parte.
- C i tipi di dati di tutti gli input della funzione.
- D il numero dei valori di output prodotti dalla funzione.

4 Una funzione **`funz`** è dichiarata in questo modo:

```
int funz(float A,float B,int C)
```

Quanti valori produrrà la funzione come output quando la si invoca, e di che tipo?

....

5 Una funzione **`funz`** è dichiarata in questo modo:

```
void funz(int A,float B,int C)
```

Quanti valori produrrà la funzione come output quando la si invoca, e di che tipo?

....

6 In che cosa è diversa l'istruzione che dichiara una funzione in un file di codice **.c** dall'istruzione che dichiara la stessa funzione in un file-libreria **.h**?

....

7 Se una funzione è di tipo **`void`**, non restituirà alcun valore numerico. Quale utilità può avere, allora, invocarla da un programma?

....

....

8 Se per un progetto hai creato la libreria **`funz.h`**, quale istruzione dovrai scrivere all'inizio di **main.c** per poter invocare le funzioni della libreria dalla **`main`**?

....

9 Scrivi il nome di una funzione che fa parte di una libreria di sistema del C e può avere un solo argomento.

....

10 Scrivi il nome di una funzione che fa parte di una libreria di sistema del C e che può essere invocata con un numero variabile di argomenti.

....

....

11 Immagina di dover scrivere un programma che, dato come input il volume di una qualsiasi sfera, deve calcolare e restituire come output la lunghezza del raggio della sfera. Il volume di una sfera è proporzionale al cubo del suo raggio, perciò l'algoritmo certamente richiederà di calcolare la radice *cubica* di una variabile. Quale funzione del C invocheresti per farlo, e con quali argomenti?

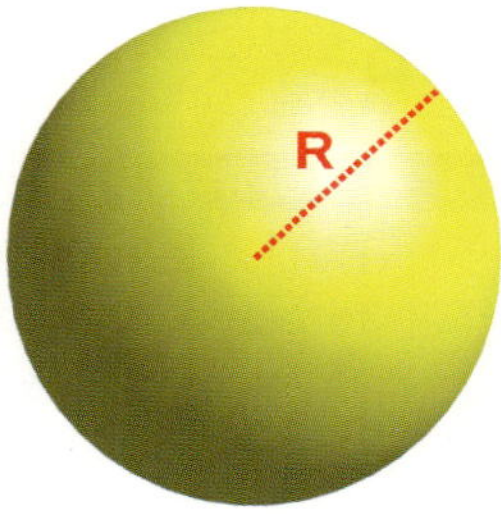

....

....

....

12 Scrivi una versione modificata **`inputcheck2`** della funzione **`inputcheck`** che permetta di controllare se l'input dell'utente è un numero intero maggiore di un certo valore, senza imporre un limite massimo.
Scrivi la funzione all'interno del codice già scritto in precedenza per il calcolo dei numeri triangolari e salvalo con il nome **numeri_triangolari-check.c**.

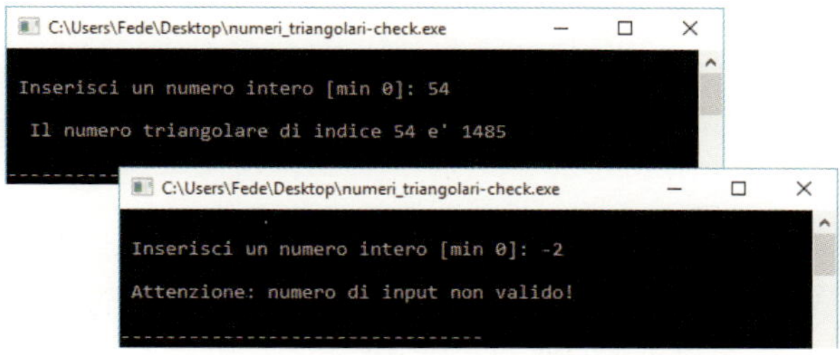

Con quale argomento dovrai invocare la nuova funzione, se vuoi rifiutare l'input nel caso in cui l'utente inserisca un numero negativo?

....

13 Scrivi un codice in cui la funzione **`main`** legga i valori decimali dei tre coefficienti *a, b, c* di un'equazione di 2° grado $ax^2 + bx + c = 0$, inseriti dall'utente, e li passi a una funzione **`soluzione2g`** che calcola i valori delle due radici dell'equazione e li stampa a schermo.
Salva il codice con il nome **equazione2g.c**.

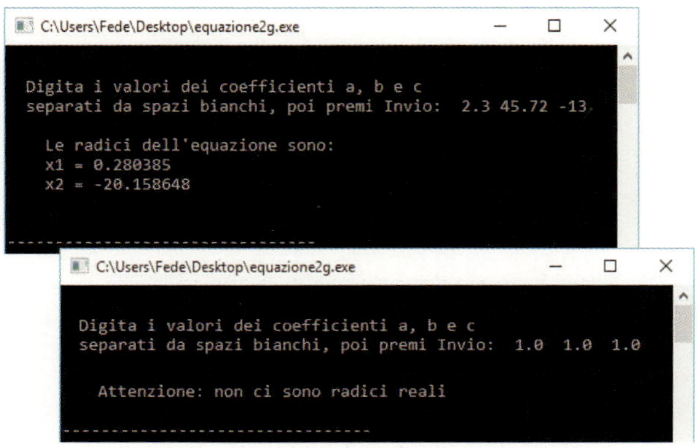

14 Partendo dal risultato dell'esercizio precedente, crea un progetto **equazione2g** in questo modo:

- aggiungi la funzione **`soluzione2g`** alla libreria **`mie_funzioni`** creata nel capitolo, chiamandola **`mie_funzioni2`**;
- nel file **main.c** mantieni soltanto la funzione **`main`** dell'esercizio precedente;
- crea un opportuno file-libreria con estensione **.h**.

Verifica che il programma così creato risolva correttamente le equazioni di 2° grado.

15 Scrivi un codice in cui la funzione **`main`** legga un numero di secondi inserito dall'utente come valore intero e lo passi a una funzione **`oreminuti`** che calcola e stampa a schermo il corrispondente numero di ore, minuti e secondi, visualizzandoli nel formato XX h : YY m : ZZ s.
Salva il codice con il nome **tempo.c** e verifica il corretto funzionamento del programma eseguendolo in casi per cui conosci la soluzione.

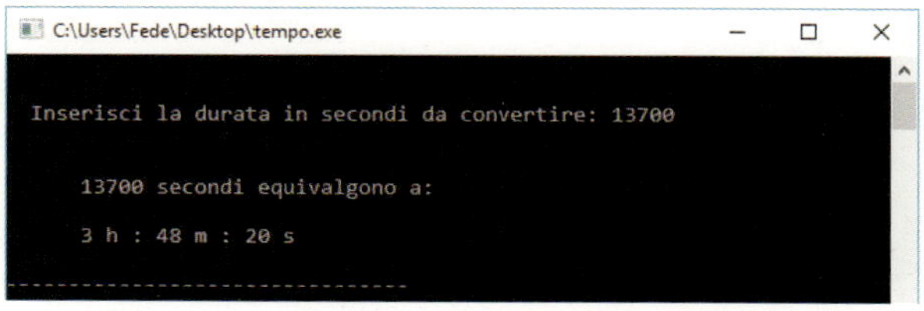

16 Scrivi un programma che riconosca, tramite una funzione, se un valore di input è presente in un array.
Il programma deve:

- richiedere l'inserimento di N numeri interi, dove N è un intero positivo, non superiore a 10, scelto dall'utente; i numeri andranno inseriti su una sola riga, separati da spazi bianchi;
- memorizzare gli N dati di input in un array;
- richiedere l'inserimento del valore da cercare;
- usare una funzione esterna a **`main`** per verificare la presenza o meno del valore nell'array;
- scrivere come output «il valore N non è presente nell'array» oppure «il valore N è presente all'indice X dell'array».

Nota che, quando si vuole passare un array come input a una funzione, nel prototipo il nome dell'array dev'essere seguito dalle parentesi quadre vuote [].
Quando si invoca la funzione, poi, come argomento è sufficiente scrivere il nome dell'array.
Salva il codice con il nome **trova_valore-funz.c** e verifica il corretto funzionamento del programma.

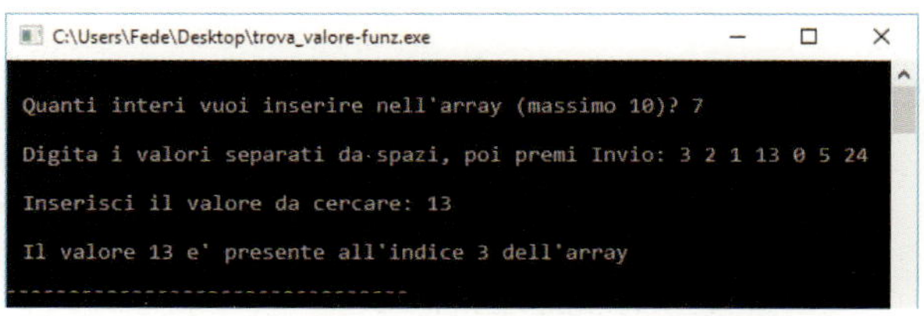

VERIFICA DELLE COMPETENZE

1 LAVORA CON I DATI

Considera la funzione **potenza** descritta all'inizio del capitolo, che ha il seguente prototipo:

```
float potenza (float base, int esponente)
```

a. Scrivi quattro diverse invocazioni della funzione, con gli argomenti espressi in forma numerica, tali che in tutti i casi la funzione restituisca il valore 256.0.
Abbi cura di esplicitare il tipo di dati degli argomenti scrivendo i loro valori completi di punto decimale, quando è opportuno.

b. Scrivi un'invocazione della funzione tale che, qualunque sia il valore di una variabile **var** di tipo **float**, la funzione restituisca il valore 1.0.

c. Scrivi un'invocazione della funzione tale che, qualunque sia il valore di una variabile **var** di tipo **int**, la funzione restituisca il valore 1.0.

2 L'ESPERTO SEI TU

Un amico che fa il ricercatore ha molto spesso bisogno di convertire in gradi Celsius (°C) dati che gli vengono forniti in gradi Fahrenheit (°F) oppure in kelvin (K).

Le formule di conversione nei due casi sono:

$$T_{°C} = 5/9 \cdot (T_{°F} - 32)$$
$$T_{°C} = T_K - 273.15$$

Per aiutare l'amico, scrivi il codice di una funzione che, invocata da qualsiasi programma in C, converta automaticamente le temperature in entrambi i casi.

La funzione deve chiamarsi **converti_temp** e avere due argomenti, con queste caratteristiche:

- il primo argomento è il valore numerico decimale di una temperatura (misurata in °F o in K);
- il secondo argomento è un carattere, F oppure K, che indica su quale scala è stata misurata la temperatura.

La funzione deve restituire il valore decimale della temperatura Celsius che equivale al primo argomento passato come input.

Per testare il funzionamento del codice, scrivilo all'interno di un file **conversione.c** insieme a una **main** che invoca la funzione (con i due argomenti inseriti come input dall'utente) e mostra a schermo il valore restituito.

Verifica che, se invochi la funzione scrivendo **converti_temp(98.6,'F')**, essa restituisca 37.0 °C, mentre se la invochi scrivendo **converti_temp(303.15,'K')** il risultato sia 30.0 °C.

3 SCOPRILO SU INTERNET

Fai una ricerca in Rete all'esplorazione del mondo delle librerie standard del linguaggio C.

Quando hai un'idea generale della loro natura e classificazione, fai ricerche più specifiche per rispondere alle domande che seguono.

Name	From	Description
<assert.h>		Contains the assert macro, used to assist with detecti
<complex.h>	C99	A set of functions for manipulating complex numbers.
<ctype.h>		Defines set of functions used to classify characters by used character set (typically ASCII or one of its exten:
<errno.h>		For testing error codes reported by library functions.
<fenv.h>	C99	Defines a set of functions for controlling floating-point
<float.h>		Defines macro constants specifying the implementatic
<inttypes.h>	C99	Defines exact width integer types.
<iso646.h>	NA1	Defines several macros that implement alternative wa
<limits.h>		Defines macro constants specifying the implementatic
<locale.h>		Defines localization functions.
<math.h>		Defines common mathematical functions.
<setjmp.h>		Declares the macros setjmp and longjmp , which
<signal.h>		Defines signal handling functions.
<stdalign.h>	C11	For querying and specifying the alignment of objects.
<stdarg.h>		For accessing a varying number of arguments passec
<stdatomic.h>	C11	For atomic operations on data shared between threac
<stdbool.h>	C99	Defines a boolean data type.
<stddef.h>		Defines several useful types and macros.
<stdint.h>	C99	Defines exact width integer types.
<stdio.h>		Defines core input and output functions

a. In quale libreria si trova la funzione **fgets ()**, e a che cosa serve?

b. Immagina di dover calcolare in un programma l'*esponenziale* di una variabile *x*, cioè la potenza e^x dove la base $e = 2.71828...$ è il cosiddetto *numero di Nepero*. Quale funzione dedicata del C useresti, e in quale libreria la troveresti?

c. Immagina di dover scrivere un programma che simula il lancio simultaneo di più dadi, per calcolare la statistica dei possibili risultati.
Quale funzione useresti per generare numeri casuali che possano rappresentare gli esiti dei lanci dei dadi?

d. Quale direttiva dovresti scrivere all'inizio del programma per il lancio dei dadi?

CLIL

Learn from the originals | Read it as they wrote it

Mathematical Functions vs. Programming Functions

by Simon Janes, Medium, August 22, 2017

Mathematicians have it easy. Their functions always make complete sense. There are never any exceptions. They always work in the same way. A set of inputs results into another set of output results. If you have the function that «squares a number», it will always give you a 25 when you give it 5. No exceptions.

A programmer's life is not a simple life. In the crush of «getting things done», we got lax. We make things that are functions that are not actually functions in the mathematical sense. We can make a function that sometimes returns 26 when we expect 25 from the input 5. As these functions are composed together in complexity, we start to have more and more complicated interactions between every piece in the system.

A solution – there are always multiple – emerged repeatedly from the «functional programming» paradigm that is called *pure functions*, functions that have no side-effects in their definition. But they can be *partial*, that is, pure part of the time but not all of the time — partial functions will crash should they ever receive an input outside of their capability.

A *total function*, on the other hand, is the pure function with another feature: it can show that it will return a result for all possible inputs.

The best any programmer can do is just this: make the functions small, make the functions pure and make the functions total. Use other functions to automate and evaluate these functions to confirm that they are doing what you expect. And if you can't understand the function, break it apart into smaller pieces until you do – because if you don't, you can be certain there is a bug waiting to bite you there in the dark.

Glossary

crush = the fact of being under pressure

lax = without much care, attention, or control

side-effect = an unexpected consequence

feature = a typical quality of something

QUESTIONS

1 What is the output of the mathematical function «square root» when given 16 as an input?

....

2 What could happen with a programming function written to compute the square root when given 16 as an input?

....

3 What might happen with a pure function, but can never happen with a total function?

....

....

4 When should a programmer break a function into smaller pieces?

....

INDICE ANALITICO